Les obligations

3 – Le rapport d'obligation

Dans la même collection

Droit privé

AUBERT Jean-Luc, SAVAUX Éric, *Introduction au droit*, 12e éd., 2008

CITEAU Jean-Pierre, BAREL Yvan, *Gestion des ressources humaines*, 5e éd., 2008

CŒURET Alain, GAURIAU Bernard, MINÉ Michel, *Droit du travail*, 2e éd., 2009

CONTE Philippe, MAISTRE DU CHAMBON Patrick, *Droit pénal général*, 7e éd., 2004

CONTE Philippe, MAISTRE DU CHAMBON Patrick, *Procédure pénale*, 4e éd., 2002

COUCHEZ Gérard, *Procédure civile*, 15e éd., 2008

COUCHEZ Gérard, *Voies d'exécution*, 9e éd., 2007

COURBE Patrick, *Droit de la famille*, 5e éd., 2008

FLOUR Jacques, AUBERT Jean-Luc, SAVAUX Éric, *Les obligations*. Tome 1 : *L'acte juridique*, 13e éd., 2008

FLOUR Jacques, AUBERT Jean-Luc, SAVAUX Éric, *Les obligations*. Tome 2 : *Le fait juridique*, 13e éd., 2009

FLOUR Jacques, AUBERT Jean-Luc, SAVAUX Éric, *Les obligations*. Tome 3 : *Le rapport d'obligation*, 6e éd., 2009

FLOUR Jacques, CHAMPENOIS Gérard, *Les régimes matrimoniaux*, 2e éd., 2001

HOUTCIEFF Dimitri, *Droit du commerce et des affaires. Droit commercial. Actes de commerce, commerçants, fonds de commerce, instruments de paiement et de crédit*, 2e éd., 2008

JOBARD-BACHELLIER Marie-Noëlle, BOURASSIN Manuella, BRÉMOND Vincent, *Droit des sûretés*, 2007

LARGUIER Jean, CONTE Philippe, *Droit pénal des affaires*, 11e éd., 2004

LE CORRE Pierre-Michel, LE CORRE-BROLY Emmanuelle, *Droit du commerce et des affaires. Droit des entreprises en difficulté*, 2e éd., 2006

LEGEAIS Dominique, *Droit commercial et des affaires*, 18e éd., 2009

MALAURIE-VIGNAL Marie, *Droit de la concurrence interne et communautaire*, 4e éd., 2008

MALAURIE-VIGNAL Marie, *Droit de la distribution*, 2006

MATHIEU-IZORCHE Marie-Laure, *Droit civil. Les biens*, 2006

OBERDORFF Henri, *Les institutions administratives*, 5e éd., 2006

VÉRON Michel, *Droit pénal spécial*, 12e éd., 2008

Droit public

CHANTEBOUT Bernard, *Droit constitutionnel*, 26e éd., 2009

DUPUIS Georges, GUÉDON Marie-José, CHRÉTIEN Patrice, *Droit administratif*, 11e éd., 2009

GODFRIN Philippe, DEGOFFE Michel, *Droit administratif des biens*, 8e éd., 2006

ISAAC Guy, BLANQUET Marc, *Droit communautaire général*, 9e éd., 2006

LEBRETON Gilles, *Libertés publiques et droits de l'Homme*, 8e éd., 2009

OBERDORFF Henri, *Les institutions administratives*, 5e éd., 2006

PACTET Pierre, MÉLIN-SOUCRAMANIEN Ferdinand, *Droit constitutionnel*, 28e éd., 2009

Hors collection

BUFFELAN-LANORE Yvaine, LARRIBAU-TERNEYRE Virginie, *Droit civil. Première année : introduction, biens, personnes, famille*, 16e éd., 2009

BUFFELAN-LANORE Yvaine, LARRIBAU-TERNEYRE Virginie, *Droit civil. Deuxième année : les obligations*, 11e éd., 2008

Jacques Flour
Jean-Luc Aubert
Éric Savaux

Les obligations

3. Le rapport d'obligation

La preuve – Les effets de l'obligation
La responsabilité contractuelle
Transmission – Transformation
Extinction

Sixième édition par

Éric SAVAUX

Agrégé des Facultés de droit
Professeur à la Faculté de droit et des sciences sociales de l'Université de Poitiers

2009

SIREY

DALLOZ

31-35, rue Froidevaux – 75685 PARIS CEDEX 14

ISBN 978-2-247-08465-4

Avant-propos

*Publié bien longtemps après les tomes consacrés respectivement à l'*Acte juridique*, puis au* Fait juridique*, ce troisième volume, qui traite du Rapport d'obligation, achève l'ouvrage de* Droit des obligations *que Jacques Flour avait entrepris de rédiger avec moi même pour la collection « U ».*

Comme les précédents, ce troisième volume reste fidèle, autant qu'il est possible, à l'enseignement lumineux de Jacques Flour. « Autant qu'il est possible... », parce que le temps, favorisé par la mobilité croissante du droit et par l'évolution, profonde, des exigences de l'enseignement, a obligé, souvent, à s'écarter du modèle qu'a constitué le cours qu'il avait professé. Du moins les auteurs se sont-ils efforcé d'en conserver précieusement l'esprit, de clairvoyance et de pédagogie.

Je tiens à remercier ici Yvonne Flour et Éric Savaux de l'aide décisive qu'ils ont bien voulu m'apporter pour l'achèvement de cet ouvrage. Sans leurs contributions, intellectuelles et rédactionnelles, je ne suis pas sûr que le projet de Jacques Flour aurait pu être mené à son terme... et je m'en serais voulu, beaucoup.

Paris, juin 1999
Jean-Luc Aubert

Ouvrages cités par le seul nom de l'auteur ou des auteurs

ATIAS, *Précis élémentaire de contentieux contractuel*, 3e éd., 2006.

AUBERT et SAVAUX, *Introduction au droit et thèmes fondamentaux du droit civil*, 12e éd., 2008.

BÉNABENT, *Droit civil. Les obligations*, 11e éd., 2007.

CABRILLAC, *Droit des obligations*, 8e éd., 2008.

CARBONNIER, *Droit civil*, t. 4, *Les obligations*, 22e éd., 2000.

DUPICHOT, *Le droit des obligations*, coll. Que sais-je ?, 5e éd., 1997.

FABRE-MAGNAN, *Droit des obligations*, t. 1, *Contrat et engagement unilatéral*, 2008 ; t. 2, *Responsabilité civile et quasi-contrats*, 2007.

FAGES, *Droit des obligations*, 2007.

GHESTIN, *Traité de droit civil :*
La formation du contrat, 3e éd., 1993.
Les effets du contrat, 3e éd., 2001 (avec le concours de JAMIN et BILLIAU).
Par VINEY, *Introduction à la responsabilité*, 3e éd., 2008.
Par VINEY et JOURDAIN, *Les conditions de la responsabilité*, 3e éd., 2006 ; *Les effets de la responsabilité*, 2e éd., 2001.
Le régime des créances et des dettes, par GHESTIN, BILLIAU et LOISEAU, 2005.

LARROUMET, *Droit civil, Les obligations.*
t. 5, *Le contrat*, 5e éd., 2003.
t. 4, *Les obligations. Régime général*, par J. FRANÇOIS, 2000.

LE TOURNEAU, *Droit de la responsabilité et des contrats*, Dalloz Action 2008-2009.

MALAURIE, AYNÈS et STOFFEL-MUNCK, *Droit civil. Les obligations*, 3e éd., 2007.

MALINVAUD, *Droit des obligations*, 10e éd., 2007.

MARTY et RAYNAUD, *Traité de droit civil. Les obligations.*
t. 1, *Les sources*, 1998.
t. 2, par RAYNAUD et JESTAZ, *Le régime*, 1988.

MAZEAUD (H., L. et J.), *Leçons de droit civil.*
t. 2, 1er vol. par F. CHABAS, *Obligations. Théorie générale*, 9e éd., 1998.

SÉRIAUX, *Droit des obligations*, 2e éd., 1998.

STARCK, ROLAND et BOYER, *Droit civil. Obligations.*
t. 1. *Responsabilité délictuelle*, 5e éd., 1996.
t. 2. *Contrat*, 6e éd., 1998.
t. 3. *Régime général*, 6e éd., 1999.

TERRÉ, SIMLER et LEQUETTE, *Droit civil. Les obligations*, 9e éd., 2005.

Pour FLOUR et AUBERT, *Les obligations*
- vol. 1, *L'acte juridique*, par É. SAVAUX, 13e éd., 2008
- vol. 2, *Le fait juridique*, par É. SAVAUX, 13e éd., 2009.

Les références seront faites à :
- vol. 1 – *L'acte juridique* – n°...
- vol. 2 – *Le fait juridique* – n°...

N.B. – *Les* ***articles*** *cités par leur seul numéro sont ceux du* **Code civil**.

Livre second

Le rapport d'obligation

L'obligation est soumise à un ensemble de règles qui en organisent la mise en œuvre et l'extinction. À quelques exceptions près –qui seront précisées le moment venu– ces règles définissent un régime homogène du rapport d'obligation, quelle que soit sa source –acte ou fait juridique [1].

Ce sont elles qu'il convient d'exposer maintenant, en commençant par celles qui gouvernent la preuve de l'obligation et dont la mise en œuvre est souvent le préalable nécessaire à son exécution, et, plus largement, à la manifestation des effets de l'obligation. Après avoir précisé les règles qui gouvernent ceux-ci, il faudra encore examiner celles qui permettent la transformation et la transmission du rapport d'obligation ainsi que celles qui en déterminent l'extinction.

---

1. *Contra* : F. CHENEDE, *Les commutations en droit privé. Contribution à la théorie générale des obligations*, préf. GHOZI, Economica, 2008, pour qui il existe deux sortes d'obligations différentes, les obligations volontaires et les obligations légales, qui ne partageraient que quelques règles concernant l'extinction.

Première partie

La preuve de l'obligation

1. Importance du problème de la preuve. – Pour réclamer le respect d'un droit, il faut évidemment démontrer la réalité de celui-ci : en apporter la preuve [1]. La question de la preuve présente donc une importance pratique considérable. Suivant une constatation traditionnelle, il revient au même qu'un droit n'existe pas ou qu'il ne puisse être prouvé : *idem est non esse aut non probari*. La constatation est décisive –même si l'impossibilité de prouver le contrat n'en compromet pas la validité [2] : le contrat valablement conclu, mais qui ne peut être prouvé contre celui qui refuse de l'exécuter, restera inexécuté [3].

2. Objet de la preuve : distinction du fait et du droit. – Le principe est que l'objet de la preuve –ce qui doit être prouvé, notamment au cours d'un procès [4]– se limite aux *faits* générateurs du droit invoqué ; la *règle de droit* qui consacre celui-ci n'a pas à être démontrée par le plaideur : le juge est présumé en avoir connaissance. Qu'une personne se prétende créancier d'un tel en vertu d'un contrat, il lui faut établir l'existence de ce contrat ; elle n'a pas à faire la preuve de la loi qui fait produire au contrat l'effet de droit recherché. C'est ce principe que précisent deux dispositions complémentaires du nouveau Code de procédure civile [5] :

– « il incombe à chaque partie de prouver conformément à la loi les faits nécessaires au succès de sa prétention » (art. 9) ;

– « le juge tranche le litige conformément aux règles de droit qui lui sont applicables » (art. 12).

3. Exceptions. – Cette délimitation de l'objet de la preuve n'a cependant pas un caractère absolu [6]. Il est deux types de règles dont la jurisprudence laissait traditionnel-

---

1. Sur la question générale de la preuve, v. notamment, GHESTIN, GOUBEAUX et FABRE-MAGNAN, *Traité de droit civil, Introduction générale*, 4e éd., 1994, nos 627 et s. ; MOURALIS, *Rép. civ.* Dalloz, v° *Preuve ;* R. LEGEAIS, *Les règles de preuve en droit civil*, thèse, Poitiers, 1955 ; X. LAGARDE, *Réflexion critique sur le droit de la preuve*, préf. GHESTIN, 1994. *Adde* : DENIS, « Quelques aspects de l'évolution récente des preuves en droit civil », *RTD civ.* 1977.671.

2. Sur la distinction des règles de forme et des règles de preuve, v. Vol. 1 –*L'acte juridique* –n° 317.

3. *Ibid.*, n° 326.

4. Sur le caractère judiciaire de la preuve en matière juridique, v. GHESTIN, GOUBEAUX et FABRE-MAGNAN, *op. cit.,* n° 627.

5. Un vieil adage exprimait en quelques mots –latins– cette répartition des tâches, le plaideur donnant les faits, tandis que le droit reste l'apanage du juge : *Da mihi factum, dabo tibi jus.*

6. Elle a même sensiblement évolué avec le temps (J. DUPICHOT, « L'adage *Da mihi factum, dabo tibi jus* », *Mélanges* AUBERT, p. 425. Par un arrêt du 21 décembre 2007 (*Bull.* AP n° 10, *JCP* 2008. II. 10006, lement aux parties le soin d'établir l'existence, parce que les règles considérées ne peuvent être regardées comme présumées connues par le juge. Il s'agit :

– d'une part, des *usages*, dont la nécessaire notoriété ne peut équivaloir à l'efficacité d'une publication officielle. Celui qui les invoque doit en faire la preuve [1], par tous moyens (par témoins, par experts, ou encore, en matière commerciale, par *parères* –certificats délivrés, notamment, par les chambres de commerce et qui attestent l'existence de l'usage). Toutefois, il est admis que le juge doit, le cas échéant, faire état et se prononcer en fonction de ses connaissances personnelles, ou encore ordonner une recherche par voie d'expertise ou de consultation.

– d'autre part, la *loi étrangère*, lorsqu'elle régit un litige qui se déroule en France. On considérait traditionnellement que la présomption suivant laquelle le juge est censé connaître le droit perd tout fondement dans ce cas, ce pourquoi la jurisprudence assimile le droit étranger à un élément de fait [2], de sorte que celui qui invoque la loi étrangère devait en faire la preuve [3], en pratique par le moyen d'attestations émanant de juristes étrangers et dites « certificats de coutumes ». Néanmoins, par touches successives, la jurisprudence a renversé la règle et c'est désormais au juge qu'il appartient d'établir, éventuellement avec la coopération des parties, la teneur de la loi étrangère [4].

Il reste à observer que si le plaideur n'a pas à faire la preuve de la règle de droit, rien ne lui interdit de s'efforcer de démontrer au juge l'existence et le sens de la règle de droit qu'il invoque. Mais ce n'est plus là un problème de preuve. Il s'agit d'une discussion suscitée par l'existence de points controversés, sur lesquels il est naturel de chercher à forcer la conviction du juge : par exemple, en lui présentant des références jurisprudentielles ou doctrinales. L'essentiel demeure que le juge est, de toutes manières, tenu d'appliquer la règle de droit ; le silence des parties ne saurait l'en dispenser [5]. Il reste d'ailleurs maître de son opinion en ce domaine et peut la fonder sur des arguments que ni l'une ni l'autre des parties n'a invoqués.

On verra, au contraire, qu'en raison de la réglementation légale des preuves, le juge n'a pas toujours cette liberté quant à la manière dont il doit trancher les questions de fait. Certains modes de preuve s'imposent à lui, tandis qu'il est obligé d'en rejeter d'autres.

---

note WEILLER, *Defrénois* 2008, art. 38802, note SAVAUX), l'assemblée plénière de la Cour de cassation a jugé que si l'article 12 du NCPC oblige le juge à donner ou à restituer leur exacte qualification aux faits et actes litigieux invoqués par les parties au soutien de leurs prétentions, il ne lui fait pas obligation, sauf règles particulières, de changer la dénomination ou le fondement juridique de leurs demandes.

1. Com. 31 mai 1969, *Bull. civ.* IV, n° 193. On a opposé parfois, sur ce point, la coutume, qui serait une véritable règle de droit ne donnant pas matière à preuve, aux usages conventionnels, qui ne seraient que des éléments de fait devant être prouvés à ce titre. Mais cette distinction est douteuse. Sur l'ensemble de la question, v. MOURALIS, *op. cit.*, nos 1030 et s.

2. Cf. Civ. 26 avr. 1950, *D.* 1950.361, note LENOAN, *Rev. crit. DIP* 1950.429, note LEREBOURS-PIGEONNIÈRE.

3. Civ. 1re, 5 nov. 1991, *JDI* 1992.357, note MOREAU, *Rev. crit. DIP* 1992.314, note MUIR-WATT.

4. Dans l'avant-dernier état de la jurisprudence, il restait un cas où il revenait encore aux parties de prouver le contenu de la loi étrangère : celui où le litige portait sur un droit dont elles ont la libre disposition et où c'est l'une des parties qui avait soulevé l'application de cette loi. Cette dernière hypothèse a été abandonnée par Civ. 1re, 18 sept. 2002, *Rev. crit. DIP* 2003. 86, note MUIR-WATT.

5. Com. 31 mars 1981, *Bull. civ.* IV, n° 169. En revanche, lorsque les parties ont visé la règle sur laquelle l'action repose, le juge n'a pas –même si la loi l'y autorise– à rechercher un autre fondement à cette action, cf. Civ. 2e, 30 nov. 1985, *Bull. civ.* II, n° 23 ; v. également Ass. plén. 21 déc. 2007, préc.

4. La réglementation des preuves. – La matière se partage entre le droit civil et la procédure civile.

Dans la mesure où elles conditionnent la reconnaissance et l'exécution des droits subjectifs, les règles de preuve sont solidaires du droit dont elles tendent à assurer la mise en œuvre. De ce point de vue, le droit de la preuve relève du *droit civil*. Mais si on l'envisage sous son aspect judiciaire, le droit de la preuve met directement en cause le rôle du juge dans le déroulement du procès et obéit aux principes qui régissent celui-ci. L'importance des dispositions que consacre à la matière le nouveau Code de procédure civile en témoigne (art. 9 à 11 et 132 à 322, notamment).

Le *Code de procédure* réglemente l'administration de la preuve ; le *Code civil* définit son objet ainsi que l'admissibilité et la force probante des divers modes de preuves. Au reste, le Code civil n'a pas traité des preuves sur un plan général mais seulement à propos des obligations (art. 1315 et s.), voie qu'empruntent également la plupart des projets de réforme du droit des contrats ou des obligations [1]. Mais cette réglementation doit être généralisée, en principe [2].

5. Absence de caractère impératif de la réglementation des preuves. Limites. – En matière de preuve, les règles légales ne sont pas, en principe, impératives : elles ne sont pas d'ordre public [3]. Elles peuvent être écartées par la convention des parties, voire par la renonciation, même tacite, du plaideur à qui la règle est favorable. Cette liberté entraîne que les règles de preuve ne peuvent, de façon générale, ni être soulevées d'office par le juge, ni être invoquées pour la première fois devant la Cour de cassation.

Exemple : dans une matière où la loi exige la preuve par écrit, le tribunal ou la cour d'appel ont néanmoins décidé d'entendre des témoins et ni l'une ni l'autre des parties n'a protesté. La partie qui, à la suite des témoignages ainsi recueillis, aura perdu son procès, ne pourra pas fonder un pourvoi en cassation sur la méconnaissance des exigences légales : en ne s'opposant pas à l'enquête, elle a tacitement renoncé à s'en prévaloir [4].

Cette liberté des parties connaît cependant des *limites* [5]. Certains principes généraux de la preuve ont un caractère d'ordre public qui s'oppose à toute convention, ou renonciation, contraire. Ainsi en va-t-il de la règle qui, en vertu du principe de la contradiction affirmé pour la sauvegarde des droits de la défense (NCPC, art. 16), impose

---

1. Il existe pour l'instant trois textes, inspirés plus ou moins les uns des autres : l'*Avant-projet de réforme du droit des obligations et de la prescription* élaboré par un groupe de travail présidé par P. CATALA (La Documentation française, 2006), le *projet de réforme du droit des contrats* préparé par la Chancellerie et le *projet de réforme du droit des contrats* de l'Académie des sciences morales et politiques (*Pour une réforme du droit des contrats*, dir. F. TERRÉ, DALLOZ, « Thèmes et commentaires », 2009). Sur la première de ces propositions, v. notamment La réforme du droit des contrats, projet et perspectives, *RDC* 2006/1 et L'avant-projet de réforme du droit de la responsabilité, *RDC* 2007/1 ; sur la deuxième : La réforme du droit français des contrats en droit positif, *RDC* 2009/1, 265 ; *Petites Affiches* 2009, n° 31.

2. Toutefois cette extension comporte des limites : il existe, en certaines matières, des règles spéciales de preuve très différentes. Ainsi en va-t-il, notamment, en matière de filiation.

3. Sur la question, v. notamment, LE BALLE, *Des conventions sur les procédés de preuve en droit civil*, thèse, Paris, 1923 ; LEGEAIS, *op. cit.*, p. 134 et s. *Adde :* Y. FLOUR et GHOZI, « Les conventions sur la forme », *Defrénois* 2000, art. 37211. Pour la charge de la preuve, v. *infra*, n° 15.

4. Cf. pour la règle de la preuve par écrit, Civ. 1re, 21 déc. 1976, *D.* 1977. IR. 151.

5. Sur lesquelles v. notamment TERRE, *Introduction générale au droit*, 7e éd., 2006, n° 564 et s. ; MALAURIE et MORVAN, *Introduction générale*, 2e éd., 2005, n° 199.

que les preuves soient soumises à une discussion contradictoire [1] ; ou de celle qui interdit au juge de déléguer ses pouvoirs d'appréciation des preuves [2].

De même, il a été jugé que la preuve du sinistre, qui est libre, ne peut être limitée par le contrat d'assurance [3].

Il faut encore ajouter à cela que la recevabilité des preuves est soumise, en vertu de l'article 9 du Code de procédure civile et de l'article 6 de la Convention européenne de sauvegarde des droits de l'homme et des libertés fondamentales à un *principe de loyauté de la preuve* que la jurisprudence civile applique avec une grande sévérité [4].

Enfin, il faut également tenir compte, *dans les contrats conclus entre professionnels et non-professionnels ou consommateurs*, de la réglementation des *clauses abusives*. Le nouvel article R. 132-1, 5° du Code de la consommation, issu du décret du 18 mars 2009, *présume de manière irréfragable abusives*, et *interdit* donc les clauses ayant pour objet ou pour effet d'imposer au non-professionnel ou au consommateur *la charge de la preuve* qui, en vertu droit applicable, devrait normalement incomber à l'autre partie au contrat. Pour sa part, le nouvel article R. 132-2, 9°, présume abusives, *sauf au professionnel à rapporter la preuve contraire*, les clauses ayant pour objet ou pour effet de limiter indûment des moyens de preuve à la disposition du professionnel ou du consommateur [5].

5-1. Les projets de réforme du droit des obligations ou du droit des contrats et le droit de la preuve. – Contrairement au projet gouvernemental de réforme du droit des contrats qui n'en traite pas, l'*Avant-projet de réforme du droit des obligations* et le *projet de réforme du droit des contrats* de l'Académie des sciences morales et politiques contiennent des dispositions générales consacrées à la preuve, bien que cette matière ne concerne pas que les seules obligations.

Sur l'ensemble de la question, l'*avant-projet de réforme du droit des obligations* (Chapitre VII, De la preuve des obligations, du Sous-titre I, Du contrat ou des obligations conventionnelles en général ; art. 1283 à 1306-2), n'innove pas, sinon sur des points de détail. Il se situe directement dans la ligne du droit positif que la jurisprudence a construit sur le fondement des dispositions du Code.

D'une façon générale, le texte proposé va dans le sens d'une clarification des dispositions relatives à la preuve ; ainsi de la définition donnée par l'article 1285 de la « preuve par écrit ou preuve littérale ».

---

1. Cf. Civ. 2e, 26 févr. 1997, *Bull. civ.* II, n° 62 ; cf. RAYNAUD, « L'obligation pour le juge de respecter le principe de la contradiction... », in *Mélanges* HEBRAUD, p. 715.

2. Civ. 3e, 1er mars 1989, *Bull. civ.* III, n° 55 ; v. GOUBEAUX et BIHR, *op. cit.*, n° 55.

3. Civ. 2e, 10 mars 2004, *RTD civ.* 2005.133, obs. MESTRE et FAGES, *RDC* 2004.938, obs. STOFFEL-MUNCK, et 1080, obs. DEBET, *RC Ass.* 2004, n° 20, obs. NOGUÉRO.

4. V. par ex., Civ. 2e, 7 oct. 2004, *Bull. civ.* II, n° 447, *D.* 2005.122, note BONFILS, *JCP* 2005.II.10025, note LÉGER, *RTD civ.* 2005.135, n° 19, obs. MESTRE et FAGES, *RDC* 2005.472, obs. DEBET (« l'enregistrement d'une conversation téléphonique privée, effectué et conservé à l'insu de l'auteur des propos invoqués, est un procédé déloyal rendant irrecevable en justice la preuve ainsi obtenue » –en l'espèce il s'agissait d'établir qu'une somme remise à une personne l'avait été à titre de prêt et non à titre de donation, ce que prétendait ladite personne). Comp. Soc. 23 mai 2007, *D.* 2007. 2284, note CASTETS-RENARD, *D.* 2008. 2823, obs. VASSEUR, *RTD civ.* 2007.776, obs. FAGES (pas de déloyauté dans l'utilisation de messages écrits téléphoniquement adressées (SMS) dont l'auteur ne peut ignorer qu'ils sont enregistrés par l'appareil récepteur). Sur la question, v. LEBORGNE, « L'impact de la loyauté sur la manifestation de la vérité ou le double visage d'un grand principe », *RTD civ.* 1996.535. L'auteur observe, non sans pertinence, qu'il conviendrait de distinguer « déloyauté initiale » et « ruse en réponse » (p. 547).

5. V. *infra*, n° 15.

Ce souci de clarification se retrouve dans le plan retenu pour le chapitre VII consacré à la preuve des obligations, qui expose en quatre sections : 1. Les dispositions générales ; 2. Les formes de la preuve par écrit des actes juridiques ; 3. L'exigence d'une preuve par écrit et de la preuve testimoniale des actes juridiques ; 4. Les règles particulières aux présomptions, à l'aveu et au serment.

Le Titre nouveau, intitulé « La preuve » du *projet de réforme du droit des contrats* de l'Académie des sciences morales et politiques a une structure sensiblement différente. La section 1 consacrée aux dispositions générales a un contenu beaucoup plus réduit, limité à la charge de la preuve, à un renvoi aux textes suivants pour les règles régissant les différents modes de preuve et à l'affirmation d'un principe de validité des conventions sur la preuve pour les droits dont les parties ont la libre disposition. Les sections suivantes sont consacrées à : 2. De la distinction des faits et des actes juridiques ; 3. De la preuve littérale ; 4. De la preuve électronique ; 5. De la preuve testimoniale ; 6. Des présomptions ; 7. De l'aveu et du serment. Sur le fond, il s'agit aussi essentiellement d'une reprise des règles actuelles.

6. Plan. – Ne seront examinées, ici, que les règles de fond concernant la preuve, à l'exclusion de ses aspects procéduraux. La première question est de savoir à qui il revient de faire la preuve de l'obligation. C'est le problème de la *charge de la preuve*.

Il faut, ensuite, envisager, en précisant leur efficience respective, les différents modes de preuve. À titre principal, il en est deux qui sont, dans leurs domaines respectifs, des modes ordinaires de preuve : l'*écrit* et le *témoignage* (les *présomptions* venant s'adjoindre à ce dernier). Il faut y ajouter deux modes de preuve exceptionnels : *l'aveu et le serment.*

CHAPITRE 1 La charge de la preuve

CHAPITRE 2 La preuve écrite

CHAPITRE 3 La preuve par témoins et par présomptions

CHAPITRE 4 L'aveu et le serment

Chapitre 1

La charge de la preuve

7. Le rôle du juge en matière de preuve. – On oppose classiquement deux types de procédures : la procédure *inquisitoire*, dans laquelle l'initiative appartient au juge qui conduit le procès à la recherche de la vérité ; la procédure *accusatoire*, dans laquelle la maîtrise du procès revient aux plaideurs, le juge ne jouant qu'un rôle d'arbitre. Schématiquement, la *procédure pénale* se rattache traditionnellement au système inquisitoire ; le *procès civil* au principe accusatoire [1].

Ce caractère accusatoire fonde la règle de *neutralité du juge*, qui domine la recherche des preuves en matière civile [2]. De cette règle essentielle, découlent deux conséquences.

La première est que le juge n'est jamais autorisé à fonder sa décision sur des faits qui n'ont pas été régulièrement introduits dans le débat par les parties elles-mêmes (NCPC, art. 7). Il lui est en particulier interdit de faire état de la connaissance personnelle qu'il aurait pu avoir des faits litigieux en dehors du procès. C'est le corollaire direct de la répartition des tâches processuelles entre les parties et le juge : celui-ci, dont l'office consiste à dire le droit, n'a pas à s'immiscer dans la construction de « l'édifice de fait » [3].

La seconde est qu'en règle générale le juge n'intervient pas dans la recherche des preuves. Il statue seulement sur celles qui lui sont apportées par les plaideurs. Mais la règle est loin d'être absolue et jamais notre droit n'a consacré la passivité totale du juge. Dès 1812, le Code de procédure civile lui avait reconnu la faculté d'ordonner d'office certaines mesures d'instruction : descente sur les lieux, expertise, enquête. Le nouveau Code de procédure civile a développé ce pouvoir d'initiative judiciaire : toute mesure d'instruction peut être ordonnée d'office, si le juge l'estime opportune ou utile (NCPC, art. 10 et 143).

Un auteur a fait observer que ce rôle d'arbitre neutre que joue le juge dans le procès civil tient à ce que, à la différence de ce qui se passe dans le procès pénal, « la demande de vérité provient seulement des parties au litige et, éventuellement, de leurs ayants-droits » [4]. Le juge y est essentiellement un « pacificateur », les parties ayant alors pour responsabilité de faire le nécessaire pour satisfaire cette demande [5].

---

1. Sur la distinction des deux types de procédures, v. AUBERT et SAVAUX, *Introduction au droit et thèmes fondamentaux du droit civil*, 12e éd., 2008, n° 141. Sur l'évolution de la procédure pénale, STEFANI, LEVASSEUR et BOULOC, *Procédure pénale*, 18e éd., n°s 52 et s.
2. ANDRE, *Le principe de la neutralité du juge,* thèse, Paris, 1910 ; MOTULSKY, « Le rôle respectif du juge et des parties dans l'allégation des faits », *Études de droit contemporain,* 1959, t. 2, 355 et s. ; NORMAND, *Le juge et le litige*, 1965.
3. MOTULSKY, « Prolégomènes pour un futur Code de procédure civile : la consécration des principes directeurs du procès par le décret du 9 septembre 1971 », *D.* 1972. chron. 91, n°s 41 et s.
4. X. LAGARDE, « Finalités et principe du droit de la preuve. Ce qui change », *JCP* 2005.I.133, spéc. n° 7.
5. X. LAGARDE, *eod. loc.*

8. Position du problème de la charge de la preuve. – Étant acquis que le débat sur la preuve est organisé et orienté –principalement, sinon exclusivement– par les parties elles-mêmes, le problème de la charge de cette preuve [1] peut être formulé de la manière suivante : le demandeur prétendant à un droit contre le défendeur, qui lui oppose une dénégation, la question est de savoir lequel des deux doit démontrer qu'il a raison. Est-ce au *demandeur* d'établir que sa demande est justifiée ? ou au défendeur de démontrer qu'elle ne l'est pas ?

Les règles générales sont simples (Section I), mais elles comportent des aménagements qui résultent de présomptions légales (Section II).

Section I
Les règles générales

9. Distinction de la charge de l'allégation et de la charge de la preuve. – Une analyse moderne de la démarche probatoire a mis en lumière la soumission des plaideurs à une double charge : celle de l'*allégation* –c'est-à-dire l'obligation d'invoquer, à l'appui de leurs prétentions, tous les faits de nature à les fonder (NCPC, art. 6)–, et celle de la *preuve* proprement dite.

Particulièrement développée par Motulsky [2], la charge de l'allégation impose aux plaideurs d'*invoquer* tous les faits propres à déclencher l'application de la règle de droit revendiquée (*cf.* NCPC, art. 6). **Exemple :** celui qui, se fondant sur l'article 1382 du Code civil, prétend à la réparation d'un dommage doit faire valoir des faits correspondant à une faute, à un préjudice, et à un lien de causalité. La charge de l'*allégation* est ainsi préalable à celle de la preuve : s'il n'y a pas coïncidence entre les faits allégués par le demandeur et les éléments générateurs du droit dont il se prévaut –dans l'exemple : il ne fait valoir aucune faute– point n'est besoin de pousser plus loin l'investigation ; le requérant doit succomber du seul fait de l'insuffisance de ses allégations.

La question de la *charge de la preuve* n'intervient qu'ensuite, alors que chacune des parties nie la réalité des allégations de l'autre. À défaut d'une telle dénégation aucun problème de preuve ne se pose, selon Motulsky, « un fait reconnu ou simplement non contesté, n'a pas besoin d'être prouvé » [3].

La réalité de la distinction, en ce qu'elle a d'absolu, a été contestée [4], et il n'est pas sûr qu'elle soit pleinement consacrée par la jurisprudence [5]. En pratique, il est douteux que le débat judiciaire obéisse à une chronologie aussi stricte. D'une part, il n'est pas rare qu'un plaideur, qui dispose d'éléments de preuve, en fasse état sans attendre la contestation de son adversaire ; d'autre part, le juge lui-même ne procède pas successivement à l'examen des allégations et des preuves. Mais il est vrai que les deux opérations sont différentes.

---

1. DEVEZE, *Contribution à l'étude de la charge de la preuve en matière civile*, thèse, Toulouse, 1980 ; BOULANGER, « Réflexions sur le problème de la charge de la preuve », *RTD civ.* 1966.740.

2. *Principes d'une réalisation méthodique du droit privé –la théorie des éléments générateurs des droits subjectifs*, préf. ROUBIER, 1948, n°s 83 et s. ; *Le rôle respectif du juge et des parties dans l'allégation des faits*, *op. cit.*

3. MOTULSKY, *Principes...*, n° 115.

4. DEVEZE, *op. cit.*, n°s 30 et s.

5. Ainsi l'idée que l'absence de contestation d'une allégation élimine l'exigence de preuve a été nuancée, sinon contredite, par un arrêt –Civ. 2e, 10 mai 1991, *Bull. civ.* II, n° 142– selon lequel une cour d'appel « n'était pas tenue de considérer que les faits allégués étaient constants au seul motif qu'ils n'avaient pas été expressément contestés par les autres parties ». Rappr. Civ. 1re, 4 juill. 1995, *Bull. civ.* I, n° 294 (lorsqu'une partie a la charge de la preuve, celle-ci ne peut se déduire du silence opposé à sa demande par la partie adverse) ; cf. GHESTIN, GOUBEAUX et FABRE-MAGNAN, *op. cit.*, n°s 638 et s.

En témoigne, d'abord, le fait que le juge n'a pas les mêmes pouvoirs dans les deux domaines : la maîtrise des parties est exclusive en ce qui concerne l'*allégation*[1] *tandis que le pouvoir d'initiative judiciaire est considérable en matière de preuve*[2]. Force est de constater, ensuite, que la distinction devient directement discernable lorsque la recherche des preuves requiert une mesure d'instruction, par exemple une enquête. Avant d'ordonner une telle mesure, le juge contrôle la pertinence des faits à prouver : l'allégation permet de délimiter l'objet de la preuve.

10. Charge de la preuve : principes généraux. – Deux textes règlent la répartition de la charge de la preuve :

L'article 1315 du Code civil, qui exprime, pour les obligations, un principe valable en toutes matières, que les projets de réforme reprennent tel quel :

« Celui qui réclame l'exécution d'une obligation doit la prouver.

Réciproquement, celui qui se prétend libéré doit justifier le paiement ou le fait qui a produit l'extinction de l'obligation. »

L'article 9 du NCPC, qui généralise la règle :

« Il incombe à chaque partie de prouver, conformément à la loi, les faits nécessaires au succès de sa prétention. »

Ces deux textes révèlent –notamment l'article 1315– que la charge de la preuve, qui a vocation à peser sur les deux adversaires, est naturellement *mobile* : dès lors que le demandeur a établi la réalité de son droit, le défendeur doit, pour y échapper, prouver que ce droit a été satisfait[3]. Mais ils règlent deux problèmes différents et complémentaires[4]. En imposant à telle ou telle partie de faire la preuve du bien fondé de ses prétentions, ils tranchent, du même coup, la question, essentielle, du *risque de la preuve* : ils désignent celle qui succombera faute d'avoir fait la preuve qui est exigée d'elle, et donc faute d'avoir dissipé les doutes quant à ses allégations.

§ 1. Mobilité de la charge de la preuve

11. Alternance de la charge de la preuve au cours du procès. – Une première règle, traditionnelle, est que la charge de la preuve incombe au demandeur : *actori incumbit probatio.*

C'est la formule même de l'article 1315, alinéa 1. Rien n'est plus naturel : celui qui élève une prétention en justice veut porter atteinte à une situation acquise. C'est à lui qu'il appartient d'étayer son affirmation par des éléments de preuve. Par **exemple**, c'est au garagiste qui réclame le règlement des travaux de réparation effectués sur un véhicule qu'il incombe de prouver que le propriétaire de celui-ci avait bien commandé ou accepté l'ensemble des travaux considérés[5].

Le défendeur, tant qu'il se borne à nier le fait allégué contre lui, n'a pas de démonstration à faire. Mais il arrive que, sans nier les affirmations du demandeur, le défendeur invoque, pour se soustraire à ses prétentions, une *exception* ou un *moyen de*

---

1. NCPC, art. 6 et 7.
2. NCPC, art. 10 et 143.
3. V. par ex. pour l'exécution d'une obligation ayant donné lieu à condamnation sous astreinte, Civ. 1re, 28 nov. 2007, *Bull. civ.* I, n° 375, *D.* 2008, 2821, obs. Bretzner ; pour le règlement d'une créance d'aliments, Civ. 2e, 24 févr. 2005, *JCP* 2005.IV, n° 1729.
4. Sur cette distinction : Boulanger, *op. cit.,* n° 5 ; Deveze, *op. cit.,* nos 5 et s. ; Legeais, *op. cit.,* p. 101 ; Motulsky, *Principes...,* n° 117.
5. Civ. 1re, 6 janv. 2004, *Bull. civ.* I, n° 4, *JCP* 2004.IV, n° 1395.

défense au fond : assigné en remboursement d'un prêt, il reconnaît avoir emprunté, mais prétend avoir déjà remboursé. Il lui revient alors de justifier du bien-fondé de son exception (art. 1315, al. 2).

C'est qu'à ce stade intervient une seconde règle, qui complète la première et selon laquelle le défendeur, en invoquant une exception, *devient demandeur : reus in excipiendo fit actor.* Cette fois, en effet, c'est lui qui prétend remettre en cause une situation acquise –dans l'exemple : l'existence d'une obligation de rembourser. À ce titre, la charge de la preuve lui incombe à son tour.

Ainsi se produit ce qu'on a appelé un « va-et-vient », une alternance de la preuve : la charge en passe de l'une à l'autre partie, à mesure de leurs allégations successives.

12. Altération de ce schéma. – En vérité, ici encore, cette présentation chronologique de l'ordre de production des preuves reflète mal la réalité du procès [1].

D'une part, le plaideur qui n'a pas la charge de la preuve ne reste pas, pour autant, passif : il s'efforce de fournir au juge des éléments de conviction en sa faveur. Ainsi le défendeur dont la responsabilité pour faute est recherchée ne se contente généralement pas d'attendre les preuves du demandeur, avec l'espoir qu'il ne parviendra pas à établir cette faute. Il cherche à démontrer lui-même que sa conduite est restée irréprochable.

D'autre part, quand bien même ce plaideur ne participerait pas spontanément à la recherche de la vérité, le juge a le pouvoir de l'y contraindre. En effet, outre l'article 10 du Code civil, selon lequel chacun est tenu, à peine d'astreinte et d'amende civile, « d'apporter son concours à la justice en vue de la manifestation de la vérité », l'article 11, alinéa 1er, du NCPC dispose que « les parties sont tenues d'apporter leur concours aux mesures d'instruction, sauf au juge à tirer toute conséquence d'une abstention ou d'un refus ». Ainsi le juge peut-il ordonner à l'une des parties de produire les éléments de preuve qu'elle détient, même s'ils lui sont défavorables. De façon plus générale, le juge est investi, tant à l'égard des parties qu'à l'égard des tiers, du pouvoir d'ordonner, même d'office, toute mesure d'instruction –production d'un document, communication d'une information...– qu'il estime utile à la manifestation de la vérité [2].

Il est donc permis de considérer que la charge effective de la preuve ne pèse pas exclusivement sur celui des plaideurs qui a allégué le fait à prouver. Elle est en réalité partagée entre chacun d'eux et le juge, à qui la loi assigne un rôle actif dans le processus probatoire. L'observation doit, cependant, être assortie d'une réserve importante : le juge n'est pas autorisé à suppléer par des mesures d'instruction la *carence* d'une partie dans l'administration de la preuve (NCPC, art. 146, al. 2) : il ne lui revient pas de se substituer à une partie passive.

---

1. Critiquant le caractère réducteur de l'attribution de la charge –du risque– de la preuve opérée par l'article 1315 du Code civil, v. MEKKI, « Réflexions sur le risque de la preuve en droit des contrats », *RDC* 2008/3, 681. *Adde* : GHESTIN, GOUBEAUX et FABRE-MAGNAN, n° 645.

2. Cf. GHESTIN, GOUBEAUX et FABRE-MAGNAN, *op. cit.*, nos 651 et s. ; GUINCHARD, FERRAND et CHAINAIS, *Procédure civile*, 29e éd., 2008, nos 1209 et s. V. pour une application à un tiers, Civ. 1re, 21 juill. 1987, *Bull. civ.* I, n° 248 ; *Defrénois* 1987, art. 34076, rapp. SARGOS, *RTD civ.* 1988, obs. PERROT. Ce pouvoir du juge comporte toutefois des limites, notamment celle du secret professionnel (même arrêt ; v. aussi, par ex. Com. 13 juin 1995, *Bull. civ.* IV, n° 172).

§ 2. Charge et risque de la preuve

13. Notion de risque de la preuve. – Comme il a été indiqué, la formule « risque de la preuve » exprime cette idée que le plaideur qui ne parvient pas à faire la preuve de ses allégations, de sorte que le juge reste dans le doute quant à leur véracité, doit perdre son procès [1]. Elle dévoile la portée pratique de la règle que la preuve incombe au demandeur (art. 1315) : assumant la charge de la preuve, le demandeur en supporte du même coup le risque [2].

Exemple : la victime d'un dommage prétend à une réparation sur le fondement de l'article 1382 du Code civil ; elle devra, comme demandeur, établir les éléments constitutifs de la responsabilité du défendeur –faute, dommage, lien de causalité [3]. Si elle ne parvient pas à convaincre le juge de la réalité de son préjudice, par exemple, elle verra sa demande rejetée.

De ce point de vue, cependant, la règle de l'article 1315 est insuffisamment précise. En effet, le succès d'une prétention dépend d'un ensemble de conditions dont la preuve n'incombe pas toujours au demandeur. Certaines d'entre elles interviennent sous forme d'*exceptions*, et c'est alors au défendeur qu'il revient de les alléguer et d'en faire la preuve. Ainsi ne demande-t-on au créancier, qui se prévaut de l'existence d'un contrat, ni d'établir que ce contrat n'est affecté d'aucun vice du consentement, ni de prouver la capacité du débiteur. Cela révèle le sens véritable de l'article 1315, qui détermine, non pas seulement un ordre chronologique d'administration des preuves [4], mais aussi, et sans doute surtout, l'étendue de la preuve qui incombe à chaque partie [5]. Il appartient au créancier qui se prévaut de l'obligation, de prouver les faits qui en établissent l'existence (al. 1), et au débiteur qui se prétend libéré, de prouver ceux qui démontrent cette libération (al. 2) [6].

Toute la difficulté est de déterminer où commence l'exception ; de savoir, parmi les éléments générateurs d'un droit, quels sont ceux dont la preuve incombe au demandeur et ceux qui restent à la charge du défendeur.

---

1. Cf. X. Lagarde, *op. cit.*, n° 10, qui souligne, *in fine*, qu'une « proposition douteuse n'est donc jamais qu'une proposition non établie. Le doute équivaut alors à l'absence de preuve ». L'auteur critique le système probatoire français en ce qu'il s'appuie sur une distinction tripartite (« soit le fait est établi, soit il ne l'est pas, soit il demeure incertain ») –ce qui est une présentation quelque peu excessive– et soutient –non sans raison– que l'on pourrait concevoir, à l'image des droits anglo-américains et d'ailleurs de certaines solutions du droit du travail français, un système dans lequel chaque partie serait également tenue de démontrer ses allégations, le juge n'ayant pour mission que de désigner la proposition qui emporte sa conviction (*op. cit.*, n°s 11 et s.). Il n'est pas sûr, toutefois, que la différence des méthodes soit aussi marquée que cela, si l'on tient compte des altérations, évoquées dans n[os] précédents développements (n° 12), que supporte la règle d'alternance de la charge de la preuve.

Concernant spécialement le contrat, v. Mekki, « Réflexions sur le risque de la preuve en droit des contrats », *RDC* 2008/3, 681, préc.

2. « L'incertitude et le doute subsistant à la suite de la production d'une preuve doivent être nécessairement retenus au détriment de celui qui a la charge de cette preuve », Soc. 15 oct. 1964, *Bull. civ.* IV, n° 678 ; Soc. 31 janv. 1962, *Bull. civ.* IV, n° 105.

3. Sur la responsabilité du fait personnel, v. Vol. 2 –*Le fait juridique*– n°s 97 et s.

4. Sur cet aspect de la règle, v. par ex. Civ. 1re, 15 nov. 1989, *Bull. civ.* I, n° 349.

5. Deveze, *op. cit.*, n°s 403 et s.

6. V. par exemple pour la preuve de l'engagement d'un abonné, qui incombe à EDF. Civ. 1re, 6 nov. 1990, *Bull. civ.* I, n° 234, *RTD civ.* 1991.747, obs. Mestre ; et pour un abonnement au téléphone, Civ. 1re, 1er déc. 1999, *Bull. civ.* I, n° 328. Pour la contestation du montant de la facture, Civ. 1re, 30 mars 1999, *Bull. civ.* I, n° 113, *JCP* 2000.10334, note Ghica Lemarchand, *RTD civ.* 1999.642, obs. Gautier. Rappr. Civ. 1re, 7 mars 2000, *Bull. civ.* I, n° 81.

14. Attribution du risque de la preuve. – L'idée générale est que le risque de la preuve doit peser sur celui des plaideurs qui cherche à détruire une *apparence* ou une *vraisemblance :* à établir une situation contraire à celle qui est *a priori* regardée comme *normale*[1].

Exemple : lorsque le créancier d'une obligation de résultat[2] démontre que le résultat promis n'a pas été procuré, il est normal de considérer que l'inexécution est imputable au débiteur. L'existence d'une cause étrangère, qui peut exonérer celui-ci de sa responsabilité, étant *a priori* un événement exceptionnel, c'est au débiteur que la preuve en doit incomber.

La directive demeure d'une grande imprécision : même ainsi formulée, elle ne peut pas constituer un guide de portée générale[3]. C'est que le problème de la preuve est, en réalité, intimement lié à la nature des règles de fond dont la mise en œuvre est recherchée, nature elle-même diverse. La matière est, de ce fait, rebelle à toute systématisation.

De ce lien, la loi offre quelques illustrations significatives : divers textes règlent l'attribution du risque de la preuve en considération de la nature du litige. Par exemple, l'article 804, alinéa 1er, du Code civil, selon lequel la renonciation à une succession ne se présume pas, ou encore, l'article 2274 du Code civil (anc. art. 2268), d'après lequel la bonne foi, en matière de possession, est toujours présumée[4].

En dehors de ces textes, il est certain que les tribunaux, procédant de manière empirique, recherchent la solution de ce problème dans l'économie générale des règles substantielles applicables au litige qui leur est soumis. Les règles de preuve doivent, en définitive, concourir aux mêmes finalités que les règles de fond[5].

15. Conventions relatives à la charge de la preuve. – En ce qu'elles tranchent le problème de l'attribution du risque de la preuve, les règles légales relatives à la charge de la preuve sont en principe étrangères à l'ordre public : elles règlent des intérêts particuliers. En conséquence, les parties sont libres de convenir différemment. Tel est le cas, par **exemple**, en matière de télécommunications, où les contrats d'abonnement prévoient en général, en dérogation à l'article 1315, al. 1er et au principe que nul ne peut se constituer un titre à lui-même[6], que le relevé de communications établi par l'opérateur fait la preuve de l'existence et du montant de la dette de l'abonné, ce qui impose à celui-ci de prouver l'inexactitude du relevé[7].

---

1. Pour la mise en œuvre, plus ou moins explicite, de ces critères d'apparence, de normalité ou de vraisemblance, v. par ex. Com. 20 mars 1985, *Bull. civ.* IV, n° 105 ; Civ. 1re, 22 mai 1973, *Bull. civ.* I, n° 173 ; Civ. 1re, 22 déc. 1969, *Bull. civ.* I, n° 399.

2. Sur la distinction des obligations de moyens et de résultat, Vol. 1 *–L'acte juridique–*, n° 43 et s. et *infra*, nos 201 et s.

3. Raison pour laquelle elle est complétée, ou supplantée, dans certaines doctrines, par d'autres critères d'attribution du risque de la preuve : l'aptitude à la preuve, la protection de certaines parties ou de certains intérêts, l'incitation à la preuve... V. MEKKI, « Réflexions sur le risque de la preuve en droit des contrats », préc.

4. Ces règles, quoique exprimées en termes de « présomptions », ne correspondent pas au mécanisme des présomptions légales de l'article 1349 (*infra*, n° 16). Les deux règles citées au texte n'opèrent en effet aucun déplacement de l'objet de la preuve ; elles tranchent directement le problème de l'attribution du risque de la preuve en désignant la partie qui devra faire la preuve et qui, donc, perdra son procès faute d'y réussir.

5. DEVEZE, *op. cit.,* nos 595 et s.

6. V. *infra*, n° 37.

7. Cf. Civ. 1re, 28 janv. 2003, *Bull. civ.* I, n° 26. LÊ-MY DUONG, « Le monopole de fait de la preuve dans les contrats de télécommunications (à propos de la charge de la preuve du volume des communications facturées) », *D.* 2005. chron. 496. V. également, à propos de la preuve du manquement à ses obligations

La validité de ce type de stipulations connaît cependant des *limites*[1]. Notamment, dans les contrats conclus entre *professionnels et consommateurs*, on s'est demandé si elles ne pouvaient pas constituer des *clauses abusives*. La Cour de cassation avait jugé que la clause faisant peser sur l'assuré la preuve de l'événement garanti et des conditions posées pour mettre en jeu la garantie de l'assureur n'était pas abusive, faute de créer un déséquilibre significatif au détriment du consommateur[2]. Désormais, l'article R. 132-1, 12e du Code de la consommation, tel qu'il résulte du décret du 18 mars 2009 pris pour l'application de l'article L. 132-1 modifié par la loi du 4 août 2008, interdit, comme étant *irréfragablement présumées abusives*, les clauses ayant pour objet ou pour effet d'imposer au consommateur la charge de la preuve qui, en vertu du droit applicable, devrait incomber normalement à l'autre partie.

Par ailleurs, une question fait difficulté : savoir si le plaideur qui offre de prouver un fait qu'il n'était pas légalement tenu d'établir accepte par là même de prendre à sa charge le risque de la preuve en cas d'échec. En dépit de certains flottements, la jurisprudence ne l'admet pas[3]. La solution doit être approuvée. *En droit*, d'abord, parce que les renonciations à un droit ne se présument pas et supposent une manifestation de volonté dépourvue d'équivoque, ce qui n'est pas le cas, en l'occurrence, tant il est naturel que le défendeur fournisse spontanément les éléments de preuve dont il dispose. *En opportunité*, ensuite, en ce qu'on ne saurait, sans contradiction, encourager les plaideurs à collaborer à la recherche de la vérité, et les sanctionner en cas d'échec dans cette entreprise.

En dehors des modifications qu'elles peuvent supporter par l'effet de la volonté des parties, les règles d'attribution de la charge de la preuve subissent aussi des altérations du fait d'autres règles : celles qui établissent des *présomptions légales*.

Section II
Les présomptions légales

16. Notion générale. – L'article 1349 définit deux catégories de présomptions : les présomptions *légales* et les présomptions *de l'homme* (ou *de fait*) Ce sont des conséquences que la *loi* –dans le premier cas– ou le *juge* –dans le second– tire d'un fait connu à un fait inconnu[4].

La présomption légale, qui sera seule envisagée pour le moment[5], consiste à supposer qu'une chose est vraie parce qu'une autre est démontrée qui la rend vraisemblable, en raison du lien logique qui existe entre elles.

Exemples : lorsqu'un dommage est causé par un enfant mineur, la loi présume la faute de ses parents (art. 1384, al. 4). Du fait connu –le dommage causé par l'enfant– elle tire une vraisemblance : mauvaise éducation ou mauvaise surveillance de la part des parents. De même, lorsque le créancier a remis à son débiteur l'acte qui constate sa créance, la loi présume que ce débiteur est libéré (art. 1282). En effet, si la créance existait encore, le créancier n'aurait

---

du dépositaire d'un cheval pris en pension, avec une formulation ambiguë et alors que la clause concernait plutôt, au fond, les conditions de la responsabilité : Civ. 1re, 30 oct. 2007, *Bull. civ.* I, n° 328, *D.* 2008. 2820, obs. DELEBECQUE, *RDC* 2008/2, 252, obs. LAITHIER.

1. Sur celles-ci, de manière générale, v. *supra*, n° 5.
2. Civ. 1re, 7 juill. 1998, *Bull. civ.* I, n° 240, *Defrénois* 1998, art. 36895, n° 143, obs. D. MAZEAUD.
3. V. Civ. 1re, 15 juin 1967, *Bull. civ.* I, n° 213, *RTD civ.* 1968.357, obs. CHEVALIER
4. Sur la notion générale, v. AUBERT, *Introduction au droit...*, nos 71 et s. Pour approfondir, GENY, *Science et technique en droit privé positif*, t. 3, nos 230 et s. ; DECOTTIGNIES, *Les présomptions en droit privé,* thèse, Lille, 1949.
5. Sur les présomptions de l'homme, v. *infra*, nos 60 et s.

probablement pas commis l'imprudence de se dessaisir de son titre. Du fait connu –la remise du titre– une vraisemblance est tirée : la libération du débiteur.

Aux termes de l'article 1352, la présomption légale constitue une *dispense de preuve*. La formule n'est qu'à moitié exacte : en réalité, la présomption réalise un *déplacement de l'objet de la preuve*. Ainsi, le débiteur qui se prétend libéré et qui bénéficie de la présomption de l'article 1282, doit-il prouver qu'il y a eu remise volontaire du titre par le créancier[1] au lieu d'avoir à prouver qu'il a remboursé la dette. On ne peut parler de « dispense de preuve » que pour ce dernier élément, ou alors, par approximation, en considération de ce que la nouvelle preuve est plus facile que celle qui incombait au débiteur en application des principes généraux.

Il arrive, cependant, que la présomption entraîne une véritable dispense de preuve. Il en est ainsi chaque fois que le fait à prouver auquel la présomption est attachée, constitue lui-même l'une des conditions du droit réclamé. La victime d'un dommage qui réclame une indemnité doit normalement prouver tous les éléments générateurs de son droit à réparation. Dans le cas de la présomption posée par l'article 1384, alinéa 4, l'un des éléments générateurs du droit –le dommage causé par l'enfant– sert à en établir un autre : la faute des parents. La victime bénéficie bien, alors, d'une dispense de preuve[2].

17. Effets de la présomption sur la charge de la preuve. – Ainsi caractérisées, les présomptions légales ont, sur la charge de la preuve, une double incidence.

En premier lieu, ainsi qu'il vient d'être vu, elles *allègent la charge de la preuve*. Certes, chaque plaideur demeure tenu de prouver les faits nécessaires au succès de sa prétention. Mais c'est d'une preuve plus facile qu'il s'agit : la loi substitue à la preuve naturelle, qui serait trop difficile, par un déplacement de son objet, une preuve plus facile ; au point que, parfois, la charge qu'assume le bénéficiaire de la présomption devient insignifiante[3].

En second lieu, elles *suppriment le risque de la preuve :* en imposant au juge de tenir pour vrai un fait contesté, elles éliminent l'hypothèse du doute. Parce que la preuve est légalement considérée comme faite, le bénéficiaire de la présomption triomphe dans sa prétention[4]. Mais il faut nuancer selon la présomption considérée.

18. Les diverses variétés de présomptions légales. – L'incidence des présomptions légales sur le mécanisme de la charge de la preuve varie selon leur nature. Il en est *trois sortes*.

La présomption est *simple*[5] lorsque celui à qui elle est défavorable peut en démontrer l'inexactitude. On dit qu'il peut la « renverser », la « détruire », ou encore que c'est une présomption qui souffre *la preuve contraire*. Ainsi, dans le cas d'une créance établie par acte notarié, la remise de la copie exécutoire au débiteur[6] n'emporte-t-elle libération de celui-ci que sous réserve de la preuve contraire (art. 1283).

---

1. Sur la nécessité de cette preuve, Civ. 3e, 5 mai 1975, *Bull. civ.* III, n° 153 (en général) ; Com. 3 déc. 1985, *Bull. civ.* IV, n° 285 (cas particulier de l'article 1282).
2. DEVEZE, *op. cit.*, n° 379.
3. DUPICHOT, *Rép. civ.* Dalloz, v° *Présomption*, n° 77.
4. DEVEZE, *op. cit.*, n° 372 ; DECOTTIGNIES, *op. cit.*, p. 233.
5. On dit aussi « relative » ou *juris tantum*...
6. V. *infra*, n° 138.

La présomption est *irréfragable*[1] lorsque celui à qui elle est défavorable n'est pas admis à en démontrer l'inexactitude. On dit qu'elle ne supporte pas la preuve contraire[2].

Ainsi, le créancier qui a remis son titre de créance établi par acte sous seing privé au débiteur (art. 1282) ne peut-il pas prouver que celui-ci n'est pas libéré[3]. De même, les commettants, responsables des dommages causés par leurs préposés (art. 1384, al. 5) ne peuvent pas prouver qu'ils n'ont pas pu empêcher le dommage.

Il existe, enfin, des présomptions *mixtes*[4], qui peuvent être renversées mais seulement par la preuve de certaines circonstances déterminées, non par la simple preuve contraire.

Exemple : les parents, responsables des dommages causés par leur enfant mineur, ne peuvent s'exonérer de leur responsabilité que par la preuve de la force majeure, non en prouvant qu'ils n'ont pas commis de faute[5].

19. Critère de classification des présomptions légales. – Le plus souvent, la loi précise, directement ou *a contrario*, la nature de la présomption qu'elle édicte. Ainsi pour la présomption de responsabilité des commettants. Mais, parfois, elle n'en dit rien. Dans un tel cas, il est sûr que la présomption n'est pas *mixte :* caractère qu'elle ne peut avoir qu'autant que les moyens admis pour la combattre sont, justement, énumérés. L'hésitation ne peut donc exister qu'entre les deux catégories extrêmes : *simple* ou *irréfragable.*

Pour trancher entre elles, l'article 1352, alinéa 2, énonce, en des termes d'ailleurs confus, un critère suivant lequel la présomption n'est irréfragable que dans deux séries de cas :

– *lorsqu'elle a pour effet d'annuler un acte juridique :* ainsi, l'ancien article 911 du Code civil disposait que toute donation faite à un proche parent d'une personne qui est incapable de la recevoir, est présumée être adressée à l'incapable lui-même. Il y avait présomption « d'interposition de personne », sur le fondement de laquelle cette donation était annulée : le proche parent, donataire apparent, ne pouvait pas prouver que c'était bien lui, et non l'incapable, que le donateur voulait gratifier. La loi du 23 juin 2006 a conservé la présomption d'interposition de personne, mais elle l'a transformée en présomption simple, le nouvel article 911 admettant expressément la preuve contraire.

– *lorsque, sur son fondement, la loi dénie l'action en justice (c'est-à-dire interdit un procès) :* on en donnera deux exemples. Le premier est celui de *l'autorité de la chose jugée* (art. 1350, 3°). Ce qui a été jugé est présumé être vrai. On ne peut pas, pour entreprendre un nouveau procès sur le même point, offrir de prouver qu'il y a eu erreur. Mais le classement de l'autorité de chose jugée dans les présomptions légales est contestable[6]. Le second exemple, lui, n'est pas discutable : c'est celui de la présomption de libération du débiteur fondée sur la remise du titre sous seing privé (art. 1282).

20. Importance pratique des présomptions légales. – Quelle que soit leur nature, les présomptions légales ont une grande importance pratique.

---

1. On dit aussi « absolue » ou *juris* ou *de jure.*

2. La présomption irréfragable cède cependant parfois, devant l'aveu et le serment judiciaires (art. 1352) ; v. GHESTIN, GOUBEAUX et FABRE-MAGNAN, *op. cit.,* n° 717.

3. V. *infra*, n° 138.

4. On dit parfois aussi, « intermédiaires ».

5. Vol. 2 –*Le fait juridique*– n° 199. Jusqu'en 1997, cette présomption était regardée comme simple.

6. Plus que sur une présomption de vérité, elle se fonde sur la nécessité pratique de mettre fin au litige ; cf. GHESTIN, GOUBEAUX et FABRE-MAGNAN, n° 621 ; DUPICHOT, *Rép. civ.* Dalloz, v° *Présomption*, n° 90.

Les *présomptions irréfragables* dépassent, en réalité le domaine de la preuve. Elles sont de véritables *règles de fond*. Pour s'en convaincre, il suffit de remarquer que le fait, par exemple, de dire que le commettant répond des dommages causés par son préposé, et de lui interdire de prouver qu'il n'a pas pu les empêcher revient à affirmer qu'il est responsable même s'il n'a pas commis de faute. C'est *l'équivalent* d'une règle de fond *supprimant* la faute comme condition de la responsabilité.

Les *présomptions simples* sont moins énergiques et demeurent dans le cadre de la preuve. Du moins présentent-elles l'intérêt d'infléchir le sort du litige dans un sens favorable au plaideur qui en bénéficie, en palliant une insuffisance de preuve.

Il en va de même, plus fermement encore, dans le cas des *présomptions mixtes*, puisque, alors, la présomption ne peut pas être renversée par la simple preuve contraire mais seulement par la preuve d'un événement de force majeure.

Chapitre 2

La preuve écrite

21. Recevabilité des divers modes de preuve : les deux systèmes possibles. – Avant d'entreprendre l'étude spécifique des différents modes de preuve, il faut trancher une question préliminaire, de grande importance au plan des principes comme au plan pratique : celle de leur *admissibilité* –ou *recevabilité*. Deux conceptions s'opposent à cet égard.

Suivant la première, tous les moyens de preuve sont recevables. Le tout est de convaincre le juge ; les procédés par lesquels on y parvient sont indifférents. Peu importe, par exemple, que l'on détermine sa conviction en produisant devant lui un écrit ou en lui faisant entendre un témoin. C'est le système de la *preuve morale*, dit aussi de la *preuve libre*.

Selon la seconde conception, au contraire, seuls sont recevables certains moyens de preuve que la loi désigne limitativement et auxquels elle attache, parfois, une présomption de véracité qui échappe à l'appréciation du juge. Par exemple, en présence d'un écrit, le juge doit s'estimer convaincu, tandis qu'il doit rejeter d'autres preuves, tels les témoignages. Il ne suffit plus alors de convaincre le juge ; il faut le faire suivant certaines règles. C'est le système des *preuves légales*[1].

22. Part respective des deux systèmes. – Ces deux conceptions trouvent à s'appliquer, en droit positif, selon des combinaisons variées.

Le système de *la preuve morale* domine en *droit pénal*. Le juge y statue uniquement d'après son « intime conviction ». Par exemple, il peut acquitter un accusé malgré un aveu[2].

Sous réserve d'un certain nombre d'exceptions et d'atténuations[3] la liberté des preuves est aussi admise en *droit commercial :* la preuve par témoins y est, en principe, recevable (C. com., art. L. 110-3).

Le *droit civil* met en œuvre un système plus nuancé. Les modes de preuve admissibles diffèrent suivant que le droit que l'on invoque tire son origine d'un *acte* ou d'un *fait juridique*.

Le système de la *légalité des preuves* y est consacré pour les *actes juridiques*, et notamment *le contrat :* ils ne peuvent être prouvés que *par écrit*, écrit que les parties

---

1. Sur ces deux systèmes et les liens qu'ils entretiennent avec la situation du juge, GHESTIN, GOUBEAUX et FABRE-MAGNAN, *op. cit.*, n° 629 ; TERRÉ, *op. cit.*, n° 609 et s.
2. Sur la théorie de la preuve en matière pénale, v. BOULOC, *Procédure pénale*, 20e éd., nos 118 et s.
3. Cf. GHESTIN, GOUBEAUX et FABRE-MAGNAN, *op. cit.*, n° 667 ; HOUTCIEFF, *Droit commercial*, Sirey, « Université », 2e éd., 2008, n° 339 et s.

doivent rédiger au moment où elles concluent l'acte (art. 1341) [1]. On dit qu'elles sont tenues de « préconstituer » la preuve : de se la ménager par avance.

Certes, l'écrit peut-il être suppléé, très généralement, par l'aveu ou le serment ; mais alors, l'une des parties se trouve à la merci de l'autre : celle qui a la maîtrise de l'aveu ou du serment. Les seules vraies *exceptions* à l'exigence d'écrit résultent des cas où l'acte juridique peut être prouvé *par tous moyens*, c'est-à-dire par témoins et présomptions [2]. Il est évident que ces moyens de preuve sont affectés d'une relative incertitude, surtout quand il s'agit de démontrer l'existence ou le contenu d'une manifestation de volonté. C'est ce qui explique la préférence de la loi pour la preuve préconstituée par écrit en matière d'actes juridiques.

Les solutions sont inversées pour les *faits juridiques*, lesquels peuvent être, en règle générale, établis *par tous moyens*. C'est par témoins et présomptions que l'on prouvera, par exemple, les circonstances d'un accident. S'agissant d'événements souvent fortuits, l'exigence d'une préconstitution de la preuve serait inadéquate, sinon impraticable [3]. Ce principe connaît cependant des exceptions dont les plus notables concernent les faits relatifs à l'état des personnes –naissance, décès, filiation– qui se prouvent par les actes de l'état civil [4].

Excluant la liberté de la preuve pour les contrats et les autres actes juridiques, l'article 1341 établit un système de « preuve littérale » ou *preuve écrite*. Mais la notion même d'écrit a évolué pour prendre en compte le développement des technologies informatiques.

L'*Avant-projet de réforme du droit des obligations* (art. 1287 et 1288, art. 1306 et s.) et le *projet de réforme du droit des contrats* de l'Académie des sciences morales et politiques (articles 4 et 5 du Titre « La preuve ») conservent cette distinction fondamentale de la preuve des actes et des faits juridiques.

23. Définition de la preuve écrite. Éléments constitutifs de l'écrit. – Le Code civil n'avait pas jugé utile de définir l'écrit : la notion allait de soi. Mais l'apparition de l'informatique, et plus encore celle du commerce en ligne, ont rendu nécessaire une adaptation des dispositions légales. Pour admettre en preuve des *documents électroniques*, il fallait réaliser une double dissociation : dissocier l'*écrit* de son support traditionnel, le papier, et la *signature* de sa forme usuelle, l'apposition manuscrite du

---

1. Il a été jugé, en particulier, que la constatation d'un expert est insuffisante à établir l'existence d'un accord de volontés des parties (Civ. 1re, 11 mars 2002, *Defrénois* 2003, art. 37767, n° 54, obs. AUBERT). Cependant, une telle constatation pourrait constituer un élément complémentaire de preuve (élément de preuve extrinsèque) en présence d'un commencement de preuve par écrit. Sur celui-ci, v. *infra*, nos 57 et s.
2. Il s'agit alors des présomptions *de l'homme,* c'est-à-dire d'indices créant une certaine probabilité, une certaine vraisemblance (*infra,* nos 60 et s.).
3. La remarque n'a toutefois qu'une portée limitée. Il est des faits juridiques qui pourraient fort bien donner lieu à une preuve préconstituée. Ainsi le fait qu'une information a bien été donnée par celui qui est tenu d'informer. Un tel fait n'en est pas moins soumis à la règle de la preuve par tous moyens. V. par ex. Civ. 1re, 4 janv. 2005, *Bull. civ.* I, n° 6 (information à laquelle est tenu un médecin au bénéfice de son patient).
4. Sur les actes de l'état civil, v. GOUBEAUX, *Traité de droit civil* (GHESTIN), *Les personnes,* 1989, nos 205 et s.

nom [1]. C'est ce qu'a fait la loi du 13 mars 2000 *« portant adaptation du droit de la preuve aux technologies de l'information et relative à la signature électronique »* [2].

Sous sa forme habituelle, l'écrit se présente comme une suite de lettres consignée sur une feuille de papier. Mais l'évolution technique a fait apparaître d'autres procédés d'écriture. C'est pourquoi l'article 1316 du Code civil issu de la loi du 13 mars 2000 en donne une définition nouvelle *« La preuve littérale, ou preuve par écrit, résulte d'une suite de lettres, de caractères, de chiffres ou de tous autres signes ou symboles dotés d'une signification intelligible, quels que soient leur support et leurs modalités de transmission. »*

On le voit, cette définition nouvelle-reprise, pour l'essentiel, par l'article 1285 de *l'Avant-projet de réforme du droit des obligations* [3]– est plus large et surtout plus abstraite que la définition traditionnelle. Elle détache en effet la notion d'écrit de ses composants matériels –le mode d'écriture, le support– pour le caractériser par sa seule intelligibilité. Par **exemple**, constituent un écrit un document fixé sur un microfilm, un texte gravé sur le disque dur d'un ordinateur, un message transmis par courrier électronique, dès lors qu'ils sont lisibles et compréhensibles par autrui. C'est en raison de l'indifférence de la forme et du support que l'on peut parler d'une dématérialisation de l'écrit [4].

On peut observer qu'il s'agit là d'une consécration plutôt que d'une révolution [5]. À propos de divers actes juridiques tout à fait traditionnels et bien éloignés de la modernité, la jurisprudence a souvent eu l'occasion d'affirmer l'indifférence de la forme de l'écriture [6], de l'instrument utilisé pour écrire [7], ou du support de l'écrit [8]. Mais l'importance de la loi du 13 mars 2000 vient de ce que,

---

1. Une cour d'appel admet souverainement qu'un paraphe apposé à l'endroit des signatures vaut signature, Civ. 3ᵉ, 7 mars 2001, *Bull. inf. C. cass.* 2001, n° 470.

2. Cf. GAUTIER et LINAND DE BELLEFONDS, « De l'écrit électronique et des signatures qui s'y rattachent », *JCP* 2000. chron. 236 ; RAYNOUARD, « Droit de la preuve, nouvelles technologies et signatures électroniques », *Defrénois* 2000, art. 37174 ; TREBULLE, « Le nouveau droit de la preuve », *Petites Affiches* 20 avr. 2000, p. 12. Sur l'apport du droit communautaire, *Adde :* CAPRIOLI, « La loi française sur la preuve et la signature électroniques dans la perspective européenne », *JCP* 2000. chron. 224.

Un décret n° 2001-272 du 30 mars 2001 fixe les diverses exigences relatives à la signature électronique, quant à sa fiabilité, notamment.

Sur la signature en général, v. DAURIAC, *La signature*, thèse, Paris II, 1997 ; PLAS, *La signature*, thèse, Poitiers, 1935 ; LAMETHE, « Réflexions sur la signature », *Gaz. Pal.* 1976.I.74. Sur la signature électronique, v. outre les références citées à la note précédente, P. CATALA, « Le formalisme et les nouvelles technologies », *Defrénois* 2000, art. 37210. Un exemple usuel de signature électronique est fourni par le code secret nécessaire à l'utilisation des cartes de paiement (cartes bleues).

3. Le *projet de réforme du droit des contrats* de l'Académie des sciences morales et politiques ne reprend pas cette définition. Il contient une section spécialement consacrée à la preuve électronique (section 4, art. 28 et s.), réglée par les articles 1285-1 et suivants de l'*Avant-projet de réforme du droit des obligations.*

4. Sur cette idée que la loi du 13 mars 2000 consacre une notion dématérialisée de l'écrit : v. notamment GAUTIER et LINANT DE BELLEFONDS, article préc., n° 1. L'idée ne va cependant pas sans paradoxe car une feuille de papier et un stylᵒ constituent un matériel beaucoup plus simple qu'un ordinateur équipé de logiciels de traitement de texte et de messagerie et relié au réseau Internet, qui deviennent nécessaires tant pour élaborer un écrit que pour le recevoir et le déchiffrer.

5. NAVARRO, « La preuve et l'écrit entre tradition et modernité », *JCP* 2002.I.137.

6. Écriture en majuscules : Civ. 1ʳᵉ, 22 nov. 1966, *Bull.* I, n° 519.

7. Écriture au crayon : Com. 8 oct. 1996, *JCP* 1996.IV.2301, *RTD civ.* 1997.137, obs. Mestre.

8. Testament olographe écrit à la craie sur un tableau noir ou un mur, avec un diamant sur une vitre ; v. J. FLOUR et SOULEAU, *Droit civil –Les libéralités*, 1982, n° 187 ; GRIMALDI, *Droit civil –Libéralités –Partages d'ascendant*, 2000, n° 1362 ; ROLAND et CALLU, *Droit des libéralités*, 2000, n° 271.

en officialisant l'écrit électronique, elle ouvre la porte au développement du commerce à distance sur le réseau internet.

Il faut ici préciser que cette prise en considération des techniques informatiques opérée par la loi du 13 mars 2000 au regard de la *preuve* a été complétée par une loi n° 2004-575 du 21 juin 2004 pour la question, fort différente, de la *formation et de la validité du contrat*[1]. On observera à cet égard que si, en matière de *preuve*, l'écrit électronique est regardé comme équivalant à l'écrit « papier »[2], il n'en va pas exactement de même pour l'écrit exigé comme condition de validité du contrat. Certes, semblable équivalence est posée en principe (C. civ., art. 1108-1, nouv.)[3]. Toutefois, en vertu du nouvel article 1108-2, l'écrit informatique est exclu pour certains contrats passés sous seing privé[4], notamment ceux qui établissent une sûreté. Cette différence tient à la gravité particulière de la question de la validité du contrat. Comme il a été justement remarqué, « dans certaines hypothèses, un écrit électronique ne permettra pas d'assurer une protection suffisante à celui qui devrait être mis en garde contre un engagement irréfléchi, ou clairement informé des obligations qu'il envisage d'assumer »[5].

23-1. Imputabilité de l'écrit à son auteur. Rôle de la signature. – Pour faire preuve, un écrit doit émaner de celui à qui on l'oppose. Nul ne peut se constituer de titre à soi-même[6]. C'est normalement par la signature que se réalise cette imputabilité de l'écrit à son auteur, ce qui signifie que lorsque je signe un texte je m'en approprie les énonciations[7].

Ordinairement, la signature résulte d'un autographe apposé au pied du texte sur une feuille de papier. La loi du 13 mars 2000, dans l'article 1316-4 du Code civil, en modifie la définition de la même manière et dans la même inspiration qu'elle a modifié la notion d'écrit. La signature n'est plus désormais caractérisée par sa forme mais par sa fonction : *« elle identifie celui qui l'appose »,* et *« manifeste le consentement des parties aux obligations qui découlent de l'acte ».* Constitue par conséquent une signature tout signe distinctif qui répond à ce double rôle : permettre de reconnaître le signataire et comporter l'expression d'une volonté.

Elle peut donc elle aussi être *électronique,* c'est-à-dire résulter *de tout procédé fiable d'identification garantissant son lien avec l'acte auquel elle s'attache* (même texte, 2ᵉ alinéa, 1ʳᵉ phrase). Un exemple usuel de signature électronique est fourni par le code secret nécessaire à l'utilisation des cartes de paiement[8].

---

1. V. J. HUET, « Commerce informatique. Encore une modification du Code civil pour adapter le droit des contrats à l'électronique. Loi LCEN n° 2004-575 du 21 juin 2004 », *JCP* 2004.I.178, spéc. n° 13.
2. V. *infra*, n° 23-2.
3. Une ordonnance n° 2005-674 du 16 juin 2005 est venue préciser les conditions de la formation du contrat par la voie électronique, fixant, notamment, les conditions d'accomplissement des formalités accessoires qui accompagnent parfois l'exigence d'un écrit, par exemple, exigences de lisibilité ou de formulaire détachable (C. civ., art. 1369-10 et 1369-11, nouv.). V. J. HUET, *op. cit.*, n° 13.
4. Sur la distinction des actes sous seing privé et des actes authentiques, v. *infra*, nᵒˢ 24 et s.
5. J. HUET, *op. cit.*, n° 12. Cela explique que l'exception portée au principe d'équivalence ne concerne que les contrats établis sous seing privé et non ceux établis en la forme authentique : ceux-ci se trouvent en effet placés sous la garantie de l'intervention du notaire qui assure la protection nécessaire (cf. J. HUET, *op. cit.*, n° 14).
6. MOULY-GUILLEMAUD, « La sentence "nul ne peut se constituer de preuve à soi-même" ou le droit de la preuve à l'épreuve de l'unilatéralisme », *RTD civ.* 2007. 253.
7. Encore faut-il préciser que « l'auteur » s'entend ici de l'auteur intellectuel plutôt que matériel. Par exemple, un contrat de bail d'habitation pourra être rédigé par un agent immobilier, mais il sera signé par le bailleur et le preneur parce que ce sont eux que ce contrat engage. La signature permet donc de relier un écrit à la (ou aux) personne(s) concernée(s) par les effets qui s'y attachent.
8. Mais c'est au regard de l'article 1316-4 une signature imparfaite, car la fiabilité de l'identification n'est pas totale, loin s'en faut.

On observera que sur ce terrain aussi la loi du 13 mars 2000 opère plus une consécration qu'une révolution. Depuis longtemps, en matière de testament olographe notamment, la jurisprudence énonce qu'un acte est valablement signé dès lors que la signature permet d'établir avec certitude l'identité de l'auteur du document et sa volonté d'en approuver les dispositions [1].

L'importance de l'imputabilité de l'écrit à son auteur a été renforcée par un arrêt de la première chambre civile du 13 mars 2008 [2]. En se fondant sur l'article 1326 du Code civil, tel que modifié par la loi du 13 mars 2000, elle a cassé une décision ayant jugé qu'une reconnaissance de dettes intégralement dactylographiée, dans laquelle la mention de la somme due, en chiffres et en lettres, figurait donc sous cette forme, seule la signature étant manuscrite, ne constitue qu'un commencement de preuve par écrit [3]. Selon la Cour de cassation, il ressort de l'article 1326 que la mention de la somme ou de la quantité due n'est plus nécessairement manuscrite. Dans ce cas, elle doit résulter, selon la nature du support, d'un des procédés d'identification conforme aux règles qui gouvernent la signature électronique ou de tout autre procédé permettant de s'assurer que le signataire est le scripteur de ladite mention. S'agissant en l'espèce, non pas d'un écrit électronique pour lequel l'article 1326 a été modifié, mais d'un classique écrit sur support papier, l'arrêt considère que dès lors que l'on réussit à établir que la mention dactylographiée de la somme due a bien été écrite « par lui-même », comme dit le texte, par le signataire de l'acte, ce dernier vaut preuve, et pas simplement commencement de preuve.

23-2. Principe d'équivalence. – Le principe est que l'écrit électronique obéit aux mêmes règles qu'un écrit « ordinaire », dressé sur papier, qu'il s'agisse de son admissibilité comme preuve ou de sa force probante (C. civ., art. 1316-1 et 3 ; la règle est reprise par les projets de réforme du droit des obligations ou des contrats). En cas de conflit ou de contradiction entre deux documents établis sur des supports différents, la loi ne fixe entre eux aucune hiérarchie, et abandonne au juge le soin de déterminer le titre *« le plus vraisemblable »*. Par conséquent, la preuve informatique entre dans le système probatoire sans que lui soit attribuée un statut particulier, à partir d'une assimilation pure et simple à l'écrit traditionnel [4].

Le même principe d'équivalence régit les effets de la signature électronique. La fiabilité de celle-ci est « présumée », selon l'article 1316-4, lorsqu'elle répond aux conditions de sécurité exigées par la loi. Les effets de cette signature présumée fiable sont semblables à ceux d'une signature manuscrite, laquelle peut toujours être désavouée par celui à qui on l'oppose (art. 1323) [5].

Cependant, pour bénéficier de cette équivalence, l'écrit et la signature électronique doivent répondre à deux exigences : que l'auteur puisse en être identifié de manière certaine, et que le contenu ne puisse, ensuite, être modifié par l'une des parties ou un tiers. C'est cet ensemble de conditions –identité et intégrité– que la loi désigne sous le vocable de fiabilité du document et de la signature qui l'accompagne.

---

1. Civ. 24 juin 1952, *D.* 1952.613, *JCP* 1952.II.719, note VOIRIN.
2. Civ. 1re, 13 mars 2008, *Bull. civ.* I, n° 73, *D.* 2008. AJ. 911, obs. GALLMEISTER, 1956, note MARIA, 2371, obs. CRETON et 2825, obs. DELEBECQUE, *RTD civ.* 2008. 302, obs. FAGES, *Defrénois* 2008, art. 38795, n° 2, obs. LIBCHABER, *JCP* 2008. I. 152, n° 4, obs. SIMLER et II. 10081, note PUTMAN.
3. Sur cette notion, v. *infra,* n° 57 et sur l'exigence de mention de la somme due en chiffres et en lettres dans les actes sous seing privé constatant des engagements unilatéraux, *infra,* n° 35.
4. Sur cette idée, v. GAUTIER et LINANT DE BELLEFONDS, *op. cit.*, n°s 17 et s.
5. *Infra*, n° 37.

23-3. Fiabilité. Signature électronique sécurisée. – Les conditions de fiabilité de la signature ont été précisées par un décret du 30 mars 2001. Selon ce texte, est fiable la signature électronique sécurisée qui répond à trois critères énoncés dans l'article 1.2 du décret [1].

Elle doit être *propre à* son utilisateur, ce qui implique que celui-ci dispose d'un signe qui l'identifie de façon exclusive, et *demeurer sous le contrôle exclusif* de son titulaire. Ce caractère propre et sa protection supposent par conséquent que la même signature ne peut être créée plusieurs fois et qu'elle demeure confidentielle, qu'elle ne peut être découverte par déductions ni falsifiée par un tiers, et qu'elle est garantie contre toute utilisation par un autre sans autorisation de son titulaire (art. 3.I).

Pour assurer l'intégrité du document, la signature doit aussi garantir un lien avec l'acte auquel elle s'attache, tel que toute *modification de celui-ci soit immédiatement décelable.*

La signature ainsi créée et utilisée doit ensuite pouvoir être vérifiée. Cette procédure de contrôle doit permettre de s'assurer de son exactitude, de sa durée de validité et de ses conditions d'utilisation. La vérification s'opère au moyen d'un dépôt de la signature électronique auprès d'un tiers certificateur qui lui-même doit répondre à des critères de qualification définis par décret. Mais il faut souligner que la vérification est susceptible d'intervenir à deux moments. D'une part, le destinataire du message, au moment de l'établissement de l'acte, doit pouvoir en identifier l'origine et le contenu. D'autre part, à l'occasion d'un litige qui peut survenir après un temps plus ou moins long, c'est le juge qui procédera à ce contrôle. La vérification présuppose donc une conservation des documents électroniques qui en assure tout à la fois la pérennité et l'inaltérabilité.

L'ensemble de ces dispositions légales s'appliquent essentiellement aux *actes*, c'est-à-dire à des écrits spécialement dressés par les parties pour faire la preuve de leur accord. Ces actes doivent être distingués *d'autres écrits* dont la valeur probante est bien moindre.

Section I
Les actes

24. Double sens du mot « acte ». – En tant qu'il désigne des instruments de preuve, le mot « acte » n'est pas pris dans le même sens que lorsqu'on parle de l'acte juridique, source d'obligation.

L'acte juridique est une manifestation de volonté qui peut être purement verbale. Si un vendeur et un acheteur expriment leur accord sous cette forme, leur échange de volontés n'en détermine pas moins un acte juridique valable. Les « actes » dont il va être maintenant question sont des *documents écrits* qui *constatent* cette manifestation de volontés : qui, en matière de conventions, *constatent* l'accord des parties.

La terminologie latine était plus claire, qui opposait le *negotium* –l'acte juridique– à l'*instrumentum* – le document qui le constate. On peut utilement s'en inspirer en parlant d'*acte instrumentaire* pour désigner ce dernier.

Ainsi définis, les actes instrumentaires se subdivisent en deux catégories : actes *authentiques* et actes *sous seing privé.*

---

1. Sur ce décret, dont les dispositions sont d'une haute technicité, v. DE LAMBERTERIE et BLANCHETTE, « Le décret du 30 mars 2001, Lecture critique », *JCP*, éd. E, 2001.I.1269.

À la suite d'une suggestion faite par le Conseil national des barreaux, le rapport de la Commission Darrois pour une grande profession du droit propose la création d'une nouvelle catégorie : l'*acte contresigné par un avocat.* Il s'agirait, comme son nom le suggère, d'un acte sous-seing privé revêtu, dans le but de renforcer la sécurité des parties, de la signature d'un ou plusieurs avocats qui en garantissent la pleine efficacité et validité. Cet acte serait assimilé à l'acte sous-seing privé reconnu par les parties, ou légalement tenu pour reconnu, dont l'article 1322 du Code civil dit qu'il a la même foi que l'acte authentique[1]. L'assimilation ne serait cependant pas totale. Les parties ne pourraient plus dénier leur signature. Mais l'acte n'étant pas dressé par un officier public, ses mentions ne feraient pas foi jusqu'à inscription de faux, mais jusqu'à preuve du contraire, qui ne pourrait être rapportée que par écrit. La date de l'acte pourrait être contestée dans les mêmes conditions par les parties et elle ne constituerait pas une date certaine à l'égard des tiers[2].

§ 1. Les actes authentiques

25. Définition. – Les actes authentiques[3] sont les actes dressés par un officier public auquel la loi a reconnu compétence pour le faire : notamment par un officier de l'état civil pour les actes de l'état civil et, pour les conventions, par un notaire. Selon l'article 1317, alinéa 2, ils peuvent désormais être constatés sur un support électronique, dans des conditions qui ont été précisées par décret en Conseil d'État du 10 août 2005[4].

La notion d'acte authentique a été consacrée, à l'occasion de la création d'un titre exécutoire européen pour les créances incontestées (Règl. [CE] n° 805/2004 du 21 avril 2004, entré en application le 21 octobre 2005)[5], par l'article 4.3 du règlement n° 805/2004, qui le définit comme un « acte dressé ou enregistré formellement en tant qu'acte authentique et dont l'authenticité : i) porte sur la signature et le contenu de l'acte authentique et il a été établie par une autorité publique ou toute autre autorité habilitée à ce faire par l'État membre d'origine ».

Considérant que la création d'un véritable espace judiciaire européen repose sur la reconnaissance transfrontalière des actes authentiques, la Parlement européen a demandé à la Commission, dans une résolution (n° 2008/2124) du 18 décembre 2008, de présenter une proposition législative visant à établir la reconnaissance mutuelle et l'exécution des actes authentiques dans les États membres.

On ne parlera ici que des actes notariés : les seuls qui soient pratiquement usités pour la constatation des actes juridiques ayant un objet patrimonial.

A. Rédaction des actes authentiques

26. Qualité de l'officier public. – Tout officier public n'est pas *compétent* pour recevoir n'importe quel acte. Son aptitude à instrumenter doit s'apprécier sous le double rapport de la

---

1. Sur la signification de ce texte, v. *infra,* n° 37.
2. V. la note du Centre de recherches et d'études des avocats, publiée sur le site Internet du Conseil national des barreaux.
3. Sur l'authenticité, v. J. Flour, « Sur une notion nouvelle de l'authenticité », *Defrénois* 1972, art. 30159 ; Lapeyre, « L'authenticité », *JCP* 1970.I.2365.
4. V. Grimaldi et Reynis, « L'acte authentique électronique », *Defrénois* 2003, art. 37798 ; Raynouard, « Sur une notion ancienne de l'authenticité », *Defrénois* 2003, art. 37806 ; Huet, « L'acte authentique électronique, petit mode d'emploi (Décr. n° 2005-972 et 973 du 10 août 2005) », *D.* 2005. chron. 2903. Le premier acte authentique électronique a été signé le 28 octobre 2008.
5. V. Sagaut et Cagniart, « Regard notarial sur le titre exécutoire européen », *JCP,* éd. N, 2005. 1441, p. 1792.

compétence matérielle et de la compétence territoriale. C'est ainsi que, matériellement, les notaires jouissent d'un monopole pour constater les conventions entre les particuliers [1]. Territorialement, ils exercent leurs fonctions sur l'ensemble du territoire national, à l'exception des territoires d'outre-mer et des collectivités de Mayotte et de Saint-Pierre-et-Miquelon [2].

En outre, l'officier public doit être *capable :* un notaire se voit par exemple interdire de recevoir les actes où il est personnellement intéressé ainsi que ceux dans lesquels seraient parties ses parents ou alliés en ligne directe à tous les degrés et en ligne collatérale jusqu'au troisième degré inclusivement [3]. Les mêmes solutions s'appliquent, *mutatis mutandis*, dans le cas où le notaire a la qualité de notaire associé [4].

27. Formalités à observer pour la rédaction des actes. – Les actes authentiques notariés sont établis, en langue française [5], par un notaire ou, le cas échéant, par un clerc spécialement habilité à cet effet [6].

La question des formalités de l'acte authentique s'est quelque peu compliquée depuis l'admission, à côté des actes sur papier, des actes sur support électronique. Elle a été réglée par un décret n° 2005-973 du 10 août 2005 qui a remanié, à cette fin, le décret n° 71-941 du 26 novembre 1971.

Il existe désormais des *règles communes* aux deux sortes d'actes et des *règles propres* à chacune d'elles. On se bornera, ici, à quelques indications sommaires.

Qu'ils soient établis sur support papier ou sur support électronique, les actes notariés doivent identifier précisément le notaire qui reçoit l'acte, ainsi que les parties à celui-ci, de même, le cas échéant, que les témoins (art. 6, Décr. n° 71-941, mod. Décr. 10 août 2005). S'il y a lieu, il doit également porter l'identification du clerc habilité qui a recueilli les signatures des parties (art. 10). L'acte doit être établi, de façon lisible, en un seul contexte, sans blanc, sauf ceux qui constituent les intervalles normaux séparant paragraphes et alinéas et ceux nécessités par l'utilisation des procédés de reproduction (art. 9). Mention doit être faite que l'acte a été lu par les parties ou que lecture leur en a été faite (art. 6). Il doit être signé par les parties, les témoins et le notaire. Le cas échéant, il doit en outre être signé par le clerc habilité qui est intervenu (art. 10) [7].

Pour ce qui est des actes établis *sur support papier*, le texte, de même que les signatures et paraphes qui y sont apposés, doivent être indélébiles et la qualité du papier doit offrir toutes garanties de conservation (art. 11). Le texte ne doit comporter ni surcharge, ni interligne ni addition et les mots et les chiffres surchargés, surlignés ou ajoutés sont nuls ; les blancs nécessités par l'utilisation des procédés de reproduction sont barrés (art. 13). Chaque page est numérotée et le nombre des pages est indiqué à la fin de l'acte. Chaque feuille est paraphée par le notaire et les

---

1. Ord. 2 nov. 1945, art. 1. V. de Poulpiquet, *La responsabilité civile et disciplinaire des notaires*, préf. Sigalas, 1974, spéc. n°s 14 et s.
2. Décr. n° 71- 942 du 26 nov. 1971, art. 8 (mod. Décr. 29 avr. 1986, Décr. 29 oct. 1997 et Décr. 25 mars 2005) ; cf. Ghestin, Goubeaux et Fabre-Magnan, *op. cit.*, n° 682.
3. Décr. n° 71-941 du 26 nov. 1971 (mod. Décr. n° 2005-973 du 10 août 2005), art. 2.
4. Décr. n° 71-941 du 26 nov. 1971, mod. Décr. du 10 août 2005, art. 2, al. 2.
5. La règle a été posée par de très anciens textes demeurés en vigueur, en particulier par l'ordonnance de Villers-Cotterêts d'août 1539 (v. Mouralis, *Rép. civ.* Dalloz, v° *Preuve*, n° 72).
6. Loi du 25 ventôse an XI, contenant organisation du notariat, mod. L. du 25 juin 1973, art. 10, et Décr. n° 71-941, mod. Décr. n° 2005-73 du 10 août 2005, art. 38 et s.
7. Si les parties ne savent ou ne peuvent signer, leur déclaration à cet égard doit être mentionnée à la fin de l'acte (art. 10, dernier al.).

La jurisprudence admet qu'un paraphe peut valoir signature, Civ. 3e, 7 mars 2001, *Bull. civ.* III, n° 31. Au demeurant, il paraît acquis désormais, en vertu de l'article 1316-4, nouveau, du Code civil, que peut constituer une signature tout signe distinctif qui permet de reconnaître avec certitude son auteur ; cf. *supra*, n° 23-1.

signataires de l'acte à peine de nullité des feuilles non paraphées (art. 14)[1]. Enfin, le sceau du notaire[2] doit être apposé sur les actes qui sont délivrés en *brevet* ainsi que sur les *copies exécutoires* et *les copies authentiques*[3].

Quant aux actes établis *sur support électronique*, le notaire doit utiliser un système de traitement et de transmission de l'information agréé par le Conseil supérieur du notariat et qui garantisse l'intégrité et la confidentialité de l'acte (art. 16)[4]. L'acte doit être signé, dès qu'il est établi, par le notaire au moyen d'une signature électronique sécurisée[5]. Les parties et les témoins doivent, pour ce qui les concerne, utiliser un procédé permettant l'apposition sur l'acte notarié, visible à l'écran, de l'image de leur signature manuscrite (art. 17). Il est spécifié, là encore, que surcharges, interlignes ou additions contenus dans le corps de l'acte sont nuls (art. 19). Par ailleurs, des règles particulières sont posées pour consacrer la possibilité, ouverte par le recours à l'électronique, d'établir un acte notarié *à distance :* « lorsqu'une partie ou toute autre personne concourant à l'acte n'est ni présente ni représentée devant le notaire instrumentaire (c'est-à-dire celui qui dresse l'acte), son consentement ou sa déclaration est recueilli par un autre notaire devant lequel elle comparaît et qui participe à l'établissement de cet acte. ». L'acte doit porter mention de ce qu'il a été ainsi établi et chaque notaire recueille le consentement et la signature de la partie ou de la personne concourant à l'acte et y appose sa propre signature. « L'acte est parfait lorsque le notaire instrumentaire y appose sa signature électronique sécurisée » (art. 20)[6].

27-1. Sanctions. – L'inobservation de l'une ou l'autre de ces exigences de forme affecte plus ou moins gravement la validité et l'efficacité de l'acte authentique en tant que tel. Certaines d'entre elles sont, comme il a été dit ci-dessus, sanctionnées par une nullité partielle. C'est le cas, par exemple, des mots et des chiffres surchargés, interlignés ou ajoutés (art. 13 et 19). En revanche, le manquement à des exigences essentielles de l'acte authentique –telle l'absence de signature du notaire, dont dépend directement l'authenticité de l'acte (C. civ., art. 1316-4, al. 1er)– emporte l'invalidité de celui-ci[7]. Mais cette invalidité de l'acte notarié (*instrumentum*) n'emporte pas nécessairement celle de l'acte juridique (*negotium*), sauf lorsque l'authenticité est érigée en condition de validité de cet acte. Si tel n'est pas le cas, l'acte notarié imparfait n'est pas privé de toute valeur probatoire. Selon le cas, il peut valoir, ainsi que l'énonce l'article 1318, comme acte sous seing privé[8] ou, au moins, comme commencement de preuve par écrit[9].

---

1. En revanche, cette exigence ne concerne pas les annexes : Ch. mixte, 16 nov. 2007, *Bull.* CM n° 11, *Defrénois* 2008, art. 38846, note GELOT.
2. Chaque notaire est tenu d'avoir un sceau particulier qui l'identifie personnellement (art. 7).
3. Sur ces variétés d'actes, v. *infra*, n° 28.
4. Sur ce système, v. REYNIS, « À propos du décret du 10 août 2005 relatif aux actes établis par les notaires », *JCP,* éd. N, 2005, Actu. 436.
5. V. *supra*, n° 23-3.
6. Selon la formule d'un auteur, il s'agit là de « l'innovation majeure de l'acte sur support électronique de pouvoir abolir la distance, tout en respectant la nécessaire présence d'un notaire à chaque bout de la chaîne, témoin privilégié du consentement de son client », REYNIS, *op. cit.,* p. 1430.
7. Sur l'importance respective de la signature du notaire et des parties dans les actes authentiques, v. CATALA, *op. cit.*, n° 22.
8. Sur l'acte sous seing privé, v. ci-dessous, nos 32 et s. Il s'agit d'une exception qui suppose que le vice de forme invoqué a seulement fait perdre à l'acte son caractère authentique. Tel n'est pas le cas lorsque l'acte litigieux a été déclaré faux, au motif que la mention selon laquelle le consentement de l'épouse avait été donné le jour de la signature, ajoutée postérieurement sur la minute, était fausse. Ce vice ne constitue pas un simple défaut de forme privant l'acte notarié de son caractère authentique et l'acte ne peut valoir comme écriture privée pour la preuve du cautionnement : Civ. 1re, 21 févr. 2006, *Bull. civ.* I, n° 85, *D.* 2007. 1905, note VASSEUR, *RTD civ.* 2006. 767, obs. MESTRE et FAGES.
9. Sur le commencement de preuve par écrit, v. *infra*, nos 57 et s.

Ainsi la Cour de cassation a-t-elle décidé qu'un acte authentique de prêt, irrégulier pour ne pas porter la signature du prêteur, valait du moins comme commencement de preuve par écrit, susceptible d'être complété par des éléments extrinsèques [1]. La solution a été critiquée en ce sens que, dès lors que, s'agissant d'une demande formée par le prêteur contre l'emprunteur, lequel avait dûment signé l'acte, celui-ci aurait dû se voir reconnaître la valeur probante d'un acte sous seing privé : ce qui est nécessaire, selon cette critique, c'est que l'acte porte la signature, donc la reconnaissance, de celui dont l'engagement est recherché [2].

28. Mode d'établissement, conservation et copies des actes. – Les notaires sont tenus de conserver *minute*, c'est-à-dire l'acte original, des actes qu'ils reçoivent. Il n'en va autrement que lorsque la loi prévoit la délivrance de l'acte en *brevet*, cas où l'original établi par l'officier public est remis à l'une des parties. Cette possibilité ne concerne que des actes simples, tels, notamment, les actes de notoriété, les procurations et les quittances de loyers ou de salaires (Décr. n° 71-941, mod. Décr. n° 2005-73 du 10 août 2005, art. 26).

Pour les actes établis sur *support électronique*, l'acte doit être conservé dans des conditions de nature à en préserver l'intégrité et la lisibilité. Pour sa conservation, il est enregistré par le notaire instrumentaire, dès son établissement, dans un minutier central –établi et contrôlé par le Conseil supérieur du notariat. Le notaire instrumentaire, ou le notaire qui détient l'acte, en conserve l'accès exclusif (art 28). Les opérations successives justifiées par sa conservation, notamment les migrations dont il peut faire l'objet, ne retirent pas à l'acte sa nature d'original (art. 28, al. 5).

Chaque notaire est investi du droit de délivrer des *copies* des minutes qu'il détient (art. 32). Il en est de deux sortes : les copies *authentiques* et les copies *exécutoires*. Les *copies authentiques* –terminologie nouvelle : on disait auparavant, *expéditions*– sont la copie pure et simple de la minute.

Les *copies exécutoires* –terminologie fixée en 1999 ; on disait autrefois, *grosses*, parce qu'elles étaient établies en caractères plus gros que ceux des minutes– sont des copies authentiques « qui se terminent par la même formule que les jugements des tribunaux » (art. 33, al. 2). Il s'agit de la *formule exécutoire*, laquelle permet de recourir aux voies d'exécution –aux saisies– et, en principe, de bénéficier du concours de la force publique pour obtenir l'exécution de l'acte. C'est un avantage considérable de l'acte notarié : il dispense le créancier d'obtenir un jugement contre son débiteur.

Ces copies peuvent être établies, indifféremment, sur *support papier* ou sur *support électronique*, quel que soit le support initial de l'acte (art. 33), sauf à respecter les règles particulières posées pour chacun de ces deux supports (art. 34 et s. –support papier ; art. 37– support électronique).

B. Force probante des actes authentiques

29. Force probante privilégiée de l'acte authentique. – L'acte authentique fait foi *jusqu'à inscription de faux* (art. 1319). Cela signifie que, si l'on veut contester cet acte,

---

1. Civ. 1re, 28 oct. 2003, *Bull. civ.* I, n° 216, *Defrénois* 2004, art. 37894, n° 23, obs. LIBCHABER.

La jurisprudence décide par ailleurs qu'une signature unique suffit lorsqu'une partie intervient en une double qualité spécifiée à l'acte, Com. 8 oct. 2003, *Bull. civ.* IV, n° 153, *Defrénois* 2004, art. 37894, n° 22, obs. AUBERT. Comp. pour le cas où la prétendue double qualité n'est pas révélée par l'acte, Civ. 1re, 13 nov. 2002, *Bull. civ.* I, n° 264.

2. LIBCHABER, obs. préc., spéc. p. 377 ; cf. *infra*, n° 36, *in fine*.

il faut intenter une procédure spéciale, dite précisément *d'inscription de faux*, parce qu'elle tend à faire constater un faux en écriture (NCPC, art. 303) [1]. C'est une procédure lente et périlleuse ; celui qui l'engage et qui échoue dans sa démonstration s'expose à une amende et à des dommages-intérêts. Aussi ne l'entreprend-on que rarement.

Le recours à la procédure d'inscription de faux est impératif pour tout ce qui est couvert par cette force probante particulière de l'acte authentique, champ d'application dont le détail est précisé par les développements qui suivent. Cela concerne, notamment, les constatations faites par le notaire dans le cadre de sa mission. Ainsi a-t-il été jugé par un arrêt que les dispositions spéciales relatives à l'inscription de faux contre les actes authentiques excluent le recours aux mesures d'instruction propres à conserver ou à établir, avant tout procès, la preuve de faits relevant du pouvoir de constatation du notaire et dont pourrait dépendre la solution du litige [2].

Cette force probante très énergique s'attache, d'abord, à l'*origine* de l'acte. Tant qu'il n'a pas été démontré qu'il est l'œuvre d'un faussaire, il est considéré comme émanant réellement du notaire dont il porte la signature.

Pour ce qui concerne le *contenu* de l'acte, il faut faire une distinction entre les énonciations qui émanent du rédacteur de l'acte et celles qui proviennent des parties.

En toute hypothèse, seul est concerné le *contenu* de l'acte lui-même. La Cour de cassation a eu l'occasion de préciser que l'annexion d'un acte sous seing privé à un acte authentique ne lui confère pas la force probante de celui-ci [3].

30. Énonciations émanant du rédacteur de l'acte. – Font foi jusqu'à inscription de faux, les énonciations relatives à des faits que l'officier a énoncés « comme ayant été accomplis par lui-même ou comme s'étant passés en sa présence, dans l'exercice de ses fonctions » [4] : ceux qu'il a *personnellement constatés* et dont il a pu, par conséquent, vérifier l'exactitude, dans les limites de sa compétence –ainsi, par **exemple**, de la sincérité de la signature des parties [5] ou d'un versement de fonds opéré « à la vue du notaire » ou par l'intermédiaire de sa comptabilité [6].

La contestation de la véracité de la signature de l'une des parties ne peut se faire que par la voie de l'inscription de faux [7].

La même règle s'applique à la *date* de l'acte, dont l'indication est l'œuvre de l'officier public qui la constate et la donne à l'acte sous sa responsabilité. Il en résulte que les actes notariés « ont date certaine par eux-mêmes », sans référence à leur enregistrement [8].

La jurisprudence souligne que les constatations du notaire n'ont de valeur particulière qu'autant qu'il les a faites *conformément à sa mission*. Une mention relative à un fait dont

---

1. Cette procédure n'a pas lieu de s'appliquer à défaut d'acte authentique, cf. Civ. 1re, 12 juill. 2006, *Bull. civ.* I, no 394, *D.* 2006. IR. 2125 (l'acte critiqué consistait en l'espèce en un projet d'acte liquidatif établi par un notaire en vue d'un divorce).
2. Civ. 1re, 11 juin 2003, *Bull. civ.* I, no 139, *D.* 2004.830, note AUBERSON, *RTD civ.* 2003. 503, obs. MESTRE et FAGES, *Defrénois* 2003, art. 37810, no 90, obs. AUBERT (authenticité de la signature de l'auteur de l'acte).
3. Civ. 1re, 19 juin 2001, *Bull. civ.* I, no 179, *Defrénois* 2001, art. 37441, no 97, obs. AUBERT.
4. Civ. 1re, 4 mars 1981, *Bull. civ.* I, no 79.
5. Civ. 12 janv. 1887, *S.* 1887.1.206.
6. Civ. 1re, 8 janv. 1975, *JCP* 1975.IV.62. Implicitement : Civ. 1re, 11 mars 2009, pourvoi no 07-20132, *Bull. civ.* I, à paraître, *Defrénois* 2009, art. 38964, no 3, obs. SAVAUX.
7. Civ. 1re, 11 juin 2003, préc. Comp. pour les actes sous seing privé, *infra*, no 37.
8. Cf. Civ. 2e, 9 mai 1974, *Bull. civ.* II, no 160.

la constatation n'entre pas dans son rôle, quand bien même aurait-il déclaré l'avoir personnellement vérifié, n'a pas plus de valeur qu'une attestation émanant d'un témoin ordinaire. **Exemple :** une énonciation concernant l'état mental des parties [1]. La preuve contraire peut être rapportée par tous moyens.

31. Énonciations émanant des parties. – Les énonciations relatives à des faits que l'officier public n'a pas *personnellement* constatés ne font foi que jusqu'à preuve contraire [2] : la procédure de l'inscription de faux n'est pas nécessaire [3]. Ce qui est en cause, en effet, c'est seulement la véracité des déclarations des parties, et non pas la foi qui s'attache à ce que l'officier public déclare avoir constaté dans la mission qui lui est impartie. Ainsi en va-t-il, par **exemple**, pour l'indication de la répartition de lots de propriété foncière telle qu'elle a été déclarée avoir été voulue par les parties [4] ; de la mention d'un paiement fait hors la vue ou hors la comptabilité du notaire [5], ou encore pour les déclarations des parties relatives à la superficie du bien vendu [6].

À cette règle se rattache également la possibilité de prouver la *simulation*, en présence d'un acte notarié, sans recours à la procédure d'inscription de faux [7].

L'article 1294-1 de *l'avant-projet de réforme du droit des obligations* et le *projet de réforme du droit des contrats* de l'Académie des sciences morales et politiques définissent la force probante de l'acte authentique dans les mêmes termes que l'article 1319 du Code civil.

§ 2. Les actes sous seing privé

32. Définition. – Ce sont ceux qui sont rédigés soit par les parties elles-mêmes, soit par un tiers dépourvu de la qualité d'officier public –ou qui n'a pas agi en cette qualité. Ils sont établis sous signature privée [8].

A. Rédaction des actes sous seing privé

33. Nécessité de la signature. – La loi n'impose aucune forme particulière pour les actes privés : les parties rédigent leur écrit comme bon leur semble. La seule règle de

---

1. Civ. 2e, 5 juill. 2006, pourvoi n° 05-13885, inédit, *D.* 2007.1904, obs. Vasseur ; Civ. 1re, 25 mai 1987, *Bull. civ.* I, n° 171, *D.* 1988.79, note Breton.
2. En principe au moyen d'une preuve écrite car, pour combattre un écrit, il faut un autre écrit (C. civ., art. 1341) ; cf. *infra*, n° 53.
3. Civ. 1re, 2 nov. 2005, *Bull. civ.* I, n° 399, *RTD civ.* 2006.767, obs. Mestre et Fages, *Defrénois* 2006, art. 38365, n° 21, obs Libchaber.
4. Civ. 1re, 2 nov. 2005, préc.
5. Civ. 1re, 11 mars 2009, préc. ; Civ. 3e, 27 févr. 2008, *Bull. civ.* III, n° 35, *Defrénois* 2008, art. 38795, n° 1, obs. Savaux ; Civ. 1re, 3 juin 1998, *D.* 1999.453 note Ravigneau. Lorsque ce sont les parties qui contestent la réalité du paiement, la preuve contraire doit être rapportée par écrit (Civ. 3e, 27 févr. 2008, préc.), quand c'est un tiers, elle peut l'être par tous moyens (Civ. 1re, 11 mars 2009, préc.).
6. Civ. 3e, 26 juin 1973, *Bull. civ.* III, n° 443, *D.* 1973. somm. 143.
7. Civ. 1re, 4 mars 1981, *Bull. civ.* I, n° 79.
8. Sur la proposition de création d'un acte contresigné par l'avocat, v. *supra*, n° 24, *in fine*.

portée générale est l'exigence de la signature[1] : c'est elle qui confère à l'acte sa force probante[2].

Elle peut revêtir des formes diverses, notamment manuscrites ou électroniques dès lors qu'elle répond aux conditions énoncées à l'article 1316-4[3]. En revanche, une simple croix ou l'apposition d'empreintes digitales n'offrent pas de garanties suffisantes pour constituer une signature valable[4]. Par ailleurs, elle peut être donnée à l'avance : il s'agit alors d'un blanc-seing, qui fait foi des conventions qu'il contient, en dépit des dangers qui s'y rattachent[5].

Il existe cependant des exigences particulières à certains actes sous seing privé.

34. Acte constatant une convention synallagmatique. – La première de ces règles particulières concerne les actes qui constatent un *contrat synallagmatique* : l'article 1325 impose qu'ils soient rédigés en *double original*[6]. C'est la *« formalité du double »,* dont la raison d'être tient à ce que les deux parties ont intérêt à détenir une preuve du contrat puisque celui-ci fait naître un droit au profit de chacune d'elles[7].

L'adaptation de la règle aux écrits électroniques a été réalisée par une ordonnance n° 2005-674 du 16 juin 2005 qui a ajouté à l'article 1325 un second alinéa aux termes duquel cette exigence d'une pluralité d'originaux « est réputée satisfaite lorsque l'acte est établi et conservé conformément aux articles 1316-1 et 1316-4[8] et que le procédé permet à chaque partie de disposer d'un exemplaire et d'y avoir accès ». *L'avant-projet de réforme du droit des obligations* adopte une solution identique mais moins explicite en soustrayant « les actes accomplis sous forme électronique » aux dispositions relatives au double original (art. 1296, al. 3). Le *projet de réforme du droit des contrats* de l'Académie des sciences morales et politiques propose de reprendre l'article 1325.

La formalité du double cesse parfois d'être exigée, faute d'utilité.

En premier lieu, un seul original suffit lorsque l'une des parties a immédiatement exécuté ses obligations. N'ayant plus rien à lui réclamer, l'autre n'a plus besoin de preuve[9]. Si, par exemple, au jour de la rédaction de l'acte de vente, le vendeur a livré la chose vendue –ou, inversement, si

---

1. Sur le caractère essentiel de la signature, v. Civ. 1re, 27 janv. 1993, *JCP* 1993.II.22195, note Petel-Teyssié, *JCP,* éd. N, 1993.II.256, note Leveneur. Mais, en cas de pluralité d'originaux, il suffit que l'exemplaire détenu par le créancier porte la signature du débiteur à qui ce titre est opposé, Civ. 1re, 30 avr. 1970, *D.* 1970. somm. 157.

2. Élément essentiel de la *preuve,* la signature n'est pas une condition de la formation du contrat, Vol. 1 –*L'acte juridique*– n° 326.

3. Sur lesquelles, *supra* n° 23.

4. Civ. 1re, 15 juill. 1957, *Bull. civ.* I, n° 331 ; Civ. 15 mai 1934, *D.* 1934.1.113, note E.P.

5. C'est à la partie qui invoque un abus de blanc-seing qu'il appartient de faire la preuve contraire : Com. 28 févr. 2006, *Bull. civ.* IV, n° 54, *D.* 2007. 1906, obs. Delebecque, *RTD civ.* 2006. 769, obs. Mestre et Fages ; Com. 1er déc. 1981, *Bull. civ.* IV, n° 422.

6. Cette formule simplifiée vaut pour le cas le plus courant, où il n'y a que deux parties. L'article 1325 exige, de manière plus précise, qu'il soit établi « autant d'originaux qu'il y a de parties ayant un intérêt distinct ».

7. Sur le contrat synallagmatique, Vol. 1 –*L'acte juridique*– n° 82. Elle n'a lieu d'être que pour les écrits qui constatent un acte juridique, non pour ceux qui se bornent à constater une situation de fait (cf. pour l'*état des lieux* établi entre bailleur et preneur, Civ. 3e, 23 mai 2002, *Bull. civ.* III, n° 109, *D.* 2003. somm. 732, obs. Damas. Un autre arrêt, du même jour, précise que l'état des lieux ne fait foi que jusqu'à preuve contraire, laquelle peut être faite par tous moyens, Civ. 3e, 23 mai 2002, *Bull. civ.* III, n° 110).

8. Sur les conditions posées par ces textes, v. *supra,* nos 23-2 et s.

9. Civ. 1re, 13 janv. 1993, *Bull. civ.* I, n° 16 ; Civ. 1re, 14 déc. 1983, *Bull. civ.* I, n° 298. Inversement, la formalité du double peut avoir à s'appliquer à un contrat unilatéral, s'il stipule une obligation à la charge du créancier. Ainsi pour une promesse unilatérale de vente comportant une stipulation de dédit à la l'acheteur a payé le prix de la chose– le contrat peut n'être constaté qu'en un exemplaire qui sera remis à la partie qui conserve un droit à faire exécuter.

En second lieu, il est loisible aux parties d'éluder la formalité du double en déposant l'original unique entre les mains d'un tiers choisi par elles [1] : en cas de difficulté, chacun pourra demander au dépositaire de communiquer l'acte au juge.

35. Acte constatant une promesse unilatérale. – L'autre règle particulière est édictée pour les actes qui constatent une promesse unilatérale, portant sur une *somme d'argent* ou sur un *bien fongible* (qui s'estime au poids, au compte ou à la mesure : tant de tonnes de charbon, tant de litres de vin...). La formule, restrictive, écarte de nombreuses promesses unilatérales. Ainsi de la promesse de bail ou de la promesse de vente [2]. Elle s'applique, en revanche, aux reconnaissances de dettes ainsi qu'à l'engagement de caution et au mandat de se porter caution [3].

D'après l'article 1326, tel que rédigé par la loi du 13 mars 2000, l'acte doit comporter, outre la signature de celui qui s'engage, la mention écrite « *par lui-même* » de la somme ou de la quantité, *en toutes lettres et en chiffres* [4]. Cette formalité a pour but d'éviter les abus de blanc-seing. À défaut, un créancier malhonnête pourrait faire signer le débiteur en blanc et inscrire ensuite sur l'acte une obligation supérieure à celle qui avait été convenue.

Le Code civil posait, à l'origine, une règle plus exigeante : à défaut d'acte écrit en entier de la main de son signataire, l'acte devait porter, de la main de celui-ci, l'indication de la somme ou de la chose due, précédée de la mention « bon pour... ». La pratique avait abusivement étendu le domaine de cette formalité, dont l'usage s'était progressivement imposé dans presque tous les actes sous seing privé [5]. Contre cet excès de formalisme, la loi du 12 juillet 1980 a supprimé cette formalité [6].

Avant l'adoption de ce dernier texte, l'article 1326 exigeait une mention « *de (la) main* » de la personne qui s'oblige. La formule a été remplacée par « *par lui-même* » afin de tenir compte de l'admission de l'écrit électronique à fin de preuve. Mais la modification est susceptible d'avoir un champ plus large, la nouvelle rédaction pouvant désigner, pour un écrit sur support papier, la mention de la main (mention manuscrite) du débiteur ou par tout autre procédé d'écriture : dactylographie, informatique... dès lors qu'il en est l'auteur direct. C'est la conséquence qu'en a

---

charge du bénéficiaire, Com. 4 févr. 1965 (sol. impl.) *Bull. civ.* III, n° 90. Sur cette situation contractuelle, v. Vol. 1 –*L'acte juridique*– n° 157.

1. Civ. 3e, 5 mars 1980, *Bull. civ.* III, n° 52.

2. Civ. 3e, 11 févr. 1975, *D.* 1975. IR. 107 ; Civ. 1re, 27 févr. 1963, *D.* 1963.551.

3. Par ex. Civ. 1re, 13 nov. 1996, *Bull. civ.* I, n° 393 (engagement de caution) ; Civ. 1re, 27 juin 1995, *Bull. civ.* I, n° 286, *D.* 1996.133, note MICHA-GOUDET (mandat).

4. En cas de discordance entre les deux mentions, l'acte vaut pour la somme écrite en toutes lettres (même texte). Mais la force probante de l'acte est subordonnée à l'existence des *deux* mentions ; à défaut –mention en lettres *ou* en chiffres seulement– l'acte ne peut valoir que comme commencement de preuve par écrit, cf. Civ. 1re, 25 mai 2005, *Bull. civ.* I, n° 228, *Defrénois* 2005, art. 38254, n° 78, obs. LIBCHABER. V. aussi, par ex. Civ. 1re, 13 nov. 1996, préc. Comp. Civ. 1re, 19 déc. 1995, *Bull. civ.* I, n° 467, *Contrats, conc. consomm.* 1996. 37, note LEVENEUR.

5. V. LE TOURNEAU, Contre le « bon pour »..., *D.* 1975. chron. 187.

6. La loi du 12 juillet 1980 a également supprimé deux exceptions qui étaient antérieurement apportées à la règle de l'article 1326, pour les marchands, d'une part, et pour les artisans et laboureurs, vignerons et gens de service, de l'autre, que la loi, anachronique, présumait illettrés. Pour les marchands, cette réforme n'empêche que les obligations commerciales par nature restent dispensées des formalités par application de l'article 109 du Code de commerce (*supra*, n° 22).

tirée la première chambre civile dans un arrêt du 13 mars 2008[1]. Selon la Cour de cassation, il ressort de l'article 1326 que la mention de la somme ou de la quantité due n'est plus nécessairement manuscrite. Dans ce cas, elle doit résulter, selon la nature du support, d'un des procédés d'identification conforme aux règles qui gouvernent la signature électronique ou de tout autre procédé permettant de s'assurer que le signataire est le scripteur de ladite mention. L'arrêt considère donc que dès lors que l'on réussit à établir que la mention dactylographiée de la somme due a bien été écrite par le signataire de l'acte, cette dernière vaut preuve, et pas simplement commencement de preuve par écrit. Reste évidemment à savoir comment la preuve de l'imputabilité de la mention au signataire peut-être rapportée : par des mentions –manuscrites ?– de l'acte lui-même, ou par des éléments extérieurs à celui-ci. Dans le dernier cas, la méthode ne serait pas conforme au système classique de la preuve par écrit selon lequel l'acte doit faire la preuve par lui-même.

36. Sanction des articles 1325 et 1326. – La sanction des deux règles que l'on vient d'analyser est d'une rigueur relative.

D'abord, il est de principe que l'inobservation de l'un ou l'autre de ces textes n'entraîne pas la nullité de l'acte juridique lui-même –le *negotium.* C'est qu'ils posent seulement des règles de *preuve*, et non de *validité*, du contrat –ou, plus largement, de l'acte juridique. L'irrégularité de l'acte instrumentaire au regard de ces textes n'affecte donc que celui-ci : il est privé de sa valeur probante normale[2]. Dès lors, si une autre preuve, également admissible, est rapportée –tel un aveu– le contrat ou la promesse produira tous ses effets normaux[3].

Surtout, l'acte instrumentaire irrégulier et de ce fait privé de sa force probante normale, n'est pas pour autant dépourvu de toute valeur : il peut constituer un *commencement de preuve par écrit*[4]. À ce titre, il pourra permettre la preuve du contrat pour peu qu'on puisse le compléter par des témoignages ou des présomptions de nature à emporter la conviction du juge. Cela réduit la portée pratique des exigences posées par les articles 1325 et 1326.

À ce point, il convient d'observer qu'il peut être soutenu que l'article 1326 doit être lu comme posant une règle plus large selon laquelle la preuve d'un engagement suppose la signature du débiteur et que, pour les actes unilatéraux –ce qui va de soi–, comme pour les actes multilatéraux, dès l'instant qu'est produit un acte signé du débiteur et mentionnant son engagement, cet acte suffit à faire preuve contre lui, comme acte sous seing privé, de l'obligation invoquée[5].

---

1. Civ. 1re, 13 mars 2008, *Bull. civ.* I, no 73, *D.* 2008. AJ. 911, obs. GALLMEISTER, 1956, note MARIA, 2371, obs. CRETON et 2825, obs. DELEBECQUE, *RTD civ.* 2008. 302, obs. FAGES, *Defrénois* 2008, art. 38795, no 2, obs. LIBCHABER, *JCP* 2008. I. 152, no 4, obs. SIMLER et II. 10081, note PUTMAN.
2. Civ. 1re, 5 oct. 1994, *Bull. civ.* I, no 269, *D.* 1995. somm. 227, obs. LIBCHABER (art. 1326) ; Civ. 3e, 13 févr. 1991, *Bull. civ.* III, no 58, *Defrénois* 1991, art. 35142, no 101, obs. AUBERT (art. 1325).
3. Civ. 1re, 14 déc. 1964, *Bull. civ.* I, no 564 ; Rappr. Civ. 3e, 16 juin 1971, *Bull. civ.* III, no 387.
4. Par ex., Civ. 1re, 25 mai 2005, préc. (cautionnement) ; Civ. 1re, 10 févr. 2005, *Bull. civ.* I, no 58, *JCP* 2005.IV, no 1528 (reconnaissance de dette). V. aussi, Civ. 1re, 13 nov. 1996 et Civ. 1re, 27 juin 1995, préc. Sur le commencement de preuve par écrit, v. *infra*, nos 57 et s.
5. V. LIBCHABER, obs. sur Civ. 1re, 28 oct. 2003, *Bull. civ.* I, no 216, *RTD civ.* 2004.737, obs. MESTRE et FAGES, *Defrénois* 2004, art. 37894, no 23, obs. LIBCHABER.

B. Force probante des actes sous seing privé

37. Origine et énonciations de l'acte. – La force probante des actes sous seing privé est inférieure à celle des actes authentiques [1].

En premier lieu, l'acte sous seing privé *ne fait pas foi par lui-même de son origine*. La règle est posée par l'article 1322 qui ne donne force probante à l'acte sous seing privé que dans la mesure ou celui-ci est « reconnu par celui auquel on l'oppose... ». Cela signifie que la personne à qui on l'oppose peut *dénier* sa signature sans avoir à établir qu'un faux a été commis. C'est à celui qui invoque l'acte qu'il revient alors de démontrer, en sollicitant une *vérification d'écriture*, qu'il émane bien de son adversaire [2]. Opposé aux héritiers du souscripteur apparent, l'acte est plus fragile encore : ceux-ci pourront se borner à ne pas reconnaître la signature de leur auteur, sans avoir à la dénier formellement (art. 1323, al. 2). Cette simple déclaration suffit pour priver provisoirement l'acte de toute force probante.

On peut rattacher à l'article 1322 le principe, non écrit, que nul ne peut se constituer une preuve, –un titre de preuve– à soi-même [3]. Il est, au demeurant, permis de penser que le principe va de soi : on imagine mal la consécration comme preuves de documents dont l'auteur affirmerait unilatéralement, à son profit, un ou plusieurs droits. Les éléments de preuve que produit une partie doivent être neutres, c'est-à-dire être exempts de tout soupçon d'impartialité [4]. Mais cela, qui s'impose lorsqu'est exigée la preuve écrite, peut comporter des atténuations lorsque la preuve par témoins ou par présomptions est admise [5].

Contrairement à ce qui est admis pour l'acte authentique [6], la charge de la preuve de la sincérité de l'acte incombe donc à celui qui le produit. La solution s'explique parce que, étant établi sans le concours d'un officier public, l'acte sous seing privé n'offre par

---

1. Mais il n'y a pas de hiérarchie entre les deux sortes d'actes ; cf. Poitiers, 20 févr. 1991, *D.* 1991. somm. 315, obs. AUBERT.

2. Com. 1er déc. 1975, *Bull. civ.* IV, n° 286 ; Civ. 1re, 17 mai 1972, *Bull. civ.* I, n° 132.

3. V. notamment, MOULY-GUILLEMAUD, « La sentence "nul ne peut se constituer de preuve à soi-même" ou le droit de la preuve à l'épreuve de l'unilatéralisme », *RTD civ.* 2007. 253 ; MOURALIS, *Rép. civ.* Dalloz, v° *Preuve*, n°s 945 et s. ; V. cep. Civ. 2e, 23 sept. 2004, *Bull. civ.* II, n° 414, *JCP* 2004.IV, n° 3051 (l'arrêt rattache la règle à l'article 1325, alinéa 1er).

4. V. X. LAGARDE, « Finalités et principes du droit de la preuve. Ce qui change », *JCP* 2005.I.133, spéc. n° 4. Cet auteur observe toutefois, par référence à la *common law*, que l'on peut adopter une démarche différente, fondée sur la confiance dans la parole de chacun, dès lors, du moins, que les règles de procédure permettent un contrôle approfondi des déclarations en cause (spéc. n° 5). Il remarque que la jurisprudence de la Cour européenne des droits de l'homme paraît admettre que les deux systèmes de preuve sont admissibles en ce qu'il ne portent, ni l'un ni l'autre, atteinte à l'article 6 de la Convention quant à l'exigence d'un procès équitable (spéc. n° 5, b).

5. V. cette idée exprimée par Carbonnier, *Droit civil – Introduction*, 26e éd., 1999, n° 176, p. 338 ; cf. *infra*, n° 61. Sur le fondement d'une différence de rédaction d'arrêts plus récents qui énoncent que « nul ne peut se constituer un *titre* à soi-même » (cf. par ex., Civ. 2e, 23 sept. 2004, préc.), au lieu de dire, comme auparavant que « nul ne peut se constituer une *preuve* à soi-même » des auteurs ont émis l'idée que la règle ne s'imposerait qu'en matière de preuve des actes juridiques, non pour celle des faits juridiques. V. MESTRE, obs. sur Civ. 1re, 23 juin 1998, *RTD civ.* 1999.402, *Bull. civ.* I, n° 220, *Contrats, conc. consomm.* 1998, n° 141, obs. LEVENEUR ; MOURALIS, *op. cit.*, n° 946. La solution a été expressément consacrée par Civ. 1re, 13 févr. 2007, *Bull. civ.* I, n° 60, *D.* 2008. 2823, obs. BRETZNER.
Critiquant la portée excessive parfois reconnue à la règle, fréquemment contredite par la jurisprudence : MOULY-GUILLEMAUD, « La sentence "nul ne peut se constituer de preuve à soi-même" ou le droit de la preuve à l'épreuve de l'unilatéralisme », préc.

6. *Supra*, n° 29.

lui-même aucune garantie de provenance. Elle n'en expose pas moins le créancier détenteur d'un simple acte sous seing privé à la mauvaise foi de son cocontractant[1].

La procédure de « vérification d'écriture » est régie par les articles 287 et suivants du NCPC. Elle s'impose au juge à moins qu'il puisse se prononcer sans avoir à tenir compte de l'écrit contesté[2]. L'article 287, alinéa 2 (Décr. 3 déc. 2002) précise que « si la dénégation ou le refus de reconnaissance porte sur un écrit ou une signature électroniques, le juge vérifie si les conditions, mises par les articles 1316-1 et 1316-7 du Code civil à la validité de l'écrit ou de la signature électronique, sont satisfaites ». Et l'article 288-1 nouveau ajoute que « lorsque la signature électronique bénéficie d'une présomption de fiabilité, il appartient au juge de dire si les éléments dont il dispose justifient le renversement de cette présomption ».

Enfin, la loi envisage l'hypothèse d'un *conflit entre écrits de nature différente :* l'un électronique l'autre « classique ». Évitant d'instituer une hiérarchie entre les différentes formes d'écriture, le texte prescrit seulement au juge de rechercher « *le titre le plus vraisemblable* » (art. 1316-2).

En second lieu, et quant au *contenu*, aucune des énonciations de l'acte ne fait foi jusqu'à inscription de faux. Toutes ne font foi que *jusqu'à preuve contraire*[3]. Toutefois, cette preuve contraire n'est pas libre. En vertu de l'article 1341 du Code civil on ne peut prouver la fausseté des énonciations figurant dans un écrit qu'en produisant un autre écrit[4].

38. Date de l'acte. – Pour ce qui concerne la date[5], l'article 1328 impose de distinguer entre les parties et les tiers.

Dans les rapports *entre les parties*, la date mentionnée fait foi, comme toute autre énonciation, jusqu'à preuve contraire.

À *l'égard des tiers*, en revanche, elle est privée de toute force probante : on dit qu'elle leur est inopposable. De ce fait, l'acte est réputé n'avoir aucune date et reste sans effet envers les tiers.

La règle s'explique aisément. Tout contrat est, on le sait, susceptible de porter préjudice aux tiers, notamment parce qu'il donne naissance à une situation juridique qui leur est opposable[6]. Or, la date d'un acte sous seing privé n'est qu'un élément de la convention des parties et il est facile à celles-ci, le cas échéant, d'antidater ou de postdater l'acte. C'est pourquoi la date est légalement réputée suspecte. De la sorte, si l'acheteur d'un immeuble doit respecter le bail antérieurement conclu par le vendeur (C. civ.,

---

1. Certes, si la signature a été déniée à tort, la vérification d'écriture réussira. Mais cela aura entraîné, au moins, des lenteurs et des frais.

2. Civ. 1re, 26 févr. 2002, *Bull. civ.* I, n° 70 (« lorsque l'écriture et la signature d'un acte sous seing privé sont déniées ou méconnues, il appartient au juge de vérifier l'acte contesté et de procéder à la vérification d'écriture au vu des éléments dont il dispose, après avoir, s'il y a lieu, enjoint aux parties de produire tous documents à comparer à cet acte ») ; Civ. 1re, 15 juin 1999, *Bull. civ.* I, n° 203, 9.2000, somm. 359, obs. LIBCHABER. Rappr. Civ. 1re, 3 nov. 1999, *D.* 2000. somm. 249 obs. NICOD.

3. La formule de l'article 1322, selon lequel l'acte sous seing privé a « la même foi que l'acte authentique », est trompeuse. Certes, il n'y a pas de hiérarchie entre les deux sortes d'actes (cf. Poitiers, 20 févr. 1991, préc.), mais l'acte sous seing privé n'a pas la même force probante que l'acte authentique (v. *supra*, n° 29).

4. *Infra*, n° 53.

5. LAVILLAINE, *La date des actes sous seing privé*, thèse, Clermont I, 1978.

6. Vol. 1 –*L'acte juridique*– nos 432 et s.

art. 1743), cette obligation ne pèsera pas sur lui si le bail n'est constaté que par un acte sous seing privé, parce que celui-ci a pu être antidaté [1].

Il résulte de là que les « tiers » visés par l'article 1328 sont les tiers auxquels l'acte porterait préjudice si son *antériorité* était établie. Cela désigne, principalement, les *ayants cause à titre particulier* des parties. Tenant leurs droits de leur auteur, ils ne subissent les effets des actes par lesquels ce dernier a modifié le droit qui leur a été transmis que si la modification est *antérieure* à la transmission [2] : la date de l'acte conditionne son opposabilité à leur égard.

Au contraire, en principe, les *ayants cause universels* ne sont pas admis à invoquer l'article 1328 [3]. C'est qu'ils recueillent toutes les obligations de leur auteur, quelle qu'en soit la date. Il en va de même pour les *créanciers chirographaires :* la nature de leur droit les expose à subir toutes les fluctuations du patrimoine de leur débiteur, quelle que soit la date de l'acte qui les a provoquées [4].

39. Cas où l'acte acquiert date certaine. – Cependant, l'inopposabilité aux tiers, ainsi caractérisés, n'est liée qu'à la date portée à l'acte. Aussi, dès lors que le risque de fausse date est écarté, il va de soi que l'acte sous seing privé doit recouvrer son opposabilité –à défaut de quoi cette sorte d'acte n'aurait qu'une efficacité très restreinte. En d'autres termes, l'acte sous seing privé doit devenir opposable aux tiers dès l'instant qu'une date incontestable peut lui être attribuée : cas où l'on dit, précisément, qu'il a acquis « date certaine » [5]. Il en est ainsi dans trois circonstances prévues à l'article 1328 et que la jurisprudence considère comme limitatives [6] :

– la plus courante est *l'enregistrement de l'acte*, lequel consiste en une formalité fiscale : on est certain que l'acte a été signé au plus tard le jour de cette formalité ;

– la seconde circonstance est *la mort de l'une des parties :* il est sûr que l'acte a été signé, au plus tard, le jour du décès ;

– la troisième est celle où l'acte sous seing privé est *relaté dans un acte authentique :* le premier n'a pu être établi, au plus tard, que le jour du second.

---

1. Le bail ne sera opposable que s'il est possible de lui attribuer une *date certaine* antérieure à la cession (n° suivant).

2. Vol. 1 –*L'acte juridique*– n°s 438 et s.

3. V. Civ. 3e, 18 déc. 2002, *Bull. civ.* III, n° 270, *Defrénois* 2003, art. 37767, n° 55, obs. LIBCHABER (le légataire universel n'est pas un tiers au sens de l'article 1328 et ne peut se prévaloir de ce texte de sorte que la date de l'acte sous seing privé établi par son auteur lui est opposable). Il convient cependant de réserver une nuance pour l'héritier réservataire. V. GHESTIN, GOUBEAUX et FABRE-MAGNAN, *op. cit.*, n° 704, en note.

4. Toutefois, les créanciers pourront invoquer l'article 1328 pour exercer *l'action paulienne* (*infra*, n°s 85 et s.) : l'antériorité de leur droit conditionne alors la recevabilité de l'action. Il en va de même pour le créancier saisissant, au regard des actes du débiteur relatifs au bien saisi, qui sont inopposable au créancier s'ils sont postérieurs à la saisie ; cf. Civ. 1re, 14 nov. 1979, *Bull. civ.* I, n° 285 ; GHESTIN, GOUBEAUX et FABRE-MAGNAN, *eod. loc.*, *in fine.*

5. FAVENNEC-HERY, « La date certaine des actes sous seing privé », *RTD civ.* 1992.1 ; SOUSI-ROUBI, « Variations sur la date », *RTD civ.* 1991.70.

6. Civ. 1re, 4 févr. 1986, *Bull. civ.* I, n° 13. Toutefois, pour l'application de l'article 1743 du Code civil (transmission du bail en cours à l'acquéreur de l'immeuble loué) la jurisprudence fait preuve d'une grande souplesse et considère que le bail dépourvu de date certaine reste opposable à l'acquéreur dont il est établi qu'il en avait connaissance. V. Civ. 3e, 11 févr. 2004, *D.* 2005. Pan. 749, obs. DAMAS, *JCP* 2004.II.10109, note DJIGO, *AJDI* 2004.371, obs. ROUQUET, *Loyers et copr.* 2004, n° 84, obs. VIAL-PEDROLLETTI ; Civ. 3e, 29 sept. 1999, *RDI* 2000.693, obs. COLLART DUTILLEUL.

Dans ces différents cas, la date qui devient certaine n'est pas celle qui est mentionnée à l'acte. C'est, selon le cas, celle de l'enregistrement, celle du décès ou celle de l'acte authentique. C'est à compter de cette date que l'acte devient opposable aux tiers.

L'*avant-projet de réforme du droit des obligations* reprend (art. 1295 à 1300-5) l'ensemble des solutions retenues par le Code civil. Il y ajoute toutefois une règle expresse d'interdiction de se constituer un titre à soi-même : « les écrits émanant de celui qui se prétend créancier ne font pas preuve de l'obligation qu'ils énoncent, sauf les dérogations résultant de la loi, de l'usage ou de la convention » (art. 1299, al. 1er), étant précisé (al. 2) que les cas de l'usage et de la convention, les écrits « n'ont que la valeur de présomption et indices ». Le *projet de réforme du droit des contrats* de l'Académie des sciences morales et politiques ne contient pas de disposition de ce genre. Il reprend également la plupart des textes du code civil, parfois en les clarifiant.

Section II
Les autres écrits

Ce sont ceux dont l'utilisation comme mode de preuve présente un caractère plus exceptionnel et dont la valeur probante est inégale.

Sur ce point, l'*avant-projet de réforme du droit des obligations* reprend au fond, pour l'essentiel, les solutions consacrées par le droit positif (art. 1300 et s.). Il traite cependant des copies (art. 1301 et s.) dans la preuve littérale, aux côtés de l'acte authentique et de l'acte sous seing privé, en les détachant des exceptions à l'exigence de preuve par écrit auxquelles elles sont actuellement reliées (C. civ., art. 1348). Le *projet de réforme du droit des contrats* de l'Académie des sciences morales et politiques adopte le même parti.

§ 1. Les copies

40. Le principe : absence de force probante des copies lorsque le titre original subsiste. – Les progrès réalisés dans les techniques de reproduction ont renouvelé la question de la force probante des copies. La loi du 12 juillet 1980 a cherché à adapter notre droit à ces données nouvelles, sans pour autant bouleverser les principes fondamentaux du droit de la preuve [1]. Les solutions qu'elle a consacrées confortent la distinction que faisait déjà le Code civil selon que le titre original subsiste ou qu'il a, au contraire disparu.

Le principe, formulé par l'article 1334, reste que les copies d'actes n'ont pas de force probante tant que l'original subsiste : la présentation de celui-ci peut toujours être exigée [2]. En pratique, toutefois, toutes sortes de copies sont couramment utilisées à titre de preuve. Ainsi, en particulier, des *expéditions* des actes notariés, qui sont certifiées par le notaire et dont l'exactitude est très rarement discutée. En revanche, si la copie est contestée, elle perd toute valeur probante. Ainsi en va-t-il dans le cas où des copies sont produites qui comportent des mentions différentes. Le juge ne peut alors se prononcer sur

---

1. Chamoux, « La loi du 12 juillet 1980 : une ouverture sur de nouveaux moyens de preuve », *JCP* 1980.I.3008 ; Vion, « Les modifications apportées au droit de la preuve par la loi du 12 juillet 1980 », *Defrénois* 1980, art. 32470 ; v. aussi, Croze, « Informatique, preuve et sécurité », *D.* 1987. chron. 1.
2. Civ. 1re, 7 oct. 1980, *Bull. civ.* I, n° 245, *Defrénois* 1981, art. 32579, note Vion, *D.* 1981.32.

l'inscription de faux formée contre l'une d'elles qu'après avoir ordonné la présentation de l'acte original[1].

Toutefois, sous certaines conditions, la jurisprudence reconnaît la valeur d'un écrit à une télécopie : elle a notamment admis la validité d'un bordereau de transfert de créances professionnelles transmis par télécopie, « dès lors que son intégrité et l'imputabilité de son contenu à l'auteur désigné ont été vérifiés ou ne sont pas contestés »[2].

41. Exception : le titre original n'existe plus. – C'est cette situation que la loi du 12 juillet 1980 a fait évoluer. Le Code civil (art. 1335) n'avait posé que des solutions assez complexes, tenant compte de la qualité variable des copies. Du moins, les copies exécutoires des actes notariés bénéficiaient- elles de la même foi que l'original (art. 1335, 1°).

Aujourd'hui, la loi de 1980 a ajouté à ces solutions, maintenues telles quelles, en donnant une nouvelle rédaction à l'article 1348 : la copie d'un acte qui n'a pas été conservé –la cause de la réforme se trouvait, notamment, dans la pratique de microfilmage des chèques que les banques ne pouvaient stocker aussi longtemps que nécessaire– et qui est la reproduction non seulement *fidèle*, mais aussi *durable* de l'original s'est vu reconnaître une valeur probante directe, autonome : par dérogation au système de la preuve littérale[3], une telle copie « fidèle et durable » peut, à elle seule, faire la preuve du contrat –pourvu que l'original ait disparu[4], fût-ce volontairement.

Pour autant, la copie « fidèle et durable » n'est pas un procédé de preuve parfaite : contrairement aux actes instrumentaires, contre lesquels on ne peut prouver que par écrit, ces copies peuvent être contredites par tous moyens, témoignages ou présomptions. Elles ne sont ainsi qu'un élément de preuve soumis à la libre appréciation du juge.

La loi a pris soin de définir le caractère *durable* du document : « est réputée durable toute reproduction indélébile de l'original, qui entraîne une modification irréversible du support » (art. 1348, al. 2).

Quant au caractère *fidèle*, il tient, normalement, à la conformité à l'original. Mais cette conformité, précisément, est difficile à apprécier lorsque –c'est l'hypothèse– l'original a disparu. Seules peuvent être réputées fidèles les copies réalisées par des procédés de reproduction permettant de déceler à coup sûr toute falsification. La Cour de cassation juge que, sous réserve d'un contrôle attentif des juges du fond, une *photocopie* peut être une copie fidèle et durable[5].

---

1. Civ. 1re, 3 mai 2006, *Bull. civ.* I, n° 211, *RTD civ.* 2006. 769, obs, MESTRE et FAGES.
2. Com. 2 déc. 1997, *Bull. civ.* IV, n° 315, *JCP* 1998.10097, note GRYNBAUM. Rappr. pour un engagement de caution Civ. 1re, 28 mars 2000, *Bull. civ.* I, n° 106, *JCP* 2000.II.10368, note LEVENEUR, *RTD civ.* 2000.575, obs. MESTRE. Sur les cessions de créances professionnelles, v. *infra*, nos 365 et s.
3. *Supra*, n° 23, *in fine*.
4. Cf. pour une photocopie Civ. 1re, 30 mai 2000 et Paris, 17 mars 1998, *JCP* 2001.II.10505, note NIZARD (appréciation souveraine, par les juges du fond, de la valeur et de la portée d'une photocopie). Comp. Civ. 1re, 9 mai 1996, *Bull. civ.* I, n° 190.
5. Civ. 1re, 30 mai 2000, *Bull. civ.* I, n° 164, *JCP* 2001.II.10505, note NIZARD ; Civ. 1re, 25 juin 1996, *Bull. civ.* I, n° 70, *Contrats, conc. consomm.* 1996, comm. 183, note LEVENEUR. V. aussi, implicitement, Civ. 1re, 19 avr. 2005, *D.* 2005. IR. 1251, *AJ Famille* 2005.279, obs. CHÉNEDÉ. Pour une télécopie, v. Civ. 1re, 28 mars 2000, préc. (valeur probante écartée sur la contestation du débiteur prétendu). V. MOULIGNIER, « La force probante des télécopies en droit civil », *JCP*, éd. N, 2003.1096, p. 194 et s. Un arrêt a précisé que l'annexion d'une télécopie à un acte authentique ne lui confère pas la force probante de celui-ci (Civ. 1re, 19 juin 2001, *Bull. civ.* I, n° 179, *Defrénois* 2001, art. 37441, n° 97, obs. AUBERT).

Il reste à remarquer que, pour admettre ainsi la preuve d'un acte par une copie « fidèle et durable », l'article 1348, alinéa 2, vise seulement la *partie* ou le *dépositaire* qui n'a pas conservé l'acte original considéré. La Cour de cassation en a déduit que, hormis ces personnes, nul ne saurait se prévaloir d'un tel élément de preuve [1].

§ 2. AUTRES VARIÉTÉS D'ÉCRITS

42. Les actes récognitifs. – Les actes récognitifs sont ceux qui sont établis pour reconnaître un droit déjà constaté par un acte antérieur, lequel est dénommé, par opposition, *acte primordial*. Mais ils ne constituent pas de simples copies : ils portent, en effet, comme le titre ancien, la signature des parties.

L'acte récognitif ne fait foi qu'autant qu'il reproduit la teneur de l'acte primordial (art. 1337, al. 1) [2]. Si l'acte primordial est produit et qu'une différence apparaît entre les deux titres, c'est toujours l'acte primordial qui l'emporte : ce que l'acte récognitif contient de plus ou de différent n'a aucun effet (art. 1337, al. 2).

43. Les mentions libératoires émanant des créanciers. – L'hypothèse est qu'un créancier mentionne, sur le titre de créance, qu'il a reçu un acompte. Cette mention fait preuve du paiement, même si elle n'est pas signée, pourvu qu'elle soit de la main de l'intéressé. Mais la portée de cette valeur probante est variable :

– si la mention est portée sur un titre resté *en la possession du créancier*, la preuve contraire est possible par tous moyens ;

– si elle figure sur un double qui se trouve *entre les mains du débiteur*, elle équivaut à une quittance et a la force d'une preuve écrite, contre laquelle, en vertu de l'article 1341, on ne peut prouver que par écrit [3].

44. Les livres de commerce. – Obligatoires pour les commerçants, ils font foi *contre* celui qui les tient (art. 1330), mais à la libre appréciation du juge, comme il est de règle en matière commerciale. Ces livres font également foi *au profit* de celui qui les tient, s'il les oppose à un autre commerçant, mais non, en principe, contre un non commerçant (art. 1329).

45. Les registres et papiers domestiques. – Il s'agit des comptes tenus par les particuliers et des documents de toute nature qu'ils conservent [4]. Conformément au principe qui veut que nul ne peut se constituer une preuve à lui-même [5], ces documents ne peuvent jamais faire preuve au profit de celui qui les a écrits ; mais ils font foi *contre* lui dans deux cas : lorsqu'ils constatent un paiement reçu ; lorsqu'ils portent mention expresse qu'ils ont été établis pour suppléer le défaut de titre au profit du créancier (art. 1331).

---

1. Civ. 1re, 19 avr. 2005, préc. (l'arrêt exclut le recours à l'article 1348, alinéa 2, pour la preuve d'un testament par un soidisant légataire).
2. S'il ne relate pas les clauses de l'acte primordial, il ne vaut que comme commencement de preuve par écrit.
3. Cf. PIERRARD, « Les procédés de preuve du paiement », *RTD civ.* 1948.435, n° 14 et s.
4. Cf. ZAKI, « La preuve par le journal intime », *RTD civ.* 1980.2.
5. Cf. par ex. Civ. 1re, 2 avr. 1996, *Bull. civ.* I, n° 170. Sur ce principe et sa portée, v. *supra*, n° 37.

46. Les lettres missives. – Ce sont, en dehors des actes, les écrits auxquels il est le plus souvent recouru[1].

La lettre qui ne contient qu'une *allusion* à l'acte juridique qu'il s'agit de prouver, ne constitue qu'un *commencement de preuve par écrit.* En revanche, la lettre qui constate *expressément* l'acte juridique a la même force probante qu'un *acte sous seing privé ;* plus exactement, elle est un acte sous seing privé. La jurisprudence admet, au demeurant, qu'en matière de contrat synallagmatique, un *échange de lettres* équivaut à la formalité du double original[2]. Une vente peut ainsi être prouvée par la production de la lettre du vendeur contenant offre de vente, et de la réponse de l'acheteur portant acceptation de cette offre.

---

1. Pour valoir preuve, la lettre doit pouvoir être produite en justice : une lettre confidentielle ne peut l'être, par son destinataire, qu'avec le consentement de l'auteur, cf. METZGER, « Le secret des lettres missives », *RTD civ.* 1979.291, spéc. n° 45. Il y a là une exigence de *loyauté*. cf. LEBORGNE, « L'impact de la loyauté sur la manifestation de la vérité ou le double visage d'un grand principe », *RTD civ.* 1996.535.

2. Req. 6 févr. 1927, *D.* 1928.1.149, note GABOLDE, *S.* 1928.1.269, note GENY.

Chapitre 3

La preuve par témoins et par présomptions

47. Plan. – Les *témoignages* et les *présomptions de l'homme* sont deux procédés de preuve que la loi traite identiquement. Les règles qui les gouvernent seront exposées à l'occasion de la preuve par témoins. On précisera ensuite la notion de présomption.

Section I
La preuve par témoins

48. Preuve par témoins et preuve par commune renommée. – Les témoins sont des personnes qui déposent en justice sur des faits dont ils ont *personnellement connaissance :* sur ce qu'ils ont vu ou entendu. Cette sorte de preuve doit être distinguée de la preuve *par commune renommée*, qui est une preuve par « ouï dire » : les témoins rapportent alors ce qu'ils ont entendu dire sans l'avoir eux-mêmes constaté.

En principe, la preuve par commune renommée est prohibée en raison de son extrême incertitude[1]. Elle n'était admise qu'à titre de sanction, contre les administrateurs de biens d'autrui, lorsque, par leur négligence, ils ont privé leur adversaire d'une preuve régulière qu'ils auraient dû préconstituer : ainsi le tuteur doit faire un inventaire des biens de son pupille ; à défaut, celui-ci, pour lui réclamer restitution, pouvait établir la consistance de son patrimoine par commune renommée (C. civ., anc. art. 451, al. 3). Désormais, les textes prévoient que cette preuve peut être faite par tous moyens (C. civ., art. 505, al. 3 ; L. 5 mars 2007).

On n'examinera ici que la preuve par témoins proprement dite, et quant à la seule question de savoir dans quels cas elle est recevable[2].

49. Recevabilité de la preuve par témoins. – Pour ce qui concerne les obligations, la distinction faite précédemment[3] entre *faits* et *actes* juridiques est particulièrement nette. Les *faits juridiques* peuvent être prouvés *par témoins*. Cela est imposé parce qu'on ne peut pas préconstituer la preuve d'un tel fait –celle, par exemple, d'un accident. Au demeurant, le témoignage n'est qu'un moyen, parmi d'autres, de la preuve des faits

---

1. PICARD, *De la preuve par commune renommée*, préf. BARTIN, thèse, Paris, 1911.
2. Sur les formes dans lesquelles les témoignages sont reçus –ou procédure d'enquête–, v. GUINCHARD, FERRAND et CHAINAIS, *Procédure civile*, 29e éd., n°s 1250 et s.
3. *Supra*, n° 23.

juridiques, lesquels peuvent, en principe, être établis par *tous moyens*, ce qui inclut les *indices* et *présomptions* [1], et lorsque c'est possible, des documents écrits [2].

Au contraire, pour les *actes juridiques*, le principe est celui de *l'irrecevabilité de la preuve par témoins*. Mais ce principe supporte des *exceptions*. C'est ce qu'il faut préciser.

C'est de ces deux derniers points seulement qu'il sera question désormais.

§ 1. Le principe : l'irrecevabilité de la preuve par témoins en matière d'actes juridiques

50. La double règle de l'article 1341. – La primauté de la preuve écrite, parce qu'elle est regardée comme la plus sûre, et la prohibition corrélative de la preuve testimoniale, s'expriment dans deux règles complémentaires qu'énonce l'article 1341 du Code civil.

Suivant la première, *il doit être passé acte de toutes choses excédant une somme ou une valeur fixée par décret*. La preuve testimoniale se trouve donc exclue au-delà de cette limite.

Selon la seconde, *aucune preuve par témoins ne peut être reçue contre et outre le contenu de l'acte établi pour faire la preuve*. Ces principes sont repris par les projets de réforme du droit des obligations ou des contrats.

51. Exclusion de la preuve par témoins au-dessus d'un certain seuil. Domaine d'application. – Réserve faite de la dispense concernant les « petites affaires », l'obligation de préconstituer une preuve en matière d'actes juridiques est imposée par la loi dans les termes les plus généraux : « Il sera passé acte de toutes choses... ».

Cette irrecevabilité de la preuve par témoins vaut évidemment pour les *contrats*, actes juridiques par excellence. Plus largement, elle concerne toutes *les conventions*, notamment celles qui sont relatives à une obligation préexistante, telle une remise de dette [3]. Les solutions sont moins certaines pour les *actes juridiques unilatéraux* [4].

En revanche, l'objet de l'article 1341 ne présente pas une semblable généralité : ce qui est interdit, c'est de prouver par témoins un acte juridique dont l'*existence* est contestée. Lorsque, au contraire, l'existence de l'acte est reconnue, il faut distinguer. Si le litige porte sur le *contenu* du contrat –notamment, la mesure du prix– la preuve doit sans doute être faite par écrit car c'est la réalité du contrat qui se trouve indirectement en cause [5]. En revanche, si le litige concerne la *validité* de la convention, la preuve par tous moyens doit

---

1. Cf. *infra*, n°s 60 et s.
2. Par exemple, l'état des lieux établi entre un bailleur et son locataire, Civ. 3e, 23 mai 2002, *Bull. civ.* III, n° 110.
3. Sur la question, discutée, de la preuve du paiement, v. *infra*, n° 138.
4. Goubeaux et Bihr, *op. cit.*, n°s 223 et s.
5. La jurisprudence semble s'être fixée en ce sens aujourd'hui. V. en particulier, Civ. 1re, 12 juill. 2005, *Bull. civ.* I, n° 328, *RDC* 2006/2, note Laithier ; Civ. 1re, 25 janv. 1989, *Bull. civ.* I, n° 42 ; Civ. 1re, 27 avr. 1977, *D.* 1977.413, note Gaury. *Contra*, Civ. 1re, 20 janv. 1969, *Bull. civ.* I, n° 30.

Par ailleurs, la jurisprudence admet la preuve par tous moyens pour l'interprétation d'un acte obscur ou ambigu, Civ. 3e, 16 janv. 1979, *D.* 1979. IR. 240 (obscurité) ; Civ. 1re, 21 mars 1979, *D.* 1979. IR. 432 (ambiguïté).

être admise : il s'agit alors, en effet, de faire la preuve, non pas de l'exacte portée de l'acte, mais d'une irrégularité qui l'affecte, fait par nature distinct de l'acte proprement dit[1].

52. Seuil d'application de la règle. – Ne sont astreints à une constatation écrite que les actes juridiques dont l'objet atteint une certaine valeur, déterminée par décret. Elle est actuellement fixée à la somme de 1 500 € (Décr. 20 août 2004), à compter du 1er janvier 2005. C'est seulement en deçà de cette limite, qui doit s'apprécier à la date de l'acte, que les actes juridiques relèvent de la liberté de la preuve. La rigueur de la règle est renforcée par une série de dispositions de détail qui figurent aux articles 1342 à 1346. Par exemple, s'il y a des intérêts à ajouter à la somme due, il faut les prendre en compte.

La part ainsi laissée à la preuve par témoins est assez modeste. Elle est parfois totalement supprimée. Certains contrats ne peuvent être prouvés que par écrit, même lorsque l'intérêt en cause est inférieur au seuil légal. C'est le cas du bail (C. civ., art. 1715) ou encore du contrat d'assurance terrestre (C. assur., art. L. 112-3)[2].

53. Interdiction de prouver par témoins outre ou contre un écrit. – Prouver *contre* l'écrit, c'est établir que l'une de ses mentions est inexacte et prétendre le rectifier. Prouver *outre* l'écrit, c'est soutenir que l'acte est incomplet et prétendre y ajouter. De telles preuves ne peuvent se faire *que par la production d'un autre écrit*.

Cette règle ne se confond pas avec la précédente. Elle signifie en effet que, dès lors qu'il existe un écrit, même en dessous de 1 500 €, cet écrit ne peut être combattu par témoins.

Ainsi se précise la valeur probante des actes écrits : si les énonciations de l'acte sous seing privé, et même certaines énonciations de l'acte authentique, ne font foi que jusqu'à preuve contraire[3], du moins cette preuve ne peut-elle être faite que par un écrit[4].

54. Sanction et limites des règles de l'article 1341. – La portée des règles de l'article 1341 est cependant loin d'être absolue.

D'abord, l'exigence d'écrit n'affecte pas la validité de l'acte. Elle interdit seulement de le prouver par témoins ou par présomptions. C'est ce qu'exprime la distinction classique entre les écrits prescrits *ad validitatem* –exemple des contrats solennels– et ceux qui ne le sont qu'*ad probationem*, en vertu de l'article 1341[5]. Même si nullité et impossibilité de prouver se rapprochent beaucoup, il demeure que l'absence d'écrit *ad probationem* laisse une chance de preuve de l'acte par l'aveu ou par le serment. Au contraire, le défaut d'écrit *ad validitatem* rend l'acte nul et le prive de toute existence, même si l'accord de volontés n'est pas contesté.

---

1. V. sur le principe, Civ. 1re, 23 févr. 1994, *Defrénois* 1995, art. 36122, note BERNARD DE SAINT AFFRIQUE.
2. Cf. Civ. 1re, 14 nov. 1995, *Bull. civ.* I, n° 402, *RC Ass.* 1996. comm. 34, *D.* 1996. somm. 187, obs. BERR.
3. *Supra*, nos 31 et 37.
4. La règle ne s'applique pas aux actes de commerce. Elle joue, en revanche, dans le cas des *actes mixtes* –ceux qui sont actes de commerce pour l'une des parties et non pour l'autre, telle la vente consentie par un commerçant à un consommateur– à l'encontre de la partie pour qui l'acte est un acte de commerce, cf. Civ. 1re, 21 avr. 1982, *Bull. civ.* I, n° 143.
5. Vol. 1 –*L'acte juridique*– n° 311.

Ensuite, ces règles ne concernent que les *parties* et leurs *ayants cause universels*. Au contraire, les *tiers*, c'est-à-dire tous ceux qui n'ont pas l'une ou l'autre de ces qualités [1], peuvent toujours faire la preuve de l'acte par tous moyens. Ils peuvent pareillement faire la preuve outre ou contre le contenu d'un écrit. Ces solutions s'imposent : étant demeurés étrangers à l'acte, les tiers ne peuvent se voir appliquer l'exigence de préconstitution de la preuve.

Enfin, il convient de rappeler, pour ce qui concerne les parties elles-mêmes et leurs ayants cause universels, que les règles de preuve, et particulièrement celles de l'article 1341, ne sont pas d'ordre public [2]. C'est ainsi que, si l'un des plaideurs accepte de discuter les témoignages ou présomptions invoqués par son adversaire, il sera considéré comme ayant renoncé à en faire valoir l'irrecevabilité [3].

Il faut encore tenir compte des exceptions que supportent les règles de l'article 1341.

§ 2. LES EXCEPTIONS : LA RECEVABILITÉ DE LA PREUVE PAR TÉMOINS EN MATIÈRE D'ACTES JURIDIQUES

55. Idée générale. – En dépit d'une rédaction fort imparfaite de l'article 1348 [4], il n'y a exception que lorsqu'il est permis, en matière civile, soit de prouver un acte juridique par témoins alors que l'intérêt en cause dépasse le seuil légal de la preuve écrite, soit de prouver de la même manière outre ou contre un écrit. Il en est ainsi, d'abord, en cas *d'impossibilité de rapporter la preuve écrite* de l'acte, et ensuite, lorsqu'il existe un *commencement de preuve par écrit*.

56. Impossibilité de rapporter une preuve écrite. – Cette impossibilité [5] peut tenir, soit à ce que l'écrit, dûment rédigé, a été *perdu*, soit à ce qu'il a été *impossible de rédiger un écrit*.

Dans le cas de la *perte de l'écrit*, la preuve par témoins est admise et elle se dédouble. Il faut établir, d'une part, le fait matériel de *la perte* en prouvant qu'elle a été due à un cas fortuit ou de force majeure (art. 1348, al. 1, *in fine*) [6], et d'autre part, le *contenu de l'écrit* ainsi perdu, c'est-à-dire précisément l'acte juridique qu'il constatait.

Plus intéressante et plus fréquente est l'hypothèse où c'est la *rédaction* même d'un écrit qui a été *impossible :* « lorsque l'une des parties n'a pas eu la possibilité matérielle ou morale de se procurer une preuve de l'acte juridique », énonce l'article 1348 (réd. L. du 12 juill. 1980).

Le texte antérieur était moins explicite et c'est par une interprétation très libérale que la jurisprudence avait dégagé, à côté de l'impossibilité purement physique d'établir un écrit, la notion d'impossibilité morale de l'exiger. C'est cette jurisprudence que la loi de 1980 a consacrée.

---

1. Sur les notions de parties et de tiers, v. Vol. 1 –*L'acte juridique*– n°s 425 et s., 431 et s.
2. *Supra*, n° 5.
3. V. par ex. Soc. 9 avr. 1970, *Bull. civ.* V, n° 234.
4. L'article 1348 fait figurer parmi les exceptions « l'obligation née d'un quasi-contrat, d'un délit, ou d'un quasi-délit ». Mais il s'agit là de faits juridiques : ce n'est donc pas une exception à la preuve par écrit des actes juridiques. De même, c'est mal à propos que l'on présente parfois la liberté de la preuve en matière commerciale comme une exception au principe : l'article 1341 ne régit que les matières civiles (al. 2).
5. MALINVAUD, « L'impossibilité de la preuve écrite », *JCP* 1972.I.2468.
6. Civ. 1re, 17 déc. 1991, *Bull. civ.* I, n° 359. Mais, quelle que soit la cause de sa perte, l'original peut être suppléé par certaines copies, et toujours par une copie fidèle et durable, cf. *supra*, n° 41.

L'*impossibilité matérielle* revêt en réalité un caractère exceptionnel. Elle pourrait trouver à s'appliquer aux contrats conclus par téléphone [1], ou encore lorsque l'une des parties est incapable d'écrire [2]. La jurisprudence retient d'ailleurs une conception assez souple, se contentant de simples difficultés pratiques.

L'*impossibilité morale* est plus féconde. Elle peut tenir aux *relations existant entre les intéressés :* notamment relations de famille, d'amitié ou de confiance [3], bien que ce ne soit pas systématique. Le juge doit rechercher s'il existait des circonstances propres à constituer une impossibilité morale d'exiger l'établissement d'un écrit [4]. L'impossibilité peut aussi tenir à l'existence d'un *usage* [5].

On aboutit ainsi à une application assez large de la première exception, en ce que la preuve par témoins est pratiquement admise dans tous les cas où il n'est pas habituel de préconstituer la preuve par écrit.

57. Existence d'un commencement de preuve par écrit. La notion d'écrit. – La seconde exception, constituée par le *commencement de preuve par écrit*, a une portée considérable. Mais alors, les témoignages viennent seulement compléter et corroborer ce premier élément que l'article 1347 définit comme « tout acte écrit qui est émané de celui contre lequel la demande est formée... et qui rend vraisemblable le fait allégué ». La loi et la jurisprudence en ont fixé une conception extensive [6].

Souvent, le commencement de preuve est bien un *acte* –au sens d'*instrumentum*– mais un acte irrégulier : spécialement un acte sous seing privé où ont été omises les formalités des articles 1325 ou 1326 [7]. Si la formalité avait été respectée, l'acte ferait preuve complète ; à défaut, il vaut, du moins, comme commencement de preuve. Mais il peut s'agir aussi bien d'un *écrit quelconque* –une simple lettre [8]– voire une photocopie [9].

Qui plus est, à l'instigation de la jurisprudence, l'article 1347, modifié par une loi du 9 juillet 1975, autorise le juge à regarder comme commencements de preuve par écrit « les déclarations faites par une partie lors de sa comparution personnelle, son refus de répondre ou son absence à la comparution » (art. 1347, al. 3) [10]. Un tel élargissement se justifie par le fait que l'exigence d'un écrit comme élément du commencement de preuve,

---

1. MALINVAUD, *op. cit.*, n°s 12 et 13.
2. Civ. 1re, 13 mai 1964, *Bull. civ.* I, n° 251. V. aussi, Toulouse, 7 nov. 2006, *D.* 2007. Pan. n° 5, p. 1907, obs. DELEBECQUE.
3. Par ex. Civ. 1re, 9 mai 1996, *Bull. civ.* I, n° 191. Et à titre de contre-exemple, Civ. 1re, 19 juill. 1978, *D.* 1979. IR. 150, obs. LANDRAUD. Il a été jugé, en revanche que la vie maritale du dépositaire avec la fille du déposant n'emportait pas une impossibilité morale de constater le contrat par écrit, CA Besançon, 10 mars 2004, *RDC* 2004.942, obs. STOFFEL-MUNCK.
4. Pour un prêt consenti par une concubine à son compagnon, Civ. 1re, 10 oct. 1984, *RTD civ.* 1985.733, obs. MESTRE. Comp. Versailles 22 oct. 1999, *D.* 2000. somm. 418, obs. LEMOULAND. Pour d'autres cas où l'impossibilité a été soit admise, soit au contraire rejetée, v. *D.* 2008, Pan. droit de la preuve, 2825, obs. DELEBECQUE.
5. Civ. 1re, 15 avr. 1980, *Bull. civ.* I, n° 113. L'application spontanée de l'usage pourrait, d'ailleurs, être regardée comme une convention tacite de mise à l'écart de l'article 1341.
6. H. MAZEAUD, *La conception jurisprudentielle du commencement de preuve par écrit de l'article 1347 du Code civil*, thèse, Lyon, 1921.
7. *Supra*, n° 34 et s. ; cf. Civ. 1re, 13 nov. 1996, *Bull. civ.* I, n° 393 ; Civ. 1re, 2 juill. 1996, *Bull. civ.* I, n° 282. V. aussi, Civ. 1re, 16 juin 1993, *Bull. civ.* I, n° 219, *D.* 1995.406, note RAFFI (signature raturée par le créancier).
8. Civ. 1re, 20 avr. 1983, *Bull. civ.* I, n° 126.
9. Civ. 1re, 14 févr. 1995, *D.* 1995.340, note PIEDELIÈVRE, *JCP* 1995.II.22.402, note CHARTIER.
10. V. aussi l'article 198 du NCPC.

n'a pas de signification propre. Ce qui est essentiel, c'est *l'attitude du défendeur :* c'est que, par sa manière d'agir, il a fourni des armes contre lui-même.

58. Origine et pertinence de l'écrit. – La condition selon laquelle le commencement de preuve doit émaner de celui à qui on l'oppose a été, elle aussi et pour des raisons identiques, largement interprétée. Il n'est pas nécessaire que l'écrit ait été *matériellement* rédigé par le défendeur. Il suffit qu'il puisse lui être *imputé*, soit qu'il ait été rédigé sur ses instructions, soit, plus simplement, qu'il ait reçu son approbation ; autrement dit, qu'il puisse être considéré comme étant *son œuvre intellectuelle* [1]. Là encore, c'est une attitude significative qu'il convient de rechercher. Mais lorsque l'écrit émane de celui qui l'invoque, il ne peut valoir commencement de preuve par écrit [2].

L'écrit, ou l'attitude qui en tient lieu, doit rendre *vraisemblable* le fait allégué [3].

Bien entendu, cette condition de *pertinence* –question de fait qui, sauf dénaturation, échappe au contrôle de la Cour de cassation [4]– ne requiert pas une preuve complète : par définition, le commencement de preuve doit être complété par des témoignages ou des présomptions. Pour faire la preuve de ses allégations, celui qui appuie sa demande sur un commencement de preuve par écrit doit en effet fournir au juge, outre cet élément préalable, des éléments complémentaires de preuve qui, venant à l'appui du commencement de preuve par écrit, sont destinés à emporter sa conviction [5]. Ces éléments sont dits *éléments extrinsèques* parce qu'il s'agit de moyens de preuve qui sont nécessairement extérieurs à l'écrit constitutif du commencement de preuve : témoignages, présomptions ou indices propres à confirmer les indications de celui-ci. Il convient toutefois de remarquer que la jurisprudence n'entend pas cette nécessaire extériorité de façon rigide : il peut s'agir, le cas échéant, d'indications portées par l'écrit même retenu comme commencement de preuve, pourvu qu'elles en soient distinctes, intellectuellement ou fonctionnellement. Ainsi, par **exemple**, en matière de cautionnement, l'élément « extrinsèque » peut-il figurer sur le même acte (*instrumentum*) pourvu qu'il concerne une convention différente (*negotium*), tel le prêt garanti par la caution [6].

Cet élément de vraisemblance, qui procède de celui à qui on l'oppose, reste la pièce essentielle du mécanisme : c'est lui qui justifie l'admission, à titre complémentaire, des témoignages ; c'est lui, aussi, qui fonde la compréhension large du commencement de preuve par écrit.

---

1. Civ. 3e, 29 févr. 1972, *Bull. civ.* III, n° 142. Il suffit parfois de peu de chose pour cela : ainsi un chèque peut-il valoir commencement de preuve contre son *bénéficiaire* si celui-ci l'a endossé, Civ. 1re, 10 mai 1995, *Bull. civ.* I, n° 201. Comp. Civ. 1re, 3 juin 1998, *Bull. civ.* I, n° 195, *D.* 1999.453, note RAVIGNEAUX, *JCP* 1999.II.10062, note PRIEUR (un chèque endossé par le bénéficiaire ne vaut pas commencement de preuve d'un prêt ; mais il établit une remise de fonds).

2. Cela peut expliquer l'arrêt qui a jugé qu'en l'absence d'écrit constatant le contrat d'abonnement, un relevé informatique de communications téléphoniques émanant de l'opérateur ne peut constituer un commencement de preuve par écrit rendant recevable la preuve par présomption de l'existence et du montant de la créance : Civ. 1re, 12 juill. 2005, *Bull. civ.* I, n° 328, *RDC* 2006/2, 319, obs. LAITHIER.

3. Par ex. Civ. 1re, 28 févr. 1995, *Bull. civ.* I, n° 107, *D.* 1995. somm. 228, obs. LIBCHABER.

4. Civ. 1re, 18 juill. 1995, *Bull. civ.* I, n° 323.

5. Com. 5 févr. 1991, *Bull. civ.* IV, n° 54.

6. Civ. 1re, 15 janv. 2002, *Bull. civ.* I, n° 13 (2 arrêts). Rappr. Civ. 1re, 1er févr. 2005, *JCP* 2005.IV, n° 1528 (sont des éléments extrinsèques la mention « Fait à Paris devant deux témoins » portée sur le document pris comme commencement de preuve par écrit, ainsi que les signatures y figurant).

Sur l'exigence de principe de l'extériorité des éléments de preuve complémentaires, v. Civ. 1re, 23 janv. 1996, *Bull. civ.* I, n° 41 ; Com. 31 mai 1994, *Bull. civ.* IV, n° 193.

59. Conclusion sur le rôle de la preuve par témoins en matière d'actes juridiques. – L'interprétation des articles 1347 et 1348 a beaucoup fait perdre de sa rigueur à la prohibition de la preuve testimoniale que l'article 1341 paraissait poser en absolu. Par là, la jurisprudence s'est sensiblement rapprochée du système de la preuve morale[1]. C'est, sans doute, que les tribunaux sont intuitivement hostiles au système de la preuve légale : ils répugnent à rejeter, faute de preuve régulière, une demande qu'en intime conviction ils estiment bien fondée.

Il reste cependant que les témoignages, alors même qu'ils sont admis, n'ont jamais la même valeur probante que les écrits. En présence d'un acte régulier, le juge *doit* s'estimer convaincu et faire droit à la demande. En présence de témoignages, même concordants, le juge *n'est pas lié :* il reste toujours libre d'en apprécier la valeur ; et cette appréciation est souveraine[2].

L'observation vaut pareillement pour les présomptions.

Les solutions proposées par l'*avant-projet de réforme du droit des obligations* qui reprennent celles qu'a consacrées la jurisprudence, ne sont pas de nature à modifier ces appréciations. Mérite du moins d'être remarquée l'affirmation que le commencement de preuve par écrit doit, en toute hypothèse, être corroboré par au moins un élément extrinsèque (art. 1312). Cette précision ne figure pas dans le *projet de réforme du droit des contrats* de l'Académie des sciences morales et politiques qui propose de reprendre l'article 1347 du Code civil (art. 12 du Titre « La preuve ») et consacre un texte assez similaire aux dispositions actuelles à l'impossibilité matérielle ou morale et à la perte du titre par cas fortuit ou force majeure (art. 11).

Section II
La preuve par présomptions

60. Notion de présomption. – Bien que l'article 1349 les englobe dans une même définition, il ne faut pas confondre les présomptions *de l'homme*, ou *de fait*, dont il va être question, avec les présomptions *légales*, lesquelles sont, en réalité, des *dispenses* de preuve[3].

Les présomptions de l'homme sont des *modes de preuve :* des moyens de convaincre le juge.

L'expression désigne la preuve résultant d'un *raisonnement* qui consiste, en partant d'un fait connu, à en induire la probabilité du fait litigieux. Ainsi peut-on induire de l'existence de traces de freinage sur une grande longueur, qu'un automobiliste roulait vite. On dit alors qu'il y a des indices en faveur de la prétention de l'un des plaideurs.

Parce qu'elle est indirecte, c'est une preuve plus conjecturale que la preuve par écrit ou même qu'un témoignage précis. On ne peut pas dire qu'alors la vraisemblance remplace la certitude, car celle-ci n'est jamais entière. Mais on se contente d'une vraisemblance moins forte.

---

1. V. *supra*, n° 21.
2. Le juge dispose de la même liberté d'appréciation au regard des écrits qui constatent seulement une situation de fait (cf. Civ. 3e, 23 mai 2002, *Bull. civ.* III, n° 110). Du moins son appréciation, si elle est divergente, doit-elle s'appuyer sur une motivation précise pour éviter le grief de dénaturation.
3. V. *supra*, n° 16.

61. Recevabilité et force probante de la présomption de l'homme. – Les conditions de *recevabilité* de la preuve par présomptions sont exactement les mêmes que celles de la preuve par témoins. C'est donc l'admissibilité, sauf exceptions, pour les faits juridiques, et l'exclusion, sauf exceptions, pour les actes juridiques.

Il y a aussi identité de force probante : comme les témoignages, les présomptions ne lient jamais le juge. Selon l'article 1353, elles sont « abandonnées à la lumière et à la prudence du magistrat, qui ne doit admettre que des présomptions graves, précises et concordantes ». Par la force des choses, ce n'est là qu'une « directive » très générale. Le juge est toujours libre d'apprécier si les présomptions –même une seule, vraiment décisive [1]– invoquées devant lui créent une vraisemblance suffisante pour équivaloir à une preuve.

C'est cette totale liberté d'appréciation du juge qui semble autoriser, le cas échéant, qu'il prenne en considération, au profit de l'une des parties, un élément de preuve émanant de celle-ci, en dérogation au principe que nul ne peut se constituer de preuve à soi-même, le dit principe n'ayant vocation à jouer pleinement que pour la preuve des actes juridiques, c'est-à-dire lorsque est exigée une preuve écrite [2].

---

1. Civ. 3e, 28 nov. 1972, *Bull. civ.* III, nº 636, *JCP* 1973.IV.16.

2. Sur ce principe, v. *supra*, nº 37. V. Civ. 1re, 13 juill. 2004, *Bull. civ.* I, nº 207, *D.* 2004, juris. 2524, note LÉGER, IR. 2086 (« le listing informatique des opérations d'enregistrement qui est établi après présentation de divers documents par le client, et remise d'autres documents à celui-ci par la compagnie d'aviation, ne constitue pas un document unilatéral insusceptible de constituer une preuve, mais vaut comme présomption simple de l'heure à laquelle les clients se sont présentés à l'enregistrement »). V. aussi, Soc. 27 mars 2002, *Bull. civ.* V, nº 108. Rappr. Versailles, 1er déc. 2000, *RJDA* 2001, nº 476, 2e espèce (preuve par listing informatique de l'information donnée par la banque à l'emprunteur à l'occasion du renouvellement du contrat de crédit). V. aussi la note sous cette décision. Un auteur a émis l'hypothèse, audacieuse, que cet assouplissement du principe d'irrecevabilité de la preuve d'origine personnelle pourrait annoncer une *américanisation* de notre droit de la preuve (X. LAGARDE, « Finalités et principes du droit de la preuve. Ce qui change », *JCP* 2005.I.133, spéc. nº 6, b).

Chapitre 4

L'aveu et le serment

L'aveu et le serment présentent la particularité commune d'être des déclarations émanant des parties elles-mêmes. Cela leur confère une originalité certaine au sein du droit des preuves, qui amène à se demander s'ils ne sont pas des actes juridiques portant sur le fond du droit plus que de véritables modes de preuve.

L'*avant-projet de réforme du droit des obligations* qui, pour l'essentiel, se borne à reprendre les dispositions du Code civil, et le *projet de réforme du droit des contrats* de l'Académie des sciences morales et politique, qui propose de reproduire à l'identique les textes actuels, ne modifient en rien cette interrogation.

Section I
L'aveu

62. Notion. Distinction de l'aveu extrajudiciaire et de l'aveu judiciaire. – L'aveu est la reconnaissance, par une personne, d'un fait qui est de nature à produire contre elle des conséquences défavorables : spécialement la reconnaissance par un plaideur d'un fait allégué contre lui [1]. Il suppose, de la part de cette personne, une expression de volonté à la fois consciente et dépourvue d'équivoque [2]. Sa force probante est variable.

L'aveu est dit *extrajudiciaire* lorsqu'il est intervenu en dehors de tout procès, ou au cours d'un procès différent de celui à l'occasion duquel on prétend l'invoquer. S'il est *écrit*, il servira de preuve écrite [3] ou de commencement de preuve [4] ou de simple indice, selon le cas. S'il est *verbal*, il ne peut lui-même être établi que par témoins. Il s'ensuit qu'il n'a que la valeur du témoignage qui le rapporte et qu'il ne peut, à lui seul, prouver un acte juridique. Dans tous les cas, il reste soumis au pouvoir d'appréciation du juge.

---

1. Comme tout autre mode de preuve, l'aveu ne peut porter que sur une question de fait, non sur un point de droit.
2. V. sur cette exigence, TERRÉ, *Introduction générale au droit*, 7e éd., 2006, n° 682 ; cf., pour un aveu judiciaire, Civ. 1re, 6 mars 2001, *Bull. civ.* I, n° 51 (la seule absence, en première instance, de contestation de sa signature par un débiteur auquel on oppose un acte sous seing privé, n'équivaut pas à un aveu judiciaire de l'authenticité de celle-ci).
3. V. pour la preuve d'un bail, Civ. 3e, 12 févr. 1980, *D.* 1980. IR. 418.
4. V. Civ. 1re, 29 oct. 2002, *Defrénois*, 2003, art. 37676, n° 14, obs. AUBERT (l'arrêt précise que peu importe que l'aveu extra-judiciaire ne soit pas concomitant à l'engagement souscrit).

L'aveu est dit *judiciaire* lorsqu'il intervient au cours du procès même dans lequel est débattu le fait sur lequel il porte [1]. Au contraire du précédent, il est traditionnellement considéré comme la « reine des preuves ». En *droit civil* [2], ce qui est avoué est par là même prouvé. L'article 1356, alinéa 2, dispose en ce sens que l'aveu fait *pleine foi* contre celui qui l'a fait.

La qualité reconnue à l'aveu de « reine des preuves » doit être explicitée : c'est en tant que *moyen de preuve* que l'aveu se trouve placé à un rang de particulière efficacité. Il convient donc de se garder d'une confusion : le fait qu'il fasse *pleine foi* signifie seulement qu'aucun autre mode de preuve ne peut le contredire ; il ne saurait pour autant établir l'existence d'un acte auquel fait défaut une *condition de validité*. En particulier, il ne peut servir à remédier à l'absence d'écrit dans les cas où la formation du contrat est subordonnée à l'établissement d'un tel acte [3]. En bref, l'aveu permet de suppléer l'absence d'un écrit requis –en vertu de l'article 1341, notamment– à titre de preuve (écrit *ad probationem*) ; il ne peut servir à pallier l'absence de l'écrit exigé pour la validité du contrat (écrit *ad validitatem*) [4].

En principe, l'aveu judiciaire est recevable en tout domaine. Il permet donc d'établir *l'existence d'un acte juridique* qui n'a pas été constaté par écrit. Il est cependant exclu lorsque l'auteur de l'aveu n'a pas le pouvoir de disposer du droit litigieux : opérant comme un acte de *renonciation*, un aveu permettrait de contourner l'interdiction [5].

63. Caractères de l'aveu judiciaire : irrévocabilité et indivisibilité. – L'aveu judiciaire est, d'abord, *irrévocable* [6]. Mais cette irrévocabilité n'est pas absolue (art. 1356, al. 4). L'aveu peut être révoqué lorsqu'il a été la suite d'une *erreur de fait :* ainsi lorsqu'un débiteur a reconnu sa dette à la suite d'une confusion de factures [7]. Au contraire, la révocation est impossible pour erreur de *droit*, c'est-à-dire une erreur sur les conséquences juridiques de l'aveu [8].

Ensuite, l'aveu est *indivisible* (art. 1356, al. 3), c'est-à-dire qu'il doit être pris *en son entier*. Celui qui s'en prévaut ne peut pas en retenir ce qui lui est favorable, tout en prétendant en retrancher ce qui lui est préjudiciable [9].

L'indivisibilité ne se manifeste qu'en présence d'un aveu *qualifié* ou d'un aveu *complexe*. L'aveu *qualifié* est celui qui est accompagné d'une précision susceptible de modifier les effets juridiques du fait avoué. Par exemple, le défendeur, assigné en remboursement d'un prêt à intérêts, reconnaît le prêt, mais le prétend consenti sans intérêts. Étant indivisible, cet aveu ne peut justifier que le remboursement du capital.

---

1. Il résulte le plus souvent des écritures produites par les parties au cours de leur procès, notamment des conclusions qu'elles ont présentées. V. par ex. Civ. 1re, 15 juin 2004, *Bull. civ.* I, n° 170, *D.* 2004. AJ. 2042. En revanche, « l'aveu fait au cours d'une instance précédente et n'opposant pas les mêmes parties n'a pas le caractère d'un aveu judiciaire et n'en produit pas les effets », Civ. 1re, 9 mai 2001, *Bull. civ.* I, n° 119, *RTD civ.* 2001.886, obs. MESTRE et FAGES.

2. En droit pénal, et en vertu du système de l'intime conviction, l'aveu ne lie jamais le juge.

3. Sur ces actes solennels et, plus largement, les actes formalistes, v. Vol. 1er *–L'acte juridique–* nos 303 et s.

4. V. pour une application de la règle, Civ. 1re, 26 mai 1993, *Bull. civ.* I, n° 190, *D.* 1993. somm. 312, obs. AYNÈS.

5. Sur l'ensemble de la question, TERRÉ, *op. cit.*, n° 683.

6. V. une application particulière par Civ. 1re, 20 mai 2003, *Bull. civ.* I, n° 117, *RTD civ.* 2004.293, obs. MESTRE et FAGES, *RJDA* 2003, n° 1271.

7. Civ. 1re, 17 mai 1988, *Bull. civ.* I, n° 144.

8. Civ. 3e, 26 janv. 1972, *Bull. civ.* III, n° 57.

9. Cf. Civ. 1re, 12 mars 1991, *Bull. civ.* I, n° 88, *RTD civ.* 1992.106, obs. MESTRE.

L'aveu *complexe* est celui qui porte sur deux faits connexes, dont le second ne peut exister sans le premier. Par **exemple**, le défendeur reconnaît le prêt, mais en ajoutant qu'il l'a remboursé. Du fait de l'indivisibilité, la déclaration n'a alors aucun intérêt pour le demandeur. Toutefois, la jurisprudence décide que la déclaration accessoire peut être écartée lorsqu'elle est invraisemblable ou contradictoire avec la déclaration principale[1]. Un arrêt a même admis que l'indivisibilité ne devait pas s'appliquer lorsque le fait accessoire est « démontré inexact », cette inexactitude étant en l'occurrence déduite souverainement par le juge du fond de ce que le défendeur ne faisait pas la preuve de la pertinence du fait invoqué par lui –absence de preuve de ce que le paiement qu'il affirmait avoir fait l'avait été en remboursement du prêt avoué[2]. La solution consacre un recul considérable du principe d'indivisibilité de l'aveu et, du même coup, une révérence accrue portée à l'aveu, ce qui ne va pas forcément de soi[3].

Bien entendu, le principe de l'indivisibilité cesse de s'appliquer lorsque le fait avoué est *établi par un autre mode de preuve :* ainsi lorsque le prêt que le défendeur avoue mais prétend avoir remboursé est établi par ailleurs. Il serait trop facile, sinon, pour un plaideur, d'avouer ce qui est d'ores et déjà prouvé contre lui pour en annihiler les effets en tout ou en partie[4].

Section II
Le serment

64. Définition. – C'est *l'affirmation solennelle de la véracité d'un fait* et, comme mode de preuve, l'affirmation solennelle par l'une des parties, de l'exactitude de ses allégations. Le serment est, en quelque sorte, l'inverse de l'aveu : il est une affirmation favorable à son auteur, au lieu de défavorable.

Originairement, le serment a été un acte religieux, d'où il tire encore sa force probante. Mais il ne saurait dépendre de quiconque de se faire croire ainsi sur parole : un plaideur n'est admis à prêter serment qu'autant que celui-ci lui a été *déféré* soit par le juge, soit par son adversaire lui-même. Et la force probante du serment n'est pas la même dans les deux cas.

65. Le serment supplétif. – Lorsqu'il est déféré par le juge, le serment est *supplétif.* C'est une mesure d'instruction que le juge peut ordonner d'office, à la double condition que l'acte ou le fait litigieux ne soit ni pleinement prouvé, ni totalement dépourvu de preuve (art. 1367).

Le juge le défère à celle des parties à qui il accorde *a priori* le plus de confiance. Il invite, soit le demandeur à jurer que sa demande est justifiée, soit le défendeur à jurer qu'elle ne l'est pas. Le serment ainsi prêté n'a pas force probante absolue. Il ne constitue pour le juge qu'un élément de décision parmi d'autres et qui lui laisse la plénitude de son pouvoir d'appréciation[5]. D'utilité minime, il est rarement déféré.

66. Le serment décisoire. – Le serment *décisoire* est celui qui est déféré par l'une des parties à l'autre : par exemple, le demandeur invite le défendeur à jurer qu'il ne doit rien.

---

1. Cf. Civ. 1re, 12 mars 1991, préc., qui réserve cette hypothèse.
2. Civ. 1re, 30 oct. 2006, *Bull. civ.* I, n° 444, *Defrénois* 2007, art. 38562, n° 26, obs. LIBCHABER.
3. Comp. obs. LIBCHABER, préc. (l'auteur souligne la fonction rationnelle du juge dans la recherche de la vérité).
4. Civ. 1re, 24 févr. 1976, *Bull. civ.* I, n° 81.
5. Civ. 1re, 15 juill. 1964, *D.* 1965. somm. 22, *RTD civ.* 1965.345, obs. CHEVALLIER.

Ce serment tire son nom du fait qu'il a *force probante absolue* (art. 1358 et s.) de sorte qu'il décide du gain du procès [1], l'autre partie n'étant plus admise (art. 1363) à prouver la fausseté du serment prêté [2]. Mais cette solution du procès n'est pas toujours atteinte directement car le plaideur à qui le serment est déféré a le choix entre trois attitudes.

Il peut *prêter le serment* demandé, ce qui lui fait gagner le procès.

Il peut *refuser de prêter serment*, ce qui lui fait perdre le procès.

Il peut aussi *référer le serment* à son adversaire, c'est-à-dire lui en retourner la demande : le défendeur, invité à jurer qu'il ne doit rien, invite à son tour le demandeur à jurer qu'il est bien créancier. Ce dernier n'a plus alors qu'une option : *prêter le serment* référé –auquel cas il gagne– ou *refuser de le prêter* et perdre alors le procès.

On voit bien ainsi que le serment décisoire détermine toujours –en un ou deux temps, selon le cas– le résultat du litige. À l'évidence, il s'agit d'un mode de preuve dangereux en ce qu'il met celui qui en prend l'initiative à la discrétion de la loyauté de son adversaire. Si la loi l'admet néanmoins, c'est d'abord parce que le faux serment est réprimé par la loi pénale, ce qui permet d'espérer, avec quelque optimisme, que cela se produira rarement. C'est aussi parce que la délation du serment est classiquement analysée comme une *transaction :* celui qui le défère accepte de s'en remettre à la parole de son adversaire.

Cela explique la limitation des cas où ce procédé est recevable : comme l'aveu, le serment décisoire est exclu dans les matières indisponibles. Sous cette réserve, le serment décisoire est, en principe, recevable en tout domaine (art. 1358 [3]). Et comme l'aveu, encore, il permet donc d'établir la preuve des actes juridiques qui n'ont pas été constatés par écrit.

---

1. Civ. 3ᵉ, 22 févr. 1978, *Bull. civ.* III, nº 100, *D.* 1978. IR. 411, obs. JULIEN.

2. En revanche, le ministère public peut agir sur le fondement de l'article 434-17 du Code pénal et, une fois le serment déclaré faux, l'adversaire peut agir en révision (NCPC, art. 594, 595, 4°).

3. Un arrêt a toutefois jugé qu'il appartient au juge du fond d'apprécier si le serment est nécessaire et que, pourvu qu'il motive sa décision de ce chef, il peut refuser qu'un tel serment soit déféré, Civ. 3ᵉ, 10 mars 1999, *Bull. civ.* III, nº 63, *D.* 2001.817, note B. MALLET-BRICOURT.

Deuxième partie

Les effets des obligations

67. Objet et plan. – Le Code détermine les effets des obligations au chapitre III du titre III du livre III (art. 1134 à 1176). Mais il n'y considère, pratiquement, que les effets des *contrats* et ces *effets* sont entendus en un double sens : quelles obligations le contrat fait-il naître ; quels effets ces obligations produisent-elles ?

Les deux questions sont distinctes. Le *contrat* a pour effet de *créer* des obligations ; c'est sa définition même [1]. L'*obligation*, aussi, a des effets : le créancier a le droit d'en *exiger l'exécution* [2]. *Mais, en principe, toute obligation a ces mêmes effets, quelle qu'en soit la source.*

Toutefois, cette dernière affirmation d'identité d'effets n'est pas absolue : s'il existe des *effets généraux,* il en est aussi qui sont particuliers, *propres à certaines obligations*, selon leur source ou leur caractère [3].

C'est ce qu'il conviendra de préciser après avoir, au préalable, pris la mesure de cette catégorie très particulière d'obligations que le Code désigne sous l'appellation d'*obligations naturelles*, et qu'il faut nettement distinguer des obligations dites *civiles*, qui sont seules assorties des effets que l'on vient d'évoquer.

TITRE PRÉLIMINAIRE L'obligation naturelle

TITRE I Les effets généraux des obligations

TITRE II Les effets particuliers à certaines obligations

---

1. C. civ., art. 1101. V. Vol. 1 –*L'acte juridique*– n°s 375 et s.
2. Sur une approche différente de la notion, conçue comme « l'effet concret produit par l'existence ou l'exécution d'une obligation conventionnelle », v. RONTCHEVSKY, *L'effet de l'obligation*, préf. GHOZI, Economica, 1998.
3. Considérant au contraire qu'il existe deux catégories différentes d'obligations, les obligations volontaires et les obligations légales qui n'ont en commun que quelques règles relatives à l'extinction, v. F. CHENEDE, *Les commutations en droit privé. Contribution à la théorie générale des obligations*, préf. GHOZI, Economica 2008.

Titre préliminaire

L'obligation naturelle

68. Notion générale d'obligation naturelle. – L'appellation d'*obligation naturelle* s'oppose à celle d'*obligation civile*. Celle-ci caractérise la situation de *contrainte* du débiteur, le créancier étant admis à exiger l'exécution, au besoin en recourant à des mesures d'exécution forcée. Celle-là est, au contraire, une obligation *qui ne comporte pas un tel pouvoir de contrainte :* le créancier ne peut forcer le débiteur à l'exécution ; il ne peut le poursuivre en justice à cet effet [1].

En dépit de cela, il y a tout de même obligation en ce que, si le débiteur l'exécute volontairement, cette exécution sera valable : alors qu'un paiement indu donne normalement lieu à répétition [2], celui qui exécute une obligation naturelle ne peut ensuite revenir sur son paiement (art. 1235, al. 2), d'où il résulte que celui-ci n'était pas indu.

69. Diversité des conceptions doctrinales de l'obligation naturelle. Conception classique. – Le Code civil ne dit rien du contenu de la notion, ni n'en précise les effets, hors la validité du paiement volontaire. C'est la doctrine qui a dû préciser le concept et sa portée.

Elle l'a fait sous une double influence : celle de la *tradition romaine*, strictement juridique ; et celle, morale, de la *conception canoniste*. Les *classiques* ont vu dans l'obligation naturelle une obligation imparfaite, sorte de sous-obligation civile qui conserve quelques aptitudes juridiques. Au contraire, les *modernes* conçoivent l'obligation naturelle comme un devoir moral appelé, sous certaines conditions, à la vie juridique.

Les *auteurs classiques* sont soucieux de maintenir une barrière étanche entre le droit et la morale, ce qui les conduit à rapprocher autant que possible l'obligation naturelle de l'obligation civile pour la distinguer du pur devoir moral. C'est en particulier la conception D'AUBRY et RAU pour qui l'obligation naturelle n'est qu'une obligation civile imparfaite [3].

Selon ces auteurs, il est des obligations, civiles à l'origine, et auxquelles la loi retire par la suite le droit d'action pour des raisons d'utilité sociale : ainsi de l'obligation *prescrite*, qui *dégénère* en obligation naturelle. Dans d'autres cas, le droit d'action fait défaut dès l'origine, malgré la réunion de tous les éléments d'une obligation civile, parce que législateur s'oppose à ce que cette obligation se constitue civilement : c'est le cas des obligations qui sont *avortées* parce que le droit positif les

---

1. Sur la question, v. notamment : GOBERT, *Essai sur le rôle de l'obligation naturelle*, préf. J. FLOUR, thèse, Paris, 1957 ; J. FLOUR, *La notion d'obligation naturelle et son rôle en droit civil*, Trav. Association Capitant, t. 7, 1952, 813 ; DUPEYROUX, « Les obligations naturelles – la jurisprudence et le droit », *Mélanges MAURY*, t. 2, 321 ; ROTONDI, « Quelques considérations sur le concept d'obligation naturelle et sur son évolution », *RTD civ.* 1979.1.
2. V. Vol. 2 *–Le fait juridique–* n°s 19 et s.
3. AUBRY et RAU, t. 4, § 297.

déclare nulles pour des raisons que ni la logique, ni l'équité n'imposent, telles celles qui sont xaffectées d'un vice de forme ou d'une incapacité qui n'ont pas empêché l'existence d'un consentement libre et conscient. Obligation civile et obligation naturelle ne se distinguent ainsi que par une différence de degré, non de nature.

L'obligation naturelle est également proche de l'obligation civile par ses *effets :* sous la réserve que le créancier ne peut contraindre son débiteur à exécution, les effets de l'obligation naturelle restent calqués sur ceux de l'obligation civile : l'obligation naturelle peut être garantie par une sûreté[1] ; elle se transmet aux héritiers du débiteur ; surtout, elle peut servir de cause à un engagement civilement efficace de telle manière que la promesse de l'exécuter est valable. La jurisprudence a longtemps dit, improprement, que cette promesse emportait « novation » de l'obligation naturelle en obligation civile[2]. Mais elle condamne aujourd'hui cette terminologie au profit d'un recours à l'idée d'engagement unilatéral de volonté[3].

70. Conceptions modernes. – Inspirée des canonistes et particulièrement développée par Ripert[4], la thèse moderne voit dans l'obligation naturelle « un devoir moral qui monte à la vie civile »[5].

Une telle conception autorise une extension considérable de la notion : il est des devoirs de conscience qu'aucune obligation civile n'a précédé. Il devient ainsi impossible de dresser une liste des obligations naturelles : procédant de la seule conscience morale des individus, elles viennent à existence du seul fait qu'elles sont reconnues comme telles par le débiteur[6]. On peut seulement les fédérer autour de quelques grands préceptes moraux, tels le devoir de respecter la parole donnée, celui de ne pas nuire à autrui, ou encore le devoir d'assistance à ceux qui sont dans le besoin...

Mais cette nouvelle conception de l'obligation naturelle, en s'éloignant de l'obligation civile, perd du même coup en efficience : elle ne peut être assortie de sûretés ni davantage se transmettre aux héritiers du débiteur[7]. On a même soutenu que l'obligation naturelle n'aurait aucune efficacité propre et se réduirait à un procédé technique permettant au juge d'éluder, au profit de l'équité, certaines règles ressenties comme trop rigoureuses[8].

S'appuyant sur une distinction entre le rapport d'obligation proprement dit et le pouvoir de contrainte[9] dont se trouve investi le créancier, on a essayé de restaurer une conception plus ferme de l'obligation naturelle. Selon cette thèse[10], la coercition n'étant pas de l'essence de l'obligation, il est permis de dire que l'obligation naturelle est une véritable obligation juridique, non sanctionnée. Dès lors son existence ne peut dépendre de la seule conscience morale des individus. Elle est une réalité objective constatée par les tribunaux et contrôlée par la Cour de cassation[11].

Le droit positif, tel qu'il est exprimé par la jurisprudence, s'inscrit assez nettement dans ces conceptions modernes, comme le montre l'étude, d'abord, du domaine de l'obligation naturelle, puis de sa portée.

---

1. Baudry-Lacantinerie et Barde, *Traité de droit civil des obligations*, t. 2, 3e éd., n° 1676.
2. Sur cette idée –fausse en l'occurrence– de novation, v. *infra*, nos 416 et s.
3. V. *infra*, n° 73.
4. *La règle morale dans les obligations civiles*, 4e éd., 1949, nos 186 et s. V. aussi, R. Savatier, *Des effets et de la sanction du devoir moral en droit positif français et devant la jurisprudence*, thèse, Poitiers, 1916 ; et Planiol, « L'assimilation progressive de l'obligation naturelle au devoir moral », *Rev. crit. lég. et jur.* 1913.152.
5. Ripert, *loc. cit.*
6. Ripert, *op. cit.*, n° 193 ; Flour, *op. cit.*, p. 820.
7. Cf. Bout, *Rép. civ.* Dalloz, v° *Obligation naturelle*, nos 58 et s.
8. Notamment, Flour, *loc. cit. ;* Gobert, *op. cit.*, p. 85 et s. ; Bout, *op. cit.*, n° 25.
9. Sur laquelle, v. notamment Prigent, « Le dualisme dans l'obligation », *RTD civ.* 2008. 401.
10. Dupeyroux, *op. cit.*
11. Dupeyroux, *op. cit.*, p. 334.

§ 1. LE DOMAINE DE L'OBLIGATION NATURELLE

71. Diversité des obligations naturelles. Obligations naturelles consécutives à une obligation civile. – Récusant la conception classique, la jurisprudence assimile pratiquement *obligation naturelle* et *devoir de conscience*[1]. De fait, les tribunaux reconnaissent l'existence d'une obligation naturelle toutes les fois qu'une personne effectue un paiement auquel elle s'estime moralement tenue sans y être juridiquement contrainte.

L'obligation naturelle est ainsi admise dans des cas *où il a existé une obligation civile*, mais qui se trouve privée d'effet, soit parce qu'elle est frappée de nullité, soit parce qu'elle a été éteinte sans que le créancier ait reçu paiement. Alors, si le débiteur paie quand même, on dira qu'il exécute une obligation naturelle, celle-ci survivant à l'obligation civile inefficace. Le paiement d'une *obligation éteinte par la prescription* en est la meilleure illustration : si le débiteur l'exécute tout de même, son paiement est valable et ne peut donner lieu à répétition[2]. Il en est d'autres, tel le paiement total de sa dette par celui qui a bénéficié d'une *remise partielle* de celle-ci[3], ou encore le fait de l'héritier qui exécute un *legs irrégulier*[4].

Celui qui paie ainsi –parce qu'il estime devoir le faire– une dette à laquelle il n'est plus tenu, exécute une obligation naturelle justifiant l'application de l'article 1235. Mais cette conjonction d'un devoir de conscience et d'une obligation civile imparfaite n'est pas nécessaire : l'obligation naturelle n'exige pas la préexistence d'une obligation civile[5].

72. Obligations naturelles indépendantes de toute obligation civile préexistante. – Hors de toute obligation civile préalable, il est fréquent que la jurisprudence consacre directement différents devoirs moraux qui, en l'absence de toute sanction par le droit, peuvent du moins, dès lors que leur consistance est certaine, donner naissance à des obligations naturelles.

C'est le cas du *devoir d'assistance*, pour les secours alimentaires servis à des personnes qui n'en sont pas civilement créancières, par exemple, à des frères et sœurs, à des enfants non reconnus, voire à un ex-conjoint divorcé[6]. Ce peut être aussi le cas du *devoir de ne pas nuire à autrui*, qui conduit à réparer le dommage que l'on a causé alors même que les conditions d'une action en responsabilité ne sont pas réunies, tel celui qui résulte de la rupture d'un concubinage[7], ou, dans un tout autre domaine, de mauvais

---

1. V. Soc. 16 avr. 1969, *Bull. civ.* V, n° 195 ; Civ. 1re, 6 oct. 1959, *D.* 1960.515, note MALAURIE ; Paris, 19 janv. 1977, *D.* 1977. IR. 332, *JCP* 1978.IV.69.
2. Com. 21 févr. 1949, *D.* 1949.208 ; 8 juin 1948, *D.* 1948.376 ; Req. 4 déc. 1944, *S.* 1947.1.29, note TIRLEMONT ; 17 janv. 1938, *DP* 1940.1.57, note CHEVALLIER. Sur les insuffisances de cette explication, v. *infra*, n° 504
3. Civ. 29 janv. 1900, *DP* 1900.1.200.
4. Civ. 1re, 27 déc. 1963, *Bull. civ.* I, n° 573 (legs verbal).
5. Civ. 1re, 10 oct. 1995, *Bull. civ.* I, n° 352, *D.* 1996. somm. 120, obs. LIBCHABER, *D.* 1997.155, note PIGNARRE, *Petites Affiches,* 23 août 1996, p. 9, note HOCQUET-BERG. Pour une obligation alimentaire entre concubins v. Civ 1re, 17 nov. 1999, *JCP* 2001.10458 note CHASSAGNARD. V. aussi, MOLFESSIS, « L'obligation naturelle devant la Cour de cassation... », *D.* 1997. chron. 85.
6. Cf. Civ. 1re, 5 avr. 1993, *Bull. civ.* I, n° 141, *D.* 1994. somm. 33, obs. EVERAERT-DUMONT ; Civ. 2e, 9 mai 1988, *D.* 1989.289, note MASSIP, *Defrénois* 1989, art. 34464, n° 2, obs. MASSIP. V. aussi, Civ. 1re, 8 déc. 1959, *D.* 1960.681, note J. SAVATIER ; Civ. 14 janv. 1952, *D.* 1952.177, note LENOAN.
7. Paris, 19 janv. 1977, *D.* 1977. IR. 332.

conseils de placement[1]. Un *devoir de reconnaissance* peut pareillement fonder l'existence d'une obligation naturelle de rémunérer un service rendu[2].

De même, le souci des héritiers de respecter la volonté du défunt peut-il justifier la validité et l'exécution d'un legs irrégulier[3].

Qu'il y ait ou non obligation civile préexistante, c'est toujours un comportement dicté par des considérations morales qui est pris en considération. Mais, alors qu'il s'agit, dans le premier cas, d'un devoir de conscience très général et assez flou qui trouve une sorte de renfort dans la préexistence d'une obligation civile, c'est au contraire un devoir moral plus nettement caractérisé qui est, à lui seul, pris en compte dans le second[4]. Cette différence n'a pas d'incidence sur le régime de l'obligation naturelle.

§ 2. LE RÉGIME DE L'OBLIGATION NATURELLE

73. Conditions d'application de l'article 1235, alinéa 2 : exécution volontaire et promesse d'exécution. – L'article 1235, alinéa 2 énonce que « la répétition n'est pas admise à l'égard des obligations naturelles qui ont été volontairement acquittées ».

Il résulte de là que le refus de la répétition est subordonné à ce que le débiteur de l'obligation naturelle ait agi *en connaissance de cause*, c'est-à-dire en sachant que le « créancier » ne pouvait rien exiger de lui. À défaut, le débiteur pourrait répéter ce qu'il a versé[5] : ainsi pour une personne qui aurait cru que la loi l'obligeait à verser une pension à son frère.

Cela met en lumière que ce que la loi sanctionne, ce n'est pas tant le devoir moral en lui-même, que le fait qu'il ait été volontairement mis à exécution : c'est la conjonction d'un devoir moral et d'une volonté de le mettre en œuvre. Cette *exécution volontaire* constitue un paiement valable, insusceptible de donner lieu à répétition, comme si l'obligation naturelle s'était transformée, par la seule vertu de son exécution, en véritable obligation civile, interdisant à celui qui a payé de prétendre, après coup, qu'il ne devait rien[6].

Ce mécanisme de transformation de l'obligation naturelle en obligation civile apparaît beaucoup plus nettement dans le cas de la *promesse d'exécution* de l'obligation naturelle. La jurisprudence a en effet assimilé à l'hypothèse de la simple exécution, qui est seule visée par l'article 1235, celle où le débiteur, sans exécuter l'obligation naturelle, a du moins promis de le faire. Cette promesse confère au créancier un droit d'agir contre le

---

1. T. civ. Seine, 27 juin 1911, *Gaz. Trib.* 1911.2.350.
2. Civ. 1re, 10 oct. 1995, préc. ; Civ. 1re, 16 juill. 1987, *Bull. civ.* I, n° 224, *RTD civ.* 1988.133, obs. MESTRE.
3. Civ. 1re, 22 juin 2004, *Bull. civ.* I, n° 180, *D.* 2004, juris. 2953, note NICOD, *JCP* 2004.II.10165, note SÉRIAUX, *AJ Famille* 2004.405, obs. BICHERON.
4. V. par ex. Civ. 1re, 3 oct. 2006, *Bull. civ.* I, n° 428 (invitant le juge de renvoi à rechercher si une promesse de subsides n'avait pas été faite pour « exécuter un devoir de conscience »).
5. Cf. Civ. 1re, 12 juill. 1994, *Bull. civ.* I, n° 252. Des solutions apparemment contraires sont intervenues en matière de *prescription*. Elles ne contredisent pas cependant, la solution de principe et s'expliquent par le mécanisme spécifique de la prescription, qui n opère pas extinction automatique de la créance, le débiteur restant tenu civilement tant qu'il ne l'a pas invoquée ; Cf. J. FLOUR, *op. cit.*, p. 824 ; GOBERT, *op. cit.*, p. 15 et s. Sur cet effet de la prescription, v. *infra*, n° 500.
6. V. particulièrement caractéristique en ce sens, Civ. 1re, 21 nov. 2006, *Bull. civ.* I, n° 503, *Defrénois* 2007, art. 38562, n° 32, obs. LIBCHABER.

débiteur. Celui-ci était libre de ne pas s'engager ; une fois qu'il l'a fait –volontairement– il ne peut plus se dédire [1].

La question se pose de savoir selon quelle technique juridique une telle promesse opère. De nombreux arrêts se sont référés à cet égard à la *novation* [2] : l'engagement du débiteur entraînerait la « novation » de l'obligation naturelle en obligation civile. Mais cette technique ne saurait trouver sa place ici : elle suppose, en effet, qu'une obligation civile s'éteint pour laisser place à une obligation civile nouvelle et différente [3]. Or, par hypothèse, il n'y a pas d'obligation civile initiale –mais une simple obligation naturelle– et l'obligation civile qui naît, le cas échéant de l'obligation naturelle est, en substance, identique à celle-ci.

Il est préférable de considérer que la promesse faite emporte à elle seule la création d'une obligation civile, sauf à admettre que celle-ci résulte alors d'un *engagement unilatéral de volonté* [4]. Un arrêt a admis cette solution, expressément contre l'idée de novation [5]. La solution a été ensuite fermement réaffirmée [6].

Il est au demeurant permis de penser que c'est le même mécanisme, sous une forme contractée, qui intervient en cas d'*exécution* de l'obligation naturelle : cette exécution exprime, en même temps qu'elle le met en œuvre, l'engagement unilatéral de volonté du débiteur qui engendre une obligation civile dont l'exécution est, comme telle irrépétible. À telle enseigne que si le débiteur, après avoir exécuté, reprenait de force ce qu'il a livré, il pourrait faire l'objet d'une action du créancier pour le recouvrement de ce qui lui est désormais civilement dû.

74. Portée de l'obligation naturelle. – Ainsi consacrée, en droit positif, comme devoir de conscience apte à la vie juridique par l'effet de la volonté du débiteur –sous le contrôle des tribunaux, habilités à contrôler la réalité de l'existence d'une obligation naturelle et donc d'un véritable devoir de conscience [7]– l'obligation naturelle ne va pas sans ambiguïté.

D'un côté elle n'est pas, comme le pensaient les classiques, une obligation civile imparfaite, une « presqu'obligation civile ». Tant qu'elle n'est pas « activée » par la volonté du débiteur, elle reste hors du droit : elle ne peut pas être assortie d'une sûreté ; elle n'a pas lieu d'être transmise aux héritiers du débiteur ; elle ne peut faire l'objet d'une exécution forcée [8].

---

1. Nombreuses applications. V. par ex. Civ. 1re, 21 nov. 2006, préc. ; Civ. 1re, 3 oct. 2006, *Bull civ.* I, n° 428, *Defrénois* 2007, art. 38541, n° 14, obs. MASSIP ; Civ. 1re, 23 mai 2006, *Bull. civ.* I, n° 264, ces trois arrêts commentés par LIBCHABER, *Defrénois* 2007, art. 38562, n° 32. Civ. 1re, 4 janv. 2005, *Bull. civ.* I, n° 4, *D.* 2005, juris. 1393, note LOISEAU (l'arrêt réserve expressément l'erreur du promettant).
2. V. par ex. Civ. 1re, 16 juill. 1987, préc. ; Civ. 1re, 24 juin 1971, préc.
3. V. *infra*, n° 416.
4. En ce sens, v. notamment GOBERT, thèse, préc., p. 151 et s. ; J. FLOUR, *op. cit.*, p. 825 et s. *Adde*, AUBERT, *Rép. civ.* Dalloz v° *Engagement par volonté unilatérale*, n° 36, et v° *Novation*, n° 12. Comp. DUPEYROUX, *op. cit.*, p. 330 ; BOUT, *op. cit.*, nos 63 et s., spéc. n° 67. Sur l'engagement unilatéral de volonté, v. Vol. 1 –*L'acte juridique*– nos 499 et s.
5. Civ. 1re, 10 oct. 1995, *Bull. civ.* I, n° 352, *D.* 1996. somm. 120, obs. LIBCHABER, *D.* 1997.155, note PIGNARRE, *Petites Affiches* 23 août 1996, p. 9, note HOCQUET-BERG. Un autre arrêt s'est référé au vocable de « transformation » : Civ. 1re, 17 nov. 1999, préc.
6. V. Civ. 1re, 4 janv. 2005, préc. (« l'engagement unilatéral pris en connaissance de cause d'exécuter une obligation naturelle (transforme) celle-ci en obligation civile »).
7. Cf. Com. 31 mai 1994, *Bull. civ.* IV, n° 197, *D.* 1995. somm. 90, obs. DELEBECQUE (pas d'obligation naturelle pour le débiteur en redressement judiciaire dont la dette a été éteinte faute de déclaration au passif).
8. Civ. 1re, 14 févr. 1978, *Bull. civ.* I, n° 59. Sur l'ensemble de cet aspect, v. BOUT, nos 58 et s.

Mais, d'un autre côté, elle apparaît comme une institution non négligeable à divers égards et pas seulement parce qu'elle sert de fondement à un engagement unilatéral de volonté, exceptionnel dans notre système juridique.

Il faut souligner, d'abord, que lorsque l'obligation naturelle laisse place à une obligation civile, celle-ci est dotée des mêmes effets que toute autre obligation civile, quelle qu'en soit la source [1]. Au demeurant, dans le cas de la *promesse d'exécuter*, l'obligation naturelle se trouve soumise aux exigences de la *preuve des actes juridiques :* il faut prouver la promesse par *écrit*, ou par un commencement de preuve corroboré par d'autres indices [2]. La promesse d'exécuter ne peut donc pas être *tacite :* ainsi, le fait d'avoir fourni un certain temps un secours alimentaire n'oblige pas à *continuer* à le faire ; de même, un paiement partiel ne révèle pas la volonté de s'engager à une exécution de *toute* la dette [3].

Ensuite, l'obligation naturelle, ainsi que l'avait fortement souligné Ripert, est un moyen de consacrer juridiquement certains comportements moraux. Elle constitue, d'un point de vue de *politique législative*, une sorte de soupape de sûreté : faisant l'économie de la consécration juridique de certaines règles morales, la loi assure du moins la sauvegarde de celles qui font individuellement l'objet d'une démarche volontaire [4].

Enfin, dans la même ligne d'observation, l'obligation naturelle est un moyen d'éluder certaines exigences juridiques. C'est ainsi que, selon la jurisprudence, l'existence d'une obligation naturelle est incompatible avec l'intention libérale. Cela permet de sauver des actes de disposition qui, s'ils avaient été qualifiés comme donations, auraient encouru la nullité pour vices de forme. De ce point de vue, l'obligation naturelle peut avoir un rôle quelque peu subversif ! [5]. De fait, elle permet parfois d'assouplir la rigueur du droit. Mais, pour autant, elle ne saurait aller contre l'ordre public et les bonnes mœurs : une obligation illicite ne peut donner lieu à une exécution valable au prétexte d'une obligation naturelle [6].

---

1. Rappr. Toulouse, 7 juin 1999, *Bull. inf. C. cass.* 1999, n° 1074 (celui qui a exécuté une obligation naturelle peut exercer l'action *de in rem verso* contre les tiers qui se sont trouvés enrichis par cette exécution).

2. Civ. 2ᵉ, 24 juin 1971, *Bull. civ.* II, n° 234.

3. Même arrêt (sol. impl.). Rappr. IZORCHE, *L'avènement de l'engagement unilatéral en droit privé contemporain*, préf. MESTRE, 1995, nᵒˢ 348 et s.

4. À supposer que le devoir moral ait une existence réelle, rappr. Com. 31 mai 1994, préc. Comp. les remarques désabusées de MOLFESSIS, *op. cit.*, n° 24.

5. V. GOBERT, p. 85 et s. *Adde :* MOLFESSIS, *op. cit.*, n° 14.

6. V. MALAURIE, AYNÈS et STOFFEL-MUNCK, n° 1244.

Titre I

Les effets généraux des obligations

75. Objet du titre. Le droit de gage général du créancier. – Il s'agit ici de déterminer quels sont les droits du créancier à l'encontre du débiteur.

Le principal est, à l'évidence, le *droit d'exiger l'exécution de l'obligation :* l'obligation est faite pour être exécutée. Dans le cas normal, cette exécution est le fait spontané du débiteur : c'est *l'exécution volontaire*, également appelée *paiement* (Chapitre 2). Mais il arrive que le débiteur tarde à exécuter : le créancier peut alors prétendre, en sanction de ce retard, à des dommages intérêts *moratoires* (Chapitre 3). Enfin, si le débiteur n'exécute pas son obligation, le créancier peut en réclamer l'exécution forcée, en particulier l'*exécution forcée en nature* (Chapitre 4).

Mais, en deçà de ces diverses prérogatives, le créancier bénéficie d'autres droits, qui tendent à sauvegarder son droit à l'exécution en lui permettant de prévenir l'insolvabilité de son débiteur (Chapitre 1). Ce dernier propos appelle quelques explications préalables.

En vertu du Code civil, le droit de créance a pour garantie le patrimoine du débiteur, considéré dans son ensemble. C'est ce qu'exprime la notion de *droit de gage général*[1]. Ce droit s'exerce notamment lorsque le créancier procède à la saisie et à la vente forcée d'un bien de son débiteur. Il trouve son fondement dans la théorie générale du patrimoine conçu comme une émanation de la personnalité : être tenu personnellement, c'est être tenu sur tous ses biens (C. civ., art. 2284, anc. art. 2092), lesquels sont le *gage commun* des créanciers du débiteur (art. 2285, anc. art. 2093).

La fragilité de la garantie ainsi conférée est connue[2]. S'il porte sur tous les éléments qui composent le patrimoine du débiteur, le droit du créancier ne s'applique toutefois qu'au patrimoine tel qu'il existe au moment de l'exécution. Par ailleurs le droit de gage général ne confère à son titulaire *aucun droit de suite* et, du fait qu'il appartient à tous les créanciers du débiteur, il n'établit entre eux *aucune cause de préférence* –idée de « gage commun ».

Il résulte de là que le créancier *chirographaire* –celui qui n'a pas de sûreté et qui ne peut donc faire valoir que son droit de gage général– supporte un double risque : risque d'un *accroissement du passif*, qui l'obligera à subir le concours de créanciers nouveaux ; et risque de *dépérissement de l'actif*, qui réduira à néant la substance de son gage.

1. V. Vol. 1 –*L'acte juridique*– n° 9.
2. V. Vol. 1 –*L'acte juridique*– n° 10 ; J.-L. AUBERT, *Introduction au droit...*, 10e éd., n° 203.

À la différence du droit commercial, le droit civil ne connaît aucune mesure –même dans le cadre des mesures prises en considération du *surendettement des particuliers*[1] – qui permette globalement de fixer le patrimoine du débiteur en le dessaisissant de la faculté d'administrer ses biens et d'en disposer. Certes, il peut être fait usage des mesures conservatoires de la procédure civile[2], immobilisant un bien dans l'attente de pouvoir le saisir.

Mais précisément, cet effet reste spécial, attaché au bien concerné.

Le Code civil consacre cependant, au bénéfice des créanciers, différents droits destinés à assurer la sauvegarde de leur droit de gage général, en leur donnant certains moyens de combattre le dépérissement du patrimoine de leur débiteur. C'est bien par là qu'il convient de commencer.

---

1. En particulier, les mesures liées à la *constatation de l'insolvabilité du débiteur* (C. consom., art. 331-7-1), malgré leur importance, sont loin d'avoir la même ampleur. V. *infra*, n° 276.

2. Cf. l'article 1, alinéa 2, de la loi n° 91-650 du 9 juillet 1991 : « Tout créancier peut pratiquer une mesure conservatoire pour assurer la sauvegarde de ses droits ».

Chapitre 1

Les moyens de sauvegarde du droit de créance

76. Diversité. – Ces moyens de sauvegarde sont en réalité assez différents les uns des autres. Du moins ont-ils en commun de permettre au créancier d'éviter, ou au moins d'avoir une chance d'éviter, un dépérissement de son droit par le fait du débiteur.

À la vérité, deux d'entre eux seulement constituent des moyens *généraux* de sauvegarde que la loi attribue aux créanciers. Il s'agit de l'*action oblique*, d'une part, et de l'*action paulienne*, d'autre part, qui permettent au créancier d'exercer une surveillance active sur le patrimoine du débiteur, avant que l'exécution soit de mise.

Le troisième, ou plus exactement « les » troisièmes –car il ne s'agit plus d'une technique de portée générale mais d'un procédé que la loi met en œuvre dans quelques cas particuliers– constituent un véritable moyen préventif de sauvegarde du droit de créance qui permet en quelque sorte au créancier de passer par dessus et avant le patrimoine du débiteur. Il s'agit des *actions directes*, qui sont de véritables modes d'exécution de la créance, avec cette particularité qu'ils contournent l'exécution par le débiteur lui-même pour s'y substituer.

Il peut arriver qu'en marge de ces mesures de portée générale la loi consacre une défense spéciale au profit des créanciers. C'est ainsi que la loi n° 2007-211 du 19 février 2007, instituant la *fiducie* (C. civ., art. 2011 à 2031), ménage une protection particulière des créanciers du constituant d'une telle opération, non titulaires d'un droit de suite attaché à une sûreté publiée antérieurement, qui a pour effet de principe de les priver de leur droit de saisir les biens que celui-ci a constitué en « patrimoine fiduciaire ». Cette altération du droit de gage général des créanciers du constituant n'a pas lieu d'être en cas de fraude à leurs droits (art. 2025, mod. L. 19 févr. 2007), formule qui semble appeler un régime beaucoup plus compréhensif que celui qui résulte des diverses conditions de l'action paulienne[1], à laquelle il n'est fait aucune référence.

Section I
L'action oblique

77. Idée générale et plan. – L'hypothèse est qu'un débiteur néglige d'exercer tel ou tel de ses droits : la loi permet alors à ses créanciers de se substituer à lui pour le faire. Tel est l'objet de l'article 1166 du Code civil : « les créanciers peuvent exercer tous les droits et actions de leurs débiteurs, à l'exception de ceux qui sont exclusivement attachés à la personne ».

---

1. Cf. *infra*, n°s 86 et s.

L'inaction du débiteur autorise ainsi, pour la sauvegarde de leur droit de gage général, et de façon exceptionnelle, une ingérence de ses créanciers dans la mise en œuvre de ses droits patrimoniaux, ce qui est une mesure grave [1].

L'action est dite *oblique*, parce que le créancier qui en prend l'initiative n'exerce pas un droit qui lui soit personnel mais seulement celui de son débiteur, et qu'il agit ainsi contre un tiers. Techniquement, il agit *du chef* de son débiteur, *au nom* de celui-ci, un peu –mais ce n'est qu'une image– *comme s'il* le représentait. Cette idée générale commande non seulement les *effets de l'action* mais aussi certaines de ses *conditions d'exercice*.

§ 1. Les conditions d'exercice de l'action oblique

Il en est qui sont relatives au *débiteur*, d'autres à la *créance* dont le demandeur doit être titulaire, d'autres enfin au *droit* qu'il entend ainsi exercer.

A. Les conditions relatives au débiteur

78. Inaction et insolvabilité du débiteur. – La première condition est *l'inaction*, la *carence* [2] du débiteur [3].

Cela va de soi : si le débiteur exerce ses droits, les créanciers n'ont aucun intérêt à agir ; or l'intérêt est la première condition de toute action. Il n'y a d'ailleurs pas à tenir compte alors de la façon dont le débiteur agit : même s'il le fait mal à propos, ses créanciers ne sont pas admis à se substituer à lui. Ce qui seul est en cause et qui autorise l'ingérence des créanciers, c'est l'inaction du débiteur. S'il agit –bien ou mal [4]– cette solution d'exception est par là même exclue. Il résulte de là que, lorsque le créancier exerce l'action oblique, le débiteur peut toujours *l'arrêter* en se décidant à agir lui-même [5].

Inversement l'inaction du débiteur est suffisante ; les raisons en sont indifférentes : peu importe que le débiteur ait été simplement négligent ou qu'il ait été inspiré du désir de nuire à ses créanciers [6]. En outre, la jurisprudence récente en facilite la preuve. La carence du débiteur est établie dès lors qu'il ne justifie d'aucune diligence dans l'exercice de ses droits [7], ce qui signifie que la preuve est mise à la charge non pas du créancier, comme

---

1. Sur cette idée d'ingérence, v. Malaurie, Aynès et Stoffel-Munck, n° 1149. Aussi bien cette faculté d'immixtion comporte-t-elle, comme on verra, d'importantes limites.

2. Le vocable « *carence* » paraît être aujourd'hui préféré à ceux de *négligence* ou *inaction ;* Cf. Goubeaux, « La carence du débiteur, condition de l'action oblique – questions de fond et questions de preuve », *in Mélanges offerts à Jean-Luc Aubert*, Dalloz, 2005, p. 147, spécialement n° 2, note 9. Même si celui de « carence » comporte une « connotation réprobatrice » (Goubeaux, *op. cit.,* n° 7, p. 153), ces différents termes demeurent équivalents.

3. V. par ex., Civ. 1re, 14 juin 1984, *Bull. civ.* I, n° 197 ; Civ. 3e, 7 mars 1968, *Bull. civ.* III, n° 87, *D.* 1968. somm. 93.

4. Toutefois, s'il agit en *fraude* des droits de ses créanciers, ceux-ci pourront user de l'*action paulienne* (*infra*, nos 85 et s.).

5. Ghestin, Billiau et Loiseau, n° 755, qui fondent la solution sur cette considération que l'action oblique n'est pas la sanction d'une faute du débiteur.

6. Cf. Terré, Simler et Lequette, n° 1149.

7. Civ. 1re, 5 avr. 2005, *Bull. civ.* I, n° 167, *D.* 2005, IR 1176, *JCP* 2005.IV, n° 2190 ; Civ. 1re, 28 mai 2002, *Bull. civ.* I, n° 145, *D.* 2002.3041, note Perruchot-Triboulet, somm. 2836, obs. Delebecque, *RTD civ.* 2002.513, obs. Mestre et Fages. Mais l'action ne peut plus être exercée lorsque le débiteur le voudrait *a priori* l'article 1315, mais du débiteur ou, dit autrement, que la carence est *présumée*[1].

La seconde condition est *l'insolvabilité* du débiteur, c'est-à-dire l'impossibilité où il se trouve de payer à son créancier tout ce qu'il lui doit[2]. À défaut, en effet, son inaction ne serait pas cause d'un préjudice pour les créanciers : ceux-ci seraient encore sans intérêt pour agir puisque l'exécution de leur créance ne serait pas compromise. Il faut donc toujours que l'inaction du débiteur mette en péril le droit de son créancier[3].

Cette idée de préjudice menaçant le créancier est importante. Elle permet de justifier une extension du jeu de l'action oblique en autorisant une conception compréhensive de l'insolvabilité qui englobe tous les cas où le créancier se trouve empêché d'exercer son droit de créance par le fait de la carence de son débiteur dans l'exercice d'un droit, alors même que ce droit est sans incidence sur la consistance du patrimoine de celui-ci[4].

À propos de cette extension, un auteur[5] a observé qu'elle ne devrait pas être soumise à la règle de preuve concernant la carence du débiteur telle qu'elle a été posée par la Cour de cassation, laquelle devrait être limitée aux seuls cas où l'insolvabilité du débiteur est en cause. Dans les cas où l'action oblique est étendue à la sauvegarde d'un droit déterminé, autre qu'une créance de somme d'argent, la preuve devrait rester à la charge du créancier exerçant l'action oblique et porter sur une « inaction qualifiée », c'est-à-dire une « inertie prolongée et injustifiée du débiteur »[6]. La suggestion, qui tend à la sauvegarde des intérêts du débiteur contre l'intrusion de ses créanciers dans la gestion de ses affaires, est judicieuse.

B. Les conditions relatives à la créance du demandeur

79. Inutilité d'un titre exécutoire. Nécessité d'une créance certaine, liquide et exigible. – Ces conditions sont discutées parce qu'elles sont sous la dépendance de la *nature juridique* de l'action oblique, pour laquelle on hésite entre *mesure conservatoire* et *acte d'exécution*[7].

---

est dessaisi de la gestion de son patrimoine en raison d'une procédure de liquidation judiciaire : Com. 3 avril 2001, *Bull. civ.* IV, n° 71, *RTD civ.* 2001.882, obs. MESTRE et FAGES, *RTD com.* 2001.771, obs. VALLENS, *Defrénois* 2001, art. 37399, n° 69, obs. SAVAUX (« Pendant toute la durée de la liquidation, les droits et actions du débiteur concernant son patrimoine sont exercés par le liquidateur auquel aucun créancier ne peut se substituer pour recouvrer, fût-ce par voie oblique, une créance de la personne soumise à cette procédure collective »).

1. Cf. GOUBEAUX, *op. cit.*, n°s 5 et s.

Ce renversement de la charge de la preuve pourrait cependant ne pas avoir une portée générale. V. la fin des développements de ce numéro, consacrés à l'insolvabilité.

2. V. une autre définition, propre au surendettement : C. consom., art. L. 331-7-1 (Cf. *infra*, n° 276, dernière note).

3. Civ. 1re, 2 déc. 1992, *Bull. civ.* I, n° 294 ; Civ. 1re, 17 mai 1982, *Bull. civ.* I, n° 176.

4. V. Civ. 3e, 14 nov. 1985, *D.* 1986.368, note AUBERT, *RTD civ.* 1986.599, obs. MESTRE (action en résiliation d'un bail) ; Civ. 3e, 4 déc. 1984, *Bull. civ.* III, n° 203, *Defrénois* 1985, art. 33596, n° 83, obs. AUBERT, *RTD civ.* 1985.580, obs. MESTRE (action contre un locataire en respect de la destination des lieux). Comp. sur cette jurisprudence, STARCK, ROLAND et BOYER, t. 3, n° 628 (ces auteurs voient dans cette jurisprudence un abandon de la condition d'insolvabilité et une fonction différente de l'action oblique).

5. GOUBEAUX, article préc., n°s 11 et s.

6. GOUBEAUX, *op. cit.*, n°s 13 et s.

7. Mais il faut en tout cas que celui qui exerce l'action ait bien la qualité de créancier de celui pour qui il prétend agir. Ce n'est pas le cas des associés d'une société dissoute qui ont un droit au partage du reliquat d'actif après paiement du passif de celle-ci (Civ. 1re, 2 oct. 2002, *JCP* 2003.II.10192, note GAREIL-SUTTER).

On pourrait dire *mesure conservatoire,* parce que le créancier n'opère aucune saisie sur le patrimoine de son débiteur : il ne fait qu'exercer un droit du débiteur pour le compte de celui-ci et afin de reconstituer son patrimoine tel qu'il devrait être.

Mais on pourrait aussi dire *acte d'exécution* parce que le créancier n'agit ainsi qu'en vue de procéder ultérieurement –voire simultanément– à une saisie : afin de saisir le bien ou le droit qu'il entend précisément faire rentrer dans ledit patrimoine. **Exemple :** un débiteur, propriétaire d'un immeuble dont un tiers a pris possession, néglige de le revendiquer, s'exposant ainsi à une usucapion par le tiers ; par l'action oblique, le créancier exercera la revendication et pourra, en conséquence, saisir l'immeuble.

Entre les deux termes de l'option, l'opinion dominante est aujourd'hui intermédiaire : l'action oblique est à la fois *moins* qu'un acte d'exécution et *plus* qu'une mesure conservatoire. Elle est un préalable à l'exécution, un acte préparatoire de celle-ci [1].

Parce qu'elle n'est pas un acte d'exécution, le créancier n'a pas besoin d'un titre exécutoire pour l'exercer [2] ; et il n'a pas à mettre en demeure le débiteur avant d'agir [3].

Parce qu'elle est plus qu'une mesure conservatoire, elle nécessite, contrairement à celle-ci, une créance certaine, liquide –ce qui veut dire que son montant doit être déterminé [4]– et exigible [5]. Au reste, la condition d'insolvabilité l'impose, celle-ci ne pouvant s'apprécier qu'au regard d'une créance présentant ces qualités. C'est ainsi qu'un créancier à terme, qui est admis à prendre une mesure conservatoire, ne l'est pas, au contraire, à exercer l'action oblique : on ne sait pas si, à l'échéance de la créance, le débiteur sera ou non solvable [6].

C. Les conditions relatives au droit exercé par le demandeur

80. La notion de droits et actions. – L'article 1166 dispose que le créancier peut exercer « les droits et actions » de son débiteur, « à l'exception de ceux qui sont exclusivement attachés à la personne ».

La formule « droits et actions » signifie que le droit d'agir du créancier ne se limite pas aux seules *actions en paiement* dont le débiteur est titulaire [7]. Étant acquis que certains droits peuvent être exercés par *d'autres moyens* –par exemple, le titulaire d'une hypothèque peut l'inscrire sans avoir besoin d'intenter aucune action judiciaire– le créancier est admis, le cas échéant, à user des mêmes moyens [8].

Il convient, en revanche, d'opposer aux droits, proprement dits, les *simples facultés*, lesquelles ne correspondent, approximativement, qu'à des possibilités d'acquérir un droit par une manifestation de volonté : exemples du propriétaire qui a la *faculté* –plutôt que

1. Cf. TERRÉ, SIMLER et LEQUETTE, n° 1142. Rappr. GHESTIN, BILLIAU et LOISEAU, n°s 747 et s.
2. Req. 8 juill. 1901, *D.* 1901.1.498, *S.* 1902.1.113, note LYON-CAEN.
3. Req. 7 mars 1933, *DH* 1933.28. La jurisprudence décide, au demeurant, que l'action oblique vaut mise en demeure du débiteur dès lors que celui-ci est mis en cause, Civ. 1re, 9 déc. 1970, *JCP* 1971.II.16920, note M.D.P.S., *RTD civ.* 1971.629, obs. LOUSSOUARN.
4. Civ. 1re, 4 janv. 1983, *Bull. civ.* I, n° 1 ; Cf. *infra*, n° 153.
5. V., pour le cas particulier du recours avant paiement de la caution (C. civ., art. 2032), Civ. 1re, 25 mai 2005, *JCP* 2005.IV, n° 2547.
6. Req. 25 mars 1924, *DH* 1924.1.282, *S.* 1924.1.67.
7. V. pour : une *action en partage*, par ex., Civ. 1re, 3 déc. 1991, *Defrénois* 1992, art. 35220, n° 38, obs. CHAMPENOIS ; une *action en rescision pour lésion*, Civ. 1re, 17 mai 1977, *Bull. civ.* I, n° 240, *D.* 1977. IR. 432 ; une *action en revendication*, Civ. 14 déc. 1971, *Bull. civ.* I. n° 315, *JCP* 1972.II.17102, note GOUBEAUX.
8. Req. 30 nov. 1926, *D.* 1928.1.49, note JOSSERAND.

le droit– de louer ou de vendre son immeuble, ou encore de l'héritier qui peut accepter ou renoncer à la succession[1].

Les *facultés* du débiteur, dont la mise en œuvre suppose une appréciation personnelle et un choix de la part de celui-ci, ne peuvent pas, à la différence de ses droits, être exercées par ses créanciers : le droit d'ingérence que la loi leur accorde en vertu de l'article 1166 ne peut aller jusqu'à consacrer à leur profit un véritable pouvoir de *gestion* du patrimoine du débiteur.

Cependant, la notion de faculté est elle-même assez floue : on y distingue, souvent, les *facultés stricto sensu* de ce que l'on dénomme les *options*, telle l'option de l'héritier, précédemment évoquée[2]. Ces options, qui présupposent un droit déjà né et virtuellement acquis qu'il s'agit seulement de confirmer ou de rejeter, seraient de véritables droits[3], susceptibles comme tels d'être exercés par la voie de l'action oblique. Une telle solution, qui empiète sur les pouvoirs de gestion du débiteur, semble très contestable[4]. La jurisprudence, en dépit de solutions divergentes, paraît être aujourd'hui majoritairement hostile à une telle extension de l'action oblique[5]. Et elle s'appuie souvent, pour écarter celle-ci dans ce cas, sur le caractère personnel de l'option considérée[6].

81. La notion de droits et actions exclusivement attachés à la personne. – Les créanciers ne sont pas habilités à exercer tous les droits –même strictement entendus– de leur débiteur. Sont exclus ceux qui sont « exclusivement attachés à la personne ». La notion reste assez indécise[7].

On y fait entrer, d'abord, les *actions relatives à des biens insaisissables :* ainsi le créancier ne peut-il exercer l'action oblique pour recouvrer la pension alimentaire dont son débiteur est créancier. Le caractère personnel du droit est alors flagrant[8].

Sont non moins certainement exclues les *actions extrapatrimoniales :* action en divorce et, plus généralement actions d'état ; action en réparation d'un préjudice moral... La solution est imposée *a priori* par le caractère extrapatrimonial de ces actions, lequel rend ordinairement l'action oblique sans intérêt. Mais il est vrai que certaines de ces actions, en dépit de leur nature extrapatrimoniale, peuvent emporter des conséquences pécuniaires. Ainsi d'une action en divorce ouvrant la perspective d'une allocation de dommages-intérêts. C'est alors le fait que la mise en œuvre de l'action considérée est

---

1. Cf. AUBERT et SAVAUX, *Introduction au droit...*, n° 188.
2. Ou encore l'option du bénéficiaire d'une promesse de vente, ou le réméré (faculté de rachat) bénéficiant à un vendeur...
3. Cf. NAJJAR, *Le droit d'option – Contribution à l'étude du droit potestatif et de l'acte unilatéral*, préf. RAYNAUD, 1967.
4. V. spéc. MARTY, RAYNAUD et JESTAZ, n° 150 ; MAZEAUD et CHABAS, n° 961.
5. V. IZORCHE, *Rép. civ.* Dalloz, v° *Action oblique*, n°s 38 et s. La jurisprudence a toutefois toujours admis l'exercice par le créancier de l'action en partage d'une indivision. La solution, confirmée par l'article 815-17, al. 3 (L. 31 déc. 1976), se justifie par le fait que le créancier ne peut pas saisir les biens indivis de son débiteur, Cf. MAZEAUD et CHABAS, *eod. loc.*
6. V. par ex., Civ. 1re, 19 avr. 1988, *Bull. civ.* I, n° 101, *RTD civ.* 1989.79 (action en révocation d'une donation entre époux) ; Com. 18 mai 1976, *Bull. civ.* IV, n° 168, *D.* 1978.566, note FADLALLAH (option du donataire face à l'action en réduction de la libéralité).
7. V. la présentation détaillée de GHESTIN, BILLIAU et LOISEAU, nos 768 et s. V. aussi PONSARD, note sous Civ. 29 juin 1948, *D.* 1949.129. *Adde :* AUDIER, *Les droits patrimoniaux à caractère personnel*, préf. KAYSER, 1979.
8. On observe parfois que la solution s'impose par cela seul qu'il s'agit de biens insaisissables et donc exclus du gage général des créanciers, de sorte que ceux-ci sont sans intérêt à agir. Mais la remarque est contestable : si le débiteur réclamait sa pension, il épargnerait le reste de son patrimoine ; Cf. STARCK, LAURENT et BOYER, n° 541.

nécessairement fondée sur des appréciations éminemment personnelles et d'ordre moral qui justifie le refus de l'action oblique.

Cette dernière considération est essentielle et justifie pareillement, le cas échéant, la mise à l'écart de l'action oblique alors même que l'action ou le droit en cause sont de nature patrimoniale. C'est une nouvelle limite assignée au droit d'ingérence des créanciers qui doit nécessairement céder dès que l'exercice du droit est subordonné à une appréciation individuelle et morale qui relève du libre arbitre du débiteur. Le Code civil en fournit un exemple en refusant aux créanciers d'un époux la possibilité de demander, du chef de celui-ci, la *séparation de biens* (art. 1446). Il doit en aller de même du droit pour un débiteur-donateur de demander la *révocation* d'une donation [1] ; du droit pour un débiteur-donataire de solliciter, au titre de l'article 900-1 du Code civil, la levée de l'interdiction d'aliéner affectant le bien donné [2] ; du droit du débiteur de demander la *réduction ou la suppression d'une pension alimentaire* dont il est tenu [3] ; ou encore du droit pour un époux séparé de biens de réclamer la rémunération des services qu'il a rendus à son conjoint dans la gestion de l'entreprise de celui-ci [4].

En revanche, ne sont pas des droits exclusivement attachés à la personne et peuvent donc être exercés par la voie oblique : l'action en réduction de libéralités excessives [5] ; l'action en rescision pour lésion [6] ; le droit pour le débiteur de demander la nullité absolue d'un contrat qu'il a conclu [7], ou encore –mais il y a eu de longues hésitations à ce sujet– l'action en réparation du préjudice corporel de nature économique [8]...

Un exemple particulièrement significatif de la difficulté à délimiter la notion de droits exclusivement attachés à la personne dans le domaine patrimonial concerne la demande en autorisation d'aliéner un bien que le débiteur a reçu par donation, grevé d'une clause d'inaliénabilité au profit du donateur. Après avoir énoncé en 1998 que cette action échappe à l'article 1166 parce qu'elle suppose une appréciation d'ordre moral et familial, la Cour de cassation a admis la recevabilité d'une demande émanant d'un créancier du donataire [9].

§ 2. Les effets de l'action oblique

82. Exercice de l'action au nom du débiteur. Effets à l'égard du défendeur à l'action. – L'idée fondamentale est que le créancier qui exerce l'action oblique n'agit pas

1. Civ. 1re, 19 avr. 1988, préc. (donation entre époux).
2. Civ. 1re, 25 mai 2004, *Bull. civ.* I, n° 149, *D.* 2004. IR. 1643 (v. aussi, Civ. 1re, 16 nov. 2004, *Bull. civ.* I, n° 265, *D.* 2004. IR. 3192).
3. Civ. 29 juin 1948, 1re espèce, *D.* 1949.129, note Ponsard ; Req. 26 mai 1941, *JCP* 1942.133, note Carbonnier.
4. Civ. 1re, 8 juin 1963, *D.* 1964.713, note Lamand, *JCP* 1965.II.14087, note Savatier.
5. Civ. 1re, 20 oct. 1982, *D.* 1983.120, note Rémy.
6. Civ. 1re, 22 janv. 1980, *Bull. civ.* I, n° 32, *D.* 1980. IR. 400, obs. D. R. Martin.
7. Civ. 1re, 23 avr. 1981 (sol. impl.), *Bull. civ.* I, n° 130. Mais le créancier pourrait aussi agir en vertu d'un droit *propre*, v. sur l'ensemble de la question, Aubert, Le droit pour le créancier d'agir en nullité des actes passés par son débiteur... *RTD civ.* 1969.692, spéc. nos 8 et s. En matière de *nullités relatives*, l'action oblique ne peut être admise que lorsque l'exercice de l'action ne suppose pas une préalable appréciation d'ordre moral par le débiteur, v. article préc., nos 21 et s.
8. V. Vol. 2 –*Le fait juridique*– n° 368.
9. Civ. 1re, 3 juin 1998, *Bull.* I, n° 192, *JCP* 1998.I.10167, note Casey, *RTD civ.* 1999.677, obs. Mestre, 963, obs. Patarin, *Defrénois* 1999 art. 36298 note X. Savatier ; 11 janv. 2000 *Bull.* I, n° 3, *D.* 2000.II.877, note Planckeel ; *JCP* 2000.I.215, n° 14, obs. Loiseau, *RTD civ.* 2000.332, obs. Mestre et Fages.

en son nom personnel mais *au nom de son débiteur :* il fait valoir le droit de celui-ci et non un droit qui lui soit personnel. **Exemple :** A est créancier de B, lui-même créancier de C ; l'action oblique consiste, pour A, à réclamer à C le paiement de la créance de B.

Il résulte de là, à l'égard du défendeur à l'action (C) que celui-ci est exactement dans la même situation que s'il était poursuivi par le débiteur, son propre créancier (B). En particulier les *exceptions* (moyens de défense) qu'il aurait pu opposer à ce dernier, sont pareillement opposables au créancier exerçant l'action oblique : par exemple, la renonciation à une formalité protectrice [1], une contre-lettre [2], une exception de compensation [3] ou encore toute exception tirée de la nullité ou de la prescription de la dette...

Cette opposabilité, qui va de soi pour les exceptions qui procèdent d'une cause antérieure à la demande s'applique aussi à celles qui ont pris naissance au cours du procès. Mais cela est la conséquence des effets de l'action oblique à l'égard du débiteur.

83. Effets à l'égard du débiteur dont le droit est exercé. – L'action oblique ne dessaisit pas le débiteur du droit qu'exerce le créancier. Rien ne l'empêche donc de l'exercer lui-même ou d'en disposer, le cas échéant par une transaction [4]. Deviennent ainsi opposables au demandeur des exceptions qui n'existaient pas encore au jour de l'introduction de la demande.

Se pose, en revanche, un problème *d'autorité de la chose jugée :* le jugement rendu sur la demande du créancier est-il opposable au débiteur ? La réponse semble devoir être affirmative puisque le créancier qui exerce l'action oblique agit au nom du débiteur, comme s'il le représentait. Mais, précisément, ce n'est qu'une image : il n'y a *pas de représentation* du débiteur par son créancier. Une considération de justice l'impose : n'ayant pas participé lui-même au procès, le débiteur n'est pas lié par une décision qui peut lui être défavorable –par exemple, son droit de créance n'a été reconnu qu'en partie– et contre laquelle il n'a pas pu faire valoir ses moyens de droit.

La justification fixe la limite de la solution : elle ne vaut que dans les cas où le créancier exerçant l'action oblique *n'a pas mis en cause* son propre débiteur. S'il l'a fait –ce qui est le cas le plus fréquent– le jugement devient naturellement opposable à celui-ci.

Au demeurant, si le créancier est admis à exercer l'action oblique *sans* mettre en cause son débiteur [5], il doit en revanche le faire s'il ne se borne pas à exercer l'action oblique proprement dite : s'il prétend, *en même temps*, obtenir le paiement de ce qui lui est dû sur la valeur dont l'action oblique permet la réintégration au patrimoine de son débiteur [6].

84. Effets à l'égard des autres créanciers. – La dernière question est celle du *bénéfice* de l'action oblique. Ce bénéfice n'est pas personnel au créancier qui a exercé l'action ; il est *commun* à l'ensemble des créanciers du débiteur. C'est la conséquence de ce que

---

1. Civ. 1re, 9 oct. 1991, *Bull. civ.* I, n° 250, *D.* 1992.421, note BARRET, *Defrénois* 1992, art. 35220, n° 34, obs. AYNÈS.

2. Civ. 1re, 12 oct. 1982, *Bull. civ.* I, n° 284, *Defrénois* 1983, art. 33082, n° 53, obs. AUBERT.

3. Civ. 1re, 7 mai 1980, *Gaz. Pal.* 1980.2, pano. 416.

4. La transaction est opposable au créancier (Req. 18 févr. 1862, *DP* 1862.1.248, *S.* 1862.1.415), sauf fraude contre lui (mais alors, le créancier, qui exerce l'action du débiteur, ne peut faire valoir cette fraude paulienne dans le cadre de l'action oblique. Il lui faut exercer une action paulienne distincte, Civ. 1re, 25 févr. 1986, *Bull. civ.* I, n° 35).

5. Civ. 23 janv. 1849, *DP* 1849.1.42 ; Req. 2 juill. 1851, *S.* 1851.1.393.

6. Com. 15 oct. 1991, *Bull. civ.* IV, n° 283, *D.* 1992. somm. 276, obs. AUBERT, *JCP* 1992.II.21905, note BOLARD ; Civ. 1re, 27 mai 1970, *JCP* 1971.II.16675, note POULAIN, *RTD civ.* 1970.763, obs. LOUSSOUARN, et 1971.411, obs. HEBRAUD.

l'action est exercée *au nom* du débiteur, même si celui-ci n'est pas représenté par le créancier agissant. Tout se passe, quant à ces effets, *comme si* le débiteur avait lui-même exercé son droit : l'action fait donc rentrer le bien ou la somme d'argent en cause dans son patrimoine pour y devenir un élément du gage commun de ses créanciers, lesquels ont vocation à s'en partager le profit à égalité. En bref, le créancier qui a agi ne bénéficie d'aucune préférence, d'*aucun privilège*.

Là se trouve la faiblesse de l'action oblique : celui qui agit et qui en supporte les charges n'en tire aucun avantage particulier. Le propre de l'homme n'étant pas d'aimer tirer les marrons du feu pour autrui, il n'est pas étonnant que l'action oblique soit assez rarement exercée. De ce point de vue, *l'action paulienne* est d'une efficacité supérieure.

Cette faiblesse de l'action oblique est l'un des rares points sur lesquels l'*avant-projet de réforme du droit des obligations* propose d'innover en consacrant, au profit du (des) créancier(s) agissant, un droit de se faire payer par *prélèvement* sur les sommes qui rentrent dans le patrimoine du débiteur au résultat de son (leur) initiative (art. 1167-1, al. 1er). Le *projet de réforme du droit des contrats* de l'Académie des sciences morales et politiques reprend cette règle (art. 133, al. 2).

Section II
L'action paulienne

85. Idée générale. – L'action *oblique* protège les créanciers contre la *négligence* de leur débiteur ; l'action *paulienne*[1] *leur donne un moyen de se protéger de sa fraude*, la fraude consistant pour lui à diminuer son patrimoine et donc à affaiblir leur gage.

L'action paulienne permet aux créanciers de faire juger que des actes, frauduleux à leur égard –actes à titre gratuit, ou aliénations à vil prix, notamment– leur sont *inopposables* de sorte qu'ils peuvent les ignorer : saisir le bien aliéné dans de telles conditions, *comme si* l'aliénation n'avait pas eu lieu.

L'article 1167 énonce, sans autres précisions : « les créanciers peuvent aussi, en leur nom personnel, attaquer les actes faits par leur débiteur en fraude de leurs droits ».

De cette formule on peut déduire que l'action n'est pas dirigée contre le débiteur, mais contre *le tiers* qui a traité avec lui : acquéreur ou donataire, le plus souvent, à qui le créancier entend reprendre le bien aliéné. Cela doit rester présent à l'esprit lorsqu'on étudie les *conditions d'exercice* et les *effets* de l'action paulienne.

---

1. La dénomination d'action « paulienne » remonte au droit romain, sans qu'on en sache le fondement. Au Code civil, le mot n'est pas employé, mais il est resté usuel.

Sur cette action, v. l'étude fondamentale de L. SAUTONIE-LAGUIONIE, *La fraude paulienne*, préf. WICKER, LGDJ, 2008. Comme le titre l'indique, l'analyse est centrée sur la notion de fraude paulienne, à partir de l'article 1167 du code civil, situé dans son contexte, et non, comme la doctrine le fait généralement, sur une analyse empirique des applications jurisprudentielles de l'action paulienne. Selon l'auteur, il en ressort que la sanction de la fraude paulienne est destinée à renforcer, dans le cas particulier des créanciers, particulièrement exposés, l'interdiction de nuire aux tiers par des conventions (C. civ., art. 1165). Cette fraude, qui confère à l'acte une cause illicite, constitue le fondement et la mesure de la sanction. La fraude doit entraîner l'inefficacité de l'acte, de telle sorte que le créancier soit rétabli dans son droit. V. également VIDAL, *Essai d'une théorie générale de la fraude en droit français*, thèse, Toulouse, 1957 ; SINAY, « Action paulienne et responsabilité délictuelle à la lumière de la jurisprudence récente », *RTD civ.* 1948.183 ; COLOMBET, « De la règle que l'action paulienne n'est pas reçue contre les paiements », *RTD civ.* 1965.5.

Sous-section I

Les conditions d'exercice de l'action paulienne

Déterminées d'après la tradition historique, et aménagées par la jurisprudence, ces conditions, assez nombreuses, peuvent être ordonnées autour de deux idées : l'action suppose qu'un *préjudice* a été causé au créancier au résultat d'une *fraude* commise à son encontre[1].

§ 1. LE PRÉJUDICE

Bien qu'elle n'apparaisse pas à l'article 1167, l'exigence d'un préjudice s'impose d'elle-même : faute de préjudice, le créancier reste sans intérêt à agir. Il résulte de là diverses conditions relatives à l'*acte attaqué* et à la *créance du demandeur*.

A. L'acte attaqué

L'acte attaqué doit être un acte générateur *d'appauvrissement* qui détermine ou qui aggrave *l'insolvabilité* du débiteur.

1) Acte générateur d'appauvrissement

86. Compréhension extensive de l'appauvrissement. – L'acte d'appauvrissement est celui qui *altère l'actif* du patrimoine du débiteur en en *diminuant la valeur*.

La définition recouvre toutes les *aliénations sans contrepartie*, aussi bien une donation qu'une vente à prix dérisoire[2]. Elle prend également en compte des *actes qui ne sont pas des aliénations* mais qui emportent une dépréciation du patrimoine : ainsi de la remise de dette, de la renonciation à un droit ou encore du bail de faible rentabilité qui, étant opposable à un acquéreur éventuel, déprécie l'immeuble sur lequel il porte[3].

Les tribunaux adoptent une *conception extensive de l'appauvrissement* en admettant qu'il peut résulter d'une aliénation pourtant faite à un prix normal –une vente ou un apport en société, par exemple : « le créancier dispose de l'action paulienne lorsque la cession, bien que consentie au prix normal, a pour effet de faire échapper un bien à ses poursuites en le remplaçant par des fonds plus aisés à dissimuler, et en tout cas plus

---

1. Pour une autre présentation, à partir de la seule fraude, et distinguant les droits de créance susceptibles de fraude et les actes susceptibles d'être frauduleux, V. SAUTONIE-LAGUIONIE, *La fraude paulienne*, préc., n° 229 et s. Et sur la mise en œuvre procédurale de la sanction (l'action paulienne, proprement dite), *op. cit.,* n° 810 et s.

2. V. par ex., Civ. 1re, 13 janv. 1993, *Bull. civ.* I, n° 5.

3. V. Civ. 1re, 18 juill. 1995, *Bull. civ.* I, n° 324 (bail à construction) ; Civ. 3e, 4 avr. 1973, *Bull. civ.* III, n° 258 (bail emphytéotique). V. aussi un exemple peu commun d'appauvrissement résultant d'un procès verbal de conciliation signé entre deux époux à la suite d'une demande en contribution aux charges du mariage émanant de la femme : la pension ainsi fixée conventionnellement absorbait la presque totalité de la retraite du mari, faisant échec à une saisie arrêt exercée par un créancier ; Cf. Civ. 1re, 1er juill. 1997, *Defrénois* 1998 art. 36815, n° 49, obs. MASSIP.

difficiles à appréhender »[1]. La modification de la consistance du patrimoine du débiteur est constitutive d'appauvrissement par cela seul qu'elle *diminue les chances* de paiement du créancier.

L'acte d'appauvrissement ainsi compris s'oppose aux actes par lesquels le débiteur *néglige ou refuse de s'enrichir*, tel le refus d'accepter une donation : ces actes ne sont jamais attaquables. L'idée est alors que les créanciers sont en droit de compter que leur débiteur ne s'appauvrira pas, mais qu'ils ne peuvent légitimement espérer son enrichissement. Plus simplement, la solution paraît être imposée par un défaut d'intérêt[2] : à supposer accueillie l'action paulienne, il resterait encore à savoir si le créancier serait admis à exercer le droit considéré, ce qui, s'agissant de purs enrichissements, semble le plus souvent exclu par le caractère éminemment personnel de la démarche en cause : un créancier ne saurait accepter la donation offerte à son débiteur, au nom de celui-ci[3].

La distinction « appauvrissement-refus d'enrichissement » n'est pas toujours évidente. Ainsi pour la *renonciation à succession*. C'est, dans ce cas, un principe du droit successoral qui dicte la solution : l'héritier devenant, par le seul fait du décès, titulaire du patrimoine du défunt, la renonciation à la succession, qui le dépouille d'un droit acquis, est un *acte d'appauvrissement* que les créanciers peuvent attaquer pour accepter la succession en lieu et place de leur débiteur (C. civ., art. 779, anc. art. 788). La difficulté est plus grande dans le cas de la *renonciation à prescription*. Puisque celle-ci ne produit pas d'effet de plein droit mais seulement lorsqu'elle a été invoquée, il n'y a alors qu'un *refus d'enrichissement*. Mais une disposition spéciale (C. civ., art. 2253 ; anc. art. 2225) permet aux créanciers d'ignorer la renonciation qui leur porte préjudice et de faire valoir la prescription : c'est qu'il semble anormal qu'un débiteur, qui ne peut faire face à ses dettes, ne se libère pas du moins de celles pour lesquelles il est en mesure de faire jouer ce mode d'extinction.

87. Appauvrissements soustraits, par exception, à l'action paulienne : engagements nouveaux et paiements. – Il est des actes d'appauvrissement qui sont cependant soustraits à l'action paulienne. Mais ces exceptions sont rares et de portée souvent limitée.

On dit, parfois, que les *engagements nouveaux* souscrits par le débiteur –les nouvelles dettes qu'il vient à contracter[4]– échappent à l'action paulienne. C'est douteux. Ce qui est vrai, c'est que le débiteur reste, comme tel, libre de son activité juridique –il n'est atteint d'aucune incapacité– et qu'il peut donc souscrire de nouvelles dettes. Mais s'il le fait dans un esprit de fraude et au préjudice de ses créanciers, ceux-ci pourront user de l'action paulienne. L'exception annoncée n'est donc qu'apparente et illusoire[5].

La soustraction des *paiements* à l'action paulienne appelle des remarques plus nuancées. La solution s'explique par le fait que le paiement d'une dette, s'il n'enrichit pas –contrairement au dicton– constitue du moins une opération neutre : le passif est diminué en même temps que l'actif. On peut toutefois objecter que si la diminution de l'actif est bien compensée par une réduction du passif, elle n'en opère pas moins *au profit* du créancier désintéressé et *au détriment* des autres, de sorte que, pour ces derniers, l'opération n'est pas neutre. Si le paiement échappe malgré cela à l'action paulienne,

---

1. Com. 1er mars 1994, *Bull. civ.* IV, n° 81 (cession de fonds de commerce) ; Civ. 1re, 21 juill. 1987, *Bull. civ.* I, n° 231, *RTD civ.* 1988.36, obs. MESTRE (apport d'un immeuble à une société) ; Civ. 3e, 28 nov. 1973, *Bull. civ.* III, n° 606 (vente d'immeuble).
2. Cf. TERRÉ, SIMLER et LEQUETTE, n° 1173.
3. Cf. *supra*, nos 80 et s.
4. MALAURIE, AYNÈS et STOFFEL-MUNCK, n° 1144 ; STARCK, LAURENT et BOYER, t. 3 (avec nuance), n° 714.
5. Cf. MAZEAUD et CHABAS, n° 982, qui observent que, sinon, c'est l'action paulienne qui disparaîtrait.

c'est parce qu'en droit civil français le paiement est le *prix de la course :* chaque créancier doit veiller à ses propres intérêts [1].

La justification de la règle en marque les *limites :* elle n'a lieu d'être que si le paiement est normal. Tel n'est pas le cas s'il ne s'imposait pas, notamment parce que la dette payée n'était pas échue [2]. Alors, l'action paulienne recouvre son empire. La jurisprudence décide de même pour les modes de paiement « anormaux », particulièrement pour les dations en paiement [3], contrairement aux paiements effectués à l'occasion d'une procédure de conciliation préalable à l'ouverture d'une procédure collective [4]. Dans ces situations le créancier pourra exercer l'action paulienne contre le paiement effectué, s'il démontre la fraude.

88. Autres exceptions : les cas particuliers du partage, des jugements et de l'assurance-vie. – En vertu de l'article 1167, alinéa 2, et de l'article 882, l'action paulienne est encore exclue pour les *partages de communauté et de succession.*

La solution peut surprendre car le partage peut être très préjudiciable aux créanciers : il suffit pour cela d'attribuer au débiteur un lot composé de biens insaisissables ou de valeurs faciles à dissimuler. Elle s'explique par le fait que les partages concernés sont des règlements d'intérêts familiaux dont la stabilité est particulièrement souhaitable.

D'ailleurs, si les créanciers se trouvent ainsi privés de l'action paulienne, ils n'en sont pas pour autant laissés sans protection. La loi les autorise à intervenir *préventivement* en faisant *opposition au partage*, c'est-à-dire en demandant à y assister pour surveiller la composition des lots (art. 882). Si les copartageants, respectueux de l'opposition, ont convoqués les créanciers au partage, celui-ci est inattaquable. Sinon, cette méconnaissance de l'opposition permet aux créanciers d'attaquer le partage du seul fait qu'il leur est préjudiciable [5]. En revanche, si le créancier n'a pas fait opposition, le partage est inattaquable.

La jurisprudence, cependant, tenant compte de ce que cette protection de l'article 882 reste insuffisante au regard des facilités de fraude qu'ouvre le partage [6], incline à ramener celui-ci dans le droit commun de l'action paulienne. Elle décide que l'action est recevable lorsqu'il a été réalisé avec une hâte suspecte, pour empêcher l'exercice de l'opposition [7], ou encore lorsque l'acte apparaît comme un partage fictif dissimulant une donation [8].

L'action paulienne n'est pas recevable contre les *jugements*. La raison –de procédure– en est que l'on ne peut jamais faire annuler un jugement –« voies de nullité n'ont lieu contre les jugements ». Mais, là encore, les créanciers ne restent pas sans défense : ils peuvent user de la *tierce-opposition* contre le jugement entaché de fraude et qui leur est préjudiciable : ainsi lorsqu'un débiteur, assigné en paiement d'une dette nulle, se sera délibérément mal défendu pour perdre le procès.

---

1. Cf. COLOMBET, *op. cit.*
2. Cf. TERRÉ, SIMLER et LEQUETTE, n° 1164.
3. Civ. 1re, 19 janv. 1977, *Bull. civ.* I, n° 34. Rappr. Aix, 19 févr. 1987, *RTD civ.* 1988.138, obs. MESTRE. V. *infra*, n° 450 et s.
4. Com. 1er avr. 2008, *D.* 2008. AJ. 1142, obs. LIENHARD, *RTD civ.* 2008. 301, obs. FAGES.
5. Civ. 1re, 2 févr. 1977, *Bull. civ.* I, n° 68.
6. C'est particulièrement sensible dans les cas de changement de régime matrimonial, Cf. J. FLOUR et CHAMPENOIS, *Les régimes matrimoniaux*, 2e éd., 2001, n° 208.
7. Civ. 1re, 3 déc. 1985, *Bull. civ.* I, n° 334 ; Civ. 1re, 16 juin 1981, *Bull. civ.* I, n° 212.
8. Civ. 1re, 6 mars 1996, *Bull. civ.* I, n° 126 ; *JCP* 1996.I.3962, n° 8, obs. WIEDERKEHR, *Defrénois* 1996, art. 36448, n° 165, obs. CHAMPENOIS ; Civ. 1re, 29 mai 1979, *Bull. civ.* I, n° 157. Rappr. Civ. 1re, 5 nov. 1991, *Bull. civ.* I, n° 302, *Defrénois* 1992, art. 35314, note FORGEARD (l'arrêt, peut-être en retrait par rapport aux autres, souligne le caractère souverain de l'appréciation du caractère fictif du partage).

Enfin, il convient de rappeler le cas particulier de l'*assurance-vie*, où les créanciers ne peuvent jamais attaquer l'attribution du capital au tiers bénéficiaire parce que ce capital, en vertu de la théorie du droit direct de la stipulation pour autrui, n'a jamais fait partie du patrimoine du débiteur[1].

2) Le résultat de l'acte : l'insolvabilité du débiteur

89. Insolvabilité nécessaire du débiteur. – Il va de soi que les créanciers ne peuvent se plaindre d'un appauvrissement de leur débiteur si la solvabilité de celui-ci n'en est pas affectée : il ne suffit donc pas que l'acte considéré l'appauvrisse ; il faut encore qu'il *détermine ou aggrave son insolvabilité*. C'est nécessaire *au moment de l'exercice de l'action*[2] : si à cette date le débiteur est solvable, ses créanciers sont sans intérêt à exercer l'action paulienne. Ce l'est aussi *à l'époque de l'acte critiqué*[3], car sinon il n'y a pas de fraude.

L'exigence d'insolvabilité à la date de l'exercice de l'action entraîne l'obligation pour le créancier de discuter préalablement les biens du débiteur –saisir et faire vendre les biens qu'il a conservés– si la solvabilité de ce débiteur est incertaine, non lorsque son insolvabilité est notoire[4].

Cette exigence d'insolvabilité exclut l'action paulienne contre des actes relatifs à des *biens insaisissables :* de tels biens restant hors du gage des créanciers, leur aliénation n'a pas d'incidence sur la solvabilité du débiteur.

90. Dérogation à l'exigence d'insolvabilité. – Une jurisprudence, devenue classique, fait exception à l'exigence d'insolvabilité du débiteur au profit des créanciers qui sont investis de *droits particuliers sur certains biens de leur débiteur*, tels les créanciers hypothécaires. L'action paulienne est alors recevable, même si le débiteur n'est pas insolvable, dès lors que l'acte frauduleux critiqué réduit la valeur des biens concernés et rend inefficace le droit du créancier sur ces biens[5].

Cette jurisprudence a été critiquée, notamment en ce qu'elle déformerait inutilement l'action paulienne, la situation pouvant être réglée par les principes de la responsabilité contractuelle[6]. Il est exact que ces solutions débordent la défense du seul *droit de gage général* des créanciers. Mais elles s'inscrivent bien dans la formule très compréhensive de l'article 1167, laquelle donne à l'action paulienne vocation générale à lutter contre les atteintes frauduleusement portées par les débiteurs *aux droits de leurs créanciers*. Admettre l'exercice de cette action du seul fait que le débiteur a conclu un acte en fraude des droits spéciaux de son créancier et qui empêche celui-ci,

---

1. V. Vol. 1 –*L'acte juridique*– n° 487.
2. Civ. 1re, 12 juin 2001, *RTD civ.* 2001.884, obs. MESTRE et FAGES ; Com. 14 nov. 2000, *Bull. civ.* IV, n° 173, *Defrénois* 2001, art. 37309, n° 8, obs. LIBCHABER, *D. Aff.* 2000. AJ. 441, obs. AVENA-ROBARDET.
3. Civ. 1re, 6 mars 2001, *Bull. civ.* I, n° 51 ; Civ. 1re, 5 déc. 1995, *Bull. civ.* I, n° 443 ; Civ. 1re, 2 mai 1989, *Bull. civ.* I, n° 172.
4. Civ. 3e, 4 avr. 1973, *Bull. civ.* III, n° 258 ; Civ. 3e, 13 mai 1969, *Bull. civ.* III, n° 373, *RTD civ.* 1970.166, obs. LOUSSOUARN. V. cependant, Colmar, 1er avr. 2004, *JCP* 2005.IV, n° 1382 (l'arrêt accueille l'action paulienne tout en relevant que le débiteur s'est rendu apparemment insolvable).
5. V. Civ. 1re, 18 juill. 1995, (hypothèque), *Bull. civ.* I, n° 324 ; Civ. 1re, 10 déc. 1974, (droit à renouvellement d'un bail), *Bull. civ.* I, n° 336, *Defrénois* 1975, art. 30962, note MORIN, *D.* 1975.777, note SIMON.

Tel n'est pas le cas, en revanche, de la donation d'un immeuble hypothéqué, le droit de suite permettant au créancier hypothécaire de saisir le bien entre les mains du donataire : Civ. 1re, 5 juill. 2006, *D.* 2007. 1909, obs. VASSEUR.
6. V. notamment SINAY, *op. cit.*, n° 13 ; VIDAL, *op. cit.*, p. 221 et s. Au contraire très favorable à l'application de l'action paulienne en faveur des titulaires de droits spéciaux, dont elle étend la liste, v. SAUTONIE-LAGUIONIE, *La fraude paulienne*, préc., nos 259 et s.

en tout ou en partie, d'obtenir l'exécution de *ces* droits, n'est pas une subversion de l'article 1167. Et il n'est pas sûr que les règles de la responsabilité civile puissent assurer un règlement meilleur de cette sorte de situation.

Il est douteux que l'on puisse aller au-delà et étendre l'action paulienne à la sauvegarde de purs droits réels, sans référence à une quelconque créance. C'est pourtant la solution qui, de fait, semble avoir été consacrée par un arrêt de la troisième Chambre civile du 6 octobre 2004[1]. Sans doute l'arrêt se réfère-t-il à l'exigence d'une créance : son attendu de principe énonce que « les *créanciers* peuvent, en leur nom personnel, attaquer les actes faits par leur débiteur en fraude de leurs droits ». Mais, en l'espèce, le demandeur n'était apparemment pas un créancier : bénéficiaire d'un acte sous seing privé de vente –dont il n'est pas dit qu'elle était subordonnée à sa réitération en la forme authentique– il s'agissait en réalité d'un *propriétaire* qui entendait faire valoir son droit de propriété contre ses vendeurs, lesquels, alors que la vente n'avait pas été réitérée, avaient fait donation du bien vendu à leur fils. Aux termes de l'article 1167, l'action paulienne ne concerne que les créanciers et ne peut être invoqué qu'en cette qualité[2].

B. La créance du demandeur

91. Nécessité d'une créance antérieure à l'acte attaqué. Principe. Limites. – Pas plus que l'action oblique, l'action paulienne n'est une mesure d'exécution. Le créancier n'a donc pas à justifier d'un *titre exécutoire.*

En revanche, il doit établir sa qualité de créancier, laquelle est une condition essentielle de l'action paulienne[3]. Il lui faut, comme le créancier qui exerce l'action oblique, justifier d'une créance certaine, liquide et exigible. Ici comme là, cela est imposé par l'exigence d'insolvabilité du débiteur[4].

Mais il convient, à ce propos, d'éviter une confusion fréquente : cela concerne les qualités que doit présenter le droit du créancier *au moment où il exerce l'action paulienne ;* elle ne vaut pas pour le *moment de l'acte litigieux.* À ce dernier égard, l'action paulienne suppose seulement que le droit du créancier qui agit ait été *antérieur à l'acte attaqué*[5].

Cette antériorité est nécessaire : c'est seulement dans ce cas que l'acte porte préjudice au créancier en diminuant le gage sur lequel il avait pu compter. Le créancier dont le droit est né *après* l'acte a traité avec un débiteur déjà appauvri : il ne subit donc pas de préjudice.

L'exigence d'antériorité supporte cependant une *exception* et une *atténuation.*

La jurisprudence admet que l'action puisse, *par exception*, être exercée par un *créancier postérieur* à l'acte lorsque celui-ci a été spécialement dirigé contre lui, en *prévision frauduleuse* de la naissance de sa créance, situation assez exceptionnelle il est vrai[6].

---

1. *Bull. civ.* III, n° 163, *D.* 2004, juris. 3098, note KESSLER, *RTD civ.* 2005.121, n° 2, obs. MESTRE et FAGES, *Defrénois* 2005, art. 38109, note DAGORNE-LABBE, et art. 38142, n° 12, obs. LIBCHABER. V. aussi, Com. 10 janv. 2006, *RTD civ.* 2006. 343, obs. REVET ; arrêt non publié au *Bulletin civil.* V. en particulier les riches observations de l'annotateur.

2. KESSLER, note préc., spéc. p. 3101, qui observe que cette action ne saurait être posée en substitut de l'action en revendication. *Contra* SAUTONIE-LAGUIONIE, *op. cit.* n°s 281 et s., favorable à une extension en faveur des titulaires de droits réels sur le bien d'autrui, à partir de la notion d'obligation réelle.

3. Cf. TERRÉ, SIMLER et LEQUETTE, n° 1168.

4. Sous la réserve des dérogations admises à l'exigence d'insolvabilité, *supra*, n° 90 ; Cf. Civ. 1re, 10 déc. 1974, préc.

5. La solution est traditionnelle. V. par ex., Com. 14 mai 1952, *D.* 1953.625, note RADOUANT.

6. V. Civ. 1re, 7 janv. 1982, *Bull. civ.* I, n° 4.

Mais elle admet aussi, apportant à la règle une atténuation de grande portée, qu'il suffit que le demandeur fasse valoir une créance dont *le principe* existait avant l'acte contesté [1]. **Exemple :** la caution qui, dans la perspective de l'insolvabilité du débiteur garanti, s'appauvrit « préventivement » –par exemple en consentant des donations à des parents– ne pourra pas opposer au créancier bénéficiaire du cautionnement le fait que sa créance n'a été déterminée qu'après les actes d'appauvrissement. Il va de soi qu'alors la créance dont le créancier doit justifier n'a pas besoin d'être liquide [2], ni *a fortiori* exigible. Il faut seulement que le créancier puisse établir un *principe certain de créance* [3].

92. Preuve de l'antériorité. – C'est au créancier qu'il incombe d'établir l'antériorité de son droit –créance ou principe de créance– par rapport à l'acte attaqué. Il lui faut donc faire la preuve de la date de *sa créance* et de celle de cet acte.

La jurisprudence admet que l'antériorité peut être établie *par tous moyens*, sans distinguer selon que la *créance* résulte d'un fait ou d'un acte juridique [4]. La mise à l'écart, pour ce dernier cas, de l'exigence de *date certaine* de l'article 1328, peut trouver une justification –visée par l'arrêt de 1978– dans les liens étroits qui existent entre les questions de date et de fraude dès lors que celle-ci, qui est soumise au principe de preuve par tous moyens, suppose toujours la connaissance par le débiteur du préjudice causé au créancier [5].

La preuve –par tous moyens– de la date de l'acte attaqué suscite parfois des problèmes particuliers.

Ainsi pour les actes soumis à publicité foncière : quelle date convient-il de prendre en considération, celle de l'acte où celle de sa publication ? La publicité n'étant pas une condition de l'opposabilité de ces actes à l'encontre des créanciers chirographaires, c'est de la date de l'acte qu'il faut tenir compte à leur égard. La solution a été étendue au cas particulier des *donations*, ce dont la rédaction de l'article 941 pouvait faire douter [6]. La condition d'antériorité ne sera donc pas remplie pour les créances ou principes de créance nés entre la date de l'acte et celle de sa publication.

§ 2. La fraude

93. La fraude du débiteur. – L'action paulienne suppose toujours une *fraude commise par le débiteur* [7]. Elle exige aussi, parfois, une complicité du *tiers* contre qui l'action est exercée.

À strictement parler, la fraude devrait être définie comme *l'intention de nuire au créancier*, comme la volonté délibérée d'éluder les obligations souscrites envers lui, le débiteur faisant exprès de se rendre insolvable pour ne pas pouvoir payer son créancier.

---

1. C'est à ce propos que la condition d'antériorité donne lieu, aujourd'hui, à débats judiciaires. V. par ex., Civ. 1re, 13 janv. 1993, *Bull. civ.* I, n° 5 ; Com. 25 mars 1991, *Bull. civ.* IV, n° 119 ; Civ. 1re, 13 avr. 1988, *Bull. civ.* I, n° 91 ; Civ. 1re, 25 févr. 1981, *Bull. civ.* I, n° 69, *Defrénois* 1981, art. 32787, n° 117, obs. Aubert, *JCP* 1981.II.19628.

2. Civ. 1re, 13 avr. 1988, préc.

3. Com. 12 juill. 1994, *Bull. civ.* IV, n° 260 ; Civ. 1re, 13 avr. 1988, préc.

4. Civ. 1re, 11 oct. 1978, *Bull. civ.* I, n° 299, *Defrénois* 1979, art. 32023, n° 29, obs. Aubert. L'arrêt marque un revirement de la jurisprudence sur cette question.

5. V. cep. *contra*, Marty, Raynaud et Jestaz, n° 170, a, p. 155.

6. Civ. 3e, 17 juin 1980, *Bull. civ.* III, n° 118, *JCP* 1981.II.19584, note Dagot. *Contra*, Civ. 1re, 19 oct. 1966, *D.* 1967.77, note J. Mazeaud, *JCP* 1967.II.15160, note Rouiller.

7. Sur celle-ci, v. particulièrement Sautonie-Laguionie, *La fraude paulienne*, préc.

Mais une telle intention se rencontre à la vérité fort rarement : ordinairement, le débiteur ne cherche pas tant à frustrer ses créanciers de leurs droits qu'à satisfaire ses intérêts propres *malgré* ces droits. Et la preuve d'une telle intention est fort difficile.

Cela explique que la jurisprudence, dans un souci de moralisation des relations économiques, ait adopté une conception plus compréhensive de la *fraude paulienne :* il suffit que le débiteur ait eu *connaissance du préjudice* que l'acte conclu par lui causait à ses créanciers. La fraude « résulte de la seule connaissance qu'a le débiteur du préjudice qu'il cause au créancier en se rendant insolvable ou en augmentant son insolvabilité » [1]. Celui qui brade ses biens pour faire des dépenses inconsidérées veut sans doute moins nuire à ses créanciers qu'obtenir certaines satisfactions ; il ne peut pour autant ignorer, en général, qu'il se met ainsi dans l'impossibilité d'acquitter ses dettes. Cela suffit pour autoriser l'action paulienne : point n'est besoin d'une volonté de nuire ; la simple conscience de porter préjudice suffit [2].

Le fait que certains arrêts portent référence à l'intention de nuire au créancier [3] n'a pas de signification propre, sinon, et au-delà du réflexe de plume, que lorsqu'une telle intention est établie il n'est pas interdit d'en faire état. Cela ne remet pas en cause la compréhension large de la fraude paulienne que consacre la jurisprudence moderne qui, tout au contraire, censure fermement les décisions exigeant la preuve d'une telle intention [4].

La preuve de la fraude, qui incombe au créancier, peut évidemment être faite par *tous moyens*. L'appréciation des juges du fond est souveraine [5]. L'exigence d'une telle preuve est générale : il n'y a pas à distinguer selon la nature –gratuite ou onéreuse– de l'acte attaqué. Le créancier doit *toujours* démontrer que cet acte a été conclu en fraude de ses droits [6].

94. La fraude du tiers. – L'action paulienne est dirigée contre l'acte que le créancier estime contraire à ses droits. Elle doit, en conséquence, être exercée contre le *tiers* –le plus souvent un acheteur ou un donataire– avec qui le débiteur a traité [7]. La question est alors de savoir si la mauvaise foi de ce tiers est requise, c'est-à-dire s'il faut qu'il se soit rendu *complice de la fraude du débiteur*, qu'il ait eu conscience de participer à un acte nuisible aux intérêts des créanciers de son cocontractant.

---

1. Civ. 1re, 14 févr. 1995, *Bull. civ.* I, n° 79 ; 13 janv. 1993, *Bull. civ.* I, n° 5, *Defrénois* 1993, art. 35663, n° 130, obs. AUBERT ; Com. 25 mars 1991, *Bull. civ.* IV, n° 119. V. aussi, Civ. 1re, 17 oct. 1979, *Bull. civ.* I, n° 249, *JCP* 1981.II.14627, note GHESTIN.
2. Cf. Bordeaux, 17 déc. 1998, *B. Info. C. cass.* 1999, n° 968. Comp. SAUTONIE-LAGUIONIE, *La fraude paulienne*, préc., pour qui, en susbstance, la fraude paulienne constitue la cause illicite d'un acte compromettant l'exécution du droit du créancier, accompli avec la conscience de porter atteinte à ce droit.
3. V. par ex. Civ. 1re, 18 févr. 1971, *Bull. civ.* I, n° 56.
4. V. par ex. Civ. 1re, 29 mai 1985, *Bull. civ.* I, n° 163.
5. Com. 12 juill. 1994, *Bull. civ.* IV, n° 260 ; Civ. 1re, 18 févr. 1971, préc. Mais la Cour de cassation contrôle le respect de la notion : elle censure les arrêts qui exigent la preuve d'une intention de nuire, Cf. Civ. 1re, 29 mai 1985, préc.
6. La solution avait été discutée pour les *renonciations*, en considération des articles 622, 788 et 1053, qui exigent un préjudice sans faire référence à la fraude. La jurisprudence a néanmoins exigé la preuve d'une fraude, là comme ailleurs Req. 19 juin 1901, *D.* 1901.1.57.
7. Civ. 1re, 6 nov. 1990, *Bull. civ.* I, n° 229.

C'est ici que la réponse dépend du caractère *gratuit* ou *onéreux* de l'acte attaqué[1]. Le tiers-acquéreur *à titre onéreux* ne subit l'action paulienne que s'il a été complice de la fraude[2]. Au contraire, le tiers-acquéreur *à titre gratuit* subit l'action même s'il a été de bonne foi, même s'il a ignoré l'insolvabilité du débiteur[3].

La différence ainsi faite se justifie facilement : l'acquéreur *à titre gratuit* prétend seulement conserver un *gain*. L'action lui fait subir un simple manque à gagner et non pas une véritable perte. Au contraire, l'acquéreur *à titre onéreux* lutte pour éviter une perte : il est normal que, lorsqu'il est de bonne foi, ses intérêts l'emportent sur ceux du créancier[4].

Reste à envisager la situation particulière où le bien aliéné par le débiteur a fait l'objet d'une aliénation subséquente par le tiers au bénéfice d'un *sous-acquéreur*. L'action paulienne doit alors être dirigée contre celui-ci. Mais il faut alors distinguer.

Elle ne peut pas être engagée contre lui lorsque le créancier n'aurait pas pu l'exercer contre l'acquéreur originaire, parce que celui-ci avait acquis à titre onéreux et de bonne foi.

Quant aux cas où l'action paulienne aurait pu être exercée contre l'acquéreur originaire –parce qu'il avait acquis à titre gratuit ou parce qu'il était de mauvaise foi– le tiers acquéreur la subira s'il a acquis lui-même à titre gratuit ou de mauvaise foi[5].

Sous-section II
Les effets de l'action paulienne

95. Inopposabilité de l'acte attaqué. – À l'égard du créancier qui réussit dans l'exercice de l'action paulienne, l'acte attaqué ne peut produire aucun effet. Mais ce résultat est strictement relatif : il ne joue qu'au profit du créancier qui a agi ; l'acte reste valable et produit ses effets normaux à l'égard de tous les autres. On dit, pour souligner cette relativité, que l'acte est *inopposable* au créancier[6].

L'inopposabilité signifie que le créancier qui a exercé l'action paulienne peut *ignorer* purement et simplement l'acte frauduleux : tout se passe, pour lui, comme si l'acte n'avait jamais été conclu[7].

S'agissant d'un acte d'*aliénation*, le bien concerné est censé, pour le créancier, n'être jamais sorti du patrimoine du débiteur : il est réputé demeurer un élément du gage de ce

---

1. La distinction de ces deux catégories d'actes n'est pas toujours évidente. La nature de la *constitution de dot* a été discutée, jusqu'à ce que la jurisprudence se fixe en faveur de son caractère *onéreux*. De même, on peut hésiter sur la nature onéreuse de l'exécution d'une obligation naturelle, bien que la jurisprudence (Cf. *supra*, n° 74) estime que celle-ci est incompatible avec l'intention libérale (mais on peut aussi raisonner autrement, Cf. MARTY, RAYNAUD et JESTAZ, n° 180).
2. Civ. 1re, 27 juin 1984, *Bull. civ.* I, n° 211. Illustrations de cette complicité nécessaire : Civ. 3e, 22 janv. 1997, *Bull. civ.* III, n° 16 ; Com. 1er mars 1994, *Bull. civ.* IV, n° 81.
3. Civ. 1re, 23 avr. 1981, *Bull. civ.* I, n° 81.
4. Pour une autre justification tenant à l'illégitimité de la cause de l'enrichissement du tiers, dans les actes à titre gratuit, et aux conditions de l'opposabilité du droit du créancier, dans les actes à titre onéreux, v. SAUTONIE-LAGUIONIE, *op. cit.*, n° 469 et s.
5. Cf. Civ. 3e, 19 déc. 1990, *Bull. civ.* III, n° 266, *JCP* 1991.II.21739, note BEHAR-TOUCHAIS.
6. Cet effet strictement relatif explique que le créancier conserve son droit d'exercer l'action paulienne alors même que le débiteur fait l'objet d'une procédure collective, en dépit du droit exclusif reconnu au représentant des créanciers pour agir au nom et dans l'intérêt de ceux-ci, Com. 8 oct. 1996, *JCP* 1997.I.4002, p. 90, obs. Chr. JAMIN.
7. Cf. Civ. 3e, 9 juill. 2003, *Bull. civ.* III, n° 142, *RTD civ.* 2004.292, obs. MESTRE et FAGES.

créancier. Il en résulte que celui-ci bénéficie contre le tiers, acquéreur ou sous-acquéreur, d'une *action en restitution* qui lui permet de saisir le bien pour se faire payer sur sa valeur[1]. Toutefois, l'obligation de restitution qui incombe ainsi au tiers[2] reste, en principe, à la mesure de la créance protégée : si le bien le permet –bien naturellement divisible– la restitution n'a lieu d'être que dans la limite de ce qui est nécessaire à la restauration des droits du créancier.

Lorsque l'acte frauduleux ne consistait pas dans un acte d'aliénation, l'inopposabilité emporte, pour le créancier, le droit de méconnaître les droits constitués par le débiteur. Ainsi, l'immeuble donné en location pourra-t-il être saisi comme libre de la location frauduleuse. La solution consacre, de fait, une moindre relativité de la sanction[3] : il va de soi en effet que l'acte frauduleux pourra être méconnu non seulement par le créancier mais encore par celui qui se portera acquéreur de l'immeuble saisi. C'est une altération exceptionnelle de l'effet relatif de l'inopposabilité, à défaut de laquelle celle-ci resterait sans portée.

96. Effet relatif de l'inopposabilité. – En dépit de références malheureuses à la *révocation*, à l'*anéantissement*, voire à la *nullité* de l'acte attaqué, que l'on rencontre dans certains arrêts, l'action paulienne n'emporte pas l'invalidation de cet acte, ce dont tout un chacun pourrait se prévaloir, mais seulement son inopposabilité, laquelle n'opère que dans les rapports entre le créancier, son débiteur, et le tiers concerné. À cet effet relatif de l'inopposabilité s'attachent des conséquences diverses[4].

D'abord, dans les *rapports du créancier et du tiers acquéreur*, celui-ci peut éviter la restitution en désintéressant le créancier. L'acte attaqué produira dès lors tous ses effets normaux.

Ensuite, cet acte conserve, dans les *rapports du débiteur et de l'acquéreur*, son entière validité. Le débiteur ne saurait tirer un profit quelconque de l'action paulienne. De la sorte, d'une part, le tiers évincé par le créancier bénéficie d'un recours contre le débiteur –satisfaction assez formelle puisque, par hypothèse, celui-ci est insolvable ; mais il peut revenir un jour à meilleure fortune... D'autre part, s'il advient que le prix d'adjudication du bien soit supérieur au montant de la créance, l'excédent revient à l'acquéreur, non au débiteur.

Enfin, *dans les rapports entre le créancier agissant et les autres créanciers du débiteur*, le bénéfice de l'action reste, à la différence de celui de l'action oblique, propre

---

1. Un arrêt a clairement précisé cette solution en énonçant que « l'inopposabilité paulienne autorise le créancier poursuivant, par décision de justice et dans la limite de sa créance, à échapper aux effets d'une aliénation opérée en fraude de ses droits, afin d'en faire éventuellement saisir l'objet entre les mains du tiers » sans retour du bien considéré dans le patrimoine du débiteur, Civ. 1re, 30 mai 2006, *Bull. civ.* I, n° 268, *D.* 2006. 1631, *JPC* 2006. II. 10150, note DESGORCES, *Defrénois* 2006, art. 38498, n° 72, obs. LIBCHABER.

2. Celui-ci ne peut opposer au créancier ce qu'il a lui-même fait entrer dans le patrimoine du débiteur –en particulier, le prix payé– que dans la mesure où il est établi que cela a profité au créancier, Com. 13 févr. 1990, *Bull. civ.* IV, n° 44.

3. V. un arrêt significatif à cet égard, Civ. 1re, 18 juill. 1995, *Bull. civ.* I, n° 324. V. aussi, Civ 1re, 12 juill. 2005, *D.* 2005. 2653, note GAUTIER (l'arrêt consacre la possibilité de poursuivre la vente forcée du bien libre des droits consentis par fraude).

4. Assez critique à l'égard de l'inopposabilité et soutenant au contraire l'inefficacité de l'acte, comme sanction, laquelle nécessite, tantôt une simple inopposabilité, tantôt la nullité relative de l'acte pour cause illicite (ce qui suppose un renouvellement de la sanction de la cause illicite), v. SAUTONIE-LAGUIONIE, *op. cit.*, spéc. n° 616 et s., et les décisions citées qui semblent aller au-delà de la seule inopposabilité.

au premier : pour les autres, l'acte demeure pleinement valable et le bien aliéné définitivement sorti du patrimoine du débiteur.

Cet effet relatif de l'inopposabilité est renforcé par ce que la jurisprudence dénomme le *caractère personnel* de l'action paulienne. Ce caractère manifeste que l'action n'a d'effet qu'entre le créancier, le débiteur et le tiers acquéreur poursuivi ; ses effets ne sauraient s'étendre, par accessoire en quelque sorte, à d'autres personnes : « elle ne peut atteindre que l'auteur et les complices de la fraude »[1].

97. En guise de conclusion : nature de l'action paulienne. – L'action paulienne apparaît ainsi comme un moyen de défense étroitement ajusté à la protection du créancier contre les entreprises frauduleuses de son débiteur : s'il parvient à faire la preuve de la fraude, il pourra –et il pourra seul– s'en prévaloir et faire comme si elle n'avait pas eu lieu.

Le *droit commercial* est plus expéditif. Certes, tout créancier reste libre de faire usage, le cas échéant, de l'action paulienne. Mais, dans le cadre des procédures de redressement ou de liquidation judiciaires, la loi établit, en outre, un régime spécial qui renforce considérablement la protection des créanciers. Ainsi, notamment, en vertu de l'article 107 de la loi n° 85-98 du 25 janvier 1985, sont nuls différents actes –parce que présumés frauduleux– dès l'instant qu'ils sont accomplis pendant la *période suspecte*, c'est-à-dire après la date de cessation des paiements du débiteur (moment où il n'a plus fait face à ses engagements), en particulier les actes de disposition à titre gratuit, les contrats économiquement déséquilibrés et les paiements anormaux. Il n'est pas alors besoin de prouver la fraude et la sanction ne se limite pas à l'inopposabilité de l'acte suspect, lequel est annulé. La sanction de la nullité est, au demeurant, généralisée par la loi de 1985, en lieu et place de l'inopposabilité de l'action paulienne.

La *fraude* et l'*inopposabilité* sont ainsi les éléments spécifiques de l'action paulienne.

La gravité du fait même de la *fraude* justifie qu'elle puisse être sanctionnée, parfois, contre un contractant qui est demeuré de bonne foi (bénéficiaire innocent d'une libéralité) –éventualité qui démontre que l'action paulienne ne relève pas de la responsabilité civile.

Quant à l'*inopposabilité*, elle est particulièrement adéquate au règlement d'une situation marquée par la fraude en ce que, de façon beaucoup plus spécifique qu'une annulation, elle fait obstacle à la manœuvre entreprise en la privant d'effet à l'égard de celui contre qui elle était dirigée. En cela, l'action paulienne se distingue radicalement d'une action en nullité et notamment d'une action en nullité relative, ce qui autorise à la soumettre à *la prescription trentenaire* au lieu de la prescription quinquennale de l'article 1304[2].

Action en déclaration d'inopposabilité, l'action paulienne est en définitive un moyen de défense individuelle contre les actes frauduleux[3].

---

1. Civ. 3e, 9 mars 1994, *Bull. civ.* III, n° 43 (l'inopposabilité d'une vente ne s'étend pas aux inscriptions de privilège prises sur l'immeuble aliéné par la banque qui a prêté les fonds à l'acquéreur complice de la fraude, dès lors que la complicité de celle-ci n'est pas établie) ; 19 déc. 1990, *Bull. civ.* III, n° 266 (cas du sous-acquéreur dont la complicité n'est pas démontrée). Mais ce caractère relatif n'empêche pas l'inopposabilité d'un droit réel de bénéficier à l'acquéreur de l'immeuble, que le créancier peut faire vendre libre de tout droit : Civ. 1re, 29 janv. 2002, *Bull. civ.* I, n° 27, *D.* 2002.2153, note FRANÇOIS.
2. Civ. 9 janv. 1865, *DP* 1865.1.20, *S.* 1865.1.65.
3. Cf. ROMAN, « La nature juridique de l'action paulienne », *Defrénois* 2005, art. 38146, p. 655, et, plus spécialement nos 28 et s. Comp. SAUTONIE-LAGUIONIE, *La fraude paulienne*, préc., pour qui l'action paulienne sanctionne, par l'inefficacité de l'acte, la cause illicite que constitue l'atteinte, par l'effet des

Pour l'essentiel, l'*avant-projet de réforme du droit des obligations* propose de consacrer le droit positif tel qu'il est résulté de l'interprétation jurisprudentielle. Toutefois, pour éviter le risque que génère cette action d'une trop longue instabilité du contrat, il est proposé d'enfermer son exercice dans un délai de trois ans à compter de la connaissance que les créanciers ont de la fraude (art. 1167, al. 3). Le *projet de réforme du droit des contrats* de l'Académie des sciences morales et politique ne reprend pas cette proposition. En revanche, il indique que le bénéfice de l'action, qui aboutit à l'inopposabilité de l'acte aux créanciers (art. 134, al. 2), profite en priorité à ceux qui l'ont intentée et à ceux qui s'y sont joints (art. 134, al. 3).

Section III
Les actions directes

98. Notion et applications principales de l'action directe. – On dénomme *action directe* le mécanisme en vertu duquel un créancier exerce, en son nom personnel et pour son seul profit, contre un tiers, débiteur de son débiteur, un droit qui correspond au droit de créance de son débiteur contre ce tiers[1]. Par exemple, la victime d'un dommage demande le paiement de l'indemnité à l'assureur de l'auteur responsable : au lieu de réclamer le paiement au responsable, à charge pour celui-ci de demander lui-même le règlement de l'indemnité d'assurance à son assureur, la victime *agit directement* contre l'assureur.

Le mécanisme est avantageux pour le créancier qui bénéficie ainsi, à côté du débiteur originaire, d'un second débiteur, particulièrement bienvenu au cas d'insolvabilité –ou de menace d'insolvabilité– du premier. Mais, s'agissant d'un mécanisme profondément dérogatoire aux principes du droit commun, il n'existe qu'en vertu de la loi, la volonté du législateur pouvant, ici comme ailleurs, être révélée, parfois de manière un peu hardie, par la jurisprudence[2]. Une telle action est instituée, notamment, au profit :

– du *bailleur* d'un immeuble, dont le locataire sous-loue les lieux loués, contre le sous-locataire, pour se faire payer les loyers que lui doit le locataire principal (C. civ., art. 1753) ;

– des *ouvriers* d'un entrepreneur, contre le maître de l'ouvrage, pour se faire payer leurs salaires (C. civ., art. 1798) ;

– du *mandant*, contre le sous-mandataire que le mandataire s'est substitué pour l'exécution du mandat (C. civ., art. 1994) –et la jurisprudence admet l'existence d'une action directe réciproque du sous-mandataire contre le mandant, en remboursement de ses frais ;

– de la *victime* d'un dommage, contre l'assureur de la responsabilité de l'auteur (C. assur., art. L. 124-3) ;

– du *sous-traitant,* contre le maître de l'ouvrage, pour les sommes qui lui sont dues par l'entrepreneur principal, en rémunération des travaux exécutés pour le compte de ce dernier (L. 31 déc. 1975, art. 12) ;

---

conventions, aux droits des créanciers. Selon l'auteur, l'inefficacité peut parfois s'incarner dans la nullité relative de l'acte.

1. JAMIN, *La notion d'action directe*, préf. GHESTIN, 1991 (cet auteur développe une conception large de l'action directe qui ajoute à l'action directe *en paiement*, des actions directes dites *en responsabilité* ou *en garantie*) ; COZIAN, *L'action directe*, préf. PONSARD, 1969 ; IZORCHE, *Rép. civ.* Dalloz, v° *Action directe*.

2. Comp. JAMIN, *op. cit.*, n° 15 et s., qui estime que les actions directes correspondent, à l'origine du moins, à une création doctrinale consacrée par la jurisprudence.

– des *établissements publics de santé*, contre les débiteurs des hospitalisés ainsi que contre les personnes qui sont tenues à leur égard d'une obligation d'aliments, pour le règlement des frais de séjour (CSP, art. L. 6145-11).

La notion d'action directe, parce que ses consécrations légales ne sont pas parfaitement homogènes –au plan du régime juridique, notamment– est parfois entendue de façon exagérément compréhensive, au point de perdre toute homogénéité, sinon toute utilité opérationnelle. L'action directe, en réalité, doit être nettement distinguée de toutes les situations où, en particulier, un tiers recueille un droit de créance par l'effet d'un accord de volontés spécifique, exprès ou tacite (par exemple, une stipulation pour autrui ou une cession de créance)[1].

99. L'action directe et la consécration d'un droit propre au bénéfice du créancier. – Strictement entendue, l'action directe véritable se caractérise, au-delà des différences qui apparaissent d'un cas à l'autre, par un double élément indissociable :

– d'abord, elle n'existe qu'en vertu d'un droit de créance dont le débiteur du titulaire de l'action directe est lui-même investi contre un tiers ;

– ensuite, et là se trouve l'essentiel, elle constitue un *droit propre* pour le créancier qui en bénéficie, c'est-à-dire un droit qui n'appartient et n'a jamais appartenu qu'à lui.

L'action directe se fonde sur la prise en considération d'une créance du débiteur contre un tiers et opère l'affectation, par la loi, de cette créance au paiement de la dette principale. Elle permet au créancier qui en est investi d'agir, pour son bénéfice exclusif, en paiement contre le tiers, débiteur de son débiteur.

De la référence faite à la *créance du débiteur* il résulte, d'abord, que l'action directe ne peut être exercée que dans la *mesure* de ce droit. **Exemples :** le bailleur ne peut demander paiement au sous-locataire que dans la limite de ce que celui-ci doit au locataire principal ; de même, la victime ne peut-elle réclamer paiement à l'assureur que jusqu'à concurrence de la somme assurée.

Ensuite, il en résulte aussi que le tiers débiteur peut opposer au créancier agissant les *exceptions* qu'il aurait pu faire valoir contre son créancier : si le contrat d'assurance est nul, l'assureur peut opposer cette nullité au titulaire de l'action directe.

Mais ces limites de l'action directe, qui sont nécessaires, sont peu de choses comparées aux avantages que lui confère sa nature de *droit propre*.

Ainsi, tout d'abord, et par dérogation à ce qui vient d'être dit, certaines *exceptions* que le débiteur aurait pu opposer à son créancier restent *inopposables* au bénéficiaire de l'action directe : celles, notamment, dont la cause est postérieure à l'exercice de l'action, tel le paiement que le tiers débiteur aurait fait *aprè*s l'introduction de la demande. C'est dire que l'exercice de l'action directe réalise une véritable *immobilisation de la créance*. Ce phénomène d'immobilisation est même parfois poussé très loin : c'est le cas de la jurisprudence qui décide que, dès le moment de l'accident, l'indemnité est immobilisée au profit de la victime de telle manière que les paiement faits plus tard par l'assureur et les déchéances encourues par l'assuré seront inopposable à celle-ci[2].

---

1. Sur l'ensemble de la question, v. TERRÉ, SIMLER et LEQUETTE, n°s 1191 et s. ; IZORCHE *op. cit., n^{os}* 22 et s.

2. Cf. Civ. 1re, 2 avr. 1974, *Bull. civ.* I, n° 105 ; Civ. 15 juin 1931, *DS* 1932.1.169, note ESMEIN, *RGAT* 1931.801, note PICARD.

Certains auteurs fondent sur ces différents degrés dans l'effet d'immobilisation attaché à l'action directe une distinction entre actions directes *parfaites* (les plus protectrices du bénéficiaire de l'action) et actions directes *imparfaites*, Cf. MALAURIE, AYNÈS et STOFFEL-MUNCK, n° 1157.

Ensuite et surtout, l'action directe consacre, pour le créancier qui en est investi, un véritable *privilège,* en dérogation au *principe d'égalité des créanciers.* En effet, le produit de cette action lui est exclusivement réservé. C'est ainsi que l'indemnité d'assurance, qui aurait normalement vocation à tomber dans le patrimoine de l'auteur du dommage et à entrer dans le gage commun de ses créanciers, se trouve exclusivement affectée au paiement de la victime, dans la seule limite de son propre droit de créance.

100. Nature de l'action directe. Conclusion sur les moyens de sauvegarde du droit de créance. – Les explications qui précèdent font apparaître une différence radicale qui sépare les actions directes de l'action oblique et de l'action paulienne. Alors que celles-ci ne sont que des moyens de sauvegarde, préparatoires à l'exécution de ses droits par le créancier, les actions directes constituent, dans les cas où la loi les consacre, de véritables modes d'*exécution :* c'est le paiement de ses droits que le créancier réclame.

Mais l'action directe n'est pas, non plus, un mode d'exécution ordinaire de la créance. D'abord, elle constitue un *droit propre du créancier,* distinct comme tel du droit de créance de son débiteur, et qui procède de la *seule volonté de la loi* –révélée au besoin par la jurisprudence. Cela suffit pour interdire d'y voir, comme il a été prétendu parfois, une exception au principe de l'effet relatif du contrat : ce n'est pas la volonté des parties (au contrat d'assurance, au contrat de sous-location ou au contrat de sous-traitance...) qui crée le droit au profit du créancier attributaire de l'action directe, mais la loi seule [1].

Ensuite, elle crée, au bénéfice du créancier qui en est investi, un *mode de paiement préférentiel* qui lui permet, dans la double limite de son droit de créance et de celui de son débiteur, de passer avant les autres créanciers de ce dernier. La loi met ainsi à l'écart le principe d'égalité des créanciers, sur le fondement de considérations de justice et de sécurité juridique : dans certains cas, le créancier qui a précisément permis l'entrée d'une valeur dans le patrimoine de son débiteur doit pouvoir être préféré aux autres créanciers de celui-ci.

L'action directe est donc, en définitive, un *mode extraordinaire d'exécution privilégiée* accordé à certains droits de créance, par exception au principe d'égalité des créanciers et, par suite, à la notion même de gage commun des créanciers.

On observe ainsi une gradation très marquée des techniques que la loi met au service des créanciers pour la défense de leur droit.

La sauvegarde du droit de créance est poussée, dans le cas de l'*action directe,* à son extrême limite, celle de *l'exécution privilégiée.* Elle est bien moindre dans le cas de l'*action paulienne* et, surtout, de l'*action oblique.* Il ne s'agit alors, pour la première, que de faire obstacle aux effets nuisibles de la fraude en permettant au créancier de restaurer, à son égard, le patrimoine du débiteur tel qu'il serait demeuré sans la fraude. Quant à la seconde, elle n'est qu'un moyen de surmonter la négligence du débiteur dans la gestion de son patrimoine et, donc, de mettre celui-ci dans l'état où une gestion normalement diligente l'aurait établi.

La gradation est en réalité beaucoup plus considérable dans la loi. En effet, on n'a tenu compte ici que des techniques de sauvegarde des intérêts du créancier qui relèvent du droit civil pur. Mais il existe, à côté d'elles, d'autres techniques qui permettent au créancier de conserver et immobiliser tel ou tel bien qu'il se propose de saisir. Il dispose pour cela de divers moyens d'action, tels que l'apposition de scellés, l'inventaire, et, surtout, les saisies conservatoires des articles 74 et suivants

---

1. Il s'agit d'une simple atténuation du principe de l'effet relatif, v. Vol. 1 –*L'acte juridique*– n° 459.

de la loi n° 91-650 du 9 juillet 1991. Il peut également, le cas échéant, intervenir dans les instances auxquelles son débiteur est partie. Mais il s'agit là de techniques qui échappent au droit civil et relèvent de la procédure civile et des voies d'exécution[1].

L'*avant-projet de réforme du droit des obligations* accueille le principe d'actions directes établies par la loi. Hors de là, il propose d'admettre aussi l'ouverture d'une action directe lorsque celle-ci permet seule d'éviter l'appauvrissement injuste du créancier, compte tenu du lien qui unit les contrats. Seule la première règle est retenue par le *projet de réforme du droit des contrats* de l'Académie des sciences morales et politiques.

---

1. V. par ex. LEBORGNE, *Voies d'exécution*, Dalloz, 2009 ; COUCHEZ, *Voies d'exécution*, Sirey, « Université », 9e éd., 2007 ; BRENNER, *Voies d'exécution*, 4e éd., 2007 ; GUINCHARD et MOUSSA, *Droit et pratique des voies d'exécution*, 5e éd., 2007-2008 ; PIEDELIEVRE, *Droit de l'exécution*, PUF, 2009.

Chapitre 2

L'exécution volontaire : le paiement

101. Notion de paiement. Nature juridique. – Le mot « paiement » est entendu, dans la langue juridique, plus largement que dans la langue courante. Il s'agit, non pas seulement du versement d'une somme d'argent, mais de *l'exécution d'une obligation*, quel qu'en soit l'objet : fabriquer et livrer un meuble est faire un paiement si c'est à cela que l'on s'est engagé[1].

L'analyse traditionnelle est d'y voir un *acte juridique* et plus précisément une convention : le débiteur exécute spontanément ; le créancier vérifie la conformité de cette exécution avec l'obligation. Mais certains auteurs font une analyse différente et considèrent le paiement comme un *fait juridique*[2] dont l'élément essentiel est la satisfaction reçue par le créancier, sans que la volonté des deux intéressés y intervienne nécessairement.

La première conception est certainement prédominante en droit positif, malgré l'affirmation de certains arrêts concernant la preuve du paiement[3] : ainsi la loi impose-t-elle, pour la validité du paiement, des conditions de capacité en la personne des deux parties[4]. Mais le paiement est un acte juridique d'une nature particulière[5] : la volonté n'est pas absolument libre, ni pour le débiteur, tenu d'exécuter la prestation promise, ni pour le créancier qui doit se déclarer satisfait dès lors que celle-ci est conforme à ce qui a été convenu[6].

102. Idée générale et plan. – Le paiement, qui réalise *l'exécution* de l'obligation, a pour effet de donner satisfaction au créancier. Du même coup, parce qu'elle est exécutée,

---

1. Comp. SÉRIAUX, « Conception juridique d'une opération économique : le paiement », *RTD civ.* 2004.225, spéc. p. 226 et s.

2. N. CATALA, *La nature juridique du paiement*, préf. CARBONNIER, 1961.

3. V. infra, n° 139.

4. Cf. pour un paiement fait par communication du numéro de carte bancaire, Civ. 1re, 19 oct. 1999, *Bull. civ.* I, n° 285, *D.* 2000. somm. 336, obs. THULLIER, *Defrénois* 2000, art. 37188, n° 39, obs. DELEBECQUE, *RTD civ.* 2000, 116, obs. MESTRE et FAGES, *RJDA* 1999, n° 1379.

5. MALAURIE, AYNÈS et STOFFEL-MUNCK, n° 1075 ; MARTY, RAYNAUD et JESTAZ, t. 2, n° 194. V. aussi SÉRIAUX, *op. cit.*, p. 227 et s.

6. Comp. GHESTIN, BILLIAU et LOISEAU, nos 530 et s. (ces auteurs marquent une préférence pour un système dualiste, largement fondé sur l'analyse de Mme N. Catala, et selon lequel le paiement des *obligations de donner* serait un *acte juridique*, tandis que celui des *obligations de faire et de ne pas faire* serait un *fait juridique*. V. notamment, n° 532. On a aussi observé que certains procédés modernes de paiement, notamment le débit d'un compte bancaire en cas de prélèvement *automatique*, tendent à diminuer le rôle de la volonté, MALAURIE, AYNÈS et STOFFEL-MUNCK, *loc. cit.* Mais il s'agit sans doute plutôt, pour la volonté, d'une autre façon d'intervenir. *Adde* : LOISEAU, « Réflexion sur la nature juridique du paiement », *JPC* 2006. I. 171 (analyse dualiste et distributive du paiement, tantôt acte, tantôt fait).

l'obligation est *éteinte*, ce qui emporte la *libération du débiteur*[1]. Le paiement est donc, à la fois, *exécution* et *mode d'extinction* de l'obligation. C'est de ce dernier point de vue que le Code civil l'envisage : le paiement est réglementé au chapitre « de l'extinction des obligations » (art. 1235 à 1270).

Les deux aspects –exécution et extinction– sont réunis lorsqu'il y a paiement pur et simple. Dans d'autres cas, seul le premier apparaît : c'est un tiers, à qui le droit de créance est transmis, qui a payé à la place du débiteur, ou qui lui a fourni les fonds nécessaires pour le faire. Il s'agit alors de *paiements avec subrogation.*

On s'en tiendra ici au premier[2], en envisageant successivement : les parties au paiement, l'objet du paiement et la réalisation du paiement.

L'*avant-projet de réforme du droit des obligations* reprend, dans une section consacrée au paiement (art. 1219 à 1236) l'essentiel des solutions du droit positif en leur apportant, sur divers points, d'utiles précisions qui seront évoquées, à l'occasion, dans la suite du texte.

Section I
Les parties au paiement

Ce sont l'auteur et le bénéficiaire du paiement : le payeur (on dit aussi le *solvens*) et le payé (on dit également l'*accipiens*).

§ 1. L'AUTEUR DU PAIEMENT : LE PAYEUR

103. La personne du payeur. – La loi est très large sur ce point. Le paiement peut être fait (art. 1236) non seulement par le *débiteur* mais aussi par un *tiers*[3].

Ce tiers peut acquitter la dette parce qu'il a un intérêt pécuniaire à l'extinction de la dette[4]. Ainsi de la caution, d'un codébiteur solidaire ou encore de l'acquéreur d'un immeuble hypothéqué dont l'immeuble pourrait être saisi en exécution de la créance[5]. Mais un tel intérêt matériel n'est pas nécessaire. Le tiers payeur peut aussi agir par *intention libérale :* le paiement est un moyen de faire une donation à quelqu'un en payant sa dette à sa place[6]. Le tiers peut encore agir hors de toute intention libérale, en qualité de *gérant d'affaires*[7]. Sauf le cas où il a agi par intention libérale, le tiers qui a payé bénéficie d'un recours contre le débiteur[8].

---

1. Cf. GHESTIN, BILLIAU et LOISEAU, n° 530, qui définissent le paiement « comme un mécanisme dans lequel un acte d'exécution provoque l'extinction de la dette et libère le débiteur en tant qu'il satisfait le créancier ».
2. Pour le paiement *avec subrogation*, v. *infra*, n° 367.
3. Ce paiement pour autrui est parfois dénommé *paiement par intervention.*
4. PERRUCHOT-TRIBOULET, Le droit de payer pour autrui, *Petites Affiches* 2001, n° 166, p. 12.
5. Rappr. Civ. 1re, 17 déc. 1996, *Bull. civ.* I, n° 459.
6. Par ex., Civ. 1re, 12 mai 1982, *Bull. civ.* I, n° 173.
7. V. Vol. 2 –*Le fait juridique*– *nos* 3 et s.
8. Il exerce alors contre lui, selon le cas, une action de mandat ou de gestion d'affaires. Ce faisant, il réclame l'exécution d'une obligation nouvelle, distincte de l'ancienne, qui a été éteinte par le paiement. Il doit en prouver l'existence en établissant la cause du paiement qu'il a fait, Civ. 1re, 17 nov. 1993, *Defrénois* 1994, art. 35845, n° 69, obs. D. MAZEAUD ; Civ. 1re, 2 juin 1992, *Bull. civ.* I, n° 167, *D.* 1992. somm. 407, obs. DELEBECQUE, *JCP* 1992.I.3632, obs. BILLIAU. V. aussi, Civ. 1re, 4 avr. 2001, *Bull. civ.* I,

Il peut arriver, aussi, que le paiement ainsi fait par un tiers soit consécutif à une erreur commise par celui-ci (il a cru qu'il était tenu personnellement de la dette) : il y a alors *paiement de l'indu* qui fait l'objet d'un régime particulier et qui n'emporte pas extinction de la dette[1].

Ce paiement pour autrui n'est soumis qu'à une exigence par l'article 1236, alinéa 2 : à savoir que le payeur ne peut imposer au créancier d'être subrogé dans ses droits. Mais, contrairement à ce que pourrait laisser entendre la formule littérale de ce texte, rien n'empêche le créancier de consentir une telle subrogation. Alors, le paiement satisfait le créancier mais ne libère pas le débiteur : la créance, qui n'est pas éteinte, est transmise au payeur.

En principe, donc, le créancier ne peut pas refuser le paiement qui lui est offert par un tiers. Mais la règle est écartée (art. 1237) lorsque les *qualités du débiteur* donnent intérêt à obtenir une exécution personnelle de celui-ci. C'est fréquent pour les obligations de faire, souvent conclues *intuitu personae :* le peintre qui s'est engagé à faire un portrait ne peut se faire remplacer dans l'exécution de l'œuvre qui lui a été commandée.

104. Les qualités requises du payeur (obligations de donner). – Lorsque le paiement porte sur une obligation de donner, deux conditions de validité (art. 1238, al. 1) sont requises chez le payeur[2].

La première est la *capacité d'aliéner* la chose qui est remise en paiement. Le paiement fait par un incapable est nul, d'une nullité relative qui ne peut être invoquée que par le payeur (art. 1125). Le débiteur aurait d'ailleurs rarement intérêt à la faire valoir car l'annulation du paiement ferait renaître sa dette.

La seconde condition est la *propriété de la chose :* le paiement suppose en effet dans ce cas un transfert de propriété que seul le propriétaire peut effectuer. Un paiement fait par remise de la chose d'autrui serait nul, cette *nullité* pouvant être invoquée par l'une ou l'autre des parties. Le créancier peut agir tant que dure le risque d'éviction ; le débiteur ne peut agir que s'il offre un nouveau paiement, et régulier. Mais l'action est éteinte pour les deux lorsque, s'agissant d'une chose consomptible, le créancier l'a consommée de bonne foi, c'est-à-dire sans savoir qu'elle n'appartenait pas au payeur. Cela vaut notamment pour les obligations de sommes d'argent (art. 1238, al. 2).

Outre la nullité, le véritable propriétaire peut agir en *revendication*. Toutefois, cette action sera fréquemment paralysée ; notamment, lorsque le paiement portait sur une chose mobilière, par l'application de la règle « en fait de meubles, possession vaut titre »[3].

§ 2. Le bénéficiaire du paiement

105. Paiement fait au créancier. – À la différence de la personne du payeur, normalement indifférente, la personne du payé revêt une importance essentielle : en

---

n° 105, *D.* 2001.1824, note Billiau, *JCP* 2002.I.134, n° 18, obs. Barthez ; 13 oct. 1998, *D.* 1999. somm. 116, obs. Aynès : le tiers qui, par erreur, a payé la dette d'autrui a un recours contre le débiteur en raison du principe que nul ne peut s'enrichir injustement aux dépens d'autrui.

1. Sur le *paiement de l'indu*, v. Vol. 2 –*Le fait juridique*– n°s 19 et s.

2. Le paiement d'une obligation de faire se réalise par l'accomplissement d'actes matériels qui ne soulèvent pas de question de capacité. Celui d'une obligation de ne pas faire se caractérise par une abstention qui n'en soulève pas davantage.

3. Elle peut l'être aussi, en matière immobilière, par l'effet de la prescription acquisitive.

principe le paiement doit être fait *au créancier*. Il s'agit du créancier actuel, qui peut être différent du créancier originaire, que ce soit un héritier de celui-ci ou un cessionnaire de la créance, par exemple.

La validité du paiement suppose la *capacité* du créancier de recevoir paiement. Le paiement à un incapable est nul, sauf, toutefois, lorsqu'il est prouvé que l'incapable en a tiré profit (art. 1241).

La capacité pour recevoir paiement est souvent plus stricte que la capacité requise pour contracter. Les capitaux revenant à une personne en curatelle sont versés sur un compte ouvert à son nom et mentionnant son régime de protection ; il ne peut pas les employer sans l'assistance du curateur (C. civ., art. 468, réd. L. 5 mars 2007)[1]. Naguère le tuteur ne pouvait encaisser de capitaux au nom du mineur qu'avec le contreseing du subrogé tuteur (C. civ., anc. art. 453). Désormais, il peut en principe recevoir seul des capitaux et donner quittance d'un paiement (C. civ., art. 504, réd. L. 5 mars 2007 ; art. 1 et annexe 1, Décr. n° 2008-1484 du 22 décembre 2008). Mais les capitaux revenant à la personne protégée sont normalement versés directement sur un compte ouvert à son seul nom, mentionnant la mesure de tutelle (art. 498, al. 1).

106. Paiement fait au représentant du créancier. – Le représentant du créancier a qualité pour recevoir paiement.

Ce pouvoir de représentation peut résulter tout d'abord d'un *mandat* donné par le créancier, mandat *exprès* ou *tacite*. **Exemples :** l'huissier de justice qui a reçu du créancier le titre exécutoire en vue de procéder à des poursuites est habilité à recevoir le paiement. Et si, en principe, le notaire doit avoir reçu mandat de son client pour recevoir un paiement, du moins un tel mandat peut-il être tacite et résulter des circonstances et de la consistance de la mission donnée au notaire[2].

L'habilitation peut également être d'origine *légale* ou *judiciaire*. Par exemple, un tuteur ou un administrateur légal tiennent de la loi le pouvoir de recevoir le paiement au nom de l'incapable qu'ils représentent[3].

107. Paiement fait au créancier apparent. – Le paiement est encore valable lorsqu'il a été fait au « possesseur » de la créance (art. 1240). Il faut entendre par là, non pas le détenteur du titre écrit constatant la créance[4] mais celui qui passe aux yeux du public pour être créancier : le *créancier apparent*. Tel est le cas, notamment, de l'héritier apparent du créancier originaire[5]. La validité du paiement est toutefois subordonnée, dans ce cas, à la *bonne foi du payeur*. Il faut que celui-ci, partageant l'erreur commune, ait cru se libérer entre les mains du créancier véritable[6].

---

1. L'exigence s'explique par le fait que l'acceptation du paiement est proche d'un acte de disposition : elle fait disparaître la créance.

2. Sur l'exigence d'un mandat, Civ. 3e, 2 mars 1977, *Bull. civ.* III, n° 105. Un tel pouvoir ne résulte pas de la seule stipulation d'une clause prévoyant que le paiement aura lieu en l'étude du notaire, mais il peut s'inférer de circonstances annexes, Req. 5 nov. 1900, *DP* 1901.1.23. Comp. Civ. 30 nov. 1938, *Gaz. Pal.* 1939.1.216.

3. À propos du paiement fait à un séquestre désigné par justice, Civ. 1re, 17 févr. 1998, *Bull. civ.* I, n° 64, *D. Aff.* 1998-469.

4. Sauf s'il s'agit d'un titre au porteur, le droit étant alors confondu avec le titre.

5. Sur la notion d'héritier apparent, v. FLOUR et SOULEAU, *Droit des successions,* 3e éd., 1991, n° 238.

6. Req. 27 janv. 1862, *DP* 1862.1.225.

On conclura en observant que, sauf mandat ou apparence, le paiement fait à un tiers est nul et n'a aucun effet libératoire [1]. Encore faut-il ajouter qu'un tel paiement devient valable si le créancier le ratifie [2] ou en profite (art. 1239, al. 2).

Section II
L'objet du paiement

Il est des règles générales et des règles qui sont propres aux obligations de sommes d'argent.

Sous-section I
Les règles générales

108. Identité entre l'objet du paiement et l'objet de l'obligation. – Une première règle est que le paiement doit porter sur ce qui est dû, c'est-à-dire sur l'objet même de l'obligation. Le débiteur ne peut pas imposer au créancier la remise d'une chose différente, même de valeur supérieure (art. 1243). Cela ne peut se faire que par accord entre les parties, ce qui réalise une *dation en paiement* [3]. La solution est clairement énoncée par l'article 1223, alinéa 2, de l'*avant-projet de réforme du droit des obligations*.

L'article 1245 précise les modalités d'application de la règle pour le cas où il s'agit d'une dette de *corps certain*. Dans ce cas, le débiteur est libéré par la remise de la chose dans l'état où elle se trouve au moment de la livraison. Il ne répond des détériorations que lorsqu'elles proviennent de son fait ou de la faute des personnes dont il est responsable [4]. Toutefois, il en est autrement si le débiteur a été mis en demeure. Il répond alors, dès ce moment, de toute détérioration, quelle qu'en soit la cause, à moins de prouver que la chose aurait également péri chez le créancier (art. 1302, al. 2).

Lorsque la dette porte sur une *chose de genre*, le débiteur n'est pas tenu, pour se libérer, de la fournir « de la meilleure espèce ». Il ne peut davantage l'offrir « de la plus mauvaise » (art. 1246). C'est donc une qualité moyenne qui lui est demandée. La règle ne vaut, toutefois, que si la convention des parties n'a pas précisé la qualité des choses à livrer.

109. Indivisibilité du paiement. – Une seconde règle est que le paiement doit comprendre *tout ce qui est dû*. C'est la règle de l'*indivisibilité du paiement* (art. 1244, al. 1). Le payeur ne peut pas obliger le créancier à recevoir un paiement partiel, alors même que ce qui est dû est en soi parfaitement divisible, telle une somme d'argent.

Mais la règle n'est pas d'ordre public : les parties peuvent convenir différemment. Et la loi lui apporte des exceptions.

---

1. Civ. 1re, 12 mai 1981, *Bull. civ.* I, n° 155. Il constitue normalement un *paiement indû* (*indû relatif*) à l'égard de celui qui le reçoit et qui est, de ce fait, tenu de le restituer ; Cf. Vol. 2 –*Le fait juridique*– n° 21.
2. V. Com. 12 juill. 1993, *Bull. civ.* IV, n° 303.
3. V. HIEZ, « La nature juridique de la dation en paiement. Une modification de l'obligation aux fins du paiement », *RTD civ.* 2004.199. Cf. *infra*, nos 450 et s.
4. V. MORANCAIS-DEMEESTER, « La responsabilité des personnes obligées à restitution », *RTD. civ.* 1993.757. La preuve que la détérioration ou la perte résultent d'un cas fortuit et non de sa faute est à la charge du débiteur, Req. 9 juill. 1934, *DH* 1934.1.351.

Au cas de *décès du débiteur* (art. 1220), la dette se divise entre ses héritiers, dont chacun ne peut être contraint d'en payer qu'une fraction, correspondant à sa part successorale [1].

La faculté reconnue au juge d'accorder des *délais de grâce* au débiteur (art. 1244-1) peut se traduire par des paiements échelonnés et fractionnés [2].

La *compensation* [3], lorsqu'elle se produit entre des dettes d'importance inégale, équivaut à un paiement partiel de la plus forte.

Lorsque la dette est garantie par plusieurs cautions, chacune d'elles dispose en *principe* du *bénéfice de division*, et le créancier doit alors accepter des paiements partiels (C. civ., art. 2303 ; anc. art. 2026).

Enfin, la législation sur les *effets de commerce* interdit au créancier de refuser le paiement partiel d'un chèque (C. mon. et fin., art. L. 131-37, al. 2) ainsi que d'une lettre de change (C. com., art. L. 511-27, al. 2).

Sous-section II

Les règles particulières au paiement des obligations de sommes d'argent

110. Spécificité des obligations de sommes d'argent. – Les obligations de sommes d'argent –dont l'importance est attestée par cette constatation que la quasi-totalité du commerce juridique se traduit par des règlements monétaires– soulèvent des questions qui leur sont propres en raison même de leur objet [4] : la monnaie n'est pas une marchandise ; c'est un *bien*, d'une nature complexe et très particulière [5], qui tire sa valeur, non pas de ses caractéristiques physiques ou de ses qualités intrinsèques, mais de l'autorité de l'État et de la confiance qu'elle inspire.

Il convient, d'abord, de préciser les instruments monétaires qui sont destinés à servir au paiement. C'est en principe la loi qui en décide, parce que la monnaie est un instrument qui relève de l'État [6]. Il faudra ensuite envisager les questions soulevées par le fait que la valeur de la monnaie, qui dépend d'éléments multiples et complexes –décision de l'État, confiance des agents économiques...– est naturellement instable, ce qui affecte inévitablement les obligations de sommes d'argent. Il s'agit alors de savoir si les parties peuvent se prémunir conventionnellement contre les fluctuations de la monnaie.

---

1. V. FLOUR et SOULEAU, *op. cit.*, n°s 277 et s. GRIMALDI, *Droit civil – Successions*, 6e éd., 2001, n°s 589 et s.
2. V. *infra*, n°s 273 et s.
3. V. *infra*, n°s 453 et s.
4. Cf. LIBCHABER, *Recherches sur la monnaie en droit privé*, préf. MAYER, 1992, n°s 212 et s. ; SOUSI, « La spécificité des obligations de sommes d'argent », *RTD civ.* 1982.514.
5. Comp. LIBCHABER, *Rép. civ.* Dalloz, v° *Biens*, n° 52. V. aussi, sur l'ensemble de la question, l'ouvrage fondamental du même auteur, préc., spéc. n°s 123 et s. et 146 et s. LIBCHABER souligne que la monnaie est un système qui conjugue deux natures : d'abord et essentiellement, celle de *mesure de valeur*, applicable à tous les biens ; ensuite, celle de *moyen de paiement*, qui permet l'extinction des dettes de sommes d'argent (v. notamment, n°s 32 et s.).
6. Cf. CARBONNIER, t. 3, *Les biens*, 16e éd., 1995, n° 9.

§ 1. Les règles légales relatives au paiement

111. Détermination de la monnaie de paiement. Principe du nominalisme monétaire. – Il s'agit de déterminer à la fois la *nature* de la monnaie qui doit servir au paiement et la *quantité* qui doit en être remise.

Quant au premier point, la solution traditionnelle est que le paiement, dès lors qu'il a lieu en France, doit impérativement être effectué en *monnaie française* [1], donc, depuis le 1er janvier 2002, en *euros* (C. mon. et fin., art. L. 111-1 : « La monnaie de la France est l'euro »)...

Cela vaut même si la dette a été stipulée en monnaie étrangère : il faut alors convertir cette dette en monnaie française en considération du cours du change au jour de l'échéance [2]. L'euro constitue, dans cette situation, la *monnaie de paiement*, celle qui doit être utilisée pour le règlement de la dette. La monnaie étrangère n'est alors qu'une *monnaie de compte :* elle sert à fixer le montant de la dette [3].

Antérieurement, le *franc* avait été institué comme unité monétaire légale par la loi du 17 germinal an XI (28 mars 1803). Sa valeur a beaucoup varié, notamment à partir de 1920. Initialement fixée par la loi par rapport à l'or et l'argent-métal (franc *germinal :* 5 grammes d'argent au titre de 9/10 ou 322,5 mg d'or), elle l'a été ensuite par rapport à l'or seul (franc *Poincaré* –loi du 25 juin 1928 : 65,5 mg d'or au titre 900/1000). Toute référence à un métal ayant été supprimée à partir de 1937, la valeur du franc était devenue *flottante* depuis lors [4]. Le *nouveau franc* –revenu ensuite à la simple appellation de *franc* [5]– unité monétaire introduite par l'ordonnance du 27 décembre 1958, n'a pas modifié cette situation, la valeur de cette nouvelle unité monétaire n'ayant été définie que par rapport au franc ancien (1 franc nouveau : 100 francs anciens). Il en va de même pour l'*euro*, lequel n'est défini qu'en considération des monnaies des États concernés.

Quant à la question de la *quantité de monnaie* que le débiteur doit verser pour se libérer, elle est réglée par un texte relatif au prêt (art. 1895, al. 1), mais regardé comme ayant une valeur générale, et selon lequel le débiteur ne doit que « la somme numérique énoncée au contrat ». Il n'y a donc pas lieu de tenir compte, le cas échéant, des variations qu'a pu subir la valeur réelle de la monnaie depuis le contrat –depuis, plus largement, la date d'établissement du titre de créance. C'est le principe du *nominalisme monétaire :* un euro est un euro. C'est le mot qui compte, non la réalité du pouvoir d'achat qu'il représente : celui qui a emprunté 10 000 euros remboursables 10 ans plus tard, se libère en remettant 10 000 euros à son créancier, même si cette somme ne vaut plus que trois fois moins au moment du paiement [6].

---

1. Req. 17 févr. 1937, *DH* 1937.234 ; *S.* 1938.1.140.

2. Req. 17 févr. 1937, préc. En cas de retard, le créancier peut, semble-t-il, exiger que la conversion ait lieu au jour du paiement effectif : Req. 3 mai 1946, *S.* 1951.1.33, note Plaisant.

3. Cf. Civ. 1re, 25 mars 1981, *Bull. civ.* I, n° 104. La désignation d'une monnaie étrangère comme unité de compte est licite, sous certaines conditions (v. *infra*, n° 126).

4. Toutefois, ce « flottement » du franc n'était pas totalement libre, différents accords internationaux obligeant au maintien de certaines parités du franc au regard de monnaies étrangères. Ce fut le cas des accords de Bretton Woods, du 22 juillet 1944, portant création du Fonds monétaire international, et du système monétaire européen, jusqu'à la mise en place de l'euro.

5. Arrêté du 9 novembre 1962.

6. Sur ce principe, Cf. *infra*, n° 119. V. Libchaber, *op. cit.*, nos 257 et s. ; Carbonnier, *Le principe du nominalisme monétaire et ses limites en droit français*, Trav. et conf. de l'Université libre de Bruxelles, 1960. Pour l'application du nominalisme monétaire à un jugement italien prononçant une condamnation

Le nominalisme monétaire est posé en principe général par l'article 1225 de l'*avant-projet de réforme du droit des obligations :* « le débiteur d'une obligation monétaire n'est tenu que de la somme numérique énoncée au contrat... ».

112. Modes de libération : paiement en espèces. – La somme à payer étant ainsi déterminée, le débiteur se libère soit en *espèces*, soit en *monnaie scripturale* [1].

Les espèces doivent avoir cours légal, ce qui est le cas et des *billets de banque* et de la monnaie dite *de billon*, ou monnaie divisionnaire, constituée par les « pièces » de monnaie. Mais le *pouvoir libératoire* qui leur est reconnu n'est pas le même. Les billets de banque ont un pouvoir libératoire *illimité :* ils peuvent servir à payer toute dette, quelle que soit l'importance de la somme due. Au contraire, la monnaie de billon n'a qu'un pouvoir libératoire *limité :* le créancier n'est tenu de l'accepter que jusqu'à concurrence d'un maximum fixé pour chaque sorte de pièce ; ce n'est qu'une monnaie d'appoint.

Bien qu'elle soit constituée par des pièces de métal, la monnaie de *billon* ne doit pas être confondue avec ce que l'on appelle la *monnaie métallique*. Celle-ci consiste dans des pièces de métal –or ou argent, habituellement– dont la valeur nominale est égale à la valeur réelle du métal qui les compose. La valeur de la monnaie de billon est au contraire sans rapport avec celle du métal dont elle est faite : elle est celle que lui attribue l'État. La monnaie métallique a aujourd'hui disparu. Tous les instruments monétaires actuellement utilisés relèvent de la monnaie *fiduciaire :* leur valeur ne tient pas à leur caractéristiques physiques mais, au-delà de ce que l'État décide, à la confiance qui leur est accordée.

113. Modes de libération : monnaie scripturale. – Le paiement sous forme scripturale est celui qui se réalise par un jeu d'écritures sur comptes, qu'il s'effectue par l'effet de chèques, d'effets de commerce ou de virements, ou encore par le moyen d'une carte de paiement ou de crédit. Le développement des services bancaires confère à ces modes de paiement une importance pratique considérable [2].

En principe, ces modes de paiement sont facultatifs. Mais, pour éviter une augmentation excessive de la circulation monétaire –et pour faciliter les contrôles fiscaux– la loi impose le paiement par chèque, par virement ou par carte, de certaines dettes.

Selon l'article L. 112-6 du Code monétaire et financier, le paiement par chèque barré, par virement ou par carte de paiement ou de crédit, est obligatoire pour les règlements qui excèdent la somme de 1 100 euros ou qui ont pour objet le paiement par fractions d'une dette supérieure à ce montant. Cela concerne le règlement des dettes de loyers, de transports, de services, fournitures et travaux, d'acquisition de meubles ou d'immeubles, ou le paiement du produit de titres nominatifs, ainsi que les transactions sur des animaux vivants ou sur les produits de l'abattage. Il en est de même pour le règlement des traitements et salaires supérieurs à 1 500 euros. Ces règles ne sont pas applicables, toutefois, aux règlements opérés par des *particuliers non commerçants*, soit à d'autres particuliers soit à des commerçants ou artisans. Cependant, tout règlement d'un montant supérieur à 3 000 euros effectué par un particulier en paiement d'un bien ou d'un service, doit être fait par chèque ou par tout autre moyen inscrivant le montant réglé au débit d'un compte tenu chez un

---

libellée en lires : Civ. 1re, 11 juin 2002, *Bull. civ.* I, n° 162, *RTD civ.* 2002.814, obs. MESTRE et FAGES (condamnation prononcée en 1981 dont l'exécution était demandée en 1993).

1. V. aussi, ESPAGNON, « Le paiement d'une somme d'argent sur Internet : évolution ou révolution du droit des moyens de paiement », *JCP* 1999.I.131.

2. V. par exemple pour le paiement par communication téléphonique du numéro de carte de crédit, Civ. 1re, 19 oct. 1999, *Bull. civ.* I, n° 296, *D.* 2000. somm. 336, obs. THULLIER, *Defrénois* 2000, art. 37188, n° 39, obs. DELEBECQUE, *RTD civ.* 2000. 116, obs. MESTRE et FAGES, *RJDA* 1999, n° 1379.

établissement de crédit (C. mon. et fin., art. L. 112-8). L'inobservation de ces dispositions n'est sanctionnée que par des amendes fiscales et reste sans conséquences civiles.

En dehors de ces cas, le créancier ne peut pas, en principe, refuser le paiement par virement que le débiteur lui propose : un tel mode de règlement est suffisamment sûr [1]. En revanche, il peut refuser un règlement par chèque parce que celui-ci risque d'être sans provision [2]. Le droit pour un commerçant de refuser le paiement par carte dépend normalement de la convention qu'il a conclue avec l'établissement de crédit émetteur de la carte considérée.

Par ailleurs, il faut souligner que la simple remise de chèque *ne vaut pas paiement :* la dette n'est éteinte que par l'encaissement de celui-ci ; elle subsiste jusque là avec toutes ses garanties [3]. Cependant, des arrêts ont admis que la remise de chèque vaut *paiement conditionnel*, sous la réserve qu'il soit effectivement honoré [4]. Cette solution peut s'expliquer par une dissociation des effets libératoire et extinctif qui sont attachés au paiement [5] : la remise du chèque libère immédiatement, sous la seule condition de son encaissement effectif, le débiteur ; mais c'est seulement cet encaissement qui déterminera, à sa date, l'extinction de la créance [6]. Elle présente un intérêt certain lorsque le paiement doit intervenir avant une date limite. Il suffit, pour que le paiement soit régulièrement fait à cet égard, que le chèque –pourvu qu'il soit ensuite honoré– soit parvenu au créancier avant cette date.

§ 2. Les clauses relatives au paiement

114. Idée générale et plan. – En consacrant le principe du nominalisme monétaire, les règles légales aboutissent, lorsque la monnaie se déprécie, à une véritable amputation des

---

1. En principe, le virement ne vaut paiement que lorsqu'il a été effectivement réalisé par l'inscription de son montant au compte du bénéficiaire (Civ. 1re, 23 juin 1993, *D.* 1994. 27, note D. MARTIN ; *Defrénois* 1994, art. 35746, n° 17, obs. DELEBECQUE). Mais l'inscription au crédit du compte du banquier du bénéficiaire peut aussi, dans certains cas, être pris en compte (Com. 3 févr. 2009, *D.* 2009. AJ. 493, obs. AVENAT-ROBARDET).

2. Cela reste vrai en dépit d'une réglementation très sévère des chèques sans provision (C. mon. et fin., art. L. 131-72 et s. ; anc. Décr. L. 30 oct. 1935, mod. à diverses reprises) ; v. STARCK, ROLAND et BOYER, t. 3, n° 178. Il existe, au demeurant des chèques dont l'encaissement est assuré : les *chèques certifiés*, qui garantissent l'existence d'une provision égale au montant du chèque ; les *chèques de banque*, qui sont tirés par la banque elle-même.

3. Civ. 17 déc. 1924, *S.* 1925.1.19, rapp. COLIN. La solution a été consacrée par l'article 62 du décret-loi du 30 oct. 1935, repris par l'article L. 131-67 du Code monétaire et financier qui précise que la remise du chèque n'opère pas *novation* (sur cette notion, v. *infra*, nos 416 et s.).

V. aussi, pour un paiement par *mandat postal*, Civ. 1re, 7 oct. 1980, *Bull. civ.* I, n° 244. Pour les paiements faits à l'aide d'une *carte de crédit*, v. GAVALDA et STOUFFLET, *Droit bancaire*, 6e éd., 2005, n° 733 et s.

4. Cf. en matières *d'impôts*, Com. 27 févr. 1968, *Bull. civ.* IV, n° 84 ; Civ. 1re, 2 déc. 1968, *JCP* 1969.I.15775, concl. LINDON, note BESSON ; pour des *cotisations sociales*, Soc. 16 mai 1991, *Bull. civ.* V, n° 249 ; et pour une *clause résolutoire* (sur laquelle, v. *infra*, n° 257), Civ. 3e, 20 févr. 1991, *Bull. civ.* III, n° 62.

5. V. *supra*, n° 102.

6. En ce sens, BENABENT, n° 782. Cette solution n'a pas été retenue dans le cas d'un *virement*, Civ. 1re, 23 juin 1993, *Bull. civ.* I, n° 229, *D.* 1994.27, note MARTIN, *Defrénois* 1994, art. 35746, n° 17, obs. DELEBECQUE (le virement dûment porté en débit du compte du débiteur avant l'expiration du délai de mise en demeure mais non porté au crédit du bénéficiaire dans ce délai ne peut faire obstacle au jeu de la clause résolutoire).

créances à long terme. En effet, en valeur réelle, c'est-à-dire en *pouvoir d'achat*, le créancier ne reçoit qu'une fraction de ce qui lui était originairement dû.

Il n'est pas étonnant que, contre ce danger, les créanciers aient cherché à se prémunir. Ce fut, à partir de 1914, l'objet d'un ensemble de clauses dites « clauses monétaires », ou, de façon plus neutre, *clauses relatives au paiement*[1].

La validité de ces clauses a été longtemps discutée, avant qu'elle ne soit tout à la fois consacrée et limitée par des textes de 1958 et 1959. Cela du moins pour les *paiements internes*, car d'autres solutions, plus libérales, ont toujours été admises pour les *paiements internationaux*. L'ensemble de la question, qui a, notamment au plan interne, perdu de son acuité avec le reflux de l'inflation, pourrait, d'une autre façon, se trouver renouvelé par la mise en place de la *monnaie unique* européenne.

Le principe de validité des clauses d'indexation –soumises au régime défini par le Code monétaire et financier– est posé par l'article 1225-1 de l'*avant-projet de réforme du droit des obligations*.

A. Les paiements internes

115. Les différentes catégories de clauses. – L'idée générale est de faire évoluer le montant de la créance, ou d'en modifier l'objet, en fonction d'un élément de référence distinct, afin de la protéger contre l'érosion de la monnaie. Il existe trois catégories principales de clauses[2].

Une *première catégorie* est constituée de clauses par lesquelles les parties choisissent une *monnaie de paiement* autre que la monnaie légale. Il en est deux variantes, soit que les parties stipulent que le paiement aura lieu en or (*clause-or*), soit qu'elles conviennent qu'il se fera en une monnaie étrangère (*clause monnaie étrangère*).

Une *deuxième catégorie* rassemble des clauses qui parviennent à un résultat semblable mais par une voie différente, en adoptant une *monnaie de compte*. Le paiement aura alors lieu en euros mais la somme due variera en fonction de la valeur de l'euro au jour de l'échéance, soit par rapport à l'or (*clause valeur-or*), soit par rapport à telle monnaie étrangère désignée par le contrat (*clause valeur-monnaie étrangère* ou *clause de garantie de change*). Alors, plus l'euro se déprécie, plus élevé sera le montant de la créance.

La *troisième catégorie* comprend les *clauses d'échelle mobile*, mieux dites *clauses d'indexation*. La somme due en euros évolue alors suivant les variations d'un indice économique choisi par les contractants : indice des prix de gros ou de détail, indice du coût de la construction, par exemple, ou encore cours d'une marchandise déterminée (blé, sucre, charbon...). Cette dernière catégorie de clauses est la plus pratiquée, ce qui

---

1. D'une bibliographie considérable, on retiendra en particulier : BOYER, « À propos des clauses d'indexation : du nominalisme monétaire à la justice contractuelle », *Études MARTY*, p. 87 ; P. CATALA, « Effets de la dépréciation monétaire sur les rapports juridiques contractuels », *Trav. Association CAPITANT*, 1971, p. 439 ; DOUCET, *L'indexation,* thèse, Paris 1965, préf. H. MAZEAUD ; J. HONORAT, « Les indexations contractuelles et judiciaires », *Études FLOUR*, 1979, p. 251 ; Ph. MALAURIE, « L'inflation et le droit français des obligations », *Études AZARD*, p. 179 ; SALLE DE LA MARNIERRE, « Observations sur l'indexation comme mesure de valeur », *RTD. civ.* 1977.54 ; TENDLER, Indexation et ordre public, *D.* 1977. chron. 245. *Adde :* DION et THIÉRACHE, « Faut-il abroger les ordonnances de 1958 et 1959 sur les indexations ? », *D.* 1995. chron. 55.

2. La clause, qui protège ainsi la créance contre l'érosion de la monnaie, rapproche par là même cette créance de ce qu'on appelle une « dette de valeur ». Sur cette notion, v. Vol. 1 –*L'acte juridique*– n° 48.

s'explique par des considérations tirées de la question de la validité de ces diverses sortes de clauses.

116. La question de la validité des clauses monétaires. – D'un *point de vue juridique*, d'abord, on a opposé à ces diverses clauses deux objections tirées, l'une de la notion de *cours légal*, et l'autre de celle de *cours forcé*.

Le premier argument est que, en imposant au créancier de recevoir en paiement des instruments monétaires établis par la loi, le *cours légal* établit une équivalence entre la valeur nominale de l'instrument monétaire offert en paiement –le billet de banque, par exemple– et la valeur théorique de l'unité de compte –l'euro. Lorsque l'État émet un billet marqué du chiffre 100, il décide par là même que ce billet aura un pouvoir libératoire de cent euros sans qu'il soit possible de lui attribuer une valeur différente, sous prétexte que l'euro s'est déprécié depuis le jour du contrat.

L'objection n'a cependant qu'une portée limitée. Le cours légal intéresse la *monnaie de paiement*. Il désigne les instruments monétaires à l'aide desquels le paiement doit, matériellement, s'exécuter. Il ne concerne pas la *monnaie de compte*, qui détermine le montant de la dette. Dès lors, seules les *clauses-or* et les *clauses-monnaie étrangère* sont atteintes.

La seconde objection était fondée sur la règle du *cours forcé* des billets de banque, institué par la loi du 5 août 1914 : depuis cette date, les billets ont cessé d'être librement convertibles en or pour leur montant nominal et à la seule demande du porteur, comme ils l'étaient auparavant.

L'objection n'était cette fois qu'indirecte. En soi, le cours forcé concerne les rapports entre la Banque de France et les porteurs de billets, non pas les rapports des particuliers entre eux. Mais on pouvait dire qu'en l'instituant, le législateur avait entendu imposer une équivalence juridique entre le billet et l'or, ainsi qu'entre le billet et les monnaies étrangères. Cependant, outre que l'observation a été privée de portée depuis que la valeur du franc a été détachée de l'or en 1937 [1], force est de constater que l'objection restait de toute façon inopérante au regard des clauses d'indexation.

D'un *point de vue économique*, il semble bien que l'appréciation à porter sur ces différentes clauses doive, au contraire, être identique. Mais elle est, à tout le moins, malaisée.

En majorité, les économistes leur ont été défavorables en relevant les conséquences *inflationnistes* qu'elles risquaient d'avoir [2]. Accusant la défiance envers la valeur de la monnaie, elles sont de nature à en accélérer la dépréciation : le facteur *psychologique* est l'une des causes de l'inflation. Ces mêmes clauses peuvent aussi avoir un effet plus direct, plus mécanique : en maintenant le pouvoir d'achat des créanciers, elles font obstacle à une diminution de la demande, laquelle serait susceptible de freiner l'inflation ; en augmentant le montant nominal de la dette, elles provoquent un besoin de signes monétaires qui, autrement, pourrait se réduire de lui-même. En bref, ces différentes clauses risquent, au moins, *d'alimenter l'inflation.*

Mais il est douteux que le débat économique ait un tel caractère unilatéral. Le déséquilibre des intérêts en présence, qui résulte de l'absence de toute revalorisation des créances, a lui aussi ses inconvénients, dont le plus notable est de *ruiner le crédit :* qui peut prêter, dans l'incertitude du pouvoir d'achat qu'il retrouvera ? Plus généralement, il n'est pas bon que les particuliers hésitent devant la conclusion d'un contrat à long terme. L'argument *psychologique* lui-même est réversible : en supprimant l'intérêt que la dépréciation de la monnaie présente pour toute une

1. Cf. *supra*, n° 111.
2. Cf. VASSEUR, « Le droit des clauses monétaires et les enseignements de l'économie politique », *RTD civ.* 1952.431.

catégorie de la population, l'indexation empêche celle-ci de la souhaiter et, peut-être, par là, de la provoquer.

La complexité de la question, dont les quelques notations qui précèdent ne donnent qu'une faible idée, jointe au fait que le juge est un juriste, non un expert en économie, explique sans doute les hésitations qu'a connues la jurisprudence en ce domaine, jusqu'à ce que le législateur intervienne en posant des règles générales par les ordonnances du 30 décembre 1958 et du 4 février 1959. Après une évocation rapide de la jurisprudence antérieure à ces textes, sera exposé le régime actuel des clauses relatives au paiement, quant à leur validité et quant aux incidents qui peuvent affecter leur mise en œuvre.

1) La question de la validité des clauses relatives au paiement avant les ordonnances de 1958 et 1959

117. Les distinctions opérées par la jurisprudence. – Alors qu'aucun texte n'était intervenu, la jurisprudence a rapidement condamné, comme contraires au cours forcé, les clauses-or et valeur-or comme les clauses-monnaie étrangère et valeur-monnaie étrangère[1].

Parce que les *clauses d'indexation* échappaient à cette considération du cours forcé, le sort en a été longtemps plus incertain. La jurisprudence avait fini par trancher en fonction de *l'intention des parties*[2]. Si celles-ci avaient exclusivement prévu les variations de valeur de la monnaie, pour en prémunir le créancier, les clauses, ainsi inspirées par des préoccupations purement monétaires, étaient nulles. Si, au contraire, les parties avaient été inspirées par des préoccupations économiques plus générales, prévoyant une variation, soit du niveau général des prix, soit du coût de tel produit ou de tel service, variations qui ne dépendent pas exclusivement de la valeur de la monnaie, les clauses étaient *valables*[3].

Une divergence s'était d'ailleurs manifestée dans la jurisprudence des cours d'appel : certaines appliquaient la distinction à tous les contrats ; d'autres annulaient toute clause d'indexation dans le contrat de prêt, en considérant l'article 1895, qui lui est relatif, comme un texte d'ordre public[4].

118. Critique. – Cette jurisprudence morcelée a donné lieu, en doctrine, à de vives critiques. Outre qu'il n'y avait certainement aucune raison de considérer l'article 1895 comme un texte d'ordre public –et par conséquent d'établir un régime à part pour le prêt– les distinctions faites par cette jurisprudence étaient difficiles à manier.

La distinction faite parmi les clauses d'indexation en considération des préoccupations monétaires ou économiques des parties, était purement artificielle et verbale : dans tous les cas c'est bien des conséquences d'une dépréciation de la monnaie que le créancier entend se protéger. Aussi bien, aucun critère décisif n'avait-il été donné pour sa mise en œuvre[5].

Quant à la distinction initiale, qui opposait les clauses d'indexation aux autres clauses monétaires, si elle était beaucoup plus précise, elle restait discutable sur le fond : *juridiquement*, l'argument fondé sur le cours forcé avait perdu sa valeur depuis la démonétisation de l'or, laquelle avait fait de celui-ci une marchandise comme une autre ; *économiquement*, le problème des effets inflationnistes est le même pour toutes les catégories de clauses relatives au paiement.

---

1. Pour les premières, Civ. 17 mai 1927, *D.* 1928.1.25, concl. MATTER, note CAPITANT, *S.* 1927.1.289, note ESMEIN. La jurisprudence avait déjà statué en ce sens dans la période de cours forcé qui avait suivi la guerre de 1870.
2. Avant 1950, la jurisprudence semblait valider ces clauses presque sans restriction : Req. 3 févr. 1929, *DH* 1929.113, *S.* 1930.1.1, note HUBRECHT.
3. *Validité :* Com. 15 nov. 1950, *D.* 1951.21 ; Civ. 3e, 3 nov. 1953, *D.* 1954.1.4, note SAVATIER. *Nullité :* Civ. 1re, 27 déc. 1954, *JCP* 1955.II.8493, note LEVY.
4. Par ex. Aix, 2 avr. 1951, *D.* 1951.401, note RIPERT ; Orléans, 22 juill. 1953, *D.* 1953.655. Comp. pour la validité, Paris, 27 nov. 1952, *D.* 1953.133, note RIPERT.
5. Comp. *infra,* no 121, *in fine*.

119. Revirement de jurisprudence : validité des clauses monétaires. – Ces considérations expliquent sans doute le *revirement de jurisprudence* qui est ensuite intervenu en faveur de toutes les clauses monétaires sans distinction.

L'arrêt essentiel date de 1957 : statuant sur le cas particulier d'un prêt, il a décidé que l'article 1895 –et donc le *principe du nominalisme monétaire*– n'était pas d'ordre public[1]. Du même coup, il a consacré la validité de principe des clauses d'indexation et cela sans qu'il y ait lieu de rechercher l'intention des parties.

Par la suite, la validité de la clause valeur-or et de la clause-or a été également admise[2].

Mais ce libéralisme nouveau de la jurisprudence a vraisemblablement inquiété les pouvoirs publics, soucieux de lutter contre une inflation qui devenait chaque jour plus préoccupante. Aussi, lorsque le gouvernement du général de Gaulle a pris, en 1958, des mesures monétaires en créant le « franc nouveau », il a, en même temps, réglementé, dans un sens restrictif, les possibilités d'indexation.

2) La validité ou la nullité des clauses relatives au paiement après les ordonnances de 1958 et 1959 –C. mon. et fin., art. L. 112-1 et s.

120. Objet des dispositions légales. – L'ordonnance n° 58-1374 du 30 décembre 1958, rapidement modifiée par celle, n° 59-699, du 4 février 1959, contenait des dispositions relatives, d'une part aux indexations légales et réglementaires, et, d'autre part, aux indexations conventionnelles et statutaires. Ces dispositions figurent désormais dans les articles L. 112-1 et suivants du Code monétaire et financier.

Pour les premières, l'article 79-1 avait abrogé « toutes dispositions générales de nature législative ou réglementaire tendant à l'indexation automatique des prix de biens ou de services ». Par ces derniers termes, les rédacteurs de l'ordonnance avaient entendu maintenir l'indexation de certains emprunts, notamment ceux de l'État, qui n'entraient pas sous la dénomination « biens ou services ». En réalité, un grand nombre des indexations antérieures sont restées en vigueur, notamment celle du salaire minimum de croissance, expressément maintenue par l'article 79-2 et désormais, par l'article L. 112-4 du Code monétaire et financier.

L'essentiel du dispositif mis en place par les ordonnances était contenu dans l'article 79-3, plusieurs fois modifié, relatif aux clauses d'indexation contenues dans une convention ou un statut, ce dernier terme ayant été ajouté pour désigner notamment la convention collective, dont la nature contractuelle peut prêter à discussion[3]. Il se trouve, aujourd'hui, dans les articles L. 112-1 et s. C. mon. et fin.

a) Règles générales

121. Critères de validité des indexations contractuelles. – L'article L. 112-2, alinéa 1er, *prohibe*, tout d'abord, en principe, le recours à des *indices généraux*. Sont

---

1. Civ. 1re, 27 juin 1957, *D.* 1957.649, note RIPERT, *JCP* 1957.II.10093 *bis*, concl. contraires BESSON. D'autres décisions ont été rendues ultérieurement, à propos de contrats antérieurs aux ordonnances, par ex. : Civ. 1re, 26 avr. 1963, *JCP* 1963.II.18271, note ESMEIN.
2. Paris, 30 avr. 1958, *D.* 1958.553, note MALAURIE, *JCP* 1959.II.11015, note PETOT (*clause or* et *monnaie étrangère*).
3. Sur la nature de la convention collective, v. Vol. 1 –*L'acte juridique*– n° 509, *in fine*. L'article L. 141-9 du Code du travail rappelle l'interdiction d'indexation des salaires sur le SMIC ou le niveau général des prix dans les conventions et accords collectifs. V. une application : Soc. 18 mars 1992, *Bull. civ.* V, n° 188.

notamment interdites les indexations sur le salaire minimum de croissance ou sur le niveau général des prix et des salaires [1]. C'est que la référence à de tels indices risquerait, du fait de leur généralité, de rendre l'indexation excessivement inflationniste.

Pour être *licite*, l'indice choisi doit non seulement être un indice *spécial*, mais encore il doit avoir une *relation directe,* soit avec l'*objet du contrat*, soit avec l'*activité de l'une des parties.*

Ce système, dit de l'*indexation interne*, vise à empêcher les indexations purement artificielles et spéculatives, qui sont abusivement inflationnistes –interdire, par exemple, l'indexation du loyer d'un logement sur le cours du sucre, qui permettrait au bailleur de profiter d'un mouvement de hausse des cours de cette denrée provoqué par une situation de pénurie. La relation contractuelle qui donne lieu à indexation doit être impliquée, soit par son objet même, soit par l'activité de l'une au moins des parties, dans le secteur économique concerné par l'indice choisi. Une telle exigence évite les extensions artificielles de mouvements de hausse localisés –exemple précédent de la hausse de loyer provoquée par une tension des cours du sucre. Elle permet aussi de lier l'évolution de la créance indexée à celle des moyens patrimoniaux des parties, l'idée générale étant que le débiteur peut, sans risque, voir augmenter le montant de sa dette si, parallèlement, le contrat lui a permis de réaliser un investissement qui lui profite dans la même proportion [2].

Le système de l'indexation interne reprend, en fait, une idée qui avait fondé la jurisprudence antérieure à 1957 [3] : l'indexation sur un indice totalement étranger à l'objet du contrat ou à l'activité des parties ne dénoterait qu'une défiance de celles-ci envers la monnaie. Celle qui est en rapport avec l'un de ces éléments fait varier la dette suivant des facteurs qui ne sont pas exclusivement monétaires. Mais alors que la jurisprudence se fondait sur une analyse de la volonté des contractants, le législateur a lié la validité de l'indexation à des critères objectifs.

122. Interprétation jurisprudentielle. – La généralité des dispositions légales fait obstacle, cependant, à l'émergence de solutions précises et sûres. Des difficultés sont apparues quant à la compréhension tant de *l'objet du contrat* et de *l'activité des parties*, que de la *relation directe* qui doit exister entre l'indice et ces deux éléments de référence.

Sur un plan général, il faut observer, d'abord, que la Cour de cassation a appliqué à l'article 79-3 de l'ordonnance, dont la substance se retrouve aujourd'hui dans les articles L. 112-1 et L. 112-2 C. mon. et fin., le principe de l'*interprétation stricte des exceptions :* les indexations illicites constituant des restrictions au principe de liberté des conventions, les interdictions posées par le texte doivent être interprétées de façon étroite [4].

Ensuite, la Cour de cassation ne contrôle pas les conditions d'application du texte : l'existence d'une *relation directe* entre l'indice convenu et l'objet du contrat ou l'activité de l'une des parties relève de l'appréciation souveraine des juges du fond [5]. La solution s'explique par cette considération que le contrôle de cette condition engagerait la Cour de

---

1. Cf. pour l'indexation sur le salaire horaire ouvrier toutes activités France entière d'un contrat de fourniture de fruits, Lyon, 9 juill. 1990, *D.* 1991.47, note MALAURIE. L'article L. 112-3 porte diverses exceptions à l'interdiction de l'indexation sur le niveau général des prix.
2. V. cependant les limites de cette logique dans le dispositif légal, *infra*, n° 124.
3. *Supra*, n° 117.
4. Civ. 1re, 6 oct. 1982, *Bull. civ.* I, n° 276 ; Civ. 3e, 15 févr. 1972, *D.* 1973.417, note GHESTIN, *JCP* 1972.II.17094, note LEVY, *Defrénois* 1973, art. 30290, note MALAURIE.
5. Par ex., Civ. 1re, 21 janv. 1992, *Bull. civ.* I, n° 22 ; Civ. 1re, 6 oct. 1982, préc. ; Civ. 3e, 22 janv. 1980, *Bull. civ.* III, n° 19 ; Com. 4 mars 1964, *D.* 1964.385.

cassation dans une analyse très « factuelle » qui n'est pas de son rôle. Du moins sanctionne-t-elle l'éventuel défaut de cohérence de l'appréciation faite par les juges du fond[1].

123. Notion d'objet du contrat. – Dans la rigueur des termes, l'objet du contrat désigne l'objet de l'une des obligations contractuelles.

À prendre la formule légale au pied de la lettre, elle aurait dû interdire toute indexation dans les prêts d'argent, la seule obligation qui résulte de cette sorte de contrat n'étant jamais qu'une obligation de somme d'argent. La jurisprudence a cependant admis la prise en considération du bien en vue duquel l'emprunt est souscrit : un prêt d'argent destiné à l'acquisition d'un immeuble bâti peut être indexé sur le coût de la construction dès lors que la preuve de la destination est faite[2]. L'objet du contrat est donc défini largement comme le *but économique de l'opération*, ce qui consacre une conception de l'objet assurément plus large que celle qui apparaît aux articles 1126 et suivants du Code civil. On doit en approuver le réalisme.

124. Notion d'activité des parties. – La notion d'activité des parties est plus précise, dès lors que le texte vise l'activité « de l'une des parties ». Il s'agit normalement de l'activité du *débiteur*. Ainsi un emprunt contracté par un médecin en vue de l'acquisition d'un cabinet peut-il être indexé sur le prix de la consultation médicale[3]. Mais il peut s'agir aussi bien de l'activité du *créancier :* le prix de vente d'un fonds de commerce de garage peut ainsi être indexé sur le salaire de l'ouvrier mécanicien, lequel est en relation avec l'activité du vendeur[4].

La logique du système de *l'indexation interne*[5] aurait dû conduire à n'admettre que les indexations sur l'activité du *débiteur :* la clause ne joue alors qu'autant que celui-ci est en mesure de faire face aux charges qui en résultent pour lui. L'indexation sur l'activité du *créancier* est beaucoup plus discutable : le fait que celui-ci gagne davantage ne permet pas au débiteur de payer plus. La solution consacrée par la loi marque sans doute que la préoccupation des auteurs de l'ordonnance de 1958 était plus de lutter contre les indexations spéculatives aux effets particulièrement inflationnistes que d'assurer un équilibre du contrat pour protéger le débiteur.

---

1. Cf. Com. 16 févr. 1993, *Bull.* civ. IV, n° 63, *Gaz. Pal.* 1993.2.311, note BARBIER (censure d'un arrêt ayant admis l'indexation sur le coût de la construction de la redevance due par un locataire-gérant, alors que la location-gérance d'un fonds de commerce est relative à un meuble incorporel et non à un immeuble).

2. Civ. 1re, 9 janv. 1974, *JCP* 1974.II.17806, note LEVY, *Defrénois* 1974, art. 30547, n° 7, obs. AUBERT. V. aussi, pour le cas d'un changement ultérieur de l'affectation du prêt, Civ. 1re, 5 oct. 1994, *Bull. civ.* I, n° 269, *D.* 1995. somm. 227, obs. LIBCHABER. Mais la preuve de la destination des fonds doit être faite et ne peut résulter de la simple mention portée au contrat : Civ. 1re, 27 oct. 1981, *Bull. civ.* I, n° 311.

3. Civ. 1re, 29 mars 1960, *Bull. civ.* I, n° 187. Rappr. Civ. 1re, 12 avr. 1972, *JCP* 1972.II.17235, note LEVY.

4. Civ. 3e, 15 févr. 1972, préc. Plus récemment, la Cour de cassation a, pareillement, admis la validité d'une clause d'indexation sur une monnaie étrangère, figurant dans une ouverture de crédit, en considération de la relation directe existant avec l'activité de banquier du créancier –peu important, précise l'arrêt, que le contrat fût purement interne (Com. 22 mai 2001, *Bull. civ.* IV, n° 98, *Defrénois* 2001, art. 37399, n° 73, obs. LIBCHABER). Pour les paiements internationaux, v. *infra*, nos 133 et s.

5. *Supra*, n° 121.

La notion d'activité a été, elle aussi, entendue de façon compréhensive par la jurisprudence. Celle-ci a admis que l'indice convenu pouvait n'être en rapport qu'avec une *activité accessoire* de l'une des parties[1].

125. Existence d'une relation directe. – C'est sur la question de la *relation directe* que se concentrent les difficultés et les incertitudes. La formule résiste en effet à la définition et les solutions ne peuvent être que casuistiques –d'où l'absence de contrôle de la Cour de cassation. Elles sont nombreuses et relativement fluctuantes. On se bornera à indiquer quelques solutions caractéristiques.

Il a été admis, après quelques solutions divergentes, que le salaire de l'ouvrier maçon n'a pas de relation directe avec l'objet d'un bail[2]. La solution peut se justifier –simple exemple de casuistique– par le fait que le travail du maçon, s'il est nécessaire à la construction de l'immeuble, est du moins antérieur au bail et n'entretient dès lors avec celui-ci qu'une relation indirecte. En revanche, le prix de cession d'un garage peut être indexé sur le salaire de l'ouvrier mécanicien[3], de même que le prix d'un fonds rural peut être indexé sur le salaire de l'ouvrier agricole[4]. Mais le loyer ne peut être indexé sur le salaire de l'ouvrier métallurgiste lorsque le bail est consenti à un dépanneur d'appareils frigorifiques[5]...

Dans un cas, cette incertitude des solutions a conduit le législateur à trancher lui-même : la loi du 9 juillet 1970 est venue préciser que, dans les contrats relatifs aux immeubles bâtis, l'indexation sur l'indice du coût de la construction publié par l'INSEE est valable. Il est ainsi réputé être en relation directe avec l'objet d'un bail. La règle figure aujourd'hui à l'article L. 112-2, alinéa 1er, *in fine*.

126. Portée du régime défini par les ordonnances. – Par souci de clarté, il n'a été question, dans les développements qui précèdent, que des clause d'indexation *stricto sensu*. Il convient maintenant, de préciser le sort des autres clauses relatives au paiement.

S'agissant des *paiements internes*[6], *la clause-monnaie étrangère*, qui désigne une monnaie étrangère comme monnaie de paiement, reste prohibée comme contraire au cours légal de l'euro[7]. En revanche, les autres clauses peuvent être stipulées, *à condition* qu'elles respectent l'exigence de l'article L. 112-2, alinéa 1er, du Code monétaire et financier (auparavant l'article 79-3 de l'ordonnance) de relation directe avec l'objet du contrat ou l'activité de l'une des parties.

---

1. Civ. 1re, 7 mars 1984, *Bull. civ.* I, n° 91, *RTD civ.* 1985.174, obs. MESTRE ; Civ. 3e, 15 févr. 1972, préc. La jurisprudence va jusqu'à admettre la validité de l'indexation d'un prix de vente sur la valeur du point de retraite des cadres, l'indice étant en relation avec « l'activité » du vendeur, retraité ! (Civ. 1re, 6 oct. 1982, préc.).

2. Civ. 3e, 6 juin 1972, *Bull. civ.* III, n° 369, *D.* 1973.151, *Defrénois* 1973, art. 30274, note MALAURIE, *JCP* 1972.II.17255 ; Civ. 3e, 11 juill. 1968 et 13 févr. 1969, *JCP* 1969.II.15942, note LEVY.

3. Civ. 3e, 15 févr. 1972, préc.

4. Civ. 3e, 17 juill. 1972, *D.* 1973.238, note MALAURIE.

5. Com. 13 déc. 1967, *JCP* 1968.II.15463. Sur l'ensemble de ces problèmes, v. un tableau de solutions et une tentative pour dégager des critères, J. HONORAT, « Les indexations contractuelles et judiciaires », *Études J. FLOUR*, p. 251, spéc. nos 22 à 25.

6. Pour les paiements internationaux, v. *infra*, nos 133 et s. Le juge doit rechercher si le contrat indexé constitue une opération de commerce international ou encore s'il est destiné à financer une telle opération, Civ. 1re, 11 oct. 1989, *D.* 1990.167, note DE LA MARNIERRE.

7. Bordeaux, 8 mars 1990, *D.* 1990.550, note MALAURIE.

La solution a été formellement affirmée, pour une *clause-valeur monnaie étrangère* (clause de garantie de change), dans le cas d'un contractant ayant une activité de banquier ou de financier [1]. La jurisprudence paraît aujourd'hui nettement fixée [2].

Les références à l'or sont traitées pareillement. La *clause-or* pure et simple n'est pas plus valable que la *clause-paiement monnaie étrangère*, en revanche, la *clause valeur-or*, comme la clause-valeur monnaie étrangère, est valable si l'or a un rapport direct avec l'objet du contrat ou l'activité de l'une des parties, tel le cas d'un bijoutier [3].

b) Règles spéciales

127. Dettes d'aliments. – En dépit de sa généralité d'application, le régime qui vient d'être exposé comporte des exceptions, au demeurant peu nombreuses.

En vertu de l'article L. 112-2, alinéa 2, du Code monétaire et financier (ex-art. 79-3, al. 1er, Ord.), les *dettes d'aliments* bénéficient d'un statut de pleine liberté, aucune limite n'étant apportée au choix de l'indice.

À *l'origine*, c'était là une solution d'importance pratique médiocre. En effet, de telles dettes sont toujours révisables, indépendamment de toute clause en ce sens, selon les besoins du créancier et les ressources du débiteur, tous éléments qui dépendent, pour partie au moins, du pouvoir d'achat de la monnaie. Mais une loi n° 63-699, du 13 juillet 1963 a disposé (art. 4) que les *rentes viagères* constituées entre particuliers, sont considérées comme des dettes d'aliments. Cela a donné à l'exception une importance beaucoup plus considérable.

Selon l'article L. 112-3 (ex. 79-3, Ord.), peuvent également être indexés sur le niveau général des prix les titres de créance et les instruments financiers à terme mentionnés à l'article L. 211-1, I, 2 et 4.

128. Contrats de bail. – Les diverses sortes de baux font l'objet de statuts spéciaux qui posent des règles propres en matière d'indexation.

En matière de *baux d'habitation*, l'article 17, d, de la loi du 6 juillet 1989, limite le jeu des indexations qui peuvent être stipulées aux variations de l'indice mesurant le coût de la construction et, à compter du 1er juillet 2006, à celles d'un indice de référence des loyers publié par l'INSEE (art. 17, d. mod. L. 26 juill. 2005). Une indexation différente, à supposer qu'elle soit conforme aux exigences des articles L. 112-1, alinéa 3, et L. 112-2, alinéa 2, serait valable mais ses effets seraient en tout cas plafonnés à ceux de l'indexation visée par la loi.

Dans les *baux à ferme*, l'évolution du montant du loyer *–fermage–* s'opère en considération de deux indices officiels distincts, selon qu'il s'agit du loyer des bâtiments d'habitation ou de celui des terres et bâtiments d'exploitation.

Enfin, dans les *baux commerciaux*, le jeu de la clause d'indexation est réglementé dans le cadre des opérations de révision du loyer, qui sont placées sous le contrôle du juge. La révision du loyer –ajustement de la valeur locative– peut être demandée chaque fois que, par le jeu de la clause, le loyer est augmenté ou diminué de plus d'un quart.

---

1. Civ. 1re, 12 janv. 1988, *D.* 1989.80, note MALAURIE. L'arrêt laisse entendre, par ailleurs, que toute clause d'un contrat interne visant une monnaie étrangère doit être comprise comme clause *valeur-monnaie* étrangère. V. aussi, Soc. 25 oct. 1990, *Bull. civ.* V, n° 507.
2. Com. 22 mai 2001, *Bull. civ.* IV, n° 98, *Defrénois* 2001, art. 37399, n° 73, obs. LIBCHABER.
3. Rappr. Civ. 3e, 22 oct. 1970, *JCP* 1971.II.16636 *bis*, note LEVY ; Civ. 1re, 4 déc. 1962, *D.* 1963.698, note PEDAMON, *JCP* 1964.II.13652, note HUBRECHT.

129. Contrats en cours. – L'article 79-3, alinéa 2, de l'ordonnance de 1958, a réglé le sort des clauses d'indexation stipulées avant l'entrée en vigueur du régime nouveau. Le *principe* était que ces clauses continuaient à produire effet, alors même qu'elles n'étaient pas conformes aux règles nouvelles ; ainsi pour celles qui figuraient dans un prêt.

Mais il en allait autrement pour les clauses concernant des *obligations réciproques à exécution successive* –cas des contrats synallagmatiques dont l'exécution est successive pour les deux parties, tel le louage. Lorsque la clause n'était pas conforme aux critères nouveaux, son effet était définitivement bloqué au niveau atteint lors de la dernière échéance antérieure au 31 décembre 1958. De la sorte, les effets passés de la clause étaient maintenus ; mais la clause cessait d'en produire pour l'avenir.

Ce blocage ne s'appliquait pas, en revanche, aux contrats synallagmatiques dans lesquels une seule obligation était successive, l'autre ayant été exécutée instantanément –par exemple, une vente moyennant rente viagère : s'agissant de dispositions dérogatoires au droit commun, l'interprétation devait être restrictive [1]

3) Incidents affectant la mise en œuvre des clauses relatives au paiement

130. Problématique. La disparition de l'indice choisi. – Il s'agit de prendre en considération diverses situations dans lesquelles l'indexation convenue se trouve compromise par la survenance d'un événement particulier. Ce sont, d'abord, les cas où l'indice retenu par les parties vient à disparaître. C'est ensuite le problème posé par une irrégularité de la clause qui justifie une nullité, que cette irrégularité soit d'origine ou qu'elle ne soit survenue qu'après la conclusion du contrat.

Il n'y a pas lieu de s'attarder sur l'hypothèse, exceptionnelle, d'une *prescription* du droit à se prévaloir de l'indexation du fait de ce qu'il n'en a pas été tenu compte pendant plus de trente ans, sauf à remarquer qu'un arrêt de la Cour de cassation a jugé, très judicieusement, que, dans le cas de rentes viagères, l'indexation constitue « une composante de la rente de sorte que le droit à cette indexation (ne peut) s'éteindre par le jeu de la prescription trentenaire qu'avec le droit au service de la rente lui-même » [2].

L'hypothèse de la *disparition de l'indice* concerne le cas d'une indexation régulièrement faite mais dont le fonctionnement est affecté par le fait que l'indice choisi cesse d'être publié, que cet indice soit purement et simplement supprimé, ou qu'il se trouve remplacé par de nouveaux indices établis selon des critères différents [3].

Dans une telle occurrence, la loi organise parfois un « raccordement » de l'indice abandonné à un autre indice [4]. À défaut, trois solutions sont *a priori* possibles :

– cesser d'appliquer la clause, en s'en tenant au montant originaire de la dette ou –variante– en bloquant le montant de la dette au niveau atteint avec le dernier indice publié ;

– déclarer le contrat caduc, parce que l'une de ses dispositions essentielles est devenue inapplicable ;

– appliquer un indice de remplacement.

---

1. Paris, 13 févr. 1964, *D.* 1964.463. V. aussi, pour un prix payable en plusieurs versements, Nancy, 21 mars 1963, *D.* 1963.392, note ESMEIN et, pour une pension de retraite, Civ. 1re, 20 nov. 1962, *D.* 1963.319, *JCP* 1963.II.13008.

2. Civ. 1re, 5 déc. 2006, *Bull. civ.* I, no 531. Depuis l'entrée en vigueur de la loi du 17 juin 2008 portant réforme de la prescription civile (sur laquelle v. *infra*, no 478 et s.), il faudrait raisonner sur la prescription quinquennale qui est devenue la prescription de droit commun.

3. Ainsi pour le passage du SMIG au SMIC ; Cf. Civ. 1re, 6 mars 1974, *Bull. civ.* I, no 79.

4. Rappr. pour le passage à *l'euro*, l'article 24, de la loi no 98-546 du 2 juillet 1998. V. aussi, Civ. 1re, 18 mai 1976, *D.* 1976. IR. 230.

La prise en compte de *l'intention des parties*, qui s'oppose à la première de ces solutions, constitue le *critère* du choix entre les deux autres. Il paraît acquis, en jurisprudence, que la *substitution* d'indice entre dans les pouvoirs normaux d'interprétation du juge, dès lors que cela apparaît conforme à cette intention [1]. Le contrat doit au contraire être déclaré *caduc* lorsqu'il apparaît que les parties ont entendu subordonner le maintien de leurs obligations à la survie de la clause telle qu'elles l'ont elles-mêmes aménagée [2].

131. Nullité de la clause. – La stipulation d'une indexation irrégulière est normalement sanctionnée par la *nullité*. Mais la question se pose de savoir si cette nullité atteint seulement la clause illicite ou si elle affecte le contrat tout entier. Il faut appliquer ici les principes généraux des nullités [3] : si la clause a été déterminante du consentement, c'est la nullité du contrat tout entier qui est encourue [4] ; si elle n'a été qu'un élément accessoire, la clause illicite est seule annulée, le contrat étant alors exécuté pour le montant initial de la dette [5].

Pour classique, et techniquement logique, qu'elle soit, cette solution n'est pas satisfaisante. D'une part, il y a quelque artifice –sinon quelque arbitraire– à juger qu'une clause d'indexation est tantôt déterminante tantôt accessoire. D'autre part, la crainte de l'annulation du contrat risque de détourner de la « dénonciation de l'illicite » : l'emprunteur préférera supporter la charge de l'indexation irrégulière plutôt que de risquer de se trouver privé du crédit dont il a besoin. Une sanction systématiquement limitée à l'annulation de la clause d'indexation serait sans doute préférable [6].

Il y a lieu de remarquer, alors, que les contractants tentent parfois de se prémunir contre l'annulation partielle en stipulant expressément que l'indexation est déterminante du contrat. Normalement, cette clause « claire et précise » prive le juge de tout pouvoir d'interprétation et l'annulation du contrat tout entier s'impose [7]. Mais le juge peut, le cas échéant, neutraliser cette clause en considérant qu'elle réalise une fraude à la loi, ce qui autorise alors l'annulation de la seule clause d'indexation [8].

Il est permis, à ce point, de se demander s'il ne serait pas, en définitive, préférable de sortir de l'alternative ouverte par l'application du droit commun des obligations. En effet, il faut bien remarquer qu'aucune des solutions auxquelles il conduit n'est vraiment opportune : la nullité du contrat entier est trop brutale ; celle de la seule clause d'indexation est injuste en ce qu'elle laisse subsister un contrat déséquilibré [9].

La reconnaissance par le juge d'une *confirmation* du contrat par les parties pourrait constituer une solution. Mais, outre que cela ne serait guère satisfaisant puisque la

---

1. Civ. 3e, 12 janv. 2005, *Bull. civ.* III, n° 4 ; Civ. 3e, 18 juill. 1985, *Bull. civ.* III, n° 113, *RTD civ.* 1986.599, obs. MESTRE ; Civ. 1re, 6 mars 1974, préc. Rappr. Civ. 1re, 13 déc. 1994, *Bull. civ.* I, n° 373.
2. Com. 30 juin 1980, *Bull. civ.* IV, n° 281.
3. Vol. 1 –*L'acte juridique*– *n^os^* 357 et s.
4. Civ. 3e, 24 juin 1971, *JCP* 1972.II.17191, note GHESTIN.
5. Civ. 3e, 13 févr. 1969, *Bull. civ.* III, n° 134, *JCP* 1969.II.15942, note LEVY (l'arrêt souligne le *pouvoir souverain d'appréciation* des juges du fond quant au « caractère essentiel » de la clause). Rappr. Civ. 3e, 9 juill. 1973, *D.* 1974.24, note Ph. M.
6. Sur cette question, v. Vol. 1 –*L'acte juridique*– n° 360. Et la note MALAURIE, sous Civ. 3e, 6 juin 1972, *D.* 1973.151.
7. Com. 27 mars 1990, *Bull. civ.* IV, n° 93, *D.* 1991.289, note TESTU, *RTD civ.* 1991.112, obs. MESTRE, *Defrénois* 1991, art. 35041, n° 2, note HONORAT.
8. Civ. 3e, 9 juill. 1973, préc. ; Civ. 3e, 6 juin 1972, *D.* 1973.151, note MALAURIE, *Defrénois* 1973, art. 30293, n° 4, obs. AUBERT, *JCP* 1972.II.17255. V. aussi la note TESTU, préc.
9. V. notamment MALAURIE, note au *D.* 1974.682.

solution consacrerait en fait un échec de la loi, une telle éventualité est certainement exclue par le caractère d'ordre public de direction qui s'attache aux dispositions relatives à l'indexation et qui impose la nullité *absolue*, exclusive de toute confirmation ou ratification de l'acte [1].

Certains arrêts ont trouvé une solution plus séduisante en reconnaissant au juge [2] le pouvoir de *substituer* à la clause illicite une clause conforme à la loi [3]. Cependant, le juge n'étant pas investi par la loi, ni en général, ni dans le cas particulier de l'indexation, d'un pouvoir de réfection du contrat, une telle solution ne peut être admise qu'en présence de circonstances particulières qui, d'une part, soulignent la volonté fermement déterminée des parties d'indexer leur contrat et, d'autre part, permettent au juge de retenir le nouvel indice par interprétation de leur volonté. À défaut, l'alternative du droit commun paraît devoir s'imposer.

132. Cas d'une clause perdant sa régularité initiale en cours de contrat. – Il reste à envisager une hypothèse particulière : celle où la clause, originairement valable, perd ensuite sa conformité aux exigences légales.

Ainsi en va-t-il lorsque l'objet du contrat ou l'activité des parties vient à changer après la conclusion du contrat. La nullité ne peut pas être prononcée dans un tel cas, la validité de la clause devant s'apprécier au moment de la formation du contrat [4]. On peut admettre, aussi, que les parties conviennent de substituer un nouvel indice, conforme à la nouvelle situation, à celui qui est devenu irrégulier [5]

Dans le cas où l'irrégularité de l'indexation résulte d'un *changement de la législation*, la loi retient des solutions variées. Parfois, la loi nouvelle prévoit elle-même que le montant de la dette sera définitivement fixé au niveau qu'elle avait atteint le jour où la clause est devenue irrégulière. Telle était la solution adoptée par l'ordonnance de 1958 pour le cas particulier des indexations concernant les obligations réciproques à exécution successive [6] Dans d'autres cas, le législateur organise la substitution automatique d'un indice licite à ceux qu'il vient interdire [7].

B. Les paiements internationaux

133. Validité des clauses monétaires pour les paiements internationaux. – Avant les ordonnances de 1958-1959, la jurisprudence avait admis la validité de *toutes les clauses monétaires,* y compris la clause-or et la clause-monnaie étrangère, en matière de *paiements internationaux*. Ceux-ci sont demeurés et demeurent toujours en dehors du

---

1. Com. 3 nov. 1988, *Bull. civ.* IV, n° 287, *D.* 1989.93, note MALAURIE, somm. 234, obs. AUBERT. Et, sur renvoi, Lyon, 9 juill. 1990, *D.* 1991.47, note MALAURIE, *RTD civ.* 1991.357, obs. RÉMY. Comp. Toulouse, 5 mars 1975, *D.* 1975.772, note MALAURIE, *JCP* 1975.II.18034, note PICARD.
2. V. les suggestions faites par certains auteurs à cet égard, LEVY, note *JCP* 1972.II.17094 ; et GHESTIN, *D.* 1973.417. Comp. MALAURIE, notes *D.* 1974.681 et *D.* 1975.516.
3. Civ. 3e, 22 juill. 1987, *Bull. civ.* III, n° 151 ; Civ. 1re, 9 nov. 1981, *Bull. civ.* I, n° 332. Lyon, 9 juill. 1990, préc. Rappr. Com. 5 janv. 1975, *D.* 1975.516, note MALAURIE.
4. Civ. 1re, 6 juin 1984, *JCP* 1985.II.20471, note LEVY, *RTD civ.* 1985.173, obs. MESTRE ; Civ. 1re, 18 juin 1980, *Bull. civ.* I, n° 192.
5. Civ. 1re, 5 oct. 1994, *Bull. civ.* I, n° 269, *D.* 1995. somm. 227, obs. LIBCHABER.
6. Pour les autres obligations, l'efficacité de la clause antérieure était maintenue. V. *supra*, n° 129.
7. V. par ex. la loi du 9 juillet 1970, qui a modifié l'article 79-3. *Supra*, n° 125.

champ d'application des ordonnances : les clauses valeur-monnaie étrangère sont toujours valables dans de tels contrats [1].

La raison de cette solution se trouve dans un souci de favoriser le commerce international en permettant aux acteurs de celui-ci de se mettre à l'abri des fluctuations monétaires et notamment, à l'importation, en autorisant le fournisseur étranger à se garantir contre la dépréciation du franc.

Une autre raison, historique, était de protéger les porteurs français d'emprunts émis en France par des États étrangers ou des collectivités étrangères qui prétendaient se libérer en francs dépréciés après avoir reçu des francs-or.

Il faut alors préciser la *notion* de *paiement international*. Conformément à la jurisprudence qui s'est fixée sur les propositions de l'avocat général Matter [2], le règlement international suppose un mouvement trans-frontières : il se caractérise par un transfert de biens ou de fonds d'un pays à un autre, sans considération pour la nationalité ou la résidence des parties [3]. Mais la jurisprudence en assouplit aujourd'hui la conception en exigeant seulement une opération de commerce international [4].

134. L'interprétation des contrats internationaux. – Ainsi entendus, les contrats internationaux –spécialement les *emprunts internationaux*– soulèvent quelquefois des problèmes d'interprétation. Parfois le contrat contient une *option de change :* la somme empruntée, et les intérêts, sont libellés en plusieurs monnaies, au choix du créancier. C'est une clause claire et précise, qui établit une clause monétaire qu'il suffit d'appliquer. Mais il arrive que, plusieurs monnaies ayant ainsi été indiquées, il ne soit pas dit à qui le choix appartient. La jurisprudence l'accorde alors au créancier : aux porteurs de titres d'emprunt.

Dans d'autres cas, est seulement prévue une *option de place*, c'est-à-dire la simple faculté pour le créancier de se faire payer dans plusieurs pays, ce qui ne correspond pas nécessairement à une clause monétaire. C'est alors que la difficulté est la plus grande, surtout lorsque la dette est libellée en francs. Cela peut vouloir dire : francs français payables à Paris, Bruxelles ou Zurich. Mais cela peut aussi signifier : francs français, belges ou suisses. La jurisprudence décide que cette option de place vaut *présomption* d'option de change : si le créancier a le choix entre les trois sortes de places, il a aussi le choix entre les trois sortes de francs. Mais ce n'est qu'une présomption simple, susceptible de preuve contraire fondée sur l'analyse de la volonté des parties.

---

1. V. Civ. 1re, 16 juill. 1987, *Bull. civ.* I, n° 228 ; Civ. 1re, 13 mai 1985, *Bull. civ.* I, n° 146 ; Civ. 1re, 15 juin 1983, *Bull. civ.* I, n° 175. Il y a en revanche un doute en ce qui concerne les clauses or et monnaie étrangère. Il faut observer, à cet égard, que les arrêts précités interprètent systématiquement les clauses litigieuses, qui stipulaient la créance en monnaie étrangère, comme des clauses *valeur*-monnaie étrangère. V. cep. STARCK, ROLAND et BOYER, t. 2, n° 724, et TERRÉ, SIMLER et LEQUETTE, n° 1332. Le juge est tenu de rechercher si le contrat dont l'indexation est discutée constitue une opération de commerce international ou s'il est destiné à financer une telle opération, Civ. 1re, 11 oct. 1989, *D.* 1990.167, note DE LAMARNIERRE.

2. Concl. sur Civ. 17 mai 1927, *D.* 1928.1.25.

3. Cette notion de paiement international diffère ainsi de celle que consacre le *contrôle des changes* qui s'applique aux transferts de monnaie d'un résident à un non-résident. Cela reste sans incidence sur la jurisprudence *Matter* : celle-ci concerne la *validité de la clause ;* le contrôle des changes ne vise, lui que l'*exécution* des paiements et reste indifférent aux indexations, y compris les clauses relatives à la monnaie de compte. Sur ce contrôle des changes, aujourd'hui largement disparu, v. MARTY, RAYNAUD et JESTAZ, t. 2, n° 41. Sur toutes ces questions, v. HOLLEAUX, *Les effets de la dépréciation monétaire sur les rapports contractuels en droit international public et privé français*, Trav. Association CAPITANT, 1971, 149, spéc. p. 173 et s.

4. V. not. Civ. 1re, 11 oct. 1989 et Civ. 1re, 13 mai 1985, préc. V. aussi, STARCK, ROLAND et BOYER, t. 2, n° 725.

Cette interprétation étant difficile, c'est une question sur laquelle la Cour de cassation a élargi son pouvoir de contrôle pour imposer une interprétation identique des contrats concernés[1].

C. Indexation et monnaie unique

135. Monnaie unique : réglementation des clauses d'indexation et compétence du législateur français. – L'entrée en vigueur de la monnaie unique –l'euro– devenue la monnaie de paiement française à compter du 1er janvier 2002[2], suscite une interrogation.

Il est sûr –et les développements qui précèdent se fondent sur un tel postulat– que les diverses règles posées en matière d'indexation des créances ont vocation à s'appliquer, en France, aux créances libellées en euro comme elles avaient eu jusque là à s'appliquer aux créances libellées en francs. La substitution de l'euro au franc impose cette solution[3].

Mais la question se pose de savoir si, sous l'empire de la monnaie unique, l'État français conserve sa pleine compétence pour prendre de semblables mesures. On peut être tenté de répondre par la négative[4] en considération de ce que la compétence monétaire se trouve transférée de l'État français à l'Union économique européenne[5]. Il est cependant permis d'hésiter : une telle réponse supposerait que la réglementation des indexations constitue une mesure purement monétaire, ce qui est loin d'être le cas. Sans doute a-t-on dit que ce régime relève de l'ordre public de direction, en ce qu'il participe à la lutte contre l'inflation. Pour autant, il ne s'agit pas de dispositions purement monétaires : ce sont des mesures qui réalisent une conciliation entre l'intérêt général, y compris les exigences monétaires, et les intérêts particuliers –ceux des contractants– pour assurer un certain équilibre des relations économiques. De ce fait, elles semblent devoir demeurer de la compétence des États membres[6].

À supposer que le régime des indexations doive ainsi rester tel qu'il est aujourd'hui, une autre question se pose qui est de savoir si les opérations contractuelles réalisant des mouvements de fonds ou de biens transfrontaliers, mais entre des États pareillement soumis à l'euro, peuvent encore être regardées comme des opérations *internationales* au

---

1. V. Civ. 14 janv. 1931, *D.* 1931.1.5, concl. MATTER, note SAVATIER ; Cf. Vol. 1 *–L'acte juridique–* n° 402.

2. Cf. GRUA, « Fiction et réalité dans le passage à l'euro », *D.* 1998. chron. 130.

3. Cela paraît conforme au *principe de continuité des relations contractuelles* posé, pour l'introduction de *l'euro*, par le règlement CE n° 1103/97 du 17 juin 1997 (*Defrénois* 1997, Lég. 329).

4. En ce sens, v. GRUBER, « L'Euro et les clauses d'indexation », *D.* 1999. chron. 258.

5. En témoigne le nouveau texte de la Constitution, établi après que le Conseil constitutionnel eût déclaré, notamment, que la réalisation de l'Union économique et monétaire « se traduira par la mise en œuvre d'une politique monétaire et d'une politique de changes uniques suivant des modalités telles qu'un État membre se trouvera privé de compétences propres dans un domaine où sont en cause les conditions essentielles d'exercice de la souveraineté nationale... » (C. const. 9 avr. 1992 *–Traité de Maastricht–* DC n° 92-308) : « Sous réserve de réciprocité, et selon les modalités prévues par le Traité de l'Union européenne signé le 7 févr. 1992, la France consent aux transferts de compétence nécessaires à l'établissement de l'union économique et monétaire européenne... » (Const. art. 88-2 –loi n° 92-554 du 25 juin 1992). Sur cet épisode, v. LAVROFF, *Le droit constitutionnel de la Ve République,* 2e éd., 1997, n° 254.

6. La solution semble impliquée par l'article 24, L. n° 98-546 du 2 juill. 1998, qui dispose, notamment, que les modifications de la définition d'un indice visé par une convention emportées par l'introduction de l'euro sont sans effet sur l'application de celle-ci et que, s'il y a disparition de l'indice, le ministre de l'économie peut désigner par arrêté l'indice qui s'y substitue, les parties restant libres de se soustraire conventionnellement à l'application de celui-ci.

sens de la jurisprudence *Matter*[1]. Cela semble *a priori* douteux : le fait que la monnaie soit la même des deux côtés de la frontière considérée paraît devoir s'opposer à l'admission d'un régime dérogatoire à celui de l'indexation. Mais une telle solution, qui est peut-être intrinsèquement contraire au principe d'interprétation restrictive des règles relatives à l'indexation, supposerait encore que ces règles soient les mêmes des deux côtés de la frontière considérée.

Section III
La réalisation du paiement

§ 1. LIEU, MOMENT ET FRAIS DU PAIEMENT

136. Lieu du paiement. – Le lieu du paiement est celui qui est déterminé par la convention (art. 1247), de façon tacite, le cas échéant[2].

À défaut de convention, la loi dispose, à titre supplétif[3], et distingue selon l'objet de l'obligation : pour une *dette de corps certain*, le paiement doit être fait là où se trouvait la chose au moment de la convention (art. 1247, al. 1) ; pour les *autres dettes*, il doit être fait au domicile du débiteur : on dit que *le paiement est quérable* (art. 1247, al. 3).

Par exception, *les dettes alimentaires* sont, par faveur pour le créancier, *portables* (art. 1247, al. 2), c'est-à-dire que le paiement doit en être fait, en principe, au domicile du créancier[4].

137. Moment et frais du paiement. – Le *moment* du paiement est celui de l'*échéance* de la dette, à moins qu'un délai de grâce ne soit accordé par le juge[5].

Lorsqu'il existe un *terme conventionnel*[6], le débiteur ne peut en principe se libérer par anticipation que si ce terme a été stipulé dans son intérêt exclusif. Mais la loi lui permet parfois de le faire, à titre exceptionnel, alors même que le terme a été stipulé dans l'intérêt du créancier ou dans l'intérêt commun des parties[7].

Quant aux *frais du paiement* –frais de quittance, taxes...– ils sont, sauf convention contraire, à la charge du débiteur (art. 1248).

---

1. *Supra*, n° 133.
2. Cette détermination du lieu de paiement est importante dans les règlements internationaux, pour lesquels le lieu désigne en principe la monnaie de paiement.
3. V. TERRÉ, SIMLER et LEQUETTE, n° 1344.
4. Il en va de même pour certaines autres dettes, ainsi pour les primes d'assurance, en vertu de l'article L. 133-3 du Code des assurances.
5. Sur les délais de grâce, v. *infra*, n°s 273 et s.
6. V. *infra*, n° 270.
7. V. par ex., Vol. 1 –*L'acte juridique*– n° 414. Comp. le cas de la *subrogation par le débiteur*, *infra*, 373 et s.

§ 2. Preuve du paiement

138. Charge de la preuve. – La charge de la preuve du paiement incombe, selon l'article 1315, alinéa 2, du Code civil, au *débiteur*[1].

Mais cela ne concerne que l'exécution de l'obligation, non les qualités de cette exécution. S'agissant d'obligations de moyens, le débiteur est tenu de prouver qu'il a exécuté ; il n'a pas à établir qu'il a *bien* exécuté. C'est au créancier qu'il revient, le cas échéant, de démontrer que l'exécution n'a pas été correcte[2]. Ainsi, le médecin n'a-t-il pas à établir qu'il n'a pas commis de faute dans le traitement de son client ; c'est au malade qu'il appartient, le cas échéant, de prouver la faute du médecin.

En outre, la règle de l'article 1315, alinéa 2, peut se trouver écartée par des présomptions de paiement. Une telle présomption résulte en particulier, selon les articles 1282 et 1283 –sauf preuve contraire, pour ce dernier cas– de la remise au débiteur du titre qui constate la créance[3]. Elle peut aussi résulter de l'écoulement du temps : certaines courtes prescriptions (art. 2271 à 2273) étaient, de façon classique, analysées de cette manière[4].

139. Modes de preuve. – Les modes de preuve du paiement sont soumis au droit commun : le paiement étant, au moins à titre principal, un acte juridique[5], il doit être prouvé par écrit[6].

Un arrêt a bien déclaré, apparemment en forme de principe, que « *la preuve du paiement, qui est un fait, peut être rapportée par tous moyens* », mais il a été rendu dans des circonstances qui en rendent la portée incertaine[7].

---

1. C'est une application de l'adage *reus in excipiendo fit actor* (v. *supra*, n° 11 ; ici, le débiteur qui se prétend libéré doit faire la preuve de sa libération) ; Cf. par ex., Civ. 1re, 20 déc. 1994, *Bull. civ.* I, n° 385 ; Civ. 1re, 6 juin 1990, *Bull. civ.* I, n° 143 ; Civ. 1re, 15 déc. 1982, *Bull. civ.* I, n° 365 ; Com. 16 juin 1981, *Bull. civ.* IV, n° 278.

2. Cf. Civ. 3e, 14 févr. 1996, *Bull. civ.* III, n° 46, *D.* 1997. somm. 27, obs. Jourdain ; et, pour une exécution partielle, Civ. 1re, 18 déc. 1990, *Bull. civ.* I, n° 296. Pour les obligations *de résultat*, le seul fait que le résultat promis n'a pas été atteint fait obstacle à la libération du débiteur. Rappr. Civ. 1re, 2 févr. 1994, *Bull. civ.* I, n° 41, *JCP* 1994.II.22294, note Delebecque.

3. Com. 17 déc. 1991, *Bull. civ.* IV, n° 394 ; Com. 6 mai 1991, *Bull. civ.* IV, n° 158 ; Com. 30 juin 1980, *D.* 1982.53, note Parleani, *Gaz. Pal.* 1981.2.431, note Dupichot.

4. V. *infra*, n° 484.

5. *Supra*, n° 101.

6. V. Civ. 1re, 19 mars 2002, *Bull. civ.* I, n° 101 ; Civ. 1re, 15 déc. 1982, *Bull. civ.* I, n° 365. V. également Soc. 11 janv. 2006, *D.* 2007.1906, obs. Delebecque.

7. Civ. 1re, 6 juill. 2004, *Bull. civ.* I, n° 202, *RDC* 2005.286, obs. Stoffel-Munck. Le moyen soulevait une question relative au commencement de preuve par écrit et le débat portait essentiellement sur le montant d'un versement effectué (cf. obs. Stoffel-Munck). Il a, du reste, été observé avec pertinence que, quelle que soit la nature retenue –acte ou fait– les termes de l'article 1341 imposent, au-delà de la valeur fixée par décret, la preuve par écrit (Sériaux, *op. cit.*, p. 228). Comp. Ghestin, Billiau et Loiseau, nos 646 et s. Selon ces auteurs, la jurisprudence admettrait la liberté de la preuve pour les obligations de faire et de ne pas faire, tandis qu'elle exigerait la preuve par écrit pour les obligations de donner.

La preuve peut aussi se faire par l'aveu ou le serment décisoire, Cf. pour un *aveu*, Civ. 1re, 12 mars 1991, *Bull. civ.* I, n° 88. V. Pierrard, « Les procédés de preuve du paiement », *RTD civ.* 1948.429.

Le procédé usuel, du moins pour les dettes de sommes d'argent, est la *quittance*. Lorsqu'elle est sous seing privé [1], la jurisprudence paraît décider qu'elle fait foi par elle-même de sa date à l'égard des tiers : la date certaine n'en est pas subordonnée aux conditions posées par l'article 1328 du Code civil [2]. La solution n'a d'autre justification que celle de l'usage [3], qui est de ne pas faire enregistrer les quittances. Elle est dangereuse pour les tiers, qui peuvent ainsi se voir opposer un paiement antidaté. Aussi doit-on admettre ceux-ci à faire la preuve de l'antidate par tous moyens [4]. Lorsqu'elle est notariée, sa portée varie selon qu'elle constate un paiement effectué à la vue ou par la comptabilité du notaire, ou un paiement réalisé hors la vue et la comptabilité [5].

Indépendamment de la quittance, tous les écrits généralement susceptibles de servir de preuve peuvent être utilisés, sous les conditions habituelles. Il s'agit des livres de commerce, des registres et papiers domestiques, des mentions portées par le créancier sur le titre de créance, d'une facture acquittée ou d'un relevé bancaire [6].

La nécessité de la preuve écrite supporte également les *exceptions* ordinaires. La preuve par témoins ou par présomptions est recevable lorsqu'il existe un commencement de preuve par écrit –ce qui est rare– ou lorsqu'il a été impossible de rédiger un écrit, ce qui est plus fréquent. L'*impossibilité* morale, notamment, est souvent reconnue, généralement dans les mêmes cas où le créancier ne pouvait lui-même se procurer une preuve écrite de son droit. Si l'on suppose un prêt entre proches parents, le prêteur ne peut normalement pas exiger la preuve du versement des fonds ; l'emprunteur ne peut pas davantage requérir celle du remboursement [7].

La jurisprudence va plus loin. Elle paraît considérer la preuve écrite comme impossible chaque fois que le paiement consiste dans l'exécution d'une *obligation autre que de somme d'argent*. Il n'est pas d'usage que celui qui fait une livraison ou exécute un travail le fasse constater par écrit [8].

L'*avant-projet de réforme du droit des obligations* pose en principe que le paiement se prouve par tous moyens (art. 1231).

§ 3. Incidents du paiement

140. Le refus du créancier. – Un premier incident peut résulter d'un *refus du créancier de recevoir le paiement* [9]. Il faut alors que le débiteur, qui a intérêt à se libérer, puisse passer outre à ce refus [10].

---

1. Pour une quittance donnée par acte notarié, v. Civ. 1re, 3 juin 1999, *Bull. civ.* I, n° 195, *Defrénois* 1999, art. 36929, note PIÉDELIÈVRE (la quittance met à la charge de celui qui l'a donnée la preuve de ce qu'elle n'a pas la valeur libératoire impliquée par son libellé).
2. Civ. 11 févr. 1946, *D.* 1946.389.
3. Usage *contra legem*, STARCK, ROLAND et BOYER, t. 3, n° 215.
4. En revanche, la preuve contraire à *l'exécution* reste soumise aux exigences de l'article 1341, Civ. 3e, 10 mars 1993, *Bull. civ.* III, n° 33, *JCP*, éd. N, 1994.II.25, note LEVENEUR.
5. V. *supra*, n° 31.
6. Civ. 1re, 5 oct. 1976, *Bull. civ.* I, n° 582, *Defrénois* 1977, art. 31522, n° 80, obs. AUBERT.
7. Cf. Civ. 3e, 7 janv. 1981, *Bull. civ.* III, n° 7.
8. Req. 26 juin 1929, *S.* 1930.1.32 ; Civ. 13 avr. 1910, *D.* 1911.1.14.
9. V. une application : Com. 9 oct. 2001, *Bull. civ.* IV, n° 163, *RTD civ.* 2002.102, obs. MESTRE et FAGES.
10. V. l'exposé du problème et une réflexion sur le moyen de le résoudre, ROBIN, « La *mora creditoris* », *RTD civ.* 1998.607.

À cette fin est organisée, pour les *dettes de sommes d'argent*, la procédure dite des *offres réelles* et de la *consignation* (art. 1257 à 1264).

Dans un premier temps, le débiteur offre paiement au créancier par l'intermédiaire d'un officier ministériel –huissier ou notaire– porteur de la somme due : ce sont les *offres réelles*[1].

Si le créancier *accepte* ces offres, tout est fini.

S'il les refuse, le débiteur peut procéder à la consignation[2] de la somme due à la Caisse des dépôts et consignations (en province, le Trésorier payeur général ou le Receveur des finances). Au cas où le créancier, convoqué à la consignation, persiste dans son refus, le débiteur peut l'assigner pour faire valider ses offres. Le jugement de validité, subordonné à la vérification que la somme offerte correspond bien à la somme due, et passé en force de chose jugée, libère le débiteur[3].

Pour les dettes *de corps certain*, les offres réelles sont remplacées par une *sommation* au créancier de *prendre livraison* de la chose due (art. 1264). Au cas de refus, le débiteur peut se faire autoriser par justice à *déposer* cette chose en un lieu déterminé. La validation de ce dépôt *libère* pareillement le débiteur.

Pour les *obligations de faire*, une *offre d'exécution* est possible, sous une forme différente. Elle ne libère pas le débiteur tant que le créancier ne l'a pas mis en mesure d'exécuter, mais elle l'affranchit de toute responsabilité pour retard.

Pour les dettes de *chose de genre*, il est normal d'appliquer la même procédure que pour les dettes de corps certain, car on ne peut appliquer la consignation : la Caisse des dépôts n'accepterait pas les tonneaux de vin ou les barils de pétrole que l'on prétendrait lui confier !

141. Les oppositions au paiement. – L'opposition est l'acte d'un *tiers* qui interdit au débiteur de se libérer[4].

Cette opposition peut émaner *d'autres créanciers du même débiteur*, qui veulent éviter un paiement fait à leur préjudice. Mais ce droit leur est rarement reconnu car, en principe, le débiteur est libre de payer ses créanciers dans l'ordre où il l'entend. Ce genre d'opposition n'est possible que dans les cas où le débiteur est mort et où ses héritiers ont accepté sa succession à concurrence de l'actif net (C. civ., art. 768, L. n° 2006-728, du

---

1. V. l'article 1258, qui détaille les diverses conditions des offres réelles. L'offre doit être en principe pure et simple : une offre de paiement conditionnel ne constitue pas une offre réelle, Civ. 1re, 18 juill. 1978, *D.* 1978. IR. 453. Elle peut toutefois comporter des réserves si elles impliquent seulement l'intention du débiteur de sauvegarder ses droits, Civ. 3e, 26 mai 1983, *Gaz. Pal.* 1983.2, pan. 291, obs. J.D.

2. C'est-à-dire qu'il constitue un dépôt qui réalise son dessaisissement effectif. V. Civ. 1re, 11 juin 2002, *Bull. civ.* I, n° 162, *D.* 2002. IR. 2172 ; Civ. 1re, 10 févr. 1998, *Bull. civ.* I, n° 50, *RTD civ.* 1998.907, obs. Mestre.

3. Civ. 3e, 2 févr. 2000, *Bull. civ.* III, n° 29. Cette libération suppose toujours que la somme ou la chose due ait été effectivement consignée, Civ. 1re, 31 mars 1993, *Bull. civ.* I, n° 134. Le dépôt d'un chèque à la Caisse des dépôts et consignations libère le débiteur. Civ. 1re, 10 févr. 1998, *Defrénois* 1998 art. 36815, n° 66, obs. Delebecque.

4. Plus exceptionnellement, l'opposition peut émaner du créancier lui-même, lorsqu'il n'est plus en possession de son titre de créance (perte ou vol). Il interdit alors au débiteur de se libérer entre les mains de toute autre personne qui essaierait de se faire passer pour créancier. Cette sorte d'opposition est spécialement réglementée, v. par ex. pour le *chèque*, les articles 32, alinéas 2 et 65-16A, du décret-loi du 30 octobre 1935, et 41, du décret n° 92-456 du 22 mai 1992.

23 juin 2006)[1]. Le résultat en est que tous les créanciers seront payés à égalité, chacun au prorata de ses droits dans les sommes disponibles, assurant une répartition égale de l'insolvabilité du défunt (*Cf.* art. 797, al. 2, nouv.).

L'opposition est plus souvent le fait *d'un créancier du créancier*. Elle constitue alors le premier acte d'une procédure de saisie (saisie conservatoire ou saisie attribution)[2].

§ 4. Imputation des paiements

142. Le principe : imputation par le débiteur. – La question de l'imputation des paiements se pose lorsque le débiteur est tenu, envers son créancier, de *plusieurs dettes de même nature* et qu'il effectue un paiement qui est insuffisant pour les éteindre toutes. Il faut alors savoir sur quelle dette il convient d'imputer ce paiement, c'est-à-dire déterminer laquelle il a éteint. Cela présente une importance pratique considérable lorsque certaines dettes sont productives d'intérêts alors que les autres n'en produisent pas, ou encore lorsqu'elles produisent des intérêts de taux différents, ou encore lorsque certaines d'entre elles sont garanties par des sûretés. Les règles d'imputation sont fixées par les articles 1253 à 1256.

À défaut d'accord constaté entre les parties, c'est le *débiteur* qui fixe l'imputation : il a le choix de dire laquelle de ses dettes il entend éteindre par le paiement qu'il fait (art. 1253). Mais sa liberté comporte des limites :

Sauf si le terme a été stipulé dans son intérêt exclusif, il ne peut pas imputer le paiement sur une dette non échue alors qu'une autre est exigible. C'est celle-ci qui doit être éteinte la première puisque le paiement anticipé n'est pas en principe permis[3].

Lorsqu'il doit à la fois des intérêts et un capital, les intérêts doivent être payés avant le capital (art. 1254). Le débiteur ne peut pas faire l'imputation sur celui-ci sans le consentement du créancier[4].

Lorsque l'une des dettes est d'un montant supérieur à celui du paiement, alors que l'autre lui est égale ou inférieure, l'imputation ne peut pas se faire sur la première, car cela reviendrait à imposer au créancier un paiement partiel, ce qui n'est pas permis[5].

143. Solutions subsidiaires : imputation par le créancier ; imputation légale ; débiteurs en difficulté. – Si le débiteur omet de préciser l'imputation à laquelle il entend procéder, celle-ci est faite par le créancier qui l'indique sur la quittance (art. 1255).

L'imputation est alors de nature plutôt *conventionnelle :* en gardant le silence, le débiteur accepte d'avance le choix du créancier[6]. Ce choix doit d'ailleurs être contemporain du paiement. À défaut, ce sont les règles de l'imputation *légale* qui s'appliquent.

---

1. Avant la loi du 23 juin 2006, la question relevait de l'acceptation de la succession sous bénéfice d'inventaire (C. civ., art. 793 et s. anc.).

2. *Supra*, n° 100, *in fine*.

3. *Supra*, n° 137.

4. Civ. 1re, 10 déc. 1996, arrêt n° 4, *Bull. civ.* I, n° 446, *D.* 1997, somm. 178, obs. Aynès, *Defrénois* 1997, art. 36516, n° 19, obs. D. Mazeaud ; Civ. 1re, 24 janv. 1995, *Bull. civ.* I, n° 45. Même solution pour les *accessoires de la dette*, Civ. 1re, 7 févr. 1995, *Bull. civ.* I, n° 75 ; Soc. 1er juin 1995, *Bull. civ.* V, n° 174. V. une dérogation légale à la règle dans un cas très particulier : art. 48, al. 2, 1er mars 1984, mod. par la loi n° 99-532 du 25 juin 1999.

5. *Supra*, n° 109.

6. Civ. 2e, 21 avr. 1982, *Bull. civ.* II, n° 63 ; Paris, 9 juill. 1978, *D.* 1979. IR. 98.

Ces dernières règles, qui supposent donc le silence tout à la fois du débiteur et du créancier[1], sont édictées par l'article 1256.

Il a été jugé que l'application de ces règles ne pouvait être écartée par une renonciation du débiteur que si celle-ci était expresse[2].

Entre *dettes échues* et *non échues*, l'imputation se fait d'abord sur les premières.

Parmi les *dettes échues,* l'imputation se fait sur celle (ou celles) que le débiteur avait le plus avantage à acquitter, selon l'appréciation souveraine des juges du fond[3] : par exemple sur celle qui produit les intérêts les plus élevés[4].

Entre *dettes échues et également onéreuses*, l'imputation se fait sur *la plus ancienne.*

Et, au cas d'identité de date, l'imputation se fait *proportionnellement* sur chacune d'elles.

Soucieux de favoriser le règlement de la situation des *débiteurs en difficulté*, le législateur moderne donne au juge, dans certains cas, le pouvoir de privilégier *l'imputation* des paiements *sur le capital*, par dérogation à l'article 1254.

D'abord, en vertu de l'article 1244-1, alinéa 2, le juge, lorsque les conditions d'un délai de grâce sont réunies[5], est autorisé, sous réserve de s'en expliquer spécialement, à décider que les paiement du débiteur s'imputeront d'abord sur le capital, ce qui permet d'alléger la charge des intérêts assortissant la dette.

Ensuite, en matière de *surendettement*, le juge, sur recommandation de la commission de surendettement ou à l'occasion de la contestation des mesures recommandées par la commission, peut ordonner l'imputation des paiements d'abord sur le capital (C. consom., art. L. 332-1, L. 332-2 et L. 331-7).

Il y a lieu, enfin, de mentionner l'article L. 313-22, alinéa 2, du Code monétaire et financier qui précise que, dans les rapports entre la caution et l'établissement de crédit ayant accordé un concours financier à une entreprise sous condition de cautionnement, les paiements effectués par le débiteur principal sont réputés « affectés prioritairement au règlement du principal de la dette ».

L'*avant-projet de réforme du droit des obligations* reprend l'essentiel des solutions du droit positif en affirmant encore le principe que l'imputation des paiements est fixée par le débiteur (art. 1228-1).

---

1. V. aussi, pour des *imputations ambiguës*, Civ. 1re, 21 mai 1996, *Bull. civ.* I, n° 217.

2. Civ. 3e, 10 mars 2004, *RTD civ.* 2004.512, obs. MESTRE et FAGES (écartant la renonciation d'un débiteur qui aurait été fondée sur l'acceptation d'un prélèvement).

3. Civ. 1re, 29 oct. 1963, *D.* 1964.39.

4. Il peut aussi s'agir de celle qui est garantie par une sûreté, Com. 4 nov. 1986, *Bull. civ.* IV, n° 201.

5. Sur les délais de grâce, v. *infra*, nos 273 et s.

Chapitre 3

Le retard dans l'exécution : les dommages-intérêts moratoires

144. Généralité d'application. – L'hypothèse est que le débiteur tarde à exécuter son obligation. La loi reconnaît alors au créancier le droit d'obtenir des dommages-intérêts, dits *moratoires*[1].

Les *dommages-intérêts moratoires* ont vocation à assurer la réparation du préjudice causé par le retard du débiteur, quel que soit l'objet de cette obligation et quelle qu'en soit la source, contractuelle ou extracontractuelle. Ainsi la livraison tardive du bien qui a été commandé, comme le remboursement tardif de la somme empruntée, de même que le règlement tardif de l'indemnité mise à la charge de l'auteur d'un accident de la circulation, peuvent-ils donner lieu au paiement de dommages-intérêts moratoires, également appelés *intérêts de retard* dans le cas des obligations de sommes d'argent, ou encore *intérêts légaux*[2].

En dépit de cette généralité, le régime de ces dommages-intérêts est, sur de nombreux points, celui de la responsabilité contractuelle[3], alors même que l'obligation exécutée avec retard n'est pas une obligation contractuelle. Aussi n'en indiquerons-nous ici que les grandes lignes, en renvoyant, pour les détails, à l'exposé des règles de cette responsabilité, et sauf à souligner ce qui est au contraire particulier aux dommages-intérêts moratoires.

Section I
Les conditions d'attribution des dommages-intérêts moratoires

145. Nécessité d'une mise en demeure. – L'allocation de dommages-intérêts moratoires constitue une sanction du retard apporté par le débiteur à l'exécution de son obligation[4]. Il s'agit d'un système de responsabilité spécifique du retard. Ici comme ailleurs, cette responsabilité suppose le concours d'une faute, d'un dommage et d'un lien

---

1. Sur l'ensemble de la question, v. la remarquable étude de GREAU, *Recherche sur les intérêts moratoires*, *Defrénois* (coll. « thèses »), 2006.
2. BENABENT, n° 798.
3. V. *infra*, n°s 170 et s.
4. Une directive CE n° 2000-35, du 29 juin 2000 (*D.* 2000. Lég. 389), tendant à lutter « contre le retard de paiement dans les transactions *commerciales* » entre entreprises et entre entreprises et pouvoirs publics vise à instaurer des mesures minimales de sauvegarde de l'intérêt des créanciers.

de causalité unissant l'une à l'autre. Mais cet aspect de la question est largement masqué dans le cas où l'obligation en cause est une obligation de somme d'argent. En revanche, l'attribution de dommages-intérêts moratoires est soumise à une condition préalable : la *mise en demeure* du débiteur.

Il ne faut pas confondre cette question avec celle des intérêts des dommages-intérêts alloués par une décision de justice pour laquelle la loi pose un régime particulier. Ce régime, qui s'applique à toute *condamnation* à payer des dommages-intérêts, est fixé par l'article 1153-1, qui pose en principe (al. 1er) que « la condamnation à une indemnité emporte intérêts au taux légal même en l'absence de demande ou de disposition spéciale du jugement... »[1]. La détermination de la nature (indemnitaire ou non) de la créance commande donc le régime applicable[2].

Le principe est, en effet, que le débiteur doit avoir été mis *en demeure* d'exécuter[3] : il faut que le créancier lui ait formellement réclamé l'exécution, ce qui suppose en tous cas que la dette soit certaine et exigible, et, pour les dettes de sommes d'argent, liquide, c'est-à-dire déterminée dans son montant[4] Selon l'article 1153, alinéa 3, les intérêts « ne sont dus que du jour de la sommation de payer ou d'un autre acte équivalent telle une lettre missive s'il en ressort une interpellation suffisante »[5]. L'échéance de la dette n'est pas à elle seule suffisante.

La jurisprudence décide, pour le cas particulier de l'obligation de restitution d'une somme d'argent payée en vertu d'une décision de justice exécutoire ultérieurement réformée ou annulée, que la notification de la décision ouvrant droit à restitution vaut mise en demeure, de sorte que les intérêts sont dus à compter de cette notification[6].

La règle, qui a ici vocation à la généralité[7], s'applique à toutes les dettes, contractuelles ou extracontractuelles[8]. Elle supporte cependant des *exceptions :* d'une part, le texte

---

1. Sur ce régime, v. Vol. 2 –*Le fait juridique*– nº 389.
2. V. pour le recours exercé par les tiers payeurs subrogés dans l'action de la victime, Ass. plén. 4 mars 2005, *D.* 2005. IR. 737 qui énonce que la créance du tiers-payeur n'est pas indemnitaire et se borne au paiement d'une certaine somme, ce qui la soumet aux règles de l'article 1153.
3. Il en va en principe différemment pour les dommages-intérêts compensatoires, dès lors du moins que l'inexécution est acquise et qu'elle a causé un préjudice au créancier : Ch. mixte, 6 juill. 2007, *Bull.* CM nº 9, *D.* 2007. 2642, note VINEY et 2975, obs. FAUVARQUE-COSSON, *RTD civ.* 2007. 787, obs. JOURDAIN, *Defrénois* 2007, art. 38667, nº 59, obs. SAVAUX, *JCP* 2007. II. 10175, obs. MEKKI, *JCP* 2008. I. 125, nº 12, obs. STOFFEL-MUNCK, *RDC* 2007. 1115, obs. MAZEAUD. V. *infra*, nº 222.
4. Sur tous ces points, v. *infra*, nº 153. En revanche, il n'est pas nécessaire que la mise en demeure ait mentionné le montant exact de la dette incombant au débiteur, Civ. 1re, 30 juin 1993, *Bull. civ.* I, nº 235. Il a été jugé, aussi, que la sommation de payer fait courir les intérêts alors même que la dette se trouverait réduite par le jeu d'une compensation judiciaire, Civ. 3e, 12 janv. 2005 (1er moyen), *Bull. civ.* III, nº 6, *D.* 2005. IR. 318, *JCP* 2005.IV, nº 1363.
5. Pour une application du principe, v. Civ. 2e, 7 déc. 2006, *Bull. civ.* II, nº 348. La demande en justice vaut toujours sommation. Sur l'ensemble de la question, v. *infra*, nº 155.
6. V. par ex., Civ. 3e, 12 janv. 2005 (2e moyen), préc. V. aussi, pour une application rendue complexe par le déroulement de la procédure, Civ. 2e, 14 avr. 2005, *JCP* 2005.IV, nº 2259. La solution a été fixée par un arrêt Ass. plén. 3 mars 1995, *D.* 1995.249, concl. JÉOL, *JCP* 1995.II.22482, note DELEBECQUE, *RTD civ.* 1995.687, obs. PERROT.
7. Comp. pour la responsabilité contractuelle, *infra*, nos 222 et s.
8. V. cette solution affirmée pour les intérêts dus par la personne responsable d'un dommage, sur le recours d'un tiers payeur (État), Ass. plén. 4 mars 2005, *Bull. civ.* AP, nº 3, *JCP* 2005, Actu. 155. V. aussi, Civ. 1re, 7 mai 2002, *Bull. civ.* I, nº 118, *RC Ass.* 2002, comm. 217 (l'arrêt marquait un revirement de jurisprudence, laquelle admettait auparavant que les intérêts devaient courir à compter de la date de la quittance subrogative ; Cf. Ass. plén. 7 févr. 1986, *Bull. civ.* AP, nº 2, *D.* 1987. somm. 185, obs. GROUTEL). V. aussi, pour une créance de l'État, Civ. 1re, 9 mai 1990, *Bull. civ.* I, nº 99.

lui-même réserve le cas où la loi fait courir les intérêts *de plein droit* –ce qui concerne les intérêts de dettes de sommes d'argent, tels les intérêts des sommes payées par la caution [1] ; d'autre part, s'agissant d'obligations *contractuelles*, la convention des parties peut écarter l'exigence de mise en demeure en stipulant que les intérêts courront dès l'échéance de la dette.

Il convient encore d'observer que la jurisprudence assouplit parfois les exigences de l'article 1153. Ainsi est-il jugé qu'une demande en reddition de comptes, parce qu'elle implique nécessairement une demande de paiement, fait courir les intérêts moratoires [2] : la solution déroge –par souci d'éviter les comportements dilatoires– à l'exigence de liquidité de la créance.

146. Imputabilité du retard et préjudice. – Une fois satisfaite l'exigence de mise en demeure, il faut encore que soient réunies les conditions de la responsabilité du débiteur.

Le retard doit, tout d'abord, lui être *imputable*, c'est-à-dire qu'il résulte de sa négligence ou de sa mauvaise volonté. Mais la faute en elle-même est établie par cela seul que l'obligation aurait dû être exécutée à un moment donné –date de la mise en demeure ou de son équivalent légal ou contractuel– et qu'elle ne l'a pas été. Toutefois, le débiteur peut encore échapper aux dommages-intérêts moratoires s'il prouve que le retard ne lui est pas imputable, soit qu'il ait été la conséquence d'un événement de force majeure, soit qu'il ait été provoqué par la faute du créancier [3].

En matière contractuelle, la convention des parties peut prévoir l'hypothèse et écarter la responsabilité du débiteur en retard. Cependant une telle clause ne peut produire effet si le retard est la conséquence d'une faute intentionnelle ou lourde du débiteur [4].

En second lieu, le créancier doit justifier d'un *préjudice* lié au retard : il doit prouver que l'absence d'exécution en temps voulu lui a été dommageable.

Toutefois, cette exigence de preuve est écartée, en matière de *dettes de sommes d'argent*, par l'article 1153, alinéa 2, qui dispose que les « dommages et intérêts sont dus sans que le créancier ait à justifier d'aucune perte ». Cette règle s'explique par la nature de la dette : une somme d'argent peut toujours être placée et produire un intérêt, de sorte que le fait de l'avoir perçue tardivement est toujours préjudiciable. La loi pose ici une double présomption : elle présume le dommage *et* le lien de causalité rattachant celui-ci au retard.

Section II
La fixation des dommages-intérêts moratoires

147. Principes généraux. – La détermination des dommages-intérêts moratoires peut être l'œuvre soit du juge, soit de la convention des parties.

---

1. Civ. 1re, 26 avr. 1977, *Bull. civ.* I, n° 187. V. aussi, pour les intérêts du solde d'un compte courant, Com. 4 nov. 1981, *Bull. civ.* IV, n° 378, et, pour les intérêts des indemnités allouées judiciairement, l'article 1153-1, Vol. 2 –*Le fait juridique*– n° 384.
2. Civ. 1re, 23 mai 2000, *Bull. civ.* I, n° 158.
3. V. par ex. Com. 19 oct. 1993, *Bull. civ.* IV, n° 348 (il faut une faute du créancier ayant empêché le débiteur de s'acquitter du montant de sa dette).
4. Sur les conditions d'efficacité de la clause, v. *infra*, nos 225 et s.

Dans le premier cas, il revient au *juge*, conformément aux principes du droit commun de la responsabilité, d'apprécier, à partir des éléments de preuve qui lui sont fournis, le dommage causé au créancier par l'exécution tardive et de fixer en conséquence un certain montant de dommages-intérêts que le débiteur devra payer.

Dans le second, la *convention* des parties peut fixer le mode et l'importance des réparations qui incomberont au débiteur en cas de retard.

En matière de baux d'habitation, par exemple, les parties peuvent convenir, sous forme de clauses pénales [1], que le locataire devra payer une somme égale à 10 % du montant de sa dette en cas de retard de paiement du loyer, ou encore, pour le cas où il se maintiendrait indûment dans les lieux après l'expiration du bail, qu'il devra payer une somme égale à 1/10e du loyer mensuel par jour de retard. Il est également possible de stipuler une clause limitative de responsabilité réduisant l'importance de la réparation. Le jeu de ces diverses clauses, qui sont en principe licites, reste soumis aux exigences du droit commun qui l'écarte en cas de faute intentionnelle ou lourde [2].

Il faut cependant souligner l'existence, à côté de ces principes généraux, de règles légales particulières aux dettes de sommes d'argent.

148. La fixation légale des intérêts de retard pour les dettes de sommes d'argent. Dommages-intérêts de droit. – Ce régime particulier concerne la fixation *judiciaire* des dommages-intérêts moratoires quelle que soit la nature de l'obligation de somme d'argent considérée, civile ou commerciale, contractuelle ou extracontractuelle. Ce régime comporte deux volets distincts : le premier concerne la réparation de droit du retard apporté au paiement ; le second autorise une indemnisation supplémentaire.

S'agissant de la *réparation de droit* du retard, l'article 1153, alinéa 1, soustrait à l'appréciation du juge la fixation du montant de la réparation. C'est la loi qui la détermine de façon *forfaitaire :* le débiteur qui a tardé au paiement de la somme due doit être condamné « aux intérêts au taux légal ». Cette réparation forfaitaire répond à la présomption de préjudice qui est posée par ce même texte : puisque le préjudice n'a pas à être justifié, force est bien de l'évaluer forfaitairement.

Le *taux* de l'intérêt légal est, en vertu de la loi (C. mon. et fin., art. L. 313-2) fixé, pour chaque année civile, par décret et selon des normes définies par elle (L. n° 75-619 du 11 juill. 1975, art. 1). Pour l'année 2009, ce taux a été fixé à 3,79 %. Afin de favoriser l'exécution des décisions de justice, ce taux légal est majoré de 5 points lorsqu'il y a condamnation au paiement. Ce taux majoré s'applique à l'expiration de deux mois à compter de la notification de la condamnation [3].

Comme les autres dispositions de l'article 1153, ces règles ne sont pas d'ordre public. De la sorte, des contractants peuvent les écarter pour retenir un taux différent, sous réserve, toutefois, de ne pas atteindre le taux fixé par la loi comme seuil de l'usure (C. consom., art. L. 313-3) [4].

---

1. Ici comme ailleurs, la clause pénale remplit une double fonction : sanctionner l'inexécution, mais aussi inciter à l'exécution ; Cf. *infra*, n° 236.

2. V. *infra, n°* 227.

3. Civ. 3e, 3 juin 1992, *Bull. civ.* III, n° 189, *JCP* 1994.II.22221.

4. Sans doute ne s'agit-il que de *dommages-intérêts* et non *d'intérêts*, c'est-à-dire de sommes dues en rémunération d'un prêt. Mais une solution différente permettrait une fraude trop facile (déguisement d'un crédit sous l'apparence de dommages-intérêts conventionnels).

149. Dommages-intérêts supplémentaires. – L'article 1153, dans son quatrième alinéa, prévoit aussi la possibilité pour le créancier d'obtenir la condamnation de son débiteur à lui payer des *dommages-intérêts supplémentaires*, distincts des dommages-intérêts moratoires. Il s'agit alors d'une réparation qui est laissée à l'appréciation du juge. Pour l'obtenir, le créancier doit établir à la fois la « mauvaise foi » du débiteur[1] *et* l'existence d'un « préjudice indépendant » du retard. Ces formules ne sont pas de la plus grande clarté.

La *mauvaise foi* suppose un comportement délibérément abusif du débiteur qui a eu la volonté de différer le paiement tout en sachant son exigibilité[2]. Quant au *préjudice indépendant du retard* il faut l'entendre comme un dommage distinct de celui qui est constitué par la privation temporaire de la jouissance de la somme due : ainsi de la faillite à laquelle le créancier a été acculé du fait du paiement tardif ou encore des difficultés de trésorerie qui sont résultées du retard[3]. Il va de soi qu'en dépit de la formule légale, il s'agit bien toujours de dommages qui ont été causés par le retard.

Le juge ne peut allouer de tels dommages-intérêts supplémentaires sans caractériser –outre le lien de causalité– à la fois la mauvaise foi et le préjudice indépendant : ce sont des exigences cumulatives[4].

150. La capitalisation des intérêts. – Les intérêts alloués en compensation du retard apporté au paiement de la dette peuvent eux-mêmes produire des intérêts[5]. C'est ce qu'on nomme l'*anatocisme*, qui correspond à la *capitalisation des intérêts*[6].

Il faut savoir que la capitalisation des intérêts a un important effet multiplicateur de la dette : un capital placé à 10 % double en dix ans ; si les intérêts sont capitalisés annuellement, c'est-à-dire intégrés au capital année par année –le débiteur étant dispensé de les régler au fur et à mesure– c'est aux environs de 7 années que le capital se trouve doublé. Ce résultat sera évidemment accéléré si la capitalisation est elle-même plus rapide –par trimestre par exemple.

Cela explique que la loi (art. 1154) ait posé quelques règles, qui sont d'*ordre public*, pour assurer une protection minimale du débiteur. La capitalisation des intérêts n'est jamais automatique ; il faut qu'elle ait été demandée en justice ou qu'elle ait fait l'objet d'une convention entre les parties ; les intérêts capitalisés doivent être dus au moins pour une année entière[7].

---

1. Civ. 1re, 2 oct. 2002, *RC Ass.* 2003, comm. 5.
2. Civ. 3e, 14 mai 1974, *Bull. civ.* III, no 191. Rappr. Civ. 1re, 5 nov. 1980, *Bull. civ.* I, no 284.
3. Cf. Civ. 3e, 14 mai 1974, préc.
4. Soc. 26 janv. 2000, *Bull. civ.* V, no 39 ; Civ. 3e, 1er déc. 1993, *Bull. civ.* III, no 156.
5. Question qu'il ne faut pas confondre avec celle des intérêts produits pas les condamnations à indemnités (art. 1153-1), sur laquelle, v. Vol. 2 –*Le fait juridique*– no 384.
6. Sur l'ensemble de la question, v. STARCK, ROLAND et BOYER, Vol. 2, nos 1779 et s. ; LE TOURNEAU et CADIET, *Droit de la responsabilité,* 1998, Dalloz Action, no 1291 ; TERRÉ, SIMLER et LEQUETTE, nos 606 et s.
7. Cependant, en matière de compte courant bancaire, la Cour de cassation admet une capitalisation de plein droit à chaque arrêté périodique de compte –généralement trimestriel– Com. 22 mai 1991, *Bull. civ.* IV, no 168.

Les exigences ainsi formulées par l'article 1154 sont limitatives : le juge ne peut pas refuser la capitalisation qui lui est demandée dès lors qu'il y a eu demande judiciaire et que les intérêts sont dus pour une année entière[1] ; il n'en va autrement que lorsque le créancier a lui-même été à l'origine du retard invoqué[2].

1. Civ. 1re, 16 avr. 1996, *Bull. civ.* I, n° 180. À noter que la demande de capitalisation peut être faite avant que le délai d'un an ne soit écoulé, pourvu que la demande concerne bien les intérêts d'une année entière, Civ 1re, 14 nov. 2006, *Bull. civ.* I, n° 489 (3 arrêts), Civ. 3e, 8 mars 1995, *Bull. civ.* III, n° 77, *D.* 1996. somm. 121, obs. LIBCHABER. Une fois demandée et consacrée judiciairement, la capitalisation s'accomplit chaque année sans qu'il soit besoin d'une nouvelle demande ou d'un arrêté de compte à l'expiration de chaque période annuelle, Civ. 2e, 28 févr. 1996, *Bull. civ.* II, n° 46.
2. Civ. 1re, 14 mai 1992, *Bull. civ.* I, n° 142.

Chapitre 4

L'exécution forcée : exécution forcée en nature

151. Exécution forcée en nature et exécution forcée par équivalent [1]. – Lorsque le débiteur n'exécute pas son obligation, le créancier bénéficie en principe du droit d'obtenir l'exécution forcée en nature de l'obligation inexécutée, tant du moins que cette exécution reste possible [2]. La solution a été clairement affirmée en jurisprudence : « la partie envers laquelle un engagement contractuel n'a pas été exécuté a la faculté de forcer l'autre à l'exécution de la convention lorsque celle-ci est possible » [3]. C'est pratiquement ce que dit l'article 1184, alinéa 2 du Code civil, dont la portée a longtemps été occultée par l'article 1142 [4]. Les différents projets de réforme du droit des contrats et des obligations

1. Sur l'ensemble de la question v. LONIS-APOKOURASTOS, *La primauté contemporaine du droit à l'exécution en nature*, PUAM, 2003, préf. MESTRE. V. aussi une série de contributions *in* « Exécution du contrat en nature ou par équivalent », *RDC* 2005.1, particulièrement REMY-CORLAY, « Exécution et réparation : deux concepts ? », 13 ; MOLFESSIS, « Force obligatoire et exécution : un droit à l'exécution en nature ? », 37 ; PUIG, « Les techniques de préservation de l'exécution en nature », 85 ; LAITHIER, « La prétendue primauté de l'exécution en nature », 161. V. également GRIDEL et LAITHIER, « Les sanctions civiles de l'inexécution du contrat imputable au débiteur : état des lieux », *JCP* 2008. I. 143. *Adde : Le renouveau des sanctions contractuelles*, Economica 2007, dir. COLLART DUTILLEUL et COULON, spéc. ANCEL, « Le juge et l'inexécution du contrat », 103.

2. Au contraire, le droit anglais n'admet traditionnellement cette exécution forcée en nature que de façon exceptionnelle. Elle est toujours exclue selon la *common law ;* elle est exceptionnelle en *equity.* V. JOLOWICZ (dir.), *Droit anglais*, 2e éd., 1992, nos 193 et s. De façon assez comparable, l'exécution forcée en nature n'est classiquement que très rarement admise en droit américain, v. LEVASSEUR (dir.), *Droit des États-Unis*, 2e éd., 1994, nos 154 et s. V. aussi, LAITHIER, *Étude comparative des sanctions de l'inexécution du contrat*, préf. MUIR-WATT, LGDJ, 2004 ; THÉRY, « L'exécution forcée », *in Les concepts contractuels français à l'heure de principes du droit européen des contrats* (dir. RÉMY-CORLAY et FENOUILLET), Dalloz, 2003, 235. Mais ces systèmes évoluent et l'opposition avec le droit continental n'est plus si radicale que cela : BELLIVIER et SEFTON-GREEN, « Force obligatoire et exécution en nature du contrat, en droits français et anglais : bonnes et mauvaises surprises du comparatisme », *Mélanges GHESTIN*, p. 91.

3. Civ. 1re, 16 janv. 2007, *Bull. civ.* I, n° 19, *D.* 2007. 1119, note GOUT, *RTD civ.* 2007, 1119, obs. MESTRE et FAGES, *JCP* 2007. I. 161, n° 6, obs. MEKKI, *RDC* 2007/3, 719, obs. MAZEAUD et 741, obs. VINEY. V. LONIS-APOKOURASTOS, *La primauté contemporaine du droit à l'exécution en nature*, PUAM 2005, préf. MESTRE, précité.

4. Art. 1184, al. 3 : « La partie envers laquelle l'engagement n'a point été exécuté, a le choix ou de forcer l'autre à l'exécution de la convention lorsqu'elle est possible, ou d'en demander la résolution avec dommages et intérêts » ; art. 1142 : « Toute obligation de faire ou de ne pas faire se résout en dommages et intérêts, en cas d'inexécution de la part du débiteur ».

la consacrent formellement, avec des limites variables selon les cas[1]. Il en va de même des projets européens d'harmonisation du droit des contrats[2].

Face à une inexécution, le créancier dispose en réalité de plusieurs voies de droit pour faire sanctionner celle-ci. Il peut réclamer l'exécution forcée de l'obligation concernée, ce qui inclut la faculté de demander que soit ordonnée toute mesure permettant une telle exécution[3]. Il peut aussi demander des dommages-intérêts, ou encore, s'il s'agit d'une obligation née d'un contrat synallagmatique, solliciter la résolution du contrat[4], c'est-à-dire sa rupture[5]. C'est, en principe, au créancier seul qu'appartient le choix de la voie de droit qui lui convient[6]. Cette panoplie de moyens est présentée par l'article 1158, alinéa 1er, de l'*Avant-projet de réforme du droit des obligations*, l'article 159 du *projet gouvernemental de réforme du droit des contrats*[7] et l'article 97 du *projet de réforme* de l'Académie des sciences morales et politiques, qui y ajoute la suspension de l'exécution de sa propre obligation[8] et la réduction du prix.

Mais cette exécution *en nature* –réalisation de la prestation prévue– n'est pas toujours possible, pour des raisons de fait ou de droit. Dans ces cas, le créancier n'a pas d'autre possibilité que de réclamer une *compensation* de l'inexécution à laquelle il se heurte, ce qui lui permettra d'obtenir des *dommages-intérêts compensatoires*. On dit alors qu'il y a exécution forcée *par équivalent :* on donne au créancier l'équivalent de ce lui aurait procuré l'exécution normale de l'obligation. Mais il s'agit d'un équivalent assez théorique[9].

---

1. Art. 1154 de l'*Avant-projet de réforme du droit des obligations*, art. 162 du *projet gouvernemental de réforme du droit des contrats*, art. 105 du *projet de réforme du droit des contrats* de l'Académie des sciences morales et politiques. Le premier texte excepte les moyens de coercition attentatoires à la dignité, le deuxième l'impossibilité et l'exécution d'un coût manifestement déraisonnable, le dernier le coût manifestement disproportionné par rapport à l'intérêt que le créancier retire de l'exécution. Sur le projet gouvernemental, v. STOFFEL-MUNCK, « Exécution et inexécution du contrat », *in* La *réforme du droit français des contrats en droit positif*, *RDC* 2009/1, 333.

2. V. notamment Projet de cadre commun de référence, article III.—3 :302 **:** (1) Le créancier d'une obligation autre que de somme d'argent a le droit d'exiger l'exécution en nature... (3) Toutefois, l'exécution en nature ne peut être exigée lorsque l'exécution serait (a) impossible ou illicite ; (b) déraisonnablement lourde ou coûteuse ; (c) ou d'un caractère tellement personnel qu'il serait déraisonnable de l'exiger. V. également Projet de cadre commun de référence, Principes contractuels communs, Association H. Capitant et Société de législation comparée, 2008, 676 et s. *Adde :* HERAIL, « L'influence du droit européen sur l'évolution des sanctions contractuelles », *in Le renouveau des sanctions contractuelles*, préc., p. 63.

3. Civ. 1re, 16 janv. 2007, préc. En l'espèce, la Cour juge que les mesures d'interdiction d'actes de commercialisation d'ouvrages diffusés en violation d'une obligation de non publication dans un type de collection donnée et de retrait des exemplaires mis en vente, sous astreinte, entrent dans les pouvoirs des juges du fond.

4. Sur la résolution, v. *infra*, nos 246 et s.

5. Sur les différents aspects de la question de la rupture du contrat, v. LE GAC-PECH, « Rompre son contrat », *RTD civ.* 2005.233.

6. Cf. Civ. 1re, 9 juill. 2003, *JCP* 2003.I.163, n° 4, obs. VINEY, *RTD civ.* 2003.709, obs. MESTRE et FAGES [ces auteurs relèvent « qu'il n'appartient pas au juge de remettre en cause (la) décision (du créancier)] ».

Pour une vue générale de l'état du droit sur la question, v. *Le renouveau des sanctions contractuelles*, dir. COLLART-DUTILLEUL et COULON, Economica, 2007 ; GRIDEL et LAITHIER, « Les sanctions civiles de l'inexécution du contrat imputable au débiteur : état des lieux », *JCP* 2008. I. 143.

7. Sur lequel, v. STOFFEL-MUNCK, « Exécution et inexécution du contrat », *in La réforme du droit français des contrats en droit positif*, *RDC* 2009/1, 333, préc.

8. Appelée aussi exception d'inexécution et sur laquelle, v. *infra,* n° 242 et s.

9. V. *infra,* n° 172.

Seul le mécanisme d'*exécution forcée en nature* a, indépendamment des limites qu'il comporte, une portée d'application générale : il concerne toutes les obligations, quelle que soit leur source.

Au contraire, le mécanisme des *dommages-intérêts compensatoires* –d'exécution forcée par équivalent– a un domaine en réalité plus étroit. En effet, ces dommages-intérêts tendent à *remplacer* par de l'argent une obligation qui n'est pas exécutée en nature ; par suite, ils n'ont vocation à intervenir qu'au regard d'obligations ayant un objet autre qu'une somme d'argent : on ne remplace pas, on ne compense pas une chose par la même chose. Or, sauf quelques très rares exceptions –que l'on peut négliger[1] – les obligations de source extracontractuelle portent seulement sur des sommes d'argent. De la sorte, la question des dommages-intérêts compensatoires ne les concerne pas. Ces dommages-intérêts sont en réalité spécifiques des obligations contractuelles, comme relevant de la *responsabilité contractuelle*. Leur étude n'a donc pas sa place ici[2], où l'on traitera seulement de l'*exécution forcée en nature*.

152. Exécution forcée en nature. Plan. – L'exécution forcée en nature est soumise à diverses *conditions préalables*, qui sont inhérentes à l'idée même d'exécution forcée. C'est un premier point à envisager. Il faut aussi préciser son *domaine d'application*, car, si l'exécution forcée en nature a vocation à une application générale, divers obstacles s'opposent, cependant, à ce qu'elle puisse être mise en œuvre dans tous les cas. Et il faudra encore examiner les *moyens de pression* que la loi aménage et qui sont propres à contraindre le débiteur à exécuter.

Section I

Les conditions préalables à l'exécution forcée en nature

153. Conditions relatives à la créance. – Il est, d'abord, des conditions qui sont *relatives à la créance.*

En premier lieu, l'exécution forcée n'est possible que si la créance est à la fois *certaine*, *exigible*, et, pour les créances de sommes d'argent, *liquide*.

L'exigence de ces diverses qualités a pour objet de vérifier que le débiteur est bien tenu, en droit, d'exécuter. La *certitude* de la créance suppose que l'existence de la dette ne suscite ni doute, ni contestation –ce qui n'est pas le cas, par exemple, d'une créance conditionnelle[3]. L'*exigibilité* implique que le moment prévu pour l'exécution est survenu –le *terme* convenu est arrivé[4]. Quant à l'exigence de *liquidité* des créances de sommes d'argent, elle signifie que le montant de la dette doit être précisément fixé –par exemple, le montant des dommages et intérêts destinés à réparer un dommage– à défaut de quoi, en effet, aucune exécution n'est concevable[5].

1. C'est le cas, par ex., de l'obligation de réparer en nature que le juge ordonne parfois (Vol. 2 –*Le fait juridique*– n° 374) ou de l'obligation de poursuivre sa gestion qui est imposée au gérant d'affaires (Vol. 2, n° 14).
2. V. *infra*, n°s 170 et s.
3. Sur les obligations conditionnelles, v. *infra*, n°s 277 et s.
4. Sur le terme, v. *infra*, n°s 269 et s.
5. Rappr. à propos de l'*action oblique*, *supra*, n° 79.

À ces différentes exigences, s'ajoute, en second lieu, celle de l'existence d'un *titre exécutoire* constatant la créance –décision de justice ou acte notarié revêtu de la formule exécutoire.

154. Condition relative au débiteur : carence et mise en demeure. – L'exécution forcée suppose aussi que la carence du débiteur, c'est-à-dire l'absence d'exécution volontaire, soit constatée. C'est ce à quoi tend la *mise en demeure*[1].

Le mot « demeure » vient du latin *mora*, qui signifie « retard ». La mise en demeure, qui consiste dans une demande formelle faite au débiteur d'exécuter son obligation, est le moyen de constater le retard du débiteur : plus largement, de constater *qu'il n'a pas exécuté* sa dette[2].

L'exigence d'une mise en demeure peut surprendre : pourquoi la survenance du terme ne suffit-elle pas ? Elle s'explique par un souci de ménager le débiteur[3] : tant que le créancier ne lui réclame pas l'exécution, il est censé lui consentir une prorogation tacite d'échéance. Le rôle de la mise en demeure est donc d'informer le débiteur que la patience de son créancier est épuisée et qu'il doit désormais payer sa dette[4]. Par là même, elle peut constituer une chance d'éviter un contentieux, au moins lorsque le débiteur est de bonne foi et simplement négligent.

155. Formes de la mise en demeure. – L'article 1139, dont le texte a été complété par une loi du 9 juillet 1991, précise les formes de la mise en demeure : il faut « une sommation » ou un « acte équivalent, telle une lettre missive lorsqu'il ressort de ses termes une interpellation suffisante ».

La mise en demeure peut résulter d'un *acte d'huissier :* soit d'une *sommation* proprement dite, c'est-à-dire d'un acte enjoignant au débiteur d'exécuter l'obligation[5], soit d'un *commandement* –acte préliminaire d'une saisie–, soit d'une *assignation en justice*.

Mais un tel acte officiel n'est pas nécessaire. Dès lors que le débiteur y fait l'objet d'une interpellation l'invitant clairement à exécuter son obligation, celle-ci étant précisément spécifiée, une *lettre recommandée* ou une simple *lettre missive* suffit[6]. Toutefois, il faut observer que ce dernier procédé est dangereux : la preuve de la mise en demeure étant à la charge du créancier, celui-ci risque de ne pas pouvoir la rapporter si le débiteur prétend n'avoir reçu aucune demande de paiement. En matière commerciale, selon l'usage, toute réclamation tendant au paiement, quelle qu'en soit la forme, peut valoir mise en demeure.

---

1. V. COLLOMB, *Demeure et mise en demeure en droit privé*, thèse, Nice, 1974 ; X. LAGARDE, « Remarques sur l'actualité de la mise en demeure », *JCP* 1996.I.3974 ; ALLIX, « Réflexions sur la mise en demeure », *JCP* 1977.I.2844 ; ROBIN, « La *"mora creditoris"* », *RTD civ.* 1998.607 ; LIBCHABER, « Demeure et mise en demeure en droit français », in *Les sanctions de l'inexécution des obligations contractuelles* (dir. FONTAINE et VINEY), 2001, p. 113 et s.
2. Sur la relation existant entre retard et inexécution, v. COLLOMB, *op. cit.*, n°s 7 et s. *Adde :* LIBCHABER, *op. cit.*, n°s 18 et s.
3. Cf. ALLIX, « Réflexions sur la mise en demeure », *JCP* 1977.I.2844, n° 5.
4. Cf. X. LAGARDE, *op. cit.*, spéc. n° 2 (l'auteur analyse la mise en demeure comme un « élément d'une procédure précontentieuse » et comme le « préalable d'une sanction »). *Adde*, ALLIX, *eod. loc.*
5. Cf. pour une sommation de reddition de comptes, Civ. 1re, 23 mai 2000, *Bull. civ.* I, n° 158, *Defrénois* 2000, art. 37270, n° 91, obs. AUBERT.
6. Sur ce dernier point la loi de 1991 a consacré la solution qu'avait admise la jurisprudence. V. par ex. Civ. 3e, 31 mars 1971, *Bull. civ.* III, n° 230.

156. Exceptions à l'exigence d'une mise en demeure. – L'exigence de mise en demeure du débiteur comporte d'importantes exceptions.

Il en est une qui résulte de la *volonté des contractants*. En effet, l'article 1139 prévoit que le débiteur peut être constitué en demeure par la convention des parties, lorsqu'elle stipule que le débiteur sera en demeure *par la seule échéance du terme*. La jurisprudence admet que cette dispense de mise en demeure peut être *tacite* et résulter de stipulations particulières du contrat, telles celles relatives à une clause pénale [1].

Surtout, il existe d'autres cas de dispense de mise en demeure, mais qui sont en réalité étrangers à la question de l'exécution forcée *en nature :* ils concernent la responsabilité contractuelle. C'est à ce titre qu'on les envisagera ultérieurement [2]. La remarque suffit du moins pour révéler que la mise en demeure produit différentes sortes d'effets.

157. Les effets de la mise en demeure. – La mise en demeure produit *deux* effets, qui sont de portée très inégale.

Un *effet spécial*, d'abord, qui ne concerne que les *obligations de livrer un corps certain*, par exemple livrer un meuble qui a été vendu. Aux termes de l'article 1302, alinéa 1, le débiteur d'une telle obligation assume, dès lors qu'il a été mis en demeure de livrer, la charge des risques de perte fortuite de la chose. Le fait de n'avoir pas exécuté son obligation en dépit de la mise en demeure le contraint à supporter les conséquences de la disparition fortuite du bien [3] : il ne pourra pas en réclamer le prix à l'acheteur (cas d'un contrat synallagmatique) ; il devra indemniser le donataire de la valeur du bien (cas d'un contrat unilatéral).

Un *effet général*, ensuite –de loin le plus important : la mise en demeure autorise l'exécution forcée. Cela signifie que, si la mise en demeure n'a pas provoqué l'exécution volontaire de son obligation par le débiteur, elle permet au créancier de réclamer la sanction de cette inexécution. Selon le cas, il peut : soit demander des *dommages-intérêts de retard,* ou dommages-intérêts moratoires [4] ; soit réclamer une réparation sur le terrain de la responsabilité contractuelle [5] ; soit, enfin, et c'est l'objet des présents développements, *exiger l'exécution en nature* de l'obligation inexécutée. Mais cette exécution forcée n'est pas toujours possible.

Section II
Le domaine de l'exécution forcée en nature

158. Distinctions nécessaires. Les obligations de sommes d'argent. – L'exécution forcée en nature est loin d'être toujours admise. D'une façon générale, elle est refusée dès lors qu'elle suppose l'exercice d'une contrainte directe sur la personne du débiteur, que

---

1. V. Com. 8 oct. 2002, *Bull. civ.* IV, n° 138, *RTD civ.* 2003.503, obs. MESTRE et FAGES ; Civ. 3e, 9 juin 1999, *Bull. civ.* III, n° 131, *Contrats, conc. consom.* 1999, n° 154, note LEVENEUR. V. aussi, Civ. 3e, 24 mars 1971, *Bull. civ.* III, n° 214 (l'arrêt souligne le pouvoir souverain des juges du fond quant à la constatation de cette volonté tacite).
2. V. *infra*, n°s 222 et s.
3. Sauf lorsque les cas fortuits ne sont pas à sa charge, s'il démontre que la chose aurait pareillement péri chez le créancier, si elle lui avait été livrée (art. 1302, al. 2).
4. *Supra*, n°s 145 et s.
5. *Infra*, n°s 222 et s.

cette contrainte soit vouée à rester inefficace ou qu'elle soit contraire à la liberté individuelle[1]. Il faut distinguer selon les types d'obligations[2].

Pour les *obligations de sommes d'argent*, il n'y a pas de difficultés.

En ce qui les concerne, le procédé d'exécution est la saisie exercée sur les biens et droits du débiteur. La question relève du droit procédural[3] et l'on se bornera à en indiquer les divers éléments. La saisie peut être exercée sur les biens corporels mobiliers (*saisie-vente*)[4], ou immobiliers (*saisie immobilière*)[5] appartenant au débiteur. Les biens saisis sont alors vendus et le créancier se fait payer sur le prix de la vente. Elle peut également être faite sur les droits de créance que détient le débiteur contre un tiers (*saisie attribution* et *saisie arrêt des rémunérations du travail*), le tiers étant alors appelé à payer entre les mains du créancier saisissant[6].

Ces voies d'exécution sont de nature à procurer au créancier la prestation même qui lui est due... à condition, bien sûr, que le débiteur soit solvable.

159. Les obligations de donner. – Pour l'obligation de donner, c'est-à-dire l'obligation de transférer la propriété[7], la question de l'obligation d'exécuter en nature ne se pose pas directement.

Lorsque l'obligation a pour objet un *corps certain*, le contrat qui lui a donné naissance est par lui-même translatif de propriété : du seul fait qu'il a été conclu, l'acquéreur est devenu propriétaire[8]. L'obligation est donc d'ores et déjà exécutée de sorte que la question de l'exécution forcée en nature ne se pose pas. Cela reste vrai si les parties ont convenu de retarder l'effet translatif du contrat[9] : alors, le transfert s'opère, automatiquement, dès que survient l'événement auquel les contractants ont lié le transfert de propriété. Le seul problème qui puisse surgir, c'est que, malgré la conclusion du contrat –vente, échange ou donation–, l'aliénateur *ne livre pas* le bien aliéné. Mais la difficulté concerne alors l'*obligation de livrer*, laquelle est une obligation *de faire*.

Si l'obligation a pour objet une *chose de genre*, le transfert de propriété n'est pas instantané : il ne s'opère que par l'individualisation de la chose[10], laquelle ne se fait généralement qu'au moment de la livraison et pour l'exécution de celle-ci. On sort donc de nouveau du domaine propre de l'obligation de donner pour rejoindre celui des obligations de faire. À strictement parler, la question de l'exécution forcée en nature ne concerne pas les obligations de donner.

---

1. Rapp. JEANDIDIER, « L'exécution forcée des obligations contractuelles de faire », *RTD civ.* 1976.700, spéc. n° 31, où l'auteur désigne le double critère du domaine où aucune contrainte, même indirecte comme l'astreinte, ne peut être exercée : liberté intellectuelle et liberté physique.

2. Cf. DEBILLY, *L'exécution forcée en nature des obligations contractuelles non pécuniaires*, thèse, Poitiers (dactyl.) 2002. Sur les limites à l'exécution forcée énoncées par les différents projets de réforme français et d'harmonisation européenne du droit des contrats, v. *supra n°* 151, en note.

3. V. LEBORGNE, *Voies d'exécution et procédures de distribution*, Dalloz, 2009 ; COUCHEZ, *Voies d'exécution*, 9e éd., 2007 ; PIEDELIEVRE, *Droit de l'exécution*, 2009.

4. LEBORGNE, nos 1373 et s. ; COUCHEZ, nos 137 et s. ; PIEDELIEVRE, nos 191 et s.

5. V. les nouvelles dispositions du Code civil, art. 2190 et s. et 2214 et s. (Ord. 21 avr. 2006). V. notamment LEBORGNE, nos 1932 et s. ; COUCHEZ, nos 397 et s. ; PIEDELIEVRE, nos 308 et s.

6. LEBORGNE, 1275 et s. ; COUCHEZ, nos 280 et s. ; PIEDELIEVRE, NOS 278 et s.

7. Vol. 1 –*L'acte juridique*– n° 41.

8. Vol. 1 –*L'acte juridique*– nos 41 et 313.

9. Par exemple, par une *clause de réserve de propriété*, qui suspend l'effet translatif jusqu'au complet paiement du prix.

10. Vol. 1 –*L'acte juridique*– n° 41.

160. Les obligations de faire. Diversité. – La difficulté du problème de l'exécution forcée en nature se concentre en effet sur les *obligations de faire* et *de ne pas faire*.

L'article 1142, texte central, dispose : « Toute obligation de faire ou de ne pas faire *se résout en dommages et intérêts*, en cas d'inexécution de la part du débiteur »[1]. La formule paraît écarter toute possibilité d'exécution forcée en nature, au profit d'une exécution par équivalent./

La mise en œuvre du principe ainsi posé révèle cependant des nuances –que la loi n'ignore pas (art. 1143 et 1144)– et de véritables exceptions. Cela ne saurait surprendre : l'essence même de l'obligation est d'être exécutée telle quelle et, lorsqu'il s'agît d'une obligation contractuelle –cas de beaucoup le plus courant[2] – l'absence d'exécution de la prestation promise apparaît comme une négation insupportable du contrat[3]. L'observation pourrait incliner à une interprétation restrictive de l'article 1142 et à minimiser la portée de ce texte[4].

Contre une telle tentation, il faut souligner la nature exacte du problème. Il s'agît d'un conflit entre, d'une part, la nature par essence contraignante de l'obligation, renforcée souvent par les principes de la force obligatoire du contrat et du respect de la parole donnée, et, d'autre part, la liberté de l'individu, qui mérite des égards. La force contraignante de l'obligation, quelle que soit sa valeur sociale, ne peut méconnaître les exigences fondamentales de la liberté individuelle, valeur à la fois sociale et morale. C'est ce principe de liberté qu'affirme l'article 1142.

Mais il reste vrai que le principe de l'article 1142 doit composer avec certaines exigences de la vie sociale et il faut tenir compte de ce que l'obligation de faire engage plus ou moins profondément, selon le cas –obligation de livrer, obligation de prestations de services, obligation de ne pas faire– le fait personnel du débiteur[5]. Cette démarche conduit à admettre directement quelques altérations du principe, comme cela conduit –on le verra plus tard– à autoriser certaines pressions sur le débiteur, en altération indirecte du même principe[6].

161. L'obligation de livrer. – Au sein des obligations de faire, l'obligation de livrer présente une particularité qui lui confère un statut directement dérogatoire au principe de l'article 1142 : c'est une obligation relative à un bien matériel. Cela autorise l'*exécution forcée en nature*, laquelle n'implique alors, en principe, aucune contrainte sur la personne même du débiteur. Le créancier se fera mettre en possession de la chose qui lui est due, au besoin avec l'aide de la force publique. Sont ainsi admis à requérir l'exécution forcée en nature : l'acheteur à qui le bien acheté n'a pas été remis[7] ; le locataire à la disposition de qui la chose louée n'a pas été mise ; le prêteur, le déposant ou le bailleur à qui le bien prêté, déposé ou loué n'a pas été restitué à la date à laquelle il devait l'être.

---

1. C'est l'adaptation de l'adage *Nemo praecise cogi ad factum* (Nul ne peut être contraint d'exécuter une prestation de son fait).
2. Dans le domaine extracontractuel, les obligations sont, le plus souvent, des obligations pécuniaires, Cf. *supra*, n° 144.
3. Cf. JEANDIDIER, *op. cit.*, n° 32, p. 719.
4. En ce sens, JEANDIDIER, préc.
5. Rappr. Soc. 30 avr. 1956, *Bull. civ.* V, n° 64 (l'obligation de faire ne se résout en dommages-intérêts que si elle implique le fait personnel du débiteur).
6. C'est le cas des astreintes, v. *infra*, n°s 164 et s.
7. Cf. pour les livraisons dues par un adhérent à sa coopérative, Civ. 1re, 15 nov. 1988, *Bull. civ.* I, n° 321.

Lorsqu'il s'agit de la restitution d'un immeuble par un locataire dont le droit est expiré, ou plus généralement par un occupant sans titre, l'exécution forcée prend la forme d'une *expulsion*. Mais la mise en œuvre de celle-ci est moins « performante » que ne le laisse imaginer le mot. D'abord, parce qu'elle affecte un droit fondamental –le droit au logement– l'expulsion fait l'objet d'un régime et d'une pratique très restrictives[1]. Ensuite, conformément au principe de respect de la liberté physique de la personne, l'expulsion ne comporte aucune contrainte corporelle : l'huissier chargé de l'exécution se borne à expulser du local les biens mobiliers appartenant à l'occupant, dont on imagine qu'il se trouvera alors contraint de suivre le même chemin[2] : en ce qui le concerne, la contrainte n'est donc qu'indirecte, même si elle est puissante. On voit ainsi que, même dans le cas de l'obligation de livrer, pour laquelle l'exécution forcée en nature est de principe, celle-ci est sensiblement limitée par souci de la liberté physique individuelle.

162. Les obligations de faire comportant une prestation de service. – Sont en revanche pleinement soumises au principe de l'article 1142, les obligations de faire qui consistent dans une prestation de service –accomplir tel travail, ou déployer telle ou telle activité au profit du créancier (le soigner, réparer sa voiture...).

Pour ce type d'obligations, il est bien vrai que l'exécution forcée est impossible parce que la contrainte serait contraire à la liberté individuelle, et de surcroît inefficace : comment contraindre un professeur à faire son cours, un musicien à donner le concert promis, un peintre à exécuter l'œuvre commandée ?

Il convient cependant de nuancer un peu la solution. Lorsque le contrat a été conclu *intuitu personae* –en considération des qualités du débiteur– l'impossibilité d'exécution forcée est absolue : le créancier déçu ne pourra obtenir que des dommages-intérêts[3]. En revanche, lorsque, faute d'*intuitus personae*, l'obligation peut être *exécutée par un tiers* –telle, le plus souvent, une réparation commandée à un entrepreneur– le créancier peut être autorisé à faire exécuter la prestation par un tiers, aux frais du débiteur (art. 1144). Alors, sans doute, le créancier obtient-il bien, en nature, ce à quoi il avait droit ; mais il n'y a pas pour autant exécution forcée en nature puisque le débiteur n'exécute pas la prestation à laquelle il s'était engagé et qu'il n'aura à payer qu'une somme d'argent, conformément au principe de l'article 1142. On peut donc conclure qu'il n'y a jamais exécution forcée en nature des obligations de faire consistant dans une prestation de service.

163. Les obligations de ne pas faire. – Pour les obligations de ne pas faire, la situation est très analogue.

Dans une formule formellement dérogatoire à l'article 1142, l'article 1143 énonce que « le créancier a le droit de demander que ce qui aurait été fait par contravention à l'engagement, soit détruit ». Ainsi, au cas de violation d'une obligation de non-concurrence, le créancier peut-il demander la fermeture du fonds concurrent[4]. Mais il n'est pas possible de contraindre physiquement le débiteur à fermer boutique. Qui plus est, la méconnaissance d'une obligation de ne pas faire crée parfois une situation

---

1. V. DUPLAN-MIELLET, in *Droit de la gestion de l'immeuble,* 2000, Dalloz Action, n°s 8214 et s.
2. Cf. CARBONNIER, n° 373 : « le postulat est que l'homme suit ses meubles ».
3. Req. 14 mars 1900, *DP* 1900.1.497, note PLANIOL. Rappr. l'article L. 122-14-4 du Code du travail pour le cas du licenciement illicite, où la réintégration du salarié ne peut être que proposée par le juge.
4. La sanction paraît être de droit pour le créancier, Com. 23 avr. 1985, *Bull. civ.* IV, n° 123. Mais l'article 114-3 ne s'applique pas à la violation d'un pacte de préférence « qui met une obligation de faire à la charge du débiteur », Civ. 1re, 10 juill. 2002, *Bull. civ.* I, n° 192, *D.* 2002. IR. 2515, *RTD civ.* 2003.107, obs. GAUTIER.

irréversible : telle la violation d'une obligation de ne pas révéler un secret de fabrication. Dans tous ces cas, l'inexécution ne sera sanctionnée que par des dommages-intérêts, en application de l'article 1142.

Un arrêt paraît être allé assez loin dans l'exécution forcée en nature en matière d'exclusivité. Par une décision du 4 mai 2006, la troisième chambre civile a jugé que le locataire bénéficiaire d'une clause d'exclusivité consentie par son bailleur est en droit d'exiger que ce dernier fasse respecter cette clause par ses autres locataires, même si ceux-ci ne sont pas parties au contrat contenant cette stipulation[1]. La portée de cet arrêt est très discutée. Contrairement à ce qui a été parfois dit, il ne constitue pas une extension de la force obligatoire du contrat à l'égard des tiers. Dans la mesure où les autres contrats ne rappelaient pas l'exclusivité, on ne voit pas comment les autres locataires pourraient être contraints de cesser l'activité concurrente. En réalité, c'est le bailleur qui va être empêché de respecter l'exclusivité en raison du droit acquis par les tiers de bonne foi et l'inexécution ne pourra que se résoudre en dommages et intérêts.

Ici encore, toutefois, une nuance doit être apportée en vertu de l'article 1143 : le créancier peut en effet être autorisé à détruire ou à faire détruire, aux dépens du débiteur, ce qui a été fait par lui en violation de l'obligation de ne pas faire[2]. Ainsi dans le cas où le débiteur a édifié une construction sur un terrain sur lequel il s'était engagé à ne pas le faire. À supposer que les juges ordonnent effectivement cette destruction[3], le créancier obtiendra ainsi l'exécution en nature de l'obligation. Mais, une fois encore on constate que le débiteur récalcitrant ne peut y être contraint personnellement : il n'aura à payer qu'une somme d'argent, de sorte que, pour lui, l'exécution ne s'opère que par équivalent.

En définitive, il apparaît que le principe de l'article 1142 a une portée considérable. Sauf le cas de l'obligation de livrer, l'exécution forcée en nature des obligations de faire ou de ne pas faire se révèle le plus souvent impossible ou inefficace.

L'existence d'une procédure d'*injonction de faire* (NCPC, art. 1405 et s.) ne contredit pas cette conclusion. Outre que cette procédure a un champ d'application limité (compétence du tribunal d'instance), l'injonction de faire ne comporte pas de sanction : si le débiteur n'exécute pas, le contentieux de l'exécution reprend seulement son cours normal[4].

Il va de soi que ce résultat n'est pas satisfaisant : il consacre, le plus souvent, un échec de la force obligatoire du contrat en ce que le créancier est privé de la prestation due et doit se contenter de dommages-intérêts. Cela explique l'existence de différents moyens *indirects* qui tendent à obtenir l'exécution promise en exerçant une pression sur le débiteur.

---

1. Civ. 3e, 4 mai 2006, *Bull. civ.* III, n° 107, *D.* 2006.1454, obs. ROUQUET, *RTD civ.* 2006. 554, obs. MESTRE et FAGES, *JCP* 2006. I. 10119, note DESHAYES, *RDC* 2006/4, 1115, obs. SEUBE, 2007/2, 267, obs. MAZEAUD, 295, obs. VINEY et 419, obs. BEHAR-TOUCHAIS.

2. Rappr. le régime des travaux de transformation du logement par le locataire, qui sont interdits, art. 7, *f*, L. 6 juill. 1989.

3. Après des hésitations, la Cour de cassation semble avoir opté en faveur d'une application rigoureuse de l'article 1143 : sauf impossibilité matérielle, le juge doit ordonner la destruction qui lui est demandée, Civ. 3e, 19 mai 1981, *Bull. civ.* III, n° 101 ; Civ. 3e, 15 févr. 1978, *Bull. civ.* III, n° 85.

4. V. GUINCHARD, FERRAND et CHAINAIS, *Procédure civile*, 29e éd., 2008, n°s 1099 et s.

Section III

Les moyens indirects d'exécution forcée en nature : l'astreinte

164. Diversité des moyens de pression. La notion d'astreinte. – À l'époque du Code civil, le créancier avait le droit de requérir l'emprisonnement du débiteur récalcitrant. Ce procédé, dit de la *contrainte par corps*, gravement attentatoire à la liberté individuelle, n'existe plus, depuis une loi du 12 juillet 1867, que pour le recouvrement de certaines condamnations en matière fiscale.

Un autre procédé, très différent, conserve aujourd'hui une importance pratique considérable : la *clause pénale.* La formule désigne une stipulation contractuelle qui fixe le montant des dommages-intérêts que le débiteur devra payer en cas d'inexécution. Convenue pour un montant élevé, elle devient un moyen de pression efficace. Parce qu'elle constitue principalement un mode de fixation des dommages-intérêts, on l'étudiera à ce titre, ultérieurement [1].

Le principal moyen indirect d'exécution en nature demeure ainsi l'*astreinte*, qui est un moyen de pression patrimoniale de nature judiciaire [2].

Exemple : un artisan a promis de fabriquer un meuble et de le livrer à telle date. Ne l'ayant pas fait, il est assigné par le créancier. Le tribunal le condamne à exécuter son obligation, mais il y ajoute une condamnation complémentaire : s'il n'exécute pas dans tel délai, l'artisan devra payer 50 € par jour de retard.

L'astreinte peut donc être définie comme une condamnation, accessoire de la condamnation à l'exécution, au paiement d'une somme d'argent généralement fixée par jour, semaine ou mois de retard, ou encore, pour les obligations de ne pas faire, par infraction constatée. Mais il faut encore préciser que cette condamnation est constitutive d'une peine *–peine privée–* qui est distincte de la réparation du préjudice causé par le retard et qui a vocation à s'ajouter à celle-ci [3]. Là se trouve le moyen de pression : on espère que, de crainte de voir grossir excessivement sa dette, le débiteur se résoudra à l'exécution en nature. L'astreinte est donc une menace, une *mesure comminatoire* [4] ; ce n'est pas une mesure d'exécution forcée.

L'astreinte n'a été consacrée législativement que très tardivement par une loi du 5 juillet 1972. Son régime est aujourd'hui fixé par la loi n° 91-650 du 9 juillet 1991 et le décret n° 92-755 du 31 juillet 1992.

---

1. V. *infra*, n°s 236 et s.

2. On n'exposera ici que les principes qui gouvernent l'astreinte de droit commun, étant noté qu'il existe aussi des astreintes spéciales, aux régimes différents, en matière d'*expulsion* (L. 21 juill. 1949), en *matière administrative* (L. 16 juill. 1980), ou encore en matière d'*urbanisme* (C. urb., art. L. 480-7). Sur la question, v. notamment : LEBORGNE, *Voies d'exécution et procédures de distribution*, n°s 716 et s. ; GHESTIN, BILLIAU et LOISEAU, n°s 717 et s. ; MAZEAUD et CHABAS, n°s 940 et s. ; DENIS, *L'astreinte judiciaire – Nature et évolutions,* thèse, Paris 2, 1973 ; F. CHABAS, « La réforme de l'astreinte », *D.* 1992. chron. 299.

3. Il en résulte que l'astreinte doit rester à la charge du débiteur récalcitrant et ne peut être prise en charge ni par un garant ni par une assurance : Civ. 1re, 20 mars 1989, *Bull. civ.* I, n° 122 ; 3 avr. 2002, *D.* 2002. IR. 1464.

4. Dans l'évolution jurisprudentielle de l'astreinte, ce qualificatif, –comminatoire– a souvent été appliqué mal à propos (v. TERRÉ, SIMLER et LEQUETTE, n° 1122, en note).

165. Historique sommaire. – Création purement prétorienne[1], l'astreinte a été utilisée dès le XIXe siècle par les juges pour favoriser l'exécution de leurs décisions.

Dans un premier temps, ils se sont reconnu un double pouvoir : celui, d'une part, de prononcer une astreinte *provisoire*, qu'ils liquidaient ensuite librement, c'est-à-dire qu'ils en fixaient le montant définitivement mis à la charge du débiteur ; celui, d'autre part, afin de priver le débiteur de tout espoir de modération de la sanction à l'occasion de la liquidation, de prononcer une astreinte *définitive*, plus intimidante.

Mais, à l'imitation de ce qu'avait décidé une loi du 21 juillet 1949, relative aux astreintes en matière d'expulsion, la Cour de cassation a, en 1950, condamné ce système en décidant, d'abord, qu'aucune astreinte *définitive* ne pouvait être prononcée, et, ensuite, que l'astreinte *provisoire* devait toujours être liquidée en tenant compte seulement de l'importance du préjudice subi par le créancier. Comminatoire lors de son prononcé, l'astreinte devenait ainsi purement indemnitaire au moment de sa liquidation[2]. Mais, par là même, l'astreinte perdait l'essentiel de son efficacité : elle n'était plus une menace contre le débiteur puisqu'elle ne pouvait aggraver sa situation.

Cela explique qu'un nouveau revirement se soit produit ensuite, en 1959. La Cour de cassation a alors jugé que l'astreinte est une *mesure de contrainte, entièrement distincte des dommages-intérêts*[3]. C'est la solution qui a été finalement consacrée par la loi, tant en 1972 –article 6– qu'en 1991 –article 34.

166. Domaine et nature de l'astreinte. – Destinée à favoriser l'exécution des décisions de justice, l'astreinte peut être ordonnée « par tout juge », « même d'office » (L. 1991, art. 33, al. 1) : juge de droit commun, juge d'exception, juge des référés (NCPC, art. 491)... Le *juge de l'exécution* (COJ, art. L. 213-5 et s.) peut même, si nécessaire, assortir d'une astreinte la décision rendue par un autre juge (art. 33, al. 2).

Accessoire d'une condamnation à exécuter une obligation, l'astreinte suppose l'existence d'une véritable obligation ; mais elle peut être ordonnée pour l'exécution de n'importe quelle obligation, contractuelle ou extracontractuelle[4]. Cette généralité comporte cependant quelques limites : il ne peut y avoir astreinte que si l'exécution de l'obligation reste possible, à défaut de quoi l'astreinte n'aurait aucun sens[5] ; certaines obligations, dont l'exécution ne peut échapper à la maîtrise du débiteur, sauf à violer la conscience de celui-ci ou à altérer gravement sa liberté physique, ne peuvent donner lieu à astreinte : tel est le cas, en particulier, des engagements souscrits par les artistes[6] ; ce sont alors les exigences du respect de la liberté individuelle qui s'opposent à l'application de l'astreinte, laquelle lui serait par trop contraire.

Ce domaine d'application de l'astreinte n'échappe pas à des hésitations. Ainsi, par exemple, de la jurisprudence qui admet que l'engagement de louer soit susceptible d'exécution forcée sous astreinte et qui exclut la même solution pour l'engagement de vendre résultant d'une promesse unilatérale de vente[7].

---

1. DENIS, *op. cit.*, n° 6.
2. DENIS, *op. cit.*, n°s 66 et s.
3. Civ. 1re, 20 oct. 1959, *D.* 1959.537, note HOLLEAUX, *JCP* 1960.II.449, note P. MAZEAUD.
4. Elle ne présente cependant pas d'utilité pour l'obligation de donner *stricto sensu*, Cf. *supra*, n° 159. Une astreinte peut être prononcée contre l'Administration, par le juge judiciaire comme par le juge administratif, V. STARCK, ROLAND et BOYER, t. 3, n° 560.
5. V. TERRÉ, SIMLER et LEQUETTE, n° 1123. Rappr. Civ. 2e, 17 nov. 1993, *Bull. civ.* II, n° 330 (cas d'une obligation dont l'existence de l'objet était incertaine).
6. Cf. JEANDIDIER, *op. cit.*, n° 31. V. pour un peintre (Rosa Bonheur), Paris, 4 juill. 1865, *D.* 1865.2.201.
7. Cf. Civ. 3e, 6 avr. 2004, *RDC* 2004.969, obs. COLLART DUTILLEUL.

Le caractère accessoire de l'astreinte subordonne l'existence de celle-ci à celle de la condamnation qu'elle assortit. La disparition de cette condamnation emporte nécessairement celle de l'astreinte prononcée [1].

« Indépendante des dommages-intérêts » (art. 34, al. 1), l'astreinte constitue, en effet, une sanction grave. Dépourvue de caractère indemnitaire, elle est une *peine privée*, qui atteint le patrimoine du débiteur et qui a vocation à se cumuler, au profit du créancier [2], avec les dommages-intérêts. Elle est, selon une formule de la Cour de cassation, une « mesure de contrainte à caractère personnel » [3].

Elle est, de surcroît, une sanction marquée par l'*arbitraire* du juge. Les juges du fond ont un pouvoir discrétionnaire pour prononcer une astreinte, même non demandée, comme pour en rejeter la demande. Le montant de l'astreinte qu'ils retiennent n'a pas de critère de référence : il est fixé en fonction de ce que le juge estime nécessaire pour réaliser une pression efficace [4]. Cet arbitraire se retrouve dans la liquidation de l'astreinte, mais il faut alors distinguer selon que l'astreinte prononcée est *provisoire* ou *définitive*.

167. Astreinte provisoire et astreinte définitive. – La loi consacre en effet, comme l'avait fait auparavant la jurisprudence, deux sortes d'astreintes : astreintes provisoires et astreintes définitives.

L'astreinte *provisoire* constitue le principe (art. 34, al. 2). Cette sorte d'astreinte présente un caractère *indéterminé* en ce sens que le taux de l'astreinte retenu par le juge pourra être modéré au moment de la liquidation. De la sorte, le débiteur ne peut pas savoir quel sera le prix final de sa résistance à l'exécution. Tout au plus sait-il que ce taux ne pourra pas être aggravé lors de la liquidation, à moins toutefois que le créancier n'ait entretemps sollicité et obtenu une nouvelle condamnation du débiteur à un taux majoré, ce qui est toujours possible.

Il n'en va pas de même dans le cas de l'astreinte *définitive :* son taux « ne peut jamais être modifié lors de sa liquidation » (art. 36, al. 2). Le montant retenu par le juge constitue alors immédiatement le prix de la résistance du débiteur. Mais la loi précise que cette sorte d'astreinte ne peut être prononcée –elle doit alors être expressément spécifiée–

---

1. V. Civ. 2e, 6 janv. 2005, *Bull. civ.* II, n° 1, *JCP* 2005.IV, n° 1289 (anéantissement des décisions de liquidation de l'astreinte, consécutif à l'annulation de la marque en considération de laquelle avait été prononcée une condamnation pour contrefaçon) ; Com. 3 mai 2006, *D.* 2007. Pan. 1386, obs. JULIEN, *RTD civ.* 2006, 584, obs. REVET (même solution, sur le fondement de la réformation d'une décision assortie d'astreinte).

2. Cet aspect de l'astreinte est parfois critiqué dans la mesure où elle procure au créancier un *enrichissement* qui n'est pas justifié puisqu'il peut toujours obtenir l'indemnisation du préjudice que lui a causé l'inexécution ou le retard mis à l'exécution. Il a été suggéré de recourir plutôt à la technique de l'*amende civile*, DENIS, *op. cit.*, nos 167 et s.

3. Civ. 2e, 30 avr. 2002, *Bull. civ.* II, n° 83, *RTD civ.* 2002.812, obs. MESTRE et FAGES ; Civ. 1re, 3 avr. 2002, *Bull. civ.* I, n° 104, *RTD civ.* préc. Les deux arrêts en déduisent que l'astreinte n'ouvre au débiteur qui la subit aucun recours en garantie contre une tierce personne. Dans le même sens : Civ. 2e, 14 sept. 2006, *D.* 2007. pan. 1387, obs. JULIEN.

Ce caractère ne s'oppose pas à ce que la liquidation de l'astreinte puisse être poursuivie contre les héritiers du débiteur pour la période antérieure à son décès : Civ. 2e, 18 déc. 2008, *D.* 2009. 766, obs. SOMMER.

4. V. par ex., la condamnation de TF1 à une astreinte de 16 000 francs (soit environ 2 440 euros) par seconde d'infraction pour dépassement de durée de la publicité, CE 21 sept. 1988, *D.* 1989.124, note DEBBASCH.

qu'*après* le prononcé d'une astreinte provisoire. Il s'agit d'éviter de recourir immédiatement à une mesure dépourvue de souplesse. À défaut, l'astreinte doit être liquidée comme une astreinte provisoire [1]. De même, le juge qui prononce une astreinte définitive doit-il, sous la même sanction, fixer la durée pour laquelle l'astreinte est prononcée. À l'expiration du délai ainsi fixé, le juge pourra, le cas échéant, fixer une nouvelle astreinte définitive d'un montant majoré.

Dans tous les cas, l'astreinte ne *prend effet* qu'à compter de la date fixée par le juge, laquelle ne peut être antérieure au jour où la décision portant obligation est devenue exécutoire [2], ce qui suppose que la décision ait été notifiée au débiteur (Décr. 31 juill. 1992, art. 51, al. 1) [3]. La solution est conforme à l'idée que l'astreinte est une sanction de l'inexécution de la décision condamnant le débiteur à payer. Aussi bien reçoit-elle exception dans le cas où l'astreinte assortit une décision déjà exécutoire : elle peut alors prendre effet dès le jour de son prononcé –c'est le cas d'un jugement aggravant le taux d'une astreinte antérieurement prononcée.

Le juge peut évidemment fixer le point de départ de l'astreinte à une date postérieure à la notification de la décision. C'est la solution la meilleure, qui donne au débiteur un délai pour se mettre en règle sans encourir de sanction particulière autre que le paiement de dommages-intérêts moratoires.

168. Liquidation de l'astreinte. Suppression totale ou partielle. – C'est en principe au *juge de l'exécution* que revient le soin de la liquidation de l'astreinte. Il n'en va autrement que si le juge qui a prononcé l'astreinte reste saisi de l'affaire ou encore lorsqu'il s'en est expressément réservé le pouvoir (art. 35) [4].

Une liquidation est nécessaire dans tous les cas parce que l'astreinte, qu'elle soit provisoire ou définitive, n'est pas immédiatement exécutoire : le créancier ne peut en réclamer le paiement au fur et à mesure de l'écoulement du temps [5]. Il ne le pourra que lorsque l'obligation aura été finalement exécutée [6] ou à partir du moment où l'inexécution définitive sera devenue certaine, soit parce que l'exécution sera devenue impossible, soit en considération de la mauvaise volonté invincible du débiteur. Le créancier peut aussi demander une liquidation *provisionnelle* de l'astreinte, qui lui confère un droit de créance immédiatement exécutoire, le débiteur demeurant soumis pour le surplus à l'astreinte

---

1. L'inobservation de cette exigence ne comporte pas d'autre sanction, Cf. Civ. 3e, 3 avr. 1996, *Bull. civ.* III, n° 90.
2. Civ. 2e, 8 juill. 2004, *Bull. civ.* II, n° 355 (l'arrêt censure une cour d'appel qui, ayant confirmé un jugement de condamnation d'un débiteur avec exécution provisoire et astreinte, avait augmenté le taux de l'astreinte et, cependant, donné pour point de départ de cette nouvelle astreinte, la date fixée par le premier juge, antérieure à la décision des juges d'appel).
3. Pour un rappel de la règle : Civ. 2e, 14 sept. 2006, *D.* 2007. pan. 1387, obs. JULIEN.
4. Cf. Soc. 9 mai 2007, *D.* 2008. 585, note FOULON et STRICKLER (incompétence de la cour d'appel alors que le conseil de prud'hommes s'était expressément réservé le pouvoir de liquider l'astreinte) ; Civ. 2e, 16 déc. 2004, *Bull. civ.* II, n° 527, *JCP* 2005.IV, n° 1230. Hors de ces cas, tout juge autre que le juge de l'exécution doit relever d'office son incompétence (Soc. 9 mai 2007, préc. ; Civ. 1re, 21 mars 2000, *Bull. civ.* I, n° 98).
5. Cette liquidation, qui tend à une condamnation pécuniaire, peut être poursuivie contre les héritiers du débiteur pour la période antérieure à son décès, malgré le caractère personnel de l'astreinte : Civ. 2e, 18 déc. 2008, préc.
6. Selon Civ. 1re, 28 nov. 2007, *D.* 2008. 2821, obs. BRETZNER, lorsque l'astreinte assortit une décision de condamnation à une obligation de faire, il incombe au débiteur condamné de rapporter la preuve qu'il a exécuté son obligation. Il n'y a pas de raison de limiter la règle à ce type d'obligations.

originairement prononcée. Dans tous ces cas, le juge doit *liquider* l'astreinte, c'est-à-dire fixer le montant de la somme définitivement mise à la charge du débiteur. De ce moment, le débiteur n'est plus soumis à une menace mais chargé d'une dette nouvelle.

Dans le cas de l'astreinte *provisoire*, le rôle du juge liquidateur est particulièrement important. Selon l'article 36, alinéa 1, il doit liquider le montant de l'astreinte en tenant compte du comportement du débiteur et des difficultés qu'il a rencontrées pour exécuter l'injonction qui lui était faite de payer. Le juge bénéficie à cet égard d'un pouvoir souverain d'appréciation[1]. Mais il ne peut liquider le montant de l'astreinte en considération d'autres critères[2]. En particulier, il n'a pas à tenir compte de l'importance du préjudice causé par la résistance du débiteur. Cela étant, il reste libre, sauf à motiver sa décision, de son appréciation du montant qu'il retient. Il ne saurait, toutefois, à cette occasion, aggraver la peine : son appréciation est en tous cas limitée au taux initialement choisi[3].

Il en va *a fortiori* de même, à ce dernier égard, dans le cas de l'astreinte définitive. Mais cette fois, le juge liquidateur est tenu par le montant de l'astreinte, qu'il ne peut modifier. On constate ainsi la rigidité du mécanisme de ce type d'astreinte.

Toutefois, l'astreinte définitive, comme l'astreinte provisoire, peut faire l'objet d'une décision de *suppression* « s'il est établi que l'inexécution ou le retard dans l'exécution de l'injonction du juge provient en tout ou en partie, d'une cause étrangère » (art. 36, al. 3). Le texte précise que cette suppression peut être totale ou partielle. Une telle décision suppose que le retard ou l'inexécution est la conséquence de circonstances qui ne peuvent être reprochées au débiteur[4]. Cette éventualité réintroduit une souplesse relative dans le régime de l'astreinte définitive.

La proposition la plus remarquable de l'*avant-projet de réforme du droit des obligations* en matière d'exécution forcée en nature est assurément d'abandonner, en l'inversant, le principe posé par l'actuel article 1142 du Code civil, de la conversion de l'obligation de faire ou de ne pas faire inexécutée en obligation à dommages-intérêts. La solution se justifie par la prise en compte du poids des exceptions, directes ou indirectes, que subit la règle. Dans ces conditions, l'*avant-projet* préfère promouvoir, dans l'article 1154, la règle de l'exécution en nature de l'obligation de faire, tout en en marquant fermement les limites[5]. Il en va de même, avec des restrictions en partie

---

1. Civ. 3e, 3 juill. 1996, *Bull. civ.* III, nº 193, *D.* 1997.231, note BORE (cet auteur souligne que le juge, qui est ici privé du pouvoir discrétionnaire qui lui était reconnu avant la loi de 1991, est en conséquence tenu de *motiver* sa décision. En l'espèce, l'arrêt attaqué avait relevé, utilement, que les éléments présentés par le débiteur étaient trop anciens et imprécis pour excuser sa résistance).
2. Civ. 2e, 15 mai 2003, *Bull. civ.* II, nº 143, *D.* 2003.IR. 1477.
3. Rappelant la règle : Civ. 2e, 11 mai 2006, *D.* 2007. pan. 1387, obs. JULIEN.
4. Il a été jugé que la décision de suppression de l'astreinte ne peut revenir sur une liquidation provisionnelle passée en force de chose jugée, Civ. 2e, 1er mars.
5. Art. 1154 : « L'obligation de faire s'exécute si possible en nature. Son exécution peut être ordonnée sous astreinte ou un autre moyen de contrainte, sauf si la prestation attendue a un caractère éminemment personnel. En aucun cas, elle ne peut être obtenue par une coercition attentatoire à la liberté ou à la dignité du débiteur. À défaut d'exécution en nature, l'obligation de faire se résout en dommages-intérêts ».

différentes et de portée potentiellement très variable, du *projet gouvernemental de réforme du droit des contrats*[1] et du *projet de réforme du droit des contrats* de l'Académie des sciences morales et politiques qui contient une disposition concernant toutes les obligations[2].

1. Art. 162 : « Le créancier d'une obligation de faire peut en poursuivre l'exécution en nature sauf si cette exécution est impossible ou si son coût est manifestement déraisonnable. À défaut d'exécution en nature, l'obligation de faire se résout en dommages-intérêts ». V. STOFFEL-MUNCK, « Exécution et inexécution », *in La réforme du droit français des contrats en droit positif, RDC* 2009/1, 333 ; GENICON, *Petites Affiches* 2009, n° 3, 81, qui observe que la réserve de l'exécution déraisonnablement coûteuse limite considérablement, et symboliquement, le domaine de l'exécution forcée en nature.

2. Art. 105 : « Le créancier peut, après mise en demeure du débiteur, exiger l'exécution forcée d'une obligation chaque fois qu'elle est possible et que son coût n'est pas disproportionné par rapport à l'intérêt que le créancier en retire ». L'absence de disproportion par rapport à l'intérêt retiré de l'exécution apparaît cette fois comme une condition qui limite aussi notablement l'exécution forcée.

Titre II

Les effets particuliers à certaines obligations

169. Diversité des régimes de l'obligation. – Le régime de l'obligation n'est pas totalement uniforme. À côté des règles d'application générale, qui viennent d'être exposées, il en est d'autres qui n'ont pas vocation à une semblable généralité. Elles sont alors spécifiques de telle ou telle catégorie d'obligations, qui peut être plus ou moins large.

Une place particulière doit être faite, à cet égard, aux *obligations contractuelles* et, plus précisément, à la question de l'inexécution ou de la mauvaise exécution de cette sorte d'obligations. Le Code ouvre alors la possibilité d'une *exécution par équivalent*, sur la base de laquelle s'est construite la théorie de la *responsabilité contractuelle*.

De moindre portée, mais néanmoins d'importance pratique considérable, il existe aussi des règles qui sont spécifiques des *obligations nées d'un contrat synallagmatique*, d'autres qui sont propres aux *obligations à modalités* –celles dont l'existence ou l'exigibilité dépend d'un événement défini, telle l'obligation conditionnelle– et d'autres encore qui concernent les *obligations complexes* –formule désignant à la fois les obligations qui se caractérisent par une pluralité d'objets– comme l'obligation alternative –et celles qui ont plusieurs sujets, par exemple, l'obligation solidaire.

Chapitre 1

Les effets particuliers aux obligations contractuelles : exécution par équivalent et théorie de la responsabilité contractuelle

170. Les suites de l'inexécution de l'obligation contractuelle. – Si de nombreuses obligations contractuelles consistent dans des obligations monétaires, dont l'exécution forcée en nature ne pose pas de problème [1] –hormis, bien sûr, celui de la solvabilité du débiteur– beaucoup d'entre elles s'analysent en revanche en obligations de donner un bien autre qu'une somme d'argent, ou en obligations de faire ou de ne pas faire. Or, si les obligations de donner ne soulèvent pas, par elles-mêmes, de problème d'exécution [2], les obligations de faire et de ne pas faire, en revanche, se révèlent très souvent rebelles à une exécution forcée en nature [3]. Cette circonstance rend alors particulièrement aiguë la question de savoir ce que devient le droit du créancier auquel le débiteur refuse l'exécution de son obligation.

En toute hypothèse, le créancier, qui n'est jamais obligé d'agir préalablement en *exécution* [4], dispose d'autres actions. Il est libre de choisir l'une ou l'autre de ces voies [5].

On verra ainsi que, dans le cas particulier où l'obligation procède d'un *contrat synallagmatique,* le créancier dispose de différents moyens, dont, notamment, une *action en résolution* qui lui permet de faire anéantir la relation contractuelle [6].

Beaucoup plus largement, le créancier confronté à l'inexécution du débiteur peut toujours –quels que soient l'obligation et le contrat qui y a donné naissance– demander des *dommages-intérêts.* C'est ce qui résulte de l'article 1142, selon lequel « toute obligation de faire ou de ne pas faire se résout en dommages et intérêts, en cas d'inexécution, de la part du débiteur ».

À partir de là, en considération, notamment, de ce texte et de l'article 1147, s'est développée, en pendant de la responsabilité *délictuelle* organisée par les articles 1382 et suivants du Code, une *théorie de la responsabilité contractuelle* qui tend à la *réparation des dommages* résultant de l'inexécution.

---

1. V. *supra*, n° 158.
2. V. *supra*, n° 159.
3. V. *supra*, n°s 160 et s.
4. V. Fontaine et Viney (dir.), *Les sanctions de l'inexécution des obligations contractuelles. Études de droit comparé,* Bruylant et LGDJ, 2001.
5. V. *supra*, n° 151.
6. En revanche, dans la mesure où l'exécution forcée est possible, il a toujours le droit de la demander, à moins qu'il ne soit établi qu'il y a renoncé. Cf. Civ. 6 janv. 1932, *DH* 1932.114.

C'est à la *notion* et à la *place* de cette *responsabilité contractuelle* que l'on s'arrêtera avant d'en préciser les *conditions* et la *mise en œuvre*.

Section I
Notion et place de la responsabilité contractuelle

§ 1. La question de la responsabilité contractuelle

171. Fausseté du concept ? – Installé dans le droit français au terme d'une évolution qui s'est développée au XIXe siècle, le concept de « *responsabilité contractuelle* » a acquis, bien que l'appellation ne figurât pas dans le Code, un droit de cité apparemment incontestable au XXe siècle : régulièrement mise en œuvre par la jurisprudence, la responsabilité contractuelle figure aussi dans les programmes d'enseignement, dans le cadre du cours de droit civil des obligations.

Cette benoîte quiétude a été bousculée, dans les dernières années du XXe siècle, par diverses études importantes [1] tendant à une remise en question de la responsabilité contractuelle.

M. Huet a, très judicieusement, mis en lumière une double fonction de la responsabilité contractuelle : fonction de *paiement*, d'abord, en ce qu'elle tend à réaliser l'*exécution forcée par équivalent* de l'obligation née du contrat et restée inexécutée ; fonction de *réparation*, ensuite, en ce qu'elle assure l'*indemnisation des dommages* causés par l'inexécution ou la mauvaise exécution de l'obligation contractuelle [2]. Ayant ainsi souligné *l'hétérogénéité* du concept de responsabilité contractuelle, M. Huet n'en conclut pas pour autant à son illégitimité. Tout au contraire, il propose d'en étendre l'application, non seulement à tous les dommages qui peuvent se rattacher à l'exécution du contrat [3], mais encore, au-delà même du cercle contractuel, mais dans certaines limites, aux tiers lésés par l'inexécution de l'obligation [4].

C'est à une conclusion radicalement opposée qu'aboutit la réflexion de M. Rémy, qui s'appuie sur une investigation historique d'une grande richesse. Pour cet auteur, la notion

---

1. Dans l'ordre chronologique : J. Huet, *Responsabilité contractuelle et responsabilité délictuelle – Essai de délimitation entre les deux ordres de responsabilité,* thèse, Paris II, 1978 ; Tallon, « L'inexécution du contrat : pour une autre présentation », *RTD civ.* 1994.223 ; Pourquoi parler de faute contractuelle ? *Mélanges* Cornu, 1994, p. 429 ; Rémy, « La "responsabilité contractuelle" : histoire d'un faux concept », *RTD civ.* 1997.323. V. aussi, du même auteur, « Critique du système français de responsabilité civile », *Droit et cultures* 1996-3, 31. V. également Faure-Abbad, *Le fait générateur de la responsabilité contractuelle*, LGDJ, coll. Faculté de droit et des sciences sociales de l'Université de Poitiers, préf. Rémy. La critique du concept de responsabilité contractuelle a été soutenue de longue date par Ph. le Tourneau. De cet auteur, v. *Droit de la responsabilité et des contrats*, 2008/2009, n°s 802 et s. V. aussi, P. Ancel, « La responsabilité contractuelle », *in Les concepts contractuels français à l'heure de principes du droit européen des contrats* (dir. Rémy-Corlay et Fenouillet), Dalloz Action 2003.243 ; Rémy-Corlay, « Exécution et réparation : deux concepts ? », *in Exécution du contrat en nature ou par équivalent, RDC* 2005/1, 13 ; « La responsabilité contractuelle et ses relations avec la responsabilité délictuelle », *in L'avant-projet de réforme du droit de la responsabilité, RDC* 2007/1, 19 ; Stoffel-Munck, « Exécution et inexécution du contrat », *in La réforme du droit français des contrats en droit positif, RDC* 2009/1, 333, spéc. n° 31 et s. ; Gridel et Laithier, « Les sanctions civiles de l'inexécution du contrat imputable au débiteur : état des lieux », *JCP* 2008. I. 143, spéc. n°s 20 et s.
2. Thèse préc., spéc. n° 20.
3. Thèse préc., notamment n°s 417 et s.
4. Thèse préc., n°s 721 et s.

de « responsabilité contractuelle » est « impensable » au regard des textes du Code qui n'envisagent en aucune façon une *réparation*, mais seulement l'*exécution forcée* de l'obligation : « le débiteur qui n'exécute pas ou exécute mal doit des dommages-intérêts non parce qu'il a causé injustement un dommage à son cocontractant, mais tout simplement parce qu'il n'exécute pas le contrat ; le droit du créancier aux dommages et intérêts procède seulement de la force obligatoire du contrat »[1]. Considérant que la prétendue responsabilité contractuelle absorbe en réalité toute l'exécution forcée du contrat[2], que les dommages-intérêts sont la « forme que prend ordinairement l'obligation contractuelle lorsque le créancier recourt à la contrainte, faute de pouvoir réclamer (ou obtenir) l'exécution en nature »[3], M. RÉMY propose de revenir à une distinction claire de ce qui est exécution –exécution forcée– et de ce qui relève de la réparation en cantonnant le droit à dommages-intérêts contractuels à la seule exécution[4], laissant le reste à la responsabilité délictuelle.

172. Réalité du concept. – Il est vrai que la responsabilité contractuelle présente une particularité notable par comparaison avec la responsabilité délictuelle : elle n'est pas une source initiale d'obligation ; elle constitue une sorte de prolongement de l'obligation préexistante qui est issue du contrat[5].

Cette obligation contractuelle préalable est le fondement même d'une responsabilité contractuelle dont l'objet est, précisément, d'en assurer le respect. Il y a donc une relation de continuité entre l'obligation contractuelle initiale et la condamnation à dommages-intérêts qui en sanctionne, le cas échéant, l'inexécution. Cela explique l'ambivalence de ce régime de responsabilité –exécution et réparation– que M. HUET a fort justement soulignée ; et M. RÉMY, même s'il en tire des conséquences excessives, a incontestablement raison de souligner que la « responsabilité contractuelle », au vu des textes du Code, est un système d'*exécution forcée*.

Il ne paraît pas possible, en revanche, d'en conclure à la « fausseté » de l'expression « responsabilité contractuelle », comme le font certains auteurs, au prétexte que la source de la réparation « ne réside pas tant dans l'inexécution que dans le contrat lui-même »[6]. Certes, le contrat est la condition première et nécessaire de cette réparation : mais c'est bien une circonstance distincte –l'inexécution– qui en est le fondement. Et, comme on va le voir, l'idée même d'*exécution forcée* ne peut, sans artifice, être ramenée à une forme d'exécution du contrat. L'exécution forcée a une tout autre dimension.

Il est vrai que les règles des articles 1142 et 1147 ont pour objet premier de porter remède à l'inexécution à laquelle se heurte le créancier qui ne peut obtenir ni exécution spontanée ni exécution forcée en nature : ce créancier a droit à des *dommages-intérêts,* c'est-à-dire à un *équivalent pécuniaire* de la prestation dont il se trouve privé. Mais, outre que le mécanisme que ces règles mettent en place est distinct du mécanisme contractuel, il faut bien constater qu'elles ont une portée plus large[7].

Force est d'observer, d'abord, que le mécanisme retenu par le Code pour assurer cette « exécution forcée » s'apparente très largement à ceux de la responsabilité civile : il tend

---

1. *Critique du système français de responsabilité civile*, p. 40.
2. *Op. cit.*, p. 44.
3. *La « responsabilité contractuelle » : histoire d'un faux concept*, n° 2.
4. *Op. cit.*, n° 48.
5. V. Vol. 2 –*Le fait juridique*– n° 61.
6. LE TOURNEAU, *op. cit.*, n° 806.
7. V. SAVAUX, « La fin de la responsabilité contractuelle ? », *RTD civ.* 1999.1, spéc. n° 41.

à restaurer la situation qui serait résultée de l'exécution de l'obligation, à établir une situation comparable à celle qui aurait été *si* l'obligation n'avait pas été méconnue. « Le propre de la responsabilité civile est... de replacer la victime, aux dépens du responsable, dans la situation où elle se serait trouvée si l'acte dommageable ne s'était point produit », dit la jurisprudence [1]. L'exécution forcée emprunte ici les voies de la responsabilité civile. Il n'est donc pas choquant, ni déplacé, de parler de « responsabilité contractuelle ».

Ce l'est d'autant moins que l'*exécution* forcée n'a d'exécution que le nom [2]. Le recours à un « équivalent » le souligne : par hypothèse le créancier n'obtient pas ce à quoi le contrat lui donnait droit, c'est-à-dire la prestation du débiteur. L'équivalent n'est en réalité rien d'autre qu'une *compensation* de ce dont le créancier a été privé du fait de l'inexécution et les dommages et intérêts de l'article 1142 ne sont pas d'une nature différente de celle qui s'attache aux dommages-intérêts qui sont alloués en réparation d'un dommage *stricto sensu.* Il s'agit, dans tous les cas, de restaurer un équilibre économique qui a été rompu.

Ensuite, l'exécution par équivalent apparaît, en réalité, comme un concept extrêmement malléable. Quelle est la consistance de cet équivalent ? M. RÉMY indique que, pour l'exécution forcée de l'obligation inexécutée, les dommages-intérêts doivent être mesurés « sur l'avantage promis par le débiteur (ou raisonnablement escompté par le créancier) » [3]. Mais peut-on faire une appréciation strictement limitée au fait de l'inexécution –ou de la mauvaise exécution ? C'est, de nouveau, tout à fait douteux.

Il semble que l'on doive, inévitablement, prendre en compte les effets *induits* de cette situation, c'est-à-dire, outre l'inexécution elle-même, ses diverses conséquences, telles que l'impossibilité pour le créancier d'exécuter ou de conclure un autre contrat, les dépenses supplémentaires rendues nécessaires par l'imperfection de la chose livrée, les dommages provoqués par cette imperfection..., dans la limite du caractère direct du dommage considéré [4].

De ce qui relève, intellectuellement, de l'*exécution* à ce qui consiste dans la pure *réparation* d'un *dommage*, le passage est insensible. Cela se comprend facilement : l'attente légitime du créancier n'est pas seulement d'obtenir la prestation promise ; c'est aussi, que l'exécution de celle-ci ne lui soit pas préjudiciable. L'observation confirme que l'*équivalent* est forcément autre chose que l'exécution de la prestation... Il attire inexorablement au-delà de cette prestation pour prendre en compte non seulement le dommage que constitue par elle-même l'inexécution ou la mauvaise exécution, mais encore les préjudices qui ont pu résulter de la situation ainsi créée. Et, à supposer que ce soit possible –ce qui est extrêmement douteux, notamment dans le cas de l'exécution défectueuse– il n'apparaît pas souhaitable de distinguer entre ces différentes suites de l'inexécution, qui s'inscrivent toutes dans le prolongement d'un contrat, tel qu'il a été conclu [5].

---

1. Vol. 2 –*Le fait juridique*– n° 387.
2. SAVAUX, *op. cit.*, spéc. n° 41. V. aussi, JOURDAIN, « Réflexion sur la notion de responsabilité contractuelle », in *Les métamorphoses de la responsabilité*, PUF, 1998, p. 65.
3. *La « responsabilité contractuelle » : histoire d'un faux concept*, n° 41, p. 351.
4. V. *infra*, n° 189.
5. Cf. HUET, en conclusion de sa thèse : « le contrat ne fait pas seulement naître un droit au paiement au profit du créancier de la prestation promise : il crée une situation originale où les parties sont exposées et prédisposées à se causer mutuellement toutes sortes de préjudices, non pas seulement pécuniaires, mais aussi corporels, voire moraux. Et les relations qu'elles entretiennent ainsi doivent être soumises à

La responsabilité contractuelle n'est donc pas un « faux concept ». C'est un concept *complexe*, mais bien *réel*, et qui a sa place à côté de celui de responsabilité délictuelle[1].

L'*Avant-projet de réforme du droit des obligations* prend nettement parti en faveur de la responsabilité contractuelle en disposant que, de même que tout fait illicite ou anormal ayant causé à autrui, toute inexécution d'une obligation contractuelle ayant causé un dommage au créancier oblige le débiteur à en répondre (art. 1340), et en consacrant, à côté de règles à propres à chacun d'eux, des dispositions communes aux deux types de responsabilités, dans le sous-titre consacré à la responsabilité civile (art. 1343 et s.)[2]. À première vue, le parti du *projet gouvernemental de réforme du droit des contrats* est le même puisqu'il contient, dans le chapitre consacré à l'inexécution, une section 3 intitulée « La responsabilité contractuelle ». Mais celle-ci ne constitue, pour l'instant, qu'une reproduction des dispositions actuelles du code civil, dans l'attente de la réforme de la responsabilité. Il faudra donc voir si les règles de fond, concernant notamment l'évaluation des dommages-intérêts, seront conformes à cette orientation[3]. Le *projet de réforme du droit des contrats* de l'Académie des sciences morales et politiques est manifestement d'une autre veine. Dans un paragraphe consacré à l'inexécution, il contient une division intitulée « Des dommages et intérêts ». L'article 118 indique que ces derniers sont, en règle générale, d'un montant qui place le créancier dans la situation où il se trouverait si le contrat avait été dûment exécuté, ce qui renvoie à l'idée d'exécution par équivalent[4].

§ 2. Les rapports de la responsabilité contractuelle et de la responsabilité délictuelle

173. Questions à envisager. – À la lumière de ce qui vient d'être exposé, il convient de revenir sur la question classique de l'unité ou de la dualité des responsabilités délictuelle et contractuelle. Dans la mesure où il apparaît impossible de conclure à l'unité, il faudra se demander comment se délimitent leurs domaines respectifs et si elles peuvent exister concurremment.

---

un régime qui leur soit adapté, ce que l'on ne peut attendre de la responsabilité délictuelle qui est destinée à régir des rencontres de hasard entre de simples tiers » (n° 734).

1. Dans le même sens, v. notamment, Starck, Roland et Boyer, n°s 2023 et s. Rappr. Malaurie, Aynès et Stoffel-Munck, n°s 933 et s. –qui soulignent la nécessité de la distinction pour le dommage matériel (n° 938). D'autres auteurs, s'en tenant au droit positif, maintiennent intégralement la distinction des deux ordres de responsabilité, Terré, Simler et Lequette, n°s 559 et s.

Très nettement en faveur de la responsabilité contractuelle : Fages, n° 373, qui considère que l'exécution par équivalent est une « vue de l'esprit ».

2. « La responsabilité contractuelle et ses relations avec la responsabilité extracontractuelle », in La réforme du droit de la responsabilité, *RDC* 2007/1, 19 ; le Tourneau, « Brefs propos critiques sur la "responsabilité contractuelle" dans l'avant-projet de réforme du droit de la responsabilité », *D.* 2007. chron. 2180.

3. V. Stoffel-Munck, « Exécution et inexécution », *in La réforme du droit français des contrats en droit positif*, *RDC* 2009/1, 333, spéc. n° 31 et s.

4. V. d'ailleurs clairement Rémy, « Les dommages et intérêts », *in Pour une réforme du droit des contrats*, p. 281.

Sur ces questions, v. également *infra*, n° 188-1.

A. Unité ou dualité des deux responsabilités

174. Unité ou dualité de nature. – La question de l'unité ou de la dualité des responsabilités délictuelle et contractuelle [1] concerne à la fois leur *nature* et leur *régime*.

La *thèse classique* était celle de la *dualité absolue de nature :* d'un côté, la responsabilité *délictuelle* existe entre des personnes qui n'étaient pas juridiquement liées auparavant ; elle a une *origine légale*. De l'autre, la responsabilité *contractuelle* sanctionne des relations de contractants et trouve sa *source* dans le *contrat* qui les unit, les dommages-intérêts correspondant seulement à l'exécution forcée de celui-ci.

À cette thèse a été opposée celle de *l'unité des deux responsabilités*, soutenue, avec des nuances, par Planiol : les deux responsabilités *sanctionnent* une *faute* consistant dans la *violation d'une obligation préexistante* [2]. On peut aussi faire valoir, en évitant de recourir à cette référence contestable qu'est –pour la responsabilité délictuelle– la notion d'obligation [3], que la faute étant le simple fait de ne pas se comporter comme un homme avisé, ce critère vaut aussi bien dans le cadre d'un contrat qu'en dehors de toute convention : l'homme avisé commence par respecter ses engagements.

Cette thèse unitaire a eu le mérite de mettre en lumière la profonde identité du *principe dynamique* des deux ordres de responsabilité : l'un et l'autre tendent, essentiellement, à la sanction d'une *faute* –qu'elle soit prouvée ou présumée. Mais elle fait beaucoup trop abstraction de la réalité contractuelle : à bien des égards, *la sanction de la violation d'une obligation contractuelle* dépend, dans son principe comme dans sa mesure, de la validité et de la consistance de cette obligation.

À la vérité, aucune des deux thèses n'emporte la conviction. Ainsi qu'il a été vu précédemment, le concept de *responsabilité contractuelle* n'est *pas homogène* puisque cette responsabilité remplit une double fonction : *compenser* l'inexécution de l'obligation souscrite, et *réparer* les dommages qui ont pu résulter de cette inexécution [4]. Or, ces deux fonctions, qui se trouvent étroitement imbriquées et de fait indissociables, confèrent à la responsabilité contractuelle une nature complexe et spécifique qui ne peut ni être réduite à celle de la responsabilité délictuelle, ni davantage lui être purement et simplement opposée.

En d'autres termes, les deux responsabilités ont en commun d'être liées à la méconnaissance d'une règle de conduite, au fait de ne pas avoir agi comme on aurait dû le faire. Mais au-delà de cette identité –identité de principe dynamique– elles se séparent : tandis que la responsabilité *délictuelle* sanctionne un devoir qui dérive de la loi et qui est le même pour tous, la responsabilité *contractuelle* sanctionne une obligation –au sens étroit et technique du mot– qui a été établie entre deux personnes par l'effet d'un accord de volontés.

Cela emporte cette conséquence essentielle que la responsabilité contractuelle, dans ses deux fonctions de compensation et de réparation, s'inscrit dans le prolongement de cet élément spécifique que constitue l'acte de volonté établi par les contractants et dont

---

1. V. VINEY, *Introduction à la responsabilité*, 3e éd., 2008, nos 161 et s. ; BRUN, *Responsabilité civile extracontractuelle*, nos 88 et s. V. aussi, Martine, *L'option entre la responsabilité contractuelle et la responsabilité délictuelle*, LGDJ, 1957 ; BRUN, *Rapports et domaines des responsabilités contractuelle et délictuelle*, thèse, Lyon, 1930.
2. V. encore en ce sens, MAZEAUD et CHABAS, no 376.
3. Vol. 2 –*Le fait juridique*– no 98.
4. *Supra*, no 171.

la loi entend assurer le respect. De la sorte, la validité et la substance de l'obligation préexistante exercent une influence décisive sur cette responsabilité, dimension qui est étrangère à la responsabilité délictuelle.

Le débat sur l'unité ou la dualité des responsabilités délictuelle et contractuelle rappelle, d'une certaine manière, la discussion relative aux sources des obligations [1]. En un sens, toutes les obligations sont légales, si l'on envisage leur *source première :* aucune n'existerait si le législateur ne l'avait admise. Mais elles se diversifient si l'on envisage leur *source immédiate.* Pareillement, les deux responsabilités ont leur source première dans une défaillance de conduite et elles se fondent, l'une et l'autre, sur le devoir général et légal de ne pas nuire à autrui. Mais leur source immédiate n'est pas la même : l'élément, additionnel, que constitue le *contrat*, spécialise ce devoir en engendrant des obligations particulières et déterminées.

Là se trouve la raison profonde de ce que, malgré une très grande proximité de nature, les deux responsabilités se différencient sur le plan de leur *régime.*

175. Dualité de régime : différences relatives. – Conformément au postulat d'une différence absolue de nature, la doctrine classique opposait les deux ordres de responsabilité de manière radicale. Il est aujourd'hui acquis que les différences qui séparent la responsabilité délictuelle de la contractuelle ne consacrent que rarement des solutions nettement distinctes. Le plus souvent, les deux responsabilités ne font apparaître que des différences relatives [2]. Qu'elles soient *relatives* ou qu'elles soient nettement *caractérisées*, ces différences [3] procèdent, pour l'essentiel, de la préexistence d'un contrat sur lequel se greffe la responsabilité contractuelle.

Selon les classiques, les deux responsabilités s'opposeraient sur le terrain de la *charge de la preuve* et sur celui de la *gravité de la faute* nécessaire à l'engagement de la responsabilité.

Quant à la *charge de la preuve*, la *faute délictuelle* devrait être *prouvée* par la victime, tandis que la *faute contractuelle* serait *présumée*, le débiteur étant tenu d'établir qu'il a exécuté son obligation. Une telle opposition systématique n'existe pas : d'une part, il est des responsabilités délictuelles qui peuvent être engagées sans que la victime ait à prouver une faute –ainsi, par exemple, pour la responsabilité du fait des choses [4] ; d'autre part, lorsque le débiteur contractuel n'est tenu que d'une obligation de moyens, ce qui dépend essentiellement de la convention conclue par les parties [5], le créancier qui se plaint doit établir que son débiteur a mal exécuté.

Pour ce qui est de la *gravité de la faute* propre à engager la responsabilité, les classiques soutenaient que n'importe quelle faute, même très légère, pourrait fonder une responsabilité *délictuelle*, tandis que la responsabilité *contractuelle* supposerait toujours une faute d'une certaine gravité, au moins une faute légère. Là encore, une telle différence systématique n'existe pas, et ne pourrait d'ailleurs pas être justifiée. Son affirmation est

---

1. Vol. 1 –*L'acte juridique*– n° 56.
2. V. D. MAZEAUD, A partir d'un petit cas tragique outre-Rhin : retour sur le désordre de la distinction des ordres de responsabilités..., Mélanges VINEY, spécial. n°s 20 et s. L'auteur insiste par ailleurs sur l'atténuation de la distinction liée à la détermination de la nature de l'action (dépassement de la distinction en législation, reconnaissance jurisprudentielle d'actions délictuelles aux contractants et d'actions contractuelles aux tiers).V. *infra*, n°s 177 et s.
3. Pour un exposé très détaillé de ces différences, v. DURRY, *La distinction de la responsabilité contractuelle et de la responsabilité délictuelle,* Université Mc Gill, 1986, n°s 4 et s.
4. Vol. 2 –*Le fait juridique*– n°s 231 et s.
5. Sur la distinction des obligations de *moyens* et des obligations de *résultat*, v. *infra*, n°s 201 et s.

en réalité le fruit d'une illusion, à savoir que tout dépend, en matière contractuelle, de la consistance de l'obligation convenue, laquelle peut être plus ou moins exigeante, au gré de la volonté des contractants, ce qui est tout autre chose [1].

Les classiques opposaient encore les deux ordres de responsabilité par d'autres éléments.

Ainsi, les *clauses limitatives ou exclusives de responsabilité* seraient-elles illicites en responsabilité délictuelle alors qu'elles seraient valables au regard de la responsabilité contractuelle. Mais une telle opposition est, au moins, excessive. Outre que, par la force des choses, il est rarement concevable de stipuler une clause de non-responsabilité délictuelle –il est rare que l'auteur du dommage et sa victime se connaissent avant l'accident et, plus encore, qu'ils prévoient son éventualité !– il ne fait aucun doute que les clauses relatives à la responsabilité contractuelle ne sont pas toujours valables, à beaucoup près [2].

De même faisaient-ils valoir que la responsabilité délictuelle ne serait pas subordonnée, contrairement à la contractuelle, à une *mise en demeure*. Mais c'est encore excessif : la responsabilité contractuelle ne suppose pas toujours une mise en demeure [3].

176. Dualité de régime : différences caractérisées. – Sur certains points, en revanche, les différences de régime des deux responsabilités sont plus nettement accusées.

Ainsi en va-t-il pour l'importante question de la *mesure de la réparation*. En matière *délictuelle*, le principe est celui de la *réparation intégrale :* le responsable doit réparer la totalité du préjudice souffert par la victime, c'est-à-dire toutes les suites du fait générateur de responsabilité qui sont dans un rapport direct de causalité avec ce dernier [4]. La solution est très différente en *responsabilité contractuelle :* en vertu de l'article 1150, la réparation ne couvre en principe que le *dommage prévisible* –celui qui pouvait être prévu au moment de la conclusion du contrat, en considération des engagements souscrits par les parties. Ainsi, le transporteur qui a accepté de livrer une armoire à telle destination, ne sera tenu que du prix de ce meuble, s'il est perdu au cours du transport, non des bijoux que l'expéditeur y aurait cachés à son insu. La solution, qui comporte du reste d'importantes exceptions, trouve sa justification dans le fait qu'il convient, normalement, de rester dans la limite de ce que les parties ont déclaré vouloir pour fixer l'équilibre de leur relation [5]. Une telle considération n'a évidemment pas sa place dans le cas de la responsabilité délictuelle.

Une autre différence radicale, de portée infiniment plus réduite, mais tout autant inévitable, concerne le *statut des incapables* au regard de la responsabilité civile. En vertu de la loi, les incapables, y compris l'aliéné et l'*infans*, engagent leur responsabilité par les délits et quasi-délits qu'ils commettent [6]. Au contraire, ils échappent normalement à la responsabilité contractuelle : leur incapacité entache le contrat de nullité de sorte qu'il ne

1. V. *infra*, n° 195.
2. V. *infra*, n°s 226 et s. et n° 235.
3. V. *infra*, n°s 222 et s.
4. Vol. 2 –*Le fait juridique*– n°s 387 et s.
5. De sorte que, si c'est *volontairement* que le débiteur contractuel n'a pas exécuté, ou a mal exécuté son obligation, la limite du dommage prévisible n'a plus lieu d'être : s'étant lui-même affranchi du contrat au stade de l'exécution, il ne peut plus s'en prévaloir pour prétendre à une limitation de sa responsabilité. Sur l'ensemble de la question du dommage prévisible, v. *infra*, n°s 218 et s.
6. Vol. 2 –*Le fait juridique*– n°s 99 et s.

peut avoir aucun effet. Il n'en va autrement que dans le cas, très rare, de dissimulation frauduleuse de l'incapacité, où la loi admet la validité du contrat à titre de sanction contre l'incapable [1] : alors, exceptionnellement, l'incapable se trouvera exposé à la responsabilité contractuelle en cas d'inexécution.

Il reste à évoquer deux autres différences de régime, dont la seconde tend néanmoins à s'estomper, qui trouvent leur explication, au-delà du fait singulier de la préexistence d'un contrat, dans des considérations techniques plus larges.

La première différence qui mérite d'être notée concerne la *compétence territoriale* des tribunaux. Hormis le principe général de compétence du tribunal du défendeur, le tribunal compétent est, en *matière contractuelle*, « la juridiction du lieu de la livraison effective de la chose, ou du lieu d'exécution de la prestation de service », alors qu'en matière délictuelle c'est « la juridiction du lieu du fait dommageable ou celle dans le ressort de laquelle le dommage a été subi » (NCPC, art. 46).

La seconde différence fut naguère très importante, mais elle a été réduite par la loi du 17 juin 2008 [2] : elle est relative à la *prescription extinctive*. En vertu de l'article 2270-1, les actions en responsabilité civile *délictuelle* se prescrivaient par 10 ans. À ce régime très largement uniforme s'opposait celui de la responsabilité *contractuelle* où, d'une part, la prescription était, en l'absence de texte particulier, en principe *trentenaire*, mais où, d'autre part, cette prescription de 30 ans était très souvent écartée par des textes spéciaux au profit de délais plus courts : par exemple, prescription de 10 ans pour la responsabilité des constructeurs (art. 2270), ainsi que celle des médecins (CSP, art. L. 1142-28) ou encore « bref délai », puis délai de deux ans pour la prescription de l'action en garantie des vices cachés contre le vendeur (art. 1648, mod. Ord. 17 févr. 2005). La loi du 17 juin 2008 a sensiblement modifié le système, dans le sens du rapprochement des délais de prescription. Désormais, les actions en responsabilité contractuelle et extracontractuelle sont en principe soumises à la *prescription quinquennale* de l'article 2224 qui vise de manière générale les actions personnelles ou mobilières. Mais la loi laisse par ailleurs subsister les règles spéciales prévues par d'autres lois (art. 2223). La responsabilité des constructeurs, des médecins... restent donc soumises à des délais qui leur sont propres. La réforme contient cependant une autre unification importante. L'action en responsabilité née à raison d'un événement ayant entraîné un dommage corporel se prescrit par dix ans à compter de la date de consolidation du dommage (art. 2225), sans qu'il y ait lieu de distinguer selon qu'il s'agit d'une responsabilité contractuelle ou extracontractuelle.

Malgré ce rapprochement [3], les différences de régime se révèlent encore suffisamment nombreuses et consistantes pour donner une importance réelle à la distinction des deux ordres de responsabilité : l'issue du procès dépendra souvent de la qualification –délictuelle ou contractuelle– retenue. Il faut donc en délimiter les domaines respectifs.

B. Domaines respectifs de la responsabilité délictuelle et de la responsabilité contractuelle

177. Principe de répartition. – Il faut partir de l'idée que la responsabilité *contractuelle* est une responsabilité *d'exception*, ce qui ne veut pas dire qu'elle soit d'importance réduite mais seulement que la responsabilité *délictuelle* est la responsabilité *de principe*.

L'exception que constitue ainsi la responsabilité contractuelle trouve sa raison d'être, comme nous l'avons déjà dit, dans le fait de l'existence d'un *contrat*. Mais, pour autant,

---

1. Vol. 1 –*L'acte juridique*– n° 232. V. DAURY-FAUVEAU, « Trouble mental et responsabilité. La faute de l'aliéné et le contrat », *JCP* 1998.I.160.
2. V. *infra*, n°s 478 et s.
3. Et quelques autres : D. MAZEAUD, « À partir d'un petit cas tragique outre-Rhin : retour sur le désordre de la distinction des ordres de responsabilités... », préc., spéc. n°s 20 et s.

cette circonstance –existence ou non d'un contrat– ne peut pas constituer le *critère* de la distinction des domaines respectifs des deux ordres de responsabilité : elle constituerait un critère tantôt trop large, tantôt trop étroit.

Le véritable élément de répartition est constitué par l'*obligation contractuelle :* la responsabilité *contractuelle* est celle qui a vocation à s'appliquer aux relations entre le *créancier et le débiteur d'une obligation contractuelle*, en cas d'inexécution de celle-ci. Tous les *autres rapports*, c'est-à-dire ceux qui constituent des *relations entre tiers,* relèvent de la responsabilité *délictuelle*.

1) Le domaine de la responsabilité contractuelle : les relations entre créancier et débiteur d'une obligation contractuelle

178. Première condition : l'existence d'une obligation contractuelle valable entre les parties. Précision quant aux personnes concernées. – La vocation naturelle de la responsabilité contractuelle est de s'appliquer à des relations qui sont nées d'un contrat. Mais l'application effective du régime de la responsabilité contractuelle suppose que deux conditions soient réunies : d'abord qu'il existe entre les parties une *obligation contractuelle valable ;* ensuite, que, dans ces relations, soit apparue une *inexécution dommageable*.

La première condition *–existence d'une obligation contractuelle valable–* appelle deux précisions.

La première précision à donner est que cette condition ne se réduit pas à l'exigence d'un contrat conclu par les parties [1]. Certes, il en est ainsi le plus souvent ; mais ce n'est pas une nécessité. Ce qu'il faut et ce qui suffit c'est que le dommage se manifeste dans les relations de deux personnes qui sont liées par une obligation contractuelle.

Il peut s'agir –c'est le cas le plus fréquent– des *parties contractantes* elles-mêmes, c'est-à-dire de ceux qui ont conclu le contrat.

Mais il peut aussi s'agir d'autres personnes que les contractants eux-mêmes, notamment de celles qui ont la qualité de *parties substituées*, formule qui désigne des personnes qui sont venues remplacer les parties contractantes, ou l'une d'elles, dans le lien d'obligation, par l'effet d'une transmission de celui-ci. C'est le cas des *ayants cause universels* des contractants [2] ; c'est aussi celui du bénéficiaire d'une *cession de créance* ou *de contrat* [3], *ou encore, sous certaines conditions, de l'ayant cause à titre particulier* [4].

Il peut aussi s'agir –cas particulier de portée plus réduite– du *tiers bénéficiaire* d'une stipulation pour autrui, tiers lié au promettant, en vertu de l'exception admise par l'article 1165, par un lien de nature contractuelle, ce qui l'autorise à se prévaloir contre lui, le cas échéant, d'une responsabilité contractuelle [5].

---

1. L'existence du contrat peut, parfois, faire question. V. par ex. Civ. 1re, 7 avr. 1998, *Bull. civ.* I, n° 141 ; Civ. 1re, 16 déc. 1997, *Bull. civ.* I, n° 376 ; Civ. 1re, 17 déc. 1996, *Bull. civ.* I, n° 463, *RTD civ.* 1997.431, obs. JOURDAIN.

2. Vol. 1 *–L'acte juridique–* n° 436.

3. *Ibid.*, n° 439.

4. *Ibid.*, nos 439 et s.

5. *Ibid.*, n° 484. V. par ex., Com. 23 mai 1989, *Bull. civ.* IV, n° 164. C'est la solution qui a, depuis longtemps, prévalu en jurisprudence pour le contrat de transport, notamment au profit des parents proches de la personne transportée, qui ont ainsi pu agir en responsabilité contractuelle contre le transporteur (*ibid.*, n° 480). Sa portée a été sensiblement réduite par Civ. 1re, 28 oct. 2003 (*Bull. civ.* I, n° 219, *Defrénois* 2004, art. 37894, n° 27, obs. LIBCHABER) qui exclut une telle stipulation tacite, contre

179. Première condition (suite). Précision quant aux faits dommageables considérés. – La seconde précision, restrictive cette fois, appelle l'attention sur le fait que l'existence d'un contrat entre les parties ne suffit pas à déterminer l'application de la responsabilité contractuelle, laquelle suppose, ce qui est beaucoup plus précis, l'existence d'une *obligation contractuelle* entre les parties.

Cela explique qu'il ne puisse y avoir de place pour la responsabilité *contractuelle*, tant dans la période qui a *précédé* la conclusion du contrat que dans celle qui a *succédé* à son exécution : c'est qu'à ces deux moments, il n'y a *pas encore*, ou *il n'y a plus*, d'obligation contractuelle entre les parties. Les faits dommageables qui ont pu survenir *avant* la conclusion du contrat, qui s'est dûment formé ensuite, n'entrent pas dans le champ d'application de la responsabilité contractuelle. Ainsi lorsque l'un des contractants s'est rendu coupable de tromperies envers l'autre lors de la négociation du contrat[1]. De même, les dommages causés par des agissements *postérieurs* à l'exécution du contrat et qui ne relèvent pas de cette exécution n'appellent pas davantage l'application des règles de la responsabilité contractuelle. Ainsi, le locataire qui, après la cessation du bail, continue indûment à occuper les lieux, ou qui omet de restituer les clés, engage-t-il sa responsabilité délictuelle envers le *propriétaire* qui peut lui réclamer une indemnité d'occupation[2].

L'existence d'un contrat n'autorise donc l'application de la responsabilité contractuelle ni en deçà, ni au-delà, des obligations auxquelles il a donné naissance ; il n'y a de responsabilité *précontractuelle* ou *postcontractuelle* que délictuelle[3].

Il va de soi, *a fortiori*, que les négociations d'un contrat que les parties *n'ont pas conclu* finalement, ne peuvent pas donner lieu à responsabilité contractuelle. Ainsi, les *ruptures abusives de pourparlers* ne sont elles sanctionnées que par application des règles de la responsabilité délictuelle[4]. Il en va de même dans les cas où un contrat a été conclu mais a été ultérieurement *annulé* de sorte qu'il est censé n'avoir jamais existé. Dans un tel cas, l'occasion d'appliquer la responsabilité délictuelle est d'ailleurs double : elle peut sanctionner la faute de celui qui a, en connaissance de cause, conclu une convention entachée d'une cause de nullité[5] ; elle s'applique aussi à la réparation de tous les dommages qui ont pu résulter de son exécution[6].

---

l'agence de voyage, au bénéfice de proches de la victime, victimes par ricochet, dès lors qu'ils n'avaient pas la qualité d'ayant cause des voyageurs, n'étant ni héritiers ni cessionnaires de ceux-ci.

Sur les actions contractuelles des tiers et les actions extracontractuelles des contractants, qui atténuent la distinction des deux ordres de responsabilité, v. D. MAZEAUD, « À partir d'un petit cas tragique outre-Rhin : retour sur le désordre de la distinction des ordres de responsabilités... », préc.

1. V. par ex., Civ. 1re, 4 oct. 1988, *Bull. civ.* I, n° 265 ; Com. 11 janv. 1984, *Bull. civ.* IV, n° 16 ; Civ. 1re, 14 nov. 1979, *Bull. civ.* I, n° 279. Rappr. Civ. 2e, 15 févr. 1984, *Bull. civ.* II, n° 29.

2. Civ. 3e, 17 juill. 1997, *Bull. civ.* III, n° 166.

3. Deux illustrations caractéristiques : lorsqu'une correspondance divise un transport en plusieurs trajets, la responsabilité du transporteur à l'égard du voyageur victime d'un accident survenu au cours de cette correspondance est de nature délictuelle (Civ. 1re, 19 févr. 1991, *Bull. civ.* I, n° 72) ; la responsabilité de celui qui exploite un magasin de libre-service dont l'entrée est libre est délictuelle pour ce qui concerne les dommages liés à l'organisation ou au fonctionnement de l'établissement (Civ. 2e, 5 juin 1991, *Bull. civ.* II, n° 176).

4. V. notamment, Com. 7 avr. 1998, *D.* 1999.154, note CHAUVEL ; Com. 9 avr. 1996, *Bull. civ.* IV, n° 117, *D.* 1997.77, note TICHADOU, *Defrénois* 1997, art. 36516, n° 17, obs DELEBECQUE, *RTD civ.* 1997.118, obs. MESTRE. Rappr. Civ. 1re, 6 janv. 1998, *Bull. civ.* I, n° 7. V. aussi SCHMIDT, « La sanction de la faute précontractuelle », *RTD. civ.* 1974.47.

5. Vol. 1 –*L'acte juridique*– nos 372 et s.

6. Rappr. Com. 7 mars 1972, *Bull. civ.* 1972.IV.83, *RTD. civ.* 1972.779, obs. DURRY.

180. Seconde condition : dommage né de l'inexécution de l'obligation contractuelle. – Seuls les dommages qui sont résultés de l'*inexécution* –ce mot incluant, sauf indication contraire, la *mauvaise exécution*– de l'obligation contractuelle peuvent donner lieu à responsabilité contractuelle.

Certaines situations ne suscitent aucune hésitation : l'artisan qui ne livre pas le meuble qu'il a promis de fabriquer engage sa responsabilité contractuelle envers le créancier, lequel subit un dommage du fait de ce manquement à l'engagement contractuel ; inversement, le bailleur qui, conduisant sa voiture, blesse un piéton qui se trouve être son locataire, n'est engagé envers celui-ci que sur le terrain de la responsabilité délictuelle, l'accident ne constituant pas l'inexécution d'une obligation née du bail.

Mais tout n'est pas toujours aussi clair et il faut alors rechercher quel a été le contenu exact de la convention des parties. C'est la lecture et l'interprétation du contrat qui, en mettant en lumière les obligations effectivement convenues, et en faisant apparaître ainsi, le cas échéant, que le dommage procède de l'inexécution de l'une d'elles, permettront de dire qu'il y a bien lieu à responsabilité contractuelle.

Encore faut-il ne pas commettre, à ce propos, de confusion : la référence à la convention des parties est globale. Cela signifie qu'il convient de prendre en considération non seulement les obligations qui ont été spécialement établies par les contractants mais encore toutes celles que la *loi* attache à la convention considérée : ainsi des obligations de garantie imposées au constructeur par les articles 1792 et suivants, ou de l'obligation de sécurité mise à la charge du transporteur ou de certains entrepreneurs, notamment, par la *jurisprudence*. Ce sont *toutes* les obligations qui résultent du contrat, soit par la volonté des contractants, soit en vertu de la loi, qui justifient l'application de la responsabilité contractuelle en cas d'inexécution [1].

Cette condition n'est pas remplie en cas de *rupture de relations commerciales établies* (C. com., art. L. 442-6-1-5°). En effet, même avec une compréhension large de la notion, ne se limitant pas à celles voulues par les parties, il est difficile d'admettre qu'il existe une obligation contractuelle de ne pas rompre ce type de relations, sans préavis écrit tenant compte de la durée de la relation

---

1. La recherche des obligations souscrites par les parties lors de la conclusion du contrat suscite parfois des difficultés. L'histoire en apporte une bonne illustration avec l'obligation *de sécurité* que la jurisprudence a découverte dans certains contrats, tel notamment le contrat de transport de voyageurs. Curieusement, cette obligation a tardé à être admise comme inhérente au contrat médical. C'est ainsi que, jusqu'en 1936, la responsabilité du *médecin* a été regardée comme une responsabilité délictuelle parce qu'il était admis que sa seule obligation consistait dans le fait matériel de prodiguer des soins. Ce n'est que par un arrêt Civ. 20 mai 1936 (*D.* 1936.1.88, rapport JOSSERAND, concl. MATTER, note E. P., *S.* 1937.1.32, note BRETON) que la nature contractuelle de sa responsabilité a été affirmée comme fondée sur l'obligation contractuelle de fournir des soins « consciencieux, attentifs et, réserve faite de circonstances exceptionnelles, conformes aux données acquises de la science ». Il convient au demeurant d'observer, pour revenir à la notion générale d'obligation de sécurité, que, réserve étant faite de certains contrats, cette sorte d'obligation ne devrait relever que de la responsabilité délictuelle au titre d'un devoir de sauvegarde de l'intégrité corporelle d'autrui, devoir qui incombe à chacun. V. par ex., LE TOURNEAU et CADIET, *op. cit.*, n° 3309.

Le problème de la qualification de la responsabilité est du reste parfois –c'est exceptionnel– compliqué par des considérations extrinsèques. Ainsi en va-t-il pour la responsabilité des *officiers ministériels* et en particulier pour les *notaires*, dont la responsabilité est regardée comme *délictuelle*, en dépit de la relation contractuelle qui lie incontestablement cet officier public à ses clients (cf. AUBERT, *La responsabilité civile des notaires*, 3e éd., 1998, nos 19 et s). V. aussi DE POULPIQUET, *La responsabilité civile et disciplinaire des notaires*, préf. SIGALAS, 1984, n° 239.

Sur les responsabilités professionnelles dans les contrats de service, v. LE TOURNEAU, nos 3625 et s. (spécialement, sur les officiers ministériels, nos 4917 et s.).

et respectant la durée minimale de préavis déterminée, en référence aux usages, par des accords interprofessionnels, comme la loi l'exige. Les dommages-intérêts n'ont pas alors pour objet d'indemniser le contractant d'un dommage consécutif à l'inexécution du contrat, mais aux circonstances de la rupture[1]. La Cour de cassation a donc eu raison de juger que cette rupture engage *la responsabilité délictuelle de son auteur*[2].

2) Les relations entre tiers, domaine de la responsabilité délictuelle

181. Position du problème. – La notion de tiers doit être claire à l'esprit : sont des tiers, les personnes qui ne se trouvent pas liées par un rapport d'obligation contractuelle, ce qui exclut, comme on l'a vu, les parties contractantes, les parties substituées et le tiers bénéficiaire d'une stipulation pour autrui[3]. Les tiers sont donc les personnes qui ne se trouvent pas personnellement impliquées par le rapport d'obligation contractuelle considéré, ou encore, dit autrement, les personnes entre lesquelles il n'existe pas d'obligation de nature contractuelle à l'exécution de laquelle le dommage subi par l'une d'elles puisse être rattaché. La responsabilité, dans ce type de situation, ne peut être que *délictuelle :* il n'y a pas de lien d'obligation de nature contractuelle dont il faille tenir compte.

La solution s'impose d'évidence lorsque le dommage intervenu dans les rapports de tels tiers est absolument étranger à toute obligation contractuelle : cas ordinaire des accidents causés par l'inattention ou l'imprudence. Mais cette solution vaut également lorsque le dommage, incontestablement causé à un *tiers*, au sens défini ci-dessus, procède cependant d'un contrat ou, plus exactement, de l'*exécution* ou de l'*inexécution* d'une obligation contractuelle.

182. Dommage causé à un tiers par l'exécution d'un contrat. – La *première* des deux situations qui viennent d'être évoquées est, *a priori*, étrangère par nature à la responsabilité contractuelle : l'hypothèse est, en effet, que l'obligation contractuelle est *exécutée* et normalement exécutée, ce qui est l'antithèse même de la responsabilité contractuelle.

On remarquera, toutefois, que si le contrat et son exécution causent effectivement un dommage à un tiers, ce dernier pourra, s'il démontre que la conclusion et l'exécution du contrat sont imputables à faute aux contractants, rechercher la responsabilité de ceux-ci[4]. Cette responsabilité, nécessairement *délictuelle* dès lors que le demandeur n'est pas partie à l'obligation contractuelle considérée, est fondée sur le f*ait juridique*, en l'occurrence fautif et dommageable, que constitue le contrat pour ce tiers. L'exigence, nécessaire, d'une conclusion fautive du contrat, rend l'hypothèse assez exceptionnelle. Mais on pourrait admettre, de façon générale, que la condition est satisfaite lorsque les parties ont conclu sciemment un contrat violant l'ordre public. Surtout, la solution est consacrée dans le cas où le contrat a été conclu *en violation d'une convention antérieure*. C'est l'hypothèse du tiers complice de la violation d'une obligation contractuelle (exemple du

---

1. BORGHETTI, obs. citées, note suivante.
2. Com. 6 févr. 2007, *Bull. civ.* IV, n° 21, *RTD civ.* 2007. 343, obs. MESTRE et FAGES, *RDC* 2007/3, 731, obs. BORGHETTI, *JCP* 2007. II. 10108, note MARMOZ.
3. V. *supra*, n° 178.
4. Cf. Soc. 5 juin 1996, *Bull. civ.* V, n° 230, *D.* 1996. somm. 25, obs. DELEBECQUE.

directeur de théâtre qui embauche en connaissance de cause un acteur pour un spectacle alors que celui-ci est déjà « sous contrat »)[1].

Au demeurant, il faut observer que, dans cette dernière hypothèse, les deux régimes de responsabilité ont vocation à intervenir. En effet, les parties au second contrat peuvent se voir réclamer réparation, respectivement, sur le terrain de la responsabilité *contractuelle*, en ce qui concerne le contractant infidèle (l'acteur qui a accepté de conclure le second contrat s'est rendu coupable, envers le demandeur –son premier cocontractant– d'un manquement contractuel : l'*inexécution* du premier contrat) et sur celui de la responsabilité *délictuelle* pour son complice, qui reste un tiers par rapport au premier contrat et au demandeur, lequel invoque contre lui la faute qu'il a commise en contractant en méconnaissance de la convention conclue antérieurement. C'est l'*opposabilité* du contrat aux tiers qui justifie la solution[2].

183. Dommage causé à un tiers par l'inexécution du contrat. – La *seconde situation*, qui prend en considération le dommage causé à un tiers par l'effet de l'*inexécution* d'une obligation contractuelle, s'inscrit en revanche directement dans la problématique de la responsabilité contractuelle. L'hypothèse est qu'un contrat a été conclu et que *l'inexécution* par l'une des parties d'une obligation née de ce contrat cause un dommage à un tiers. Par exemple, le vice de construction affectant une automobile a provoqué un accident dans lequel un tiers a été blessé.

Il ne fait aucun doute que, dans un tel cas, le tiers qui invoque l'inexécution du contrat pour demander la réparation de son dommage ne peut agir que sur le terrain de la responsabilité *délictuelle :* il n'y a, entre les intéressés, aucune obligation de nature contractuelle qui impose le respect de la convention qui lui a donné naissance. La solution est acquise aujourd'hui, même dans le cas –sur lequel la jurisprudence a hésité– où le tiers considéré se trouve lié à l'une des parties au contrat inexécuté par un autre contrat.

Cette situation particulière relève de la question des *groupes de contrats*[3] que l'on peut illustrer par l'exemple suivant : un fabricant A vend un matériel à une personne B qui utilise celui-ci pour l'exécution d'un contrat qu'il a conclu par ailleurs avec C. Dans le cadre de cette exécution, C est victime d'un dommage qui se révèle être la conséquence d'un vice du matériel acheté à A. Tenant compte du lien qui existait entre les deux contrats considérés (le premier –la vente– était destiné à permettre l'exécution du second) un arrêt a admis que l'action de C contre A était de nature contractuelle de sorte que les stipulations du contrat de vente –comportant une clause limitative de responsabilité– devaient produire effet à l'égard de C[4]. Mais cette solution, extensive de l'effet obligatoire du contrat, a été ultérieurement condamnée par un arrêt d'Assemblée plénière[5].

Mais on peut se demander si le tiers est bien en droit d'invoquer, *à son bénéfice*, le contrat qui a été conclu et qui a été inexécuté –en l'occurrence, *mal exécuté*. Une telle solution ne contredirait-elle pas le principe de l'effet relatif du contrat ? Certainement pas : ce que l'article 1165 interdit, sous la seule exception de la stipulation pour autrui, c'est d'inclure un tiers dans un rapport d'obligation contractuel par le seul effet de la

---

1. V. pour le *débauchage de salarié*, l'article L. 1237-3 du Code du travail. et, sur la question plus générale de la complicité de violation d'une obligation contractuelle, Vol. 1 –*L'acte juridique*– n° 434 et la jurisprudence citée. *Adde :* LE TOURNEAU, n°s 976 et s.
2. Vol. 1 –*L'acte juridique*– n°s 432 et s.
3. Sur l'ensemble de la question, v. Vol. 1 –*L'acte juridique*– n°s 460 et s.
4. Civ. 1re, 21 juin 1988, *D.* 1989.5, note LARROUMET, et somm. 232, obs. AUBERT, *JCP* 1988.II.21125, note JOURDAIN, *RTD. civ.* 1989.74, obs. MESTRE et 107, obs. RÉMY.
5. Ass. plén. 12 juill. 1991, *D.* 1991.549, note GHESTIN, *JCP* 1991.II.21743, note VINEY, *RTD civ.* 1991.750 obs. JOURDAIN, et 1992.90, obs. MESTRE ; *Defrénois* 1991, art. 35150, note AUBERT.

volonté des contractants[1] : le contrat ne peut donner naissance à une obligation à la charge ou au profit d'un tiers.

Or, le tiers victime, qui invoque le manquement contractuel au soutien de sa demande d'indemnisation, ne prétend en aucune façon s'introduire dans le rapport d'obligation contractuel : il se borne à faire valoir le *fait* de l'inexécution, comme tout tiers peut invoquer la situation de fait constituée par le contrat, qu'il soit ou non exécuté. C'est, là encore, le mécanisme de l'*opposabilité* du contrat qui est mis en œuvre[2].

Une autre question a été posée, toutefois, qui est de savoir si, au regard du tiers, la faute génératrice de responsabilité est constituée par le seul manquement contractuel ou s'il faut, en outre, que ce manquement réalise, *au regard dudit tiers,* la violation d'un devoir général[3]. L'interrogation se fonde sur l'idée que la faute contractuelle serait *relative,* c'est-à-dire qu'elle n'existerait, à elle seule, que dans les rapports entre les contractants eux-mêmes. Une telle idée est contestable : d'une part, le fait même que le tiers ait subi un dommage en conséquence du manquement contractuel paraît bien impliquer une violation du devoir de ne pas nuire à autrui au sens de l'article 1382[4] ; d'autre part, on s'explique mal que le tiers victime ne puisse faire valoir, contre le débiteur contractuel, la situation dommageable créée par ce débiteur, qui aurait pu l'éviter en exécutant correctement son obligation.

Les conditions de la responsabilité délictuelle du fait personnel sont par cela seul satisfaites ; exiger la preuve spéciale de la violation d'un devoir général reviendrait à ajouter à celles-ci[5]. Le seul véritable problème paraît être celui de la causalité : il

---

1. Vol. 1 –*L'acte juridique*– n° 423.

2. Cf. DUCLOS, *L'opposabilité (Essai d'une théorie générale)*, préf. MARTIN, 1984, n° 58 : « le tiers victime de la défaillance du contractant ne prétend pas devenir créancier par *l'effet direct* du contrat inexécuté ou mal exécuté. Il invoque celui-ci et son exécution déficiente comme des faits susceptibles de fonder sa demande en réparation ». Pour une opinion contraire, v. LEBORGNE, *L'action en responsabilité dans les groupes de contrats – Étude de droit interne et de droit international privé*, thèse, Rennes, 1995, n°s 54 et s. V. aussi WINTGEN, *Étude critique de la notion d'opposabilité en droit français et allemand*, préface GHESTIN, 2004.

3. En ce sens, HUET, *Responsabilité contractuelle et responsabilité délictuelle...* thèse, préc., n°s 637 et s. *Adde*, VINEY, *JCP* 1998.I.144 (*Chronique de responsabilité civile*), spéc. n° 1 (cet auteur observe que la *mission* confiée au débiteur professionnel engloberait dans certains cas la prise en compte de l'intérêt des tiers ce qui conférerait, alors, à l'égard de ces derniers, valeur de faute délictuelle au manquement contractuel. L'observation est juste, mais la question reste de savoir s'il est des cas où un contractant peut légitimement négliger l'intérêt des tiers) ; TCHENDJOU, « La faute extra-contractuelle », *Gaz. Pal.* 5-6 avr. 2000, p. 3 et s., spéc. n°s 14 et s.

4. À quoi l'on pourrait opposer, comme l'avait fait un temps la jurisprudence (cf. Savaux, obs. sur Com. 8 oct. 2002, *Defrénois* 2003, art. 37767, n° 62, spéc. note 51, *RC Ass.* 2003. Comm. 2), que la relativité de la faute contractuelle suppose une faute distincte, envisagée indépendamment de tout point de vue contractuel (cf. WINTGEN, *op. cit.* n° 333, pour qui le principe de la relativité de la faute contractuelle est le complément nécessaire de la relativité des conventions). Mais cela reviendrait à déroger au principe général que la responsabilité du fait personnel appréhende tout comportement anormal générateur de dommage –ce qu'est bien le fait du contractant qui n'exécute pas son obligation. Cela aboutirait, du même coup, à consacrer, de fait, une sorte d'immunité au profit de l'activité contractuelle à l'égard des tiers, immunité peu conciliable avec le principe d'opposabilité à ces mêmes tiers affirmé au bénéfice de cette activité. On peut, d'un autre point de vue, se demander si la règle de relativité n'aboutit pas, en réalité, à subordonner la responsabilité du contractant vis-à-vis des tiers à la commission d'une véritable faute intentionnelle –volonté de causer le dommage– ce qui serait assurément contraire au principe de l'article 1382, qui n'en exige pas tant.

5. V. en faveur de la « dérelativisation » de la faute contractuelle, TOSI, « Le manquement contractuel dérelativisé », *in Ruptures, mouvements et continuités du droit – Autour de Michelle GOBERT*, Economica, 2004, p. 479.

convient dans tous les cas de s'assurer que le dommage dont la réparation est demandée est bien la conséquence du manquement du débiteur contractuel [1].

On peut espérer que la jurisprudence, initialement partagée, soit unifiée par l'arrêt rendu par l'Assemblée Plénière le 6 octobre 2006, encore que l'accueil très contrasté qui lui a été réservé en doctrine et que quelques décisions ultérieures en fassent douter. D'un côté, la Chambre commerciale n'accueillait l'action de la victime que si elle établissait la violation à son endroit d'une faute délictuelle spécifique, distincte de la faute contractuelle [2]. De l'autre, la première Chambre civile, admettait au contraire que la faute commise dans l'exécution d'un contrat était à elle seule susceptible d'engager la responsabilité délictuelle de son auteur [3]. C'est cette dernière solution que semble bien avoir consacrée un arrêt d'Assemblée plénière du 6 octobre 2006 en affirmant, dans un attendu de principe que « le tiers à un contrat peut invoquer, sur le fondement de la responsabilité délictuelle, un manquement contractuel dès lors que ce manquement lui a causé un dommage » [4]. C'est bien dire que le tiers qui subit un dommage du seul fait d'un manquement *contractuel* est admis à en demander la réparation en application de la règle de responsabilité *délictuelle*. Ce qui revient à poser, en faveur du tiers victime, un principe d'identité de la faute contractuelle et de la faute délictuelle.

Malgré les circonstances particulières dans lesquelles la solution été énoncée –le tiers était lui-même co-contractant du créancier de l'obligation inexécutée et il avait un intérêt

---

1. Rappr. D. MAZEAUD, note sous Ass. plén. 17 nov. 2000, *D.* 2001.332, spéc. p. 333.

2. Com. 5 avr. 2005, *RDC* 2005.687, obs. D. MAZEAUD (« un tiers ne peut, sur le fondement de la responsabilité contractuelle, se prévaloir de l'inexécution du contrat qu'à la condition que cette inexécution constitue un manquement à son égard au devoir général de ne pas nuire à autrui »). V. aussi, Com. 8 oct. 2002, préc., et, moins nettement, Com. 1er juill. 2003, *JCP* 2004.I.163, n°s 9 et s., obs. VINEY.

3. Civ. 1re, 18 mai 2004, *Bull. civ.* I, n° 141, *D.* 2005, Pan. 187, obs. D.M., *Contrats, conc. consom.* 2004, comm. 121, obs. LEVENEUR. Civ. 1re, 13 févr. 2001, *Bull. civ.* I, n° 35, *D.* 2001.2234, note DELEBECQUE, *JCP* 2002.II.10099, note LISANTI-KALCZYNSKI, *RTD civ.* 2001.367, obs. JOURDAIN, *Defrénois* 2001, art. 37365, n° 44, obs. SAVAUX (« les tiers à un contrat sont fondés à invoquer tout manquement du débiteur contractuel lorsque ce manquement leur a causé un dommage, sans avoir à rapporter d'autre preuve ») ; Civ. 1re, 18 juill. 2000, *Bull. civ.* I, n° 221, *RTD civ.* 2001.146, obs. JOURDAIN, *Contrats, conc. consomm.* 2000, comm. 175, note LEVENEUR (l'arrêt porte un attendu à peu près identique).

Ces deux arrêts comportent un visa qui se réfère à la fois à l'article 1165 et à l'article 1382 du Code civil. V. aussi, quant à la solution de principe, l'arrêt Ass. plén. 17 nov. 2000, *Bull. civ.* AP, n° 9 (qui a donné lieu, pour d'autres raisons, à de très nombreux et souvent véhéments commentaires. V. D. MAZEAUD, note préc. ; cf. Vol. 2 *–Le fait juridique–* n° 133, en note. V. aussi, Civ. 1re, 26 janv. 1999, *Bull. civ.* I, n° 32 ; Civ. 3e, 25 mars 1998, *Bull. civ.* III, n° 73, *D.* 1998. IR 106 ; Com. 4 mai 1993, *Bull.* civ. IV, n° 173.

4. Ass. Plén. 6 oct. 2006, *D.* 2006. 2825, note VINEY, *JCP* 2006. II. 10181, avis GARIAZZO, note BILLIAU, *RTD civ.* 2007. 123, obs. JOURDAIN, *RDC* 2007. 269, obs. D. MAZEAUD, 279, obs. CARVAL, et 379, obs. SEUBE. V. aussi BLOCH, « Relative relativité de la faute contractuelle ou absolue généralité de la faute délictuelle », *RC Ass.* 2006. Chr. 17 ; ANCEL, « Retour sur l'arrêt de l'Assemblée plénière du 6 octobre 2006, à la lumière du droit comparé », *Mélanges VINEY*, p. 24 ; CARVAL, « La faute délictuelle du débiteur défaillant : quelques observations sur les pistes ouvertes par l'arrêt d'Assemblée plénière du 6 octobre 2006 », *ibid.*, 229 ; ESPAGNON, « La prévision contractuelle et l'action en responsabilité du tiers contre le contractant », *ibid*, 377 ; LAGARDE, « Le manquement contractuel assimilable à la faute délictuelle. Considérations pratiques sur la portée d'une solution incertaine », *JCP* 2008, I, 200. V. également un ensemble de contributions paru sous le titre « Contrat sans frontières », *RDC* 2007/2, 537 et GRIDEL et LAITHIER, « Les sanctions civiles de l'inexécution du contrat imputable au débiteur : état des lieux », *JCP* 2008. I. 143, préc., n°s 23 et s.

personnel direct à la bonne exécution[1] – et des commentaires dans l'ensemble plutôt hostiles[2], dont un certain nombre tendant à réduire la portée de l'arrêt, c'est bien ainsi que la jurisprudence ultérieure semble l'avoir comprise[3]. Pourtant, par une décision du 22 octobre 2008[4], la troisième chambre civile a cassé un arrêt pour ne pas avoir recherché si le manquement contractuel qu'elle relevait contre des vendeurs, qui n'avaient pas informé les acheteurs de l'existence d'une procédure antérieure et de l'origine possible de désordres, ne constituait pas une faute quasi-délictuelle à l'égard de l'expert qui avait conseillé des travaux de consolidation. La formule rappelle celle des décisions antérieures à l'arrêt du 6 octobre 2006 qui étaient hostiles à l'assimilation de la faute contractuelle à la faute délictuelle. Mais la décision a été rendue dans des circonstances qui rendent douteuse une résistance à l'Assemblée plénière : la faute contractuelle n'était pas invoquée par le tiers victime pour fonder la responsabilité du contractant à son égard ; elle l'était, comme une faute de la victime, pour résister une action en garantie intentée contre lui par les vendeurs. Les questions ne sont donc pas les mêmes mais la contradiction formelle des principes énoncés pour les régler fait encore peser une incertitude sur l'état de la question en jurisprudence qu'il conviendrait de lever le plus rapidement possible.

Les *projets de réforme du droit des contrats* ont des positions très divergentes sur la question. L'*Avant-projet de réforme du droit des obligations* énonce une règle originale qui donne le choix au tiers victime d'un dommage causé par l'inexécution d'une obligation contractuelle, de demander réparation, soit sur le fondement de la responsabilité contractuelle, soit sur le fondement de la responsabilité extracontractuelle, à condition de rapporter la preuve d'un fait générateur de celle-ci. Dans le premier cas, il est soumis à toutes les conditions et toutes les limites qui s'imposent au créancier pour la réparation de son propre dommage (art. 1342)[5]. Combattant clairement la jurisprudence actuelle de la Cour de cassation, l'article 125, alinéa 2, du *projet de réforme du droit des contrats* de l'Académie des sciences morales et politiques dispose pour sa part que la seule existence d'un dommage subi par un tiers du fait de l'inexécution d'une obligation contractuelle n'engage pas la responsabilité délictuelle du contractant à l'égard du tiers[6].

La nature et les conditions de la responsabilité des contractants à l'égard des tiers est l'une des questions les plus importantes, et les plus difficiles, sur lesquelles le législateur devra prendre parti. Il n'est pas certain que la question puisse être traitée uniformément, sans distinguer entre les différentes catégories de tiers victimes, et les différentes sortes de dommages[7]. Sous réserve des

---

1. Il s'agissait du locataire-gérant d'un fonds de commerce qui se plaignait, contre le bailleur qui louait les locaux à son propre bailleur du fonds, de l'inexécution de son obligation d'entretien de l'immeuble.
2. V. cependant, plutôt favorables VINEY, note préc. mais qui en tire la conclusion que la responsabilité devrait alors être contractuelle ; WICKER, « La sanction délictuelle du manquement contractuel ou l'intégration de l'ordre contractuel à l'ordre juridique général », *RDC* 2007/2, 593, qui propose néanmoins d'exclure la responsabilité contractuelle pour les dommages médiats subis par les créanciers des contractants.
3. Civ. 1re, 25 janv. 2007, *RTD civ.* 2007. 362, obs. JOURDAIN, *JCP* 2007, I, 185, n° 5, obs. STOFFEL-MUNCK et II, 10035, note RADE, *RDC* 2007/3, 723, obs. BORGHETTI, *RCAss.* 2007, Comm. 116, note GROUTEL ; Com. 6 mars 2007, *JCP* 2007. I. 185, *NO* 5, obs. STOFFEL-MUNCK, *RDC* 2007/4, 1137, obs. CARVAL ; Civ. 2e, 10 mai 2007, *ibid.* ; Civ. 1re, 15 mai 2007, *Ibid.* ; Civ. 3e, 4 juill. 2007, *Defrénois* 2007, art. 38667, n° 60, obs. SAVAUX ; Com., 21 octobre 2008, *JCP* 2008, I, 123, n° 6, obs. STOFFEL-MUNCK ; V. également GRIDEL et LAITHIER, « Les sanctions civiles de l'inexécution du contrat imputable au débiteur : état des lieux », *JCP* 2008. I. 143, préc., spéc. nos. 23 et s., et les références citées.
4. *Bull. civ.* III, n° 160, *D.* 2008, 2793, *RTD civ.* 2009. 121, obs. JOURDAIN, *JCP* 2008. I. 123, n° 6, obs. STOFFEL-MUNCK.
5. Sur ce texte, v. les contributions de ANCEL, HUET, SAVAUX et LORENZ *in* « L'avant-projet de réforme du droit de la responsabilité », *RDC* 2007/1, 19.
6. V. *Pour une réforme du droit des contrats*, Dalloz 2009, préc.
7. V. notamment les études précitées de WICKER et SAVAUX.

exceptions que ces données peuvent imposer, le principe devrait être, pour les raisons précédemment énoncées, la responsabilité délictuelle du contractant à l'égard du tiers victime, celui-ci pouvant invoquer comme fait générateur l'inexécution ou la mauvaise exécution de l'obligation contractuelle lui causant un dommage.

Il apparaît, en dernière analyse, que, même si leurs conditions peuvent parfois susciter des interrogations importantes, du moins les *domaines respectifs* de la responsabilité contractuelle et de la responsabilité délictuelle sont-ils clairement délimités : la première est réservée aux seuls dommages résultant, pour l'une des parties à un lien d'obligation contractuel, de l'inexécution, par l'autre, de cette obligation, tandis que la seconde règle toutes les autres situations [1]. Une question se pose alors, qui est de savoir si le demandeur en réparation conserve, au-delà de ce principe de répartition, une liberté de choix entre les règles des deux ordres de responsabilité. La réponse est négative.

C. Caractère alternatif des responsabilités contractuelle et délictuelle

184. Position du problème. – La question est classiquement présentée comme étant celle du *cumul* ou du *non-cumul, des responsabilités*. Une telle formulation est cependant maladroite et équivoque. En effet, il ne s'agit pas de savoir si la victime peut cumuler deux réparations, ce qui est évidemment exclu, mais si elle bénéficie d'une *faculté de choix* entre les règles des deux ordres de responsabilité [2] : savoir si elle peut invoquer à son gré la responsabilité délictuelle ou à la contractuelle (option globale), ou encore combiner certaines règles de l'une avec d'autres, de l'autre (panachage).

La question d'une telle *option* présente un intérêt pratique évident que l'on peut illustrer par deux **exemples**, étant supposé, dans les deux cas, que les conditions de la responsabilité contractuelle sont réunies : la victime peut-elle néanmoins, si cela lui convient mieux, placer sa demande de réparation sur le terrain de la responsabilité délictuelle pour bénéficier, par exemple, de la présomption de responsabilité du fait des choses ; pourrait-elle, pour la meilleure satisfaction de ses intérêts, placer sa demande à la fois sur le terrain de la responsabilité contractuelle –pour bénéficier d'une prescription plus longue– et sur celui de la responsabilité délictuelle –pour éviter la limite de réparation que pose la responsabilité contractuelle en considération de la prévisibilité du dommage ?

185. Discussion du problème. – En faveur d'une réponse affirmative on a fait valoir que la responsabilité délictuelle aurait valeur de droit commun, teinté d'ordre public, ce qui la rendrait invocable entre toutes personnes. Elle constituerait un minimum au profit de toute victime, de sorte que la responsabilité contractuelle ne pourrait qu'y ajouter sans rien pouvoir lui retrancher.

Une telle conception méconnaît que la loi organise précisément un régime particulier pour tenir compte de la spécificité de la relation contractuelle et régler les difficultés éventuelles d'exécution de celle-ci. L'affirmation de la *primauté* de la responsabilité délictuelle sur la contractuelle relève de la pétition de principe. S'il est vrai que la

---

1. Sur les exceptions à ce principe de répartition, v. D. MAZEAUD, « À partir d'un petit cas tragique Outre-Rhin : retour sur le désordre de la distinction des ordres de responsabilité », *Mélanges VINEY*, préc.
2. Aussi certains auteurs parlent-ils d'*option* au lieu de cumul, cf. DURRY, *La distinction de la responsabilité contractuelle et de la responsabilité délictuelle*, préc., n° 184 ; MARTINE, *L'option entre la responsabilité contractuelle et la responsabilité délictuelle*, thèse, Caen, 1957.

responsabilité contractuelle constitue un régime d'*exception*[1], elle n'en est pas moins un véritable régime de responsabilité destiné, dès lors que les conditions de son application sont réunies, à se *substituer* à celui de la responsabilité délictuelle. Il y a là une évidente nécessité : admettre la primauté de la responsabilité délictuelle aboutirait à priver de toute portée les dispositions des articles 1146 et suivants.

Un **exemple** simple en apporte une démonstration claire : supposons un débiteur contractuel dont le créancier ne peut engager la responsabilité (contractuelle), soit parce qu'il ne parvient pas à prouver que ce débiteur a manqué à l'obligation de moyens mise à sa charge par le contrat –par exemple, il ne peut démontrer que son médecin a commis une faute de diagnostic– soit parce qu'une disposition spéciale soumet sa responsabilité à une courte prescription –bref délai de la garantie des vices cachés. On ne saurait admettre que la responsabilité de ce débiteur puisse néanmoins être engagée, pour les mêmes faits, sur le terrain de la responsabilité délictuelle : cela reviendrait à méconnaître à la fois le contrat conclu par les parties et la loi qui soumet ce contrat à des règles particulières ; cela aboutirait à déclarer le débiteur responsable alors même qu'il aurait fait tout ce à quoi le contrat –obligations légales comprises– l'obligeait[2].

Il ne saurait donc y avoir un quelconque « cumul » des responsabilités contractuelle et délictuelle.

186. Principe alternatif : « non-cumul » des responsabilités délictuelle et contractuelle. – Les deux régimes sont *alternatifs :* c'est l'un, ou c'est l'autre.

La responsabilité de l'auteur d'un dommage doit être appréciée, en considération des circonstances de la production de ce dommage, *soit* par application des règles de la responsabilité contractuelle, *soit* par application de celles de la responsabilité délictuelle. Chaque régime est exclusif de l'autre : dès lors que les circonstances du fait dommageable désignent l'un d'eux, aucune règle de l'autre ne peut plus s'appliquer[3].

La jurisprudence est clairement fixée en ce sens, qui énonce, par **exemple**, que les dispositions de l'article 1384, alinéa 1, étrangères aux rapports des parties contractantes, ne peuvent être invoquées dans le cas d'un manquement commis dans l'exécution d'une obligation résultant d'une convention dont il ne saurait être fait abstraction pour apprécier la responsabilité engagée[4].

187. Conséquences du principe alternatif. – Le principe ainsi posé emporte trois conséquences : à savoir qu'au regard des deux régimes de responsabilité il ne peut y avoir ni *concours*, ni *option*, ni *panachage*[5].

L'*exclusion du concours des responsabilités contractuelle et délictuelle* signifie que, si les conditions de la responsabilité contractuelle d'un débiteur ne sont pas remplies, sa responsabilité ne peut pas être recherchée, subsidiairement, sur le terrain de la responsabilité délictuelle.

---

1. *Supra*, n° 177.
2. Rappr. Rodière, « Étude de la dualité des régimes de responsabilité – La combinaison des deux responsabilités », *JCP* 1950.I.861 et 868, spéc. 868, n° 9.
3. V. par ex., Com. 24 sept. 2003, *D.* 2004, IR 34.
4. V. par ex., Civ. 2e, 27 janv. 1993, *Bull. civ.* II, n° 42 ; Civ. 1re, 4 nov. 1992, *Bull. civ.* I, n° 276 (l'arrêt souligne que peu importe que le créancier ait intérêt à se prévaloir d'une disposition de la responsabilité délictuelle) ; Civ. 2e, 26 mai 1992, *Bull. civ.* II, n° 154. V. aussi, Civ. 3e, 14 mai 1997, *Bull. civ.* III, n° 105. Rappr. Civ. 2e, 24 mai 2006, *Bull. civ.* II, n° 136, *RTD civ.* 2006. 779, obs. Jourdain, *RDC* 2007/2, 286, obs. Borghetti ; Civ. 3e, 5 juin 2002, *Bull. civ.* III, n° 130.
5. Sur une présentation comparable, v. Rodière, article préc., et notes sous Civ. 6 mars 1945, *D.* 1945.247 ; Civ. 6 mai 1946, *JCP* 1946.II.3236 ; Civ. 16 janv. 1951, *JCP* 1951.II.6163.

Par **exemple**, celui qui, tenu d'une obligation contractuelle de moyens, a agi avec la diligence requise, ne peut voir sa responsabilité retenue sur le terrain de la responsabilité délictuelle du fait des choses[1]. Mais il va de soi que l'existence d'un contrat entre les parties n'exclut pas nécessairement le recours à la responsabilité délictuelle : s'il apparaît que le dommage causé est *sans rapport* avec l'exécution des obligations nées du contrat, les règles de cette responsabilité doivent nécessairement s'appliquer[2].

L'*absence d'option* entre les deux responsabilités impose l'application de chaque régime aux faits dommageables qui s'inscrivent dans le domaine de chacun d'eux. La victime n'a pas le choix du régime applicable : elle ne saurait, par exemple, réclamer, en application des articles 1382 et suivants la réparation de tout son dommage alors que celui-ci relève de la responsabilité contractuelle qui limite la réparation (art. 1150) au dommage prévisible[3]. *A fortiori* de la solution précédente, l'*interdiction de panachage* des régimes de responsabilité s'oppose à la recherche d'un cumul de leurs avantages respectifs. Par **exemple**, la victime ne peut pas à la fois invoquer l'obligation de résultat dont le débiteur est tenu à son égard, ce qui lui épargne la preuve d'une faute, et prétendre à la qualification délictuelle de la responsabilité pour échapper à une courte prescription et bénéficier, du même coup, de l'assurance du débiteur, souscrite pour couvrir cette seule responsabilité[4].

188. Exceptions au principe. – Le principe alternatif que consacre ainsi la jurisprudence ne supporte que de très rares exceptions[5].

Il en est une qui est affirmée par la loi : la victime du fait d'un produit défectueux bénéficie d'une option entre le régime propre à ces produits (art. 1386-1 et s.) et les autres régimes de responsabilité qu'elle serait en mesure de faire valoir (art. 1386-18)[6].

Une autre exception –au demeurant indirecte– résulte d'une jurisprudence discutable de la Chambre criminelle de la Cour de cassation. Selon celle-ci, lorsque le fait dommageable accompli par le débiteur contractuel est constitutif d'un *délit pénal* –par exemple : abus de confiance, blessures ou homicide involontaires– l'action civile portée devant le juge pénal ne peut être tranchée que par application des règles de la responsabilité délictuelle[7]. Cela ouvre un choix à la victime : selon qu'elle demandera réparation devant le juge *civil* ou le juge *pénal* elle pourra se prévaloir des règles soit de la responsabilité *contractuelle* soit de la *délictuelle*[8].

---

1. Civ. 1re, 24 nov. 1993, *Bull. civ.* I, n° 344 ; Civ. 1re, 3 oct. 1972, *Bull. civ.* I, n° 191.
2. C'est notamment le cas de la responsabilité *pré-* ou *post* contractuelle, *supra*, n° 179. V. en particulier Civ. 2e, 5 juin 1991, *Bull. civ.* I, n° 176 ; Civ. 1re, 4 oct. 1988, *Bull. civ.* I, n° 265 ; Com. 11 janv. 1984, *Bull. civ.* IV, n° 16.
3. Par ex. Civ. 1re, 11 mai 1982, *Bull. civ.* I, n° 170. Rappr. Civ. 3e, 14 mai 1997, préc.
4. Rappr. Civ. 1re, 3 mai 1984, *Bull. civ.* I, n° 149 (prescription) ; Civ. 1re, 24 févr. 1981, *Bull. civ.* I, n° 66 (assurance).
5. D. MAZEAUD (« À partir d'un petit cas tragique outre-Rhin : retour sur le désordre de la distinction des ordres de responsabilité », *Mélanges VINEY*, préc.) les considère de plus en plus nombreuses.
6. Mais la conformité de cette option à la directive a été remise en cause par la Cour de justice des Communautés par des arrêts du 25 avril 2002 (*D.* 2002.1670, obs. RONDEY, 2462, note LARROUMET, *D.* 2003. somm. 463, obs. D. MAZEAUD, *RTD civ.* 2002.513, obs. JOURDAIN, 868, obs. RAYNARD). V. Vol. 2 –*Le fait juridique*– n° 293.
7. Crim. 12 déc. 1946, *JCP* 1947.II.3621, note RODIÈRE. V. la critique de cette jurisprudence propre à la Chambre criminelle, VINEY, *La responsabilité : conditions*, éd. 1982, n° 223 et *JCP* 1994.I.3773, Chronique Responsabilité civile, n° 3.
8. Dans le sens d'une éventualité de revirement, Crim. 3 mars 1993, *Bull. crim.*, n° 96. Mais voir aussi les importantes nuances soulignées par G. Viney, chronique préc.

Les Chambres civiles n'ont pas rallié cette jurisprudence. Mais on a pu craindre, un temps, qu'elles adoptent une solution comparable en écartant le régime de la responsabilité contractuelle en cas de faute dolosive, c'est-à-dire intentionnelle, ou lourde, commise par le débiteur contractuel [1]. Mais cette orientation a été vite abandonnée [2].

Une autre exception, simplement apparente cette fois, résulte de la *stipulation pour autrui tacite* que, dans certains contrats –notamment le contrat de *transport*– l'une des parties est censée avoir consentie au profit de ses proches parents [3]. Lorsqu'elle a lieu de jouer, ceux-ci disposent donc d'une action *contractuelle*. Mais ils sont libres d'y renoncer –en n'acceptant pas la stipulation– et d'agir, en tant que *tiers*, par la voie *délictuelle*. Ils ont ainsi la possibilité de choisir le régime de responsabilité qui leur est le plus favorable. La solution semble contraire au principe alternatif ; mais elle comporte, cette fois, une véritable justification : c'est que le créancier dispose dans ce cas de *deux droits distincts*, l'un, de nature *contractuelle*, qui a été constitué à son profit par le contractant ; l'autre, de nature *délictuelle*, qu'il tire des principes généraux de la responsabilité délictuelle [4]. La dérogation au principe alternatif n'est donc qu'apparente : le demandeur en réparation exerce l'un ou l'autre des deux droits dont il se trouve investi ; il n'a pas un droit unique qu'il pourrait à son gré exercer sur le terrain contractuel ou sur le délictuel.

C'est une justification du même ordre qui intervient dans le cas des *actions récursoires* qui peuvent être exercées en droit de la construction [5]. Par exemple –et en simplifiant– dans le cas du propriétaire condamné à indemniser un tiers des dommages causés à celui-ci par un vice de son immeuble. Ayant ainsi indemnisé le tiers, le propriétaire peut se retourner contre le constructeur de l'immeuble et il dispose alors de deux actions distinctes : d'une part, l'action, qu'il détient en tant que *maître de l'ouvrage*, en responsabilité *contractuelle* contre le constructeur (art. 1792 et s.) ; d'autre part, l'action *récursoire*, qu'il recueille en qualité de *subrogé* [6] dans les droits de la victime (art. 1251), et qui est nécessairement de nature *délictuelle* pour être l'action de cette victime, qui est un tiers. Investi de deux actions différentes, il a, là encore, le choix entre les deux régimes de responsabilité [7].

188-1. Les *projets de réforme du droit des obligations ou des contrats* et la responsabilité civile. Les trois textes qui contiennent actuellement les propositions de réforme du droit des obligations ou des contrats ont des positions assez opposées sur la responsabilité civile, et plus précisément sur la *responsabilité contractuelle*.

---

1. Par ex. Civ. 3e, 18 déc. 1972, *D.* 1973.272, note J. MAZEAUD.
2. Cf. Civ. 1re, 30 mai 1978, *Bull. civ.* I, nº 205 (« si lourdes qu'aient été les fautes reprochées à l'entrepreneur, elles constituaient des manquements à ses obligations contractuelles et... dès lors, en retenant la responsabilité quasi-délictuelle de (cet entrepreneur) sans relever à la charge de celui-ci une faute extérieure au contrat qui le liait au maître de l'ouvrage, la cour d'appel n'a pas donné de base légale à sa décision »).
3. V. *supra*, nº 178, *in fine*, et Vol. 1 –*L'acte juridique*– nº 472.
4. La question de savoir si cette dualité de droits est justifiée peut assurément être posée, mais c'est un autre débat. La solution est contestable en ce qu'elle crée une inégalité, d'une opportunité douteuse, entre la situation du contractant –qui n'a jamais de choix– et celle de son ayant droit qui, au contraire, en bénéficie. C'est une façon de vérifier l'illogisme qu'il y aurait à ne pas soumettre la responsabilité envers les victimes médiates aux mêmes conditions qu'envers la victime immédiate –cf. Vol. 2 –*Le fait juridique*– nos 371 et s.
5. Pour un exposé plus détaillé, v. MALAURIE, AYNÈS et STOFFEL-MUNCK, nº 1009.
6. Sur la *subrogation légale*, v. *infra*, nos 376 et s.
7. Mais la jurisprudence, qui n'est pas toujours d'une lisibilité parfaite, écarte parfois cette option. Cf. Civ. 3e, 21 juill. 1999, *Bull. civ.* III, nº 182, *RTD civ.* 2000.120, obs. JOURDAIN.

L'*avant-projet de réforme du droit des obligations*, dont on ne donnera qu'un aperçu très sommaire, opte en faveur de la réalité et de la spécificité d'une responsabilité contractuelle [1], concurrente de la responsabilité délictuelle. Ce choix appelle une prise de position au regard du principe de non cumul : celui-ci est retenu (art. 1341, al. 1er), sous la réserve d'une dérogation au profit des victimes de dommages corporels (art. 1341, al. 2 : lorsque l'exécution de l'obligation contractuelle « provoque un dommage corporel, le co-contractant peut, pour obtenir réparation de ce dommage, opter en faveur des règles qui lui sont plus favorables »). Cela étant, l'*avant-projet* ne prétend pas révolutionner la matière : il retient pour l'essentiel les solutions du droit positif telles qu'elles ont été précisées par la jurisprudence, sur la base, notamment, de l'admission de trois régimes de responsabilité : fait personnel, fait d'autrui et fait des choses [2]. Le texte proposé n'en reste pas moins évidemment novateur en ce qu'il établit un ensemble de dispositions cohérent et précis destiné à se substituer aux quelques textes très généraux et dispersés, que comporte le Code civil. Cette modernisation du dispositif légal s'affirme aussi à d'autres égards, par exemple avec l'élimination de la responsabilité spéciale du fait des bâtiments (C. civ., art. 1386), et surtout, par une attention méthodique appliquée au dommage réparable et à sa réparation (art. 1343 à 1346 et 1367 à 1384). Là se trouvent différentes innovations notables, telle la consécration de la faculté pour le juge de condamner l'auteur « d'une faute manifestement délibérée et notamment d'une faute lucrative, outre les dommages-intérêts compensatoires », à des dommages-intérêts *punitifs* (art. 1371), ou encore, l'adoption d'un ensemble de règles propres aux préjudices résultant d'une atteinte à l'intégrité physique (art. 1379 à 1379-8), qui exprime un souci aigu de garantir une protection efficace des personnes, souci dont, à vrai dire, l'*avant-projet* comporte d'autres manifestations significatives (exception –déjà évoquée– au principe de non cumul –art. 1341-2 ; « en cas d'atteinte à l'intégrité physique, seule une faute *grave* de la victime peut entraîner une exonération partielle »– art. 1351).

Pour finir, on remarquera que l'*avant-projet* prend position sur l'épineuse question du dommage causé aux tiers par l'inexécution d'une obligation contractuelle en excluant, au résultat d'un jeu alambiqué de dispositions contraires, tout principe d'identité de la faute contractuelle et de la faute extra-contractuelle (art. 1342) [3].

Le *projet gouvernemental de réforme du droit des contrats*, tel qu'il a été diffusé au cours de l'année 2008, ne livre pas d'enseignements très clairs en la matière. Pour l'instant, il se contente en effet de reproduire les dispositions du code civil consacrées aux dommages-intérêts en cas d'inexécution des obligations contractuelles, dans l'attente de la réforme du droit de la responsabilité. Du moins le fait-il dans une division (la section 3 du chapitre X, inexécution ; art. 172 à 182) intitulée « la responsabilité contractuelle ». Cela peut suggérer un parti en faveur du concept mais il faut attendre une nouvelle mouture du projet, ou la réforme de la responsabilité civile, pour savoir s'il se traduira bien au fond.

Le *projet de réforme du droit des contrats* de l'Académie des sciences morales et politiques a une toute autre inspiration, conforme aux opinions soutenues par ses rédacteurs, dans l'ensemble favorables à l'idée d'exécution par équivalent [4]. La notion de responsabilité contractuelle disparaît du plan et des textes du projet. Les dommages et intérêts sont traités sous cet intitulé (art. 117 à 123). Symboliquement, il est précisé qu'ils sont en général d'un montant qui place le créancier dans la situation où il se trouverait si le contrat avait été dûment exécuté, ce qui correspond à l'« intérêt positif », notion influencée par l'idée de compensation de l'avantage attendu du contrat plus que par celle de réparation d'un dommage causé par le fait de l'inexécution [5]. Par ailleurs, les

---

1. Cf. l'*avant-projet de réforme du droit de la responsabilité*, communications de P. Ancel, Huet, Savaux et Lorenz, *RDC* 2007-1.

2. À côté de ces régimes de droit commun, il traite de deux régimes spéciaux : l'indemnisation des victimes d'accidents de la circulation (art. 1385 à 1385-5) et la responsabilité du fait des produits défectueux (art. 1386 à 1386-17).

3. Comp. le droit positif sur la question, en l'état actuel de la jurisprudence, *supra*, nº 183.

4. V. *supra*, nº 171, et les références citées.

5. Le texte précise, dans le fil des solutions actuelles, qu'il faut considérer la perte que le créancier a faite et le gain dont il a été privé, si bien que selon la manière dont le texte serait interprété et appliqué, il se pourrait que rien ne change.

effets de l'inexécution se referment sur les contractants, puisque l'article 124, alinéa 2, précise que la seule existence d'un dommage subi par un tiers du fait de l'inexécution d'une obligation par un contractant n'engage pas la responsabilité délictuelle de celui-ci à l'égard du tiers. Contrairement à la jurisprudence actuelle, le tiers devrait donc prouver un fait générateur de responsabilité délictuelle –une faute envisagée d'un point de vue non contractuel– pour engager la responsabilité du contractant qui lui a causé un dommage[1]. En cas de manquement à une obligation contractuelle, les dommages-intérêts dus par le débiteur sur le fondement de celui-ci ne constituent donc qu'une compensation, un équivalent, réservé au créancier. Ils ne sauraient être confondus avec ceux accordés à la victime en réparation d'un dommage subi en dehors de toute inexécution contractuelle[2].

Le législateur devra choisir entre ces conceptions différentes des effets de l'inexécution contractuelle, entre les parties et à l'égard des tiers. Les développements qui précèdent ont indiqué les raisons pour lesquelles il nous paraît préférable de consacrer une véritable responsabilité contractuelle dans laquelle les dommages-intérêts ont une double fonction de compensation de l'avantage attendu du contrat et de réparation des préjudices consécutifs à l'inexécution, et celles qui justifient qu'en principe l'inexécution de l'obligation contractuelle suffise à engager la responsabilité délictuelle du contractant qui cause ainsi directement un préjudice à un tiers.

Section II
Les conditions de la responsabilité contractuelle

189. Particularisme des conditions de la responsabilité contractuelle. – La nature spécifique de la responsabilité contractuelle se manifeste dans les conditions qu'une telle responsabilité suppose réunies.

Certes, cette responsabilité s'établit sur le même schéma tripartie que la responsabilité délictuelle : il faut un *fait du débiteur contractuel* qui *cause* un *préjudice* à son créancier. Et il est vrai que la question de *causalité* ne présente aucune spécificité par rapport à la responsabilité délictuelle. Du reste, la théorie de la causalité a été élaborée, pour la responsabilité civile dans son ensemble, à partir de l'article 1151, qui est précisément relatif à la responsabilité *contractuelle* et aux termes duquel le responsable n'est tenu de réparer « que ce qui est une suite immédiate et *directe* de l'inexécution de la convention ». Ici comme là, l'admission du caractère *direct* d'un dommage suppose que la relation de cause à effet entre le fait générateur et ce dommage n'apparaisse pas trop diffuse, perdue au milieu d'autres relations causales possibles[3]... ce qui reste largement affaire de sentiment[4].

---

1. V. *supra*, n° 183.
2. V. Rémy, « L'inexécution du contrat » et « Les dommages et intérêts » *in Pour une réforme du droit des contrats*, préc.
3. Pour un exemple de caractérisation minutieuse du lien de causalité, v. Civ. 1re, 5 avr. 2005, *Bull. civ.* I, n° 173, *JCP* 2005.IV, n° 2199 (moyen rejeté).
4. Il suffit donc de renvoyer, sur cette question de la causalité, à ce qui a été dit à propos de la responsabilité délictuelle, Vol. 2 –*Le fait juridique*– nos 156 et s. et, plus spécialement sur le caractère direct, nos 184 et s.

Comme en matière délictuelle, la jurisprudence admet parfois des présomptions de causalité. Un temps, elle a ainsi jugé, à propos des garagistes réparateurs, que l'obligation de résultat qui pèse sur eux emporte à la fois présomption de faute et présomption de causalité entre celle-ci et le dommage. Mais cette solution a finalement été abandonnée (v. Civ. 1re, 28 mars 2008, *RDC* 2008/3, 757, nos. Carval).

Les deux autres conditions –*fait dommageable* et *dommage*– en revanche, présentent un particularisme considérable. C'est la marque de l'influence déterminante qu'exerce la convention d'où est issue l'obligation sur le mécanisme de responsabilité [1].

Le *fait dommageable,* d'abord, est ici spécifié : c'est une *inexécution* imputable au débiteur, un *manquement à l'obligation contractuelle* qui était à sa charge.

Ensuite, le *dommage* dont le débiteur doit répondre ne peut être déterminé sans égard pour la substance de l'accord de volontés qui a donné naissance à l'obligation.

§ 1. L'INEXÉCUTION IMPUTABLE AU DÉBITEUR

190. Les questions à envisager. – Le texte fondamental, l'article 1147, subordonne la condamnation à dommages-intérêts à une *inexécution* [2], c'est-à-dire à une faute qui consiste dans un *manquement* à l'obligation contractuelle du débiteur. C'est là le premier point, essentiel, à préciser.

L'article 1147 fait apparaître, indirectement, que l'inexécution doit être imputable au débiteur. Il faut observer que cette imputabilité nécessaire n'est pas l'exigence de discernement qui a été, jusqu'en 1968, une condition d'existence de la faute [3]. Pas plus que pour la responsabilité délictuelle, la faculté de discernement n'est une condition de la responsabilité contractuelle [4]. Le contractant qui, sous l'empire d'un trouble mental, manque à son obligation contractuelle et cause un dommage à son cocontractant, engage sa responsabilité contractuelle [5].

L'imputabilité qui est ici en cause n'a pas de connotation morale. Elle manifeste seulement la nécessité que l'inexécution soit bien le fait du débiteur et puisse comme tel lui être opposée. Cela amène, d'abord, à se demander si le manquement pris en considération, personnel au débiteur, laisse une place au *fait des choses* et au *fait d'autrui*, ce sur quoi l'article 1147 ne donne aucune indication. Cela conduit, ensuite, conformément cette fois aux indications de l'article 1147, à préciser les circonstances qui peuvent emporter l'*exonération* du débiteur.

A. La faute du débiteur : le manquement à l'obligation contractuelle

191. Terminologie. – Il semble que la question de la faute du débiteur contractuel suscite, parfois, une sorte de timidité –ou de circonspection– qui aboutit au choix d'appellations différentes –manquement contractuel, défaillance contractuelle– destinées à éviter le mot *faute* et notamment la formule de *faute contractuelle*, qui ne serait pas

---

1. Cf. HUET, *Responsabilité contractuelle et responsabilité délictuelle...*, n° 734, où l'auteur souligne que les relations spécifiques que les contractants ont voulu établir « doivent être soumises à un régime qui leur soit adapté, ce que l'on ne peut attendre de la responsabilité délictuelle qui est destinée à régir des rencontres de hasard entre de simples tiers ».

2. L'article 1147 vise aussi le *retard*. Mais le régime de la responsabilité fondée sur ce fait particulier s'applique au paiement de toute obligation, contractuelle ou non. V. son exposé, *supra*, n°s 145 et s.

3. Vol. 2 –*Le fait juridique*– n°s 99 et s.

4. *eod. loc.*

5. La question ici envisagée ne doit pas être confondue avec celle relative au cas où le trouble mental existait au moment de la conclusion du contrat. Alors, si celui-ci peut être annulé de ce fait, il n'y aura plus de place pour une quelconque responsabilité contractuelle de la personne affectée par ce trouble. V. *supra*, n° 176.

juste[1]. Disons tout de suite, pour éviter toute ambiguïté, que nous aurons recours indifféremment à ces différentes terminologies, sans arrière-pensée, mais bien pour désigner ce qui est une *faute contractuelle* du débiteur. Le fait de l'inexécution est en effet constitutif d'une faute, dès lors que l'essence de l'obligation est d'être exécutée et que l'inexécution considérée ne trouve pas son origine dans une cause étrangère. On accordera toutefois, statistiquement, une préférence aux mots *manquement* et *défaillance* qui sont mieux adaptés au cadre contractuel[2] et qui évitent une ambiguïté du terme « inexécution », lequel correspond à des réalités variées qui ne sont pas toujours exclusives d'exécution (cas, notamment, de l'exécution défectueuse).

Après avoir précisé la *notion* de faute contractuelle, on examinera la question de sa *preuve*.

Conformément à leur inspiration différente, l'*Avant-projet de réforme du droit des obligations* rapproche l'inexécution de l'obligation contractuelle ayant causé un dommage au créancier du fait illicite ayant causé un dommage à autrui (art. 1340), alors que le *projet de réforme du droit des contrats* de l'Académie des sciences morales et politiques évoque et traite simplement de l'inexécution (art. 97 et s.).

1) La notion de faute contractuelle

192. Consistance de la faute : l'inexécution d'une obligation contractuelle. – Appréciée par référence au contrat, et plus exactement aux obligations engendrées par celui-ci, la faute de la responsabilité contractuelle est plus facile à cerner que celle de la responsabilité délictuelle : elle consiste dans un manquement du débiteur à une obligation née du contrat.

Visée par l'article 1147 comme l'*inexécution de l'obligation*, le manquement contractuel peut consister, indifféremment, dans une inexécution totale ou partielle, ou encore dans une mauvaise exécution de ladite obligation. Dans tous les cas, c'est le fait, pour le débiteur, de ne pas avoir réalisé ce qu'il avait promis, tout ce qu'il avait promis. Les fautes contractuelles sont aussi diverses que les contrats eux-mêmes et peuvent présenter tous les degrés de gravité : par **exemple**, un refus délibéré et injustifié d'exécuter la prestation promise –entrepreneur de construction qui abandonne le chantier– une exécution imprudente faisant courir des risques au créancier –transporteur qui assure ses prestations avec un matériel mal entretenu– ou encore une négligence dans l'exécution de l'obligation –surveillance insuffisante après une intervention chirurgicale...

La faute contractuelle est, toujours, directement fonction de l'obligation mise à la charge du débiteur et de l'exécution attendue de lui.

C'est pour n'avoir pas clairement perçu cette identité de la faute contractuelle et de l'inexécution que s'est développé un débat inutile sur la *gravité* –variable– que la faute contractuelle devrait présenter pour être sanctionnée par la responsabilité du débiteur.

193. La question de la gravité de la faute : la théorie des trois fautes. – Ce débat s'est développé à partir d'une opinion de Pothier selon laquelle l'Ancien droit français mettait en œuvre un système relativement complexe connu sous le nom de « théorie des trois fautes », étant observé que le *dol* –ou faute *dolosive*, ou encore *intentionnelle,* celle dont l'auteur veut la réalisation du *dommage*– constituait une donnée acquise et n'entrait pas dans le débat.

---

1. V. notamment, LE TOURNEAU, n° 806. V. aussi, TALLON, « Pourquoi parler de faute contractuelle ? », *Mélanges* CORNU, 1995, p. 429.
2. Cf. BENABENT, n° 405.

Selon cette théorie, il convenait de distinguer :

– la *faute lourde*, la plus grave, celle que ne commettent que les personnes les plus stupides et les moins soigneuses ;

– la *faute légère*, que le commun des hommes ne commet pas ;

– la *faute très légère*, celle qu'évitent seulement les personnes les plus soigneuses et les plus attentives.

À partir de là, dans cette construction, la responsabilité du débiteur variait, pour chaque type de contrat, suivant l'intérêt respectif des parties :

– le débiteur répond de toutes ses fautes, même *très légères*, lorsque le contrat a été conclu dans son seul intérêt, ainsi du prêt gratuit ;

– il ne répond que de sa faute *légère* et de la faute *lourde* lorsque le contrat a été conclu dans l'intérêt réciproque des parties, cas de la plupart des contrats ;

– il répond seulement de sa faute *lourde* lorsque le contrat a été conclu dans l'intérêt du seul créancier, ce qui est le cas des services gratuits.

194. Critique : distinction placée sur un mauvais terrain, celui de la faute au lieu de l'obligation. – Même s'il reflétait une idée juste, le système, ainsi conçu, était erroné en ce qu'il affirmait que le débiteur pouvait ne pas être responsable tout en ayant commis une faute, c'est-à-dire bien que l'obligation n'eût pas été exécutée. L'inexécution appelle la responsabilité. Ce qui était exact, en revanche, c'était l'idée que la *diligence* attendue du débiteur pût ne pas être toujours la même, en particulier, que l'exigence à cet égard fût plus grande lorsque le contrat était conclu dans son seul intérêt.

L'idée d'une gradation des fautes est, en réalité, le fruit d'une illusion : ce qui varie, selon les contrats, ce n'est pas la gravité de la faute propre à engendrer la responsabilité du débiteur, ce sont les *conditions d'existence même de la faute*, laquelle est fonction de l'étendue de l'obligation consentie par lui. En effet, tous les débiteurs ne promettent pas les mêmes soins ; ils ne sont donc pas tenus au même degré de diligence. Dès lors, une négligence banale sera constitutive d'une faute pour celui qui a promis beaucoup, non pour celui qui s'est engagé à peu. Cela ne veut pas dire que la responsabilité de ce dernier, contrairement à celle du premier, suppose une faute lourde au lieu d'une faute légère. Cela signifie seulement qu'une négligence ordinaire, de sa part, n'est pas une faute –parce qu'il n'a pas promis une vigilance de tous les instants– de sorte que sa responsabilité ne peut pas être engagée de ce chef.

La « théorie des trois fautes » perdait ainsi de vue ce qui est essentiel : savoir que tout débiteur est responsable dès l'instant qu'il n'a pas agi avec la diligence promise –d'aussi peu qu'il s'en soit éloigné– parce qu'il n'a pas, alors, fait ce qu'il avait promis.

195. Le droit positif : le principe d'unité des fautes contractuelles. – Conformément à la tradition, le Code civil oppose nettement la *faute intentionnelle* –le *dol* dans l'exécution du contrat ou *faute dolosive,* consistant dans l'intention de ne pas exécuter le contrat[1] – à la *faute non-intentionnelle* (art. 1150).

Mais, pour ce qui concerne cette dernière, le Code se borne à faire référence à l'*obligation* qui doit être exécutée et ne prévoit aucune gradation des fautes : chaque débiteur répond de toute *inexécution* qui lui est imputable[2]. En revanche, il fixe, pour différents contrats spéciaux, la portée de l'obligation mise à la charge du débiteur, le contrat pouvant être plus ou moins exigeant selon les cas.

---

1. Qu'il ne faut pas confondre avec le dol *dans la formation du contrat*, qui est un vice du consentement, Vol. 1 –*L'acte juridique*– n°s 211 et s.

2. Sauf quelques nuances qui seront exposées plus tard, v. *infra*, n°s 196 et s.

Ce système apparaît nettement à l'article 1137, relatif à l'obligation de veiller à la conservation de la chose confiée en exécution du contrat. Selon l'alinéa 1, le débiteur est responsable dès lors qu'il n'a pas agi avec la diligence que l'on peut attendre d'une personne raisonnable, que la convention ait pour objet l'utilité d'une seule partie ou leur utilité commune. Et les textes spéciaux auxquels renvoie l'alinéa 2 se bornent à préciser l'étendue de l'obligation du débiteur –soins limités (art. 1927, dépôt gratuit ; art. 1992, al. 2, mandat gratuit) ; soins plus exigeants (art. 1882, prêt à usage). Il n'est jamais question que de préciser l'*obligation* assumée par le débiteur, non de le décharger de telle ou telle sorte de faute [1].

C'est ainsi que le Code précise, pour le dépositaire bénévole (art. 1927-1928), que la diligence qui lui incombe est celle dont il fait lui-même preuve dans la gestion de ses propres affaires, et non pas celle que l'on attend ordinairement d'une personne raisonnable. Tant pis pour celui qui a pris le risque de traiter avec un dépositaire habituellement négligent ! Techniquement, la faveur ainsi faite par la loi au dépositaire non salarié se traduit par un changement des conditions d'appréciation de ses fautes : alors qu'en principe la faute du débiteur contractuel s'apprécie *in abstracto*, c'est-à-dire par comparaison avec le comportement d'un « bon père de famille », pour le dépositaire non salarié, la faute s'apprécie au regard de ses qualités personnelles.

Il reste à observer qu'en précisant ainsi, pour certains contrats, l'étendue de l'obligation qui pèse sur le débiteur, le Code se borne à formuler des indications générales qui n'ont rien d'absolu. En matière contractuelle, en effet, il convient de laisser place à la liberté des conventions. Il est donc nécessaire, dans tous les cas, de rechercher ce qui a été voulu par les contractants : c'est en considération de cette volonté contractuelle que doivent être déterminées et mesurées les obligations du débiteur. Selon les cas, le créancier a pu lui demander, et obtenir de lui, la promesse d'une diligence plus ou moins grande. C'est en considération de cela que doit s'apprécier sa responsabilité.

Ce qui demeure essentiel, c'est que la *faute contractuelle* ne s'apprécie pas en soi mais au regard de la *substance de l'obligation consentie*. Une fois cette substance déterminée, *toute inexécution de l'obligation ainsi caractérisée est constitutive d'une faute.*

196. Appel subsidiaire à la gradation des fautes : exceptions et atténuations du principe. – Le principe d'unité de la faute contractuelle supporte différentes altérations, en nombre réduit.

Il est, d'abord, de véritables *exceptions*, en ce sens que la responsabilité de l'auteur du dommage ne pourra être recherchée qu'en présence d'une faute *qualifiée*.

Deux de ces exceptions sont d'origine *légale*. La première se trouve dans le régime des *baux ruraux :* selon l'article L. 415-3, alinéa 2, du Code rural, en cas d'incendie des lieux loués, le bailleur ne peut invoquer la responsabilité du preneur que si celui-ci a commis une *faute grave* [2]. La seconde est beaucoup plus importante : elle concerne les *accidents du travail*, lesquels sont soumis à un régime qui assure à la victime, dans le cadre de la Sécurité sociale, diverses prestations et qui, de ce fait, écartent (C. sécur. soc., art. L. 451-1) toute action de la victime contre l'employeur en responsabilité de droit commun, *sauf* en cas de *faute intentionnelle* commise par ce dernier (art. L. 452-5).

---

1. Il est vrai, cependant, que la formulation de certains textes du Code reste parfois ambiguë. C'est le cas, notamment, de l'article 1992, alinéa 2, relatif au mandat non salarié. Mais à bien lire le texte, il apparaît nettement que celui-ci invite seulement à une appréciation indulgente de la faute –donc à la consécration d'une obligation moins exigeante– et non à l'absolution du débiteur pour ses fautes les moins graves, rappr. Civ. 1re, 4 janv. 1980, *Bull. civ.* I, n° 11.

2. V. Civ. 3e, 23 mars 1994, *Bull. civ.* III, n° 62.

La troisième exception a été établie par la *jurisprudence* et concerne l'exécution du *contrat de travail :* depuis 1958, la Cour de cassation [1] décide que l'employeur ne peut agir en responsabilité contre son préposé pour mauvaise exécution de son travail que si celui-ci s'est rendu coupable d'une *faute lourde* [2].

Plus souvent, la loi, et la jurisprudence, consacrent de simples *atténuations* du principe : l'auteur du dommage engage bien sa responsabilité dès qu'il commet une faute, mais les conséquences de cette responsabilité varient en considération de la gravité de la faute commise, en ce sens que la charge de réparation est d'autant plus lourde que la faute est plus grave.

Ce mécanisme trouve sa base dans le Code civil lui-même –article 1150– pour la sanction de la faute intentionnelle *–dol–* du débiteur contractuel. Celui-ci n'est tenu, en principe, que de réparer le dommage *prévisible* [3]. Mais si sa faute est *intentionnelle –dolosive–*, il doit en réparer toutes les conséquences dommageables, même non prévisibles ; de plus, le cas échéant, il ne peut se prévaloir des clauses restrictives de responsabilité stipulées au contrat [4].

Pour donner une plus grande portée à la politique de prévention –et de moralisation– qui inspire l'article 1150 –il est généralement difficile de prouver la faute intentionnelle– la jurisprudence en a étendu l'application à la *faute lourde*, faute d'une particulière gravité et pour cela jugée équivalente –on dit, le plus souvent, *équipollente–* au dol. Elle emporte les mêmes effets que le dol : réparation de tous les dommages causés par l'inexécution ; neutralisation des clauses restrictives de responsabilité.

Cette équivalence de la faute lourde à la faute intentionnelle est une création de la jurisprudence. Elle est parfois contestée pour être dépourvue de fondement légal [5].

C'est une inspiration du même ordre que l'on retrouve en droit du *transport aérien* (personnes et marchandises, C. aviation civ., art. L. 321-3 et L. 322-3) ou encore en droit maritime. Ainsi la responsabilité du transporteur aérien est-elle organisée et plafonnée par la Convention de Varsovie du 12 octobre 1929. Les limites ainsi fixées sautent en cas de faute intentionnelle, et, en vertu de l'article L. 321-4 du Code de l'aviation civile, dans celui de *faute inexcusable*, laquelle est regardée comme « équipollente au dol » [6].

Il convient encore d'en rapprocher le système des *accidents du travail* qui prévoit que, dans le cas de *faute inexcusable* de l'employeur [7], la victime peut, non seulement, prétendre à une majoration des prestations auxquelles elle a droit, mais encore, réclamer

---

1. Jurisprudence constante : v. Soc. 19 mars 2003, *D.* 2004. somm. 384, obs. PESKINE ; Soc. 12 avr. 1995, *Bull. civ.* V, n° 131.
2. Sur cette exception, qui se justifie essentiellement par le souci de maintenir les risques de l'entreprise sur la tête de l'employeur, v. PELISSIER, SUPIOT et JEAMMAUD, *Droit du travail*, 24e éd., 2008, nos 599 et s.
3. V. *infra*, n° 218.
4. V. *infra*, nos 219, 227 et 235.
5. V. VINEY, obs. sur Com. 12 juill. 2004, *JCP* 2005.I.132, n° 11, spéc. p. 736, col. 2.
6. Il existe des solutions comparables en droit maritime. La Cour de cassation a consacré une solution semblable en écartant, en dehors de toute disposition en ce sens, l'exonération de responsabilité posée par l'article 13 du Code des postes et télécommunications en cas de faute lourde de la Poste ou du transporteur substitué, Ass. plén. 30 juin 1998, *Bull.* AP n° 2, *JCP* 1998.II.10146, note Ph. DELEBECQUE.
7. La loi attache aussi des conséquences aux fautes qualifiées qui sont commises par la victime (C. sécur. soc., art. L. 453-1). V. par ex., Ass. plén. 24 juin 2005, *JCP* 2005, Act., n° 390.

à l'employeur la réparation de certains préjudices, notamment moraux (C. sécur. soc., art. L. 452-3).

Ce recours subsidiaire à des *fautes qualifiées* –dol, faute lourde et faute inexcusable, notamment[1] – qui se justifie par un souci de prévention des comportements particulièrement dangereux, soulève un difficile problème de définition.

197. La notion de dol : la faute intentionnelle. – Au sens de la responsabilité délictuelle –et du droit des assurances– la faute intentionnelle est entendue de façon très étroite : elle est la faute volontaire dont l'auteur a délibérément recherché le dommage causé[2].

Pour l'essentiel, la notion de *dol*, prise comme la faute contractuelle intentionnelle, doit recevoir la même définition[3]. Une compréhension extensive, qui inclurait la prise délibérée d'un risque, serait encore moins admissible ici qu'en responsabilité délictuelle[4] : la prise en considération particulière des notions voisines de faute *lourde* et de faute *inexcusable* l'interdit, sous peine de promouvoir une extrême confusion.

En revanche, la spécificité contractuelle incline à admettre un élargissement relatif de la notion, en retenant l'existence d'un dol dès l'instant qu'il y a *inexécution volontaire* de l'obligation contractuelle. Certaines décisions se sont nettement engagées dans cette voie en qualifiant de faute intentionnelle le *refus délibéré* du contractant d'exécuter son obligation[5]. Cette conception du dol doit être approuvée. Une telle compréhension de la faute dolosive, incluant la *volonté de ne pas exécuter,* apparaît parfaitement adaptée à la responsabilité contractuelle et à la spécificité du contrat en ce qu'elle permet la sanction la plus grave d'un comportement qui, précisément, consiste dans une négation pure et simple de l'engagement contractuel. La solution a le mérite de concourir au soutien de la force obligatoire du contrat.

Dans tous les cas, comme pour la responsabilité délictuelle, l'appréciation du dol doit se faire *in concreto :* le juge doit rechercher si le débiteur a eu la volonté de causer le dommage ou, au moins, de ne pas exécuter son obligation. Cette nécessité d'une volonté caractérisée évite tout risque de confusion du dol, même largement entendu, avec les autres fautes qualifiées : faute lourde et faute inexcusable.

C'est ce type de faute qui pourrait sans doute le plus facilement donner lieu, si on l'admettait, à la condamnation à des dommages-intérêts punitifs, destinés non pas à réparer le préjudice causé au créancier mais à sanctionner l'inexécution en présence de certaines fautes, notamment la faute lucrative, celle qui procure un enrichissement au débiteur, par exemple parce qu'il a trouvé un contrat plus avantageux (v. art. 1371, Avant-projet de réforme du droit des obligations ; comp. art. 120, Projet de réforme du droit des contrats de l'Académie des sciences morales et politiques qui, en cas de dol, permet au créancier de demander la condamnation du débiteur à lui verser tout ou partie du profit retiré de l'inexécution).

---

1. On peut laisser de côté la faute *grave*, particulièrement incertaine dans sa réalité. Ainsi en droit rural la *gravité* de la faute semble-t-elle être admise assez facilement. Cf. GOURDON, « L'incendie d'une ferme », *D.* 1965. chron. 181.
2. Vol. 2 –*Le fait juridique*– n° 110.
3. V. par ex. Civ. 3e, 18 déc. 1996, *Bull. civ.* III, n° 239
4. Vol. 2 –*Le fait juridique*– n° 110.
5. V. par ex. Com. 19 janv. 1993, *Bull. civ.* IV, n° 24 ; Civ. 3e, 23 juill. 1986, *Bull. civ.* III, n° 129 ; Civ. 1re, 21 oct. 1975, *D.* 1976.151, note J. MAZEAUD. *Adde* les décisions citées par SÉRIAUX, *La faute du transporteur,* n° 312.

198. La notion de faute lourde. – La faute lourde, équipollente au dol, est une faute d'une gravité exceptionnelle ; d'une gravité telle qu'on dirait que son auteur l'a fait exprès ; mais, précisément, cet élément intentionnel ne peut être établi [1].

Cette faute est définie par la Cour de cassation, le plus souvent, comme une négligence d'une extrême gravité confinant au dol et démontrant l'inaptitude du débiteur à l'accomplissement de la mission contractuelle qu'il a acceptée [2]. L'appréciation se fait *in abstracto :* il convient de comparer le comportement du débiteur avec celui qu'aurait adopté une personne dotée de la compétence et des moyens nécessaires à l'exécution de l'obligation. Ce mode d'appréciation n'exclut cependant pas toute nuance : le modèle de comparaison peut changer selon que le débiteur est un profane ou un professionnel, les aptitudes attendues de celui-ci étant plus grandes que celles de celui-là. Naguère, certains arrêts avaient jugé que le seul fait du manquement à l'obligation peut parfois révéler à lui seul la faute lourde [3]. Mais depuis, la Cour de cassation a d'abord suggéré nettement [4], puis clairement affirmé que le manquement à une obligation contractuelle, fût-elle essentielle, ou fondamentale, ne constitue pas une faute lourde, celle-ci devant se déduire de la gravité du comportement du débiteur [5].

199. La notion de faute inexcusable. – Entre la faute intentionnelle et la faute lourde, il existe encore [6] une autre notion, celle de *faute inexcusable.*

La notion a été consacrée, en premier lieu, par la législation sur les *accidents du travail.* Là, la jurisprudence l'a d'abord définie comme une « faute d'une exceptionnelle gravité, dérivant d'un acte ou d'une omission volontaire, de la conscience que devait avoir son auteur du danger qui pouvait en résulter et de l'absence de toute cause justificative » [7]. La formule appelait une appréciation *in abstracto :* l'auteur aurait dû avoir conscience ; il n'est pas nécessaire qu'il ait eu conscience. Cela est encore vrai de la nouvelle définition, plus exigeante, qu'elle a ensuite adoptée, en 2002, tant pour les accidents du travail que pour les maladies professionnelles : manquement à une obligation de sécurité de résultat lorsque l'employeur avait ou aurait dû avoir conscience du danger auquel était exposé le salarié et qu'il n'a pas pris les mesures nécessaires pour l'en préserver [8].

---

1. Rappr. Com. 20 janv. 1998, *Bull. civ.* IV, n° 26.
2. Ch. mixte, 22 avr. 2005 (deux arrêts), *Bull. civ.* CM, n°s 3 et 4, *D.* 2005.1864, note TOSI, *JCP* 2005.II.10066, note LOISEAU, *RDC* 2005.651, avis DE GOUTTES, 673, note D. MAZEAUD, 753, note DELEBECQUE ; Com. 19 nov. 1996, *Bull. civ.* IV, n° 280 ; Com. 31 janv. 1995, *Bull. civ.* IV, n° 32. Rappr. Civ. 1re, 1er mars 1983, *Bull. civ.* I, n° 82 : « négligence grossière que l'homme le moins averti ne commettrait pas dans la gestion de ses propres affaires » (société de travail temporaire ayant mis à la disposition d'une entreprise un aide-comptable déjà condamné pour faux en écritures privées et complicité de falsification de chèques). Comp. Com. 14 juin 1994, *Bull. civ.* IV, n° 220 (absence de faute lourde).
3. V. pour une livraison tardive faite par une société de transport spécialisée dans le service rapide, Com. 22 oct. 1996, *Bull. civ.* IV, n° 261.
4. Ch. mixte 22 avr. 2005 (deux arrêts), préc.
5. Com. 13 juin 2006, *D.* 2006. 1680, obs. DELPECH, *RTD civ.* 2006. 773, obs. JOURDAIN, JCP 2006. II. 10123, note LOISEAU.
6. La panoplie légale est en réalité plus riche, on l'a vu, ne serait-ce que par la prise en compte, déjà rencontrée, de la faute *grave.*
7. Ass. plén. 18 juill. 1980, *D.* 1980.394, concl. PICCA, note P. G., *JCP* 1981.II.19642, note SAINT-JOURS. La définition retenue par cet arrêt est voisine de celle qu'avait consacrée un arrêt des Chambres réunies du 15 juillet 1941, *DC* 1941.117, *RGAT* 1941.468, note A. B.
8. Ass. plén. 24 juin 2005, *JCP* 2005, Actu, n° 390 ; Civ. 2e, 14 oct. 2003, *Bull. civ.* V, n° 300, *D.* 2004. IR. 537 (cassant l'arrêt d'une cour d'appel qui, pour écarter l'existence d'une faute inexcusable de

La notion de faute inexcusable a, par la suite, été retenue en matière de transport aérien, pour désigner la faute équipollente au dol [1] et, comme telle, de nature à écarter les plafonds de garantie. En dépit d'une définition qui inclinait *a priori* à une appréciation *in concreto* –« faute délibérée qui implique la conscience de la probabilité du dommage et son acceptation téméraire sans raison valable » (C. aviat. civ., art. L. 321-4, al. 1)– la jurisprudence a estimé que, même en ce domaine, cette faute devait être appréciée objectivement [2]. Il apparaît ainsi que la faute inexcusable peut être comprise, de façon générale, comme un comportement volontaire qui entraîne un risque particulièrement grave de dommage dont l'auteur aurait dû avoir conscience [3].

La notion, en dépit de son élément volontaire, se distingue nettement de la faute intentionnelle parce que la volonté requise, ici, est seulement une marque de conscience [4], jamais une intention de nuire ou une volonté d'inexécution. Elle est, en revanche, très proche de celle de faute lourde [5]. Il est heureux qu'elle n'ait de rôle à jouer que dans un secteur limité –accidents du travail, transports aérien et maritime : il n'est pas bon de nuancer à l'excès les conditions de mise en œuvre de la responsabilité.

2) La preuve de la faute contractuelle

200. Les questions de preuve soulevées par la responsabilité contractuelle. – La responsabilité du débiteur contractuel suppose qu'il soit établi que celui-ci a manqué à son obligation.

Le succès de la demande implique, d'abord, que soit rapportée la preuve de l'*obligation* dont l'inexécution est invoquée. Cette preuve incombe au demandeur (art. 1315, al. 1) et doit être faite en principe *par écrit*, puisqu'il s'agit de prouver l'existence du contrat qui a donné naissance à l'obligation [6]. Dans tous les cas il faut établir qu'un contrat a été conclu ; et il faut encore –sauf pour les obligations que la loi (directement ou par interprétation de la jurisprudence) attache au contrat considéré– prouver la stipulation génératrice de l'obligation précisément envisagée.

Une fois établie l'existence de l'obligation, il faut ensuite démontrer la *faute* elle-même, c'est-à-dire le *manquement* du débiteur à son obligation. Comme pour tous les faits juridiques, la preuve se fait par *tous moyens* [7] : il s'agit de faire apparaître que le débiteur n'a pas exécuté son obligation ou l'a mal exécutée. La matière de la preuve consiste le plus

---

l'employeur, avait relevé que celui-ci n'avait pas commis une faute d'une exceptionnelle gravité) ; Soc. 28 févr. 2002, *Bull. civ.* V, n° 81 (6 arrêts) ; Soc. 11 avr. 2002, *Bull. civ.* V, n° 127 ; et 23 mai 2002, *Bull. civ.* V, n° 177. V. DUPUY-LOUP, « La faute inexcusable de l'employeur au-delà du 28 février 2002 », *RC Ass.* 2002. chron. 16. *Dans le même sens,* Civ. 2e, 12 mai 2003, *Bull. civ.* II, n° 141.

1. Ce qui signifie qu'ici, la faute lourde n'emporte pas les mêmes effets que le dol.

2. Civ. 1re, 5 déc. 1967, *JCP* 1968.II.15350, concl. LINDON, *RTD. civ.* 1968.382, obs. DURRY.

3. Comp. en matière d'accidents de la circulation, la *faute inexcusable, cause exclusive de l'accident*, Vol. 2 –*Le fait juridique*– n° 335 et dans une veine proche la faute inexcusable *du salarié* telle que définie par un arrêt du 27 janvier 2004 (VINEY et JOURDAIN, *Les conditions de la responsabilité*, 3e éd., 2006, n° 616-2)

4. Ce qui paraît devoir exclure que la qualification de faute inexcusable puisse être retenue pour le comportement d'un débiteur se trouvant sous l'empire d'un trouble mental. Rappr. VINEY et JOURDAIN, *op. cit,* nos 616 et s.

5. Cf. VINEY et JOURDAIN, *ibid.*, n° 617-1, *in fine*. V. aussi VINEY, « Remarques sur la distinction entre faute intentionnelle, faute inexcusable et faute lourde », *D.* 1975. chron. 263.

6. Cf. *supra*, n° 23.

7. *Ibid.*

souvent dans des éléments *objectifs* –agissements anormaux par comparaison avec le comportement d'un débiteur avisé[1]. Exceptionnellement, elle comporte des éléments *subjectifs* –telle la volonté de nuire de l'auteur d'une faute intentionnelle.

Cette preuve de la faute est plus ou moins facile selon les cas. La preuve des éléments *subjectifs*, en particulier, est souvent aléatoire. Mais la question la plus délicate n'est pas là ; elle est de savoir sur qui pèse la *charge de la preuve :* est-ce au créancier qu'il revient de prouver l'*inexécution de l'obligation* par le débiteur ? Est-ce au contraire à ce dernier qu'il incombe d'établir qu'il a *exécuté*, et *correctement ?*

201. La charge de la preuve de la faute. La distinction des obligations de moyens et des obligations de résultat. – Sur cette question, les indications du Code civil semblent *a priori* contradictoires : d'un côté, l'article 1137 laisse entendre que la preuve incombe au créancier, qui doit prouver que le débiteur n'a pas fourni « les soins d'un bon père de famille » ; de l'autre, l'article 1147 énonce que le débiteur est responsable du seul fait de l'inexécution de l'obligation, à moins qu'il ne justifie que l'inexécution provient d'une cause étrangère.

Cette contradiction apparente a été surmontée par la distinction, proposée par Demogue, des obligations de moyens et des obligations de résultat[2]. Cette distinction prend en considération l'objet précis de la promesse faite : tantôt celui qui l'a souscrite s'est engagé à faire ce qui est possible pour parvenir à un résultat favorable, lequel n'est pas garanti (ainsi du médecin qui promet de soigner le malade ou de l'avocat qui accepte de défendre les intérêts d'un client) ; tantôt, au contraire, la promesse a été de procurer un résultat déterminé au créancier (cas du transporteur qui prend en charge un voyageur).

Dans le premier cas, l'obligation est de *moyens :* le débiteur s'engage à employer les meilleurs moyens possibles de parvenir au résultat envisagé. En cas d'insatisfaction, le créancier doit prouver que le débiteur n'a pas agi avec la diligence requise –prouver, par exemple, que le médecin n'a pas prodigué les soins appropriés[3]. C'est l'hypothèse envisagée par l'article 1137.

Dans le second cas, l'obligation est de *résultat :* le débiteur est tenu de procurer le résultat promis. Alors, du seul fait que le résultat n'a pas été obtenu, la responsabilité du débiteur se trouve engagée et c'est à lui qu'il incombe, pour y échapper, de démontrer que l'échec est la conséquence d'un événement de force majeure et ne peut pas, de ce fait, lui être imputé –le voyageur n'est pas arrivé à bon port en raison d'une cause étrangère[4]. La question, en pratique fort importante, de la charge de la preuve, se trouve ainsi clairement ordonnée :

---

1. Par exemple, le « fait anormal » consistant dans une maladresse de maniement (Civ. 1re, 13 mai 1998, *Bull. civ.* I, no 174). En revanche, la faute ne peut pas se déduire de l'anomalie du dommage ou de sa gravité, Civ. 1re, 27 mai 1988, *Bull. civ.* I, no 185.

2. DEMOGUE, *Traité des obligations en général,* t. 5, no 1237. V. aussi FROSSARD, *La distinction des obligations de moyens et des obligations de résultat,* préf. NERSON, LGDJ, 1965 ; H. MAZEAUD, « Essai de classification des obligations », *RTD civ.* 1936.1 ; TUNC, « La distinction des obligations de résultat et des obligations de moyens », *JCP* 1945.I.449. V. aussi, MAURY, « Réflexions sur la distinction entre obligations de moyens et obligations de résultat », *Rev. rech. jur.* 1998. 1243.

3. V. par ex. Civ. 1re, 4 janv. 2005, *Bull. civ.* I, no 5, *D.* 2005. IR. 170 ; Civ. 1re, 25 févr. 1997, *Bull. civ.* I, no 72 ; Civ. 1re, 28 juin 1989, *Bull. civ.* I, no 266, *D.* 1990.413, note DAGORNE-LABBE ; Civ. 1re, 27 mai 1988, *Bull. civ.* I, no 187.

4. V. par ex. Civ. 1re, 26 juin 1990, *Bull. civ.* I, no 181 (transport de voyageur. Absence de cause étrangère emportant exonération). Rappr. Com. 1er juill. 1997, *Bull. civ.* IV, no 217 (transport de marchandises).

– s'il y a obligation de *moyens*[1], la charge de la preuve pèse sur le créancier : pour engager la responsabilité du débiteur, il lui faut prouver la faute de celui-ci, prouver qu'il a manqué à son obligation. S'il échoue à faire cette preuve, aucune responsabilité ne pourra être mise à la charge du débiteur[2] ;

– s'il y a obligation de *résultat*, la solution s'inverse, la charge de la preuve incombant alors au *débiteur :* dès lors qu'il est établi que le résultat promis n'a pas été atteint, la responsabilité du débiteur se trouve engagée en vertu d'une présomption légale et c'est à lui qu'il revient de faire la preuve que l'échec n'est pas de son fait mais la conséquence d'une cause étrangère, circonstance exclusive de toute faute de sa part. À défaut d'y parvenir, sa responsabilité restera engagée sur le seul constat de l'inexécution[3].

Il convient toutefois d'ajouter une précision à ce schéma : savoir que la responsabilité de plein droit du débiteur de l'obligation de résultat est subordonnée à la preuve que le défaut de résultat est bien lié à l'intervention du débiteur qui a ainsi manqué à l'engagement souscrit par lui[4]. Cette preuve ne fait généralement pas difficulté car l'échec de l'opération s'inscrit directement, immédiatement, dans le cadre de l'exécution de l'obligation[5]. Mais la situation peut être plus compliquée, par **exemple** parce que la prétendue absence de résultat se manifeste tardivement : ainsi lorsque la panne d'un organe mécanique d'un véhicule survient longtemps après que le garagiste soit intervenu pour le réparer à l'occasion d'une précédente panne. La responsabilité de plein droit suppose alors que preuve soit rapportée de ce que la panne dénoncée se rattache à l'intervention du garagiste[6].

L'article 1149 de l'*Avant-projet de réforme du droit des obligations* définit les obligations de moyens et de résultat et indique les conséquences qu'elles produisent sur les conditions de la responsabilité du débiteur. Le *projet gouvernemental* et celui de l'Académie des sciences morales et politiques ne reprennent pas la distinction.

202. Les limites de la distinction : quant à son champ d'application. – La distinction des obligations de moyens et de résultat présente d'incontestables intérêts –elle clarifie le problème de la charge de la preuve en mettant en lumière l'absence d'unité fonctionnelle des obligations. Cela explique qu'elle ait été reçue par la jurisprudence.

Pour autant, la distinction comporte des limites considérables dont il faut avoir clairement conscience.

En premier lieu, la distinction est limitée, à plusieurs égards, quant à son *champ d'application.*

Ainsi, tout d'abord, faut-il se rappeler que la responsabilité contractuelle englobe les questions d'inexécution proprement dite et celles d'exécution incorrecte de l'obligation. Or, la question de savoir si l'obligation contractuelle a été ou non exécutée échappe à la distinction : l'existence de l'obligation étant acquise, c'est au débiteur –à qui l'exécution est réclamée– qu'il incombe de prouver qu'il a exécuté ou que son obligation est éteinte pour une autre raison (art. 1315, al. 2). Sauf convention particulière, il n'y a pas

---

1. On dit aussi, parfois, obligation *de prudence et diligence* (pour *moyens*) et obligation *déterminée* (pour *résultat*), v. MAZEAUD et CHABAS, n°s 435 et s.

2. V. une application, pour un contrat d'hospitalisation, Civ. 1re, 3 mars 1998, *Bull. civ.* I, n° 90. La solution est semblable à celle de la responsabilité délictuelle *du fait personnel* (art. 1382 et 1383).

3. Cf. Civ. 1re, 26 juin 1990, préc. La solution est cette fois comparable à celle que consacre la responsabilité délictuelle *du fait des choses* (art. 1384, al. 1).

4. V. par ex. Civ. 1re, 30 nov. 2004, *Bull. civ.* I, n° 296, *JCP* 2005.IV, n° 1080.

5. V. par ex., Montpellier, 25 févr. 2004, *JCP* 2005.IV, n° 1199.

6. Civ. 1re, 14 déc. 2004, *Bull. civ.* I, n° 322, *JCP* 2005.IV, n° 1220.

d'alternative : dès lors que le créancier allègue l'inexécution de l'obligation contre le débiteur, celui-ci est présumé en faute pour inexécution tant qu'il ne prouve pas, soit qu'il a exécuté, soit que l'obligation considérée est éteinte –par l'effet de la prescription, par exemple– soit, encore, que l'inexécution ne lui est pas imputable. À défaut de faire une telle preuve, et sauf à vérifier la réunion des autres conditions de la responsabilité du débiteur –notamment, l'effectivité d'un préjudice [1] – la responsabilité contractuelle de celui-ci est engagée. La distinction n'a rien à voir avec cette situation ; elle ne concerne que celles dans lesquelles l'obligation a été exécutée, mais d'une manière que le créancier juge insatisfaisante.

À cette première restriction, une autre doit être ajoutée : à savoir que la distinction n'a d'intérêt que pour les *obligations de faire*. Elle est dépourvue de sens pour les obligations de *donner* comme pour les obligations *de ne pas faire :* le créancier de telles obligations a *toujours* droit au *résultat* envisagé –le débiteur ne s'engage pas *à faire son possible* pour transférer la propriété ou pour ne pas tenir tel ou tel comportement– ne pas faire concurrence, par exemple [2]. Du moins la distinction s'applique-t-elle à toutes les obligations de faire, sans qu'il y ait à distinguer selon que le manquement provoque une atteinte aux biens ou un dommage à la personne.

203. Les limites de la distinction : caractère schématique et relatif. – Il convient, en second lieu, de ne pas perdre de vue que la distinction, qui se fonde sur une analyse des engagements contractuels, se borne à opposer deux types d'obligations –de *moyens* ou de *résultat*– et qu'elle ne peut pas rendre compte ainsi de la diversité des engagements susceptibles d'être souscrits par voie contractuelle [3]. Telles qu'elles ont été définies précédemment, l'obligation de moyens et l'obligation de résultat ne constituent que deux *repères,* deux *modèles-types*, en regard desquels les différents engagements contractuels effectivement souscrits doivent être situés sans pouvoir toujours coïncider parfaitement avec eux. La distinction établit ainsi une sorte de schéma d'orientation et présente un caractère étroitement relatif.

Tout d'abord, il faut prendre garde au fait qu'une analyse unitaire de l'obligation ne s'impose pas toujours. Certes, il en va parfois ainsi : l'obligation de sécurité du transporteur de personnes est une obligation de *résultat* pour toute la durée du contrat de transport, depuis le commencement de l'embarquement jusqu'à la fin du débarquement [4] ;

---

1. Ainsi, le manquement à l'obligation d'information qui pèse sur le médecin quant aux risques d'une intervention ne peut-il engager la responsabilité du praticien lorsqu'il est établi que, si l'information avait été donnée, le patient aurait tout de même accepté cette intervention, ce qui exclut toute perte d'une chance d'éviter le dommage afférent au risque réalisé, Civ. 1re, 20 juin 2000, *Bull. civ.* I, nº 193, *D.* 2000. somm. 471, obs. JOURDAIN.

2. V. Vol. 1 *–L'acte juridique–* nº 45.

3. Cf. ATIAS, nos 232 et s., spéc. nº 236.

4. Civ. 1re, 7 mars 1989, *Bull. civ.* I, nº 118, *D.* 1991.1, note MALAURIE, *RTD civ.* 1989.548, obs. JOURDAIN. Encore faut-il remarquer que cette analyse unitaire n'a été admise qu'à la suite de la redéfinition, par le même arrêt, du contrat de transport, limité par les opérations d'embarquement et de débarquement. Auparavant, les phases, préalable et subséquente, de circulation du voyageur dans les installations de l'entreprise de transport étaient incluses dans le contrat de transport et le transporteur était soumis, dans ce cadre, à une obligation de moyens (v. par ex. Civ. 1re, 21 juill. 1970, *D.* 1970.767, note ABADIE). Désormais, ces phases antérieure et postérieure au transport relèvent de la responsabilité délictuelle.

Au demeurant, la Cour de cassation a admis, dans un cas particulier concernant le transport aérien, l'existence d'une obligation de sécurité de moyens, dans l'exécution du contrat, en dehors des opérations de même, à l'opposé, l'obligation de sécurité des entreprises de promenades équestres est uniformément qualifiée d'obligation de *moyens*[1].

En revanche, il est acquis que l'obligation de sécurité des entreprises de télésiège n'est de *résultat* que pendant le trajet alors qu'elle est de *moyens* pour l'embarquement et le débarquement[2]. De même encore, l'obligation de sécurité d'une colonie de vacances, qui est ordinairement qualifiée « de moyens »[3], peut devenir « de résultat » au regard de certaines prestations[4].

Dans le même ordre d'idée, la jurisprudence a été amenée à distinguer, à propos des médecins, débiteurs en principe d'une obligation de *moyens,* le cas où le médecin a eu la charge de la fourniture d'une prothèse. Alors, tandis que l'installation de celle-ci continue à relever de cette obligation de *moyens*[5], le praticien est au contraire tenu d'une obligation de *résultat* au regard de l'absence de défaut et de l'adéquation de l'appareil à l'état du patient[6]. La distinction ne semble pas avoir été remise en cause par le régime de responsabilité institué par la loi du 4 mars 2002 d'où il résulte que la responsabilité des médecins ne peut être engagée « qu'en cas de faute », hors le cas où leur responsabilité est encourue en raison d'un défaut d'un produit de santé (art. L. 1142-1, I, al. 1er).

Ensuite, il ne faut pas croire que les catégories « obligation de moyens » – « obligation de résultat » soient homogènes : la rigueur de l'une comme de l'autre connaît des nuances.

La qualification d'obligation de *moyens* ne condamne pas uniformément le créancier à assumer la charge d'une preuve difficile. Selon les cas –stipulations du contrat, circonstances de l'exécution...– les juges adopteront une interprétation plus ou moins exigeante de l'obligation souscrite de sorte que la preuve de la faute sera plus ou moins difficile. Ainsi, par **exemple**, la jurisprudence fait-elle une différence entre l'obligation de l'entreprise de promenades équestres, laquelle s'adresse à une clientèle inexpérimentée, et celle du loueur de chevaux, qui s'adresse à des cavaliers compétents : les deux sont des obligations de moyens, mais la première est beaucoup plus exigeante et impose au débiteur des précautions que n'appelle pas la seconde[7]. Autre **exemple :** si l'organisateur d'une compétition à risques élevés et connus n'est tenu que d'une obligation de moyens, du moins doit-il prévenir ceux-ci dans toute la mesure du possible[8]. Un arrêt a même

---

d'embarquement, de vol et de débarquement (Civ. 1re, 15 juill. 1999, *Bull. civ.* I, n° 242, *RTD civ.* 1999.843, obs. JOURDAIN).

1. Civ. 1re, 5 mai 1998, *Bull. civ.* I, n° 164 ; Civ. 1re, 27 mars 1995, *Bull. civ.* I, n° 111.
2. Civ. 1re, 11 juin 2002, *Bull. civ.* I, n° 166, *D.* 2002. IR 2099 (l'arrêt consacre une conception restrictive du débarquement) ; Civ. 1re, 10 mars 1998, *Bull. civ.* I, n° 110 ; Civ. 1re, 4 nov. 1992, *Bull. civ.* I, n° 277.
3. Ce qui n'exclut pas des nuances dans l'appréciation de la faute ; comp. Civ. 1re, 10 févr. 1998, *Bull. civ.* I, n° 57, et Civ. 1re, 11 mars 1997, *Bull. civ.* I, n° 89.
4. Pour une intoxication alimentaire, Civ. 1re, 2 juin 1981, *Bull. civ.* I, n° 190.
5. V. par exemple, Civ. 1re, 4 févr. 2003, *Bull. civ.* I, n° 40, *D.* 2004. somm. 600, obs. J. PENNEAU ; Civ. 1re, 28 juin 1989, *Bull. civ.* I, n° 266 (qui rappelle cette solution traditionnelle en précisant qu'elle vaut quelle que soit la nature de l'intervention du médecin –en l'occurrence, une arthrographie).
6. V. pour un chirurgien-dentiste, Civ. 1re, 23 nov. 2004, *Bull. civ.* I, n° 286, *D.* 2005. pan. 410, obs. J. PENNEAU, *RTD civ.* 2005.139, n° 3, obs. JOURDAIN ; v. aussi Civ. 1re, 25 févr. 1997, *Bull. civ.* I, n° 72.
7. Cf. Civ. 1re, 5 mai 1998, préc. ; Civ. 1re, 27 mars 1995, préc. ; Civ. 1re, 29 juin 1994, *Bull. civ.* I, n° 231 ; Civ. 1re, 3 mai 1988, *Bull. civ.* I, n° 126. V. aussi, pour l'obligation d'un moniteur de planeur, Civ. 1re, 16 oct. 2001, *Bull. civ.* I, n° 1260, *D.* 2002. somm. 2711, obs. LACABARATS, *JCP* 2002.II.10194, note LIEVREMONT.
8. Cf. Civ. 1re, 25 janv. 2005, *Bull. civ.* I, n° 46, *D.* 2005. IR. 459, *JCP* 2005.IV, n° 1458 (manquement non retenu).

admis que la faute du débiteur d'une obligation de moyens fût présumée, le débiteur étant alors tenu de prouver qu'il n'avait pas commis de faute[1]. Cette variabilité de l'obligation de *moyens* est, du reste, annoncée par l'article 1137, alinéa 2 : l'obligation de veiller à la conservation de la chose « est plus ou moins étendue relativement à certains contrats » ; elle est mise en œuvre, dans le sens d'une exigence accrue, par l'article 1882 pour le prêt à usage.

De la même manière, l'obligation de *résultat* n'impose pas toujours au débiteur la preuve d'un événement de force majeure pour faire tomber la présomption de responsabilité qu'entraîne l'échec de l'obligation. Ainsi l'article 1732 dispose-t-il que le locataire « répond des dégradations ou des pertes qui arrivent pendant sa jouissance, à moins qu'il ne prouve qu'elles ont eu lieu sans sa faute » : la présomption de responsabilité liée au constat de dégradations, par exemple, est écartée par la seule preuve de l'absence de faute[2]. Inversement, la convention des parties pourrait renforcer l'obligation en privant le débiteur de toute cause d'exonération, même tirée de la force majeure –à condition toutefois que pareille convention ne relève pas d'un abus de puissance économique.

La distinction des obligations de moyens et des obligations de résultat n'est donc, en définitive qu'un *guide* –au demeurant fort utile– dans la recherche du contenu et de la portée des engagements souscrits par les contractants. Au-delà de son caractère sommaire et schématique, la distinction a le mérite d'attirer l'attention sur l'infinie variété des engagements contractuels et de fournir une clé de mise en œuvre de la responsabilité contractuelle[3]. Clé imparfaite, cependant, dans la mesure où le critère de la distinction demeure incertain, ultime limite de celle-ci.

204. À la recherche d'un critère de la distinction des obligations de moyens et des obligations de résultat. – Il n'y a pas de critère certain, et moins encore de critère unique, de la distinction. Du moins faut-il attirer l'attention sur différents éléments qui sont de nature à résoudre la difficulté.

Il va de soi que le premier élément à prendre en considération est la convention qui a donné naissance à l'obligation. La question est, en effet, *toujours*, de savoir à quoi le débiteur s'est engagé ; quel est l'objet exact de son engagement. La *volonté* exprimée par les parties donne donc, normalement, des indications décisives sur ce point et, par voie de conséquence, sur la portée de l'obligation effectivement souscrite[4]. Outre la substance même de la volonté exprimée, la précision apportée à la définition des prestations

1. Civ. 1re, 21 mai 1996, *Bull. civ.* I, n° 219 (clinique présumée en faute du fait de l'infection subie par un patient à l'occasion d'une intervention chirurgicale). Cette solution est aujourd'hui condamnée par l'article L. 1142-1, I, al. 2, C. santé publ., qui présume dans ce cas la responsabilité de l'établissement de santé, sauf preuve par celui-ci d'une cause étrangère.

2. Signe éclatant de la relativité de la distinction : l'affaiblissement de l'obligation de résultat aboutit alors au même résultat que le renforcement de l'obligation de moyens consacré par l'arrêt cité à la note précédente !

3. On peut, assurément, compléter la distinction originaire par des catégories intermédiaires –obligation de moyens *allégée ;* obligation de moyens *renforcée ;* obligation de résultat *atténuée ;* obligation de résultat *aggravée*... (v. en particulier VINEY et JOURDAIN, nos 533 et s.). Mais les qualificatifs risquent de manquer rapidement et les catégories de se recouper...

4. V. par ex., Civ. 1re, 30 nov. 2004, préc. ; (engagement d'un réparateur d'engin limité par le propriétaire même de celui-ci) ; Montpellier, 25 févr. 2004, préc ; (engagement d'une esthéticienne de réaliser une épilation définitive).

promises peut, parfois, incliner en faveur de l'obligation de résultat[1]. C'est essentiellement un problème d'interprétation de volonté, qui peut changer, d'ailleurs, d'une relation contractuelle à l'autre.

Au demeurant, il est de nombreuses obligations contractuelles qui sont établies par la *loi* : la volonté du législateur, plus ou moins précisément exprimée, devient alors le guide. Certaines obligations contractuelles sont aussi le produit de *l'interprétation jurisprudentielle* du contrat. Ainsi de l'obligation de *sécurité* mise à la charge des transporteurs, ou encore à celle de certains entrepreneurs d'activités sportives ou de loisirs. Il faut remarquer que l'unicité d'appellation n'emporte pas une qualification unique : souvent dite de *résultat* –pour le transporteur, notamment– l'obligation de sécurité peut aussi être de *moyens*[2]. C'est que des considérations diverses peuvent interférer avec l'objet de l'obligation.

En effet, il est d'autres éléments qui sont de nature à orienter le choix de la qualification de l'obligation, quel que soit son objet, sécurité ou autre.

Ainsi, d'abord, du caractère *aléatoire* ou non du résultat recherché. Si des diligences ordinaires garantissent ordinairement le « succès » avec une quasi-certitude, l'obligation est de résultat. C'est le cas, par **exemple**, de l'artisan qui promet de fabriquer un meuble. Si, au contraire, le résultat poursuivi dépend de circonstances autres que les soins même vigilants du débiteur, l'obligation est normalement de *moyens*. On retrouve les **exemples** du médecin, qui ne peut promettre de guérir, et de l'avocat, qui ne peut s'engager à gagner le procès de son client. C'est aussi le cas de l'assistante maternelle, à qui est confié un enfant, pour ce qui concerne la santé de celui-ci[3].

Ainsi ensuite du *rôle joué par le créancier dans l'exécution de l'obligation*. C'est là un élément auquel la jurisprudence semble prêter une grande attention. Si le créancier doit rester passif, s'il n'a aucune initiative à prendre, le débiteur ayant la maîtrise de tout, l'obligation est normalement de *résultat*. **Exemples :** l'obligation de sécurité du transporteur et de celle de l'entreprise de télésiège pendant le trajet. C'est aussi le cas pour l'organisateur d'un vol accompagné en parapente[4]. En revanche, si le créancier est

---

1. Cf. Com. 8 janv. 2002, *D.* 2002. somm. 2708, obs. KARAQUILLO. V. aussi, Com. 14 janv. 1997, *Bull. civ.* IV, n° 17). Rappr. KOERING-JOULIN, note sous Paris, 20 mai 1974, *JCP* 1975.II.18179, I, B, 1°.

2. V. pour les *entreprises de promenades équestres*, Civ. 1re, 5 mai 1998 *Bull. civ.* I, n° 164 ; Civ. 1re, 27 mars 1995, Civ. 1re, 29 juin 1994 et Civ. 1re, 3 mai 1988, préc. Pour l'organisateur de *leçons d'équitation,* Civ. 1re, 28 nov. 2000, *JCP* 2002.II.10010, note LIEVREMONT. Pour une *discothèque*, Civ. 1re, 10 juin 1986, *Bull. civ.* I, n° 164 (piste de danse glissante). Pour l'*exploitant d'un site touristique*, Civ. 1re, 17 juin 1997, *Bull. civ.* I, n° 202.

À l'origine de sa découverte par la jurisprudence, l'obligation de sécurité était toujours qualifiée d'obligation de *résultat.*

Cette unicité de qualification a été par la suite abandonnée, pour tenir compte de la diversité des situations contractuelles où elle se rencontre et des situations dans lesquelles elle est appelée à jouer. Certains auteurs contestent cette diversité ainsi, d'ailleurs, que la notion même d'obligation de sécurité contractuelle ainsi généralisée. V. ces critiques et un exposé général de l'évolution de la jurisprudence, *in* LE TOURNEAU, nos 3293 et s. ; VINEY et JOURDAIN, nos 499 et s. V. également BLOCH, *L'obligation contractuelle de sécurité*, PUAM, 2002, préf. BOUT.

3. Civ. 1re, 18 nov. 1997, *Bull. civ.* I, n° 318. Mais l'obligation est de résultat pour la sécurité de l'enfant, Civ. 1re, 13 janv. 1982, *Bull. civ.* I, n° 24.

La Cour de cassation a cependant jugé que la SNCF est tenue envers les voyageurs d'une obligation de sécurité de résultat quant aux agressions dont ils sont victimes, Civ. 1re, 3 juill. 2002, *Bull. civ.* I, n° 183, *D.* 2002. IR. 2306.

4. Civ. 1re, 21 oct. 1997, *Bull. civ.* I, n° 287 (l'arrêt vise l'absence de rôle actif du client). V. aussi, pour l'exploitant d'une piste de bob-luge, Civ. 1re, 17 mars 1993, *Bull. civ.* I, n° 119 (malgré la participation appelé à jouer un rôle actif dans l'exécution de l'obligation, celle-ci doit relever des obligations de moyens. C'est le cas pour le client du médecin et de l'avocat, comme pour celui de l'entreprise de télésiège pour les phases d'embarquement et de débarquement [1].

C'est en définitive par la mise en œuvre combinée de ces différents indices que chaque obligation contractuelle de faire peut être classée au regard de la distinction des obligations de moyens et des obligations de résultat. Sans doute les solutions ne sont-elles pas toujours ni parfaitement prévisibles, ni parfaitement convaincantes. Il faut du moins reconnaître que la distinction des obligations de moyens et de résultat, en dépit de ses limites, a permis, non seulement, de mieux cerner le problème de la preuve de la faute du débiteur contractuel mais aussi de mieux appréhender dans sa diversité la substance de l'engagement né du contrat.

B. La question d'une responsabilité contractuelle du fait d'autrui et du fait des choses

205. Fait d'autrui et responsabilité contractuelle. – Il est naturellement tentant d'envisager la responsabilité contractuelle selon les mêmes perspectives que la délictuelle et de l'organiser semblablement, en distinguant, ici comme là, « fait personnel », « fait d'autrui » et « fait des choses ». Mais un tel parallélisme n'existe pas.

Il y a bien une responsabilité contractuelle du fait d'autrui –aucune disposition légale n'en pose le principe ; seuls quelques textes la sous-entendent en y apportant des précisions de portée limitée et inégale [2]. Mais elle ne constitue pas un régime spécifique et autonome, comparable à celles que connaît la responsabilité délictuelle [3].

Il est significatif, à cet égard, que les arrêts qui évoquent une responsabilité du fait d'autrui, notamment dans le cas du bailleur, tenu de répondre du fait de ses locataires (art. 1725), prononcent toujours la condamnation du débiteur pour manquement à une obligation qui lui incombe personnellement. **Exemples :** un bailleur ne peut être déchargé de son obligation de délivrance (art. 1719, 1°) par le fait d'un autre locataire demeuré dans les lieux [4] ; il ne peut davantage faire valoir l'incendie, provoqué par un autre locataire et qui a partiellement détruit l'immeuble pour se soustraire à l'obligation de jouissance paisible (art. 1719, 3°) qu'il doit à son locataire [5]. Dans tous les cas c'est le manquement à l'obligation personnelle du bailleur qui est sanctionnée, comme s'il s'agissait purement et simplement de son fait personnel.

évidente du client, l'arrêt qualifie l'obligation « de résultat » en se fondant sur le fait que celui-ci n'a pas le choix de sa trajectoire).

1. V. notamment Civ. 1re, 10 mars 1998, *Bull. civ.* I, n° 110 (l'arrêt relève expressément le « rôle actif des usagers »). V. aussi Civ. 1re, 24 nov. 1993, *Bull. civ.* I, n° 344. V. cep., CA Paris, 17 janv. 2005, *D.* 2005. IR. 388 (affirmant, à propos de brûlures consécutives à un café renversé par un enfant turbulent, une obligation de sécurité-résultat à la charge du restaurateur vis-à-vis de ses clients).

2. V. par ex., pour le *locataire*, l'article 1735 qui le fait responsable des dégradations qui sont « le fait des personnes de sa maison ou de ses sous-locataires », ou, pour *l'entrepreneur*, l'article 1797, qui le rend responsable « du fait des personnes qu'il emploie », ou encore, l'article 1994 selon lequel le *mandataire* « répond de celui qu'il s'est substitué dans la gestion... »

3. En ce sens, par ex. BENABENT, n° 412-5 ; LE TOURNEAU, nos 3470 et s. ; STARCK, ROLAND et BOYER, n° 2035 ; REBUT, « De la responsabilité contractuelle et de son caractère autonome », *Rev. rech. jur.* 1996.409 ; FAURE-ABBAD, *Le fait générateur de la responsabilité contractuelle*, LGDJ, coll. Faculté de droit et des sciences sociales de l'Université de Poitiers, préf. RÉMY, spéc. nos 359 et s. *Contra* : VINEY et JOURDAIN, *op. cit.*, nos 814 et s.

4. Civ. 3e, 19 mai 2004, *Bull. civ.* III, n° 99, *JCP* 2005.I.132, n° 7, obs. VINEY.

5. Civ. 3e, 19 mai 2004, *Bull. civ.* III, n° 100, *JCP* 2005.I.132, n° 7, obs. VINEY.

Cela signifie, en particulier, que le débiteur contractuel qui confie l'exécution de son obligation à un tiers n'échappe pas à sa responsabilité si celui-ci exécute mal : sa responsabilité se trouve alors engagée, comme s'il avait exécuté (mal) lui-même. Selon la jurisprudence, l'inexécution de l'obligation emporte la responsabilité du débiteur, peu important que cette inexécution soit en réalité le fait d'un préposé qu'il aurait chargé de l'exécution ou d'une personne qu'il se serait substitué, tel un sous-traitant[1].

L'essentiel est que, dans ces situations, le manquement commis par le tiers auquel le débiteur a confié l'exécution devient le *fait du débiteur* lui-même, qui s'approprie les agissements de ce tiers. Il en résulte, notamment :

– qu'il n'est nullement nécessaire d'établir un fait personnel du débiteur contractuel, un manquement qui lui soit propre ;

– que la responsabilité de ce débiteur se trouve engagée dans les mêmes conditions que s'il avait exécuté lui-même : s'il était tenu d'une obligation de *résultat*, l'échec constaté à la suite de l'intervention du tiers lui impose de faire la preuve d'une cause étrangère pour échapper à la responsabilité ; s'il n'était tenu que d'une obligation de *moyens*, le créancier qui prétend à réparation devra prouver la faute commise par le tiers-exécutant[2] ;

– que la faute intentionnelle, ou la faute lourde, commise par le tiers, interdit au débiteur de se prévaloir du principe de réparation du seul dommage prévisible comme des clauses restrictives de responsabilité stipulées au contrat[3].

En bref, le débiteur contractuel répond du fait de ceux qu'il fait agir pour lui comme si c'était son propre fait. D'une part, le débiteur ne saurait, évidemment, se prévaloir de ce que l'inexécution a été le fait d'un tiers pour prétendre échapper à la responsabilité consécutive à l'inexécution de son obligation ; d'autre part, la responsabilité du débiteur est appréciée comme si le fait du tiers était le sien propre.

C'est en ce sens, seulement, que l'on peut parler de responsabilité contractuelle du fait d'autrui... ce qui n'apporte rien de nouveau : tant que le débiteur contractuel n'a pas transmis son obligation[4], il en reste personnellement tenu et peu importe, à cet égard, qu'il en assume lui-même l'exécution ou qu'il la confie à un tiers.

206. Fait des choses et responsabilité contractuelle. – La question d'une responsabilité du fait des choses doit recevoir une réponse assez semblable.

Encore faut-il observer, d'abord, que, relativement à la responsabilité issue de l'exécution d'une obligation contractuelle, les choses peuvent intervenir de deux façons : la chose peut être *l'objet* même de l'obligation ; elle peut aussi n'être qu'un moyen qui *sert* à l'exécution de l'obligation. Pour la première hypothèse, il existe des régimes spéciaux qui ne relèvent pas –ou qui ne relèvent plus– de la responsabilité contractuelle générale[5]. C'est pour la seconde que se pose la question d'une responsabilité contrac-

---

1. Cf. Civ. 1re, 26 mai 1999, *Bull. civ.* I, n° 175, *Defrénois* 1999, art. 37079, obs. AUBERT (préposé), Com. 19 mars 1985, *Bull. civ.* IV, n° 101 (sous-traitant).

2. Ce qui est dit au texte pour les modèles-types que constituent les obligations de moyens et de résultat vaut évidemment, *mutatis mutandis*, pour toutes les obligations intermédiaires, allégées ou aggravées (*supra*, n° 203).

3. Com. 31 janv. 1983, *Bull. civ.* IV, n° 46.

4. Sur les conditions d'une telle éventualité, v. *infra*, n°s 415 et s.

5. Il s'agit, d'abord, de la *garantie des vices* de la chose qu'édictent des dispositions particulières à certains contrats spéciaux (v. par ex. pour la *vente*, les articles 1641 et s.), et ensuite de la *responsabilité des producteurs pour le défaut de sécurité des produits*, régie par les articles 1386-1 et s. du Code civil tuelle du fait des choses. Selon certains, il ne devrait pas exister de différence de traitement entre les relations délictuelles et les contractuelles parce que les risques liés à l'utilisation des choses existent ici comme là [1]. Transposant le principe de responsabilité du fait des choses de l'article 1384, alinéa 1, on pourrait ainsi, songer à mettre à la charge du débiteur une obligation de résultat lorsque son inexécution procède d'un fait de la chose dont ce débiteur s'est servi pour l'exécution du contrat.

La jurisprudence a parfois semblé aller en ce sens. Ainsi, notamment, un arrêt de la Cour de cassation du 17 janvier 1995 a-t-il paru admettre, dans le cas particulier d'un établissement d'enseignement, une telle responsabilité présumée « pour les dommages causés par le fait des choses qu'il met en œuvre pour l'exécution de son obligation contractuelle » [2]. Mais cette interprétation ne s'impose pas. Il semble douteux, en effet, que l'adoption d'un tel principe –nécessairement rigide– soit compatible avec la diversité des contrats : l'uniformité des solutions, qui se conçoit –qui s'impose, même– dans le domaine délictuel, c'est-à-dire là où les volontés individuelles n'ont pas eu l'occasion de s'exprimer, n'est pas adéquate à la diversité des situations contractuelles. Mieux vaut laisser au juge le soin d'apprécier, cas par cas, s'il convient d'admettre une obligation *de résultat* ou seulement *de moyens* à la charge du débiteur contractuel... La question n'a perdu qu'une partie de son intérêt avec l'entrée en vigueur de la loi du 19 mai 1998 relative à la responsabilité du fait des produits défectueux [3].

Il n'y a donc pas de responsabilité contractuelle du fait des choses [4], au sens de régime autonome et particulier. L'intervention d'une chose dans l'exécution du contrat et dans la réalisation du dommage n'est qu'un élément, parmi d'autres, de l'appréciation de la nature de l'obligation qui pèse sur le débiteur –obligation de moyens ou de résultat et leurs multiples variantes.

C. Les causes d'exonération de la responsabilité contractuelle

207. La notion de cause d'exonération. – La question est de savoir, les conditions d'une responsabilité contractuelle étant apparemment réunies, si le débiteur peut néanmoins échapper à la responsabilité qui lui incombe *a priori* du fait de l'inexécution.

Il existe en effet des causes d'exonération –causes légales [5] – qui permettent au débiteur de se dégager, tantôt totalement, tantôt partiellement.

(loi du 19 mai 1998) et qui ne distinguent pas selon qu'il existe ou non un lien contractuel d'obligation entre l'auteur du dommage et la victime. V. sur ces différents régimes, VINEY et JOURDAIN, n°s 746 et s. Sur la responsabilité du fait des produits défectueux, v. Vol. 2 *–Le fait juridique–* n°s 300 et s.

1. VINEY et JOURDAIN, n° 745-1.

2. Civ. 1re, 17 janv. 1995, *Bull. civ.* I, n° 43, *D.* 1995.350, note JOURDAIN, *JCP* 1995.I.3853, n°s 9 et s., obs. VINEY : « un établissement d'enseignement, contractuellement tenu d'assurer la sécurité des élèves qui lui sont confiés, est responsable des dommages qui leur sont causés non seulement par sa faute mais encore par le fait des choses qu'il met en œuvre pour l'exécution de son obligation contractuelle ». V. aussi LEDUC, « La spécificité de la responsabilité contractuelle du fait des choses », *D.* 1996. chron. 164 (cet auteur incline à limiter la portée de l'arrêt aux seules choses dangereuses –soit naturellement, soit par le vice qui les affecte).

3. V. Vol. 2 *–Le fait juridique–* n° 300.

4. V. dans le même sens, par ex. MAZEAUD et CHABAS, n° 536-2 ; STARCK, ROLAND et BOYER, t. 2, n°s 2033 et s. Rappr. LE TOURNEAU, n° 3435 et s. *Contra*, VINEY et JOURDAIN, n°s 741 et s.

5. L'exonération du débiteur peut aussi résulter de stipulations contractuelles, v. *infra*, n°s 224 et s. et n°s 234 et s.

1) Exonération totale : la force majeure

208. Fonctions de la force majeure. – L'article 1147 dispose que « le débiteur est condamné... au paiement de dommages et intérêts... toutes les fois qu'il ne justifie pas que l'inexécution provient d'une *cause étrangère* qui ne peut lui être imputée »... L'article 1148 précise : « il n'y a lieu à aucuns dommages et intérêts lorsque, par suite d'une *force majeure* ou d'un *cas fortuit*, le débiteur a été empêché de donner ou de faire ce à quoi il était obligé, ou a fait ce qui lui était interdit ».

La cause étrangère est ainsi désignée par deux termes qui sont aujourd'hui regardés comme synonymes. L'usage est désormais de parler de *force majeure* pour dénommer cette sorte d'événements dont il est impossible à l'homme d'éviter les conséquences [1].

Cela étant, il est utile de préciser de quelle manière intervient la force majeure selon que le débiteur est tenu –selon le schéma précédemment évoqué– d'une obligation *de moyens* ou *de résultat* [2].

Si l'obligation est *de moyens*, la responsabilité du débiteur suppose qu'une faute soit établie à sa charge. Tant qu'une telle preuve n'est pas faite, il n'encourt aucune responsabilité et le débiteur n'a pas se soucier de démontrer l'existence d'une force majeure. Dans le cas contraire, il devra en revanche prouver que la faute, qui peut apparemment lui être reprochée, n'a été en réalité que le fruit de circonstances qui l'ont empêché d'agir avec la diligence requise de lui : par exemple, l'urgence particulière ayant imposé au chirurgien d'intervenir avec des moyens de fortune.

S'il s'agit d'une obligation *de résultat*, la situation est différente en ce que l'inexécution constatée fait à elle seule *présumer* la responsabilité du débiteur. Pour échapper à cette responsabilité, le débiteur doit établir que l'inexécution, en réalité, ne lui est pas imputable parce qu'elle a été la conséquence d'un événement qui a rendu impossible l'exécution.

En dépit de cette différence, la notion de force majeure [3] reste la même dans les deux cas, parce qu'elle est seulement l'instrument de la mise en œuvre juridique de la règle de bon sens qu'*à l'impossible, nul n'est tenu.*

209. Les caractères de la force majeure. La trilogie classique. Premier caractère : l'imprévisibilité. – De façon classique, il est admis, pour la responsabilité contractuelle comme pour la responsabilité délictuelle, que la qualification de force majeure est subordonnée à la réunion de trois caractères : l'événement considéré doit avoir été, à la fois, *imprévisible*, *irrésistible* et *extérieur* [4].

Ce concours d'exigences s'explique par le fondement même de la prise en considération de la force majeure : décharger le débiteur de la responsabilité d'une inexécution –inexécution *stricto sensu* ou exécution *incorrecte*– qui ne lui est pas imputable parce que l'exécution a été rendue impossible par une cause étrangère.

---

1. Cf. Vol. 2 –*Le fait juridique*– n° 168. Sur cette synonymie, et les nuances qu'elle peut comporter, v. LE TOURNEAU n° 1802.

2. *Supra,* n°s 201 et s.

3. Sur laquelle, v. notamment, ANTONMATTEI, *Contribution à l'étude de la force majeure*, préf. TEYSSIÉ, LGDJ, 1992. Du même auteur, « Ouragan sur la force majeure », *JCP* 1996.I.3907. V. aussi, RADÉ, « La force majeure », *in Les concepts contractuels français à l'heure des principes du droit européen des contrats* (dir. RÉMY-CORLAY et FENOUILLET), Dalloz, p. 201 ; et MOURY, « Force majeure : éloge de la sobriété », *RTD civ.* 2004.471.

4. V. Vol. 2 –*Le fait juridique*– n° 270.

L'exigence cumulative de *l'imprévisibilité*, de *l'irrésistibilité et* de *l'extériorité* sert à vérifier l'existence de cette impossibilité d'exécuter [1]. Il est douteux, cependant, que ces trois caractères soient toujours requis ensemble et avec la même intensité. De multiples nuances sont possibles dans l'appréciation de l'impossible ! La jurisprudence, en dépit de certaines hésitations, semble pourtant très attachée à l'exigence du cumul de l'imprévisibilité et de l'irrésistibilité [2].

L'exigence d'*imprévisibilité*, tout d'abord, impose qu'au moment de la *conclusion du contrat*, le débiteur n'ait pas été en mesure de prévoir la survenance de l'événement qui s'est opposé à l'exécution du contrat ou à sa bonne exécution [3]. A défaut, le débiteur qui connaissait cet événement et qui a néanmoins conclu le contrat a accepté de prendre en charge ce risque [4]. Il y a néanmoins beaucoup de souplesse dans l'appréciation jurisprudentielle de ce caractère.

D'abord, c'est au regard de l'événement tel qu'il s'est effectivement présenté qu'il faut se demander s'il était prévisible. À défaut, une circonstance telle que la *grève*, qui n'est jamais en soi imprévisible, ne pourrait en aucun cas être constitutive d'un événement de force majeure. Aussi la jurisprudence estime-t-elle qu'une grève, par son ampleur ou par sa durée exceptionnelle, peut être qualifiée, parfois, d'événement de force majeure [5]. *Ensuite, la jurisprudence se satisfait souvent d'une imprévisibilité « normale » ou « raisonnable »* [6], sans exiger que l'événement considéré ait été *absolument* imprévisible.

Enfin, certains arrêts font de l'imprévisibilité une exigence accessoire qui, comme telle, n'est pas toujours nécessaire : ainsi, peut être constitutif de force majeure un événement qui était prévisible –telle l'attaque à main armée d'un transport de marchandises– dès lors que cet événement était irrésistible et que le débiteur a tenté d'en prévenir la survenance [7]. Cela met du même coup en lumière le caractère essentiel de l'exigence d'*irrésistibilité* [8].

---

1. L'explication la plus courante de l'exonération du débiteur est que, comme en matière extracontractuelle, la cause étrangère rompt la causalité entre le fait du débiteur et le dommage subi par le créancier ; celui-ci a en réalité sa source dans l'événement imprévisible et irrésistible. Une autre analyse considère que le débiteur est exonéré parce qu'ordinairement il ne prend pas en charge le risque que constitue l'impossibilité d'exécution, laquelle éteint l'obligation (v. notamment LE TOURNEAU, n° 1802-1 et s. ; FAURE-ABBAD, *Le fait générateur de la responsabilité contractuelle*, LGDJ, coll. Faculté de droit et des sciences sociales de l'Université de Poitiers, préf. RÉMY, préc., n° 312 et s. ; RÉMY, note sous Civ. 1re, 17 nov. 1999, *RGDA* 2000. 194.
2. V. *infra*, n° 211-1.
3. Pour un exemple caractéristique d'appréciation de l'imprévisibilité, Nancy, 30 nov. 2004, *JCP* 2005.IV, n° 1951 (pas de force majeure justifiant la cessation d'un contrat de maintenance du fait de l'arrêt de fabrication des pièces nécessaires, dès lors que cet arrêt était prévisible, s'agissant d'un matériel ancien et que le prestataire de services aurait pu, en temps utile, se constituer un stock de ces pièces).
4. V. *infra,* n° 211-1.
5. Civ. 1re, 24 janv. 1995, *Bull. civ.* I, n° 54 (ampleur) ; Com. 6 mars 1985, *Bull. civ.* IV, n° 90 (durée).
6. Civ. 1re, 18 mai 1989, *Bull. civ.* I, n° 205 (événement « raisonnablement » prévisible) ; Civ. 1re, 25 mai 1983, *Bull. civ.* I, n° 158 (circonstances « normalement » imprévisibles).
7. Com. 1er oct. 1997, *Bull. civ.* IV, n° 240. V. aussi, Civ. 1re, 9 mars 1994, *Bull. civ.* I, n° 91 (vol à main armée ; force majeure exclue parce que le débiteur n'avait pas pris les précautions qui s'imposaient).
8. L'irrésistibilité de l'événement est parfois jugée suffisante à elle seule pour constituer la force majeure. Cf. Civ. 1re, 6 nov. 2002, *Bull. civ.* I, n° 258, *RDC* 2003.59, obs. STOFFEL-MUNCK (« ... la seule irrésistibilité de l'événement caractérise la force majeure »). Rappr. Civ. 1re, 12 juill. 2001, *Bull. civ.* I, n° 216.

210. La trilogie classique (suite). Deuxième caractère : l'irrésistibilité. – Il est vrai que le deuxième caractère de la force majeure –l'irrésistibilité– a, à première vue, une importance certainement principale : c'est parce que l'événement considéré est irrésistible –on dit aussi *insurmontable* ou encore, *inévitable*– qu'il constitue l'obstacle à l'exécution propre à disculper le débiteur [1]. On comprend donc que, dans les cas où il est impossible de se soustraire à l'éventualité d'un risque dont la réalisation serait constitutive d'un événement irrésistible –ainsi pour le transporteur routier, qui peut sans doute prévoir l'éventualité d'agressions contre le véhicule de transport, mais qui n'en doit pas moins exercer son métier– l'irrésistibilité, mieux dénommée alors *inévitabilité*, tende alors à absorber le caractère imprévisible : peu importe que l'événement ait pu être prévu puisqu'il ne pouvait être surmonté [2]. Du moins faut-il que le débiteur, dans un tel cas, ait pris les précautions nécessaires pour faire obstacle à la survenance de l'événement considéré. **Exemple :** il a ainsi été jugé que la SNCF ne pouvait invoquer la force majeure dans le cas d'une agression perpétrée contre un voyageur, faute d'irrésistibilité de l'agression en l'absence de toute mesure de prévention [3]. L'explication tient à ce que, en l'absence de telles mesures, il ne peut être établi que l'événement était inévitable [4].

Dans la mesure où il peut concentrer l'essentiel de la justification du rôle exonératoire attaché à la force majeure, ce caractère d'irrésistibilité doit, dans tous les cas, être entendu strictement : il doit avoir mis le débiteur dans l'impossibilité d'exécuter son obligation [5]. Une difficulté d'exécution, aussi grande soit-elle, un renchérissement, même considérable, de l'exécution, ne peuvent emporter l'exonération du débiteur [6]. Il n'en irait autrement que si les parties avaient conventionnellement envisagé cette circonstance pour lui conférer valeur d'événement de force majeure [7]. Hors de là, il faut que le débiteur se soit trouvé effectivement empêché d'exécuter, soit par lui-même, soit par le recours à un tiers [8].

211. La trilogie classique (fin). Troisième caractère : l'extériorité. – Le troisième caractère de la force majeure –l'extériorité– semble imposé par l'idée même de cause

---

1. Cf. MOURY, *op. cit.*
Il est évident que lorsque l'événement invoqué n'a pas empêché l'exécution du contrat, la force majeure ne peut être admise. V. pour le cas d'un attentat survenu au cours d'un voyage touristique, Civ. 1re, 16 nov. 2004, *Bull. civ.* I, nº 277, *JCP* 2004.IV, nº 3501.

2. En revanche, s'il était possible de ne pas s'exposer au risque considéré, il ne saurait y avoir force majeure faute de caractère inévitable.

3. Civ. 1re, 3 juill. 2002, *Bull. civ.* I, nº 183, *RC Ass.* 2002, comm. 323, note GROUTEL. V. aussi, Com. 1er oct. 1997 et Civ. 1re, 9 mars 1994, préc.

4. Elle pourrait aussi se trouver dans cette considération que l'absence de mesures de prévention est constitutive d'une faute du débiteur qui est à elle seule exclusive, par incompatibilité, de la force majeure.

5. Civ. 1re, 17 nov. 1999, *Bull. civ.* I, nº 307, *Defrénois* 2000, art. 37185, nº 45, obs. DELEBECQUE. Rappr. la notion d'*aléa thérapeutique*, dont la réalisation ne peut entraîner la responsabilité du médecin, Civ. 1re, 8 nov. 2000, *Bull. civ.* I, nº 287, *Defrénois* 2001, art. 37309, nº 18, obs. AUBERT (l'aléa thérapeutique est ainsi défini : « survenance, en dehors de toute faute du praticien, d'un risque accidentel inhérent à l'acte médical et qui ne pouvait être maîtrisé »).

6. Cf. Civ. 1re, 21 oct. 1997, *Bull. civ.* I, nº 288 (ouverture évitable de la portière d'un train) ; Civ. 1re, 14 janv. 1997, *Bull. civ.* I, nº 21 (risques d'insécurité liés à la « guerre du Golfe ») ; Civ. 1re, 10 mars 1987, *Bull. civ.* I, nº 91 (difficultés d'exécution).

7. Cf. Com. 8 juill. 1981, *Bull. civ.* IV, nº 312, *RTD. civ.* 1982.425, obs. DURRY.

8. V. Ch. mixte 4 févr. 1983, *Bull. civ.* C.M. nº 2, *D.* 1984, IR 165, obs. GOINEAU.

étrangère que vise l'article 1147. Pourtant, la nécessité de ce caractère est contestée [1] et certains projets de réforme n'y font aucune référence [2]. Elle s'impose cependant, en ce sens qu'il apparaît inconcevable que le débiteur puisse revendiquer l'exonération de sa responsabilité en considération d'un événement qui lui serait personnellement imputable [3]. Aussi bien, cette compréhension de l'extériorité, avec la souplesse qu'implique l'idée d'imputabilité, autorise-t-elle des nuances.

Ainsi en va-t-il pour l'*état de santé* du débiteur qui, selon les cas, peut constituer un événement de force majeure ou non. La loi exclut une telle qualification lorsque le dommage est consécutif à un trouble mental (C. civ., art. 414-3 ; anc. art. 489-2). Mais, en dehors de ce cas particulier, l'état de santé, qui n'est évidemment pas extérieur à celui qui subit la maladie, peut constituer un événement de force majeure dès lors qu'il rend effectivement impossible l'exécution de l'obligation et que cette situation apparaît inévitable [4]. Un arrêt a précisé la solution en énonçant que la force majeure est constituée dès lors que la maladie a présenté « un caractère imprévisible lors de la conclusion du contrat et irrésistible dans son exécution », ce qui a empêché le débiteur d'exécuter [5]. Cela revient, une fois encore, à donner un rôle essentiel à l'irrésistibilité. Cela suppose aussi que celle-ci soit entendue strictement : un état de santé déficient qui serait consécutif à un comportement délibéré du débiteur –par exemple, l'abus d'alcool– ne pourrait constituer la cause étrangère exonératoire.

Il en va de même de la *grève* qui vient empêcher une entreprise d'exécuter l'obligation qu'elle a souscrite. *A priori*, il s'agit d'un événement interne à l'activité de l'entreprise qui ne peut être invoqué par elle comme cause d'exonération. Mais il n'en va pas forcément ainsi : si la grève apparaît comme un mouvement d'une grande ampleur, dépassant le cadre de l'entreprise considérée [6], ou si elle présente un caractère illicite [7], elle prend par là même un caractère extérieur qui autorise à y voir un événement de force majeure.

L'exigence d'extériorité est, en revanche, très fermement appliquée lorsque le débiteur prétend ne pas être responsable en considération d'un vice qui affecte la matière dont est constitué l'objet de sa prestation. Ainsi a-t-il été nettement affirmé, à l'occasion des contentieux nés de la délivrance par les centres de transfusion sanguine de produits contaminés, que « le vice interne du sang, même indécelable »... ne constitue pas « une cause exonératoire de leur responsabilité » [8].

---

1. V. en particulier, ANTONMATTEI, thèse préc., n°s 33 et s. V. aussi l'exposé de cette doctrine critique, par VINEY et JOURDAIN, n° 385.

2. V. article 1349 de l'*Avant-projet de réforme du droit des obligations*. La référence à l'événement échappant au contrôle du débiteur de l'article 100 du *projet de réforme du droit des contrats* de l'Académie des sciences morales et politiques paraît renvoyer à la condition d'extériorité.

3. Rappr. VINEY et JOURDAIN, *ibid.*

4. En ce sens, Civ. 1re, 10 févr. 1998, *Bull. civ.* I, n° 53, *Defrénois* 1998, art. 36860, n° 113, obs. D. MAZEAUD.

5. Ass. plén. 14 avr. 2006, cité *infra* n° 211-1. NOGUÉRO, « La maladie du débiteur, cas de force majeure », *D.* 2006. 1566.

6. Civ. 1re, 24 janv. 1995, *Bull. civ.* I, n° 54.

7. Civ. 1re, 11 juin 1996, *Bull. civ.* I, n° 242. V. WAQUET, note sous Civ. 1re, 6 oct. 1993, *JCP* 1993.II.22154.

8. Civ. 1re, 9 juill. 1996, *Bull. civ.* I, n°s 303 et 304. Rappr. Civ. 3e, 2 avril 2003, *Bull. civ.*, n° 74 (« l'existence d'un vice caché ne saurait être assimilée à un cas de force majeure, lequel a nécessairement une origine extérieure à la chose louée »). Civ. 1re, 29 oct. 1985, *Bull. civ.* I, n° 273, *D.* 1986.417, note

211-1. Contestation des caractères traditionnels de la force majeure. État de la jurisprudence. Si l'on excepte la critique de la condition d'extériorité précédemment évoquée, la contestation des caractères traditionnels de la force majeure s'est essentiellement concentrée sur *les conditions d'imprévisibilité et d'irrésistibilité*. Un courant doctrinal a soutenu que contrairement à l'exigence classique de cumul nécessaire de ces caractères, la force majeure pourrait être constituée, en matière contractuelle, dès lors que l'événement considéré est *irrésistible*, peu important qu'il ait été ou non *imprévisible*. Fondamentalement, c'est le premier caractère qui serait déterminant, le second n'intervenant, le cas échéant, que comme un indice de l'irrésistibilité [1]. Cette mutation a été notamment soutenue par les auteurs qui contestent le concept de responsabilité contractuelle et l'assimilation du droit à dommages-intérêts du créancier en cas d'inexécution à la réparation d'un dommage [2]. Plus généralement, elle paraît *a priori* conforme au fondement de l'exonération qui consiste, fondamentalement, à déterminer si l'inexécution est imputable ou non au débiteur.

Une partie des juges a semblé assez favorable à cette nouvelle approche et la jurisprudence s'est divisée sur la question, y compris au sein de la Cour de cassation [3]. Certains arrêts, particulièrement des deuxième et troisième chambres civiles, ont continué à se référer aux trois critères traditionnels de la force majeure, alors que d'autres, émanant notamment de la première chambre civile et de la chambre commerciale, se fondaient sur l'irrésistibilité ou sur l'insurmontabilité et l'inévitabilité [4].

La Cour de cassation s'est efforcée de réduire cette opposition par deux arrêts de l'Assemblée plénière du 14 avril 2006 [5]. Si l'on se limite à celui qui concerne la responsabilité contractuelle [6], l'Assemblée plénière juge qu'il n'y pas lieu à dommages-intérêts lorsque, par suite d'un événement de force majeure ou d'un cas fortuit, le débiteur a été empêché de donner ou de faire ce à quoi il était obligé ou a fait ce qui lui était interdit, ce qui est un rappel de l'article 1148. Elle ajoute qu'il en est ainsi lorsque le débiteur a été empêché d'exécuter par la maladie, dès lors que cet événement, présentant un caractère *imprévisible lors de la conclusion du contrat* et *irrésistible dans son exécution*, est constitutif d'un cas de force majeure. La portée de l'arrêt est incertaine. Les avis divergent d'abord sur l'abandon ou pas de la condition d'extériorité.

J. Penneau (défectuosité d'un matériau utilisé pour une prothèse dentaire). Sur la force majeure dans le régime de la responsabilité du fait des produits défectueux, v. Vol. 2 –*Le fait juridique*– n° 316.

1. V. particulièrement les études précitées de Antonmattei qui propose de substituer au triple critère traditionnel –imprévisibilité, irrésistibilité, extériorité– une nouvelle trilogie : *inévitabilité, irrésistibilité, impossibilité*. Cela reviendrait, à exiger un contrôle de l'attitude du débiteur, *avant*, *au moment* et *après* la survenance de l'événement.

2. V. *supra*, n°s 171 et s.

3. La matière est d'autant plus confuse que certaines décisions concernent la responsabilité contractuelle, d'autres la responsabilité extracontractuelle et qu'il n'est pas certain que la force majeure doive s'apprécier de la même manière dans les deux cas. Sur la force majeure hors du contrat, v. Volume 2 –*Le fait juridique*– n° 270.

4. Pour un panorama complet, v. l'avis du Premier avocat général de Gouttes sur les arrêts de l'Assemblée plénière du 14 avril 2006 cités *infra*.

5. Ass. plén. 14 avr. 2006, *D.* 2006.1577, note Jourdain, Pan. 1933, obs. Brun, *JCP* 2006.II.10087, note Grosser, *RTD civ.* 2006.775, obs. Jourdain, *Defrénois* 2006, art. 38433, n° 42, obs. Savaux, *RDC* 2006.1083, obs. Laithier et 1207, obs. Viney, *Contrats, conc. consomm.* 2006. comm. 152, obs. Leveneur.

6. Pour la force majeure en matière de responsabilité délictuelle, v. Volume 2 –*Le fait juridique*– n° 270.

La maladie n'est évidemment pas extérieure au débiteur, mais l'extériorité peut être comprise ici, de manière très proche de l'irrésistibilité, comme l'absence d'imputabilité de la maladie au comportement du débiteur [1] et le communiqué de la Cour de cassation suggère fortement qu'elle a voulu aussi réaffirmer ce caractère. Surtout, d'assez nombreux commentateurs ont fait observer que l'arrêt ne réglait pas vraiment la question du cumul ou non des conditions d'imprévisibilité et d'irrésistibilité. Il est vrai, en effet, que ce n'est pas parce que la force majeure est évidemment caractérisée lorsque l'événement est à la fois imprévisible et irrésistible, que cela signifie pour autant qu'elle ne peut pas l'être aussi lorsqu'il n'est qu'irrésistible. Pourtant, il paraissait difficile d'admettre que la Cour de cassation avait entendu se satisfaire de cette seule condition, alors qu'elle avait elle-même, dans un communiqué, présenté ces arrêts comme une réaffirmation de la conception classique de la force majeure, après un examen approfondi de la question [2].

L'inaptitude des arrêts de l'Assemblée plénière à fixer les caractères de la force majeure a pu paraître un temps confirmée par la jurisprudence ultérieure. La deuxième chambre civile de la Cour de cassation maintenait assez fermement la condition d'imprévisibilité alors que la première chambre civile semblait toujours la délaisser lorsque l'événement considéré était inévitable et irrésistible [3]. La définition de la force majeure contractuelle dans le sens du cumul nécessaire des conditions d'imprévisibilité et d'irrésistibilité que nous avions cru déceler dans l'arrêt du 14 avril 2006 a été clairement affirmée par une décision de la première chambre civile du 30 octobre 2008 [4]. Cette formation qui avait été accueillante à la caractérisation de la force majeure par l'inévitabilité et l'irrésistibilité a en effet jugé que « *seul un événement présentant un caractère imprévisible lors de la conclusion du contrat, et irrésistible dans son exécution, est constitutif d'un événement de force majeure* ». Contrairement à l'arrêt du 14 avril 2006, qui pouvait laisser planer une incertitude, la présence cumulative des deux caractères est posée clairement comme une condition de la qualification de force majeure. On peut donc espérer que cette décision contribue à fixer enfin la définition de la force majeure contractuelle. Exiger que l'événement considéré soit imprévisible *au moment de la conclusion du contrat* se justifie en effet par la nécessité de mesurer la responsabilité du débiteur à l'aune de son engagement. En principe, le débiteur n'assume pas le risque d'inexécution du contrat due à la survenance de circonstances imprévues rendant l'exécution impossible. En revanche, si le débiteur s'engage en connaissant l'existence de circonstances pouvant, le cas échéant, faire échec à l'exécution, il doit répondre des conséquences de leur réalisation, dont il a accepté de prendre en charge le risque [5].

---

1. V. *supra,* n° précédent.
2. SAVAUX, obs. préc.
3. JOURDAIN, « Exigence de l'imprévisibilité de la force majeure après les arrêts d'Assemblée plénière du 14 avril 2006 : la division persiste au sein de la Cour de cassation ! Florilège d'arrêts », *RTD civ.* 2007.574. En réalité, les décisions de la deuxième chambre civile avaient été rendues sur le fondement de l'article 1384, alinéa 1er, donc sur celui de la responsabilité délictuelle, alors que celles de la première chambre l'avaient été en matière contractuelle.
4. Civ. 1re, 30 oct. 2008, *Bull. civ.* I, n° 243, *D.* 2008. 2935, obs. GALLMEISTER, *RTD civ.* 2009. 126, obs. JOURDAIN, *JCP* 2008. II. 10198, note GROSSER, *JCP* 2009. I. 123, obs. STOFFEL-MUNCK, *RC Ass.* 2008. comm. 351, note BLOCH, *Defrénois* 2008, art. 38874, n° 3, obs. SAVAUX, *RDC* 2009/1, 62, note GENICON.
5. SAVAUX, obs. sur Ass. plén. 14 avr. 2006 et Civ. 1re, 30 oct. 2008, préc.

212. Mise en œuvre et effet de la force majeure. – Les indications qui précèdent laissent apparaître que la force majeure peut se manifester de façon très diverse. C'est encore plus vrai pour la responsabilité contractuelle que pour la responsabilité délictuelle [1].

On a, déjà, évoqué incidemment la grève, la maladie, les agressions à main armée... Bien d'autres circonstances peuvent, pareillement, être prises en compte. Par **exemple**, la *guerre* [2], ou le *« fait du Prince »*, l'intervention impérative de l'autorité publique [3], ou encore un *ouragan* [4], le *déraillement d'un train* [5]... Au-delà de cette diversité, il faut remarquer que, pas plus qu'en responsabilité délictuelle il n'y a de circonstances qui sont nécessairement constitutives de force majeure [6]. Il convient dans chaque cas de rechercher si les caractères de la force majeure –avec les difficultés et les nuances que l'on a vues– sont réunis.

La Cour de cassation a précisé que cette recherche spéciale s'impose même dans le cas où un arrêté de catastrophe naturelle a été pris, la constatation administrative d'un tel état ne permettant pas au juge d'en déduire le caractère de force majeure de l'événement [7].

C'est particulièrement vrai pour ces causes étrangères que peuvent constituer le *fait de la victime* –ici, le *fait du créancier*– et le *fait d'un tiers*, étant rappelé, pour ce dernier, que tous les préposés du débiteur, de même que toutes les personnes que le débiteur a chargées, d'une façon ou d'une autre, d'exécuter l'obligation, perdent, à son égard, la qualité de tiers [8] : la condition d'*extériorité* étant par hypothèse satisfaite, il faut vérifier que le fait envisagé était bien *imprévisible* –s'il pouvait être prévu et prévenu, la force majeure est exclue [9] – et *irrésistible*. Lorsque tel est le cas, ces faits de l'homme, peu important qu'ils soient ou non fautifs [10], ont le même effet que les autres événements qui peuvent être qualifiés « de force majeure ». S'il s'agit d'une faute d'imprudence de la victime, peu importe la gravité de celle-ci, dès lors qu'elle présente les caractères de la force majeure. Mais une faute grave, fût-elle délibérée, ne peut entraîner exonération totale si elle n'est pas imprévisible et irrésistible [11].

---

1. Vol. 2 –*Le fait juridique*– n°s 274 et s.
2. Civ. 1re, 14 janv. 1997 (refus). Comp. Req. 25 janv. 1922, *DP.* 1922.1.71.
3. Ainsi de l'ordre d'évacuation de la région de la Soufrière en Guadeloupe, Soc. 19 nov. 1980 (admission), *Bull. civ.* V, n° 834.
4. Civ. 3e, 11 mai 1994 (admission), *Bull. civ.* III, n° 94.
5. Civ. 1re, 30 juin 1953 (refus), *D.* 1953.642.
6. Vol. 2 –*Le fait juridique*– n° 274.
7. Civ. 3e, 10 déc. 2002, *Bull. civ.* III, n° 256, *Defrénois* 2003, art. 37676, n° 18, obs. SAVAUX (pour le cas d'inondations).
8. Cf. *supra*, n° 205.
9. Civ. 1re, 21 oct. 1997, *Bull. civ.* I, n° 288.
10. La solution est la même que pour la responsabilité délictuelle, v. Vol. 2 –*Le fait juridique*– spéc. n° 278. V. cependant, jugeant que seule une faute du patient peut exonérer, *totalement* ou partiellement, le praticien de sa responsabilité, Civ. 1re, 17 janv. 2008, *Bull. civ.* I, n° 14, *D.* 2008. 1256, note DUMERY, *JCP* 2008. I. 186, n° 4, obs. STOFFEL-MUNCK, *RDC* 2008/3, 743, obs. D. MAZEAUD, *RC Ass.* 2008. comm. 110, note RADE.
11. Ch. mixte 28 nov. 2008, *D.* 2008. 3079, note GALLMEISTER, *D.* 2009. 461, note VINEY, *RTD civ.* 2009. 130, obs. JOURDAIN, *RC Ass.* 2009. comm. 4, note HOCQUET-BERG, à propos du transporteur ferroviaire tenu d'une obligation de sécurité de résultat à l'égard des voyageurs.

Le principe est que la preuve d'un événement de force majeure à l'origine du dommage emporte l'*exonération totale* du débiteur dont il est ainsi démontré que le dommage ne lui est pas imputable [1].

S'agissant d'événements de la nature, il ne saurait y avoir place pour une exonération *partielle*. De deux choses l'une : soit il y a effectivement force majeure, et le débiteur doit être déchargé de toute responsabilité ; soit il n'y a pas force majeure, parce que les conditions n'en sont pas réunies, et l'événement naturel invoqué –il en va différemment pour les faits de l'homme [2] – ne saurait avoir aucune incidence sur la responsabilité du débiteur dont il est établi, faute de force majeure, qu'il n'a pas été mis dans l'impossibilité d'exécuter son obligation [3].

L'exonération emportée par la force majeure est cependant parfois *exclue :* soit parce que les parties sont *convenues* de mettre la force majeure à la charge du débiteur ; soit parce que la loi en décide ainsi, comme c'est le cas, pour les transporteurs routiers de personnes, depuis la loi du 5 juillet 1985, dont l'article 2 interdit d'opposer la force majeure aux victimes –dont, en particulier, les personnes contractuellement transportées– d'un accident de la circulation dans lequel le véhicule est impliqué.
La force majeure peut aussi n'avoir qu'un effet *temporaire ;* elle suspend l'obligation du débiteur [4].

La *preuve* de la force majeure incombe évidemment au *débiteur* qui cherche à échapper à une responsabilité. Trois observations doivent être faites à ce propos :
– elle lui incombe immédiatement –dès qu'il est établi que l'exécution a échoué– dans le cas où l'obligation est de *résultat ;*
– il n'en a la charge que lorsque le créancier parvient à prouver la faute, au moins apparente, du débiteur, lorsque l'obligation est de *moyens ;*
– même dans ce cas, la preuve de la force majeure est immédiatement à sa charge si l'inexécution est survenue après que le débiteur ait été *mis en demeure* d'exécuter (cf. art. 1302, al. 2 et 3) [5].

213. Bilan critique et projets de réforme. – Les développements qui précèdent, qui dressent un tableau simplifié et aussi ordonné que possible de la force majeure en droit positif, et donc en considération de l'interprétation jurisprudentielle, autorisent un certain scepticisme.
Le moins qu'on puisse dire est que la matière est subtile et nuancée. Un examen exhaustif des décisions judiciaires justifierait sans doute un jugement plus sévère, en faisant apparaître bien des contradictions. Bien malin celui qui peut prédire la qualification du juge !
Compte tenu de l'effet attaché à la force majeure, une telle situation est assurément regrettable. Disons tout de suite que, même s'il n'est pas toujours d'une parfaite efficacité, il ne fait pas de doute que, sur une question aussi grave, le *contrôle de la Cour de cassation* paraît être souhaitable et devoir, donc, être maintenu.
La question est, en revanche, de savoir si les caractères classiques de la force majeure, qui en dessinent le critère, et auxquels la Cour de cassation est désormais clairement revenue, sont les

---

1. Cf. Ass. plén. 14 avr. 2006, préc.
2. V. les numéros suivants.
3. V. pourtant, Com. 19 juin 1951, *D.* 1951.717, note RIPERT, *S.* 1952.1.89, note NERSON, *JCP* 1951.II.6426, note BECQUE, *RTD civ.* 1951.515, obs. MAZEAUD. Sur cette jurisprudence et son aspect critiquable, LE TOURNEAU, n°s 1803 et s.
4. Civ 3e, 22 févr. 2006, *D.* 2006. 2972, note BEAUGENDRE, *RTD civ.* 2006.764, obs. MESTRE et FAGES, *RDC* 2006.763, obs. SEUBE, 829, obs. CARVAL et 1087, obs. LAYTHIER (« La force majeure n'exonère le débiteur de ses obligations que pendant le temps où elle l'empêche de donner ou de faire ce à quoi il est obligé ».)
5. V. les études précitées de ANTONMATTEI.

bons. On pourrait être tenté de répondre par la négative en considérant que ce qui compte est de déterminer si le débiteur a été empêché d'exécuter par un événement extérieur qu'il ne pouvait combattre. La force majeure pourrait ainsi être fondée sur une exigence unique, appréciée strictement, d'*insurmontabilité*. Celle-ci supposerait que la réalisation de l'événement n'ait pas pu être évitée et qu'il n'ait pas été possible d'en maîtriser les effets. L'attitude du débiteur devrait être contrôlée, *avant, au moment* et *après* la survenance de l'événement [1].

Pourtant cette façon de raisonner, qui ne considère finalement que les circonstances de l'inexécution, ne prend pas assez en considération *l'engagement du débiteur* qui constitue la condition première de sa responsabilité : il doit répondre de l'inexécution dans la mesure seulement, mais dans toute la mesure où il a promis un avantage particulier au créancier. C'est à cet égard que la condition d'imprévisibilité, appréciée au jour de la conclusion du contrat, comme le dit justement la Cour de cassation, peut jouer un rôle. En effet, le débiteur ne peut accepter de prendre en charge un *risque d'inexécution* que s'il le connaît au moment où il s'engage. Normalement, il n'assume donc pas les conséquences de la réalisation d'un événement imprévisible. En revanche, il doit prendre en charge celles de la survenance d'un événement prévisible, même irrésistible, qu'il a acceptées en concluant le contrat [2].

Sur cette question essentielle et très discutée, les différents *projets de réforme* du droit des contrats ou des obligations contiennent des dispositions sensiblement différentes, dont le contenu n'est pas facile à cerner avec précision. L'*Avant-projet de réforme du droit des obligations* donne une définition, commune aux responsabilités contractuelle et extracontractuelle, centrée assez nettement sur l'irrésistibilité, dans laquelle l'imprévisibilité n'est pas totalement exclue, sans être nécessaire [3]. Le *projet de réforme du droit des contrats* de l'Académie des sciences morales et politiques, qui insiste pour sa part sur la spécificité de la force majeure contractuelle, contient une règle qui met en évidence l'impossibilité d'exécution due à un événement qui n'entre pas dans les prévisions raisonnables des parties, ou dont on ne peut raisonnablement penser qu'il a été mis aux risques du débiteur [4]. Le texte est assez proche de celui des Principes européens du droit du contrat [5], dont la version révisée contenue dans le projet de cadre commun de référence met particulièrement en relief la prise en charge éventuelle de l'empêchement prévisible par le débiteur [6].

---

1. En ce sens v. les propositions de ANTONMATTEI, *supra* n° 211-1.
2. *Contra :* VINEY, note sur Ch. mixte, 28 nov. 2008, *D.* 2009. 461, préc., qui considère que dans ce cas la responsabilité est trop lourde et que la prévisibilité n'est plus pertinente lorsqu'aucune précaution ne permet d'éviter le dommage. Sur les hésitations que peut susciter l'hypothèse inverse de la survenance d'un événement imprévisible, mais pas irrésistible, v. les obs. précitées sur Ass. plén. 14 avr. 2006 au *Defrénois* 2006.
3. Art. 1349, al. 3 : « La force majeure consiste en un événement irrésistible que l'agent ne pouvait prévoir ou dont on ne pouvait éviter les effets par des mesures appropriées ».
4. Art. 100, al. 1er : « Il y a force majeure, en matière contractuelle, lorsque le débiteur établit qu'il a été empêché d'exécuter par un événement échappant à son contrôle, et que les parties ne pouvaient raisonnablement prévoir, lors de la conclusion du contrat, qu'il le préviendrait ou le surmonterait, ou qu'il en préviendrait ou en surmonterait les conséquences ». V. RÉMY, « L'inexécution du contrat », *in Pour une réforme du droit des contrats*, préc., p. 258.
5. Art. 8 : 108 : (1) « Est exonéré des conséquences de son inexécution le débiteur qui établit que cette inexécution est due à un empêchement qui lui échappe et que l'on ne pouvait raisonnablement attendre de lui qu'il prenne en considération au moment de la conclusion du contrat, qu'il le prévienne ou qu'il en prévienne ou surmonte les conséquences ». Sur ce texte, v. Projet de cadre commun de référence. Principes contractuels communs, Association Capitant et Société de législation comparée 2008, 653.
6. Art. III- 3 : 104 : (1) « Le débiteur est exonéré des conséquences de l'inexécution de son obligation lorsqu'elle est due à un empêchement qui lui échappe et que l'on ne pouvait raisonnablement attendre de lui qu'il prévienne ou surmonte sa réalisation ou ses conséquences. (2) Lorsque l'obligation naît d'un contrat ou d'un autre acte juridique, le débiteur n'est pas exonéré des conséquences de l'inexécution si l'on pouvait raisonnablement attendre de lui qu'il prît en considération l'empêchement lors de la naissance de l'obligation ».

2) Exonération partielle

214. Véritable exonération partielle : la faute du créancier. – Si, comme il a été vu précédemment, l'existence d'un événement naturel –tempête, inondation...– ne peut emporter qu'une exonération totale du débiteur –à condition qu'il constitue un cas de force majeure– en revanche les faits de l'homme peuvent, même s'ils ne présentent pas les caractères de la force majeure, avoir une incidence sur la charge de réparation supportée par le débiteur. Mais il faut, à cet égard, nettement distinguer selon qu'il s'agit d'un fait du *créancier* ou du fait d'un *tiers*.

S'il y a fait du *créancier* [1] le débiteur peut invoquer celui-ci, en tant que *fait de la victime* [2] et bénéficier d'une véritable *exonération partielle* de responsabilité, c'est-à-dire n'être condamné qu'à une *réparation partielle* du dommage souffert par le créancier. Ce *partage* de la réparation entre le débiteur et le créancier –lequel en conserve alors une partie à sa charge– suppose que le fait de ce dernier soit constitutif d'une *faute* [3] –par exemple, une imprudence dans le maniement du matériel vendu, lui-même dangereux [4]. Comme en responsabilité délictuelle, l'*acceptation d'un risque* n'est pas, en soi, constitutive de faute [5].

Ce partage, qui s'impose dès lors que sont constatées les fautes des deux parties [6], se fait ordinairement en considération de leur gravité respective [7]. Et, comme en matière de responsabilité délictuelle, si la faute du débiteur est présumée –cas de l'obligation de résultat– il se fait en considération de la gravité de la faute de la victime.

Le droit des *accidents de la circulation* (L. 5 juill. 1985, art. 3) apporte ici encore une dérogation aux principes : en matière de dommages à la personne, sauf le cas, très exceptionnel de la faute inexcusable cause exclusive de l'accident, la faute de la victime, passager, ne peut être prise en considération pour accorder une exonération quelconque au débiteur, transporteur. Mais la règle est écartée pour les dommages aux biens (art. 5).

Peut-être inspirée pour partie par cette règle, la jurisprudence a récemment apporté une autre exception notable. Par un arrêt du 13 mars 2008, la première chambre civile de la Cour de cassation a jugé que *le transporteur tenu d'une obligation de sécurité de résultat* envers un voyageur *ne peut s'en exonérer partiellement* et que la faute de la victime, à condition de présenter le caractère (sic) de la force majeure, ne peut jamais emporter

---

1. V. pour une étude plus large de la question, ROBIN, « La *mora creditoris* », *RTD civ.* 1998.607.
2. Sur la faute de la victime, dans la responsabilité délictuelle, v. Vol. 2 *–Le fait juridique–* notamment n°s 276 et s.
3. Civ. 1re, 17 janv. 2008, *Bull. civ.* I, n° 14, *D.* 2008. 1256, note DUMERY, *JCP* 2008. I. 186, n° 4, obs. STOFFEL-MUNCK, *RDC* 2008/3, 743, obs. D. MAZEAUD, *RC Ass.* 2008. comm. 110, note RADE, préc.
4. Civ. 1re, 9 oct. 1991, *Bull. civ.* I, n° 259.
Il n'y a évidemment pas lieu à partage lorsque le créancier a commis une faute qui apparaît comme étant la cause exclusive de son dommage. Mais il ne s'agit pas alors d'une cause d'exonération : si la faute du créancier est la cause exclusive du dommage, celle du débiteur ne peut être la cause de celui-ci de sorte qu'il manque une condition à la responsabilité du débiteur, qu'il n'y a donc pas lieu de condamner à quelque réparation que ce soit. Cette causalité exclusive doit être soigneusement vérifiée par le juge. Cf. Civ. 1re, 12 avr. 2005, *Bull. civ.* I, n° 184, *JCP* 2005.IV, n° 2256.
5. V. en particulier Civ. 1re, 6 janv. 1987, *Bull. civ.* I, n° 7, qui énonce que « la notion d'acceptation d'un risque (n'ajoute) rien aux effets attachés à la faute de la victime ». Mais la prise inconsidérée d'un risque est une faute... d'imprudence. Cf. Vol. 2 *–Le fait juridique–* n° 180.
6. Civ. 1re, 9 oct. 1991, préc.
7. Par ex., Com. 25 oct. 1983, *Bull. civ.* IV, n° 277.

qu'exonération totale[1]. La solution, qui rappelle celle ayant eu cours, un temps, dans la responsabilité délictuelle[2], exclut donc l'exonération partielle par la faute du créancier victime et introduit un système du tout ou rien. Ou bien la faute du créancier présente les caractères de la force majeure –elle est imprévisible et irrésistible– et le débiteur est totalement exonéré ; ou bien cette faute ne remplit pas ces conditions et le débiteur est pleinement responsable. Il doit indemniser le créancier de l'intégralité du dommage qu'il subit, malgré la faute que celui-ci a lui-même commise.

Ce régime, qui est évidemment favorable au créancier, n'a pas, pour l'instant, vocation à la généralité. Bien que l'arrêt ait été rendu au visa de l'article 1147 du Code civil, la Cour de cassation l'a strictement limité au cas du transporteur tenu d'une obligation de sécurité de résultat envers un voyageur. Au-delà de la SNCF concernée par l'espèce, cela désigne tous les transporteurs qui ne sont pas soumis à un régime spécial de responsabilité, notamment pas aux conventions régissant les transports internationaux[3]. À première vue, les autres contrats de déplacement qui ne constituent pas à proprement parler du transport ne donnent pas lieu à application de la nouvelle règle, encore que l'on puisse hésiter pour certains d'entre eux qui s'en rapprochent (les déplacements par télésièges et téléphériques, par exemple, contrairement aux jeux de toboggans). Mais si ce n'est pas l'existence d'un contrat de transport, mais celle d'une obligation de sécurité de résultat qui justifie l'absence de partage de responsabilité, comme l'arrêt, qui n'évoque aucun autre fondement, le suggère, son domaine pourrait s'étendre à tous les contrats faisant naître une obligation de ce type : aux organisateurs de promenades à cheval ou aux médecins et chirurgiens s'agissant de l'absence de défaut des prothèses, aux restaurateurs pour l'innocuité des aliments[4]... Si la règle nouvelle devait rayonner ainsi à partir du cas particulier pour lequel elle a été énoncée, du moins devrait-elle être limitée à la *sécurité des personnes*, la nature et, souvent, la gravité du dommage corporel justifiant que la victime n'ait pas à supporter une réduction de l'indemnisation en raison de la faute quelconque, même légère donc, qu'elle a commise. Les atteintes aux biens n'imposent pas pareille sévérité à l'égard du contractant qui n'a pas souscrit formellement un engagement ayant une telle portée. Mais dans l'ordre du dommage corporel, on devrait alors se demander pourquoi seules les victimes pouvant invoquer la responsabilité contractuelle bénéficieraient de ce traitement de faveur, et pas celles obligées d'agir sur un fondement extracontractuel[5]. Si derrière l'obligation, c'est la nature du dommage qui est déterminante, elle doit l'être dans tous les cas, quels que soient la source et la nature de la responsabilité considérée.

Dans une disposition commune aux responsabilités contractuelle et extracontractuelle (art. 1351), l'*Avant-projet de réforme du droit des obligations* prévoit que l'exonération partielle ne peut résulter que d'une faute de la victime ayant concouru à la production du dommage, et en cas d'atteinte à l'intégrité physique, que d'une faute grave. Dans un autre esprit, qui le caractérise,

---

1. Civ. 1re, 13 mars 2008, *D.* 2008. 1582, note VINEY, pan. 2370, obs. CRETON et 2899, obs. BRUN, *RTD civ.* 2008. 312, obs. JOURDAIN, *JCP* 2008. II. 10085, note GROSSER, *RDC* 2008/3, 743, obs. D. MAZEAUD et 763, obs. VINEY.
2. V. Volume 2 –*Le fait juridique*– n° 277.
3. V. d'ailleurs, à propos d'un transport ferroviaire international soumis à la convention de Berne, un autre arrêt du 18 mars 2008, *D.* 2008, *ibid.* Relèvent donc de la règle nouvelle les transports internes par train, métro et tramways circulant sur des voies propres qui échappent à la loi du 5 juillet 1985.
4. V. *supra,* n° 203.
5. Ce qui est le cas, désormais, des voyageurs victimes d'accidents de quai (v. *supra,* n° 203, en note). La question se poserait aussi pour les créanciers d'une obligation de sécurité de moyens.

l'article 121 du *projet de réforme du droit des contrats* de l'Académie des sciences morales et politiques dispose que le créancier qui a contribué à l'inexécution ou à ses conséquences dommageables en manquant à ses devoirs contractuels, n'a droit qu'à des dommages et intérêts réduits à proportion.

215. Exonération partielle indirecte : le fait d'un tiers. – Sauf lorsqu'il présente les caractères de la force majeure, le fait d'un tiers n'est pas, à proprement parler, une cause d'exonération du débiteur : celui-ci ne peut opposer cette circonstance au créancier victime, lequel a vocation à obtenir sa condamnation à la réparation de tout son dommage[1].

Toutefois, le débiteur peut alors obtenir, indirectement, *l'équivalent* d'une exonération partielle en ce sens que la charge définitive de la réparation doit se partager entre lui et le tiers dont le fait a contribué à la production du dommage. Les solutions sont les mêmes qu'en responsabilité délictuelle ; il suffira de les rappeler brièvement[2].

Pour ce qui est de la *victime* –le créancier– la circonstance que l'inexécution du débiteur se soit conjuguée avec le fait d'un tiers –fait qui doit nécessairement être *générateur de responsabilité* pour pouvoir être pris en considération– non seulement ne peut lui nuire mais, tout au contraire, lui profite. En effet, chacun des deux coauteurs est tenu *in solidum* à l'égard de la victime qui peut réclamer l'entière réparation de son préjudice à l'un *ou* à l'autre d'entre eux, à son gré –en pratique, au plus solvable des deux.

Quant aux rapports des *coauteurs* entre eux, ils se règlent par l'exercice d'un recours de celui qui a indemnisé la victime contre l'autre dans la mesure –fixée par le juge– de la part incombant à chacun d'eux[3].

Mais cela ne vaut, selon la jurisprudence, que lorsque les coauteurs ont l'un et l'autre commis une faute prouvée, ou qu'ils sont tenus, l'un comme l'autre, en vertu d'une responsabilité présumée –débiteur d'une obligation de résultat et responsable du fait d'une chose... En revanche, si l'un des coauteurs a commis une faute tandis que l'autre n'est tenu que comme présumé responsable, l'auteur de la faute prouvée doit supporter seul la charge définitive de la réparation[4] : s'il a indemnisé la victime, il ne peut exercer aucun recours contre le coauteur ; si c'est ce dernier qui a payé la victime, il est au contraire admis à exercer un recours pour le tout contre l'auteur de la faute.

§ 2. Le dommage

216. Nécessité d'un dommage. – Comme la responsabilité délictuelle, la responsabilité contractuelle suppose toujours la réalisation d'un dommage et la preuve de celui-ci, preuve qui se fait par tous moyens, s'agissant d'un fait juridique.

On peut, cependant, se demander si la question n'est pas directement réglée par la nature même de la faute contractuelle, laquelle consiste dans une *inexécution*. Celle-ci n'est-elle pas à elle seule constitutive d'un préjudice dès lors qu'elle prive nécessairement le créancier de son droit ?

---

1. Caille, *Les causes d'exonération de la responsabilité civile*, thèse, Paris I, 1988, n°s 362 et s.
2. V. Vol. 2 –*Le fait juridique*– n°s 170 et s.
3. V. par ex. Civ. 1re, 2 juill. 2002, *Bull. civ.* I, n° 182 (recherche nécessaire du partage) ; Civ. 1re, 10 juin 1980, *Bull. civ.* I, n° 179 (répartition 1/3 – 2/3 entre les coauteurs).
4. Sur cette solution en responsabilité délictuelle, v. Vol. 2 –*Le fait juridique*– n° 174. Rappr. Civ. 1re, 2 mai 1989, *Bull. civ.* I, n° 182. Cette solution, qui consacre la primauté de la responsabilité pour faute, encourt les mêmes critiques ici que là : elle est probablement injuste et, sans doute, anachronique, dès lors que la faute est désormais conçue objectivement.

Pourtant, une telle conception ne peut être retenue[1] : l'inexécution est la *faute* du débiteur et s'apprécie au regard de celui-ci. Le *dommage* ne peut, lui, être envisagé qu'au regard du *créancier* et consiste dans les conséquences néfastes de l'inexécution. Sans doute, le plus souvent, le fait de l'inexécution emporte-t-il la réalisation d'un préjudice. Mais il peut arriver –c'est assurément exceptionnel– qu'une inexécution ne cause pas de véritable dommage. Ainsi lorsque, par suite de circonstances nouvelles, le contrat ne présente plus d'intérêt pour le créancier[2] : cas, par exemple, d'une clause de non-concurrence privée d'utilité par un changement d'activité du créancier.

Pourtant, diverses décisions ont adopté, au regard de cette exigence d'un dommage, des *positions discordantes*[3]. Un arrêt de la troisième Chambre civile, du 30 janvier 2002, a admis qu'un preneur pouvait être tenu d'indemniser son bailleur pour manquement à ses obligations, sans qu'il soit besoin de justifier d'un préjudice[4]. Mais, le 3 décembre 2003, la même Chambre rappelait clairement la nécessité d'un préjudice[5]. Le retour à l'orthodoxie semblait ainsi acquis, lorsqu'un arrêt de la première Chambre civile est venu semer de nouveau le doute en décidant que « si l'obligation est de ne pas faire, celui qui y contrevient doit des dommages-intérêts par le seul fait de la contravention »[6]. La portée de la décision était malgré tout douteuse, car bien que l'arrêt visât, comme l'article 1145, les dommages-intérêts, la demande concernait, au moins à titre principal, une exécution forcée sous forme d'interdiction d'exercice de l'activité objet de la clause de non rétablissement. Or l'exécution forcée ne nécessite pas que soit rapportée la preuve d'un préjudice. Toute incertitude paraît néanmoins levée avec l'arrêt rendu par la première chambre civile le 31 mai 2007. Au motif précédemment évoqué, la Cour casse une décision qui avait rejeté la demande en dommages-intérêts formée par un médecin pour violation d'une clause de non réinstallation, en se fondant sur le fait que si cette violation constituait une faute, aucun préjudice n'était établi et que la simple contravention à la clause ne saurait le constituer. Pour la première chambre civile, en statuant ainsi, la Cour d'appel a violé l'article 1145 du Code civil[7]. De son côté, la deuxième chambre civile a

---

1. V. cependant, Civ. 3e, 30 janv. 2002, *Bull. civ.* III, no 17, *D.* 2002. J. 2288, note ELHOUEISS, *JCP* 2002.I.186, 3o, p. 2166, obs. VINEY, *RTD civ.* 2002.321, obs. GAUTIER (mais les circonstances particulières du litige expliquent, peut-être, la solution ainsi admise, qui ne serait qu'une solution d'espèce).

2. Rappr. CARBONNIER, no 155, qui relève l'incidente de l'article 1147 : « s'il y a lieu ».

3. V. SAVAUX et SCHÜTZ, « Exécution par équivalent, responsabilité et droits subjectifs – Réflexions à partir du contrat de bail », *in Mélanges offerts à J.-L. AUBERT*, p. 271, spéc. no 4, p. 273.

4. *Bull. civ.* III, no 17, *D.* 2002, juris. 2288, note ELHOUEISS, *D.* 2003. somm. 458, obs. D. MAZEAUD, *JCP* 2002.I.186, obs. VINEY, *RTD civ.* 2002.321, obs. GAUTIER, et 816, obs. JOURDAIN, *Dr. et patr.* 2003, no 111, obs. F. CHABAS, *Petites Affiches* 18 nov. 2002.10, note STOFFEL-MUNCK, et 13 sept. 2002, note BEAUGENDRE.

5. Civ. 3e, 3 déc. 2003, *Bull. civ.* III, no 221, *JCP* 2004.I.163, obs. VINEY, *RTD civ.* 2004.295, obs. JOURDAIN, *RJDA* 2004.359, rapp. BETOULLE, *RDC* 2004.280, obs. STOFFEL-MUNCK, et 359, obs. SEUBE, *AJDI* 2004.204, obs. BEAUGENDRE.

6. Civ. 1re, 10 mai 2005, *Bull. civ.* I, no 201, *RTD civ.* 2005. 594, obs. MESTRE et FAGES et 600, obs. JOURDAIN, *Defrénois* 2005, art. 38207, no 57, obs. AUBERT, *JCP* 2006. I. 111, obs. STOFFEL-MUNCK, *RDC* 2006. 326, obs. D. MAZEAUD, *Contrats, conc. consom.* 2005, comm. 184, note LEVENEUR. Il convient de remarquer que la même Chambre avait, sur cette question de l'obligation de ne pas faire, rendu, trois ans plus tôt, un arrêt, fortement motivé, exactement contraire : Civ. 1re, 26 févr. 2002, *Bull. civ.* I, no 68, *Defrénois* 2002, art. 37558, no 31, p. 759, obs. SAVAUX, *RTD civ.* 2002.809, obs. GAUTIER, *Petites Affiches* 18 nov. 2002.10, note STOFFEL-MUNCK.

7. Civ. 1re, 31 mai 2007, *Bull. civ.* I, no 212, *D.* 2007. 2784, note LISANTI et pan. 2974, obs. FAUVARQUE-COSSON, *RTD civ.* 568, obs. FAGES et 776, obs JOURDAIN, *JCP* 2007. I. 185, obs. STOFFEL-MUNCK, *RDC* 2007/4, 1118, obs. LAITHIER et 1140, obs. CARVAL. V. également GRIDEL et LAITHIER, « Les sanctions civiles de l'inexécution du contrat imputable au débiteur : état des lieux », *JCP* 2008. I. 143, préc., nos 32 et s.

jugé plus récemment qu'une faute contractuelle n'implique pas nécessairement par elle-même l'existence d'un dommage en relation de cause à effet avec cette faute et que les juges du fond peuvent retenir, dans l'exercice de leur pouvoir souverain d'appréciation, que le demandeur n'établit pas d'un préjudice, justifiant ainsi leur refus de l'allocation de dommages-intérêts [1].

La matière semble donc finalement s'organiser de la manière suivante. En présence d'une *obligation autre que de ne pas faire*, le créancier victime de l'inexécution ne peut obtenir des dommages-intérêts qu'en prouvant que celle-ci lui cause un préjudice. En revanche, lorsque l'obligation est *de ne pas faire* l'octroi de l'indemnité est due du seul fait de l'inexécution, sans que le créancier ait à établir le tort qu'elle lui fait. Reste à savoir ce qui fonde une telle différence, au-delà de l'article 1145 qui n'a pas une telle portée [2]. Certains auteurs ont invoqué la difficulté qu'il y aurait à établir le dommage en présence d'une obligation de ne pas faire. Mais outre que cette entrave est loin d'être toujours réelle, notamment en cas de violation d'une clause de non-concurrence, elle justifierait, au mieux, un allégement de la charge de la preuve, voire une présomption –simple– de préjudice, pas une dispense au fond de l'existence de celui-ci. On a aussi prétendu que l'inexécution d'une obligation constituerait en-elle-même un préjudice. Mais, outre que l'argument vaudrait pour tout type d'obligation, il paraît inexact. Si l'on ne s'en tient pas à la vue abstraite de l'avantage attendu du contrat, ou de l'intérêt du créancier à l'exécution, on constate que si généralement l'inexécution expose effectivement le créancier à une perte ou à la privation d'un gain, tel n'est pas nécessairement le cas ; il y a des hypothèses où l'inexécution ne cause pas de tort au créancier.

Finalement l'octroi de dommages-intérêts en l'absence de preuve d'un préjudice en cas d'inexécution d'une obligation de ne pas faire ne peut s'expliquer que par un changement de nature et de fonction de ceux-ci. Les dommages-intérêts n'ont pas alors pour objet de compenser la perte ou la privation de gain subi par le créancier. Ils permettent, soit de sanctionner le débiteur qui n'a pas respecté ses obligations, soit de le priver de l'avantage que l'inexécution a pu lui procurer. Ce sont des orientations possibles, qui mériteraient cependant d'être soigneusement encadrées par la loi [3]. En l'état des textes, ces mesures n'existent pas, en principe [4], et il est douteux qu'il revienne au juge de les créer de son propre mouvement. Le législateur le ferait-il qu'il n'y aurait pas de raison de les réserver aux obligations de ne pas faire.

216-1. Nature et évaluation du dommage. – Aux termes de l'article 1149, ce dommage peut, comme en responsabilité délictuelle [5], consister aussi bien dans un *gain*

---

1. Civ. 2e, 11 sept. 2008, *Bull. civ.* II, n° 191, *RDC* 2009/1, 77, note DESHAYES.

2. Ce texte dispense en effet simplement le créancier de la mise en demeure du débiteur. V. *infra,* n° 222.

3. Comp. art. 1371, *Avant-projet de réforme du droit des obligations :* « L'auteur d'une faute manifestement délibérée, et notamment d'une faute lucrative, peut-être condamné, outre les dommages-intérêts compensatoires, à des dommages-intérêts punitifs... », et article 120 du *projet de réforme de l'Académie des sciences morales et politiques :* « ... en cas de dol, le créancier de l'obligation inexécutée peut préférer demander au juge que le débiteur soit condamné à lui verser tout ou partie du profit retiré de l'inexécution ».

4. V. cependant, en matière de contrefaçon, art. L. 311-1-3, L. 521-7, L. 615-7... C. propr. intell. qui permet au juge d'allouer à titre de dommages-intérêts une indemnité forfaitaire qui ne peut être inférieure au montant des redevances qui auraient été dues si l'auteur de l'atteinte avait demandé l'autorisation d'utiliser le droit auquel il a porté atteinte. V. GAUTIER, « Fonction normative de la responsabilité : le contrefacteur peut être condamné à verser au créancier une indemnité contractuelle par équivalent », *D.* 2008. chron. 727.

5. V. Vol. 2 –*Le fait juridique*– nos 135 et s.

manqué que dans une *perte*. Entrent ainsi dans le préjudice, non seulement tout ce dont le créancier s'est trouvé privé du fait de l'inexécution –inexécution *stricto sensu* ou exécution défectueuse– mais encore tous les effets *induits* par cette inexécution. Par exemple, dans le cas d'un voyageur blessé dans le déraillement d'un train, outre les préjudices liés au fait de n'avoir pas été mené à destination et d'avoir subi une atteinte à son intégrité corporelle, les dommages consistant dans les suites directes de ces préjudices –dépenses engagées pour pallier les effets de l'inexécution, empêchement de réaliser l'opération commerciale qui justifiait le voyage... Quant à leur *nature*, la responsabilité contractuelle prend en considération les mêmes dommages que la responsabilité délictuelle : préjudices *matériels* comme dommages *moraux*, bien que cela ait été discuté pour ces derniers [1].

La *mesure des dommages-intérêts contractuels* dépend largement de la conception que l'on a de *leur nature et de leur fonction* [2]. S'ils traduisent l'existence d'une *véritable responsabilité* et sont destinés à réparer le préjudice causé au créancier par l'inexécution, ils doivent en principe englober, non seulement la compensation de l'avantage spécifiquement attendu du contrat, mais aussi celle des suites dommageables de l'inexécution –les effets induits–, comme précédemment indiqué. En revanche, s'ils constituent une *forme d'exécution* –par équivalent– de l'obligation, ils doivent normalement être limités au premier aspect, la réparation des effets dommageables éventuels relevant de la responsabilité extracontractuelle.

Sous réserve de quelques situations particulières [3], la jurisprudence comprend et applique les textes du code civil comme consacrant une véritable responsabilité permettant de prendre en charge, au titre des dommages-intérêts contractuels, *toutes les suites de l'inexécution :* non seulement la privation de l'avantage qui correspond à l'objet de l'obligation inexécutée –les dommages intrinsèques de Pothier–, mais aussi les atteintes aux autres droits et intérêts du créancier –les dommages extrinsèques.

Bien que le contenu précis des textes ne soit pas toujours facile à cerner, et que leur lettre, qui se réfère souvent au préjudice, ou à la perte subie et au gain manqué, permette plusieurs interprétations, les *projets de réforme* du droit des contrats et des obligations sont d'esprits sensiblement différents. Dans la suite logique de la consécration du concept de responsabilité contractuelle, l'*Avant-projet de réforme du droit des obligations* dispose, dans un texte commun avec la responsabilité extracontractuelle, que l'allocation de dommages-intérêts a en principe pour objet de replacer la victime autant qu'il est possible dans la situation où elle se serait trouvée si le fait dommageable n'avait pas eu lieu (art. 1370). En revanche, l'article 118 du *projet de réforme du droit des contrats* de l'Académie des sciences morales et politiques prévoit que les dommages et intérêts sont, en règle générale d'un montant qui place le créancier dans la situation où il se trouverait si le contrat avait été dûment exécuté. Bien que la formule n'exclue pas absolument la réparation des suites dommageables de l'exécution, et que le texte se réfère ensuite à la perte subie et au gain manqué, il a été conçu pour limiter les dommages-intérêts contractuels à l'intérêt d'exécution et les distinguer de la réparation du dommage en matière délictuelle [4]. Il s'inspire directement de l'article 9 : 502 des Principes du droit européen du contrat [5].

Cette divergence sur une question essentielle obligera le législateur à prendre clairement parti, et à formuler des dispositions qui devront être suffisamment précises pour que leur sens ne soit pas déformé par la jurisprudence. Selon le choix finalement adopté, c'est un large pan de l'articulation de la responsabilité délictuelle et des dommages-intérêts contractuels qui pourrait être affecté.

---

1. Sur cette hésitation, v. CHARTIER, *La réparation du préjudice*, 1983, n° 125.
2. Sur la question, en général, v. PINNA, *La mesure du préjudice contractuel*, LGDJ, 2007, préf. GAUTIER.
3. V. *infra,* n° 231 et s.
4. RÉMY, « Les dommages et intérêts », *in Pour une réforme du droit des contrats*, p. 281.
5. Sur lequel v. Projet de cadre commun de référence. Principes contractuels communs, Association Capitant et Société de législation comparée 2008, 725. V. également art. III-3 : 702 du projet de cadre commun de référence. Ces projets contiennent néanmoins plusieurs références au préjudice subi par le créancier.

217. Dommage actuel, direct et certain. – De même, ici comme pour la responsabilité délictuelle[1], le dommage n'est réparable que s'il est à la fois *actuel*, *direct* et *certain*.

Comme pour la responsabilité délictuelle, c'est l'élément « certitude » qui est essentiel. Ici comme là, il implique que le dommage dont la réparation est demandée soit définitivement subi par la victime[2] ; il laisse possible la réparation des *pertes de chance*[3] ; et il interdit que l'on invoque un préjudice hypothétique, c'est-à-dire un dommage éventuel.

De même, l'exigence d'*actualité* du dommage ne fait, ici comme là, que renforcer celle de *certitude*. Elle signifie que seul est pris en considération le préjudice que le juge a la possibilité d'apprécier au jour où il statue. Là encore, comme pour la responsabilité délictuelle, cela n'exclut pas le dommage *futur* : celui qui constitue la prolongation certaine de la situation actuellement constatée par le juge et qui peut être d'ores et déjà apprécié par lui.

Quant au caractère *direct*, c'est une exigence que le Code civil formule, précisément à propos de la responsabilité contractuelle, à l'article 1151 qui limite l'obligation de réparer à « ce qui est une suite immédiate et *directe* de l'inexécution de la convention »[4]. On se bornera à rappeler ici que la règle s'impose en logique. Le dommage *indirect* est, en effet, celui dont le lien de causalité avec la faute ne peut être établi avec certitude : faute de savoir s'il est la conséquence de l'inexécution, on ne peut imposer au débiteur de le réparer. Cela explique, d'ailleurs, que l'article 1151 exclue sa réparation même en cas de *dol* du débiteur : le caractère intentionnel de l'inexécution est sans incidence sur la question de causalité.

Identique, jusqu'ici, au préjudice réparable de la responsabilité délictuelle, le dommage réparable de la responsabilité contractuelle s'en distingue en revanche nettement par l'adjonction d'une exigence supplémentaire : actuel, direct et certain, ce dommage doit en outre être *prévisible*.

218. Dommage prévisible. – L'exigence de prévisibilité[5] apparaît à l'article 1150 : « le débiteur n'est tenu que des dommages-intérêts qui ont été prévus ou qu'on a pu prévoir lors du contrat... » : seul est réparable le dommage qui a pu être *prévu au moment de la conclusion du contrat*.

---

1. Sur tous ces points, v. Vol. 2 *–Le fait juridique–* notamment, n°s 136 et s.

2. Cf. Civ. 1re, 7 mai 2002, *Bull. civ.* I, n° 121. Cet arrêt précise que la certitude du dommage invoqué par la victime n'est pas remise en cause par le fait que celle-ci dispose d'une autre action propre à diminuer ou exclure son préjudice.

La situation doit être distinguée de celle où la victime disposerait d'une autre voie de droit indépendamment de la situation dommageable, c'est-à-dire sans lien avec le fait générateur du dommage. Cf. pour la responsabilité délictuelle, Vol. 2 *–Le fait juridique–* n° 137, 2e note et la jurisprudence citée.

3. V. par exemple, Civ. 1re, 18 janv. 2005, *Bull. civ.* I, n° 29 ; Civ. 1re, 4 nov. 2003, *Bull. civ.* I, n° 224, *D.* 2004. somm. 601, obs. J. PENNEAU ; Civ. 1re, 9 avr. 2002, *Bull. civ.* I, n° 116. Sur la notion, v. Vol. 2 *–Le fait juridique–* n° 138. Comme en responsabilité délictuelle, le juge du fond apprécie souverainement le préjudice dès l'instant qu'il a caractérisé la perte de chance, cf. Civ. 1re, 10 juill. 2002, *Bull. civ.* I, n° 197.

4. La règle est reprise par l'article 119 du *projet de réforme du droit des contrats* de l'Académie des sciences morales et politiques.

5. V. I. SOULEAU, *La prévisibilité du dommage contractuel*, thèse, Paris II, 1979. V. aussi, CHARTIER, *op. cit.*, n°s 60 et s.

La solution s'inscrit dans la logique du contrat [1] : le dommage n'a lieu d'être réparé par le débiteur que s'il a été intégré dans l'accord de volonté qui a présidé au contrat ; le débiteur ne peut être engagé au-delà de la substance de l'obligation qui est issue du contrat.

Il faut observer que la règle s'impose à l'évidence lorsqu'il y a « inexécution » *stricto sensu* et que le créancier fait jouer les règles de la responsabilité contractuelle pour obtenir l'*exécution forcée, par équivalent,* de l'obligation contractuelle : l'exécution forcée ne saurait excéder ce que l'exécution spontanée aurait procuré au créancier. Mais elle s'impose tout autant dans le cas d'*exécution incorrecte* de l'obligation et, plus généralement, lorsque l'inexécution –au sens plein de *faute contractuelle*– détermine, outre la privation d'une exécution correcte, des dommages « induits » [2]. C'est qu'il s'agit, dans tous les cas, de tenir compte de l'équilibre réalisé par le contrat et, notamment, de ce que le débiteur ne s'est engagé qu'en considération des charges auxquelles il pouvait raisonnablement s'attendre.

Dès lors, s'il advient que le dommage subi par le créancier du fait de l'inexécution se trouve aggravé par des circonstances qui n'ont pas été prises en considération lors de la conclusion du contrat [3], cette aggravation ne pourra pas être mise à la charge du débiteur. Par **exemple :** une société de construction de maisons individuelles ne peut être condamnée à réparer, du chef d'une défectuosité du système de ventilation de l'immeuble, le dommage corporel subi par le maître de l'ouvrage et résultant de sa propre sensibilité allergique aux moisissures, sans qu'il ait été établi que ce dommage fût prévisible [4].

Plusieurs précisions importantes doivent être ajoutées :

D'abord, que la prévisibilité exigée par la loi doit s'entendre d'une prévisibilité *normale :* elle est appréciée *in abstracto* –ce que le débiteur a dû prévoir– et non *in concreto* –ce qu'il a effectivement prévu. Tant pis pour le débiteur particulièrement « imprévoyant » : il sera tenu de ce qu'un « bon père de famille » aurait su prévoir.

Ensuite, que cette prévisibilité nécessaire concerne autant la *cause* du dommage que sa *quotité*, c'est-à-dire son importance [5]. **Exemple :** Une malle, confiée à un transporteur, est perdue au cours du transport, alors qu'elle contenait, à l'insu du transporteur, des bijoux précieux. La *cause* du dommage –la perte de la malle– était prévisible ; en revanche, sa quotité ne l'était pas quant à la perte des bijoux. Le transporteur ne sera tenu que de la valeur de la malle avec un contenu normal. La solution est bien dans la logique du contrat : si le transporteur avait connu le contenu de la malle, il aurait pu refuser le contrat ou demander un prix plus élevé, et il aurait pu souscrire une assurance adaptée à la situation [6].

---

1. V. I. SOULEAU, *op. cit.* n°s 459 et s.
2. *Supra*, n° 216.
3. I. SOULEAU, *op. cit.*, n° 201 (l'auteur parle de « fait amplificateur du dommage »).
4. Civ. 3e, 27 juin 1984, *RDI* 1985.166, obs. GROSLIERE et SAINT-ALARY HOUIN. Comp. Civ. 3e, 22 mars 1989, *Bull. civ.* III, n° 70.
5. Arrêt de principe : Civ. 7 juill. 1924, *D.* 1927.1.119 ; *S.* 1925.1.321, note LESCOT.
6. Cf. I. SOULEAU, *op. cit.*, n°s 60 et s. Rappr. Civ. 1re, 25 févr. 2003, *Bull. civ.* I, n° 56 (responsabilité du transporteur au regard du véhicule transporté, non des bagages qui s'y trouvent enfermés) ; Civ. 1re, 3 juin 1998, *Bull. civ.* I, n° 199 (sur la prévisibilité du contenu des bagages et sur le pouvoir souverain des juges du fond quant à l'appréciation du caractère prévisible).

Il faut encore ajouter que ce qui est pris en compte, c'est le dommage tel qu'il est matériellement constitué, à l'exclusion de son expression monétaire, son *évaluation*. Celle-ci échappe à l'exigence de prévisibilité et dépend seulement des règles qui gouvernent la réparation[1].

Ainsi cernée, la notion de dommage prévisible reste difficile à appréhender et les solutions jurisprudentielles ne sont pas exemptes d'incertitudes[2]. La prévisibilité du dommage relève du pouvoir souverain d'appréciation des juges du fond, ce qui n'empêche évidemment pas la Cour de cassation de contrôler l'existence d'une motivation satisfaisante.

Dans l'analyse des différences entre la responsabilité contractuelle et la responsabilité délictuelle, il est parfois dit que la limitation de la réparation au seul dommage prévisible est une règle pratiquement dénuée d'application pratique. Outre qu'il se trouve quand même des décisions pour prouver le contraire, la règle est reprise par tous les projets de réforme du droit des contrats ou des obligations, ce qui tend à démonter qu'elle a quelque chose d'essentiel[3].

219. La prise en charge exceptionnelle du dommage imprévisible : dol et faute lourde du débiteur. – L'article 1150 précise que l'exclusion de la réparation du dommage imprévisible n'a lieu d'être que si l'inexécution ne procède pas d'un *dol* du débiteur. Le débiteur coupable d'une inexécution *intentionnelle* doit donc réparer toutes les conséquences de son manquement[4]. Le préjudice réparable est alors le même qu'en responsabilité délictuelle.

Cette aggravation de la charge de réparation se justifie facilement : le débiteur ayant délibérément méconnu les obligations que le contrat lui imposait, il ne saurait se prévaloir de ce même contrat pour limiter le poids de sa responsabilité.

La solution, que l'article 1150 n'affirme que pour la faute intentionnelle, est étendue par la jurisprudence au cas de *faute lourde* du débiteur, conformément au principe d'assimilation de cette sorte de faute à la faute intentionnelle[5]. Là encore, la solution est légitime : la désinvolture du débiteur au regard de ses engagements contractuels justifie qu'il ne puisse invoquer à son profit la convention d'où est issue l'obligation à laquelle il a manqué.

Même si ces dérogations au principe de limitation de la réparation au seul dommage prévisible réduisent sensiblement la portée dudit principe, il reste que celui-ci, comme le particularisme de la faute contractuelle, soulignent la spécificité de la responsabilité contractuelle, en tant qu'elle est un prolongement de l'obligation née d'un contrat. Cette spécificité se retrouve au plan de la mise en œuvre de la responsabilité, où l'accord de volonté d'origine joue pareillement un rôle appréciable.

---

1. V. *infra*, n° 230, *infra*, n° 230.
2. L'interprétation est souvent favorable au débiteur. V. par ex. Civ. 3e, 13 mai 1992, *Bull. civ.* III, n° 151 ; Civ. 1re, 11mai 1982, *Bull. civ.* I, n° 170 (arrêt dont la rédaction est au demeurant discutable).
3. Articles 1366 de l'*Avant-projet de réforme du droit des obligations*, 118 du projet de réforme du droit des contrats de l'Académie des sciences morales et politiques, 9 :503 des Principes du droit européen du contrat, III-3 : 703 du projet de cadre commun de référence.
4. Cf. Com. 19 janv. 1993, *Bull. civ.* IV, n° 24.
5. Solution consacrée par Req. 24 oct. 1932, *DP* 1932.1.176, note E.P. Plus récemment, Com. 3 oct. 1989, *Bull. civ.* IV, n° 246. La règle se retrouve également dans tous les projets de réforme du droit des contrats ou des obligations. V. les textes cités *supra,* n° précédent.

Section III

La mise en œuvre de la responsabilité contractuelle

220. Le droit à réparation du créancier. – Les conditions de la responsabilité contractuelle étant connues [1], il convient maintenant de préciser de quelle manière le droit à réparation du créancier peut s'exercer, question sur laquelle le contrat conclu exerce une influence déterminante. Cela se vérifie tant pour ce qui concerne l'*existence du droit à réparation* que pour la *mesure de la réparation.*

§ 1. L'EXISTENCE DU DROIT À RÉPARATION

221. Particularisme de la responsabilité contractuelle. – S'agissant d'une responsabilité liée à l'exécution d'un contrat, il faut tenir compte de ce que les parties ont pu convenir que telle ou telle inexécution n'engagera pas la responsabilité du débiteur. Les parties ont, en effet cette liberté, sous réserve, toutefois, de limites importantes [2].

Il y a là un point de particularisme de la responsabilité contractuelle par rapport à la responsabilité *délictuelle*. Sans doute le caractère inopiné de cette dernière responsabilité réduit-il les occasions de semblables conventions –auteur responsable et victime ne se connaissent généralement pas à l'avance. Pourtant, dans certaines situations, de telles clauses sont concevables : au regard de la responsabilité pour troubles de voisinage, par exemple [3]. Or, lorsqu'elle a été saisie de telles clauses, la jurisprudence les a annulées en affirmant que la responsabilité délictuelle a un caractère *d'ordre public* [4]. La justification, qui souligne la fonction de sécurité juridique de la responsabilité délictuelle, est peut-être « trop sommaire » [5] ; elle peut être confortée par cette considération que l'imprévisibilité qui affecte ordinairement la survenance et l'importance d'un dommage délictuel interdit d'en abandonner le règlement aux volontés individuelles. L'*Avant-projet de réforme du droit des obligations* propose néanmoins de reconnaître la validité des clauses limitatives ou exonératoires de responsabilité en matière délictuelle, comme en matière contractuelle, sous un certain nombre de limites (art. 1382 et s.).

Avant de préciser cette occurrence possible d'une *clause de non-responsabilité*, il faut examiner la question de savoir si le droit à réparation est subordonné, comme le droit aux dommages-intérêts moratoires [6], à une *mise en demeure* du débiteur.

A. La question de la mise en demeure

222. Inutilité de principe d'une mise en demeure. – Comme il a été dit précédemment, la mise en demeure est une demande formellement exprimée et adressée au

---

1. Sur la *faute contractuelle* et le *dommage*, v. *supra*, n°s 190 et s. et n°s 216 et s. Sur la *causalité*, simplement évoquée *supra*, n° 189, v. Vol. 2 –*Le fait juridique*– n°s 156 et s.
2. V. *infra*, n°s 224 et s.
3. Ou encore, pour la responsabilité des officiers publics et ministériels, que la jurisprudence soumet à la responsabilité délictuelle. V. pour les *notaires,* AUBERT, *La responsabilité civile des notaires,* 5e éd., 2008 par R. CRONE, n° 22.
4. Civ. 1re, 10 févr. 1972, *Bull. civ.* I, n° 45, *JCP* 1972.II.17201, note DAGOT, *Defrénois* 1972, art. 30209, note AUBERT ; Civ. 2e, 17 févr. 1955, *D.* 1956.17, note ESMEIN, *JCP* 1955.II.8951, note RODIÈRE ; Civ. 3 et 4 janv. 1933, *DH* 1933.113.
5. VINEY, *op. cit.*, n° 214.
6. *Supra*, n° 146.

débiteur, par laquelle le créancier réclame à celui-ci l'exécution de l'obligation[1]. L'article 1146 la présente comme une exigence de principe : « les dommages-intérêts ne sont dus que lorsque le débiteur est en demeure de remplir son obligation »[2].

L'exigence peut se comprendre comme prolongement de celle qui préside à l'exécution de l'obligation[3], prolongement qui semble logique, dans la mesure, notamment, où la responsabilité contractuelle s'analyse, pour partie, en une exécution forcée par équivalent[4]. Pourtant, la définition même de la mise en demeure incline à s'affranchir du principe de son exigence dès lors qu'il n'est plus question d'exécution –spontanée ou forcée en nature– mais seulement de la réparation du préjudice éprouvé par le créancier du fait d'une inexécution[5]. En effet, puisque la mise en demeure consiste à sommer le débiteur d'exécuter son obligation, il n'y a lieu de l'exiger que si l'exécution reste possible. Elle doit, en revanche, être écartée, lorsque l'exécution n'est plus possible, ce qui est le cas, le plus souvent, lorsque le créancier dénonce une inexécution imputable au débiteur : il s'agit alors d'un fait acquis, de sorte que le stade de la mise en demeure est dépassé.

Au bénéfice de ces observations, il est permis de dire qu'en réalité, l'exercice du droit à réparation, qui tend à l'attribution de dommages-intérêts *compensatoires*, c'est-à-dire, qui tendent à compenser une inexécution et ses diverses conséquences patrimoniales, ne suppose pas, le plus souvent, de mise en demeure préalable[6].

Cette dispense de mise en demeure est d'ailleurs expressément consacrée par le Code dans deux cas où l'inexécution est définitivement consommée :

– par l'article 1145, selon lequel celui qui contrevient à une obligation de ne pas faire est tenu à des dommages-intérêts du seul fait de cette contravention[7] ;

– par l'article 1146 lui-même, qui écarte l'exigence d'une mise en demeure lorsque le débiteur a laissé passer le temps où l'obligation –de donner ou de faire– pouvait être exécutée.

La logique commande d'étendre cette dispense à tous les cas où l'inexécution a constitué une situation dommageable irréversible : l'existence de ce dommage confère nécessairement au créancier le droit d'agir en réparation de celui-ci[8].

C'est la solution qui a été consacrée par un arrêt de Chambre mixte du 6 juillet 2007, à la suite d'une divergence de jurisprudence opposant la première Chambre civile et la Chambre commerciale, cette dernière continuant de poser la mise en demeure comme exigence de principe[9].

---

1. *Supra*, n°s 146 et 154 et s. (sur les formes, n° 155).
2. En ce sens, BONNEAU, *Rép. civ.* Dalloz, v° *Mise en demeure*, n° 11. V. aussi Com. 28 mai 1996, *Bull. civ.* IV, n° 145.
3. V. *supra*, n°s 154 et s.
4. *Supra*, n° 172.
5. Ce qui confirme que « l'exécution par équivalent » est autre chose que l'exécution proprement dite (*supra*, *eod. loc.*) : elle correspond à une faillite de l'obligation.
6. Rappr. MALAURIE, AYNÈS et STOFFEL-MUNCK, n° 975 ; STARCK, ROLAND et BOYER, t. 2, n° 1617.
7. Sur la portée, contestable, attribuée à ce texte par certains arrêts qui en déduisent que l'existence d'un préjudice causé par l'inexécution n'est pas une condition d'allocation des dommages-intérêts en cas de violation d'une obligation de ne pas faire, v. *supra*, n° 216.
8. Au demeurant, l'assignation du débiteur en réparation vaut mise en demeure, cf. *supra*, n° 155. Rappr. Civ. 3e, 25 juin 1975, *D.* 1975. IR. 203 (inutilité de la mise en demeure pour l'inexécution irréversible d'une clause contractuelle –cession de bail consentie sans l'accord du bailleur, imposé par le bail).
9. Ch. mixte, 6 juill. 2007, *D.* 2007. 2642, note VINEY et Pan. 2974, obs. FAUVARQUE-COSSON, *RTD civ.* 2007. 787, obs. JOURDAIN, *Defrénois* 2007, art. 38667, n° 59, obs. SAVAUX, *RDC* 2007/4, 1115, obs.

Il faut bien voir, au demeurant, que la démonstration de l'existence d'un dommage devient alors la condition première de la condamnation du débiteur. La Cour de cassation a dû préciser à cet égard que la dispense de mise en demeure n'emporte pas dispense, pour le créancier, d'établir la réalité et l'importance du préjudice dont il réclame la réparation [1].

223. Cas où la mise en demeure reste nécessaire. – En dépit de sa mise à l'écart, en principe, la mise en demeure semble rester nécessaire, comme préalable de la responsabilité contractuelle [2], à chaque fois que l'inexécution n'est pas définitivement constituée et lorsque l'exécution de l'obligation demeure possible [3]. Cette nécessité n'est pas remise en cause par l'arrêt du 6 juillet 2007 qui ne dispense le créancier de la mise en demeure que lorsque l'inexécution est « acquise », notion au demeurant susceptible de susciter des difficultés d'application [4].

La dispense de mise en demeure n'a en effet lieu d'être qu'autant qu'il y a véritable inexécution. Or, le seul fait d'une abstention du débiteur dans l'exécution de son obligation ne suffit pas toujours à la constituer. Ainsi faut-il tenir compte, le cas échéant, de ce que le contrat n'a pas fixé de date pour l'exécution, et que celle-ci peut intervenir à n'importe quel moment [5]. Une mise en demeure est alors nécessaire pour établir la faute du débiteur –on dit aussi : pour constituer le débiteur en faute [6].

Aussi bien, le fait que le contrat prévoit un terme ne suffit pas, à lui seul, à exclure la nécessité d'une mise en demeure. Celle-ci est d'abord certainement indispensable lorsque le créancier prétend obtenir des dommages-intérêts avant l'expiration du délai convenu pour l'exécution [7]. Ensuite, si le terme est dépassé mais que l'exécution reste possible – ce qui suppose que le délai ne soit pas impératif (art. 1146), la responsabilité du débiteur demeure subordonnée à une mise en demeure [8].

Il faut encore avoir égard au cas particulier des obligations *continues* ou *successives*, telle l'obligation d'entretien des lieux loués, qui pèse sur le bailleur, ou une obligation de fournitures périodiques. Dans ces cas, une cessation d'exécution cause, normalement, un dommage dont la réparation peut être réclamée directement. En revanche, au regard de l'avenir, une mise en demeure reste nécessaire à la fois pour inciter le débiteur à l'exécution et pour établir, le cas échéant, sa faute –refus d'exécution, en l'occurrence.

D. MAZEAUD, *Contrats, conc. consom.* 2007. comm. 295, obs. LEVENEUR, *JCP* 2007, Act. 339, obs. ROUSSILLE et II.10175, note MEKKI.

1. Civ. 1re, 26 févr. 2002, *Bull. civ.* I, n° 68, *D.* 2002. IR. 1114, *Defrénois* 2002, art. 37558, n° 31, obs. SAVAUX.

2. Il convient de rappeler que la mise en demeure conditionne au contraire toujours l'allocation de dommages-intérêts *moratoires* (*supra*, n° 146).

3. MALAURIE, AYNÈS et STOFFEL-MUNCK, *eod. loc.* STARCK, ROLAND et BOYER, *eod. loc.*

4. V. notamment SAVAUX, obs. préc.

5. C'est la situation inverse de celle que l'article 1146 envisage spécialement.

6. On peut rapprocher de cette situation, le cas où l'exécution de l'obligation suppose le concours du créancier, cf. Com. 28 mai 1996, *Bull. civ.* IV, n° 145 (l'allocation de dommages-intérêts suppose une mise en demeure).

7. Inclinant en ce sens Civ. 1re, 22 nov. 2007, *Bull. civ.* I, n° 367, *RDC* 2008/2, 295, obs. CARVAL.

8. En revanche, si l'exécution est devenue impossible, sans que le débiteur puisse se prévaloir d'un événement de force majeure, le créancier peut lui demander réparation alors même qu'il n'a délivré aucune mise en demeure. Une solution contraire méconnaîtrait l'existence même de l'obligation, qui n'est pas en cause.

B. Les clauses de non-responsabilité

224. Observations générales sur les clauses relatives à la responsabilité. – Le principe de liberté contractuelle autorise *a priori* les contractants à régler, dans leur convention, les conditions de leur éventuelle responsabilité dans l'exécution du contrat.

Les parties peuvent ainsi convenir d'*aggraver* la responsabilité du débiteur –par exemple, mettre à sa charge les conséquences de la force majeure. Sous réserve de ce qui sera dit plus loin des *clauses abusives* [1] et de diverses autres limites, de telles clauses sont en principe valables. En pratique elles sont rares.

Plus fréquentes sont les clauses qui *allègent* la responsabilité du débiteur [2], pareillement valables en principe [3]. Il en est de deux sortes : les clauses de *non-responsabilité*, qui éliminent certaines causes de responsabilité au profit du débiteur ; les clauses *limitatives de responsabilité*, qui se bornent à réduire le poids de la responsabilité encourue par le débiteur.

Un tel usage de la liberté contractuelle peut surprendre : pourquoi le créancier accepte-t-il pareille exclusion ou limitation de responsabilité ?

Parmi différentes raisons possibles, les plus fréquentes sont, soit que faute d'un tel aménagement le débiteur refuserait de s'engager, soit que ledit aménagement se trouve compensé par une réduction de prix [4].

Il faut d'ailleurs remarquer que, souvent, le créancier peut parer aux inconvénients de la clause en souscrivant une assurance qui le couvre contre le risque d'inexécution –c'est ainsi qu'autrefois les clauses de non-responsabilité, fréquentes dans les contrats de transport maritime de marchandises, y étaient compensées par des assurances couvrant tous les risques de perte.

En dépit des raisons qui peuvent justifier de telles clauses, particulièrement la maîtrise, par le débiteur, du risque d'inexécution, il demeure que celles-ci ne sont pas dépourvues d'inconvénients [5]. D'un côté, elles sont une occasion d'abus de la liberté contractuelle –elles peuvent être imposées par la partie la plus forte. D'un autre côté, elles peuvent incliner le débiteur à la négligence, ce qui est contraire aux intérêts du créancier, certes, mais aussi à l'intérêt économique général.

---

1. *Infra*, n° 225.

2. DELEBECQUE, *Les clauses allégeant les obligations dans le contrat*, thèse Aix, 1981 ; STARCK, « Observations sur le régime juridique des clauses de non-responsabilité ou limitatives de responsabilité », *D.* 1974. chron. 157 ; DELEBECQUE et MAZEAUD, « Les clauses de responsabilité : clauses de non responsabilité, clauses limitatives de réparation, clauses pénales », *in Les sanctions de l'inexécution des obligations contractuelles*, Bruylant, LGDJ, 2001, 361. V. également une série d'études publiées sous le titre « Vices et vertus du régime des clauses de responsabilité en droit positif », *RDC* 2008/3, 979, et D. MAZEAUD, « Les clauses limitatives de réparation : les quatre saisons », *D.* 2008. chron. 1776.

3. Cf. notamment, Civ. 1re, 19 janv. 1982, *Bull. civ.* I, n° 29, *D.* 1982.457, note LARROUMET, *JCP* 1984.II.20215, note CHABAS, *RTD civ.* 1983.143, obs. DURRY : « aucune disposition légale ne prohibe d'une façon générale l'insertion de clauses limitatives ou exonératoires de responsabilité dans les contrats d'adhésion... ». Auparavant, la jurisprudence, tout en admettant la validité de telles clauses, ne leur avait reconnu, pendant longtemps –pratiquement toute la première moitié du XXe siècle– qu'un effet limité : un simple renversement de la charge de la preuve (v. l'historique de la question *in* VINEY et JOURDAIN, *Les effets de la responsabilité*, 2e, éd. 2001, n° 187).

4. Cf. par ex. Civ. 1re, 17 juill. 1990, *Bull. civ.* I, n° 201.

5. Sur l'ensemble de la question, v. « Vices et vertus du régime des clauses de responsabilité en droit positif », préc., notamment DELEBECQUE, « Pour ou contre les clauses limitatives de réparation », *op. cit.*, p. 979, DESHAYES, « Clauses limitatives de responsabilité contractuelle et répartition des risques d'inexécution », p. 1008 ; MAINGUY, « Pour une analyse objective et utilitariste des clauses limitatives de réparation et des clauses abusives dans les contrats », p. 1029.

Aussi va-t-il de soi que, dans tous les cas, la clause ne peut être prise en considération qu'autant qu'elle a bien été incluse dans l'accord de volonté et portée à la connaissance de celui à qui on prétend l'opposer. S'il apparaît que l'information du cocontractant n'a pas été correctement assurée, la jurisprudence déclare la clause *inopposable* à celui-ci [1].

À cela il faut ajouter que le principe de validité de ces clauses comporte d'importantes restrictions, aussi bien pour les clauses de non-responsabilité que pour les clauses limitatives, comme il sera ultérieurement précisé pour ces dernières [2].

225. Les différentes sortes de clauses de non-responsabilité. – Il convient, au préalable, de remarquer qu'il existe en réalité deux sortes de clauses de non-responsabilité.

Il en est qui déchargent le débiteur de telle ou telle obligation déterminée qu'il devrait normalement supporter, selon la loi, en vertu du contrat qu'il a conclu. Ainsi, par exemple, tandis que l'article 1626 met à la charge du vendeur une obligation de garantir l'acquéreur de l'éviction qu'il viendrait à souffrir dans la totalité ou partie du bien vendu, l'article 1627 autorise à stipuler que le vendeur ne sera pas tenu de garantir l'acquéreur en cas d'éviction [3]. Cette sorte de clause, plus que de non-responsabilité, est *exclusive d'obligation*. Et c'est parce que le débiteur n'est pas *obligé* qu'il ne peut voir sa responsabilité engagée : faute d'obligation, aucun manquement ne peut lui être reproché.

Les autres clauses sont des clauses *d'exonération de responsabilité*, qui sont, elles, de vraies clauses de non-responsabilité. Le mécanisme est alors très différent : le débiteur est bien tenu de telle ou telle obligation en vertu du contrat ; mais il est convenu que l'inexécution ne sera pas sanctionnée par des dommages-intérêts ou autrement. À la différence des clauses *exclusives d'obligation*, les *clauses d'exonération de responsabilité* suppriment une responsabilité dont les conditions se trouvent effectivement réunies.

Cette distinction entre clauses exclusives d'obligation et clauses d'exonération de responsabilité, théoriquement indiscutable, n'a pas une portée aussi importante qu'on pourrait le penser *a priori*. En particulier, les limites apportées au principe de leur validité sont, sous réserve de quelques nuances, pratiquement les mêmes.

226. Clauses abusives et clauses contraires à l'ordre public. – La réglementation des clauses abusives s'est toujours appliquée aux clauses limitatives ou exonératoires de responsabilité. La loi du 4 août 2008, qui a modifié l'article L. 132-1 du Code de la consommation, et le décret du 18 mars 2009 pris pour son application, modifient sensiblement le mode d'intervention. Avant l'entrée en vigueur de ces textes, l'article R. 132-1 interdisait, dans les seuls *contrats de vente* conclus entre professionnels et consommateurs, la clause ayant pour objet ou pour effet de supprimer ou de réduire le droit à réparation du consommateur en cas de manquement par le professionnel à l'une quelconque de ses obligations. Dans les *autres contrats*, toute *clause de non-reponsabilité* était susceptible d'être réputée non écrite comme *abusive*, si le juge estimait qu'elle correspondait à la définition que donnait l'article L. 132-1, alinéa 1, du Code de la consommation : « [...] clauses qui ont pour objet ou pour effet de créer, au détriment

---

1. V. par ex. pour des *clauses limitatives de responsabilité*, Com. 26 mai 1992, *Bull. civ.* IV, n° 211 ; Civ. 1re, 19 mai 1992, *Bull. civ.* I, n° 146.

2. V. *infra*, n° 235.

3. Mais cela ne peut concerner l'éviction du fait du vendeur (art. 1628). À défaut, en effet, l'obligation du vendeur serait privée de substance.

du non-professionnel ou du consommateur, un déséquilibre significatif entre les droits et les obligations des parties au contrat ». Les clauses visées par *l'annexe* de cet article et qui « peuvent être regardées comme abusives si elles satisfont aux conditions » ainsi posées, comprennaient les clauses permettant « d'exclure ou de limiter » les droits du consommateur en cas d'inexécution. À différentes reprises, la jurisprudence avait ainsi qualifié d'abusives des clauses de non-responsabilité [1]. Mais la solution ne s'appliquait qu'aux contrats conclus entre professionnel et consommateur ; elle ne pouvait concerner les clauses stipulées dans un contrat tendant à la satisfaction de besoins professionnels [2].

Cette dernière solution demeure inchangée, le domaine des textes régissant les clauses abusives n'ayant pas été modifié par la loi du 4 août 2008. Elle ne modifie pas non plus la définition des clauses abusives. En revanche, le texte prévoit que désormais un décret en Conseil d'État détermine une *liste de clauses présumées abusives*, sauf preuve contraire par le professionnel du caractère non abusif de la clause, et une *autre liste de clauses regardées de manière irréfragables comme abusives.* Le nouvel article R. 132-1 du Code de la consommation, dans sa rédaction résultant du décret du 18 mars 2009 fait figurer dans cette seconde liste les clauses ayant pour objet ou pour effet de *supprimer ou réduire* le droit à réparation du préjudice subi par le non-professionnel ou le consommateur en cas de manquement par le professionnel à l'une quelconque de ses obligations. Cette modification limite donc considérablement la validité des clauses de non responsabilité dans les contrats conclus par les consommateurs. Désormais, peu importe la nature du contrat considéré (vente, prestation de services...). Dans aucun le professionnel ne peut exclure ou limiter sa responsabilité. Peu importe également l'obligation violée, qu'elle soit essentielle [3] ou secondaire. Le professionnel n'est même pas autorisé, pour la sauver, à prouver que la clause ne créée pas un déséquilibre significatif entre les droits et obligations des parties au contrat, conformément à la définition générale de l'article L. 132-1. Ces clauses sont considérées, de manière générale, comme comportant des atteintes graves à l'équilibre du contrat (art. L. 132-1, al. 3), ce qui est discutable.

En deuxième lieu, aucune clause de non-responsabilité ne saurait s'appliquer à une obligation que la loi attache au contrat en vertu de *l'ordre public*. Une telle obligation ne peut, à l'évidence, faire l'objet d'une clause *exclusive d'obligation*, qui contredirait directement l'ordre public. Elle ne peut davantage faire l'objet d'une clause *d'exonération de responsabilité* qui, tout en laissant subsister formellement l'obligation, la viderait en réalité de toute substance [4].

227. Clauses relatives à une obligation essentielle. Faute intentionnelle et faute lourde. – De façon assez comparable, aucune clause de non-responsabilité ne saurait

---

1. V. Civ. 1re, 19 juin 2001, *Bull. civ.* I, n° 181, *JCP* 2001.II.10632, note PAISANT, (exonération de toute responsabilité d'un laboratoire photo pour la perte de diapositives moyennant le versement d'une somme modique) ; Civ. 1re, 28 avr. 1987, *Bull. civ.* I, n° 134, *D.* 1987. somm. 455, obs. AUBERT, *D.* 198.1, note DELEBECQUE, *JCP* 1987.II.20893, note PAISANT (clause exonérant une société de toute responsabilité pour mauvais fonctionnement du système d'alarme installé par elle). Comp. pour une *clause limitative de responsabilité*, Civ. 1re, 24 févr. 1993, *Bull. civ.* I, n° 88, *JCP* 1993.II.22166, note PAISANT, *Defrénois* 1994, art. 35746, n° 23, obs. D. MAZEAUD (la formulation de l'arrêt semble très restrictive, mais la question du caractère abusif n'était pas précisément posée).

2. Com. 23 nov. 1999, *Bull. civ.* IV, n° 210, *Defrénois* 2000, art. 37107, obs. D. MAZEAUD. Civ. 1re, 3 janv. 1996, *Bull. civ.* I, n° 9.

3. Sur cette notion, v. *infra* n° suivant et n° 225-1.

4. Comp. pour la *clause limitative de responsabilité*, *infra*, n° 235.

s'appliquer à une obligation *essentielle* du contrat, c'est-à-dire à une obligation qui commande la qualification de celui-ci ou qui en constitue le particularisme expressément voulu. Il faut ici, sans doute, distinguer entre clause *exclusive d'obligation* et clause *d'exonération de responsabilité*. La première peut parfaitement être valable, réserve faite de la fraude, s'il s'avère que les parties ont effectivement voulu disqualifier le contrat –**exemple :** l'acheteur est déchargé de son obligation de payer le prix pour réaliser une donation. Sinon, elle devra être réputée non-écrite [1] ou le contrat annulé [2]. La clause d'*exonération de responsabilité*, en revanche, doit toujours être réputée non-écrite : c'est qu'elle dénature le contrat en le privant d'un effet essentiel [3].

Enfin, la jurisprudence décide que les clauses de non-responsabilité doivent être déclarées *inopposables au créancier* lorsque le débiteur s'est rendu coupable d'une *faute intentionnelle* ou d'une *faute lourde* [4]. La solution –qui vaut également dans le cas où la faute lourde a été commise *par un tiers que le débiteur s'est substitué* dans l'exécution de son obligation [5] – est évidemment indispensable pour la *faute intentionnelle :* à défaut, l'obligation deviendrait purement potestative, le débiteur restant libre d'exécuter ou de refuser d'exécuter, selon son gré. Plus largement, la raison de la prise en considération de ces deux sortes de fautes –raison qui vaut pareillement pour les clauses limitatives de responsabilité [6] et les limitations légales [7] – est que le débiteur, en commettant une faute d'une telle gravité, s'est pratiquement affranchi des obligations engendrées par le contrat, et ne saurait donc être admis à invoquer les stipulations de ce même contrat pour son profit [8].

La solution vaut-elle indifféremment pour les clauses d'*exonération de responsabilité* et les clauses *exclusives d'obligation ?* On pourrait hésiter pour cette dernière sorte de clause : les parties ayant volontairement et licitement éliminé de leur relation contractuelle l'obligation considérée, le dol et la faute lourde ne peuvent restaurer une obligation qui n'est pas entrée dans le champ contractuel. Mais on peut objecter à ce raisonnement que ces fautes autorisent à regarder la stipulation comme inopposable au cocontractant ce qui rétablit du même coup l'obligation que le régime supplétif de droit commun attache normalement au contrat.

228. Interdictions légales spéciales. – La validité des clauses de non-responsabilité est parfois directement écartée par la loi pour certains contrats.

---

1. Ainsi, par exemple, la jurisprudence veille-t-elle à ce que le bailleur ne se libère pas de l'obligation de délivrance du bien loué, notamment grâce à des clauses relatives à la charge des travaux. V. notamment, dans une jurisprudence abondante, Civ. 3e, 9 juill. 2008, *RDC* 2009/1, 156, obs. LARDEUX.
2. En cas *d'erreur-obstacle*, par ex. –v. Vol. 1 *–L'acte juridique–* n° 194.
3. La même solution a été appliquée à une *clause limitative de responsabilité*, Com. 22 oct. 1996, *Bull. civ.* IV, n° 261 (clause concernant les retards du service *Chronopost*).
4. V. par ex. Civ. 1re, 7 févr. 1989, *Bull. civ.* I, n° 73. Sur l'équivalence, quant à cette conséquence, des fautes lourdes et des fautes intentionnelles, v. *supra*, n° 196.
5. Civ. 1re, 18 janv. 1989, *Bull. civ.* I, n° 32. C'est une application du principe d'appropriation, par le débiteur, du comportement des personnes qu'il se substitue pour l'exécution du contrat, v. *supra*, n° 205.
6. V. par ex. Com. 11 juill. 1995, *Bull. civ.* IV, n° 215 ; Civ. 1re, 24 févr. 1993, *Bull. civ.* I, n° 88.
7. Civ. 1re, 19 sept. 2007, *D.* 2008. 395, note NADAUD, *JCP* 2007. II. 10176, note DELEBECQUE, à propos de la responsabilité de La Poste.
8. V. *supra*, n° 219.

Les cas les plus classiques concernent les contrats de transport : le *transport terrestre de marchandises* (C. com., art. L. 133-1, al. 3 –L. 17 mars 1905) [1] ; le *transport maritime de marchandises* (loi du 18 juin 1966, art. 29) et le *transport maritime de personnes* (même loi, art. 33) ; le *transport aérien de marchandises* (C. aviat. civ., art. L. 321-3, par référence à la Convention de Varsovie du 12 oct. 1929) et le *transport aérien de personnes* (C. aviat. civ., art. L. 322-3).

Il convient aussi de citer le *contrat d'hôtellerie*, concernant les vols et dommages causés aux effets du client (art. 1953, mod. L. 24 déc. 1973).

Dans ces différents cas, il s'agit de contrats d'adhésion ; le législateur a voulu prévenir des abus de la liberté contractuelle. Mais il faut aussi observer que les prohibitions ainsi édictées sont souvent compensées par une limitation légale du montant des dommages-intérêts.

Il en va autrement pour les dommages causés par les *produits défectueux*, pour lesquels la loi interdit, sauf une exception, les *clauses de non-responsabilité* ou *limitatives de responsabilité* (art. 1386-15). L'interdiction ne comporte pas de contrepartie [2].

229. La question du dommage corporel. – Il reste à s'interroger sur la validité des clauses de non-responsabilité au regard des *dommages causés à la personne*. En dépit de l'opinion d'une partie de la doctrine [3], la jurisprudence n'a jamais formulé de condamnation générale de telles clauses.

On peut comprendre ceux qui s'étonnent ou qui s'indignent d'une telle attitude, en faisant valoir le caractère sacré de l'intégrité physique de l'être humain, et le courant contemporain en faveur d'un droit à la sécurité. Cependant, il n'existe pas d'argument décisif qui puisse justifier une interdiction de convenir des conditions de la réparation du dommage corporel en suite de l'inexécution d'une obligation contractuelle, dès lors, du moins, que dol et faute lourde restent extérieurs à une telle convention. Du reste, les interventions de la loi pour prohiber, dans différentes situations, les clauses de non-responsabilité, semblent bien confirmer, implicitement, un principe de validité.

Mais, force est bien, du même coup, de remarquer que la portée de ce principe apparaît aujourd'hui de plus en plus réduite. Il faut tenir compte, en effet, de ce que les solutions légales éliminent l'éventualité de ces clauses dans des domaines de plus en plus largement définis.

Ainsi faut-il avoir égard, outre le cas des différents contrats de transport [4], au nouvel article 1386-15 du Code civil selon lequel « les clauses qui visent à écarter ou à limiter la responsabilité du fait des produits défectueux sont interdites et réputées non écrites ». La prohibition a une portée générale pour les dommages corporels : elle vaut, sans aucune restriction, aussi bien pour les relations entre professionnels qu'au profit des consommateurs.

Il faut pareillement tenir compte de ce que, dans les contrats conclus entre professionnels et consommateurs, ces clauses peuvent être déclarées *abusives*. Avant la

---

1. En revanche, la jurisprudence admet la validité des *clauses limitatives de responsabilité* (Com. 26 mai 1992, *Bull. civ.* IV, n° 211).
2. V. Vol. 2 –*Le fait juridique*– n° 311.
3. Notamment : JOSSERAND, « La personne humaine dans le commerce juridique », *D.* 1932. chron. 1 ; MAZEAUD et CHABAS, n° 636 ; VINEY et JOURDAIN, *Les effets de la responsabilité*, n° 194 et s.
4. V. le n° précédent.

réforme réalisée par la loi du 4 août 2008 et le décret du 18 mars 2009, *l'annexe* à l'article L. 132-1 du Code de la consommation désignait clairement comme clause pouvant être abusive dans les conditions posées par le premier alinéa dudit article, les clauses ayant pour objet ou pour effet « d'exclure ou de limiter la responsabilité légale du professionnel en cas de mort d'un consommateur ou de dommages corporels causés à celui-ci, résultant d'un acte ou d'une omission de ce professionnel ». Cette disposition a disparu avec l'annexe qui la contenait. Désormais, on peut penser que de telles clauses peuvent être considérées comme irréfragablement abusives en application de l'article R. 132-1-6° du Code de la consommation, si l'on admet que l'atteinte à l'intégrité physique du cocontractant constitue un manquement à une obligation de sécurité pesant sur le professionnel.

Compte tenu de toutes ces limites, on peut se demander s'il ne serait pas préférable qu'une disposition légale –introduite par exemple à l'article 1147– interdise toute clause ayant pour objet ou pour effet d'exclure la réparation des dommages causés à la personne ? Une telle solution, qui éviterait la constitution contractuelle de situations par trop disparates, répondrait du même coup à une aspiration assez claire de notre temps.

C'est le parti que prend l'*Avant-projet de réforme du droit des obligations* dont l'article 1382-1 dispose que « nul ne peut exclure ou limiter la réparation d'un dommage corporel dont il est responsable ». Le *projet de réforme du droit des contrats* de l'Académie des sciences morales et politiques ne traite pas de l'aménagement conventionnel des effets de l'inexécution.

§ 2. La mesure de la réparation

230. Réparation en nature ou par équivalent. Règles légales et convention des parties. – Une observation préalable doit être faite, qui concerne le *mode de réparation*. S'agissant d'exécution *par équivalent*, et non d'exécution forcée de l'obligation contractuelle elle-même, la réparation *en nature* est exceptionnelle. Sans doute peut-on en admettre le principe –outre les cas où elle est expressément prévue par la loi : article 1143 et 1144 [1]– mais elle sera rarement réalisable. Lorsque, du moins, elle l'est, elle ne soulève par de problème particulier : il s'agit de fournir au créancier une prestation équivalente à celle dont il a été privé.

Il y a davantage de questions lorsque la réparation se fait par des *dommages-intérêts*. La mesure de la réparation, c'est-à-dire le montant de dommages-intérêts auquel peut prétendre le créancier du fait de l'inexécution, manifeste encore le particularisme de la responsabilité contractuelle. Certes bien des règles qui gouvernent cette évaluation sont communes aux deux ordres de responsabilité, mais la responsabilité contractuelle porte, ici aussi, la marque du contrat. Cela se vérifie avec les *principes légaux* qui gouvernent l'évaluation des dommages-intérêts et par l'existence de *conventions relatives aux dommages- intérêts* [2].

---

1. V. *supra*, n°s 162 et 163. Sur la réparation en nature en général, v. Vol. 2 *–Le fait juridique–* n°s 385 et s.
2. Sur la question, en général, v. PINNA, *La mesure du préjudice contractuel*, LGDJ, 2007, préf. GAUTIER, préc.

A. Principes légaux

231. Principes de l'évaluation des dommages-intérêts. Réparation intégrale et dommage prévisible. – En vertu de l'article 1149, le principe est ici le même que pour la responsabilité délictuelle : la réparation doit être mesurée à l'importance du dommage. La somme allouée doit *compenser* la totalité du préjudice causé par l'inexécution, *sans enrichir* le créancier. C'est le principe dit de « réparation intégrale » [1].

Mais il faut rappeler que le champ d'application de ce principe se trouve réduit par la règle que seul le dommage *prévisible* a lieu d'être réparé [2]. C'est, comme l'annonce l'article 1149 lui-même, une *exception* au principe de réparation intégrale. Du moins doit-on rappeler que la réparation intégrale redevient la règle lorsque le débiteur s'est rendu coupable d'une faute intentionnelle ou d'une faute lourde.

Que le principe de réparation intégrale se trouve restreint dans sa portée par la référence au dommage prévisible ou qu'il joue pleinement, on retrouve, pour la responsabilité contractuelle, les mêmes difficultés, concernant les conditions de l'appréciation du dommage, que pour la responsabilité délictuelle. Il suffit d'y renvoyer [3].

Il convient toutefois de souligner, en particulier, qu'ici comme là la règle est que l'évaluation du dommage doit se faire au *jour du jugement* ou, plus exactement peut-être, au *jour de la réparation* [4]. Et, précision importante, l'exigence de prévisibilité du dommage ne s'applique pas aux variations de la valeur de la monnaie, pas plus qu'aux évolutions du cours des biens. Comme il a été indiqué, précédemment [5], l'exigence de prévisibilité ne concerne que l'importance matérielle du dommage, à l'exclusion de son *expression monétaire*.

Exemple : le transporteur doit la valeur actuelle –jour de la réparation– des marchandises qui ont été perdues et qu'il transportait en connaissance de cause, peu important que soit intervenue, depuis la conclusion du contrat, une hausse imprévisible du cours de cette marchandise. La solution a été clairement énoncée en jurisprudence : « les dispositions de l'article 1150 du Code civil, qui limitent la responsabilité du débiteur, concernent seulement la prévision et la prévisibilité des éléments constitutifs du dommage, et non l'équivalent monétaire destiné à le réparer » [6]. En bref, la prévisibilité imposée par l'article 1150 vaut pour le dommage, non pour son évaluation.

232. Dispositions légales spéciales. – Le principe de réparation intégrale se trouve aussi écarté, au moins potentiellement, par certaines dispositions légales qui assignent à la réparation un montant maximum. Dans de tels cas, l'indemnisation comporte un *plafond*, qui laisse possible une réparation intégrale si le dommage n'en atteint pas la valeur, mais qui y fait obstacle dans le cas contraire : la victime ne peut alors prétendre à plus que le montant du plafond.

Ce mécanisme a toujours été appliqué, selon différentes modalités, au contrat d'*hôtellerie*. Aux termes de l'article 1953, alinéa 3 (rédaction consécutive à la loi du 24 décembre 1973), les hôteliers bénéficient, en principe, d'une limitation de leur

---

1. V. Vol. 2 –*Le fait juridique*– n° 387. Cf. Civ. 1re, 25 mars 2003, *Bull. civ.* I, n° 89 (« ... la réparation ne peut excéder le montant du dommage... »).
2. *Supra*, n° 218.
3. Vol. 2 –*Le fait juridique*– nos 390 et s. (préjudice matériel) et nos 394 et s. (préjudice corporel).
4. *Ibid.*, n° 381, *in fine*.
5. *Supra*, n° 218, *in fine*.
6. Civ. 1re, 6 déc. 1983, *Bull. civ.* I, n° 287.

responsabilité à 100 fois le prix de location du logement par journée pour les dommages causés aux biens du client[1].

La plupart des contrats de *transport*, de personnes comme de marchandises, font l'objet de dispositions du même ordre, qui assignent à la responsabilité des transporteurs une limite chiffrée.

De façon comparable, mais selon une méthode différente, la responsabilité des *exploitants d'installations nucléaires* est limitée, par une loi du 30 octobre 1968 (art. 4, mod. par L. 16 juin 1990), de façon globale, à la somme de « six cents millions de francs pour un même accident nucléaire... »[2].

Il convient d'observer qu'en principe ces limitations légales ne doivent pas jouer en cas de faute intentionnelle ou de faute lourde. Toutefois, il ne semble pas qu'il en aille ainsi pour les accidents nucléaires. Et la jurisprudence semble ne pas l'admettre pour la faute lourde lorsque la loi ne le prévoit pas formellement[3].

B. Conventions relatives aux dommages intérêts

233. Délimitation de la question. – Il ne s'agit pas d'envisager ici l'accord qui peut intervenir entre le créancier et le débiteur, après l'inexécution et la constatation du préjudice qui en est résulté, pour fixer amiablement les conditions et le montant de la réparation.

Les conventions qui seront l'objet des développements suivants correspondent à des accords préalables, les parties au contrat ayant prévu, le plus souvent au sein même des clauses de celui-ci, les conséquences d'une inexécution imputable au débiteur. Il s'agit de stipulations qui sont en pratique très fréquentes et qui prennent deux formes principales : la *clause limitative de responsabilité*, d'une part, et la *clause pénale*, d'autre part.

1) La clause limitative de responsabilité

234. Notion et effets. – La clause limitative de responsabilité a le même objet que les dispositions légales qui ont été précédemment évoquées[4] : assigner un plafond à la responsabilité du débiteur.

Si le préjudice est *inférieur* au maximum ainsi convenu, le créancier pourra obtenir la réparation de son entier dommage, à son exacte valeur. En revanche, si le dommage est *supérieur* au plafond, il ne pourra pas prétendre à une indemnité supérieure au montant fixé par le contrat. Les dommages-intérêts sont ainsi contenus dans une *double limite :* pas plus que le préjudice ; pas plus que le maximum convenu. Ils seront égaux à la plus petite de ces deux sommes.

Les juges sont attentifs à ce que cette sorte de clause repose bien sur l'accord de volontés des parties : faute de connaissance de la clause par le créancier, celle-ci doit lui

---

1. V. DUMAS, « La loi du 24 décembre 1973 relative à la responsabilité des hôteliers », *D.* 1973. chron. 104 ; BERNHEIM-DESVAUX, *La responsabilité contractuelle du détenteur d'une chose corporelle appartenant à autrui*, PUAM, 2003, préf. VINEY, spécial. n° 143.

2. *Rép. civil* Dalloz, v° *Énergie nucléaire*, par BRUN et CLARET, n°s 145 et s. Sur ces fixations légales d'une indemnisation maximale, v. MAZEAUD et CHABAS, n° 628.

3. Ch. réunies, 11 mars 1960, *D.* 1960.277, note RODIÈRE, *JCP* 1960.II.11550 *bis,* note DE JUGLART.

4. *Supra*, n° 232.

rester inopposable[1]. Ils peuvent, au demeurant, admettre l'existence d'une clause limitative de responsabilité, non expressément désignée comme telle par les parties, dès lors qu'ils sont en mesure d'interpréter certaines stipulations du contrat comme assignant une limite aux engagements du débiteur[2].

La question de la validité des clauses limitatives de responsabilité et celle des limites dans lesquelles elle doit être insérée est l'objet, depuis plus d'une dizaine d'années, d'assez vives discussions, et de certaines hésitations jurisprudentielles.

235. Validité de la clause. Limites. Faute intentionnelle et faute lourde.– Le principe de validité de la clause limitative de responsabilité a toujours été admis. Cependant, ce principe supporte, comme pour les clauses de non-responsabilité, exceptions et limites. La difficulté consiste à les cerner précisément.

En premier lieu, cette sorte de clause est, parfois, purement et simplement *interdite*. C'est le cas, par exemple, en matière de responsabilité du fait des produits défectueux (art. 1386-15) et désormais, en application de l'article R. 132-1-6° du Code de la consommation, de celles figurant dans les contrats conclus entre professionnels et non-professionnels ou consommateurs qui sont réputées irréfragablement abusives. Plus souvent, elle est réglementée, en ce sens que la loi elle-même fixe un plafond de responsabilité, interdisant du même coup toute stipulation conventionnelle d'une limitation de responsabilité à un montant inférieur.

En second lieu la validité de la clause comporte des *limites* très voisines, et de même nature, qu'en matière de clauses de non-responsabilité. C'est sur celles-ci que la jurisprudence a évolué à plusieurs reprises ces dernières années, rendant la matière peu sûre[3]. Elle est également compliquée par le fait que la question de la validité, ou de l'efficacité des clauses, a parfois été posée à propos de conventions soumises à des contrats-type établis par décret contenant des plafonds d'indemnisation. Dans le dernier état de la jurisprudence, les solutions semblent les suivantes.

D'abord, comme pour les clauses exclusives de responsabilité, les clauses limitatives semblent devoir être privées d'effet en cas de *faute intentionnelle* (dol)[4] ou de *faute lourde*[5]. C'est même la seule réserve qui subsiste lorsqu'après qu'une limitation conventionnelle ait été réputée non écrite, pour les raisons qui seront indiquées par la suite, s'applique, en vertu de la loi, un contrat-type qui contient lui-même un plafond d'indemnisation[6].

La principale difficulté concerne la *définition de la faute lourde*. Certains arrêts ont autrefois jugé que le manquement à l'obligation peut révéler à lui seul la faute lourde

---

1. Cf. par ex. Com., 14 avr. 1992, *Bull. civ.* IV, n° 166 ; Civ. 1re, 19 mai 1992, *Bull. civ.* I, n° 146.
2. Civ. 1re, 15 nov. 1988, *Bull. civ.* I, n° 318.
3. V. notamment « Vices et vertus du régime des clauses de responsabilité en droit positif », *RDC* 2008/3, 979 et D. Mazeaud, « Clauses limitatives de réparation : les quatre saisons », *D.* 2008.1776, préc.
4. Com., 4 mars 2008, *RTD civ.* 2008. 490, obs. Jourdain, *JCP* 2008. II. 10079, note Guignard (violation de l'interdiction formelle de sous-traiter un transport).
5. Il a été jugé, en revanche, que la faute lourde du débiteur ne faisait pas obstacle à l'application d'une clause réduisant le délai de prescription, Com., 12 juill. 2004, *Bull. civ.* IV, n° 162, *D.* 2004, juris. 2296, note Delebecque, et AJ. 2231, obs. Chevrier, *JCP* 2005.I.132, n° 11, obs. Viney. V. *infra*, n° 486, *in fine*.
6. Com., 9 juill. 2002, « Chronopost 2 », *Bull. civ.* IV, n° 121, *D.* 2002. 2329, note D. Mazeaud et somm. 2836, obs. Delebecque.

lorsqu'il s'agit d'une *obligation essentielle ou fondamentale*[1]. Mais la Cour de cassation a ensuite fortement suggéré[2], puis clairement affirmé que le manquement à une obligation contractuelle, fût-elle essentielle, ou fondamentale, ne constitue pas une faute lourde, celle-ci devant se déduire de la *gravité du comportement du débiteur*[3]. Elle semble être ainsi passée d'une définition objective de la faute lourde, fondée sur la considération de l'obligation inexécutée, à une définition subjective qui repose sur l'analyse du comportement du débiteur à l'origine de l'inexécution[4].

235-1. Validité de la clause. Limites (suite). La cause et l'obligation essentielle.- Ensuite, la jurisprudence a progressivement développé d'autres moyens de tenir en échec les clauses limitatives de responsabilité, particulièrement dans des contrats conclus entre professionnels pour lesquels la règlementation des clauses abusives est inapplicable. Ces moyens sont au nombre de deux, qui s'entremêlent de façon confuse.

La première notion appelée en renfort, de manière *a priori* insolite s'agissant d'une question d'exécution du contrat, a été la *cause*. Par un célèbre arrêt, connu sous le nom d'arrêt « Chronopost », la chambre commerciale de la Cour de cassation a jugé, le 22 octobre 1996, au visa de l'article 1131 du Code civil, qu'en raison du manquement à cette *obligation essentielle*, la clause limitant l'indemnisation du retard au prix du transport, dans un contrat conclu avec un spécialiste du transport rapide garantissant la fiabilité et la célérité de son service, qui *contredisait la portée de l'engagement pris*, devait être *réputée non écrite*[5]. Cette décision a suscité des appréciations très contrastées. Il faut dire que la sanction adoptée était originale –réputer la clause non écrite, alors que normalement l'absence de cause entraîne la nullité du contrat– et que son fondement était incertain. L'obligation du client de payer le prix du transport manquait-elle véritablement de cause, alors que le cocontractant assumait bien celle d'acheminement rapide des plis ? Pour l'admettre, il fallait dépasser cet équilibre formel et considérer l'effet que la clause limitative de responsabilité avait, indirectement, sur cette obligation. C'est ce que la chambre commerciale avait fait en considérant que la stipulation portait en réalité atteinte à l'engagement même du débiteur. La limitation de sa responsabilité au prix du transport faisait qu'il n'encourrait pratiquement aucune sanction –ou aucun risque– en cas d'inexécution. Il pouvait ne pas exécuter son obligation, sans que cela ait véritablement de conséquence. On pouvait alors admettre, en étirant quelque peu les concepts, que le transporteur n'avait pas d'obligation et donc que celle du client n'avait pas de cause. Dans ce raisonnement, le constat d'un manquement à l'obligation essentielle n'était qu'adventice, si ce n'est inutile. L'essentiel était que la clause limitative de responsabilité

---

1. V. notamment Civ. 1re, 18 janv. 1984, *RTD civ.* 1984. 727, obs. HUET ; Civ. 1re, 15 nov. 1988 et Com. 9 mai 1990, *RTD civ.* 666, obs. JOURDAIN. Rapp. Civ. 1re, 2 déc. 1997, *D.* 1998. somm. 200, obs. D. MAZEAUD, *RTD civ.* 1998. 673, obs. MESTRE, *JCP* 1998. I. 144, obs. VINEY.

2. Ch. Mixte, 22 avr. 2005, "Chronopost 3 et 4", *Bull. civ.* CM, nos 3 et 4, *D.* 2005. 1864, note TOSI, 2750, obs. KENKACK, 1224, NDLR CHEVRIER, *JCP* 2005.II.10066, note LOISEAU, *RTD civ.* 2005, 604, obs. JOURDAIN, *RDC* 2005. 673 obs. D. MAZEAUD, 753, obs. DELEBECQUE.

3. Com. 13 juin 2006, *D.* 2006. 1680, obs. DELPECH, *RTD civ.* 2006. 773, obs. JOURDAIN, JCP 2006. II. 10123, note LOISEAU.

4. Sur les interrogations que peuvent susciter quelques arrêts ultérieurs, v. D. MAZEAUD, « Clauses limitatives de réparation : les quatre saisons », préc., no 17.

5. Com. 22 oct. 1996, *D.* 1997. 121, note SERIAUX, chron. 145 par LARROUMET et somm. 175, obs. DELEBECQUE, *RTD civ.* 1997. 428, obs. MESTRE, *Defrénois* 1997, art. 36516, no 19, obs. D. MAZEAUD, *JCP* 1997, I, 4002, no 1, obs. FABRE-MAGNAN et II. 22881, note COHEN ; *Grands arrêts de la jurisprudence civile*, par TERRE et LEQUETTE, 12e éd., 2008, no157.

contredise l'obligation, ce qui supposait certainement que le plafond convenu soit dérisoire.

Progressivement, la notion *d'obligation essentielle* allait prendre une importance croissante dans l'éradication des clauses limitatives de responsabilité. L'impulsion semble être venue de l'un des arrêts rendus par une chambre mixte le 22 avril 2005 [1]. Dans sa motivation, la décision avait indiqué qu'une clause limitant la réparation est réputée non écrite en cas de manquement du transporteur à une obligation essentielle du contrat. Le changement était notable puisqu'il n'était apparemment plus nécessaire que la stipulation contredise la portée de l'engagement. Toute limitation de responsabilité devait être privée d'effet dès lors qu'elle concernait l'inexécution d'une obligation essentielle –notion que la Cour n'a jamais définie. Peu importait, apparemment, le montant de l'indemnisation maximum retenu. La solution était évidemment critiquable si elle devait conduire à réputer non écrites des clauses retenant un plafond non dérisoire, justifié notamment par une réduction du prix demandé au cocontractant. Elle a néanmoins été reprise par des décisions ultérieures de la chambre commerciale, visant l'article 1131 c. civ. [2], ce qui est critiquable dans la mesure où l'absence de cause supposait au moins que le plafond conventionnel d'indemnisation soit dérisoire. En tout cas, ces arrêts manifestaient une sévérité accrue, et excessive, à l'égard des clauses limitatives de responsabilité. On comprend bien qu'un contrat ne puisse pas exister en l'absence de l'obligation essentielle à laquelle il donne normalement naissance. Mais ce n'est pas parce qu'il prévoit que la responsabilité sera limitée en cas de manquement à cette obligation que celle-ci fait totalement défaut. Cela n'est vrai que si la limitation de responsabilité est telle que le débiteur ne s'oblige (pratiquement) à rien.

Heureusement, cette orientation jurisprudentielle paraît avoir été remise en cause par une décision de la chambre commerciale du 18 décembre 2007 [3]. Pour approuver une Cour d'appel d'avoir fait produire effet à la clause fixant un plafond d'indemnisation dans un contrat de fourniture d'électricité conclu avec EDF, la Cour observe que les juges du fond ayant relevé que la stipulation limitait l'indemnisation pour la seule coupure inopinée de courant, sauf faute lourde du fournisseur, ils ont pu ont retenir qu'elle n'avait pas pour effet de vider de toute substance l'obligation essentielle de fourniture d'électricité, caractérisant ainsi l'absence de contrariété entre ladite clause et la portée de l'engagement souscrit. L'arrêt paraît revenir sur la solution précédemment évoquée qui privait d'effet la clause dès lors qu'elle concernait l'inexécution de l'obligation essentielle. Conformément à la jurisprudence « Chronopost », c'est le fait que la limitation de responsabilité *contredise la portée de l'obligation du débiteur* qui est

1. V . *supra,* n° 235, en note.
2. V. notamment Com. 30 mai 2006 (« Chronopost 5 »), *D.* 2006. AJ. 1599, NDLR DELPECH, 2288, note D. MAZEAUD et pan. 2646, obs. FAUVARQUE-COSSON, *RTD civ.* 2006, 773, obs. JOURDAIN, RDC 2006/4, 1075, obs. LAITHIER et 1224, obs. CARVAL, *Contrats, conc. consom.* 2006, comm. 183, obs. LEVENEUR ; Com. 13 févr. 2007, (« Faurecia »), *D.* 2007. AJ. 654, NDLR DELPECH et pan. 2975, obs. FAUVARQUE-COSSON, *RTD civ.* 2007. 567, obs. FAGES, *Defrénois* 2007, art. 38624, n° 50, obs. LIBCHABER, *JCP* 2007. I. 185, obs. STOFFEL-MUNCK et II. 10063, note SERINET, *RDC* 2007/3, 707, obs. D. MAZEAUD et 746, obs. CARVAL ; Com. 5 juin 2007, (« Extand »), *D.* 2007. AJ. 1270, NDLR DELPECH et pan. 2975, obs. FAUVARQUE-COSSON, *RTD civ.* 2007. 567, obs. FAGES, JCP 2007. II. 10145, note HOUTCIEFF, RDC 2007/4, 1121, obs. D. MAZEAUD et 1144, obs. CARVAL, *Dr. et patrimoine* 2007. 95, obs. STOFFEL-MUNCK.
3. « EDF », *Bull. civ.* IV, n° 265, *D.* 2008. AJ. 154, NDLR DELPECH, *RTD civ.* 2007. 310, obs. JOURDAIN, *JCP* 2008. I. 125, n° 13, obs. STOFFEL-MUNCK, *RDC* 2008/2, 262, note GENICON et 287, obs. VINEY. V. également D. MAZEAUD, « Clauses limitatives de réparation : les quatre saisons », préc.

déterminant. Cela suppose, en principe, que le plafond de dommages-intérêts soit dérisoire, privant pratiquement de toute sanction l'inexécution. En l'espèce, ce n'est cependant pas le montant de l'indemnisation qui semble avoir été déterminant, mais le cas pour lequel elle est prévue. Limitée à l'hypothèse de « coupure inopinée » du courant, et encore à condition que celle-ci ne soit pas due à une faute lourde, la clause ne porte pas atteinte à l'obligation de fourniture d'électricité puisqu'elle laisse intacte la responsabilité pour tous les autres cas d'interruption de celle-ci. C'est à ce propos que la chambre commerciale se réfère encore à l'obligation essentielle, jetant ainsi un doute sur la portée de l'arrêt. Pourtant, si l'on analyse bien la décision, on le sentiment que si la Cour s'y réfère, c'est parce qu'en l'espèce, c'est bien ce genre d'obligation qui était concernée. Mais si la clause est finalement appliquée, ce n'est pas parce qu'elle ne concerne pas l'inexécution de l'obligation essentielle, au contraire, mais parce qu'elle ne contredit pas cette dernière. Et l'on peut penser que la validité d'une clause limitative de responsabilité qui concernerait une obligation secondaire devrait être appréciée de la même manière.

Cette nouvelle façon d'appréhender les clauses limitatives de responsabilité, qui a été confirmée par des décisions ultérieures [1], est globalement préférable. Elle permet de n'éradiquer que les stipulations qui par leur objet –les hypothèses d'inexécution concernées– ou le plafond d'indemnisation retenu ont pour résultat que le cocontractant s'oblige sans véritable contrepartie. Cette condition doit être strictement appréciée, de telle sorte que les clauses limitatives de responsabilité puissent produire leur effet quand elles ont été voulues par les parties comme un élément de l'équilibre de la convention. Elles doivent en revanche être tenues en échec lorsqu'elles déséquilibrent totalement celle-ci au détriment de l'une des parties. Cette circonstance est sans doute plus vraisemblable en présence d'une clause concernant une obligation essentielle. Mais outre que la notion est difficile à cerner [2], cela peut éventuellement se produire à propos de l'inexécution d'obligations secondaires –une obligation de confidentialité, par exemple. Il n'y a donc pas de raison de limiter la solution au premier type d'obligation et il serait préférable que la jurisprudence cesse d'y faire référence [3].

Ce n'est pas la voie qu'emprunte l'article 1382-2 du *projet de réforme du droit des obligations* qui, entendant consacrer la jurisprudence de l'époque prévoit qu'un contractant ne peut exclure ou limiter la réparation du dommage causé par le manquement à l'une de ses obligations essentielles. Destiné à consacrer la jurisprudence « Chronopost », l'article 1125, alinéa 2, répute par ailleurs non écrite toute clause inconciliable avec la réalité de la cause. Il vaudrait sans doute mieux s'en tenir à cette seconde disposition, malgré les difficultés d'application qu'elle peut susciter.

Le *projet de réforme du droit des contrats* de la Chancellerie et celui de l'Académie des sciences morales et politiques ne traitent curieusement pas des limitations conventionnelles de responsabilité. Mais l'article 64 du deuxième texte indique que toute clause inconciliable avec l'obligation essentielle du contrat est réputée non écrite. La règle ne concerne pas spécialement les clauses limitatives de responsabilité, mais elle pourrait s'y appliquer. Pour les raisons précédemment

---

1. Com. 4 mars 2008, pourvoi n° 06-18893 (inédit), *Dr. et patrimoine* 2009. 131, obs. STOFFEL-MUNCK. V. également, sur renvoi dans l'affaire « Faurecia », CA Paris, 26 nov. 2008, *JCP* 2009. I. 123, n° 11, obs. STOFFEL-MUNCK.

2. On peut aisément admettre que l'obligation qui est nécessaire à la qualification d'un contrat –l'obligation caractéristique– est essentielle. Mais l'appréciation ne peut certainement être purement objective. Il faut tenir compte de la volonté des parties, avec toutes les incertitudes que peuvent entraîner ici les nécessités de l'interprétation.

3. Pour d'autres appréciations, et d'autres propositions d'aménagement, v. Vices et vertus du régime des clauses de responsabilité en droit positif, *RDC* 2008/3, 979, préc.

indiquées, la référence à l'obligation essentielle est regrettable. Il vaudrait mieux viser plus généralement le contrat, ou son objet, ou l'intérêt du contractant..., selon les notions qui seraient retenues par ailleurs par les textes [1].

Les *Principes du droit européen du contrat* (PEDC) et le projet de cadre commun de référence (PCCR) autorisent l'exclusion ou la limitation des moyens accordés au créancier, sous la seule limite de la bonne foi, conformément à une orientation générale des textes [2].

Pour terminer, notons qu'à l'image de ce qui est admis pour les clauses de non-responsabilité, la clause limitative peut, parfois, être regardée comme *contraire à l'ordre public* [3]. Elle semble cependant être moins exposée à cette sorte de griefs. La contrariété à l'ordre public suppose, dans leur cas, que celui-ci impose, ce qui n'a rien de général, une indemnisation sans limite ou la stipulation d'une indemnisation minimale que la clause limitative prétendrait méconnaître.

Enfin, il faut observer que dans les cas où la loi se borne à interdire les clauses de *non-responsabilité*, une clause limitative de responsabilité ne saurait fixer un plafond d'un montant dérisoire : opérant une véritable fraude à la loi, la clause pourrait être réputée *non écrite* et ainsi privée d'effet.

2) La clause pénale

236. Notion de clause pénale. Fonctions. – La clause pénale est une stipulation par laquelle les parties contractantes évaluent *par avance* et de façon *forfaitaire* le montant des dommages-intérêts qui seront dus par le débiteur, à titre de *peine* –d'où l'appellation de clause *pénale*– en cas d'inexécution, totale ou partielle, de l'obligation [4]. Comme son nom l'indique, pour qu'il y ait clause pénale, il faut que le forfait de dommages-intérêts ait été convenu par les parties, ce qui n'est pas le cas lorsqu'il résulte d'une convention collective [5].

Exemples : dans un *contrat de bail*, la clause qui prévoit qu'en cas de retard de paiement du loyer, le locataire sera tenu de payer une somme supplémentaire égale à 10 % du montant de sa dette, ou encore, pour le temps de la cessation du contrat, que l'occupant qui demeurera dans les lieux devra payer une somme déterminée par jour de retard. Dans un *contrat d'entreprise*, la clause qui stipule à la charge de l'entrepreneur le paiement d'une somme fixe par jour de retard dans l'exécution des travaux.

---

1. Le contenu du contrat, notion utilisée par le projet dans une Section où figure le texte considéré, peut difficilement servir, puisque la clause fait *a priori* partie du contenu, avec lequel elle ne peut donc pas être inconciliable...

2. Art. 8 : 109 des PDEC et III-3 : 105 du PCCR. V. Projet de cadre commun de référence. Principes contractuels communs, Association Capitant et Société de législation comparée 2008, 662.

3. V. *supra*, n° 225, pour les clauses de non-responsabilité.

4. V. D. MAZEAUD, *La notion de clause pénale*, préf. F. CHABAS, 1992 ; SOUAM, « Clause pénale et dommages-intérêts incitatifs : une analyse économique », *in Droit et économie des contrats,* dir. JAMIN, LGDJ, 2008, p. 127 ; LAITHIER, « Clause pénale et dommages et intérêts incitatifs », *ibid.*, p. 141.

Il n'y a donc pas de clause pénale lorsque la « pénalité » –en l'occurrence une diminution du prix d'achat du litre de lait– constitue un élément de détermination du prix, et pas une indemnité pour inexécution : Civ. 1re, 22 mai 2008, *RDC* 2008/4, 1158, obs. BORGHETTI.

5. Soc. 28 mai 2008, *RDC* 2008/4, 1158, obs. BORGHETTI. Constitue en revanche une clause pénale l'indemnité de licenciement lorsqu'elle est prévue par le contrat de travail : Soc. 5 juin 2008, *ibid.* La solution est justement critiquée au motif que la jurisprudence considère par ailleurs que l'indemnité de licenciement est la contrepartie du droit de résiliation unilatérale de l'employeur. Il n'y a donc pas d'inexécution à sanctionner.

La clause pénale réalise une « évaluation conventionnelle et forfaitaire du préjudice futur »[1] : le contrat fixe un montant de dommages-intérêts que le débiteur devra payer au créancier, quelle que soit l'importance de son préjudice effectif.

Cela présente deux intérêts principaux : par la menace d'une sanction immédiate de l'inexécution, jointe à la fixation de la peine à un montant relativement élevé, la clause pénale incite le débiteur à exécuter son obligation ; l'évaluation par avance de l'indemnité due en cas d'inexécution permet d'éviter un procès concernant le droit à dommages-intérêts, notamment quant à leur montant : le créancier a droit à la somme convenue, quelle que soit l'importance de son préjudice. Il faut cependant observer, quant à ce dernier point, que le débiteur ne peut, le cas échéant, se prévaloir de la clause lorsqu'il se rend coupable d'une *faute intentionnelle* ou d'une *faute lourde* : là comme ailleurs, cette circonstance donne au créancier le droit d'obtenir la réparation de tout son dommage, abstraction faite du montant, s'il est inférieur, de la peine[2].

La clause pénale se caractérise en définitive par deux éléments : une *indemnisation forfaitaire* qui prend la forme d'une peine privée à laquelle le créancier pourra prétendre en cas d'inexécution –caractère *forfaitaire* de la clause ; par là même, une *contrainte* qui est exercée sur le débiteur pour l'amener à exécuter– caractère *comminatoire* de la clause. Ces deux éléments, qui sont nécessaires à la qualification de clause pénale[3] permettent de la distinguer de stipulations qui ont des effets voisins, telles, par exemple, la *faculté de dédit*[4], *l'indemnité d'immobilisation*[5], *l'indemnité de remboursement anticipé* d'un prêt[6], ou encore *l'amende*[7].

237. Principe de validité de la clause pénale. – La licéité de la clause pénale a été admise dès l'origine par le Code civil, qui la réglemente dans les articles 1152 et 1226 à 1233.

---

1. V. par ex. Civ. 1re, 22 oct. 1996, *Bull. civ.* I, n° 366 ; Com. 5 juill. 1994, *Bull. civ.* IV, n° 253.
2. V. D. Mazeaud, *op. cit.*, nos 586 et s. et la jurisprudence citée.
3. Sans contrainte, il n'y a pas de clause pénale : Civ. 3e, 29 juin 1994, *Bull. civ.* III, n° 139 (cas d'une indemnité d'immobilisation). Sans forfait, il n'y en a pas davantage : Com. 5 avr. 1994, *Bull. civ.* IV, n° 139. V. également, excluant la qualification de clause pénale pour une clause de garantie de l'emploi qui ne prévoyait aucune indemnité particulière, Soc. 4 mars 2008, *JCP* 2008. II. 10095, note Mouly, *RDC* 2008/4, 1158, obs. Borghetti.

Rappelant ces deux caractères de la clause pénale, v. Civ. 3e, 21 mai 2008 et Civ. 1re, 19 juin 2008, *RDC* 2008/4, 1158, obs. Borghetti ; Civ. 3e, 21 mai 2008, *RDC* 2008/4, 1257, obs. Seube. D'autres arrêts insistent sur la contrainte à l'exécution : Civ. 3e, 24 sept. 2008, *D.* 2008. 2497, note Forest, *RTD civ.* 2008. 675, obs. Fages, *RDC* 2009/1, 60, obs. Mazeaud et 88, obs. Borghetti, *JCP* 2009, II, 10016, note Dagorne-Labbe. La différence peut s'expliquer par celle qui oppose la clause pénale au sens strict, régie par les articles 1226 à 1233 du Code civil, aux stipulations, que la pratique appelle aussi « clauses pénale » –au sens large–, visées par l'article 1152. V. *infra,* n° suivant.
4. Com. 3 juin 2005, *RDC* 2004.930, obs. D. Mazeaud (pour une indemnité de résiliation en cas de non-reconduction du contrat, analysée en dédit) ; Com. 14 oct. 1997, *Bull. civ.* IV, n° 255 (« la clause pénale, qui a pour objet de faire assurer l'exécution de l'obligation du débiteur, se distingue de la faculté de dédit qui lui permet de se soustraire à cette exécution ») ; Civ. 3e, 9 janv. 1991, *Bull. civ.* III, n° 19.
5. Civ. 3e, 30 avr. 2002, *Bull. civ.* I, n° 90, *Defrénois* 2002, art. 37607, n° 67, obs. Savaux (pour un cas où, comme le montre l'annotateur de l'arrêt, il y a place pour de multiples nuances) ; Civ. 3e, 29 juin 1994, *Bull. civ.* III, n° 139.
6. Civ. 1re, 11 oct. 1994, *Bull. civ.* I, n° 289.

En revanche, si l'indemnité, improprement qualifiée d'indemnité d'immobilisation, a pour objet d'assurer l'exécution d'une obligation, il s'agit d'une clause pénale : Civ. 3e, 24 sept. 2008, préc.
7. Civ. 3e, 8 janv. 1997, *Bull. civ.* III, n° 8 ; Civ. 3e, 22 nov. 1995, *Bull. civ.* III, n° 240.

En réalité, ces deux corps de règles ne traitent pas exactement des mêmes types de clauses. Les « vraies » clauses pénales sont celles régies par les articles 1226 et suivants dans la Section « Des obligations avec clauses pénales ». La clause pénale est définie par l'article 1126 comme « celle par laquelle une personne, *pour assurer l'exécution d'une convention*, s'engage à quelque chose en cas d'inexécution ». Le caractère comminatoire est donc de l'essence de ce genre de stipulation, même si elle comporte aussi, par ailleurs, un caractère forfaitaire. Or, en permettant de modérer ou d'augmenter la peine manifestement excessive ou dérisoire, l'article 1152 n'envisage évidemment pas que ce type de clause : une pénalité faible ne contraint pas à l'exécution, elle n'a pas de caractère comminatoire. En réalité, le pouvoir de révision du juge[1] concerne toutes les indemnisations forfaitaires que la pratique et la jurisprudence appellent aussi « clauses pénales », instaurant ainsi une polysémie regrettable[2].

Ce principe de validité comporte quelques restrictions ponctuelles, qui, pour l'essentiel, concernent le contrat de travail et, très accessoirement, certains contrats de crédit aux consommateurs.

Il a été jugé, pour le cas d'une *procédure collective* appliquée au débiteur, que la clause pénale ne contrevient pas au principe d'égalité des créanciers et n'a pas lieu d'être réputée non-écrite[3].

La question a été posée de savoir si, au regard de l'article L. 132-1 du Code de la consommation, la clause pénale ne serait pas constitutive d'une *clause abusive*, comme telle réputée non écrite, en cas d'excès manifeste[4]. La suggestion correspondait assurément à celle qui résultait de l'annexe à l'article L. 132-1, laquelle visait les clauses ayant pour objet ou pour effet « d'imposer au consommateur qui n'exécute pas ses obligations une indemnité d'un montant disproportionnellement élevé » (1.e). Elle ne s'imposait cependant pas rationnellement[5] et l'opportunité d'une telle solution, compte tenu du régime de la clause pénale[6], n'allait pas de soi. La loi du 4 août 2008 et le décret du 18 mars 2009 ont tranché la question. Désormais, la clause qui a pour objet ou pour effet d'imposer au non-professionnel ou consommateur qui n'exécute pas ses obligations une indemnité « d'un montant manifestement disproportionné » est *présumée abusive*, par l'article R. 132-2 3° du Code de la consommation, sauf au professionnel à rapporter la preuve contraire, c'est-à-dire qu'elle n'a pas pour objet ou pour effet de créer, au détriment du consommateur, un déséquilibre significatif entre les droits et les obligations des parties.

Hors de là, la validité de la clause pénale ne peut être mise en cause que dans deux cas : lorsque le montant de la peine, faible par rapport aux dommages potentiels, lui fait jouer le rôle d'une clause limitative de responsabilité par ailleurs interdite ; *a fortiori* lorsque le montant de la peine apparaît dérisoire de sorte que la clause pénale produit les effets d'une clause de non-responsabilité prohibée. Dans les deux cas, la clause doit être réputée non écrite.

---

1. Sur lequel, v. *infra,* n° 239.
2. Il n'est pas rare en effet qu'on débatte en jurisprudence du point de savoir si une clause d'indemnisation est une clause pénale –au sens strict–, donc si elle a un caractère comminatoire, pour dire si le juge peut la réviser, alors qu'il a ce pouvoir à l'égard de tous les forfaits.
3. Com. 9 mai 1995, *Bull. civ.* IV, n° 132 ; Com. 3 mai 1994, *Bull. civ.* IV, n° 163.
4. PAISANT, « Clauses pénales et clauses abusives après la loi du 1er février 1995 », *D.* 1995. chron. 223.
5. L'argument tiré du principe que les lois spéciales dérogent aux lois générales n'est guère convaincant car on discerne mal, en l'occurrence, où se trouve la loi spéciale.
6. Rappr. TERRÉ, SIMLER et LEQUETTE, n° 628.

238. Conditions de mise en œuvre de la clause pénale. – Étant par nature une clause accessoire par rapport à l'obligation dont elle règle l'inexécution, la clause pénale reste toujours subordonnée à la validité de cette obligation et, donc, du contrat qui la fait naître[1]. La solution est énoncée par l'article 1227, qui précise qu'en revanche la nullité de la clause n'affecte pas le contrat principal (al. 2).

Pour en obtenir le bénéfice, le créancier doit mettre le débiteur *en demeure* d'exécuter son obligation, dans la mesure où pareille mise en demeure est nécessaire à l'obtention du paiement[2]. L'existence d'une clause pénale ne le contraint pas à réclamer celle-ci : il peut, à son gré, poursuivre l'exécution forcée ou réclamer l'indemnité prévue sous forme de peine[3].

L'application de la clause pénale suppose une inexécution imputable au débiteur, ce qui doit être établi par le créancier. L'inexécution du débiteur étant démontrée, celui-ci peut encore échapper à la peine s'il prouve que l'inexécution est consécutive à un événement de force majeure.

En revanche, la preuve que l'inexécution n'aurait entraîné aucun préjudice ne peut pas libérer le débiteur[4]. Selon la Cour de cassation, « la clause pénale, sanction du manquement d'une partie à ses obligations, s'applique du seul fait de cette inexécution »[5]. L'inexécution est la condition nécessaire et suffisante de la mise en œuvre de la clause pénale.

La peine convenue constitue ainsi un véritable droit du créancier dès lors que le débiteur a manqué à son obligation. Ce droit a, longtemps, été entendu de façon absolue : la clause pénale devait invariablement produire ses effets quel que fût le montant de la peine convenue, sans égard pour l'éventuelle disproportion entre ce montant et le préjudice réel. Cette *intangibilité* de la clause pénale, fermement consacrée par la jurisprudence, s'appuyait sur la nature forfaitaire de la peine et la formulation rigide de l'article 1152, alinéa 1.

Cette solution autorisait des abus particulièrement choquants : stipulée pour un montant modeste, la clause pénale allégeait abusivement la responsabilité du débiteur ; fixée, au contraire, à un montant excessif, la clause procurait au créancier un enrichissement que, du fait de l'excès, la fonction de contrainte à l'exécution ne pouvait justifier. Aussi le législateur est-il finalement intervenu par une loi du 9 juillet 1975, pour donner au juge un *pouvoir de révision* qui lui avait été jusque-là refusé.

239. Le pouvoir de révision du juge. – Ce pouvoir de révision, qui est d'*ordre public*, constitue une exception notable aux principes du droit contractuel, qui interdisent au juge de s'immiscer dans la définition des obligations nées du contrat. Ce pouvoir est, en l'occurrence, prévu, d'une part, par l'article 1152, alinéa 2, pour le cas d'*inexécution totale,* et, d'autre part, par l'article 1231, pour celui d'*exécution partielle.*

---

1. Cf. Com. 20 juill. 1983, *Bull. civ.* IV, n° 230, *D.* 1984.422, note AUBERT, *RTD. civ.* 1984.710, obs. MESTRE.

2. *Supra*, n°s 154 et s.

3. Cf. D. MAZEAUD, *op. cit.,* n°s 158 et s. (l'auteur souligne que le créancier conserve tous ses droits de créancier).

4. Civ. 3e, 12 janv. 1994, *Bull. civ.* III, n° 5. *Contra*, Civ. 1re, 16 juill. 1991, *D.* 1992.365, note D. MAZEAUD.

5. Civ. 3e, 20 déc. 2006, *Bull. civ.* III, n° 256, *JCP* 2007.II.10024, note BAKKOUCHE, *RDC* 2007/3, 749, obs. CARVAL.

Selon le nouvel alinéa 2 de l'article 1152, le juge peut, même d'office [1], « modérer ou augmenter la peine, si elle est manifestement excessive ou dérisoire ». La lettre du texte indique clairement que le pouvoir de révision concerne tous les forfaits de dommages-intérêts, et pas seulement les clauses pénales au sens strict, c'est-à-dire celles qui ont en outre un caractère comminatoire [2].

Les juges du fond bénéficient d'un *pouvoir souverain d'appréciation* du caractère manifestement *excessif* ou *dérisoire* de la peine [3]. Mais ils doivent expliciter leur décision à ce sujet [4].

L'appréciation, qui se fait au jour de la décision –et pour laquelle la désignation d'un expert est possible aux fins de déterminer les éléments de fait propres à asseoir l'appréciation du juge [5] –, doit se fonder sur la disproportion existant entre le montant de la peine et l'importance du dommage, sans méconnaître la fonction de contrainte qui est assignée à la clause pénale et qui justifie que le montant de la peine puisse excéder celui du dommage [6]. Elle ne peut se fonder, au moins à titre exclusif, sur le comportement du débiteur ou ses capacités de paiement [7].

L'appréciation de la réduction –comme de l'augmentation, le cas échéant– relève aussi du pouvoir souverain des juges du fond. Le préjudice effectivement subi constitue un plancher qui doit normalement être augmenté pour tenir compte de l'effet de contrainte qui s'attache normalement à la clause pénale [8]. L'absence de préjudice n'autorise pas une réduction à zéro du montant de la peine, ce qui reviendrait à une élimination de la clause pénale, qui n'entre pas dans les pouvoirs du juge. Mais une réduction à l'*euro symbolique* est possible.

Lorsque la clause pénale est appelée à jouer alors que le débiteur a exécuté partiellement son obligation, cette circonstance d'une *exécution partielle* doit être prise en considération.

L'article 1231 dispose, pour ce cas particulier, que le juge peut, même d'office, diminuer la peine « à proportion de l'intérêt que l'exécution partielle a procuré au créancier », c'est-à-dire, tenir compte de ce que celui-ci a déjà reçu. Mais il peut, en outre, appliquer à la peine ainsi diminuée une réduction fondée sur le caractère manifestement excessif qu'elle conserve, le cas échéant, en dépit de la diminution [9].

Il est cependant admis que, lorsque les parties ont directement prévu, dans leur convention, cette hypothèse d'une exécution partielle –ainsi, pour un prêt, de la clause

---

1. Mais le juge, lorsqu'il intervient d'office, doit respecter le principe de contradiction et solliciter les observations des parties, Com. 23 mars 1993, *Bull. civ.* IV, n° 114. Ce pouvoir de révision appartient aussi au juge du surendettement, Civ. 1re, 14 nov. 1995, *Bull. civ.* I, n° 412.
2. Sur la distinction, v. *supra,* n° 237.
3. Par ex. Com. 11 févr. 1997, *Bull. civ.* IV, n° 47 (peine excessive) ; Soc. 5 juin 1996, *Bull. civ.* V, n° 226 (peine dérisoire).
4. Civ. 3e, 14 nov. 1991, *Bull. civ.* III, n° 274. En revanche, le juge qui décide de ne pas réviser la peine n'a pas à s'en expliquer, même arrêt et Com. 26 févr. 1991, *Bull. civ.* IV, n° 91.
5. Civ. 3e, 13 nov. 2003, *RTD civ.* 2004.506, obs. MESTRE et FAGES (v. en particulier les observations de ces auteurs, p. 507, col. 2).
6. V. Com. 11 févr. 1997, préc. *;* Com. 27 mars 1991, *Bull. civ.* IV, n° 90.
7. Com. 11 févr. 1997, préc. ; Civ. 1re, 14 nov. 1995, préc.
8. Rappr. Com. 29 janv. 1991, *Bull. civ.* IV, n° 43. La somme allouée par le juge sur le fondement de son pouvoir de révision conserve sa nature d'indemnité forfaitaire contractuellement prévue de sorte que les intérêts commencent à courir à compter de la mise en demeure, Soc. 19 févr. 1991, *Bull. civ.* V, n° 76 ; Com. 27 mars 1990, *Bull. civ.* IV, n° 90.
9. V. MALAURIE, « La révision judiciaire de la clause pénale », *Defrénois* 1976, art. 31075, spéc. n° 15.

qui fixe le montant de la peine en considération des échéances *restant à payer*– le juge se trouve privé du pouvoir de modération qu'il tient de l'article 1231[1]. Mais le juge conserve, s'il y a lieu, le pouvoir de révision qu'il tient de l'article 1152.

Ce pouvoir de révision a parfois été regardé comme une ingérence contestable du juge dans le contrat. Il semble que, de façon générale, ces craintes se soient révélées infondées, les juges exerçant le plus souvent ce pouvoir avec une modération à laquelle veille la Cour de cassation[2].

Le *juge des référés* se trouve, quant à lui, dans une situation particulière, ainsi que l'a énoncé un arrêt de la 3e Chambre civile[3] : « il peut accorder une provision sur le montant non contestable d'une clause pénale », ce qui est normal dès lors que la créance n'est pas contestable[4] ; en revanche « il n'entre pas dans ses pouvoirs de diminuer ce montant à proportion de l'intérêt que l'exécution partielle a procuré au créancier », ce qui le ferait intervenir au fond[5].

---

1. V. par ex. Com. 19 nov. 1991, *Bull. civ.* IV, n° 346.
2. V. D. MAZEAUD, « Le juge et le contrat. Variations optimistes sur un couple "illégitime" », *in Mélanges offerts à Jean-Luc AUBERT*, Dalloz 2005, 235, spéc. nos 9 et s.
3. Civ. 3e, 19 févr. 2003, *Bull. civ.* III, n° 44, *RTD civ.* 2003, n° 9, spéc. p. 707, obs. MESTRE et FAGES.
4. MESTRE et FAGES, *eod. loc.*
5. Cf. MESTRE et FAGES, *eod. loc.* qui soulignent que cela nécessiterait « un examen approfondi du contrat et (excéderait) donc à l'évidence les pouvoirs du juge des référés ». Ces auteurs ajoutent qu'il en irait de même pour une réduction fondée sur le caractère manifestement excessif de la peine.

Chapitre 2

Les effets particuliers des obligations nées d'un contrat synallagmatique

240. L'interdépendance des obligations nées d'un contrat synallagmatique. – Il y a deux manières de concevoir les obligations réciproques nées du contrat synallagmatique. Soit on les considère comme simplement *juxtaposées*, indépendantes. Chacune doit être exécutée même si l'autre ne l'est pas.

Soit on les regarde comme *interdépendantes*, de telle sorte que si l'une n'est pas exécutée, l'autre ne doit pas l'être, conformément à un principe de *justice commutative*.

Bien qu'il ne s'y trouve pas exprimé en forme générale, ce principe d'interdépendance est consacré par le Code civil[1]. Trois conséquences en découlent :

– lorsque l'une des parties n'exécute pas son obligation, l'autre peut refuser d'exécuter la sienne en opposant à la première l'*exception d'inexécution*[2] ;

– dans la même hypothèse, la partie qui n'obtient pas la prestation à laquelle elle a droit, peut demander la *résolution* du contrat ;

– l'impossibilité d'exécution de l'une des obligations, due à un cas de force majeure, fait tomber l'autre obligation en vertu de la *théorie des risques*.

241. Rapports entre interdépendance des obligations et théorie de la cause. – D'origine historique différente, ces trois règles peuvent s'expliquer rationnellement de la même manière.

Pour mieux en faire ressortir l'unité logique Capitant les a rattachées à la théorie de la cause : si l'une des deux obligations n'est pas exécutée –pour quelque raison que ce soit– la cause de l'autre fait défaut[3].

Pourtant, outre la déformation infligée à la notion de cause –*exécution* de l'obligation, au lieu de l'obligation seule– l'explication n'est pas satisfaisante : s'il y avait vraiment absence de cause, c'est la nullité du contrat qui devrait s'ensuivre[4] : or, ici, il s'agit de la faculté de refuser d'exécuter ou de demander la résolution du contrat.

---

1. L'article 1157 de l'*avant-projet de réforme du droit des obligations* énoncé au contraire la règle dans une disposition générale.
2. On parle traditionnellement de l'*exceptio non adimpleti contractus* –exception du contrat non rempli.
3. V. Vol. 1 –*L'acte juridique*– n° 260.
4. Et il faut encore avoir égard au fait que la jurisprudence refuse, en général, de sanctionner la disparition de la cause en cours de contrat. *Ibidem*.

Mieux vaut, dans ces conditions, s'en tenir à l'idée d'*interdépendance des obligations* qui est elle-même commandée par le principe de justice commutative, comme l'est aussi la nullité pour absence de cause [1].

Section I
L'exception d'inexécution

242. Notion générale. – L'exception d'inexécution [2] est une règle très simple [3] : si l'une des parties réclame l'exécution du contrat sans avoir exécuté sa propre obligation et sans offrir de l'exécuter, l'autre peut repousser cette demande. Cela signifie que les contrats synallagmatiques doivent être exécutés « trait pour trait », ou, si l'on préfère, « donnant, donnant ».

La règle a connu quelques applications en droit romain ; elle peut se rattacher à la tradition canoniste de respect de la parole donnée. Le Code civil ne la consacre que dans des cas particuliers –notamment l'article 1612, pour la *vente*, et l'article 1704, pour l'*échange*. Il n'est pas douteux qu'il faille la généraliser : d'abord pour les raisons de justice commutative déjà évoquées ; ensuite parce que l'existence de l'action en résolution fournit en ce sens un argument *a fortiori :* si celui qui ne reçoit pas ce qui lui est dû peut obtenir la destruction rétroactive du contrat, à plus forte raison doit-il être admis à refuser *provisoirement* de fournir la prestation qui lui incombe.

La jurisprudence s'est clairement affirmée en ce sens [4] ; elle paraît même conférer un caractère d'ordre public à l'exception lorsque, du moins, elle est appelée à jouer au regard d'une obligation essentielle du contrat [5].

Tous les *projets de réforme ou d'harmonisation européenne* du droit des contrats ou des obligations contiennent des dispositions qui consacrent expressément la règle [6]. Ils divergent sur le point de savoir si la suspension de l'exécution peut être admise sur le fondement d'un seul risque d'inexécution, dès lors du moins qu'il est manifeste [7].

---

1. V. Vol. 1 –*L'acte juridique*– n° 261.
2. CASSIN, *L'exception* non adimpleti contractus, thèse, Paris, 1914 ; PILLEBOUT, *Recherches sur l'exception d'inexécution,* préf. RAYNAUD, 1971 ; MALECKI, *L'exception d'inexécution*, préf. GHESTIN, LGDJ, 1999 ; GHESTIN, *L'exception d'inexécution,* et DUBUISSON, « L'exception d'inexécution en droit belge », in *Les sanctions de l'inexécution des obligations contractuelles. Études de droit comparé* (dir. FONTAINE et VINEY), 2001, pp. 3 et s. et 57 et s. V. aussi, ROCHFELD, « Résolution et exception d'inexécution », *in Les concepts contractuels français à l'heure des principes du droit européen des contrats* (dir. RÉMY-CORLAY et FENOUILLET), Dalloz 2003.213.
3. Comparer l'approche plus complexe de MALECKI, *op. cit.*, spéc. n° 143.
4. « L'inexécution de ses obligations par l'une des parties est de nature à affranchir l'autre partie de ses obligations corrélatives », Com. 28 avr. 1982, *Bull. civ.* IV, n° 144.
5. Cf. LEVENEUR, obs. sous Civ. 1re, 20 juin 1995, *Contrats, conc. consomm.* 1995.200. Comp. Civ. 1re, 1er déc. 1999, *JCP*, éd. E, 2000. 1190, note LABARTHE (l'arrêt paraît dénier tout caractère d'ordre public à cette exception).
6. Art. 1157, al. 1er, Avant-projet de réforme du droit des obligations ; art. 160 du projet gouvernemental de réforme du droit des contrats ; art. 103 du projet de réforme du droit des contrats de l'Académie des sciences morales et politiques ; art. 9 : 201 (1) des Principes du droit européen du contrat ; art. III-3 : 401 du projet de cadre commun de référence.
7. Seul le projet de réforme de l'Académie des sciences morales et politiques l'admet (art. 104), conformément au parti adopté par les projets européens (art. 9 : 201 (2) des PEDC et III-3 : 401 (2) PCCR). C'est une solution opportune, qui permet d'éviter à un contractant d'exécuter alors qu'il est

243. Domaine d'application. – La délimitation du domaine d'application de l'exception d'inexécution reste assez incertaine. Elle se trouve, en effet, obscurcie par l'existence d'institutions voisines dont il est difficile de la distinguer. C'est le cas, en particulier, du *droit de rétention*, c'est-à-dire le droit, pour une personne qui détient une chose appartenant à son débiteur de *retenir* cette chose dans l'attente du paiement de la créance[1]. Ce droit ressemble beaucoup à l'exception d'inexécution toutes les fois que le contrat transfère au créancier de l'obligation inexécutée[2] une chose appartenant au débiteur[3].

Le domaine normal de l'exception, en corrélation avec le principe d'interdépendance, est le contrat synallagmatique[4]. Mais il peut y avoir des nuances.

L'exception d'inexécution est souvent invoquée, bien au-delà des contrats synallagmatiques, à chaque fois qu'il existe, entre les mêmes parties, des dettes réciproques liées par une « communauté d'origine ». Celle-ci peut résulter de l'existence d'un *contrat synallagmatique imparfait*[5], ou encore de l'anéantissement rétroactif d'un contrat, donnant lieu à des restitutions. **Exemple :** à la suite de l'annulation d'une vente, l'acquéreur pourra refuser de restituer la chose tant qu'il n'aura pas reçu le remboursement du prix[6]. La jurisprudence a même adopté une solution semblable au bénéfice du gérant d'affaires –donc dans le cas d'un *fait juridique*– autorisé à retenir la chose gérée jusqu'à complet paiement de ce qui lui était dû[7]. Il semble que, le plus souvent, c'est plutôt de droit de rétention qu'il conviendrait de parler. Les conditions mises à l'exercice de l'exception d'inexécution inclinent à un « recentrage » de la notion autour des seuls contrats synallagmatiques.

244. Conditions de fond. – L'exception suppose, en premier lieu, que, selon la convention, les deux obligations considérées doivent être *exécutées simultanément*, et qu'elles soient *exigibles* ou que celui qui l'invoque ait dû exécuter après celui qui la subit. L'exception ne saurait, ainsi, être opposée au débiteur à qui un terme a été consenti pour l'exécution de son obligation[8]. **Exemple :** un vendeur à crédit ne peut pas refuser de livrer la chose vendue sous le prétexte que le prix ne lui a pas été payé.

Classiquement, l'exception d'inexécution n'est admise qu'entre obligations découlant du même contrat –ou du même rapport synallagmatique[9]. Par un arrêt du 12 juillet 2005[10], la chambre commerciale de la Cour de cassation a jugé que « *l'inexécution d'une convention peut être justifiée, si le cocontractant n'a lui même pas satisfait à une obligation contractuelle, même découlant d'une convention distincte, dès lors que l'inexécution de cette dernière est liée à celle de la première* ». La chambre commerciale se montre ainsi disposée à faire jouer l'exception d'inexécution pour des

---

évident que l'autre ne le fera pas. Elle doit néanmoins être enfermée dans des conditions strictes. V. PINNA, « L'exception pour risque d'inexécution », *RTD civ.* 2003.31.

1. Par exemple, le garagiste qui a réparé un véhicule peut retenir celui-ci tant que le propriétaire ne paie pas les réparations, v. SIMLER et DELEBECQUE, *Les sûretés –La publicité foncière*, 5e éd., 2009, n°s 580 et s.

2. Sauf indication contraire, le recours, dans les développements qui suivent, au terme « créancier » vise le créancier de l'obligation inexécutée, celui qui peut invoquer l'exception. De même pour le « débiteur ».

3. N. CATALA-FRANJOU, « De la nature juridique du droit de rétention », *RTD. civ.* 1967.17.

4. Ce que consacre l'article 1157 de l'*avant-projet de réforme*.

5. V. Vol. 1 *–L'acte juridique–* n° 84.

6. Amiens, 11 juin 1964, *D.* 1965.355, note M. CABRILLAC ; Civ. 17 déc. 1928, *DH* 1929.52.

7. Civ. 15 janv. 1904, *DP.* 1904.1.601, mais la formulation de l'arrêt se rattache plutôt au droit de rétention.

8. V. cep. PINNA, « L'exception pour risque d'inexécution », *RTD civ.* 2003.31.

9. V. notamment Civ. 1re, 20 mai 2003, *Bull. civ.* I, n° 120 ; Com., 26 nov. 1973, *Bull. civ.* IV, n° 340, *Defrénois* 1975, art. 30882, n° 5, obs. AUBERT ; Req. 17 mai 1938, *DH* 1938. 419.

10. *JCP* 2005. I. 194, n° 19, obs. CONSTANTIN, *Defrénois* 2006, art. 38365, n° 28, obs. LIBCHABER.

obligations découlant de contrats différents pourvu qu'il existe un lien entre les conventions considérées. Il lui reste à préciser les caractéristiques du lien exigé.

En second lieu, l'inexécution dont se plaint le créancier doit revêtir une importance certaine au regard de l'économie du contrat. La formule est suffisamment vague pour laisser place à une marge d'appréciation. La jurisprudence n'exige pas une inexécution complète ; une exécution tardive, partielle ou défectueuse peut ouvrir droit à l'exception. Mais il faut pour cela qu'elle ait une gravité suffisante pour compromettre effectivement l'équilibre du contrat et sa raison d'être ; pratiquement, qu'elle affecte une obligation essentielle du contrat. À défaut, cette inexécution marginale –celle en particulier, qui n'affecte qu'une obligation accessoire du contrat– ne peut donner lieu qu'à un débat d'une autre nature : exécution forcée ou dommages-intérêts[1].

Exemple : un locataire peut refuser de payer son loyer s'il subit un trouble de jouissance tel qu'il lui est pratiquement impossible d'utiliser les locaux loués[2]. Si l'inexécution du bailleur n'a pas une telle portée –défaut d'entretien n'emportant que gêne ou désagrément– le locataire ne peut s'en prévaloir pour refuser le paiement du loyer[3]. Pour obtenir ce à quoi il a droit, il lui faut en faire la demande en justice.

En troisième lieu, l'exception ne bénéficie qu'au créancier *de bonne foi*. Cela signifie notamment qu'il ne doit pas avoir contribué à l'inexécution, laquelle doit être exclusivement imputable au débiteur.

245. Absence d'exigence de forme. Effets de l'exception. – En la forme, l'exception n'est soumise à aucune condition particulière. Le créancier qui estime ne pas avoir reçu la prestation à laquelle il avait droit peut décider de lui-même, sans avoir à saisir le juge, de suspendre l'exécution de sa propre obligation. Il le fait à ses *risques et périls*, sous peine d'engager sa responsabilité : si le conflit dégénère en procès, le juge appréciera le bienfondé de l'exception mise en œuvre[4].

La Cour de cassation a jugé que l'exception ne requiert pas même la *mise en demeure* préalable du débiteur[5] –sauf stipulation contraire du contrat. La mise en demeure reste cependant utile en pratique, pour démontrer l'inexécution et la bonne foi du créancier.

L'exception d'inexécution est fondamentalement une *arme de défense*. Elle permet à celui à qui l'on réclame l'exécution de ne pas fournir ce qu'il a promis en invoquant le fait qu'il n'a pas reçu ce qui lui avait été promis. Du même coup, elle constitue un *moyen de pression* qui décide souvent le débiteur à exécuter. Ainsi, l'acheteur à qui la livraison est refusée est incité à se libérer du prix.

La situation que crée le recours à l'exception est essentiellement *temporaire*.

Soit le moyen de pression réussit : le débiteur exécute ; le créancier doit, lui aussi, bien sûr, exécuter à son tour. L'exception d'inexécution ne fait en effet que suspendre

---

1. Rappr. SIMLER et DELEBECQUE, *op. cit.*, n° 581.
2. Cf. Civ. 3e, 1er mars 1995, *Bull. civ.* III, n° 60, *RDI* 1995.600, obs. COLLART DUTILLEUL ; Civ. 3e, 15 déc. 1993, *Bull. civ.* III, n° 168.
3. Com. 30 janv. 1979, *Bull. civ.* IV, n° 41 ; Civ. 1re, 21 nov. 1973, *Bull. civ.* I, n° 593 ; Civ. 3e, 16 avr. 1969, *Bull. civ.* III, n° 285.
4. V. ATIAS, « Les "risques et périls" de l'exception d'inexécution (limites de la description normative) », *D.* 2003. chron. 1103.
5. V. par ex. Com. 10 déc. 1979, *Bull. civ.* III, n° 327 ; v. aussi, pour le cas d'une obligation de ne pas faire, Civ. 1re, 26 févr. 2002, *Bull. civ.* I, n° 68, *D.* 2002. IR. 1114, *Defrénois* 2002, art. 37558, n° 31, obs. SAVAUX.

l'exécution d'obligations qui ne sont pas affectées dans leur principe [1]. Le contrat trouve ainsi sa pleine efficacité.

Soit la pression manque son effet et, devant le refus d'exécution du débiteur, le créancier doit changer de stratégie. Il demande alors, le plus souvent, la résolution du contrat [2].

Section II
La résolution pour inexécution

246. Nécessité de la résolution. – La résolution pour inexécution [3] emporte l'anéantissement –en principe rétroactif [4] – du contrat Elle permet ainsi de donner une solution à des situations que l'exception d'inexécution est impropre à résoudre.

Cette définition de la résolution a été contestée pour être excessivement globale. La résolution affecterait en réalité moins le contrat que les obligations nées de celui-ci : elle ferait disparaître les rapports d'obligation engendrés par le contrat, mais non le contrat lui-même, en tant que norme appelée à gouverner les relations des parties. Cette compréhension pourrait permettre de justifier directement, et plus facilement, certaines des solutions qui font actuellement difficulté concernant les effets de la résolution [5].

Si l'on suppose, d'abord, qu'*aucune prestation n'a été fournie*, le contractant qui est prêt à exécuter la sienne, mais qui ne parvient pas à obtenir celle à laquelle il a droit, ne peut généralement pas se permettre de demeurer dans cette situation : il veut alors se libérer du contrat. **Exemple :** un vendeur que l'acheteur ne paie pas ne peut pas se satisfaire de conserver la chose vendue. Il souhaite pouvoir disposer à nouveau de celle-ci pour obtenir l'argent dont il a besoin. Pour cela, il faut que la première vente soit résolue, c'est-à-dire, effacée, en quelque sorte.

Si l'on suppose, ensuite, que *l'une des prestations a été fournie*, l'exception d'inexécution n'a plus aucun rôle à jouer, et celui qui a payé souhaite, à défaut d'obtenir l'exécution forcée, pouvoir récupérer sa prestation. **Exemple :** le vendeur qui a livré et qui n'est pas payé n'a d'autre ressource –si du moins l'acheteur est insolvable, ce qui exclut l'exécution forcée– que de chercher à reprendre le bien vendu. Cela présuppose encore l'effacement du contrat.

---

1. Comp. Roche-Dahan, « L'exception d'inexécution, une forme de résolution unilatérale du contrat synallagmatique », *D.* 1994. chron. 255. V. aussi Malecki, *op. cit.*, n°s 104 et s.
2. Bien évidemment, si c'est le créancier qui, après avoir obtenu satisfaction, manque à exécuter sa propre obligation, c'est lui qui sera défendeur à une action en résolution engagée par son cocontractant.
3. Sur laquelle, v. l'étude magistrale de Genicon, *La résolution du contrat pour inexécution*, LGDJ, 2007, préf. Leveneur, spéc. n°s 13 et s. sur la notion.
4. Sur la question, en général, concernant donc aussi la nullité, v. « L'anéantissement rétroactif du contrat », *RDC* 2008/1.
5. Rigalle-Dumetz, *La résolution partielle du contrat*, « Nouvelle Bibliothèque de Thèses », Dalloz, 2003, préf. Jamin. Jugeant au contraire qu'il y a bien disparition du contrat, mais sans négation de son existence passée, v. Genicon, *op. cit.* n°s 52 et s.

C'est l'article 1184, texte de portée générale, qui permet la résolution du contrat [1]. Mais il la subordonne à une *décision judiciaire* [2]. Cette exigence n'est cependant pas absolue et elle supporte diverses *exceptions*.

Les conditions dans lesquelles elle peut survenir sont, avec ses effets, les questions les plus importantes que soulève la résolution.

L'*avant-projet de réforme du droit des obligations* ouvre le choix au créancier entre la résolution judiciaire et la résolution unilatérale, par notification, après mise en demeure infructueuse du débiteur de satisfaire à son engagement dans un délai raisonnable (art. 1158, al. 2). La résolution peut aussi résulter de la mise en œuvre d'une clause résolutoire expresse (art. 1159). Le *projet gouvernemental* (art. 165) et le *projet de l'Académie des sciences morales et politiques* (art. 108) font de même, avec des modalités légèrement différentes. Les *Principes du droit européen du contrat* (art. 9 : 303), comme le *projet de cadre commun de référence* (art. III-3 : 507) optent pour leur part pour la résolution par notification.

Sauf lorsqu'il s'agit d'appliquer une clause résolutoire, la résolution est subordonnée à un manquement suffisamment grave (inexécution essentielle des PEDC –art. 9 : 301– ou du PCCR –art. III-3 : 502–, inexécution privant le créancier de son intérêt au contrat –art. 168 du projet gouvernemental–, grave inexécution –art. 108 du projet de l'Académie des sciences morales et politiques) [3].

À des conditions différentes, tous admettent la résolution pour *risque d'inexécution* –ou *résolution anticipée* [4]–, à l'exception de l'*Avant-projet de réforme du droit des obligations*. Comme l'exception d'inexécution anticipée, c'est une solution opportune qui permet ici de se défaire d'un contrat qui ne sera pas exécuté, mais elle doit aussi être strictement encadrée.

§ 1. La résolution judiciaire

247. Fondement de la résolution judiciaire : l'interdépendance des obligations. – L'article 1184 fonde la résolution judiciaire sur une *condition résolutoire tacite :* les parties sont censées avoir considéré l'inexécution comme un événement futur et incertain qui, s'il se réalise, entraînera l'anéantissement du contrat [5].

Un tel fondement n'est pas satisfaisant : s'il s'agissait d'une condition, le jeu de celle-ci suffirait à anéantir le contrat, en dehors de toute intervention du juge. Or, l'article 1184 exige cette intervention et, comme on le verra, le juge joue alors un rôle important [6]. En dépit de cette indication de la disposition légale, c'est bien l'interdépen-

---

1. V. Jamin, « Les conditions de la résolution du contrat : vers un modèle unique ? » ; Stijns, « La résolution pour inexécution en droit belge » ; Serinet, « L'effet rétroactif de la résolution pour inexécution en droit français » ; et Delvaux, « Les effets en droit belge de la résolution des contrats pour inexécution », in *Les sanctions de l'inexécution des obligations contractuelles*, préc., pp. 451 et s., 513 et s., 589 et s., et 669 et s. V. aussi, Rochfeld, « Résolution et exception d'inexécution », in *Les concepts contractuels français à l'heure des principes du droit européen des contrats* (dir. Rémy-Corlay et Fenouillet), Dalloz, 2003, p. 213 ; Genicon, « La résolution du contrat pour inexécution », préc., notamment n°s 525 et s.

2. V. Cassin, « Réflexions sur la résolution judiciaire pour cause d'inexécution », *RTD civ.* 1945.159.

3. Cette condition n'apparaît qu'indirectement (art. 1158-1) dans l'*avant-projet de réforme du droit des obligations*.

4. Art. 169 projet gouvernemental ; art. 111 *projet de l'Académie des sciences morales et politiques* ; art. 9 : 304 PDEC ; art. III-3 : 504 PCCR. Sur cette technique, v. Genicon, *La résolution du contrat pour inexécution*, préc., n°s 314 et s.

5. Sur la notion de condition, v. *infra*, n°s 277 et s.

6. Ce qui confirme qu'on ne peut pas davantage fonder la résolution judiciaire sur l'absence de cause (*supra*, n° 241), qui, dès lors que le juge la constate, impose la nullité du contrat.

dance des obligations, commandée par la justice commutative, qui fonde la résolution judiciaire.

La résolution judiciaire repose ainsi sur une considération morale : il s'agit d'éviter que l'inexécution du contrat par l'une des parties aboutisse à une injustice. Les pouvoirs reconnus au juge sont dès lors naturels : ils lui permettent d'apprécier, dans chaque cas, si le maintien du contrat se traduirait ou non par une telle injustice.

Ce fondement imprime sa marque aux *conditions* de la résolution. Les *effets* sont plus neutres [1].

A. Les conditions de la résolution

248. Champ d'application de la résolution judiciaire. – C'est, expressément, pour les contrats synallagmatiques que l'article 1184 admet la résolution pour inexécution.

Le principe ne supporte que quelques exceptions.

Des exceptions *extensives*, d'abord. Elles concernent certains *contrats unilatéraux à titre onéreux*. Ainsi, l'article 1912 dispose-t-il, pour le cas de *rente perpétuelle*, que si le débiteur manque à ses obligations –s'il cesse de payer la rente pendant deux ans, notamment– le créancier peut le contraindre à racheter le contrat, c'est-à-dire à rembourser le capital constitutif de la rente. De même, pour le *gage*, l'article 2344 (Ord. 23 mars 2006) prévoit que si le gagiste ne satisfait pas à son obligation de conservation du bien donné en gage, la restitution peut lui en être demandée. Il est pareillement admis, pour le *prêt à intérêts* [2], que le prêteur peut exiger la restitution anticipée du capital si l'emprunteur ne paie pas les intérêts convenus [3]. Il s'agit, dans tous les cas, de tenir compte de ce que le créancier de l'obligation engendrée par le contrat unilatéral a lui-même accompli une prestation pour donner naissance au contrat, prestation qu'il doit pouvoir reprendre si le débiteur n'exécute pas [4].

Il existe aussi quelques *exceptions restrictives*, qui, pour des raisons diverses, écartent la résolution pour certains contrats synallagmatiques. C'est le cas pour la *cession d'office ministériel :* le cédant non payé ne peut faire résoudre la cession car il ne lui appartient pas de revenir sur la nomination du cessionnaire, à laquelle a procédé l'autorité publique. Il en va de même pour le *partage*, acte trop grave et qui touche trop profondément aux intérêts de la famille pour que l'on rétablisse l'état d'indivision auquel il a mis fin. L'article 1978 exclut aussi la résolution pour le *contrat de rente viagère* lorsque le débirentier cesse de payer les arrérages convenus, en raison des difficultés que la nature aléatoire de ce contrat oppose au mécanisme des restitutions [5]. La résolution judiciaire du bail est également exclue pour les hypothèses dans lesquelles le locataire peut être déchu de son droit en application de textes spéciaux, tel l'article 10 de la loi du 1er septembre 1948 [6]. Enfin, la jurisprudence, après avoir écarté la résolution judiciaire des *contrats de travail des représentants du personnel* pour éviter que puissent être tournées les règles spéciales

---

1. V. toutefois, *infra,* n° 255, *in fine*.
2. Encore faut-il observer que de nombreux prêts à intérêts –notamment ceux consentis par les professionnels du crédit ont perdu leur caractère unilatéral, pour devenir synallagmatiques, en perdant leur caractère réel. Cf. Vol. 1er –*L'acte juridique*– n° 304.
3. COLLART DUTILLEUL et DELEBECQUE, *Contrats civils et commerciaux*, 8e éd., 2007, n° 859.
4. Aucune question de ce genre ne se pose dans tous les cas où le créancier en vertu du contrat unilatéral n'assume aucune prestation –par ex. dans le cas d'une donation pure et simple.
5. Mais la justification n'est pas parfaitement convaincante (v. TERRÉ, SIMLER et LEQUETTE, n° 649). Aussi la jurisprudence réduit-elle autant qu'il est possible la portée de ce texte : il ne joue que pour l'hypothèse spécialement visée (Civ. 3e, 28 mai 1986, *Bull. civ.* III, n° 84) ; il n'est pas d'ordre public et les clauses contraires sont valables (Civ. 3e, 10 nov. 1992, *JCP* 1993.II.22136, note ENAMA).
6. Civ. 3e, 28 mai 2008, *RDC* 2008/4, 1249, obs. LARDEUX et 1254, obs. SEUBE.

de licenciement qui sont posées à leur bénéfice[1], généralise cette solution en matière de contrat de travail, en considération et au profit des mécanismes de licenciement[2].

Le domaine de la résolution étant ainsi précisé, il faut, maintenant, en indiquer les conditions, qui tiennent d'abord à l'*inexécution* qui justifie la résolution, et, ensuite, au *caractère facultatif* de la résolution judiciaire.

1) Conditions relatives à l'inexécution

249. Cause de l'inexécution. – Ce qui autorise la résolution, c'est l'*inexécution* par l'une des parties de son obligation. Mais cette condition fondamentale appelle de multiples précisions : quant à la *cause* de l'inexécution constatée, et quant à son *importance.*

Concernant la *cause de l'inexécution*, il existe une divergence de vue entre la doctrine et la jurisprudence. Pour la première, l'inexécution doit procéder d'un *fait* du débiteur[3], qui n'est pas nécessairement constitutif d'une faute[4], mais qui doit, du moins, lui être *imputable.* La jurisprudence, en revanche, applique également l'article 1184 lorsque l'inexécution est due à un *cas de force majeure*[5], donc en l'absence de toute imputabilité.

Cette divergence est d'ordre théorique plus que pratique : chacun s'accorde pour reconnaître que lorsque la force majeure rend impossible l'exécution de l'obligation de l'une des parties, l'obligation réciproque du cocontractant tombe du même coup. Pour les tribunaux, c'est une application de la résolution ; pour la doctrine, c'en est une de la *théorie des risques*[6]. L'attitude de la jurisprudence, qui s'explique sans doute par le besoin de référence à un texte, ne contredit pas l'article 1184, dont le premier alinéa est formulé de façon très générale. Mais elle présente l'inconvénient d'invoquer une institution dont bien des modalités d'application ne peuvent jouer en cas de force majeure –ainsi de l'option du créancier entre résolution et exécution forcée, ou encore, pour l'essentiel, du pouvoir d'appréciation du juge[7].

250. Importance de l'inexécution. – Il n'est pas nécessaire que le créancier puisse justifier d'une inexécution *totale.* Une inexécution *partielle* peut aussi emporter la résolution du contrat, si elle est suffisamment importante, selon l'appréciation souveraine

---

1. Ass. plén. 28 janv. 1983, *Bull. civ.* AP, n° 1, *D.* 1983.269, concl. CABANNES.

2. V. Soc. 9 mars 1999, *Bull. civ.* V, n° 108, *D.* 1999.365, note RADÉ, *JCP* 1999.II.10174, note MOULY. Rappr. Soc. 15 juin 1999, *Bull. civ.* V, n° 277, *D.* 1999.623, note RADÉ ; Soc. 4 janv. 2000, *Bull. civ.* V, n° 3, *D.* 2000.265, note RADÉ ; V. PÉLISSIER, SUPIOT et JEAMMAUD, *Droit du travail*, 24e éd., 2008, nos 447 et s.

3. Ici encore, sauf indication différente, le recours, dans les développements qui suivent, aux termes de « créancier » et de « débiteur » sous-entend toujours « de l'obligation inexécutée ».

4. V. Civ. 3e, 9 oct. 1979, *Bull. civ.* III, n° 169.

5. V. par ex. Civ. 1re, 2 juin 1982, *Bull. civ.* I, n° 205 ; Civ. 1re, 4 févr. 1976, *Bull. civ.* I, n° 53 ; Civ. 14 avr. 1891, *DP* 1891.1.329, note PLANIOL.

L'*avant-projet de réforme du droit des obligations* propose de consacrer cette solution, tout en précisant les effets de la force majeure (art. 1157 et s.). Le *projet gouvernemental* ne prend pas clairement parti sur la question, contrairement au *projet de l'Académie des sciences morales et politiques* qui traite séparément la résolution pour force majeure (art. 101, al. 1) et la résolution pour inexécution (art. 108 et s.). Les projets européens divergent apparemment : les *Principes du droit européen du contrat* ne distinguent pas clairement les hypothèses (art. 8 : 101, al. 2), contrairement au *projet de cadre commun de référence* (art. III-3 : 104-4).

6. V. *infra*, n° 262 et s.

7. On observera toutefois que l'article 1844-7, 5°, qui prévoit la dissolution anticipée, par décision judiciaire, de la société en cas d'inexécution de ses obligations par un associé, ne distingue pas selon la cause de cette inexécution (comp. l'article 1867 antérieur à la réforme opérée par la loi du 4 janvier 1978).

du juge du fond[1], pour compromettre l'économie du contrat. Le tribunal dispose, au demeurant, d'une panoplie de solutions adaptée à l'ampleur de son pouvoir d'appréciation[2]. L'inexécution d'une *obligation accessoire* constitue un cas d'inexécution partielle et relève du même pouvoir d'appréciation.

Une *exécution défectueuse* peut pareillement fonder la résolution du contrat. Ainsi, la livraison, par un vendeur, d'une chose impropre à l'usage auquel l'acheteur la destinait, autorise ce dernier à demander la résolution de la vente. De même, une exécution *tardive* peut, le cas échéant, emporter la résolution[3].

Dans tous les cas et par-delà les différences inhérentes à toute appréciation faite par l'homme, le principe est de *mesurer l'importance du manquement* –on parle de *manquement grave*[4]– *constaté* par rapport à l'utilité économique que le créancier attendait du contrat.

2) Conditions tenant au caractère facultatif de la résolution : l'action en résolution

251. Caractère facultatif pour les parties. – La résolution judiciaire est triplement facultative : elle l'est pour le *créancier* et pour le *débiteur ;* elle l'est, encore, pour le *juge*.

Le caractère facultatif de la résolution pour le *créancier*[5] est formellement exprimé par l'article 1184, alinéa 2 : il « a le choix » d'agir en exécution forcée, si l'exécution reste possible[6], ou en résolution du contrat (V. également, art. 1158 *avant-projet de réforme du droit des obligations*, art. 159 *projet gouvernemental*, art. 97 *projet de l'Académie des sciences morales et politiques*). **Exemple :** un vendeur non payé peut agir en résolution de la vente ou en paiement du prix ; il adoptera le premier parti si l'acheteur est insolvable, et plutôt le second au cas contraire[7].

Cette option disparaît parfois. Le jugement d'ouverture d'une procédure de sauvegarde, de redressement ou de liquidation judiciaire d'une entreprise suspend ou interdit toute action en résolution d'un contrat pour défaut de paiement d'une *somme d'argent* (C. com., art. L. 622-21, L. 631-14 et L. 641-3).

---

1. V. par ex. pour l'inexécution partielle d'une obligation déterminante, Com. 2 juill. 1996, *Bull. civ.* IV, n° 198, *RTD civ.* 1997.130, obs. MESTRE, *Defrénois* 1996, art. 36434, n° 146, obs. D. MAZEAUD, *JCP* 1996.I.3983, n° 14, et s. obs. JAMIN. V. pour un refus de résolution, Civ. 3e, 16 avr. 1986, *Bull. civ.* III, n° 45.

2. V. *infra*, n° 252.

3. V. Civ. 1re, 4 janv. 1995, *Bull. civ.* I, n° 14, *Defrénois* 1995, art. 36210, n° 144, obs. D. MAZEAUD.

4. Pour une critique de la notion, v. GENICON, *La résolution du contrat pour inexécution*, préc., nos 377 et s.

5. D'autres personnes peuvent exceptionnellement, être admises à exercer l'action en résolution, par exemple, un créancier du créancier, agissant par l'*action oblique* (Civ. 3e, 14 nov. 1985, *Bull. civ.* III, n° 143, *D.* 1986.386, note AUBERT, *RTD civ.* 1986.599, obs. MESTRE) –sur *l'action oblique*, v. *supra*, nos 77 et s. ; ou encore, la *caution*, opposant au créancier garanti l'inexécution, par lui, de ses obligations contractuelles, Civ. 1re, 20 déc. 1988, *Bull. civ.* I, n° 368, *D.* 1989.166, note AYNÈS, *RTD civ.* 1989.538 obs. Mestre. Sur l'ensemble de la question, v. TERRÉ, SIMLER et LEQUETTE, n° 651.

6. Pour le cas d'impossibilité, un arrêt a admis, se rapprochant ainsi de l'opinion doctrinale selon laquelle la résolution ne s'applique pas au cas de force majeure (*supra*, n° 249), que le créancier n'avait pas à agir en résolution : Com. 28 avr. 1982, *Bull. civ.* IV, n° 145.

7. Civ. 1re, 9 juill. 2003, *JCP* 2003.I.163, n° 4, obs. VINEY, *RTD civ.* 2003. 709, obs. MESTRE et FAGES (« le créancier d'une obligation contractuelle de somme d'argent demeurée inexécutée est toujours en droit de préférer le paiement du prix au versement de dommages-intérêts ou à la résolution de la convention »).

Le créancier exprime son choix, le cas échéant, en agissant en résolution contre le débiteur[1]. Mais ce choix ne le lie pas définitivement et ne vaut pas renonciation à l'autre branche de l'option : il peut réclamer l'exécution après une assignation en résolution[2] ; il pourrait pareillement procéder à l'inverse[3].

La résolution est également facultative pour le *débiteur* lui-même. Il peut toujours l'éviter en offrant l'exécution en cours d'instance : cas de l'acheteur qui offre de s'acquitter du prix[4].

252. Caractère facultatif pour le juge. – Enfin, la résolution est facultative pour le *juge*. L'article 1184, alinéa 3, le charge de prononcer la résolution. Mais il n'est pas tenu de le faire, même si l'inexécution est prouvée. Il dispose en effet d'un pouvoir d'appréciation, conforme au fondement moral de l'institution : s'agissant d'éviter une injustice et de sanctionner le manquement du débiteur, il est normal que rien ne soit automatique. En pratique, le juge a le choix entre cinq partis :

1° Il peut *refuser la* résolution, purement et simplement, par exemple si l'inexécution n'est pas établie[5].

2° Il peut, selon les termes exprès de l'article 1184, alinéa 3, *accorder un délai* au débiteur pour exécuter son obligation[6]. Le rejet de l'action en résolution n'est alors, le plus souvent, qu'un sursis : le tribunal décide, par avance, que le contrat sera résolu si l'exécution n'intervient pas dans le délai fixé.

3° Il peut, aussi, considérant que l'inexécution dénoncée n'est pas suffisamment grave pour emporter la résolution du contrat, *refuser* de prononcer cette résolution, tout en condamnant le débiteur à des *dommages-intérêts*. Si l'obligation du *créancier* est pécuniaire –cas d'un acheteur– cette solution consacre à son profit une véritable réduction du prix[7] et, par là même, une sorte de résolution partielle ou de révision du contrat[8]. C'est inhérent au mécanisme de réparation de la responsabilité civile qui affleure ici.

---

1. L'assignation vaut mise en demeure, v. par ex. Com. 26 avr. 1977, *Bull. civ.* IV, n° 118.
2. Civ. 6 janv. 1932, *DH* 1932.114.
3. Civ. 3e, 24 nov. 1993, *Bull. civ.* III, n° 151, *RTD civ.* 1994.355, obs. MESTRE ; Com. 27 oct. 1953, *D.* 1954.201, note H. L.
4. V. Civ. 1re, 22 oct. 1956, *Bull. civ.* I, n° 362 (l'arrêt réserve le pouvoir souverain du juge d'apprécier la valeur de l'offre de paiement et de décider en conséquence du sort de l'action).
5. Civ. 3e, 23 avr. 1986, *Bull. civ.* III, n° 50. Il pourrait en aller de même s'il s'avérait que le demandeur était lui-même à l'origine de l'inexécution, rappr. Com. 5 déc. 1985, *Bull. civ.* IV, n° 306.
6. Civ. 1re, 19 déc. 1984, *Bull. civ.* I, n° 343 (l'arrêt précise que le délai accordé, qui doit être fonction des circonstances, peut être suspendu par un événement de force majeure, mais qu'il ne peut être renouvelé). La faculté d'accorder un délai peut être exclue par la stipulation, au contrat, d'une clause de résolution de plein droit : Civ. 3e, 4 juin 1986, *Gaz. Pal.* 1987.1, somm. 175, obs. PIEDELIÈVRE. Comp. la solution contraire, pour l'application de l'article L. 313-12 du Code de la consommation, Civ. 1re, 7 janv. 1997, *Contrats, conc. consomm.* 1997.53, obs. RAYMOND.
7. V. par ex. Com. 4 juin 1980, *Bull. civ.* IV, n° 239. En revanche, si c'est le débiteur qui est tenu d'une obligation de somme d'argent, la même solution semble inopportune : il ne paiera pas plus les dommages-intérêts que sa dette.

Cette sanction est expressément prévue par l'article 107 du *projet de réforme du droit des contrats de l'Académie des sciences morales et politiques* et par les *projets européens* d'harmonisation du droit des contrats (art. 9 : 401 PEDC et art. III-3 : 601 PCCR).
8. On parle aussi de *réfaction* du contrat, v. TERRÉ, SIMLER et LEQUETTE, n° 652, *in fine*. V. DE LA ASUNCION PLANES, *La réfaction du contrat*, LGDJ, 2006, préf. PICOD ; ALBIGES, « Le développement discret de la réfaction du contrat », *Mélanges CABRILLAC*, p. 3 ; JOURDAIN, « À la recherche de la réfaction du contrat, sanction méconnue de l'inexécution », *Mélanges LE TOURNEAU*, p. 449.

4° Il peut *prononcer la résolution* en y ajoutant une *condamnation à dommages-intérêts*. Il en va ainsi lorsque le débiteur a commis une faute et que la résolution, en remettant les choses dans l'état antérieur à la conclusion du contrat, ne suffit pas à rétablir le créancier dans ses droits –par exemple, ne lui ménage pas le bénéfice qu'il espérait tirer de l'opération. Alors, la résolution évite la perte ; les dommages-intérêts compensent le gain manqué.

Il est du reste possible, lorsque la résolution est prononcée *aux torts réciproques* –chacune des parties ayant contribué par sa faute à l'inexécution du contrat– que le juge apprécie les réparations dues par chacune des parties à l'autre, et, après compensation, alloue des dommages-intérêts, selon le cas, au demandeur ou au défendeur à l'action en résolution [1].

5° Le juge peut, enfin, prononcer la *résolution pure et simple* –soit parce que les parties sont jugées également coupables de l'inexécution du contrat [2], soit– selon la jurisprudence qui se réfère alors à la résolution plutôt qu'à la théorie des risques [3] –parce que l'inexécution de l'un des contractants est la conséquence d'un événement de force majeure, soit encore parce que l'inexécution n'a causé aucun préjudice, cette circonstance n'étant pas exclusive de la résolution [4].

Pour choisir entre ces diverses solutions, le juge du fond dispose d'un pouvoir souverain d'appréciation. Il doit tenir compte, d'abord, d'*éléments objectifs :* la convention des parties, les obligations qui en sont résultées, l'importance des manquements dénoncés. Des *éléments subjectifs* entrent aussi dans son appréciation : la bonne ou mauvaise foi des parties, leur mésentente [5].

Son appréciation doit se faire en considération de toutes les circonstances intervenues jusqu'au jour de sa décision –et non pas seulement au jour de l'assignation [6]– ce qui est un gage de règlement cohérent de la situation contractuelle.

B. Les effets de la résolution

253. Rétroactivité de la résolution. – Le principe est que la résolution emporte l'anéantissement rétroactif du contrat [7]. Cet anéantissement peut même s'étendre

---

1. Rappr. Civ. 1re, 17 juin 1997, *Bull. civ.* I, n° 203 ; Civ. 1re, 11 mai 1976, *Bull. civ.* I, n° 166.
2. Lorsque les deux parties sont à l'origine de l'inexécution du contrat, le juge doit vérifier que l'inexécution de l'une est « proportionnée à l'inexécution » de l'autre, et une disproportion sensible peut justifier une résolution aux torts exclusifs de celui qui a commis la faute la plus grave, Civ. 1re, 18 juill. 1995, *Bull. civ.* I, n° 322.
3. V. *infra*, spéc. n° 263.
4. Civ. 3e, 4 mai 1994, *Bull. civ.* III, n° 84.
5. Civ. 3e, 29 avr. 1987, *Bull. civ.* III, n° 93.
6. Cf. Civ. 3e, 5 mai 1993, *RTD. civ.* 1994.353, obs. MESTRE, *Contrats, conc. consomm.* 1993.173, obs. LEVENEUR ; Civ. 3e, 22 mars 1983, *Bull. civ.* III, n° 84, *Defrénois* 1984, art. 33230, n° 11, obs. AUBERT.
7. V. par ex. Civ. 3e, 29 janv. 2003, *JCP* 2003.II.10116, note SERINET, *RTD civ.* 2003.501, obs. MESTRE et FAGES, *RJDA* 2003, n° 373 ; Civ. 1re, 7 juin 1995, *Bull. civ.* I, n° 244 ; Com. 26 juin 1990, *Bull. civ.* IV, n° 190. V. toutefois, *infra,* n° 255, *in fine*.
Distinguant l'effet rétroactif et l'effet résolutoire, défini comme la levée de la force obligatoire du contrat, qui n'a pas toujours besoin de la rétroactivité : GENICON, « La résolution du contrat pour inexécution », préc., nos 702 et s.

à d'autres contrats que celui qui n'a pas été exécuté dès lors qu'ils sont interdépendants [1].

Pour l'essentiel, les effets de la résolution sont donc identiques à ceux de la nullité [2]. Comme elle met fin au contrat, elle ne peut se cumuler avec une condamnation à l'exécution, même partielle, de celui-ci [3].

Cette similitude de la résolution et de la nullité a, cependant, fait l'objet d'une contestation radicale selon laquelle la finalité de la résolution serait seulement de dénouer les liens d'obligation nés du contrat, sans remettre en cause le rapport contractuel lui-même [4].

La question des effets de la résolution, et notamment celle de la rétroactivité, est l'une des plus importantes de celles sur lesquelles les projets de réforme doivent prendre parti.

L'*avant-projet de réforme du droit des obligations* opte pour une résolution ne jouant, en principe, que pour l'avenir (art. 1160-1), conformément à une tendance marquée de systèmes étrangers et de différents textes et projets internationaux [5]. Les effets de la résiliation se produisent à compter de l'assignation en résolution ou de la notification par le créancier, selon qu'elle est judiciaire ou unilatérale [6]. La rétroactivité n'est prévue que pour les contrats à exécution instantanée (art. 1160-1, al. 4).

Le *projet de réforme gouvernemental* adopte, sous une forme légèrement différente, la distinction des contrats à exécution instantanée et des contrats à exécution successive ou échelonnée (art. 166 et 171). Le *projet de réforme de l'Académie des sciences morales et politiques* marque plus nettement qu'en règle générale la résolution libère les parties pour l'avenir (art. 115), sauf à donner lieu à restitution quand une partie a exécuté une obligation sans recevoir de contrepartie (art. 116). La non rétroactivité est aussi la solution de principe, assortie d'assez nombreuses exceptions, dans les *Principes du droit européen du contrat* (art. 9 : 305 et s.). Le *projet de cadre commun de référence* est moins net, les restitutions étant envisagées encore plus largement (art. III-3 : 509 et s.).

Les *parties* doivent être replacées dans la situation où elles se trouvaient avant la conclusion du contrat. Si aucune obligation n'a été exécutée, il n'y a pas de difficulté. S'il y a eu des exécutions partielles, il y a lieu à *restitutions :* celui qui a reçu quelque chose en exécution du contrat doit le rendre [7]. C'est le but même de l'institution.

---

1. Com., 13 févr. 2007, (« Faurecia »), *D.* 2007. AJ. 654, NDLR DELPECH et pan. 2975, obs. FAUVARQUE-COSSON, *RTD civ.* 2007. 567, obs. FAGES, *Defrénois* 2007, art. 38624, n° 50, obs. LIBCHABER, *JCP* 2007. I. 185, obs. STOFFEL-MUNCK et II. 10063, note SERINET, *RDC* 2007/3, 707, obs. D. MAZEAUD et 746, obs. CARVAL : résolution de contrats de maintenance et de formation informatique, en conséquence de la résolution de contrats de licences devenus sans utilité faute d'exécution du contrat de mise en œuvre d'une nouvelle version d'un logiciel.

2. V. Vol. 1 –*L'acte juridique*– n°s 361 et s.

3. Civ. 1re, 5 juill. 2005, *RDC* 2006.312, obs. D. MAZEAUD.

4. C. RIGALLE-DUMETZ, *La résolution partielle du contrat,* préc., spéc. n°s 321 et s.

5. V. WINGTEN, « Regards comparatistes sur les effets de la résolution pour inexécution », *RDC* 2006.543.

6. V. *supra,* n° 246, *in fine.*

7. Par ex. Civ. 3e, 29 janv. 2003, préc. Com. 26 juin 1990, préc. *;* Com. 12 oct. 1982, *Bull. civ.* IV, n° 309. Comme en matière de nullité (v. Vol. 1, *L'acte juridique,* n° 370), ces répétitions peuvent, le cas échéant, être accompagnées d'indemnités : ainsi l'acheteur, tenu de restituer la chose vendue, peut devoir acquitter une somme pour compenser l'usure liée à l'usage de cette chose, Civ. 1re, 21 mars 2006 (quatre arrêts, dont certains jugent qu'il en va différemment en matière de garantie des vices cachés), *D.* 2006.IR.950, NDLR GALLMEISTER et 1869, note MONTFORT, *RDC* 2006.1140, obs. BRUN ; Civ. 1re, 4 oct. 1988, *Bull. civ.* I, n° 274, *D.* 1988. somm. 235, obs. AUBERT ; Civ. 1re, 6 juill. 2000, *Contrats, conc. consomm.* 2000, Comm. 176, note LEVENEUR.

La solution s'applique pareillement dans le cas où un contrat de crédit est résolu par voie de conséquence de l'annulation ou de la résolution de la vente qu'il devait financer (C. consom., art.

À l'égard des *tiers*, à supposer que la résolution frappe un contrat translatif de propriété, les droits qui ont pu être conférés par l'acquéreur –revente, constitution d'hypothèque– tombent par voie de conséquence : ils ont, en effet, été consentis par quelqu'un qui est regardé comme n'ayant jamais été propriétaire [1].

Ces effets comportent toutefois d'importantes limites.

254. Limites du principe à l'égard des tiers. – Comme pour la nullité, la rétroactivité est dans plusieurs cas écartée au bénéfice des tiers [2].

D'abord, les *actes d'administration* accomplis par l'acquéreur sont maintenus, tant du moins que le tiers était de bonne foi [3].

Ensuite, en matière *mobilière*, la rétroactivité peut être paralysée par le jeu de la règle, « en fait de meubles, la possession vaut titre ».

Enfin, en matière *immobilière*, la résolution, selon l'article 2379, alinéa 2 (anc. art. 2108, al. 2), ne peut être opposée aux tiers qui ont acquis des droits sur l'immeuble et qui les ont publiés, qu'autant qu'ils ont été mis eux-mêmes en mesure de connaître la menace de résolution, c'est-à-dire le défaut de paiement du prix, par l'accomplissement des formalités de publicité foncière [4].

255. Limites du principe dans les rapports entre les parties. – Comme pour la nullité, la rétroactivité se trouve mise en question, entre les parties, dans le cas des *contrats à exécution successive* [5].

D'une part, lorsqu'il y a *impossibilité de restitution* de la prestation exécutée –prestation non restituable, telle l'occupation d'un logement par le locataire, ou chose consommée ou détruite– il n'est pas possible de libérer celui qui en a bénéficié en effaçant son obligation corrélative : il doit rester tenu dans les termes du contrat jusqu'au jour de la résolution du contrat. **Exemple :** soit un bail d'habitation résolu à la demande du bailleur en considération de la cessation du paiement des loyers par le locataire ; celui-ci

---

L. 311-21) : v. Civ. 1re, 9 nov. 2004, *Bull. civ.* I, n° 263, *D.* 2005. AJ. 76 (principe d'obligation de rembourser au prêteur le capital prêté).

Sur la question des *indemnités de jouissance* qui pourraient accompagner les restitutions, v. WINTGEN, « L'indemnité de jouissance en cas d'anéantissement rétroactif d'un contrat translatif », *Defrénois* 2004, art. 37942, p. 692 et s. En principe, le créancier de la restitution d'une chose, ordonnée en conséquence de la résolution, n'a pas droit à une indemnité correspondant à l'utilisation de la chose par le débiteur de la restitution, antérieurement à la résolution : Com. 30 oct. 2007 et Civ. 3e, 19 déc. 2007, *RDC* 2008/2, 255, obs. GENICON. L'*Avant-projet de réforme du droit des obligations* se prononce en sens contraire (art. 1164-2).

1. V. Civ. 1re, 7 juin 1995, préc. ; Ch. mixte 23 nov. 1990, *Bull. civ.* CM, n° 2 et 3, *D.* 1991.121, note LARROUMET, *JCP* 1991.II.21642, note D. LEGEAIS. C'est une application de l'adage *resolut° jure dantis, resolvitur jus accipientis* (le droit de celui qui donne étant résolu, le droit de celui qui reçoit l'est aussi).

2. V. Vol. 1 –*L'acte juridique*– n° 366 ; « L'anéantissement rétroactif du contrat », *RDC* 2008/1, préc., spéc. études ANCEL et SAGAUT.

3. Cf. Civ. 3e, 25 oct. 1983, *Bull. civ.* III, n° 196.

4. Le mécanisme repose sur le privilège dont bénéficie le vendeur impayé : si ce privilège est publié, les tiers savent qu'il y a un risque de résolution ; sinon, ils n'en sont pas informés et, le cas échéant, la résolution leur sera inopposable.

5. V. Vol. 1 –*L'acte juridique*– n° 368. Sur l'ensemble de la question, v. GHESTIN, « L'effet rétroactif de la résolution des contrats à exécution successive », *Mélanges RAYNAUD*, p. 203.

ne pourra pas obtenir la restitution de ce qu'il a payé. La résolution opère alors comme une *résiliation :* elle ne joue que pour l'avenir, non pour le passé [1].

D'autre part, s'agissant plus précisément des contrats successifs dont l'exécution peut être fractionnée en tranches successives –ce que l'on désigne parfois comme des *contrats échelonnés* [2] – la rétroactivité de la résolution peut être limitée si les parties n'avaient pas voulu traiter leurs relations de façon indivisible mais comme une série de contrats [3]. Alors, la résolution ne reviendra pas sur ce qui a été exécuté. Elle n'effacera le contrat qu'à compter de l'inexécution. C'est une solution de cette nature qui a été consacrée par un arrêt de la troisième Chambre civile du 30 avril 2003 aux termes duquel « si dans un contrat synallagmatique à exécution successive, la résiliation judiciaire n'opère pas pour le temps où le contrat a été régulièrement exécuté, la résolution judiciaire pour absence d'exécution ou exécution imparfaite dès l'origine entraîne l'anéantissement rétroactif du contrat » [4]. La règle est bonne car c'est en effet le défaut d'exécution procurant satisfaction, lequel peut être originel, qui doit constituer le point de départ des effets de la résolution, afin qu'un contractant ne fournisse pas une prestation sans contrepartie. Il est donc regrettable que la Cour de cassation, qui souhaite, semble-t-il, laisser une assez grande liberté aux juges du fond, n'ait pas réaffirmé et précisé ce principe, notamment en indiquant ce qu'il faut entendre par exécution « régulière » ou, à l'inverse, « imparfaite », se contentant de juger, plus récemment, que la résiliation judiciaire des contrats à exécution successive ne prend pas nécessairement effet à la date de la décision qui la prononce [5].

Il est parfois décidé de ne pas exclure le principe de rétroactivité dans ces hypothèses d'exécution successive et de laisser au juge le soin d'indemniser, s'il y a lieu, les prestations accomplies sans contrepartie [6]. Le juge est alors libre de son appréciation quant à la valeur des prestations exécutées, sans être tenu par les stipulations contractuelles. Parfaitement orthodoxe, cette solution est cependant contestable : outre que, dans le cas des contrats à exécution successive, une telle solution paraît directement contraire à la volonté des parties, en tant qu'elles n'ont pas voulu traiter de façon indivisible, elle ne semble pas conforme au fondement même de la résolution judiciaire. Il s'agit, en effet, d'une considération de justice qui vise à décharger le créancier d'une obligation que l'inexécution du débiteur rend injuste [7]. Cela n'impose pas de remettre en cause ce qui a été exécuté conformément au contrat ni de soustraire aux prévisions contractuelles les prestations qui ont été dûment exécutées. Tout au contraire, ce fondement incline à maintenir tout ce qui a été exécuté conformément à l'économie du contrat [8] et, lorsque ce qui a été exécuté unilatéralement ne peut être restitué, à maintenir les obligations du débiteur afférentes aux

---

1. En ce sens, Civ. 1re, 1er oct. 1996, *Bull. civ.* I, n° 332.
2. Civ. 1re, 3 nov. 1983, *Bull. civ.* I, n° 252, *Defrénois* 1984, art. 33368, n° 81, obs. AUBERT, *RTD civ.* 1985.166, obs. MESTRE. Cf. MALAURIE et AYNÈS, n° 744.
3. Civ. 1re, 3 nov. 1983, préc. Rappr. Com. 22 oct. 1996, *Bull. civ.* IV, n° 260. Comp. Art. 1160, *Avant-projet de réforme*.
4. Civ. 3e, 30 avr. 2003, *Bull. civ.* III, n° 87, *JCP* 2003.I.170, n° 2, obs. CONSTANTIN, *JCP* 2004.II.10031, note JAMIN, *RTD civ.* 2003, spéc. p. 502, obs. MESTRE et FAGES, *Defrénois* 2003, art. 37810, n° 91, obs. SAVAUX, *RJDA* 2003, n° 694, *JCP*, éd. E, 2003.1665, n° 2, obs. J. MONÉGER, *Ann. Loyers* 2003.750, note ATIAS, *Rev. Loyers* 2003.407, note HUMBLOT GIGNOUX, *JCP*, éd. E, 2004.30, note KEITA.
5. Civ. 3e, 1er oct. 2008, *Defrénois* 2008, art. 38874, n° 1, obs. LIBCHABER, *RDC* 2009/1, 70, obs. GENICON et 168, obs. SEUBE, *Dr. et procédures* janv.-févr. 2009, « Droit des baux immobiliers », n° 1, obs. SAVAUX.
6. En ce sens, Civ. 3e, 7 juin 1989, *Bull. civ.* III, n° 134.
7. *Supra*, n° 247.
8. Cf. Civ. 3e, 30 avr. 2003, préc.

prestations qu'il a reçues. De telles solutions paraissent d'autant plus recommandables dans le cas de la résolution que, à la différence de la nullité, l'anéantissement du contrat ne se fonde pas sur un vice affectant sa formation mais seulement sur un incident de son exécution.

Ces solutions pourraient avoir une justification plus facile encore si l'on estime, comme il a été soutenu, d'une part, que la résolution n'affecte en réalité que les obligations nées du contrat, et non celui-ci en tant qu'élément normatif, et d'autre part, que l'on analyse les contrats échelonnés comme générateurs de rapports d'obligation multiples qui se succèdent dans le temps[1]. Elles pourraient aussi s'expliquer par la distinction de l'effet rétroactif et de l'effet résolutoire, défini comme une disparition de la force obligatoire du contrat, en vue du retrait d'une opération économique devenue non réalisable, qui ne nécessite pas toujours un effacement rétroactif du contrat[2].

§ 2. Les exceptions au caractère judiciaire de la résolution

256. Idée générale. – La nécessité de recourir à une action en justice n'est pas sans inconvénients : coût, lenteur et impossibilité pour le créancier, dans l'attente de la décision du juge, de retrouver sa liberté d'action.

Pour l'éviter, les parties au contrat peuvent stipuler une *clause résolutoire*, qui emportera la résolution *de plein droit* du contrat. Du reste, la loi et la jurisprudence elle-même autorisent parfois le créancier à se libérer *unilatéralement* du contrat inexécuté.

A. La clause résolutoire

257. Utilité. – La *clause résolutoire*[3] est celle qui stipule que le contrat sera résolu de plein droit en cas d'inexécution par l'une des parties, de ses obligations. Son intérêt essentiel est de supprimer, sauf pour le créancier lui-même, le caractère facultatif de la résolution judiciaire : le tribunal ne pourra refuser de la prononcer ; le débiteur ne pourra plus l'empêcher par une exécution tardive.

Techniquement, cette clause fait de l'inexécution une condition résolutoire ordinaire. On peut toujours stipuler qu'un contrat sera résolu *si* tel événement se réalise ; on peut stipuler qu'il sera résolu *s'il* n'est pas exécuté dans tel délai. Mais il y a là un risque d'abus, surtout lorsque l'une des parties est en état de supériorité par rapport à l'autre, l'abus consistant à stipuler la résolution pour le moindre manquement du débiteur.

258. Validité. – La validité de la clause est cependant la règle. L'article 1656, qui prévoit la possibilité de la stipuler dans la vente d'immeuble pour le défaut de paiement du prix, sous-entend que le caractère judiciaire de la résolution n'est pas d'ordre public. C'est une manifestation de la liberté contractuelle.

---

1. Alors, la résolution « éteindra uniquement le rapport d'obligation inexécuté, laissant intacts les autres rapports d'obligation correctement exécutés, parce qu'ils sont indépendants » (Rigalle-Dumetz, *La résolution partielle du contrat,* thèse, préc., n° 471 ; v. aussi n°s 459 et s. sur les contrats échelonnés). L'auteur souligne opportunément l'indépendance des rapports d'obligation pris en considération : à défaut d'une telle indépendance –en cas d'affirmation d'indivisibilité par les parties, notamment– la solution n'a plus lieu d'être.

2. Genicon, *op. cit.*, n°s 697 et s.

3. Paulin, *La clause résolutoire*, préf. Devèze, LGDJ, 1996 ; Borricand, « La clause résolutoire expresse dans les contrats », *RTD civ.* 1957.433. V. également Genicon, « La résolution du contrat pour inexécution », préc., n°s 338 et s. et 371 et s.

Certaines dispositions spéciales, cependant, l'interdisent parfois. Ainsi en va-t-il pour le *bail à ferme* (C. rur., art. L. 411-31, nouv.). En matière de *baux commerciaux*, la clause est licite, mais sa mise en œuvre est soumise à des exigences précises (C. com., art. L. 145-41), de mise en demeure, notamment. En matière de *baux d'habitation*, la clause n'est admise que pour les obligations essentielles du locataire (paiement du loyer et des charges, souscription d'une assurance –article 4, *g*, de la loi du 6 juillet 1989) et elle est soumise à un régime très strict nécessitant pareillement une mise en demeure avec délai, et même, depuis une réforme du 29 juillet 1998, un constat par le *juge* du jeu de la clause[1]. On trouve des dispositions analogues en matière de vente d'immeuble à construire (C. constr., art. L. 261-13) ainsi que pour la promotion immobilière (C. constr., art. 222-4).

Dans les contrats conclus *entre professionnels et non professionnels ou consommateurs*, la question a été naturellement posée de l'éventuel *caractère abusif* d'une telle clause. Dans plusieurs recommandations, la Commission des clauses abusives a demandé que soient supprimées de modèles de contrats (d'hôtellerie de plein air, de location de véhicules automobiles, de fourniture d'accès à Internet ...) des clauses de résiliation qu'elle considère comme abusives, notamment parce qu'elles prévoient la résiliation pour tout type de manquement à ses obligations, même non essentielles, par le consommateur, ou pour l'inexécution d'obligations imprécises. Les tribunaux ont aussi déclaré abusives de telles de clauses, soit dans ces types de contrats[2], soit dans d'autres, tels les crédits à la consommation[3]. Désormais, la validité des clauses résolutoires pour le cas d'inexécution devra être appréciée au regard du réseau assez dense de règles qui concernent les clauses résolutoires, en général. Les plus importantes sont les suivantes. L'article R. 132-1 8° (Décr. 18 mars 2009) *présume de manière irréfragable abusives* les clauses ayant pour objet ou pour effet de reconnaître au professionnel le droit de résilier discrétionnairement le contrat, sans reconnaître le même droit au non-professionnel ou consommateur. L'article R. 132-2 8° du Code de la consommation (Décr.18 mars 2009) *présume abusives*, sauf au professionnel à rapporter *la preuve contraire*, celles ayant pour objet ou pour effet de soumettre la résolution ou la résiliation du contrat à des conditions ou des modalités plus rigoureuses pour le non-professionnel ou le consommateur que pour le professionnel.

Toutefois, lors même que la validité de la clause résolutoire n'est pas en question, la jurisprudence adopte à son égard une attitude systématiquement restrictive.

259. Effet de la clause résolutoire. – L'efficacité des stipulations relative à la résolution du contrat pour inexécution est étroitement tributaire de leur rédaction. On constate, à cet égard, une jurisprudence stricte, qui soumet la clause résolutoire à de nombreuses exigences.

Lorsque les parties ont seulement stipulé que le contrat serait résolu à défaut d'exécution, la jurisprudence estime qu'elles n'ont rien ajouté aux dispositions de l'article 1184, de sorte que la clause n'écarte pas l'exigence d'une résiliation judiciaire posée par ce texte : « les clauses résolutoires doivent exprimer de manière non équivoque la commune intention des parties de mettre fin de plein droit à leur convention »[4].

---

1. L. 6 juill. 1989, art. 24. V. sur l'ensemble de la question, *Droit de la gestion de l'immeuble* 2000, Dalloz Action, *Location d'habitation et mixte*, par AUBERT et BIHR, n°s 3906 et s.

2. Jugeant au contraire non abusive la clause résolutoire contenue dans un contrat de fourniture d'accès à Internet visant des manquements graves aux obligations essentielles et prévoyant une faculté de résiliation réciproque : Civ. 1re, 8 nov. 2007, *JCP* 2007. I. 104, obs. GROSSER.

3. POISSONNIER, « Les clauses résolutoires abusives dans les contrats de crédit à la consommation », *D.* 2006. chron. 370.

4. Par ex. Civ. 3e, 7 oct. 1998, *Bull. civ.* III, n° 191 ; Civ. 3e, 12 oct. 1994, *Bull. civ.* III, n° 178, *JCP* 1994.I.3828, n° 13, obs. JAMIN ; Req. 3 mai 1937, *DH* 1937.364. Comp. Civ. 1re, 17 mai 1993, *Bull. civ.* I, n° 182, *D.* 1994.483, note PAULIN.

C'est donc seulement si la clause est précise quant à cette résolution de plein droit qu'elle peut effectivement valoir comme clause résolutoire. Cela entraîne les effets suivants :

– d'une part, la résolution résulte du seul fait que le débiteur n'a pas exécuté son obligation dans les délais prévus. Mais il faut tenir compte de la jurisprudence selon laquelle la clause ne peut jouer qu'à l'égard d'une obligation effectivement stipulée, de façon précise, par le contrat, lors même qu'il s'agirait d'une obligation légale [1] ;

– d'autre part, la résolution se produit *sans jugement*, ce qui est son objet immédiat. Cependant, le créancier doit mettre le créancier *en demeure*, avec le rappel de la clause résolutoire et en lui précisant l'inexécution qui lui est imputée ainsi que le délai dont il dispose pour se conformer à ses obligations [2]. Dès lors que ces exigences sont satisfaites, la clause produit son effet, cette efficacité immédiate n'étant pas remise en cause par une demande de constatation judiciaire de la résolution du contrat [3]. Cela étant, les parties ont toujours la faculté d'écarter l'exigence de mise en demeure. Il leur faut, pour cela, stipuler précisément que la résolution se produira de plein droit et sans sommation, en cas d'inexécution à l'échéance [4].

Néanmoins, toute intervention du tribunal n'est pas exclue. En particulier, si le fait même de l'inexécution reprochée au débiteur est contesté, le procès ne pourra pas être évité. Mais alors, le juge n'a pas de pouvoir d'appréciation : soit il constate qu'il n'y a pas inexécution, et il écarte le jeu de la clause résolutoire ; soit il constate que cette inexécution est réelle, et il doit se borner à constater pareillement la résolution du contrat.

La méfiance de la jurisprudence à l'égard de cette sorte de clause se manifeste encore par l'exigence d'une mise en œuvre *de bonne foi* par le créancier [5]. Celui-ci doit faire preuve de loyauté dans la mise en œuvre de la clause –par exemple, on ne saurait admettre qu'il ait mis le débiteur dans l'impossibilité d'exécuter ses obligations. À défaut de cette bonne foi, la clause résolutoire est écartée.

En revanche, la bonne foi du *débiteur* n'a pas d'effet sur le jeu de la clause résolutoire [6]. Cette bonne foi ne peut, en effet, l'absoudre de l'inexécution de son obligation : elle n'est rien d'autre que la règle ordinaire de l'exécution du contrat.

---

1. Cf. Civ. 3e, 18 mai 1988, *Bull. civ.* III, no 94. Comp. Art. 1159, al. 1er, *avant-projet de réforme*. Dans un ordre d'idée différent, un arrêt a jugé –dans le cas d'une vente– que la clause résolutoire ne pouvait pas être invoquée dès lors que le contrat était résolu pour défaut de conformité, Civ. 3e, 24 nov. 1999, *D.* 2000. 599, note VINCKEL.

2. V. par ex. Com. 17 mars 1992, *Bull. civ.* IV, no 122, *JCP* 1992.I.3608, p. 367, obs. VIRASSAMY.

3. Civ. 3e, 28 janv. 2004, *Bull. civ.* III, no 13, *JCP* 2004.IV, no 1576 (dans un cas, particulièrement significatif, où cette constatation judiciaire était sollicitée après l'ouverture d'une procédure collective tandis que l'acquisition de la clause était antérieure au jugement d'ouverture).

4. V. également art. 1159, al. 2, *avant-projet*. Même dans ce cas, la résolution ne prend effet qu'à la date de la réception par le débiteur, de la notification de la résolution qui doit lui être faite (art. 1159, al. 3).

5. Par ex. Civ. 1re, 16 févr. 1999, *Bull. civ.* I, no 52, *D.* 2000. somm. 360, obs. D. MAZEAUD, *Defrénois* 2000, art. 37107, no 9, obs. D. MAZEAUD ; Civ. 3e, 17 juill. 1992, *Bull. civ.* III, no 254, *D.* 1992. somm. 399, obs. AUBERT. Comp. pour des fautes commises par le créancier à l'occasion de la formation du contrat, Civ. 1re, 13 nov. 1997, *Bull. civ.* I, no 306.

6. V. Civ. 3e, 24 sept. 2003, *RTD civ.* 2003.707, obs. MESTRE et FAGES, *Defrénois* 2004, art. 37866, p. 139, note DAGORNELABBE, et art. 37894, no 26, obs. AUBERT, *RDC* 2004.644, obs. D. MAZEAUD (« En cas d'inexécution de son engagement par le débiteur, sa bonne foi est sans incidence sur l'acquisition de la clause résolutoire »). V. aussi, D. MAZEAUD, « Le juge et le contrat. Variations optimistes dur un couple " illégitime" », *in Mélanges offerts à Jean-Luc* AUBERT, Dalloz, 2005, p. 235, spéc. no 28 (où l'auteur relève, peut-être avec quelque regret, que « ... la loyauté du débiteur en difficulté ne le met pas à l'abri du jeu particulièrement rigoureux de cette sanction »). V. aussi, Civ. 3e, 10 mars 1993,

Il reste à observer que la clause résolutoire est une clause stipulée dans l'intérêt exclusif du *créancier*[1]. Il en résulte : d'abord, que cette stipulation ne prive pas celui-ci de son option ordinaire entre exécution ou résolution du contrat[2] de sorte qu'il reste libre d'agir en paiement contre le débiteur ; ensuite, que le *débiteur* ne peut se prévaloir de sa propre inexécution pour prétendre que le contrat est résolu.

D'une façon générale, la jurisprudence se montre assez compréhensive quant à la liberté d'action du créancier bénéficiant d'une clause résolutoire. Cette stipulation ne le prive pas du droit de choisir la résolution judiciaire[3]. Plus nettement encore, il est admis que le créancier qui a échoué dans la mise en œuvre de la clause résolutoire peut ensuite engager l'action en résolution judiciaire sur le fondement des mêmes manquements du débiteur[4].

B. La résolution par la volonté unilatérale du créancier

260. Facultés légales de rupture unilatérale. – La loi admet, parfois, que le créancier peut, en l'absence de toute clause résolutoire, rompre unilatéralement le contrat sans recourir au juge.

Ainsi en est-il, notamment, pour l'article 1657 qui prévoit la résolution de plein droit de la *vente de denrées et effets mobiliers*, pour le cas où l'acquéreur ne retire pas, à la date prévue, les marchandises achetées : le vendeur ne peut en rester encombré pendant la durée d'un procès.

De même, l'article L. 113-3 du Code des assurances autorise l'assureur à résilier le contrat d'assurance en cas de non paiement des primes. Il doit, pour cela, suivre un processus de mise en demeure très précis.

261. Réalisme de la jurisprudence : la résiliation unilatérale en cas de comportement grave du débiteur. – En dehors même de toute disposition légale, la jurisprudence dispense parfois le créancier de l'appel au juge, lorsque le comportement du débiteur met gravement en danger ses intérêts[5]. Initialement limitée à des circonstances exceptionnelles, d'urgence notamment, cette résiliation unilatérale est désormais fondée sur la gravité du comportement du débiteur et elle tend à s'ériger en alternative à la résolution judiciaire.

D. 1993.357, note BIHR, *Defrénois* 1994, art. 35746, n° 19, obs. D. MAZEAUD, *JCP* 1993.I.3725, p. 535, obs. JAMIN, *Contrats, conc. consomm.* 1993.149, obs. LEVENEUR.

1. Cela n'exclut pas que certaines modalités de la résolution retenues par les parties –nécessité d'une mise en demeure, délai pour exécuter avant que la résolution soit acquise...– prennent en considération l'intérêt du débiteur. Cf. Com. 14 janv. 1997, *Rev. jurispr. com.* 1998.1504, note WICKER.

2. Civ. 1re, 11 janv. 1967, *Bull. civ.* I, n° 15.

3. Civ. 3e, 27 nov. 1991, *D.* 1992.441, Com. 7 mars 1984, *JCP* 1985.II.20407, note DELEBECQUE. Toutefois, s'il donne la préférence à la résolution judiciaire, il peut être tenu de respecter certaines modalités prévues par le contrat dans l'intérêt du débiteur, Com. 14 janv. 1997, préc.

4. V. Civ. 3e, 4 mai 1994, *Bull. civ.* III, n° 84, *JCP* 1995.II.22380, note BOCCARA.

5. Cette faculté exceptionnelle de résiliation unilatérale est liée à l'exécution du contrat. Elle ne saurait en aucun cas se fonder sur un déséquilibre structurel initial du contrat. V. Civ. 1re, 16 mars 2004, *Bull. civ.* I, n° 86, *D.* 2004.1754, note D. MAZEAUD, somm. 1642 (à remarquer que cette décision a fait couler beaucoup d'encre en ce que certains ont été tentés de l'interpréter en faveur d'une prise en considération de l'imprévision dans la vie du contrat. Sur l'imprévision, v. Vol. 1er *–L'acte juridique–*, nos 404 et s.).

Ce courant jurisprudentiel, qui semble s'être originairement manifesté dans les relations de travail où il a été consacré, ensuite, par des dispositions du Code du travail [1], concerne aujourd'hui toutes les relations contractuelles [2]. L'idée générale est que, dans certaines situations où les conditions d'exécution de contrat se trouvent gravement altérées [3], pratiquement lorsque la faute caractérisée du débiteur met en péril grave les intérêts du créancier, celui-ci est admis à rompre le contrat immédiatement, sans intervention du juge. **Exemple :** un médecin, employé par une clinique, manque gravement à ses obligations professionnelles au point de mettre en danger la santé de ses patients ; la clinique peut rompre unilatéralement le contrat sans avoir à attendre la décision du juge. La jurisprudence traduit cette idée par le fait que la gravité du comportement d'une partie à un contrat peut justifier que l'autre partie mette fin à ce contrat de façon unilatérale [4]. C'est une résurgence de la justice privée qui est, exceptionnellement, justifiée par la nécessité de mettre fin à un contrat dont l'exécution est irrémédiablement compromise par le comportement du débiteur [5]. Au demeurant, l'exercice de cette faculté de résolution, ou plus exactement, de *résiliation unilatérale* du contrat, ouvre la possibilité d'un contrôle *a posteriori*.

En effet, une telle rupture unilatérale peut donner lieu à une sanction ultérieure : c'est *à ses risques et périls* que le créancier prend sa décision [6]. Le débiteur qui a subi la résiliation peut, ensuite, saisir le juge pour faire constater que la rupture du contrat n'était pas justifiée et demander la réparation du préjudice qui en est résulté pour lui [7].

Il a été jugé que cette faculté de résiliation unilatérale n'était pas exclue par la stipulation au contrat d'une clause résolutoire, et cela même dans le cas où le créancier aurait commencé par faire

---

1. V. STARCK, ROLAND et BOYER, t. 2, n° 1952.

2. LE BARS, « La résiliation unilatérale du contrat pour cause d'intérêt légitime », *D.* 2002.381 ; AMRANI-MEKKI, « La résiliation unilatérale des contrats à durée déterminée », *Defrénois* 2003, art. 37688, p. 369. « Rupture unilatérale du contrat : vers un nouveau pouvoir », *Dr. et patrimoine* 2004, n° 126 ; GRIDEL et LAITHIER, « Les sanctions civiles de l'inexécution du contrat imputable au débiteur : état des lieux », *JCP* 2008. I. 143, n°s 43 et s. ; GENICON, « La résolution du contrat pour inexécution », préc., n°s 573 et s.

3. Civ. 1re, 13 mars 2007, *JCP* 2007. I. 161, n° 12 obs. GROSSER.

4. Civ. 1re, 28 oct. 2003, *Bull. civ.* I, n° 211, *JCP* 2004.II.10108, note LACHIÈZE, *RTD civ.* 2004.89, obs. MESTRE et FAGES, *Defrénois* 2004, art. 37894, n° 24, obs. LIBCHABER, et n° 26, obs. AUBERT, *RDC* 2004. 273, obs. AYNÈS, et 277, obs. D. MAZEAUD (« la gravité du comportement d'une partie à un contrat peut justifier que l'autre partie y mette fin de façon unilatérale à ses risques et périls, peu important que le contrat soit à durée déterminée ou indéterminée »). V. aussi, Civ. 1re, 20 févr. 2001, *Bull. civ.* I, n° 40, *D.* 2001. J. 1568, note JAMIN, somm. 3239, obs. D. MAZEAUD, *RTD civ.* 2001.363, obs. MESTRE et FAGES, *Defrénois* 2001, art. 37365, n° 41, obs. SAVAUX ; Civ. 1re, 13 oct. 1998, *Bull. civ.* I, n° 300, *Defrénois* 1999, art. 36954, n° 17, obs. D. MAZEAUD ; Civ. 1re, 28 avr. 1987, *Bull. civ.* I, n° 134, *D.* 1988.1, note DELEBECQUE. Comp. Com. 15 janv. 1973, *Bull. civ.* IV, n° 24, *D.* 1973.473, note GHESTIN, *Gaz. Pal.* 1973.2.495, note GUYENOT. V. aussi FAGES, *Le comportement du contractant*, préf. MESTRE, n°s 809 et s.

Un arrêt a utilisé la formule de « manquement », et non de « comportement » grave, ce dont l'annotateur a déduit qu'il n'y aurait plus de spécificité, quant aux conditions de fond, de la résiliation unilatérale par rapport à la résolution judiciaire (Civ. 1re, 13 mars 2007, *JCP* 2007. I.161, n° 12, obs. GROSSER). Au demeurant, bien que le contraire ait été soutenu, on ne voit pas pourquoi le juge sanctionnerait une résiliation unilatérale intervenue dans des circonstances où il aurait lui-même résolu le contrat.

5. Celui-ci peut résider dans l'incapacité du cocontractant d'accomplir sa mission : Civ. 1re, 5 nov. 2008, *RTD civ.* 2009.119, obs. FAGES, à propos de l'entraînement d'un cheval.

6. V. en particulier, Civ. 1re, 28 oct. 2003, préc. ; Civ. 1re, 13 oct. 1998, préc. Rappr. MALECKI, *L'exception d'inexécution*, thèse, préc., L'auteur fonde cette résolution unilatérale « anticipée » sur l'exception d'inexécution, n°s 104 et s., spéc. n°s 127, 131 et 142.

7. V. par exemple, pour un échec de la demande : Civ. 1re, 14 janv. 2003, *Bull. civ.* I, n° 12 ; Civ. 1re, 13 oct. 1998, préc. STOFFEL-MUNCK, « Le contrôle *a posteriori* de la résiliation unilatérale », *Dr. et patrimoine* 2004, n° 126, préc. Un auteur a cru pouvoir observer une insuffisance des mesures curatives et a souligné en conséquence la nécessité d'un encadrement préventif de la résiliation unilatérale. V. AMRANI-MEKKI, *op. cit.*, n°s 27 et s.

jouer ladite clause[1]. La solution mérite d'être approuvée sous réserve que les conditions de la résiliation unilatérale soient effectivement réunies, ce qui suppose, dans un tel cas, nous semble-t-il, que le jeu de la clause résolutoire ne suffise pas à protéger suffisamment les intérêts du créancier. À défaut, une telle résiliation unilatérale serait entachée de mauvaise foi[2].

Ce réalisme de la jurisprudence se retrouve dans une solution –au fond très proche de celles qui viennent d'être évoquées, mais qui concerne un cas de figure différent– consacrée par un arrêt de la 1re Chambre civile du 7 novembre 2006[3]. En substance, il est jugé que l'inertie des parties dans la mise en œuvre d'une convention préparatoire d'un accord contractuel emportait la *caducité*[4] de la dite convention, de sorte que les obligations qui en résultaient pour les parties étaient sans « valeur juridique » et que leur « débiteur » en était affranchi sans avoir à opérer une résiliation du contrat.

L'*avant-projet de réforme du droit des obligations* consacre la résolution à l'initiative du créancier sans la subordonner à l'existence d'un comportement d'une particulière gravité du débiteur. Le créancier a en effet toujours le choix entre la résolution judiciaire et la résolution unilatérale (art. 1158, al. 2). S'il opte pour ce second terme, il doit au préalable mettre le débiteur en demeure d'exécuter dans un délai raisonnable. Si cette mise en demeure reste infructueuse, le créancier peut alors résoudre le contrat (même texte). Il doit alors notifier la résolution au débiteur, ainsi que les raisons qui la motivent. La résolution prend effet lors de la réception de cette notification (art. 1158, al. 3). Elle peut être contestée en justice par le débiteur (art. 1158-1).

Le *projet de réforme du droit des contrats* de la Chancellerie ne prévoit la résolution par notification que dans le cas d'inexécution privant le créancier de son intérêt au contrat, ce qui est nettement restrictif (art. 168). Le créancier doit alors adresser au débiteur une mise en demeure mentionnant qu'à défaut d'exécution, il sera en droit de résoudre le contrat. Le débiteur peut saisir le juge des référés pour contester la résolution. À défaut d'exécution et de saisine du juge, la créancier notifie la résolution qui prend effet à la réception de la notification.

Le *projet de réforme du droit des contrats* de l'Académie des sciences morales et politiques (art. 108) admet la résolution du contrat par notification en cas de grave inexécution, ce qui est plus exigeant que le premier texte évoqué précédemment, moins que le deuxième. La procédure est en gros la même que dans les autres projets.

Section III
La théorie des risques

262. Le problème. – L'hypothèse est que l'une des parties à un contrat synallagmatique est mise dans l'impossibilité d'exécuter son obligation par un *cas de force majeure*. Cette obligation est alors éteinte, sans qu'il y ait lieu à dommages-intérêts. Mais la question est de savoir ce que devient l'obligation réciproque du cocontractant.

Exemple : un immeuble loué est détruit par la foudre. Le bailleur est alors libéré de son obligation d'assurer la jouissance des lieux au locataire. Celui-ci est-il, du même coup, déchargé de son obligation de payer le loyer ?

Techniquement, il s'agit de déterminer sur qui pèsent les *risques* de l'impossibilité d'exécution qui affecte l'une des obligations. L'option est simple :

---

1. Com. 4 févr. 2004, *JCP* 2004.I.149, n° 15, obs. ROCHFELD, *RTD civ.* 2004.731, obs. MESTRE et FAGES.
2. Rappr. les remarques des commentateurs précitées.
3. Civ. 1re, 7 nov. 2006, *Bull. civ.* I, n° 457.
4. Sur la *caducité*, v. Vol. 1, n° 322.

– soit on décide que les risques doivent peser sur le *créancier*[1] : dans l'exemple, le locataire reste tenu de payer les loyers ;

– soit on décide qu'il pèse sur le *débiteur :* dans l'exemple, le bailleur ne peut plus rien réclamer au locataire.

Pour résoudre ce problème, il existe une règle de principe qui comporte une transposition dans le cas particulier des contrats translatifs de propriété.

§ 1. La règle de principe

263. Le principe : les risques sont à la charge du débiteur. – Il ne fait pas de doute que les risques doivent peser *sur le débiteur*[2]. La force majeure, qui éteint directement son obligation, éteint l'autre par contrecoup. Elle fait ainsi tomber le contrat tout entier : le bailleur est libéré par la force majeure ; le locataire aussi.

Le Code civil ne pose pas la règle en principe général, mais il la met en œuvre à différentes reprises ; article 1722, pour le bail d'habitation ; articles 1788 et 1790, pour le louage d'ouvrage[3].

La *doctrine* a toujours admis le principe général : celui qui ne peut pas fournir la prestation à laquelle il s'était engagé perd le droit de recevoir celle qui lui avait été promise. Les seules nuances concernent encore une fois le fondement de la règle : principe de justice commutative, ou défaillance de la cause. C'est encore une manifestation de l'interdépendance des obligations.

La *jurisprudence* consacre le même principe, mais en se fondant sur l'article 1184[4] : le contrat est résolu parce que l'une des obligations n'est pas exécutée. En réalité, ce texte est vidé, dans ce cas, de l'essentiel de sa substance : la force majeure n'autorise pas les multiples nuances de la résolution judiciaire –délai, dommages-intérêts[5]... L'essentiel demeure que, pour la jurisprudence aussi, les risques sont à la charge du débiteur[6].

264. Conséquences. – Il faut distinguer selon la portée de l'impossibilité d'exécuter. Si l'impossibilité d'exécution est *totale*, le contrat est rétroactivement détruit et il y a lieu, le cas échéant à restitution de ce qui a été payé par le créancier. Comme au cas de résolution judiciaire, s'il s'agissait d'un contrat à exécution successive, la résolution ne doit jouer que pour l'avenir et opérer une simple *résiliation* du contrat.

Si l'impossibilité d'exécution n'est que *partielle* –y inclus le cas où elle ne concerne qu'une obligation accessoire– le juge recouvre un certain pouvoir d'appréciation : soit il estime que l'inexécution est trop grave pour laisser subsister le contrat ; soit il juge que l'inexécution laisse un intérêt au contrat, de sorte que le créancier n'est pas totalement libéré. L'article 1722 donne une bonne illustration du mécanisme, qui prévoit qu'en cas de destruction partielle de la chose louée, le preneur –créancier de l'obligation

---

1. ... de l'obligation inexécutée, toujours, mais cette fois éteinte.
2. Un adage classique exprime la règle : *res perit debitori* –la chose est perdue pour le débiteur.
3. Les rédacteurs de l'*avant-projet de réforme du droit des obligations* proposent d'intégrer la théorie des risques à la résolution. Cela résulte implicitement de l'article 1158 qui ouvre cette sanction dans tous les cas d'inexécution, quelle qu'en soit la cause. Sur les autres projets de réforme, v. *supra* n° 249, en note.
4. V. *supra*, n° 249.
5. V. cependant, Com. 30 juin 1992, *Bull. civ.* IV, n° 258, *D.* 1994.454, note Benabent.
6. V. notamment, Civ. 13 mars et 14 juin 1907, *D.* 1907.1.281, note Planiol, *S.* 1907.1.321, note Chavegrin.

partiellement inexécutée– peut, selon les circonstances, demander une diminution du loyer ou la résiliation du contrat. C'est au juge qu'il revient de décider[1].

§ 2. Le cas particulier des contrats translatifs de propriété

265. Le cas de l'article 1138, alinéa 2. – L'hypothèse est que l'obligation dont l'exécution devient impossible est celle de *livrer un corps certain*, obligation engendrée par un contrat translatif de propriété. **Exemple :** une vente est conclue et la chose vendue périt par cas fortuit avant d'avoir été livrée à l'acheteur. Le vendeur est libéré de son obligation de livrer ; qu'en est-il de l'acheteur ?

La question est réglée par l'article 1138, alinéa 2, qui dispose que l'obligation de livrer « rend le créancier propriétaire et met la chose à ses risques dès l'instant où elle a dû être livrée (c'est-à-dire dès la conclusion du contrat), encore que la tradition (c'est-à-dire la livraison) n'en ait point été faite » ... Le « créancier », c'est celui de l'obligation inexécutable –l'acheteur. En vertu de l'article 1138, alinéa 2, il doit le prix, bien qu'il ne puisse plus obtenir la chose. C'est lui qui supporte les risques.

La solution semble ainsi contraire au principe, précédemment exposé, qui veut que les risques soient à la charge du *débiteur* de l'obligation inexécutable, ici, le vendeur. Mais il ne s'agit que d'une apparence.

Il faut, en effet, tenir compte de l'incidence décisive du principe du transfert de la propriété par le seul consentement des parties au contrat (transfert *solo consensu*) : l'acheteur devient *propriétaire* dès l'instant de la vente, sans égard pour la livraison de la chose. Cela signifie que, dans ce cas, l'obligation principale du vendeur –le transfert de la propriété– est immédiatement exécutée par le seul accord de volontés qui détermine la conclusion du contrat.

Il est alors facile de comprendre la solution de l'article 1138, alinéa 2. En réalité, il n'y a pas d'obligation inexécutable : l'obligation de transférer la propriété *a été exécutée* dès la conclusion du contrat[2]. Cela étant acquis, ce n'est pas en tant que créancier que l'acheteur supporte ici les risques ; c'est en qualité de *propriétaire de la chose vendue*. Il est d'élémentaire bon sens en effet que, lorsqu'une chose vient à être détruite par cas fortuit, la perte soit pour celui qui en est propriétaire.

En bref, le problème qui se pose ici n'est plus le même que celui qui a été vu au paragraphe précédent : là, il s'agissait de régler la question des *risques du contrat* (charge du risque d'une inexécution fortuite) au lieu qu'ici ce sont les *risques de la chose* (charge du risque de disparition fortuite de la chose) qui sont en cause. En d'autres termes, à côté du *principe* que le risque de l'inexécution fortuite de *l'obligation* est à la charge du *débiteur*, il existe une *autre règle* selon laquelle le risque de perte fortuite de la *chose* pèse sur le *propriétaire*[3].

---

1. Cf. Civ. 3e, 19 mars 1997, *Bull. civ.* III, no 62 (demande en résiliation formée et obtenue par le bailleur, en considération de la gravité de la destruction partielle de l'immeuble). V. aussi, Civ. 3e, 11 juill. 1990, *Bull. civ.* III, no 172.

2. Selon d'autres analyses, qui nient l'existence d'une obligation de transférer la propriété, c'est l'effet translatif du contrat qui se produit immédiatement. Cela n'a pas d'incidence sur la charge des risques.

3. Adage : *res perit domino* –la chose est perdue pour le propriétaire. V. Sériaux, « *Res perit domino* », *Mélanges Serra*, Dalloz, 2006.

266. Conséquences et vérification de l'analyse. – Cette prise en considération de la qualité de propriétaire, au lieu de celle de créancier, permet de régler différents cas particuliers.

Il peut arriver, d'abord, que les parties aient *différé le transfert de la propriété* [1] par la stipulation d'un terme [2] : par exemple, il a été convenu que l'acheteur ne deviendrait propriétaire qu'à l'expiration d'un délai de deux mois après la vente. Alors, si la chose disparaît en cours de délai, les risques sont à la charge du vendeur, qui est resté propriétaire. Il ne pourra donc pas prétendre au paiement du prix [3].

Dans le cas, ensuite, où le transfert de la propriété a été affecté d'une *condition suspensive* –l'acheteur deviendra propriétaire *si* tel événement se produit [4] – l'article 1182 attribue au *débiteur*, c'est-à-dire au vendeur, les risques de perte fortuite survenue entre le contrat et la réalisation de la condition. C'est encore parce que, jusqu'à ce moment, il est resté *propriétaire.*

À rapprocher : l'hypothèse où la vente est assortie d'une *clause de réserve de propriété*. En vertu de cette clause, le vendeur déclare conserver, à titre de garantie de paiement, la propriété du bien vendu jusqu'au complet règlement du prix [5]. Les risques de la chose restent là encore à la charge du vendeur qui demeure propriétaire [6].

Enfin, le transfert de propriété peut avoir été affecté d'une *condition résolutoire :* l'acheteur devient immédiatement propriétaire mais perdra cette propriété si tel événement se produit. On admet alors, en l'absence de disposition légale sur ce cas, que si la chose périt entre le moment du contrat et la réalisation de la condition, les risques pèsent sur l'acheteur qui a, alors, la qualité de propriétaire : il reste débiteur du vendeur. L'effet rétroactif de la résolution est ici écarté.

Dans tous les cas s'applique ainsi la règle que la perte de la chose est à la charge de son propriétaire.

267. Cas particuliers. – Le Code civil prévoit, cependant, deux aménagements particuliers.

Pour le cas de *vente sous condition suspensive*, l'article 1182, alinéa 3, prévoit les conséquences d'une *perte partielle* de la chose. Le créancier (l'acheteur) a alors le choix de faire résoudre le contrat ou de prendre la chose telle qu'elle est, sans diminution du prix. Le premier terme de l'option est conforme à la règle : risque à la charge du propriétaire. Le second ne l'est pas : mais sans doute estime-t-on que l'acheteur, brandissant la menace d'une résolution, pourra obtenir une réduction du prix.

Par ailleurs, l'article 1138, alinéa 2 dispose que, pour le cas de *vente ferme* et lorsque la chose périt fortuitement après que le débiteur a été *mis en demeure* de la livrer, les risques sont à sa charge. La solution déroge à la règle car dans ce cas le débiteur n'est pas propriétaire... Mais il s'agit là d'une *sanction :* sanction de la faute du débiteur-vendeur qui n'a pas livré malgré la mise

---

1. Un simple différé de la *livraison* serait sans conséquence : l'acheteur deviendrait tout de même propriétaire dès la conclusion du contrat.

2. Sur le *terme*, v. *infra*, n°s 269 et s.

3. V. pour un transfert de la propriété d'un navire subordonné à la livraison de celui-ci, Civ. 1re, 4 juill. 1995, *Bull. civ.* I, n° 305.

4. Sur la *condition*, v. *infra*, n°s 277 et s.

5. Sur cette clause et son analyse juridique, très complexe et variable selon la volonté des parties, v. COLLART DUTILLEUL et DELEBECQUE, *Contrats civils et commerciaux*, 7e éd., 2004, n° 194.

6. Com. 19 oct. 1982, *Bull. civ.* IV, n° 321. Mais la solution ne relève pas de l'ordre public et les parties peuvent convenir que les risques pèseront sur l'acheteur, par exemple dès la livraison.

en demeure. Et le transfert des risques sur sa tête assure la réparation du dommage subi par l'acheteur. Cela est confirmé par le fait que, si le vendeur prouve que la chose aurait quand même péri chez le créancier, les risques ne seront plus à sa charge (art. 1302, al. 2) : c'est qu'alors le préjudice de l'acheteur n'est qu'apparent –en toute hypothèse il aurait perdu son bien.

En définitive, et réserve faite de ces deux solutions particulières qui sont plus des aménagements que des dérogations à la règle que le propriétaire assume les risques de son bien, la « théorie des risques » peut être résumée ainsi :

– pour les *contrats non translatifs de propriété*, seuls sont en cause les *risques du contrat*, qui pèsent toujours sur le *débiteur :* mis dans l'impossibilité d'exécuter, il perd tout droit à la contre-prestation promise ;

– pour les *contrats translatifs de propriété*, seuls sont en cause les *risques de la chose*, qui pèsent, ceux-là, sur le *propriétaire*. À ce titre, ils incombent normalement à l'*acheteur*, sauf lorsque le transfert de propriété ne s'opère pas dès la conclusion du contrat.

Chapitre 3

Les effets particuliers des obligations à modalités

268. Notion. Plan. – On appelle obligation « à modalité », une obligation qui fait l'objet d'un aménagement particulier quant à son exigibilité, sa durée ou même son existence. Ces modalités sont le *terme* et la *condition*. L'un et l'autre désignent des événements futurs mais, tandis que la réalisation en est certaine pour le terme, elle ne l'est pas pour la condition. Le *terme* commande l'exigibilité ou la durée de l'obligation. Au contraire, la *condition* affecte son existence même [1].

Ayant pour objet le droit des obligations, l'*Avant-projet de réforme du droit des obligations* contient logiquement des dispositions consacrées aux modalités de l'obligation (art. 1173 à 1217). Il en traite dans un chapitre du sous-titre I consacré au contrat et aux obligations conventionnelles en général, ce qui pourrait susciter les mêmes critiques que celles adressées jadis au Code civil. Ces aménagements pouvant concerner toutes les obligations, quelle que soit leur source, devraient figurer dans des dispositions générales consacrées à l'obligation. Cette vue plus exacte scientifiquement –quoi qu'en pensent certains auteurs– ne s'impose pas forcément dans une œuvre législative, les obligations contractuelles constituant sans doute celles qui sont le plus souvent assorties de modalités et chacun sachant que les règles qui, sur ce point, les concernent valent pour les autres obligations.

Le *projet de réforme* de l'Académie des sciences morales et politiques a néanmoins adopté un autre parti. Strictement limité au contrat, il ne contient pas de règles concernant les obligations en général.

De manière beaucoup plus critiquable, le *projet gouvernemental de réforme du droit des contrats* énonce des règles concernant les obligations conditionnelles et les obligations à terme dans un chapitre concernant l'exécution (du contrat, normalement...), entre une section consacrée à l'obligation de donner et une autre à la durée du contrat [2]...

---

1. Critiquant la caractérisation de la condition comme une modalité de l'obligation, en raison du flou entourant la notion de modalité, et parce que la condition affecte le contrat et non l'obligation, v. LATINA, *Essai sur la condition en droit des contrats*, LGDJ, 2009, préf. D. MAZEAUD, n°s 14 et s.

2. La matière est aussi traitée par les Principes du droit européen du contrat (art. 7 : 102 et s et Chapitre 16), sur lesquels, v. Projet de cadre commun de référence. Principes contractuels communs, Association Capitant et Société de législation comparée 2008, 579. En revanche le projet de cadre commun de référence ne contient qu'une disposition relative à la date d'exécution (art. III-2 : 102).

Section I
Le terme

269. Notion de terme. – Le terme est un *événement futur de réalisation certaine* auquel est subordonnée soit l'*exigibilité*, soit l'*extinction* d'une obligation[1].

Dans le premier cas, on parle de terme *suspensif* –**exemple :** date à laquelle est suspendue la livraison de la chose vendue. Dans le second, le terme est dit *extinctif*– **exemple :** date à laquelle le bail prendra fin.

Dans les deux cas, il s'agit d'un événement certain, dont on est sûr qu'il se produira. À défaut, il ne s'agirait pas d'un terme mais d'une *condition*[2]. Cependant, cette certitude peut comporter une nuance. Il est des termes qui sont précisément localisés dans le temps : telle date, telle fête (nationale, Pâques, Mondial de l'automobile...). Le terme est alors « certain ». Mais le terme peut aussi correspondre à un événement qui est sûr mais dont on ignore à quel moment il surviendra : ainsi de la mort du créancier (exemple de la rente viagère). On parle alors de « terme incertain » –la langue française est pauvre, parfois[3].

Sans les nommer, l'*avant-projet de réforme du droit des obligations* consacre ces différentes catégories (art. 1185, al. 1 et 3). Il ajoute que le terme peut être exprès ou tacite (art. 1185, et 2). Il en va de même du *projet gouvernemental* (art. 125 et 126).

Le *terme extinctif* n'appelle pas un examen particulier. Il suffit de noter que l'obligation qui en est assortie est une obligation qui produit ses effets normaux jusqu'à l'arrivée du terme, lequel n'a d'autre rôle que de limiter ces effets dans le temps[4].

Il convient toutefois de remarquer que cet effet extinctif du terme peut, dans certains cas, être occulté, l'obligation renaissant à l'arrivée du terme convenu par l'effet d'une *tacite reconduction*.

---

1. Civ. 1re, 13 juill. 2004, *Bull. civ.* I, nº 204, *D.* 2005.1009, note BORIES, *RTD civ.* 2004.734, obs. MESTRE et FAGES, *Defrénois* 2004, art. 38035, nº 77, note AUBERT, *JCP* 2004.II.10055, avis SAINTE-ROSE ; Civ. 1re, 13 avr. 1999 ; Civ. 1re, 13 avr. 1999, *JCP* 2000.II.10309, note BARTHEZ, *Defrénois* 1999, art. 37041, nº 76, obs. D. MAZEAUD.

V. BLOUD-REY, *Le terme dans le contrat*, PUAM, 2003.

2. Sur celle-ci, v. *infra*, nº 277. La distinction n'est pas toujours facile, v. Civ. 1re, 13 juill. 2004, préc. (clause subordonnant l'exécution d'une promesse d'achat d'actions à la réalisation d'une fusion ou d'une augmentation de capital avant une date déterminée. Contre l'analyse des juges du fond, la Cour juge que l'événement est incertain, non seulement dans sa date, mais aussi quant à sa réalisation). V. également Civ. 3e, 4 déc. 1985, *Bull. civ.* III, nº 162.

V. PELLIER, « Les conflits de qualification entre le terme et la condition », *RRJ* 2008/2, 913 ; LATINA, *Essai sur la condition en droit des contrats,* LGDJ, 2009, préf. D. MAZEAUD, nos 211 et s.

3. Pour un exemple assez compréhensif, v. Civ. 3e, 4 déc. 1985. V. également, se rangeant à la qualification de terme adoptée par les juges du fond pour une clause de retour à meilleure fortune : Com. 12 oct. 2004, *Bull. civ.* IV, nº182**,** *RTD civ.* 2005.131, obs. MESTRE et FAGES. Comp. Com. 1er mars 1988, *Bull. civ.* IV, nº 88 (condition). La Cour de cassation semble admettre ici l'appréciation souveraine des juges du fond.

4. Rapp. art 1182 de l'*Avant-projet de réforme du droit des obligations*. Pour les obligations qui ont par nature une durée d'exécution, le terme est nécessaire pour empêcher qu'elles ne deviennent perpétuelles et par là même illicites. Cf. Pour un prêt à usage, Civ. 1re, 12 nov. 1998, *Bull. civ.* I, nº 312, *JCP*, éd. N, 1999.547, note MOIZARD (« lorsqu'aucun terme n'a été convenu pour le prêt d'une chose d'un usage permanent, sans qu'aucun terme naturel soit prévisible, il appartient au juge de déterminer la durée du prêt »). La jurisprudence juge aujourd'hui que dans ce cas le prêteur peut mettre fin au contrat à tout moment, sous réserve de respecter un préavis raisonnable. V. notamment, Civ. 1re, 3 févr. 2004, *Bull. civ.* I, nº 34, *RTD civ.* 2004.312, obs. GAUTIER, *Defrénois* 2004, art. 38041, note CRÔNE.

Celle-ci, est le résultat de la continuation volontaire par les parties de leur relation contractuelle au-delà du terme stipulé [1]. Elle suppose l'existence d'un contrat à exécution successive engendrant des obligations réciproques à la charge des parties, cette réciprocité permettant de vérifier la volonté commune des parties de prolonger leur relation contractuelle [2]. Elle suppose aussi que cette continuation de la relation contractuelle soit matériellement décelable, condition à défaut de laquelle il n'est pas possible de découvrir une quelconque manifestation de volonté [3].

Le nouveau contrat né de la tacite reconduction est un contrat à durée indéterminée [4] qui comporte, comme tel, une faculté de résiliation unilatérale pour chacune des parties. Ce contrat se poursuit aux conditions du contrat initial, mais chacun des contractants reste libre de solliciter une modification des conditions de la relation contractuelle. À défaut d'accord, le contractant intéressé peut faire usage de sa faculté de résiliation unilatérale [5], sauf à ne pas commettre d'abus de droit.

La tacite reconduction est parfois prévue par une clause de la convention elle-même. Dans certains cas, l'application de celle-ci peut surprendre la partie qui l'a acceptée sans vraiment y prêter attention, en lui imposant la continuation du contrat. Pour lutter contre ce phénomène, l'article L. 136-1 du Code de la consommation. (L. 28 janv. 2005, mod. L. 3 janv. 2008) dispose que le professionnel prestataire de services doit informer le consommateur de la possibilité de ne pas reconduire le contrat, trois mois au plus tôt, un mois au plus tard avant le terme de la période permettant de refuser la reconduction. À défaut, le consommateur peut mettre fin au contrat à tout moment à compter de la date de reconduction [6].

Le terme *suspensif* exige en revanche des explications. Il est un *droit*, pour le débiteur ; droit d'origine légale ou conventionnelle, en principe, mais qui peut aussi résulter d'une décision judiciaire, auquel cas on parle de *délai de grâce* (ou *terme de grâce*).

§ 1. LE TERME DE DROIT

270. Terme conventionnel et terme légal. – La variété la plus usuelle est le terme *conventionnel*, exprès ou tacite. Certaines obligations, par nature, nécessitent un délai pour leur exécution : tel l'accomplissement d'un certain travail.

---

1. Cf. AMAR-LAYANI, « La tacite reconduction », *D.* 1996. chron. 143, spéc. p. 144.
2. *BIHR*, Le temps de la restitution dans le prêt à usage, *in Mélanges offerts à Jean-Luc AUBERT*, Dalloz, 2005, p. 33, spéc. p. 37 et s. et p. 40. L'auteur remarque, cependant, que le champ de la tacite reconduction peut être élargi et s'étendre à des contrats unilatéraux dans le cas où les parties ont prévu la tacite reconduction du contrat en l'absence d'une manifestation de volonté de faire jouer le terme convenu (*op. cit.*, p. 38-39 et 40).
3. LEDUC, « La formation tacite du contrat d'assurance », *in Mélanges offerts à Jean-Luc AUBERT*, Dalloz, 2005, p. 193, spéc. p. 195 et s. (où l'auteur observe que cette condition n'est pas remplie dans le cas du contrat d'assurance, ce qui explique que la loi subordonne alors la tacite reconduction à ce qu'elle soit, ainsi que ses conditions, expressément prévue par le contrat des articles L. 113-15, alinéa 2 et R. 112-1du Code des assurances).
4. Civ. 1re, 15 nov. 2005, *D.* 2006. 587 MEKKI et PANO. 2647, obs. FAUVARQUE-COSSON, *RTD civ.* 2006. 114, obs. MESTRE et FAGES, *RDC* 2006. 696, note LAITHIER, *Contrats, conc. consomm.* 2006. comm. 43, note LEVENEUR, *Defrénois* 2006, art. 38395, note LE GALLOU.
5. C'est semble-t-il (au vu des circonstances de l'espèce), le mécanisme qu'a consacré l'arrêt précité du 15 novembre 2005, en dépit de la formule qu'il retient : « ... sauf disposition ou volonté contraire, la tacite reconduction d'un contrat de durée déterminée, dont le terme extinctif a produit ses effets, donne naissance à un nouveau contrat, de durée indéterminée, et dont les autres éléments ne sont pas nécessairement identiques ».
6. Sur ce texte, v. notamment ROCHFELD, *RTD civ.* 2005. 478, FAUVARQUE-COSSON, *D.* 2005. Pan. 2846, LEVENEUR, Une nouvelle loi de « protection » des consommateurs, *JCP* 2005. Act. 92, CLARET, « La loi n° 2005-67 du 28 janvier 2005 tendant à renforcer la confiance et la protection du consommateur », *JCP* 2005.I.140.

Le terme suspensif est, en principe, présumé avoir été stipulé dans l'intérêt du *débiteur*, sauf convention contraire ou circonstances particulières (C. civ., art. 1187 ; art 1187-1, *Avant-projet de réforme du droit des obligations* et art. 128, al. 2, *projet gouvernemental*). Il est parfois établi dans l'intérêt exclusif du *créancier :* ainsi pour le *dépôt* (art. 1944). Il peut aussi l'être dans l'*intérêt commun des parties*. C'est normalement le cas du *prêt à intérêt :* délai pour rembourser, pour l'emprunteur, et temps de placement pour le prêteur [1]. Dans tous les cas, une *prorogation du terme* suppose l'accord des deux parties [2].

Le terme suspensif peut aussi être *légal*. Ainsi du délai de 3 mois donné au tuteur pour faire procéder à un inventaire des biens de la personne protégée (art. 503). C'est également le cas des *moratoires* établis par la loi dans les situations de crises –guerres, crises économiques... [3].

271. Effets du terme suspensif : non-exigibilité de la dette et existence de l'obligation. – Le terme suspensif produit deux effets principaux : l'obligation à terme n'est *pas exigible ;* mais elle *existe*.

Les *conséquences* de la *non-exigibilité* varient selon que le terme a été fixé au profit du débiteur, du créancier ou des deux à la fois.

Si le terme a été stipulé *dans l'intérêt du débiteur*, la règle signifie que le créancier ne peut pas réclamer le paiement avant l'échéance –la survenance du terme [4]. Il s'ensuit que le créancier ne pourra pas, en principe, bénéficier de la *compensation*, qui réalise un paiement forcé [5], s'il devient lui-même débiteur de son débiteur avant l'échéance. Mais il en résulte aussi que la dette est frappée d'*imprescriptibilité* (art. 2257, al. 3), car la prescription ne court pas contre celui qui est dans l'impossibilité légale d'exercer son droit. Le *débiteur*, en revanche, peut payer par anticipation : il peut *renoncer* au terme.

Si le terme a été stipulé *dans l'intérêt du créancier*, les solutions s'inversent : la non exigibilité signifie que le *débiteur* ne peut pas imposer un paiement anticipé et il ne peut bénéficier, le cas échéant, de la compensation. Le *créancier* est libre, au contraire, d'exiger le paiement par avance en renonçant au terme (cf. art. 1944, pour le *dépôt*).

Enfin, si le terme a été stipulé dans l'*intérêt commun* des parties, les solutions précédentes se combinent et il ne peut y avoir de paiement anticipé que convenu par les parties.

L'absence d'exigibilité n'empêche que l'obligation *existe* [6]. Il en résulte qu'en l'absence même d'une renonciation au terme, un *paiement anticipé* de l'obligation est valable et ne donne pas lieu à une action en répétition (C. civ., art. 1186 ; art. 1187, *Avant-projet de réforme du droit des obligations* et art. 127, al. *Projet gouvernemental*).

Par ailleurs, le créancier est toujours en droit d'effectuer des *actes conservatoires*, dans l'attente de l'arrivée du terme, mais cela est vrai aussi pour le créancier *conditionnel*, bien que sa créance n'existe pas encore [7].

---

1. V. par ex. TERRÉ, SIMLER et LEQUETTE, n° 1203.
2. Cf. Civ. 1re, 4 févr. 1986, *Bull. civ.* I, n° 11.
3. Telle la loi du 11 décembre 1963 au profit des rapatriés d'Algérie. V. aussi Vol. 1 *–L'acte juridique–* n° 413.
4. Elle est expressément formulée par l'article 1187 de l'*avant-projet de réforme du droit des obligations*.
5. Sur celle-ci, v. *infra*, 453 et s.
6. Par ex. Civ. 1re, 10 juin 1997, *Bull. civ.* I, n° 194 (prêt à intérêt).
7. V. *infra*, n° 281.

272. Disparition du terme : échéance ; renonciation et déchéance du terme. – La cause normale de disparition du terme est son *échéance :* arrivée de la date fixée ou survenance de l'événement prévu.

Mais le terme peut aussi disparaître de manière anticipée. C'est le cas lorsqu'il y a *renonciation* au terme, dans les situations qui ont été indiquées précédemment. C'est aussi, et surtout, le cas lorsqu'il y a *déchéance du terme.* Alors, la créance qui était assortie d'un terme devient *immédiatement exigible* [1].

La *déchéance du terme* est, en principe, une mesure *légale* qui consiste à priver le débiteur du terme convenu, lorsque les circonstances démontrent que ce débiteur ne mérite plus la confiance qui lui a été faite. Abstraction faite de textes spéciaux du droit commercial, il existe deux causes principales de déchéance du terme.

Cet effet est d'abord attaché au jugement qui ouvre ou qui prononce la *liquidation judiciaire* du débiteur (C. com., art. L. 643-1, mod. L. 18 déc. 2008). Cependant, lorsque le tribunal ordonner le maintien de l'activité en vue de la cession totale ou partielle de l'entreprise, les créances non échues ne deviennent exigibles qu'à la date du jugement prononçant la cession ou, à défaut, à celle à laquelle le maintien de l'activité prend fin (même texte).

En matière civile, la déchéance du terme avait été admise par la jurisprudence, sur le fondement de la rédaction originaire de l'article 1188, en cas de *déconfiture*, c'est-à-dire d'état d'insolvabilité dûment constaté du débiteur : sur le fondement d'une telle constatation, le juge pouvait prononcer la déchéance du terme [2]. La modification de la rédaction de ce texte (suppression du mot « faillite » par la loi du 25 janvier 1985) suscite un doute sur le maintien de cette solution. Elle semble pourtant pouvoir être conservée, l'essentiel se trouvant dans le constat de l'insolvabilité [3]. Mais il faut bien voir que, dans le même temps, les mécanismes de *protection des consommateurs* et, surtout, les mécanismes de traitement des situations de *surendettement,* s'inscrivent, dans les domaines qui sont les leurs, contre l'idée d'une déchéance du terme liée à l'état d'insolvabilité (C. consom., art. L. 331-7-1) [4].

Ensuite, et surtout, il s'agit de la *diminution des sûretés par le fait du débiteur*, qui est spécialement visée par l'article 1188 [5]. On suppose ici que le créancier bénéficie d'une sûreté spéciale, telle qu'une hypothèque ou un gage. Si le débiteur, par un fait qui lui est imputable, en diminue la valeur –en détériorant le bien gagé, par exemple– il encourt la déchéance du terme : c'est qu'il porte atteinte à un élément qui a pu inciter le créancier à consentir le terme [6].

Mais la déchéance du terme peut aussi résulter de la *convention des parties.* Il est usuel de stipuler ainsi, dans les contrats de prêt, que le défaut de paiement d'une échéance emportera la déchéance du terme, rendant ainsi le remboursement du prêt immédiatement

---

1. Cette disparition du terme, lorsqu'elle a été invoquée par le créancier, est irréversible, Civ. 1re, 7 févr. 1995, *Bull. civ.* I, n° 77. Comp. Versailles, 22 mai 1998, *B. inf. C. cass.* 1999, n° 143.
2. Par ex. Civ. 1re, 10 févr. 1976, *Bull. civ.* I, n° 62. Cette déchéance devait être demandée spécialement.
3. L'*avant-projet de réforme du droit des obligations* prévoit expressément la déchéance du terme en cas d'insolvabilité du débiteur et de liquidation judiciaire (art. 1187-2, al. 2).
4. V. *infra*, n° 276.
5. L'*avant-projet de réforme du droit des obligations* et le *projet gouvernemental* y ajoutent la non-fourniture des sûretés promises au créancier (art. 1187-2, al. 1er ; art. 129).
6. Ce pourquoi la déchéance ne joue, en principe, que du fait des sûretés consenties dans le contrat générateur de la créance garantie –cf. Civ. 1re, 9 mai 1994, *Bull. civ.* I, n° 171. On peut cependant se demander s'il ne doit pas en aller de même, par identité de motifs, pour les sûretés légales attachées au contrat, ainsi du privilège du vendeur, cf. MARTY, RAYNAUD et JESTAZ, n° 57, p. 53.

exigible[1]. Une telle convention[2] n'est pas toujours pleinement efficace. En particulier, l'article L. 313-12 C. consomm., qui prévoit, d'ordre public, la possibilité d'accorder des délais au bénéficiaire d'un crédit à la consommation ou d'un crédit immobilier, suspend les effets de toute clause qui prétendrait sanctionner par la déchéance du terme la défaillance de l'emprunteur[3]. Le Code de la consommation réglemente par ailleurs de façon précise et impérative les conséquences de la défaillance de l'emprunteur (art. L. 311-30 et s. –crédit à la consommation– et art. L. 312-22 –crédit immobilier).

§ 2. Les délais de grâce

273. Définition. – Le délai de grâce est un délai accordé par le juge à un débiteur auquel ni la loi ni le contrat ne l'accordent directement. Il s'agit d'une modification judiciaire du contrat, dérogatoire au principe de la force obligatoire et qui suppose une autorisation spéciale de la loi. Le siège de la matière se trouve, aujourd'hui, aux articles 1244-1 à 1244-3 du Code civil, auxquels renvoie, pour les crédits soumis au Code de la consommation, l'article L. 313-12 de ce Code.

À l'origine, la permission donnée au juge d'accorder un délai au débiteur figurait à l'article 1244, alinéa 2. La faculté ouverte au juge était très étroite. Sous la pression des situations de crise, ce régime avait été assoupli par deux lois de 1936, puis encore par une loi de 1985, ouvrant au juge la possibilité d'accorder un délai pouvant aller jusqu'à deux ans, et consacrant du même coup un affaiblissement plus net de la force obligatoire du contrat. La matière a été entièrement remaniée par une loi du 9 juillet 1991, d'où sont issus les articles 1244-1 à 1244-3. L'*avant-projet de réforme du droit des obligations* reprend ces dispositions mot pour mot (art. 1226-1 à 1226-4), contrairement au projet gouvernemental.

274. Les conditions d'octroi d'un délai. – En principe, toute dette, qu'elle soit de nature délictuelle ou contractuelle, peut donner lieu à un délai de grâce qui ne peut excéder deux ans. La règle comporte cependant diverses exceptions qui concernent, notamment, les *dettes d'aliments*[4] et certaines dettes spécialement visées par la loi[5]. Hors de là, toute stipulation contraire aux dispositions des articles 1244-1 et suivants est réputée *non écrite :* la matière relève de l'*ordre public*.

Le délai peut être accordé par toute juridiction, y compris le juge des référés.

Aux termes de l'article 1244-1, alinéa 1, le juge doit se prononcer « compte tenu de la situation du débiteur et en considération des besoins du créancier ». La formule est très compréhensive et donne au juge un très large pouvoir d'appréciation. La Cour de

---

1. Cette exigibilité immédiate ne doit pas être confondue avec le remboursement lui-même. C'est pourquoi la jurisprudence décide que la déchéance du terme n'a pas pour effet d'emporter l'extinction du contrat d'assurance souscrit pour garantir le remboursement du prêt. Mais elle réserve la convention contraire des parties. V. notamment Civ. 1re, 18 janv. 2000, *Bull. civ.* I, n° 10, *Defrénois* 2000, art. 37188, n° 47, obs. D. Mazeaud.

2. V. aussi, Civ. 1re, 9 mai 1994, préc. *:* clause de déchéance du terme liée à la perte, par l'emprunteur, de sa qualité de salarié du prêteur.

3. Cf. Civ. 1re, 7 janv. 1997, *Bull. civ.* I, n° 9.

4. V. Soc. 18 nov. 1992, *Bull. civ.* V, n° 555, *RTD. civ.* 1993.611, obs. Gautier (l'arrêt exclut ainsi tout délai de grâce pour la *créance salariale*, mais il l'admet pour l'*indemnité de licenciement*).

5. V. en matière civile, les articles 1656 (stipulation d'une clause résolutoire dans la vente d'immeuble) et 1661 (vente à réméré). En matière commerciale, cela concerne les dettes constatées par lettre de change, billet à ordre ou par chèque (C. com., art. L. 511-81 et L. 512-3, et C. mon. et fin., art. L. 131-66), sauf les exceptions prévues par la loi elle-même.

cassation a précisé qu'en refusant d'accorder un délai de paiement au débiteur, les juges du fond ne font qu'exercer le pouvoir discrétionnaire qu'ils tiennent de l'article 1244-1 et qu'ils n'ont pas à motiver leur décision [1].

L'article L. 313-12, pour sa part, insiste sur le cas du *licenciement* du débiteur. En fonction de ces éléments, le juge est admis à ordonner un *report* –la dette sera exigible à une date plus tardive que celle prévue– ou un *échelonnement* de la dette –elle sera payable en plusieurs échéances étalées dans le temps au lieu de l'être d'un coup et immédiatement– dans la limite de *deux ans* en tout. Cette limite ne peut être dépassée, même si le juge accorde plusieurs délais successifs : le total des délais ne saurait dépasser deux ans. Il doit, dans tous les cas, préciser le délai qu'il accorde [2].

275. Les effets du délai. – Les effets du délai accordé par le juge sont divers ; ils dépendent largement des mesures que le juge décide.

D'une façon générale, l'octroi d'un délai par le juge a pour effet d'interdire au créancier de poursuivre le paiement de la créance. Encore faut-il nuancer : cela est absolument vrai si le juge a décidé un *report* du paiement de la dette ; ce peut ne pas l'être entièrement en cas de simple *échelonnement*, dont la première échéance peut être payable immédiatement ; mais l'échelonnement peut aussi se conjuguer avec un report.

L'article 1244-2 précise que le délai décidé par le juge suspend les procédures d'exécution qui auraient été engagées par le créancier et que les majorations d'intérêts ou pénalités encourues à raison du retard cessent de s'appliquer pendant le délai.

L'interdiction de réclamer paiement de la créance ne prive pas pour autant le créancier de toutes prérogatives. Il peut effectuer des *actes conservatoires* de son droit. Il peut aussi, le cas échéant, bénéficier de la *compensation :* la suspension de l'exécution forcée se justifie par l'impossibilité où se trouve le débiteur de payer ; s'il devient à son tour créancier du créancier, il serait inadmissible qu'il pût obliger celui-ci à payer sans avoir à le faire lui-même.

À cela il faut ajouter que le report de la possibilité de réclamer le paiement de la créance emporte du même coup celui du point de départ de la prescription [3].

La créance dont l'exécution est suspendue produit les *intérêts* convenus. Mais, selon l'article 1244-1, alinéa 2, le juge peut, par une décision spéciale et notifiée, en réduire le montant à un taux qui ne peut être inférieur au taux légal. Pour les dettes afférentes à des crédits régis par le Code de la consommation, l'article L. 313-12 ouvre au juge la possibilité de décider que les sommes dues ne produiront pas d'intérêts pendant le délai.

Le juge peut subordonner les mesures qu'il décide à l'accomplissement, par le débiteur, d'actes propres à faciliter ou à garantir le paiement de la dette. En matière de prêts aux consommateurs, et en vertu de l'article L. 313-12, alinéa 2, il peut déterminer les modalités de paiement des sommes qui seront exigibles au terme du délai de suspension, sans que le dernier versement puisse excéder de plus de deux ans le terme initialement prévu pour le remboursement du prêt [4].

276. Le surendettement. – S'il est vrai que la technique du délai de grâce attente à la force obligatoire du contrat, il n'en demeure pas moins qu'elle constitue un bon moyen de donner au débiteur un répit pouvant lui permettre de remettre ses affaires en ordre et, en fin de compte, de tenir ses engagements. Ce qui est aussi une façon de respecter le contrat.

---

1. Civ. 1re, 24 oct. 2006, *RDC* 2007.263, obs. D. MAZEAUD.
2. Civ. 2e, 7 janv. 1998, *Bull. civ.* II, n° 4 (le juge ne peut se borner à suspendre les poursuites exercées contre le débiteur).
3. Civ. 1re, 4 avr. 1995, *Bull. civ.* I, n° 160.
4. V. par ex. Civ. 1re, 7 janv. 1997, *Bull. civ.* I, n° 9.

Aussi n'est-il pas étonnant que le traitement des situations de surendettement y ait largement recours, notamment lorsque la situation du débiteur n'exige pas un *« rétablissement personnel »* qui emporterait, au terme de la réforme opérée par une loi du 1er août 2003, un effacement pur et simple de ses dettes non-professionnelles (art. L. 331-7-1, al. 1er).

Étant noté que, sur décision du juge, la procédure même tendant au traitement de la situation du débiteur surendetté peut entraîner la suspension provisoire, tant qu'elle dure, des procédures d'exécution (art. L. 331-5, al. 1er), le délai de grâce représente la principale des mesures qui peuvent être prises, non seulement dans le cadre d'un *plan conventionnel de redressement* (art. L. 331-6) mais encore dans la panoplie de celles qui peuvent être prises sur *proposition de la commission* de surendettement des particuliers.

C'est ainsi, en particulier, qu'en vertu de l'article L. 331-7, 1° (réd. L. 1er août 2003), la commission peut recommander de « rééchelonner le paiement des dettes de toute nature, y compris, le cas échéant, en différant le paiement d'une partie d'entre elles, sans que le délai de report ou de rééchelonnement puisse excéder *dix ans* ou la moitié de la durée de remboursement restant à courir des emprunts en cours », étant précisé qu'en cas de déchéance du terme, le délai de report ou de rééchelonnement peut, le cas échéant, dépasser la limite de dix ans pour atteindre la moitié de la durée qui restait à courir avant la déchéance[1].

De même, lorsque la commission est amenée à constater l'*insolvabilité du débiteur*[2], *sans retenir son caractère irrémédiable,* elle peut prendre d'importantes mesures de suspension de l'exigibilité des créances autres qu'alimentaires pouvant conduire, ultérieurement, à des mesures d'effacement partiel des créances (C. consom., art. L. 331-7-1 –L. 1er août 2003).

Section II
La condition

277. Notion. – La condition est un événement *futur* et *incertain* dont dépend l'*existence* de l'obligation[3]. Ces trois éléments permettent de situer la condition par rapport au terme[4].

En premier lieu, la condition est un événement nécessairement situé *dans l'avenir* (art. 1168). Un fait déjà réalisé, en dépit de la présentation ambiguë de l'article 1181, alinéa 1, ne peut jamais constituer une condition, quand bien même les parties en auraient

---

1. Civ. 1re, 4 mai 1999 *Bull. civ.* I, n° 151.

2. La loi (C. consom., art. L. 331-7-1) définit cette insolvabilité comme « l'absence de ressources ou de biens saisissables de nature à permettre d'apurer tout ou partie de ses dettes et rendant inapplicables les mesures prévues à l'article L. 331-7 » (mesures d'aménagement). Comp. la définition générale de l'insolvabilité, *supra*, n° 78.

3. Comp. LATINA, *Essai sur la condition en droit des contrats*, LGDJ, 2009, préf. D. MAZEAUD, qui caractérise la condition comme la relation de dépendance entre le contrat –plus que l'obligation– et l'événement conditionnel, et pas comme cet événement lui-même ; TAISNE, *La notion de condition dans les* actes *juridiques*, thèse, Lille II, 1977 ; GOUBEAUX, « La condition suspensive stipulée dans l'intérêt de l'une des parties », *Defrénois* 1979, art. 31987 ; DEROUIN, « Pour une analyse fonctionnelle de la condition », *RTD civ.* 1978.1. MILHAC, *La notion de condition dans les contrats à titre onéreux*, LGDJ, 2001, préf. GHESTIN.

Rapp. la définition de l'article 1173 de l'*avant-projet de réforme du droit des obligations :* « L'obligation est conditionnelle lorsqu'on la fait dépendre d'un événement futur et incertain », et celle, voisine, de l'article 116 du *projet gouvernemental :* « L'obligation est conditionnelle si elle dépend d'un événement futur et incertain ». V. également art. 16 : 101 et s. PEDC et III-3 : 106 PCCR, sur lesquels v. Projet de cadre commun de référence. Principes contractuels communs, Association Capitant et Société de législation comparée 2008, 581. Sur la condition dans l'*avant-projet de réforme du droit des obligations,* v. BOUTEILLE, « Regard critique sur la modalité conditionnelle dans l'avant-projet de réforme du droit des obligations et de la prescription », *D.* 2008. chron. 1848.

4. *Supra*, nos 269 et s.

ignoré l'existence [1]. Par **exemple**, si je promets de payer 1000 euros à Pierre « si je gagne à la loterie » alors que le tirage est déjà intervenu et que j'en ignore le résultat, l'obligation n'est pas conditionnelle : elle est, pure et simple, ou elle est inexistante, selon que le tirage a été ou non favorable (art. 1181, al. 3). Ce premier élément rapproche donc le terme de la condition.

En second lieu, la condition est un *événement* dont la réalisation future est *incertaine*. L'insertion d'une condition introduit ainsi dans le contrat un élément *aléatoire*. Cette incertitude constitue la principale différence entre le terme et la condition. Par **exemple**, la formule « la dette sera payable au décès de X » est un engagement à terme, tandis que celle selon laquelle « je paierai si je me marie » est une obligation conditionnelle, cet événement pouvant ne jamais arriver.

La certitude ou l'incertitude de la réalisation de l'événement s'apprécie en principe objectivement. La jurisprudence semble, cependant, s'être parfois éloignée de cette position en retenant le point de vue auquel les parties ont considéré l'événement. Ainsi un événement de réalisation objectivement incertaine aurait pu constituer un terme et non une condition dès lors que, dans l'esprit des parties, il n'y avait pas de doute quant à sa survenance. Mais la Cour de cassation paraît être revenue à une appréciation objective, plus conforme aux dispositions du Code civil [2].

En troisième lieu, la condition affecte l'*existence* même de l'obligation. Cela oppose encore, et radicalement, la condition au terme, lequel ne concerne que l'*exécution* de l'obligation, en la retardant ou en la limitant dans le temps [3].

Si la condition concerne ainsi, non l'exécution mais l'existence de l'obligation, du moins faut-il distinguer :

Tantôt, c'est la *naissance* de l'obligation qui est subordonnée à la réalisation de la condition, c'est-à-dire à la survenance de l'événement prévu : la condition est dite *suspensive*.

Tantôt, c'est l'effacement, la *résolution*, de l'obligation, qui est subordonné à cette survenance : la condition est alors dite *résolutoire* [4].

On peut acheter un immeuble sous *condition suspensive :* le transfert de la propriété ne s'effectuera que si cette condition se réalise, et, provisoirement, l'acheteur ne sera pas propriétaire. On peut aussi l'acheter sous *condition résolutoire :* le transfert de la propriété s'effectuera immédiatement, mais sera résolu si la condition se réalise.

278. Fréquence de la condition. Plan. – La condition, notamment la condition *suspensive* [5], est une technique courante en pratique contractuelle [6]. Elle permet en effet

---

1. *Contra :* LATINA, *op. cit.*, n°s 229 et s.
2. Civ. 1re, 13 juill. 2004, *Bull. civ.* I, n° 204, *D.* 2005.1009, note BORIES, *RTD civ.* 2004.734, obs. MESTRE et FAGES, *Defrénois* 2004, art. 38035, n° 77, note AUBERT, *JCP* 2004.II.10055, avis SAINTE-ROSE. V. également Civ. 1re, 13 avr. 1999, *JCP* 2000.II.10309, note BARTHEZ, *Defrénois* 1999, art. 37041, n° 76, obs. MAZEAUD ; LATINA, *op. cit.*, n°s 219 et s.
3. *Supra*, n° 269.
4. L'*avant-projet de réforme du droit des obligations* ajoute la condition extinctive qui éteint l'obligation pour l'avenir seulement, sans rétroactivité (art. 1184-1).
5. V. *infra*, n° 290, *in fine*.
6. Cette modalité peut également affecter des obligations extra-contractuelles, comme dans le cas d'une condamnation conditionnelle à des dommages-intérêts, mais elle y est beaucoup moins fréquente.

aux parties de fixer immédiatement les éléments de leur accord, lors même qu'elles ne sont pas sûres de pouvoir réaliser l'opération qu'elles envisagent. **Exemple :** cas de l'acquéreur qui ne sait pas s'il pourra financer l'acquisition qu'il souhaite ; il conclura la vente sous la condition suspensive de l'obtention du prêt qui lui est nécessaire[1].

L'intérêt de la condition suspensive est encore accru aujourd'hui par la multiplication des réglementations administratives au jeu desquelles se trouve subordonnée l'efficacité ou l'utilité d'un contrat, de vente notamment : constructibilité du terrain ; obtention d'un permis de construire ; autorisation d'ouvrir et d'exploiter une officine pharmaceutique ; délivrance d'une licence de débit de boissons, jeu d'un droit de préemption[2]... Dans toutes ces situations, il est nécessaire d'assortir le contrat de vente d'une condition qui en empêchera la conclusion définitive si le projet de l'acquéreur se révèle irréalisable du fait de la décision administrative.

Après avoir étudié successivement la *condition suspensive*, puis la *condition résolutoire*, il conviendra d'examiner diverses questions qui leur sont *communes*.

Dans cette matière, l'*avant-projet de réforme du droit des obligations* se propose essentiellement de clarifier les textes et de procurer aux parties une plus grande prévisibilité des solutions, en supprimant les dispositions confuses et en ajoutant les précisions qui manquent actuellement au régime de la condition. Le *projet gouvernemental de réforme du droit des contrats* consacre également, en les précisant, la plupart des règles actuelles, à une exception notable près : il supprime la rétroactivité, de principe, de la réalisation de la condition (art. 117)[3].

§ 1. La condition suspensive

279. Questions à envisager. – Il s'agit de préciser la situation juridique des contractants au regard du sort de la condition. Trois états doivent être distingués.

Le premier est celui où l'incertitude persiste : on ne sait pas si la condition va ou non se réaliser. On dit alors que la condition est *pendante*.

Lorsque l'incertitude est levée, de deux choses l'une : soit l'événement envisagé est intervenu ; la condition est *réalisée*. Soit il apparaît que cet événement ne surviendra jamais ; on dit alors que la condition est *défaillie*.

Ce sont les trois situations à envisager.

Classiquement, on considère que la réalisation ou la défaillance de la condition produit ses effets automatiquement, *de plein droit,* selon que l'événement conditionnel se réalise ou non. La solution est critiquée par certains auteurs, notamment au regard de la jurisprudence qui permet aux parties de renoncer à la défaillance de la condition[4].

---

1. L'article L. 312-16 du Code de la consommation *impose* l'insertion d'une telle condition suspensive dans toutes les ventes d'immeubles à usage d'habitation ou à usage mixte, professionnel et d'habitation, pour lesquelles le particulier acquéreur déclare devoir recourir à un prêt.
2. Sur le droit de préemption, mécanisme légal qui impose au vendeur d'un immeuble d'offrir par priorité la vente à une personne déterminée, v. Vol. 1 –*L'acte juridique*– n° 126.
3. V. *infra,* n° 285.
4. Latina, *op. cit.,* n°s 508 et s. ; v. *infra,* n° 283.

A. Effets de la condition pendante

280. Idée générale. Inexistence de l'obligation. – Dans cette phase, la situation des parties peut être caractérisée ainsi : d'une part, le contrat est *formé* –le consentement a été donné pour le cas où l'événement surviendrait. Mais, d'autre part, l'*efficacité* de cet acte est *paralysée :* la condition suspensive l'empêche de produire ses effets.

Il en résulte que, durant cette période, *l'obligation n'existe pas* mais que, pour autant, le bénéficiaire de l'engagement conditionnel *n'est pas sans droit.*

Tant que la condition reste pendante, l'obligation est en réalité inexistante : le débiteur ne doit rien ; son obligation n'est pas née et ne peut donner lieu à aucune exécution, ni volontaire, ni forcée.

Une conséquence en est que, tant que la condition reste en suspens, le paiement effectué par le débiteur constitue un *paiement indu,* sujet à répétition [1]. Corrélativement, *l'obligation* est *imprescriptible* (C. civ., art. 2233, 1°, L. 17 juin 2008, anc. art. 2257, al. 1) : ne pouvant rien exiger, le créancier conditionnel ne peut être menacé par la prescription.

281. Droits du créancier. – Le créancier sous condition se trouve cependant immédiatement investi d'un droit, *droit conditionnel,* dont la nature est, en vérité, assez indécise [2]. C'est un droit « en puissance », un droit potentiel qui peut ne jamais se réaliser pleinement.

Aussi bien, la loi confère-t-elle au créancier conditionnel des prérogatives immédiates, qui démontrent qu'il a d'ores et déjà acquis un droit au bénéfice de la condition. Il en est de deux ordres.

D'une part, le droit conditionnel est *transmissible.* L'article 1179 le précise explicitement pour la transmission *à cause de mort.* C'est pareillement acquis pour une cession *entre vifs* [3], ce que l'*avant-projet de réforme du droit des obligations* et le *projet gouvernemental de réforme du droit des contrats* proposent de consacrer expressément (art. 1180 ; art. 123).

D'autre part, le créancier a la faculté d'accomplir des *actes conservatoires* (art. 1180). Il peut ainsi se faire consentir une sûreté et inscrire une hypothèque, ou encore, dans le cas d'un acte translatif de propriété immobilière, le publier. Il s'agit d'assurer au créancier conditionnel le maintien des éléments nécessaires à l'acquisition de son droit, pour le cas où la condition se réaliserait.

B. Défaillance de la condition

282. Cas où la condition doit être réputée défaillie. – La période d'incertitude peut prendre fin par la *défaillance de la condition*, c'est-à-dire par la certitude acquise que

---

1. Cf. par ex. MAZEAUD et CHABAS, n° 1030. Par là, l'obligation conditionnelle se distingue de l'obligation *à terme*, v. *supra*, n° 271.

2. Expliquant la situation *pendente conditione* sans recourir à l'idée de droit conditionnel, par celle d'existence d'un lien contractuel irrévocable, v. LATINA, *op. cit.,* n°s 413 et s.

3. V. par ex. MALAURIE, AYNÈS et STOFFEL-MUNCK, n° 1238 ; TERRÉ, SIMLER et LEQUETTE, n° 1230, a. Cf. Civ. 3e, 25 juin 1969, *Bull. civ.* III, n° 523. La *saisie* d'une telle créance conditionnelle est possible : Com. 3 juill. 1983, *Bull. civ.* IV, n° 202.

l'événement prévu ne se produira pas [1]. **Exemples :** le navire, dont l'arrivée à bon port constitue la condition de l'engagement, a sombré ; ou le prêt nécessaire au financement de l'acquisition n'est pas accordé.

La question de savoir si une condition est ou non défaillie pose parfois problème. Aucune difficulté ne se présente si les parties ont pris soin de fixer un *délai :* l'expiration de celui-ci sans que l'événement se soit réalisé suffit à établir la défaillance de la condition (art. 1176) [2]. Par **exemple**, lorsque la condition choisie était l'obtention d'un permis de construire dans un délai de trois mois et que ce délai expire sans que les démarches de l'acquéreur aient abouti. En revanche, si aucun délai n'a été stipulé, l'article 1176 dispose que « la condition peut toujours être accomplie ; elle n'est censée défaillie que lorsqu'il est devenu certain que l'événement n'arrivera pas » [3]. L'incertitude sur le sort du contrat risque ainsi de se prolonger indéfiniment. Toutefois, certains assouplissements sont parfois admis par la jurisprudence : ainsi, lorsqu'un trop long maintien du contrat conditionnel paraît contraire à ce qu'ont voulu les parties [4].

Il faut par ailleurs réserver l'hypothèse où la défaillance de la condition a été *provoquée par la faute du débiteur :* la condition est alors réputée accomplie [5].

283. Conséquences de la défaillance de la condition. – Lorsqu'une condition suspensive défaille, le droit qui lui était subordonné est *mort-né :* le contrat est définitivement privé d'effet, étant atteint d'une caducité dont peuvent se prévaloir, en principe, l'une comme l'autre partie [6]. De cette caducité, il résulte deux conséquences :

D'une part, les actes qui ont pu être accomplis en vertu du droit conditionnel sont frappés de *caducité :* ainsi, la cession de la créance conditionnelle n'aura fait acquérir aucun droit au cessionnaire ; de même, l'hypothèque inscrite pour garantir cette même créance restera lettre morte.

D'autre part, il est parfois nécessaire de remettre les choses en leur *état antérieur* à la conclusion du contrat. Il peut y avoir lieu à des restitutions, notamment lorsqu'un

---

1. KENFACK, « La défaillance de la condition suspensive », *Defrénois* 1997, art. 36604.
2. V. notamment Civ. 3e, 28 mars 2007, *Defrénois* 2007, art. 38624, n° 49, obs. SAVAUX. L'arrêt suggère que c'est la justification de la réalisation des conditions qui devrait être fournie dans le délai convenu. Et il énonce que, en l'absence de justification à la date prévue, la défaillance de la condition entraîne la caducité de la vente, sans possibilité de régulation ultérieure.
3. V. par ex. Com. 6 mars 2007, *Defrénois* 2007, art. 38624, n° 49, obs. SAVAUX. Civ. 3e, 4 mai 2000, *Bull. civ.* III, n° 99 ; Civ. 1re, 4 juin 1991, *Bull. civ.* I, n° 180 (l'arrêt précise que l'obligation n'est pas pour autant perpétuelle et, comme telle, illicite).
4. V. par ex. Com. 3 janv. 1991, *Bull. civ.* IV, n° 6 ; Civ. 3e, 3 févr. 1982, *Bull. civ.* III, n° 37 ; Civ. 1re, 5 avr. 1960, *Bull. civ.* I, n° 201. Mais *contra*, Civ. 3e, 4 mars 1975, *Bull. civ.* III, n° 89, *JCP* 1976.II.18510, note NICOLAS.
5. V. *infra*, n° 284.
6. Civ. 3e, 28 mars 2007, préc. ; Civ. 3e, 13 juill. 1999, *Bull. civ.* III, n° 179, *Defrénois* 1999, art. 37079, n° 97, obs. D. MAZEAUD. L'arrêt admet cependant la possibilité d'une stipulation contraire, par exemple celle réservant à l'acquéreur sous condition d'obtention du permis de construire le droit de se prévaloir de la défaillance de cette condition. Dans ce cas, il ne s'agit pas de la caducité, sans rétroactivité, du contrat pour disparition d'un élément essentiel postérieurement à sa formation, mais de celle provoquée, *ab initio*, par le fait que l'un de ces éléments –celui érigé en condition– ne viendra jamais à l'existence. Sur la notion et le régime de la caducité, qui a pour effet de priver l'acte d'effets, v. notamment GARRON, La caducité du contrat (Étude de droit privé), PU Aix-Marseille, 1999, préf. MESTRE ; CHAABAN, *La caducité des actes juridiques*, LGDJ, Bibl. de droit privé, Tome 445, 2006, préf. LEQUETTE. L'*avant-projet de réforme du droit des obligations* consacre expressément cette caducité rétroactive de l'obligation qui est réputée n'avoir jamais existé (art. 1182). Le *projet gouvernemental de réforme du droit des contrats* n'en parle pas.

acompte a été perçu sur le prix. Pour le cas particulier de la *vente d'immeuble* soumise au Code de la consommation, l'article L. 312-16 de ce Code précise que toute somme versée d'avance par l'acquéreur est immédiatement remboursable [1].

Le sort des obligations et de la convention ne dépend pas toujours, en définitive, du jeu de la condition tel qu'il avait été initialement envisagé par les parties. Celles-ci peuvent en effet encore modifier, selon des procédés variables, la naissance des obligations et les modalités de la formation du contrat. Lorsqu'elles avaient enfermé la réalisation de la condition dans un délai, elles peuvent proroger celui-ci, le cas échéant de manière tacite, permettant ainsi à la condition de survenir postérieurement à la date butoir initialement fixée [2]. Par ailleurs, on admet que la partie dans l'intérêt de laquelle la condition a été convenue peut y renoncer, permettant cette fois au contrat de se former définitivement sans que l'événement attendu se réalise [3]. Mais elle n'a en principe le choix qu'entre se prévaloir de la caducité de la convention pour défaillance de la condition ou renoncer à cette dernière pour poursuivre la réalisation du contrat aux conditions initiales, sans pouvoir obtenir du juge une réduction du prix [4].

La jurisprudence paraît même admettre que la partie dans l'intérêt qui elle a été stipulée peut renoncer à la condition non seulement lorsqu'elle est pendante, ce qui ne soulève guère de difficultés –si ce n'est, en amont, de déterminer pour qui la condition a été convenue–, mais également lorsqu'elle est défaillie, ce qui suscite beaucoup plus d'interrogations [5].

L'*avant-projet de réforme du droit des obligations* et le *projet gouvernemental de réforme du droit des contrats* consacrent expressément la possibilité de renonciation à la condition –unilatéralement, ou par un commun accord, selon les cas–, tant qu'elle n'est pas accomplie, en précisant qu'elle rend l'obligation pure et simple (art. 1178). Ils ne disent pas s'il est possible ou non d'y renoncer en cas de *défaillance* de la condition.

C. Réalisation de la condition

284. Accomplissement de la condition. – La survenance de l'événement attendu, qui réalise l'accomplissement de la condition, est une question de fait. Celui qui entend s'en prévaloir doit la prouver ; les juges du fond sont souverains pour la constater. Le Code précise (art. 1175) que leur appréciation doit se faire en fonction de ce qu'ont voulu les parties [6].

Lorsque la condition consiste en un *fait négatif*, elle est réputée accomplie si le délai prévu au contrat s'est écoulé sans que ce fait se soit réalisé [7]. Si aucun délai n'a été prévu, la condition n'est accomplie que lorsqu'il est certain que l'événement n'arrivera pas (art. 1177).

La condition est *réputée accomplie* lorsque le débiteur a empêché sa réalisation (art. 1178). C'est une *sanction* de la déloyauté du débiteur qui, du même coup, assure la meilleure protection possible du créancier. L'application de l'article 1178 suppose que

---

1. V. Civ. 1re, 3 juill. 1990, *Bull. civ.* I, n° 190 ; Civ. 1re, 11 juill. 1988, *Bull. civ.* I, n° 239 (l'arrêt précise que les intérêts ne courent qu'à compter de la sommation de payer).
2. V. notamment Civ. 3e, 12 sept. 2006, *RDC* 2007. 363, obs. Collart Dutilleul.
3. Civ. 1re, 17 mars 1998, *Defrénois* 1998, art. 36815, n° 75, obs. Aubert ; Civ. 3e, 13 juill. 1999, *Bull. civ.* III, n° 179, *Defrénois* 1999, art. 37079, n° 97, obs. D. Mazeaud. La question de savoir si cette renonciation unilatérale suffit à former le contrat ou s'il faut que l'autre partie accepte demeure discutée (v. Mestre, obs. sous Com. 6 févr.1996, *RTD civ.* 1996. 613).
4. Cf. Civ. 1re, 13 oct. 1998, *Bull. civ.* I, n° 304 (vente à l'essai).
5. Civ. 3e, 7 mai 2008, *Defrénois* 2008, art. 38838, obs. Libchaber ; Civ. 3e, 17 déc. 2008, *Defrénois* 2009, art. 38916, n° 1, obs. Savaux.
6. Civ. 3e, 31 mars 2005, *RTD civ.* 2005. 775, obs. Mestre et Fages.
7. Cf. Com. 3 janv. 1991, préc.

l'on puisse reprocher l'échec de la condition au débiteur : ainsi pourra-t-il être appliqué à celui qui n'a pas pris les dispositions normales pour assurer la réalisation de la condition. Par **exemple**, à l'acquéreur qui a subordonné son acquisition à l'obtention d'un prêt et qui ne fait aucune démarche auprès des établissements de crédit[1]. Faisant preuve de pragmatisme, la Cour de cassation a en revanche admis qu'il n'y a pas lieu d'appliquer l'article 1178 à un acquéreur qui demande un prêt d'une durée non conforme à celle prévue dès lors que même l'emprunt envisagé aurait été refusé eu égard aux capacités financières de l'emprunteur[2].

L'exécution de bonne foi des conventions, prévue par l'article 1134, alinéa 3, du Code civil, permet d'aller au-delà de la seule prévision de l'article 1178 du Code civil. La cour de cassation a ainsi censuré une décision des juges du fond qui avaient constaté la caducité d'une promesse de vente sans rechercher, comme il le lui était demandé, si le promettant avait invoqué de bonne foi la défaillance de l'acquéreur qui n'avait pas rempli les conditions suspensives à temps[3]. Pour que l'obligation d'exécuter le contrat de bonne foi s'applique, encore faut-il qu'une convention existe, ce qui n'est plus le cas une fois les conditions suspensives défaillies[4].

L'*avant-projet de réforme du droit des obligations* consacre un devoir de loyauté des parties dans l'accomplissement des conditions (art. 1176). Il bilatéralise la règle de l'article 1178, en l'appliquant aux deux parties et à l'accomplissement de la condition[5]. Le *projet gouvernemental de réforme du droit des contrats* (art. 120) reprend la seconde règle, pas la première.

285. Effet rétroactif de la condition accomplie. – La réalisation de la condition rend l'obligation *pure et simple*. Cette mutation opère *rétroactivement :* le droit du créancier est considéré comme ayant eu ce caractère dès la conclusion du contrat (art. 1179). C'est à cette date qu'il est censé avoir pris naissance[6]. Il en résulte :

– que le *paiement* qui a pu être fait dans l'intervalle, et qui était alors considéré comme un paiement indu se trouve validé, ce qui exclut toute action en répétition ;

– que les *actes de disposition* accomplis par le titulaire du droit conditionnel deviennent définitifs. Par **exemple**, s'il a cédé sa créance, cette cession devient

---

1. V. Civ. 1re, 2 mai 2002, *Bull. civ.* I, n° 124 (l'arrêt indique que c'est à l'acquéreur qu'il incombe de faire la preuve de démarches pertinentes) ; Civ. 1re, 9 févr. 1999, *Bull. civ.* I, n° 50. Même solution dans le cas où l'emprunteur a sollicité un prêt supérieur à celui prévu dans l'acte de vente (Civ. 3e, 19 mai 1999, *Bull. civ.* III, n° 120). Un arrêt-Civ. 3e, 8 déc. 1999, *Bull. civ.* III, n° 240, *Defrénois* 2000. 254, note D. MAZEAUD, *RTD civ.* 2000.328, obs. MESTRE, a précisé qu'en l'absence de stipulation contraire, le bénéficiaire d'une promesse sous condition suspensive d'obtention d'un prêt « effectue les diligences requises » lorsqu'il présente au moins une demande d'emprunt conforme aux caractéristiques prévues ; Civ. 3e, 21 janv. 1998, *Bull. civ.* III, n° 15 (application de l'article 1178 écartée parce que l'empêchement mis à la réalisation de la condition n'était pas un fait personnel au débiteur). V. aussi, pour l'obtention d'un permis de construire, Civ. 3e, 18 mars 1998, *Contrats, conc. consomm.* 1998, Com. 85, note LEVENEUR.

2. Civ. 3e, 12 sept. 2007, *RTD civ.* 2007. 770, obs. FAGES, *Defrénois* 2008, art. 38697, n° 77, obs. SAVAUX.

3. Civ. 3e, 23 juin 2004, *Bull. civ.* III, n° 132, *D.* 2005.1532, note KENFACK, *RTD civ.* 2005. 776, obs. MESTRE et FAGES.

4. Civ. 3e, 14 sept. 2005, *D.* 2006.761, note D. MAZEAUD, *RTD civ.* 2005.776, obs. MESTRE et FAGES (l'arrêt en déduit qu'une fois la condition suspensive de libération des lieux, à une date déterminée, par les locataires de l'immeuble, défaillie, les propriétaires promettant n'ont pas à indiquer aux bénéficiaires de la promesse les conditions d'une nouvelle cession consentie à un tiers, une fois les lieux libérés).

5. Article 1177 : « La condition est réputée accomplie si celui qui avait intérêt à sa défaillance en a empêché l'accomplissement. Elle est réputée défaillie si son accomplissement a été provoqué par la partie qui y avait intérêt ».

6. V. Soc. 1er juin 1988, *Bull. civ.* V, n° 333 ; Com. 15 déc. 1987, *Bull. civ.* IV, n° 274.

inattaquable. Il en est de même, *a fortiori*, pour les *actes conservatoires :* ainsi l'hypothèque inscrite pour garantir la créance prend rang au jour de l'inscription et non au jour de la réalisation de la condition. En particulier, si la condition affectait un contrat translatif de propriété immobilière, les actes accomplis sur le bien par l'acquéreur sous condition –revente, hypothèque...– sont validés : ils sont censés avoir été faits par celui qui avait la qualité de propriétaire. La solution est, évidemment, inversée pour les actes qu'aurait accomplis le *vendeur :* ils sont rétroactivement anéantis ;

– enfin, si un changement de législation est intervenu alors que la condition était pendante, les effets du contrat restent, en principe, régis par la loi ancienne, en vigueur au jour de sa conclusion.

La rétroactivité des effets de la réalisation de la condition suspensive est contestée [1]. L'*avant-projet de réforme du droit des obligations* la conserve (art. 1182, al. 2) [2], alors que le *projet gouvernemental de réforme du droit des contrats* l'abandonne, comme les projets européens d'harmonisation du droit des contrats [3]. Selon le projet gouvernemental, l'obligation prend effet lorsque la condition se réalise, à moins que les parties n'en conviennent autrement. La rétroactivité devient donc conventionnelle. Elle nécessite un accord dont le texte ne dit pas quand il doit être donné –au moment de la conclusion du contrat ou au moment de la réalisation de la condition.

286. Limites de la rétroactivité. – Cette rétroactivité de la condition comporte toutefois des limites. D'abord, certains des actes accomplis par le vendeur sous condition suspensive sont maintenus : les perceptions de *fruits* et les *actes d'administration*, tels les baux de courte durée [4].

Les *actes de disposition* eux-mêmes, lorsqu'ils ont porté sur des *meubles*, sont validés par la règle « en fait de meubles la possession vaut titre » (C. civ., art. 2276 –L. 17 juin 2008–, anc. art. 2279), si les conditions d'application de ce texte sont réunies –bonne foi et mise en possession de l'acquéreur.

La rétroactivité est également sans influence sur *l'attribution des risques*. Certes, si la perte de la chose se produit alors que la condition est pendante, les risques sont naturellement à la charge du vendeur, qui est resté propriétaire. Mais, si la condition s'accomplit ensuite, la logique de la rétroactivité voudrait que la perte soit alors pour l'acquéreur, censé avoir été propriétaire dès le jour du contrat. Pourtant, l'article 1182 impose la solution contraire : l'obligation est éteinte. Le vendeur conserve donc la charge du risque ; il ne pourra exiger le prix stipulé [5].

Enfin, de manière plus générale, la rétroactivité *n'est pas d'ordre public*. Les parties sont libres de convenir que l'obligation ne produira la plénitude de ses effets qu'à compter de la réalisation de la condition : clause qui paraît d'ailleurs rare.

---

1. V. notamment LATINA, *op. cit.* n°s 613 et s. qui ne l'admet que sur le fondement de la volonté des parties, pour conforter les actes accomplis par l'acquéreur sous condition suspensive.

2. BOUTEILLE, « Regard critique sur la modalité conditionnelle dans l'avant-projet de réforme du droit des obligations et de la prescription », *D.* 2008. chron. 1848, préc.

3. Art. 16 : 103 PEDC, qui réserve la possibilité de convention contraire ; art. III-1 : 106 PCCR, qui ne le fait pas.

4. La solution est consacrée par l'article 1182, alinéa 3, de l'*avant-projet de réforme du droit des obligations*, contrairement au *projet grouvernemental de réforme du droit des contrats* qui écarte, en principe, la rétroactivité (v. *supra* n° précédent).

5. La solution est reprise par l'article 1182-1 de l'*avant-projet de réforme du droit des obligations*. L'article 124 du *projet gouvernemental* dispose que lorsque l'obligation a été contractée sous une condition suspensive, la chose demeure aux risques du débiteur.

Il faut aussi compter avec le *réalisme* du *droit fiscal*. Le principe est qu'il convient de s'en tenir à ce que l'acte est privé d'effet tant que la condition est pendante. Par suite, les droits d'*enregistrement* ne sont exigibles qu'à la date de la réalisation de la condition. Et c'est à cette même date que les valeurs en cause seront appréciées (CGI, art. 676, al. 1).

287. Fondement de la rétroactivité. – Souvent regardée comme une pure fiction, la rétroactivité de la condition se justifie, essentiellement, par le fait que tous les éléments de la formation du contrat étaient réunis dès la conclusion du contrat conditionnel, dont l'efficacité se trouvait seulement retenue par la condition visée par les parties. Dans cette vision des choses, il apparaît assez logique que, lorsque la condition se réalise, les obligations qui en résultent remontent au jour du contrat qui est à leur origine [1].

La rétroactivité peut aussi se recommander de considérations de *morale contractuelle* qui rejoignent, au demeurant, des préoccupations d'*efficacité*. Elle assure une protection sérieuse du créancier conditionnel en permettant de revenir sur les actes de disposition que le vendeur a pu consentir alors que la condition était pendante, garantissant ainsi la pleine efficacité du contrat lorsque la condition se réalise. Autre avantage, elle concentre tous les effets du contrat à une même date. Les rédacteurs de l'*avant-projet de réforme du droit des obligations* l'ont jugé justifiée à la fois sur le plan rationnel et sur le plan pratique, contrairement à ceux du *projet gouvernemental* qui subordonnent la rétroactivité à un accord des parties. Outre qu'il ne précise pas quand cet accord doit être donné, le texte se préoccupe essentiellement des intérêts des contractants, auxquels il revient finalement d'organiser le jeu de la condition. Si l'on délaisse l'argument logique précédemment évoqué, et que l'on admet que le créancier est à même de défendre ses intérêts, la solution est admissible. Il faudrait quand même aussi veiller à la préservation des droits des tiers contre des conventions dont ils n'auraient pas pu avoir connaissance.

Cet effet rétroactif du droit *conditionnel* le différencie clairement du droit simplement *éventuel*. Ainsi du cas de la *promesse unilatérale de vente* [2]. Lorsque la vente se réalise du fait de la levée ultérieure de l'option, la vente prend effet à la date de cette dernière et la propriété de l'acquéreur ne remonte pas à l'époque de la promesse. La différence tient à ce que le droit éventuel –ici le droit du bénéficiaire de la promesse de vente à la propriété de la chose vendue– est un droit incomplet dont la réalisation dépend, non pas d'une simple modalité –élément accessoire– mais d'un élément essentiel à son existence : en l'occurrence, le consentement du bénéficiaire lui-même. On vérifie ainsi que c'est la consistance plus achevée du droit conditionnel qui permet la rétroactivité.

§ 2. La condition résolutoire

288. Comparaison de la condition résolutoire et de la condition suspensive. – La *condition résolutoire* est celle dont la réalisation emporte l'effacement, la *résolution,* de l'obligation qui en était assortie. Elle est régie par les mêmes principes que la condition suspensive, mais la situation qu'elle crée est symétriquement inverse de la précédente.

On peut observer que, le plus souvent, le même événement constitue une condition *suspensive* pour l'une des parties et une condition *résolutoire* pour l'autre. Par **exemple**, lorsqu'une vente est

---

1. On a parfois critiqué la *fiction* que constituerait la rétroactivité de la condition. Sur ce débat, v. Marty, Raynaud et Jestaz, n°s 82 et s. V. aussi Wicker, *Les fictions juridiques. Contribution à l'analyse de l'acte juridique*, préf. Amiel Donat, LGDJ, 1997, n°s 272 et s. et spéc. n°s 289 et s. (pour cet auteur, la fiction ne réside par dans la rétroactivité mais dans l'obligation imparfaite qui résulte de la stipulation d'une condition) ; Latina, *op. cit.,* n°s 613 et s., préc.
2. Sur laquelle, v. Vol. 1 –*L'acte juridique*– n°s 82 et 149.

faite sous condition suspensive, c'est le droit de propriété de l'acheteur qui est soumis à cette condition. Mais, si l'événement prévu se réalise, le vendeur perdra sa propriété, ce qui revient à dire qu'il est, provisoirement, propriétaire sous condition résolutoire. Lorsqu'une vente est faite sous condition résolutoire, c'est le droit de propriété de l'acheteur qui est soumis à cette condition. Mais si l'événement prévu se réalise, le vendeur retrouvera sa propriété de sorte qu'il est, provisoirement, propriétaire sous condition suspensive. Surtout, un événement donné pourrait, au gré des parties, être considéré comme une condition suspensive ou une condition résolutoire. **Exemple :** plutôt que de conclure une vente sous la condition suspensive de la délivrance d'un permis de construire, elles pourraient le faire sous la condition résolutoire de non-délivrance de ce document. Si on ne le fait pas, c'est essentiellement pour des raisons pratiques liées aux effets de la condition résolutoire.

La qualification de la condition se fait en considération de l'influence qu'elle exerce sur le contrat : est *suspensive*, celle dont la réalisation emporte *l'efficacité du contrat ;* est *résolutoire*, celle dont la réalisation en entraîne *l'inefficacité*. De la sorte, les règles applicables à la seconde sont faciles à dégager.

289. Effets de la condition résolutoire pendante. – Tant que la condition reste en suspens, l'obligation qui en est assortie *existe* et produit les effets d'une *obligation pure et simple*.

La conséquence principale est que le paiement de l'obligation sous condition résolutoire est *exigible*. De façon générale, le créancier peut immédiatement exercer tous les droits et actions attachés à la créance. Corrélativement, la *prescription* court contre lui. De la même manière, l'acquéreur sous condition résolutoire jouit de toutes les prérogatives de la propriété : il est propriétaire.

Symétriquement, le débiteur sous condition résolutoire est tenu d'exécuter. Mais il faut tenir compte de ce que, si l'événement prévu se réalise, il aura droit à la restitution des prestations fournies. Il est donc logique de lui étendre la protection que la loi organise au bénéfice du créancier sous condition suspensive (art. 1179 et 1180). Comme celui-ci, il peut procéder à des *actes conservatoires*.

290. Défaillance et réalisation de la condition. – La *défaillance* de la condition entraîne la consolidation définitive de l'obligation. Ainsi, l'acheteur sous condition résolutoire reste définitivement propriétaire : il n'est plus exposé à perdre ses droits.

On retrouve ici le même problème qu'à propos de la condition suspensive pour le cas où les parties n'ont pas prévu de délai pour la réalisation de la condition. L'article 1176 s'applique ici encore : l'acte conditionnel subsiste tant qu'il n'est pas devenu certain que la condition ne se réalisera pas[1].

Inversement, la *réalisation* de la condition entraîne extinction de l'obligation ; et cette extinction est *rétroactive* (art. 1183)[2]. Tout se passe comme si le contrat n'avait jamais

---

1. Civ. 3e, 19 déc. 2001, *Bull. civ.* III, n° 158, *D.* 2002.1586, note KENFACK.
2. L'*avant-projet de réforme du droit des obligations* conserve également cette rétroactivité (art. 1184), qui fait la différence avec la condition extinctive qu'il propose d'introduire (art. 1184-1). Le *projet gouvernemental de réforme du droit des contrats* écarte ici aussi la rétroactivité, en principe (art. 117, al. 2).

été conclu [1]. Le créancier doit donc restituer ce qu'il avait reçu alors que la condition était pendante.

C'est encore à propos des *contrats translatifs de propriété* que cette rétroactivité est le plus concrètement visible [2]. Elle conduit à des résultats exactement contraires à ceux que l'on a vus pour la condition suspensive. Cette fois, ce sont les actes de disposition accomplis par l'*acheteur* qui sont anéantis –parce que l'on considère qu'il n'est jamais devenu propriétaire. Ceux accomplis par le vendeur sont au contraire régularisés : il est regardé comme étant toujours resté propriétaire.

La rétroactivité comporte les mêmes limites, mais également inversées. Ce sont, cette fois, les *fruits* perçus par l'acheteur qui lui restent acquis et les *actes d'administration* accomplis par lui qui sont maintenus [3]. Éventuellement, ses *actes de disposition* le sont aussi, par le jeu de la règle « en fait de meubles, la possession vaut titre ».

Une autre limite est propre à la condition résolutoire. La nature des choses s'oppose souvent à la rétroactivité dans le cas des *contrats à exécution successive*. On retrouve ici les questions qui ont été examinées à propos de la résolution des contrats synallagmatiques [4] et de la nullité [5]. On se bornera à observer que, dans le cas de la condition résolutoire, les parties peuvent stipuler que la convention conditionnelle sera frappée de *caducité* par la réalisation de l'événement, ce qui emportera, dans ce cas, une simple *résiliation* du contrat, qui cessera d'exister pour l'avenir seulement.

La condition résolutoire est beaucoup moins pratiquée que la condition suspensive. C'est qu'elle est malcommode : elle oblige *à faire* et, le cas échéant, *à défaire ensuite*. Aussi bien, cette réalité-là présente un inconvénient fiscal en ce qu'elle peut justifier une double imposition [6].

§ 3. Les questions communes à la condition suspensive et à la condition résolutoire

291. Idée générale. Plan. – Les principales questions concernent le choix de l'événement constitutif de la condition. À cet égard, le Code civil formule plusieurs exigences : la réalisation de la condition doit échapper à la volonté des parties, ce qui interdit la condition *potestative* (art. 1174) ; la condition ne doit pas porter sur une chose *impossible, illicite ou contraire aux bonnes mœurs* (art. 1172).

Mais il est une exigence rationnelle qui est préalable : par sa nature, la condition ne peut pas avoir pour objet un élément essentiel du contrat. C'est par ce caractère nécessairement *accessoire* de la condition qu'il convient de commencer.

---

1. Si l'obligation sous condition résolutoire était garantie par un cautionnement, celui-ci tombe du même coup, cf. Civ. 1re, 12 juin 1990, *Bull. civ.* I, n° 158. Comp. Civ. 1re, 17 févr. 1998, *Bull. civ.* I, n° 60 (la résolution du contrat de vente ne remet pas en cause la rémunération de l'agent immobilier liée au fait de la conclusion du contrat, par la suite résolu).

2. V. *supra*, n° 285.

3. L'article 1184, alinéa 3, de l'*avant-projet de réforme du droit des obligations* consacre expressément ces solutions.

4. V. *supra*, n° 255.

5. V. Vol. 1 –*L'acte juridique*– n° 366.

6. Cf. Malaurie, Aynès et Stoffel-Munck, n° 1242.

A. Le caractère accessoire de la condition

292. Exclusion des éléments nécessaires à la validité du contrat. – Le contrat conclu sous condition est un contrat dûment formé. Il suppose donc que les éléments nécessaires à sa formation sont d'ores et déjà réunis. Par voie de conséquence, ces éléments *essentiels* [1] ne peuvent pas constituer la substance d'une condition, qui est par nature incertaine. L'événement pris pour condition ne peut être qu'un élément en lui-même accessoire, mais auquel *l'efficacité* de l'acte se trouve subordonnée par la volonté des parties [2].

Ainsi ne saurait-on conclure un contrat sous condition de la *capacité* ou du *consentement* de l'une des parties : une promesse unilatérale de contrat n'est pas un contrat sous condition du consentement de l'acquéreur mais bien une promesse de contrat [3]. Dans le pacte de préférence, le promettant ne s'oblige pas à vendre s'il le veut bien ; il s'oblige –purement et simplement– à donner la préférence au bénéficiaire pour le cas où il se déciderait à vendre [4]. Il en va de même pour l'*objet* du contrat : son existence ou son achèvement ne peuvent être érigés en condition : la vente d'un immeuble à construire n'est pas une vente conditionnelle mais la vente d'une chose future.

De cette impossibilité de choisir comme condition un élément nécessaire à la formation du contrat, selon le droit commun, il faut rapprocher le cas des contrats dont la loi subordonne la validité à l'existence préalable d'une autorisation. Ainsi, notamment, le cas du lotissement. L'autorisation de lotir ne peut être constituée en condition de la vente d'un ou plusieurs des lots envisagés [5].

En bref, lorsque les parties font d'un élément essentiel du contrat une prétendue condition de celui-ci, il n'y a pas contrat conditionnel mais, selon le cas, soit une convention nulle parce qu'il y manque un élément substantiel, soit une promesse unilatérale de contrat ou, plus largement, un acte préparatoire à un contrat, acte en tous cas distinct du contrat définitif. Et si le contrat définitif se forme finalement, ce sera sans rétroactivité [6].

293. Exclusion des effets du contrat. – De la même façon, la condition ne peut pas porter sur un effet essentiel du contrat. Ainsi, le paiement du prix ne peut-il pas être érigé en condition de la vente [7]. D'une part, on voit mal comment la naissance d'une obligation pourrait dépendre de son exécution, laquelle suppose précisément son existence. Rationnellement, ce type de convention instaure un cercle vicieux. D'autre part, il apparaît peu concevable que des parties s'engagent en considérant comme incertaine l'exécution de leurs engagements. Si tel était le cas, c'est la nature de leur convention, voire son existence, qui devrait être remise en cause.

---

1. Sur cette notion, v. Vol. 1–*L'acte juridique*– n° 133.
2. Cf. LATINA, *op. cit.*, n°s 39 et s. et 169 et s. ; TERRÉ, SIMLER et LEQUETTE, n° 1219 ; TAISNE, *op. cit.*, n°s 259 et s. ; COLLART DUTILLEUL, *Les actes préparatoires à la vente d'immeuble*, avant-propos VANDENBUSSCHE, préf. AUBERT, Sirey, 1988, n°s 167 et s.
3. La pratique et la jurisprudence portent pourtant la trace de curieuses conditions suspensives qui paraissent porter sur le consentement, telle la condition de « réitération de l'accord par acte authentique » dans un délai déterminé. V. par ex. Civ. 3e, 28 avr. 1971, *Bull. civ.* III, n° 270.
4. Comp. Civ. 3e, 15 janv. 2003, *D.* 2003.1190, note KENFACK, *Defrénois* 2003, art. 37767, n°s 56, obs. LIBCHABER, *RDC* 2003.45, obs. D. MAZEAUD, *Contrats, conc. consomm.* 2003, comm. 71, obs. LEVENEUR, *JCP* 2003.II.10129, note FISCHER-ACHOURA.
5. Civ. 3e, 18 mars 1973, *Bull. civ.* III, n° 128.
6. Cf. MALAURIE, AYNÈS et STOFFEL-MUNCK, n° 1226.
7. Rappr. Civ. 3e, 30 nov. 1988, *Bull. civ.* III, n° 173.

Pourtant, il y a, parfois, sur ce point, des hésitations. Tel est le cas, en particulier, pour la clause de *réserve de propriété* (C. civ., art. 2367 et s., Ord. 23 mars 2006), selon laquelle le transfert de la propriété du bien vendu sera « suspendu » jusqu'à complet règlement du prix. Selon certaines analyses, cette clause ferait du contrat de vente, au moins dans certains cas, une vente sous condition suspensive[1]. L'analyse est des plus contestables, pour les raisons qui ont été indiquées précédemment ; elle vise en réalité à conforter une solution d'opportunité. La clause de réserve de propriété relève plutôt du *terme suspensif.*

Il n'est cependant pas rare, en pratique, que les parties et leurs conseils négligent cette règle et érigent en condition ce qui constitue normalement des effets du contrat, suscitant ainsi parfois d'importantes difficultés[2].

Le législateur lui-même semble avoir cédé parfois à la tentation, s'attirant cette fois les critiques de la pratique[3].

Il convient donc de retenir que la condition consiste dans un élément nécessairement accessoire du contrat, élément que les parties désignent volontairement[4] comme devant commander l'efficacité de celui-ci.

B. Le caractère non potestatif de la condition

294. Distinction des conditions casuelles, potestatives ou mixtes. – Le Code civil classe les conditions, qu'elles soient suspensives ou résolutoires, en différentes espèces, selon la nature de l'événement choisi : elles sont *casuelles*, *potestatives* ou *mixtes*. L'*avant-projet de réforme du droit des obligations* (art. 1175) et le *projet gouvernemental de réforme du droit des contrats* (art. 119) proposent de supprimer cette classification compliquée pour ne conserver que la prohibition de la condition dont la réalisation dépend de la seule volonté du débiteur[5].

La condition *casuelle* est celle qui dépend du hasard ou, plus exactement, dont la réalisation ou la défaillance échappe à la volonté des parties, celle du créancier comme celle du débiteur (art. 1169). Par **exemple :** s'il pleut demain ; si tel navire arrive à bon port.

À l'inverse, la condition *potestative* est celle qui dépend de la volonté de l'une des parties, qui peut en provoquer ou en empêcher la réalisation (art. 1170). Par **exemple :** « si je veux » ou « si je décide de faire tel voyage ».

---

1. V. notamment, COLLART DUTILLEUL, *op. cit.,* n° 172 (l'auteur souligne toutefois le caractère paradoxal d'une telle analyse, n° 171) ; v. aussi COLLART DUTILLEUL et DELEBECQUE, *Contrats civils et commerciaux*, 8e éd., 2007, n° 194, et les références citées par ces auteurs.

2. V. notamment, Civ. 3e, 23 juin 2004, *Bull. civ.* III, n° 132, *D.* 2005.1532, note KENFACK *RTD civ.* 2005.776, obs. MESTRE et FAGES, préc. (promesse synallagmatique de vente prévoyant sa réitération par acte authentique, sous condition suspensive de versement du prix et des frais dans la comptabilité du notaire avant la date prévue pour la signature de l'acte).

3. SAGAUT et NUYTTEN, « La condition suspensive du paiement de la somme d'argent : ça ne marche pas (à propos de l'article L. 271-2, alinéa 1, *in fine,* du Code de la construction et de l'habitation) », *RDC* 2003.259.

4. La loi les y oblige parfois : c'est le cas de la condition d'obtention d'un prêt dans la vente d'immeuble d'habitation ou à usage mixte, professionnel et d'habitation, lorsque l'acquéreur déclare que le prix est payé à l'aide d'un ou plusieurs prêts (C. consom., art. L. 312-16).

5. V. *infra,* n° 298. Soutenant au contraire la pleine validité des conditions potestatives, dont le jeu devrait être simplement limité, soit par la bonne foi et l'abus, soit par l'application de l'article 1178 du Code civil, v. DONDERO, « De la condition potestative licite », *RTD civ.* 2007.679 ; DROSS, « L'introuvable nullité des conditions potestatives », *RTD civ.* 2007.701.

La condition *mixte* est celle qui dépend tout à la fois de la volonté de l'une des parties et de la volonté d'un tiers (art. 1171). Par **exemple :** « si j'obtiens tel prêt ».

Les conditions *casuelles* et *mixtes* sont toujours valablement stipulées –réserve étant faite d'une relative incertitude quant à la distinction de la condition mixte et de la condition potestative[1]. En revanche, l'article 1174 dispose que « toute obligation est nulle lorsqu'elle a été contractée sous une condition potestative de la part de celui qui s'oblige ». L'interprétation de ce texte soulève de sérieuses difficultés.

295. Interprétation classique. – La doctrine classique a adopté une interprétation qui tend à *restreindre* le plus possible la prohibition des conditions potestatives. Elle s'appuie sur une distinction fondamentale : celle de la condition *simplement potestative* et de la condition *purement potestative*[2].

La condition *purement potestative* est celle qui porte sur une simple manifestation de volonté : « si je veux », « si je le juge bon ». C'est en réalité une condition qui porte sur cet élément essentiel du contrat qu'est le consentement.

Une telle condition, on l'a dit, déjà, d'un autre point de vue[3] détruit l'obligation qu'elle affecte : s'engager « si on veut » c'est ne pas s'engager du tout. Derrière la condition se cache une véritable absence de consentement.

La condition *simplement potestative*, en revanche suppose l'accomplissement d'un acte ou d'un fait, non réductible à sa seule volonté, qui dépendent du débiteur, qui sont en son pouvoir : « si je vais habiter à Paris », « si je vends ma maison ». Il y a cette fois, selon l'analyse classique, une volonté réelle de s'engager : certes, le débiteur peut ne jamais aller à Paris, par exemple, mais s'il y va, il devra exécuter l'obligation souscrite.

Cette distinction ne vaut cependant que pour les *actes à titre onéreux*. Pour les *actes à titre gratuit*, toute condition potestative, même simplement potestative, est proscrite : le principe d'irrévocabilité des donations interdit d'inclure dans un tel acte une condition dont le donateur a la maîtrise.

De façon classique, on considère encore que l'article 1174 ne prohibe que la condition potestative *suspensive*. En effet, la condition *résolutoire* n'empêche pas le lien obligatoire de se former. Pour la même raison, le texte ne doit pas s'appliquer aux conditions potestatives *de la part du créancier :* dans ce cas aussi l'obligation existe, puisque le débiteur est lié. Cela conduit à admettre la condition potestative dans les *contrats synallagmatiques :* celui de la volonté de qui elle dépend est forcément créancier de l'une des obligations.

À quelques exceptions près, ces distinctions sont apparues peu à peu excessivement formelles, théoriques. Surtout, la distinction des conditions simplement et purement potestatives apparaît très artificielle[4]. En effet, qu'elle soit purement ou simplement potestative, le débiteur reste toujours maître de son engagement : il ne dépend que de lui de ne jamais avoir à exécuter l'obligation. Appuyée sur la jurisprudence, plus réaliste, la doctrine moderne a renouvelé l'approche de la notion de condition potestative.

---

1. Cf. *infra*, n° 298.
2. V. par ex. CARBONNIER, n° 135 ; STARCK, ROLAND et BOYER, t. 2, n°s 1271 et s. ; TERRÉ, SIMLER et LEQUETTE, n°s 1223 et s. ; VALORY, *La potestativité dans les relations contractuelles*, PUAM, 1999, préf. MESTRE ; DONDERO, *De la condition potestative licite*, préc. ; DROSS, *L'introuvable nullité des conditions potestatives*, préc. ; LATINA, *op. cit.*, n°s 295 et s. Cf. Civ. 1re, 25 nov. 1986, *Bull. civ.* I, n° 280 (condition de maintien de la liaison entre la donatrice et le donataire).
3. *Supra*, n° 292.
4. V. les références citées *supra*, note 2.

296. Interprétation moderne. Condition au pouvoir du débiteur. – À la suite de la jurisprudence, la doctrine voit désormais dans l'article 1174 un instrument de *protection des parties contre l'arbitraire du cocontractant.* Si la condition potestative doit être interdite, c'est non seulement pour des raisons techniques –absence de consentement véritable– mais aussi pour des raisons *morales :* l'une des parties a la maîtrise de son engagement et tient l'autre à sa merci.

Ce point de départ conduit à une redéfinition du critère de la condition potestative [1] et à distinguer selon que la condition est au pouvoir du débiteur ou à celui du créancier.

Pour ce qui concerne le *débiteur*, la question fondamentale est de savoir s'il est, par l'effet de la condition stipulée, en situation de se dégager arbitrairement de tout ou partie de son obligation [2].

S'il s'agit d'une condition *suspensive*, elle doit être qualifiée de *potestative* si le débiteur a le pouvoir d'en empêcher l'accomplissement alors qu'il n'a pas d'intérêt à sa réalisation, de sorte que, pour éluder sa dette, il lui suffit de provoquer la défaillance de la condition. Il en est ainsi lorsque le débiteur n'encourt aucune conséquence préjudiciable en refusant d'accomplir la condition : par **exemple**, lorsque le contrat de vente prévoit que 70 % du prix ne seront payables que si l'acquéreur revend le bien acquis [3].

En revanche, la condition est dépourvue de caractère potestatif lorsque le débiteur n'a pas intérêt à sa défaillance. C'est le cas, par **exemple**, d'une société, tenue de payer une commission si son exploitation est bénéficiaire : elle ne se mettra pas volontairement en déficit pour éluder son obligation [4].

Pareillement, la condition est jugée potestative si elle dépend d'une décision discrétionnaire du débiteur ; elle est valable, au contraire, lorsque le comportement du débiteur est susceptible d'un contrôle par le juge [5].

Les mêmes critères ont vocation à s'appliquer à la condition *résolutoire*. Elle est potestative lorsque son accomplissement est à la discrétion du débiteur, qui détient ainsi le pouvoir de se libérer unilatéralement de son obligation.

297. Condition au pouvoir du créancier. Cas du contrat synallagmatique. – Au contraire, la condition potestative de la part du créancier n'annule pas l'obligation qu'elle affecte. La solution, reprise de l'interprétation classique, peut se recommander du texte même de l'article 1174, lequel ne prohibe que la condition potestative « de la part de celui

---

1. V. notamment, GHESTIN, « La notion de condition potestative au sens de l'article 1174 du Code civil », *Études* WEILL, p. 243 ; TAISNE, *op. cit.*, n°s 97 et s.
2. Tel n'est pas le cas lorsque le débiteur est tenu d'une obligation alternative : Civ. 1re, 16 mai 2006, *Bull. civ.* n° 239, *RTD civ.* 2006.556, obs. MESTRE et FAGES, *Defrénois* 2006, art. 38433, n° 43, obs. LIBCHABER. V. *infra*, n° 303. Pour une critique de cette orientation, v. notamment DONDERO, article préc.
3. Civ. 3e, 8 oct. 1980, *Bull. civ.* III, n° 154, *D.* 1981. IR. 441, obs. B. A. V. aussi, Civ. 3e, 13 oct. 1993, *Bull. civ.* III, n° 121.
4. Req. 21 juill. 1926, *S.* 1926.1.217. V. aussi, Com. 17 déc. 1991, *Bull. civ.* IV, n° 395 et Civ. 1re, 16 oct. 2001, *Bull. civ.* I, n° 257, *D.* 2002. somm. 2839, obs. D. MAZEAUD, *JCP* 2002.I.134, n° 2, obs. ROCHFELD, *RTD civ.* 2002.97, obs. MESTRE et FAGES, *Defrénois* 2002, art. 37486, n° 8, obs. LIBCHABER (cet auteur relève qu'il n'y a pas potestativité dès lors que, même discrétionnaire, la décision du débiteur qui emporte la défaillance de la condition ne peut trouver sa cause dans la volonté d'échapper à l'obligation).
5. V. par ex. Civ. 1re, 22 nov. 1989, *Bull. civ.* I, n° 355 ; Civ. 1re, 21 mars 1984, *Bull. civ.* I, n° 112, *RTD. civ.* 1985.381, obs. MESTRE ; Com. 12 mai 1980, *Bull. civ.* IV, n° 190, *JCP* 1980.IV.285.

qui s'oblige »[1]. Le Code civil en consacre d'ailleurs diverses hypothèses : la vente au goûter (art. 1587) ; la vente à l'essai (art. 1588).

On pourrait toutefois objecter que les contrats conclus sous une *condition* à la discrétion du créancier ne sont pas vraiment des contrats conditionnels. Ainsi le cas de l'ouverture de crédit consentie par une banque : le client emprunte s'il le veut ; il demeure libre de ne pas user de cette faculté. Le droit du créancier est plus *éventuel* que *conditionnel* et l'opération s'apparente plutôt à une *promesse de crédit*[2].

Partant de la validité de la condition potestative de la part du créancier on a longtemps cru à la validité de la condition potestative dans les *contrats synallagmatiques*[3] : le débiteur ne tient pas le créancier en sa puissance puisque, pour se délier, il doit sacrifier la prestation à laquelle il peut lui-même prétendre.

Cette solution a été abandonnée par la jurisprudence au début des années 1980, notamment dans le cas d'une vente conclue sous la condition que l'acquéreur signe l'acte authentique et paie le prix. La Cour de cassation a déclaré l'obligation ainsi souscrite potestative et donc nulle, ainsi que le contrat lui-même, par voie de conséquence[4]. Cette conception s'impose : peu importe la réciprocité des obligations nées du contrat synallagmatique, réciprocité qui peut d'ailleurs être contredite en fait par l'exécution unilatérale du contrat par l'une des parties ; l'essentiel est que l'engagement souscrit par l'une d'elles se révèle être à sa discrétion de sorte qu'elle peut arbitrairement s'en libérer[5].

298. Conclusion sur la condition potestative. – Doctrine et jurisprudence consacrent ainsi une conception unitaire de la condition potestative : est potestative la condition qu'il est au pouvoir de l'une ou l'autre des parties, à la charge de laquelle le contrat fait naître une obligation, d'assurer ou d'empêcher sa réalisation. C'est un retour aux sources : l'article 1170 ne dit rien d'autre. C'est, du même coup, une condamnation de la distinction, artificielle, des conditions *purement* ou *simplement* potestative[6].

Dès lors que l'obligation de l'une des parties apparaît soumise, par le biais de la condition, à sa décision arbitraire, ladite condition doit être regardée comme potestative et, par conséquent, comme nulle. La nullité, en effet, s'impose à la fois parce qu'il est démontré qu'en réalité il n'y pas d'obligation, faute d'un véritable consentement –comme

---

1. Réaffirmant la règle, dans une espèce où le recours à la notion de condition était critiquable (obligation du promettant dans un pacte de préférence), v. Civ. 3e, 15 janv. 2003, *D.* 2003.1190, note KENFACK, *Defrénois* 2003, art. 37767, nos 56, obs. LIBCHABER, *RDC* 2003.45, obs. D. MAZEAUD, *Contrats, conc. consomm.* 2003, comm. 71, obs. LEVENEUR, *JCP* 2003.II.10129, note FISCHER-ACHOURA.
2. Jugeant que les conditions suspensives purement potestatives révèlent presque toujours, en réalité, l'existence d'une promesse unilatérale, v. DROSS, article préc.
3. V. par ex. Civ. 3e, 21 janv. 1971, *Bull. civ.* III, no 46, *Defrénois* 1971, art. 29861, note AUBERT (« une condition purement potestative, nulle de la part de celui qui s'oblige, n'affecte pas la validité d'un contrat synallagmatique dans lequel les parties sont respectivement créancières et débitrices »).
4. Civ. 3e, 7 juin 1983, *Bull. civ.* III, no 132, *Defrénois* 1984, art. 33326, no 48, obs. AUBERT, *RTD civ.* 1984.713, obs. MESTRE. V. aussi, Com. 23 sept. 1982, *Bull. civ.* IV, no 284. V. aussi, postérieurement, Civ. 3e, 13 oct. 1993, *Bull. civ.* III, no 121 (l'arrêt utilise, curieusement, la terminologie classique, mais il insiste sur le pouvoir exclusif dont bénéficiait le débiteur).
5. Cf. GHESTIN, L'indétermination du prix de vente et la condition suspensive, *D.* 1973. chron. 293, spéc. nos 19 et s. ; COLLART DUTILLEUL, *op. cit.*, nos 193 et s.
6. Certaines décisions continuent quand même à se référer à la distinction. V. par ex. Toulouse, 4 oct. 2004, *JCP* 2005.IV, no 1326.

pour la condition qui porte sur un élément essentiel du contrat[1]– et parce qu'il s'impose alors de protéger le cocontractant contre le risque d'arbitraire inhérent à ce pouvoir exclusif et discrétionnaire de l'autre partie. Cette seconde considération incline à admettre que la nullité est *relative :* c'est le contractant protégé qui peut, seul, s'en prévaloir[2].

À ce point, une question peut être posée quant à l'utilité de cette sanction. Il convient en effet de tenir compte de l'article 1178, qui répute réalisée la condition dont le débiteur a empêché la réalisation[3]. Cette sanction ne suffit-elle pas à régler le problème de la condition potestative ? La réponse est négative : la sanction de l'article 1178 présuppose l'existence d'une véritable obligation à laquelle le débiteur manque en empêchant la condition de se réaliser. C'est l'hypothèse, notamment, de l'obligation sous condition *mixte* –par exemple, l'acquéreur sous condition d'obtention d'un prêt ne fait aucune démarche pour en obtenir un. L'article 1178 vient sanctionner l'absence d'une diligence normalement attendue du contractant. Ce même texte est donc sans application au cas de condition potestative, laquelle élimine, par définition, toute exigence de diligence du « débiteur », faute de véritable engagement de sa part. Cette situation d'absence d'obligation impose la sanction de la nullité, en même temps qu'elle empêche de recourir à l'article 1178. L'observation permet de comprendre que si la prohibition des conditions potestatives s'appuie sur des considérations morales, elle repose tout de même, fondamentalement, sur une exigence technique : celle d'un consentement véritable à l'obligation contractuelle[4].

L'*avant-projet de réforme du droit des obligations* (art. 1175) et le *projet gouvernemental de réforme du droit des contrats* (art. 119) consacrent cette conception moderne et simplifiée en disposant qu'« est nulle toute obligation contractée sous une condition dont la réalisation dépend de la seule volonté de débiteur ». Cette orientation est critiquée par des études récentes qui considèrent qu'il conviendrait au contraire d'admettre la pleine validité des conditions protestatives, en contrôlant leur mise en œuvre, soit par la bonne foi ou l'abus, soit en appliquant l'article 1178[5]. A suivre ces analyses, on peut se demander s'il ne conviendrait pas, dans les hypothèses considérées, de supprimer toute référence à la condition puisque c'est la volonté unilatérale d'un contractant qui paraît concernée.

La protection contre l'arbitraire est d'autant mieux assurée que la nullité ne se cantonne pas, alors, à la seule condition : elle s'étend à l'obligation qui en est assortie et, plus largement encore, à l'ensemble du contrat, que celui-ci soit unilatéral ou, comme il vient d'être vu, synallagmatique[6]. Cette solution peut se recommander de l'absence, de fait, de l'un des consentements nécessaires au contrat. Elle est conforme à la prohibition des conditions impossibles ou illicites.

Cette considération que la qualification tourne autour de la question de la réalité du consentement, de l'engagement du débiteur, explique que la Cour de cassation la soumette au

1. *Supra*, n° 292.
2. GHESTIN, article préc. *Contra* : TAISNE, n° 126.
3. V. *supra*, n° 284.
4. Comp. LATINA, *op. cit.*, n°s 297 et s. qui considère que la prohibition des conditions potestatives (art. 1174) devrait être supprimée, parce qu'une condition ne peut plus dépendre du pouvoir du débiteur si l'on fait produire son plein effet à l'article 1178. Selon l'auteur, il ne peut rester une place, éventuellement, que pour des droits potestatifs, étrangers au mécanisme de la condition.
5. DONDERO et DROSS, articles préc.
6. Cf. notamment, Civ. 3e, 2 mars 2004, *RDC* 2004.921, obs. AYNÈS ; Civ. 3e, 7 juin 1983, préc. L'*avant-projet de réforme du droit des obligations* et le *projet gouvernemental de réforme du droit des contrats* écartent la nullité lorsque l'obligation a été exécutée en connaissance de cause (article 1175, *in fine ;* art. 119, *in fine*).

pouvoir souverain d'appréciation des juges du fond, sous la réserve usuelle de l'absence de dénaturation [1].

C. Le caractère possible et licite de la condition

299. Nullité des conditions impossibles, illicites ou immorales. – L'article 1172 pose la nullité des conditions impossibles, illicites ou contraire aux bonnes mœurs.

La condition *impossible* est celle dont on sait qu'elle ne se réalisera jamais, de sorte que l'événement considéré n'est pas *incertain.* Il n'est pas besoin d'une impossibilité absolue : la condition est réputée impossible si son accomplissement nécessite la mise en œuvre de moyens extraordinaires ou, plus simplement, lorsqu'elle dépasse les facultés de la personne à qui elle s'adresse –la condition de s'envoler en agitant les bras est assurément impossible, mais tout autant, pour les auteurs de ces lignes, celle de donner un récital de chant [2] ! La condition impossible annule l'obligation qu'elle accompagne– et éventuellement le contrat qui la contient [3] : le droit ne peut venir à existence puisqu'il est certain que l'événement ne se produira pas.

La condition *illicite* est celle qui implique l'accomplissement d'un acte contraire à la loi et, plus exactement, aux dispositions légales impératives, c'est-à-dire, schématiquement, à ce qui relève de *l'ordre public.*

La condition contraire aux bonnes mœurs, ou *immorale*, est celle qui attente gravement à ce qui est communément regardé, *selon l'appréciation du juge*, comme une norme de comportement individuel et social nécessaire à la société, notamment au regard de la dignité de la personne dans l'ordre tant extrapatrimonial que pécuniaire [4]. Le contenu effectif des bonnes mœurs est, de la sorte, essentiellement variable et flou.

Sous réserve de cette difficulté, le principe de la nullité de ces sortes de conditions ne fait pas problème en lui-même. Il vaut tant pour les actes à titre gratuit (art. 900) que pour les actes à titre onéreux (art. 1172).

L'*avant-projet de réforme du droit des obligations* conserve naturellement la règle, en visant plus simplement la condition d'une chose impossible ou illicite (art. 1174, al. 1er). Le *projet gouvernemental de réforme du droit des contrats* énonce quant à lui, positivement, la nécessité pour la condition d'être possible et licite (art. 118, al. 1er).

Reste quand même à savoir de quel type de nullité il s'agit.

Par un arrêt du 8 octobre 2008 [5], la troisième chambre civile a jugé que la nullité du contrat fondée sur une *condition impossible* est une *nullité relative* qui ne peut être invoquée que par celui dont la loi qui a été méconnue tendait à assurer la protection. Cette solution, clairement inspirée de la « théorie moderne des nullités [6] », semble réserver l'action en nullité au créancier. Elle a conduit la troisième chambre civile à soumettre

---

1. Civ. 1re, 16 oct. 2001, préc.

2. Pour une application plus pratique, concernant des « conditions » de dation en paiement d'appartements et de vente d'une autre parcelle, dans la cession de terrains à bâtir : Civ. 3e, 8 oct. 2008, *Bull. civ.* III, no 148, *RDC* 2009/1, obs. LAITHIER, *Defrénois* 2008, art. 38874, no 6, obs. SAVAUX.

3. V. *infra,* no suivant.

4. V. Vol. 1 –*L'acte juridique*– spéc. nos 287 et s. V. aussi la définition des « Bonnes mœurs » par le *Vocabulaire juridique* de l'Association Henri Capitant (dir. G. CORNU).

5. Préc.

6. Vol. 1, -*L'acte juridique*–, nos 323 et s.

cette action à la prescription quinquennale de l'article 1304 du code civil. Avec le même critère tiré de la finalité de la règle violée –sauvegarde des intérêts privés ou protection de l'intérêt général–, il faudrait juger que la nullité sanctionnant une *condition immorale* est une *nullité absolue*, que celle frappant une *condition illicite* est une *nullité relative ou absolue*, selon que la règle méconnue est une disposition d'ordre public de protection ou de direction. Désormais, la prescription est dans tous les cas la prescription quinquennale (C. civ., art. 2224, L. 17 juin 2008), mais les titulaires de l'action ne sont pas les mêmes.

La question de la portée de la nullité a été aussi discutée.

300. La portée de la nullité. – La difficulté vient de ce que les deux dispositions précités n'adoptent pas la même solution. D'après l'article 900, la condition irrégulière est seule annulée ; *l'acte à titre gratuit* qui la porte demeure valable et devient du même coup pur et simple. En revanche, selon l'article 1172, la nullité de la condition fait tomber *l'acte à titre onéreux* en entier.

Cette différence a été effacée par la jurisprudence, non pas seulement dans le cas particulier des conditions mais, plus largement pour toutes les hypothèses où une clause d'un contrat apparaît irrégulière et entachée, comme telle, de nullité.

La jurisprudence, opérant une synthèse de ces textes, a estimé, fort judicieusement, qu'il convenait de distinguer selon l'importance de la stipulation considérée –ici, une condition– au regard de la volonté des parties de conclure le contrat : sans qu'il y ait à distinguer selon que l'acte est à titre gratuit ou à titre onéreux, l'impossibilité, l'illicéité ou l'immoralité de la condition emporte la nullité *totale* de l'acte lorsqu'elle a été *déterminante* du consentement des parties ; au contraire, la condition est annulée seule (nullité *partielle*) lorsqu'elle n'a joué qu'un rôle accessoire dans la conclusion du contrat, lequel demeure alors, débarrassé de la condition irrégulière qu'il contenait[1].

L'*avant-projet de réforme du droit des obligations* et le *projet gouvernemental* consacrent ce système (art. 1174, al. 1 et 2 ; art. 118, al. 1 et 2).

---

1. Sur l'ensemble de la question, v. Vol. 1 –*L'acte juridique*– n°s 359 et s.

Chapitre 4

Les effets particuliers des obligations complexes

301. Sources de la complexité. Plan. – Sous sa forme élémentaire, le rapport d'obligation unit *un seul créancier* à *un seul débiteur*, tenu d'une obligation ayant un *objet unique* –accomplir telle prestation, s'abstenir de tel acte, payer telle somme d'argent...

La complexité du rapport d'obligation peut dès lors avoir deux sources –éventuellement cumulées :

– l'obligation peut contraindre le débiteur à *plusieurs choses* ou à *une chose parmi plusieurs ;*

– l'obligation peut peser sur *plusieurs débiteurs* ou –et– profiter à *plusieurs créanciers.*

Dans le premier cas, l'obligation est une *obligation à objet complexe* (Section I), dans le second une *obligation à sujets multiples* (Section II).

Section I
Les obligations à objet complexe

302. Diversité des obligations à objet complexe. L'obligation conjonctive. – Il y a complexité de l'objet dans trois sortes d'obligations : *conjonctives*, *alternatives* et *facultatives*[1].

L'*obligation conjonctive* est celle par laquelle le débiteur est tenu *cumulativement* de *plusieurs prestations* au profit du même créancier : par exemple, délivrer une chose *et* une somme d'argent, fournir tel travail *et* livrer telle marchandise.

Cette obligation –qui constitue le droit commun en matière d'obligations à objet complexe– ne présente pas de difficultés particulières : le débiteur n'est libéré que par l'accomplissement de l'*ensemble des prestations.*

Il en va différemment lorsque l'obligation est *alternative* ou *facultative ;* l'obligation a plusieurs objets mais le débiteur ne doit fournir en définitive qu'*une seule prestation.*

Sur ces questions, l'*avant-projet de réforme du droit des obligations* reprend les solutions actuelles, en clarifiant et en modernisant les textes (art. 1189 à 1196). Il consacre formellement les obligations facultatives (art. 1196) que le code civil ignore.

---

1. Sur les obligations alternatives et facultatives, v. GHESTIN, BILLIAU et LOISEAU, n°s 125 et s.

303. Obligation alternative et obligation facultative. Comparaison. – L'obligation *alternative* est celle par laquelle le débiteur est tenu de plusieurs prestations mais dont *une seule peut être exigée :* par exemple, *soit* la livraison de telle marchandise, *soit* la remise de telle somme d'argent, ou bien l'acheminement d'une marchandise par air ou par route [1], ou la restitution d'un bien en nature ou en valeur [2] (C. civ., art. 1189) [3].

La question est alors de savoir à qui appartient le *choix* de la prestation à fournir. Celui-ci revient en principe au *débiteur*, à moins qu'il n'ait été accordé au créancier expressément (art. 1190), ou même tacitement [4]. Ce choix du débiteur ne rend pas nulle l'obligation pour cause de potestativité [5]. En aucun cas le juge ne peut se substituer au titulaire de l'option, ni autoriser l'autre partie à prendre parti à sa place [6]. Une fois exercée, l'option est *irrévocable*.

L'obligation *facultative* est celle par laquelle le débiteur *doit* une prestation mais a la *faculté de se libérer* en en accomplissant *une autre :* par exemple, il doit livrer une marchandise, mais il peut se libérer en versant une somme d'argent.

L'obligation facultative n'existe donc qu'en *faveur du débiteur ;* l'option n'appartient jamais au créancier.

Ces deux types d'obligations se distinguent par le trait suivant : dans l'obligation *alternative*, les différents objets sont placés *sur le même plan ;* tous sont dus mais le paiement d'un seul libère le débiteur. Dans l'obligation *facultative*, un seul objet –principal– est *dû ;* l'autre –accessoire– ne constitue qu'une faculté de remplacement dans le paiement. De là découlent des différences importantes.

Dans l'obligation *alternative*, si l'une des prestations a un *objet impossible ou illicite*, l'autre reste due ; l'obligation devient alors *pure et simple* (art. 1192). En revanche, le débiteur est libéré lorsque cette cause de nullité atteint l'objet principal d'une obligation *facultative*.

Les principes sont les mêmes en matière de *risques*. Si l'exécution de l'un des objets d'une obligation *alternative* est rendue impossible par *une cause étrangère*, le débiteur doit néanmoins fournir l'autre (art. 1193 al. 1). Si l'impossibilité atteint l'objet principal d'une obligation *facultative*, le débiteur est libéré [7].

---

1. Com. 7 déc. 2004, *D.* 2005.2392, note DELEBECQUE.
2. Civ. 1re, 16 mai 2006, *Bull. civ.* I, n° 239, *RTD civ.* 2006.556, obs. MESTRE et FAGES, *Defrénois* 2006, art. 38433, n° 43, obs. LIBCHABER.
3. GEBLER, « Les obligations alternatives », *RTD civ.* 1969.1.
4. Ce qui peut se déduire du fait que le choix a été prévu dans son intérêt exclusif, par exemple en cas d'option de change –le débiteur paiera à l'échéance 10 000 € ou 10 000 $: Req. 17 juin 1929, *D.* 1929.1.143, Rapp. BRICOUT.
5. Com. 7 déc. 2004 et Civ. 1re, 16 mai 2006, préc.
6. Civ. 3e, 4 juin 1968, *Bull. civ.* III, n° 325, Paris, 29 juin 1964, *JCP* 1965.I.14135, note BOCCARA. Le débiteur qui empêche délibérément le créancier d'exercer son option engage sa responsabilité (Civ. 1re, 6 févr. 2001, *Bull. civ.* I, n° 26).
7. Sur l'hypothèse, différente, d'impossibilité d'exécution imputable à une faute du débiteur, v. art. 1194.

Section II
Les obligations à sujets multiples

304. Diversité des obligations à sujets multiples. Plan. – Une obligation peut comporter soit plusieurs créanciers, soit plusieurs débiteurs, soit, dans certains cas, plusieurs créanciers *et* plusieurs débiteurs.

Les obligations à sujets multiples sont soit *conjointes* –ce qui constitue le *droit commun*–, soit *solidaires, in solidum* ou *indivisibles* –ce qui constitue des dérogations extrêmement fréquentes [1].

La question de savoir si, lorsque plusieurs personnes s'obligent à une même chose, la dette se divise entre elles –obligation conjointe– ou si elle oblige chacune d'entre elles au tout –obligation solidaire ou *in solidum*– a été discutée lors de l'élaboration de l'*avant-projet de réforme du droit des obligations* [2]. En effet, le principe de la division a toujours été contesté et un fort courant doctrinal propose aujourd'hui son abandon [3]. Les rédacteurs de l'*avant-projet* ont pourtant décidé de conserver le principe de division de la dette, considérant, notamment, que les conséquences de son renversement ne pouvaient pas être mesurées avec précision et qu'il risquait d'être dangereux pour les consommateurs. En revanche, l'*avant-projet*, supprime l'obligation *in solidum* en matière de responsabilité civile, mais pour lui substituer par souci de simplification, une obligation *solidaire* [4]. Les projets européens d'harmonisation du droit des contrats se prononcent au contraire en faveur d'une solidarité de principe [5].

Sous-section I
L'obligation conjointe

305. Définition et sources. – L'*obligation conjointe* –assez mal nommée [6] – est une obligation qui, comportant plusieurs créanciers ou plusieurs débiteurs, se *divise*, activement ou passivement, entre les différents sujets : chacun ne peut réclamer qu'une partie de la créance, ou n'est tenu de payer qu'une part de la dette.

Certaines obligations *naissent* avec ce caractère. **Exemples :** le propriétaire d'un immeuble le vend à deux coacquéreurs ; la dette de ceux-ci, quant au prix, est en principe

---

1. Sur l'ensemble de la question, v. la très riche thèse de BRIAND, *Éléments d'une théorie de la cotitularité des obligations*, thèse Nantes, 1999. L'auteur remet en cause l'ensemble du régime des obligations à sujets multiples sur le fondement, notamment, d'une contestation du principe selon lequel de telles obligations ont vocation à se diviser. En faveur de la solidarité de ceux qui sont obligés à une même chose, v. également AYNES et HONTEBEYRIE. Pour une réforme du code civil, en matière d'obligation conjointe et d'obligation solidaire, *D.* 2006. chron. 328. *Contra :* Mignot, *Les obligations solidaires et les obligations* in solidum *en droit privé français,* Nouvelle Bibliothèque de thèses, Dalloz, 2002, préf. LOQUIN, pour qui la division de la dette ne doit céder qu'en cas d'indivisibilité de l'objet. V. également, du même auteur, Les méfaits durables de la *stipulatio* et l'obligation solidaire, *D.* 2006. chron. 2696.

2. Elle est assez logiquement ignorée par le *projet gouvernemental de réforme du droit des contrats* –qui s'intéresse quand même, par ailleurs, aux obligations conditionnelles et aux obligations à terme– et par celui de l'Académie des sciences morales et politiques. En revanche, les *Principes du droit européen du contrat* (art. 10 : 101 et s.) et le *projet de cadre commun de référence (*art. III-4 : 101 et s.) traitent de la pluralité de débiteurs et de créanciers.

3. V. les références citées à la note précédente. *Adde* : HONTEBEYRIE, *Le fondement de l'obligation solidaire en droit privé français*, préf. AYNES, Economica 2004.

4. V. *infra,* n° 328.

5. Art. 10 : 102 PDEC ; art. III-4 : 103 (2) PCCR.

6. M. BRIAND propose de parler d'obligation « divise » (*op. cit.*, n°s 31 et s.).

conjointe. Deux copropriétaires d'un immeuble le vendent à un acheteur ; la créance des vendeurs, quant au prix, est également conjointe, en principe.

Mais le plus souvent, l'obligation conjointe provient de la *division ultérieure* d'une obligation qui ne comportait à l'origine qu'un créancier ou qu'un débiteur –particulièrement à la suite du décès de l'un d'eux. Le décès entraîne en effet *division des créances et des dettes* entre les héritiers du défunt (C. civ., art. 1220). De chaque créance du défunt, chacun d'eux ne peut réclamer que sa part ; de chaque dette, chacun d'eux n'est tenu de payer que sa part.

Ce qui pose la question des modalités de la division.

306. Division de l'obligation conjointe. – La division de l'obligation s'opère, en principe, par *parts égales* –en termes techniques, par *parts viriles.*

Mais cette règle est loin d'être absolue. En *matière contractuelle*, les parties sont libres de répartir les créances et les dettes comme elles l'entendent –assumer le paiement d'un prix, l'un pour un tiers, l'autre pour deux tiers, par exemple. En *matière successorale*, les créances et les dettes se divisent proportionnellement aux parts héréditaires de chacun des héritiers [1].

Quant au régime de l'obligation conjointe, il est inclus dans sa définition. L'obligation se divisant entre ses sujets, elle constitue en réalité une *juxtaposition d'obligations distinctes*, qu'unit seulement une communauté de source : il y a *autant d'obligations* qu'il y a de *sujets.* Chaque créancier ne peut réclamer paiement que pour sa part ; chaque débiteur n'est tenu de payer que la fraction de la dette qui lui revient [2].

Les *inconvénients* de l'obligation conjointe en cas de pluralité de débiteurs sont évidents. Outre qu'elle impose autant de poursuites qu'il y a de débiteurs, elle a cette conséquence que, lorsque l'un des débiteurs est insolvable, le créancier –qui ne peut réclamer plus que leur part aux autres– subit une perte partielle. Il existe un remède à ce risque : prévoir que l'obligation, au lieu d'être conjointe, sera solidaire ou indivisible.

Sous-section II

L'obligation solidaire

307. Diverses sortes de solidarité. – La solidarité est un caractère particulier des obligations à sujets multiples qui *fait obstacle*, tantôt à la *division de la créance*, tantôt à la *division de la dette* [3].

Dans le premier cas, il y a *solidarité active* –fort peu répandue–, dans le second *solidarité passive* –extrêmement importante en pratique.

---

1. Il en résulte que dans le cas où les héritiers recueillent les parts d'une société dans laquelle les associés sont obligés indéfiniment, les créanciers ne peuvent agir contre eux que dans la double limite de leurs droits dans la société et de leurs droits successoraux : Civ. 1re, 1er juill. 2003, *RTD civ.* 2004.291, obs. MESTRE et FAGES.

2. Le débiteur conjoint qui a acquitté plus que sa part de la dette ne peut obtenir restitution du créancier qu'en démontrant qu'il n'a payé que par erreur ou sous la contrainte, l'indu étant ici subjectif puisque le créancier a reçu ce qui lui était dû : Com. 5 mai 2004, *Contrats, conc. consom.* 2004. comm. 123, note LEVENEUR. Sur le paiement de l'indu, v. Vol. 2 *–Le fait juridique–* nos 9 et s.

3. *Rép. civ.* Dalloz, v° *Solidarité*, par LE TOURNEAU et JULIEN. MIGNOT, *Les obligations solidaires et les obligations* in solidum *en droit privé français*, préc.

§ 1. La solidarité active

308. Définition et sources. – La solidarité active suppose un débiteur tenu, envers *plusieurs créanciers*. Du fait que l'obligation est solidaire, n'importe lequel des créanciers, quelle que soit sa part dans la créance, peut exiger du débiteur le paiement total de celle-ci ; le paiement effectué entre les mains de l'un d'entre eux libère le débiteur à l'égard de tous, celui-ci ne pouvant être tenu de payer plus que le montant de la dette [1].

La solidarité active n'est jamais établie par la loi ; elle ne peut résulter que de la stipulation expresse d'une convention ou d'un testament– (C. civ., art. 1197 ; art. 1197-1 de l'*avant-projet de réforme du droit des obligations*) [2].

La jurisprudence se montre ici exigeante. Selon elle, il ne suffit pas que l'acte contienne une stipulation de solidarité. Il faut encore qu'il indique expressément que chacun des créanciers a le droit de demander le paiement de la totalité de la créance, ce qui correspond à une application littérale de l'article 1197 [3].

309. Effets dans les rapports entre les créanciers et le débiteur. – L'idée générale est que chaque créancier a qualité pour recouvrer et pour sauvegarder la créance, mais qu'il n'a pas le pouvoir d'en disposer.

De ce qu'il a *qualité pour recouvrer et sauvegarder la créance*, découlent les conséquences suivantes :

– chacun des créanciers peut *exiger le paiement* de la *totalité* de la créance et en donner *quittance* au débiteur [4]. Réciproquement, le débiteur peut choisir celui qu'il paiera, sauf lorsqu'il est poursuivi par l'un des créanciers (art. 1198 al. 1 ; art. 1198, al. 1, *avant-projet de réforme*) ;

– la *mise en demeure* faite par l'un des créanciers produit effet au profit de tous ;

– tout *acte interruptif de prescription* accompli par l'un des créanciers profite aux autres (art. 1199 ; art. 1199 *avant-projet de réforme*).

De ce que chaque créancier n'a *pas le pouvoir de disposer* de la créance –ni d'aggraver la situation des autres– il résulte notamment que la *remise de dette* consentie par un seul ne libère le débiteur que pour la part de celui-ci (art. 1198, al. 2 ; art. 1198, al. 1, *avant-projet*, qui formule la même solution pour la confusion et la compensation, al. 3). De la même manière, le *serment* déféré par l'un des créanciers [5] ne libère le débiteur qui l'a prêté qu'à l'égard de celui-ci (art. 1365, al. 2).

---

1. Ce sont les éléments de définition de la solidarité entre les créanciers retenus par l'article 1197 de l'*avant-projet de réforme du droit des obligations*, qui précise que peu importe que le bénéfice de l'obligation soit partageable et divisible entre les créanciers.

2. MM. Ghestin, Billiau et Loiseau (n° 240) soutiennent fermement le contraire. Mais ils ne peuvent guère citer, au soutien de leur opinion, que l'avis du tribun Mouricault au moment de la rédaction du Code civil et un arrêt qui pourrait être compris comme attachant une présomption de solidarité active à l'apparence d'une société créée de fait (n° 254)...

3. Civ. 1re, 27 avr. 2004, *Bull. civ.* I, n° 121, *RTD civ.* 2004.510, obs. Mestre et Fages, *Defrénois* 2004, art. 38073, n° 104, obs. Aubert, *Contrats, conc. consom.* 2004. comm. 107, note Leveneur. De ce point de vue, l'*avant-projet de réforme* se montre moins exigeant, demandant que la solidarité soit « *expressément établie* ».

4. Chacun a également le droit de déclarer la créance en totalité au passif de la procédure collective du débiteur : Com. 20 mars 2001, *Bull. civ.* IV, n° 61, *D.* 2001. AJ. 1245, obs. Lienhard, *D.* 2002. somm. 1482, obs. A. Honorat. En revanche, la solidarité active ne donne pas le droit à l'un des créanciers d'agir en responsabilité contre un tiers pour obtenir la réparation du préjudice subi par tous : Civ. 1re, 27 juin 2006, *Bull. civ.* I, n° 333, *RTD civ.* 2007. 121, obs. Mestre et Fages.

5. Sur le serment, v. *supra*, nos 64 et s.

310. Effets dans les rapports entre créanciers. – Le principe est que le créancier qui a reçu le paiement a agi dans *l'intérêt commun.*

Un *recours* est donc ouvert aux autres pour aboutir à la répartition du produit de la créance entre tous[1]. Cette répartition se fait *proportionnellement* aux droits de chacun dans la créance ; à défaut de précision contraire, les créanciers sont réputés avoir des droits égaux –répartition par *parts viriles.*

La solidarité active présente le grave danger de mettre tous les créanciers à la merci de chacun. Ceux qui n'ont pas reçu paiement du débiteur disposent évidemment d'un recours contre celui qui a été payé du tout ; mais ce recours est inefficace lorsque ce dernier est devenu insolvable. Aussi la solidarité active est-elle extrêmement rare, d'autant que les créanciers qui veulent éviter des paiements fractionnés peuvent donner mandat à l'un d'eux –ce qui est un peu moins risqué, le mandat étant librement révocable[2].

Cette dangerosité intrinsèque de la solidarité active explique sans doute l'exigence de la jurisprudence quant au caractère explicite de la stipulation qui l'institue[3].

§ 2. La solidarité passive

311. Idée générale et fonctions. – La solidarité passive suppose que *plusieurs débiteurs* sont tenus, envers un –ou plusieurs– créancier(s) d'une *obligation unique.* Le créancier peut donc exiger de *l'un quelconque des débiteurs* le paiement de *l'intégralité de la dette.* Pratiquement, il demandera son paiement à celui des débiteurs qui est le plus solvable. Corrélativement, le paiement effectué par l'un des débiteurs *libère tous les autres* à l'égard du créancier qui ne peut évidemment pas réclamer plus que le montant de la créance[4].

La solidarité passive constitue donc, pour le créancier, une importante *garantie de paiement.* Contrairement à ce qui se passe dans l'obligation conjointe, le risque d'insolvabilité de l'un des débiteurs est, cette fois, supporté par les autres. Aussi bien, la solidarité est-elle fréquemment utilisée à titre de *sûreté.* Pour accroître les chances de paiement du créancier, la pratique multiplie les obligations solidaires entre débiteurs principaux, entre débiteur principal et débiteur accessoire –particulièrement entre le débiteur et sa caution– et même entre les débiteurs accessoires– solidarité de plusieurs cautions entre elles[5].

Cette fonction de garantie est particulièrement sensible dans le cas particulier –visé par l'article 1216– où l'un des codébiteurs solidaires, sans être tenu en personne de la dette, s'est cependant engagé en qualité de débiteur solidaire pour garantir le paiement de la dette d'un autre[6]. Ainsi, par exemple, du mari qui s'engage solidairement avec sa femme au remboursement de

1. Comme le code civil, l'*avant-projet de réforme* ignore totalement la question.
2. La solidarité active connaît néanmoins une application importante : la convention de compte joint qui emporte solidarité active des cotitulaires du compte. Une telle convention ne se présume pas (Civ. 1re, 16 juin 1992, *Bull. civ.* I, n° 179) ; elle est toujours révocable (Com. 30 janv. 1990, *Bull. civ.* IV, n° 25).
3. Civ. 1re, 27 avr. 2004, préc.
4. Ce sont aussi les éléments de définition de la solidarité de la part des débiteurs retenus par l'*avant-projet de réforme* (art. 1200).
5. Mestre, « La pluralité d'obligés accessoires », *RTD civ.* 1981.36. Selon Mignot, *op. cit.*, la solidarité passive ne constitue pas une modalité de l'obligation mais un mécanisme de garantie mutuelle.
6. Oury-Brulé, *L'engagement du codébiteur solidaire non intéressé à la dette*, LGDJ, 2002, préf. Ferry.

l'emprunt souscrit par elle seule[1]. Cet engagement solidaire de payer la dette d'autrui ressemble à un cautionnement[2] et soulève, de ce fait, un problème de qualification qui relève du pouvoir souverain d'appréciation des juges du fond[3].

L'importance de la solidarité justifie qu'on en précise les *sources*, avant d'en indiquer les *effets*.

A. Sources de la solidarité

312. La solidarité ne se présume pas. – Selon l'article 1202, « la solidarité ne se présume point ; il faut qu'elle soit expressément stipulée. Cette règle ne cesse que dans les cas où la solidarité a lieu de plein droit, en vertu d'une disposition de la loi »[4].

La solidarité est donc soit *conventionnelle*, soit *légale*.

1) La solidarité conventionnelle

313. Domaine de l'article 1202 ; titres pouvant établir la solidarité. – En *matière civile*, l'article 1202 implique qu'à défaut de stipulation expresse, l'obligation est conjointe.

Il est admis que la solidarité peut résulter non seulement d'une *convention*, mais également d'un *testament* –le défunt dérogeant à la division des dettes entre héritiers en indiquant que ceux-ci sont obligés solidairement à l'exécution d'un legs ou au paiement de l'une de ses dettes[5].

En dépit de l'exigence d'une stipulation expresse, la jurisprudence n'impose *aucun formalisme* particulier. Elle n'exige pas de formule sacramentelle : si l'emploi des termes « solidarité » ou « obligation solidaire » autorise directement la consécration d'un engagement solidaire[6], il n'est cependant pas obligatoire. Il suffit que la volonté des parties soit clairement établie –ce qui suppose qu'elle soit dénuée d'équivoque[7].

---

1. Cf. Civ. 1re, 17 nov. 1999, *Bull. civ.* I, n° 309, *D.* 2000.407, note ANCEL, *JCP* 2000.II.10403, note PICOD, *Defrénois* 2000.718, obs. DELEBECQUE.

2. Il présente, pour le créancier, l'intérêt d'échapper –dans une mesure qui peut être nuancée (cf. ANCEL, note préc.)– au régime du cautionnement, très protecteur de la caution.

3. Civ. 1re, 17 nov. 1999, préc.

4. Comp. article 1202, de *avant-projet de réforme :* « la solidarité ne se présume pas ; elle ne peut résulter que de la loi, d'une convention ou des usages du commerce ».

5. La solidarité conventionnelle a une très grande importance, notamment en matière de bail. Lorsqu'elle est stipulée entre des co-preneurs (des concubins, par ex.) elle oblige chacun d'eux au paiement de la totalité du loyer, même après qu'il ait donné congé. Sur les incertitudes concernant l'étendue de cette solidarité, et le recours du codébiteur ayant payé la dette, v. LIBCHABER, obs. sous Civ. 3e, 24 juin 1998, *D.* 1999. somm. 115. En principe, la solidarité ne survit pas à la résiliation du bail et le co-locataire ne peut pas être condamné au paiement de l'indemnité d'occupation due par celui qui s'est maintenu sans titre dans les lieux : Civ. 3e, 5 mai 2004, *RTD civ.* 2004.510, obs. MESTRE et FAGES.

6. V. ainsi, Civ. 1re, 17 nov. 1999, préc. (pour le cas d'un engagement solidaire de payer la dette d'autrui). Cf. *infra*, n° 324.

7. Civ. 3e, 26 janv. 2005, *Bull. civ.* III, n° 14, *RTD civ.* 2006.316, obs. MESTRE et FAGES, *Contrats, conc. consomm.* 2005. Comm. 83, LEVENEUR (les juges du fond déduisent souverainement –et facilement– la solidarité entre cinq maîtres d'œuvre du fait que leurs missions n'étaient pas spécialement définies, qu'ils s'étaient engagés dans les mêmes termes et que leurs honoraires n'étaient pas diversifiés) ; Civ. 1re, 8 nov. 1978, *Bull. civ.* I, n° 341 ; Civ. 3e, 12 mai 1975, *Bull. civ.* III, n° 165 ; Civ. 1re, 3 déc. 1974, *Bull. civ.* I, n° 322 ; Req. 4 août 1896, *DP* 1896.1.456. Ainsi, la solidarité passive ne saurait découler de la

Selon une formule jurisprudentielle, « si la solidarité ne se présume pas, il appartient au juge du fond de rechercher si elle ressort clairement et nécessairement du titre constitutif de l'obligation, alors même que celle-ci n'a pas été qualifiée de solidaire »[1].

En revanche, en *matière commerciale* la jurisprudence juge que la solidarité doit être *présumée* en vertu des *usages*[2]. La règle est donc inverse : il faut une stipulation expresse pour l'exclure. Elle s'explique par le fait que la solidarité est un moyen de renforcer le crédit par la sécurité de paiement qu'elle procure au créancier –impératif essentiel en ce domaine.

2) La solidarité légale

314. Classification des principaux cas de solidarité légale. – Faute de pouvoir établir une liste exhaustive des cas de solidarité légale, les principaux d'entre eux permettent du moins de constater qu'elle s'explique par *trois idées*.

Parfois la solidarité repose sur une *communauté d'intérêt* –ou, plus largement, une communauté de situation juridique– entre les débiteurs. Ainsi, la loi déclare-t-elle engagés solidairement : les *époux* pour les dettes contractées pour l'*entretien du ménage et l'éducation des enfants* (C. civ., art. 220)[3], les *parties à un PACS*, pour les dettes contractées pour les besoins de la vie courante, à moins que les dépenses soient manifestement excessives (art. 515-4, L. 23 juin 2006), les *père et mère* pour la réparation des *dommages causés par leurs enfants mineurs* (art. 1384, al. 4), les *coacquéreurs* d'une chose assurée pour le paiement des *primes* (C. assur., art. L. 121-10)... Cette idée trouve également de nombreuses applications en *matière fiscale* (CGI, art. 1685, 1709...).

Dans d'autres cas, la solidarité constitue la *sanction* d'une *faute commune*. Dans l'administration légale, les *parents* répondent solidairement du *préjudice* causé au mineur par les actes accomplis en son nom (art. 389-5). Surtout, les *personnes condamnées* pour un même délit sont tenues solidairement des *restitutions* et des *dommages-intérêts* (C. pr. pén., art. 480-1)...

Dans une troisième série d'hypothèses, la solidarité est fondée sur les nécessités du *crédit*. S'expliquent ainsi : la solidarité envers le porteur des *signataires* d'une *lettre de change* (C. com., art. L. 511-44, nouv.), d'un *billet à ordre* (C. com., art. L. 512-3, nouv.) ou d'un *chèque* (C. mon. et fin., art. L. 131-51), celle des *associés en nom collectif* pour

---

seule cotitularité d'un compte joint (Com. 8 mars 1988, *Bull. civ.* IV, n° 102) ou de la seule qualité de coemprunteur (Civ. 1re, 19 févr. 1991, *Bull. civ.* I, n° 71). En revanche, la solidarité stipulée pour un compte joint soumet les débiteurs aux effets ordinaires de la solidarité, Com. 8 févr. 2005, *Bull. civ.* IV, n° 20, *D.* 2005. AJ. 771, note AVENA-ROBARDET. Cf. *infra*, n° 317.

1. Civ. 3e, 26 janv. 2005, *Bull. civ.* III, n° 14 (admettant la solidarité sur le constat de l'identité des termes de l'engagement de chacun des contractants et de leur rémunération).

2. Com. 28 avr. 1987, *Bull. civ.* IV, n° 103 ; 21 avr. 1980, *Bull. civ.* IV, n° 158 ; Civ. 18 juill. 1929, *DH* 1929.586. Il doit s'agir d'engagements commerciaux, même souscrits par des non-commerçants. V. Com. 27 sept. 2005 et Com. 15 nov. 2005, *RTD civ.* 2006.316, obs. MESTRE et FAGES. La rigueur de cette dernière solution est critiquée : DONDERO, « La présomption de solidarité en matière commerciale : une rigueur à modérer », *D.* 2009. chron. 1097. L'article 1202 de l'*avant-projet de réforme* consacre expressément cette source de la solidarité.

3. Cette solidarité concerne aussi les dettes non contractuelles dès lors qu'elles sont afférentes à l'entretien du ménage ou à l'éducation des enfants : Civ. 1re, 12 mai 2004, *RTD civ.* 2004.510, obs. MESTRE et FAGES (cotisations de retraite). Elle ne s'applique pas aux concubins (Civ. 1re, 27 avr. 2004, *Bull. civ.* I, n° 113, *D.* 2004.IR.1429, *RTD civ.* 2004.510, obs. MESTRE et FAGES).

les *dettes sociales* (C. com., art. L. 221-1, nouv.), celle des personnes ayant agi au nom d'une société en formation pour les obligations nées de ces actes (C. civ., art. 1843)...

B. Effets de la solidarité

315. Dualité. – Qu'elle soit d'origine conventionnelle ou légale, la solidarité produit des effets dans deux sortes de rapports : elle intéresse d'abord les rapports entre *le créancier et les débiteurs ;* ensuite les rapports des *débiteurs entre eux.* Les premiers relèvent de l'*obligation* envers le créancier, les seconds concernent la *contribution* des débiteurs à la dette.

1) Rapports entre créancier et débiteurs – L'obligation à la dette

316. Le droit de poursuite et l'obligation à la dette. – Dans les rapports entre le créancier et les débiteurs, la solidarité intéresse le *droit de poursuite* du premier et l'*obligation à la dette* des seconds. Il s'agit en effet de savoir ce que chaque débiteur est *obligé de payer* au créancier : c'est le *rapport d'obligation.*

Sur cette question, l'analyse classique distingue les *effets principaux* et les *effets secondaires* de la solidarité. Les premiers découlent de la *structure même* de l'obligation solidaire : *plusieurs débiteurs* sont tenus, envers le créancier, d'une *seule obligation.* Les seconds s'expliquent par l'idée qu'il existe, entre les codébiteurs solidaires, une communauté d'intérêt qui donne naissance à un *pouvoir de représentation mutuelle.*

Ce dualisme est contesté, certains auteurs expliquant la totalité des effets par la représentation, d'autres la jugeant au contraire inutile même pour rendre compte des effets secondaires [1]. En dépit des réserves qu'elle peut susciter, la distinction permet de présenter clairement les effets de solidarité tels qu'ils résultent de la loi et de la jurisprudence –même si elle est à l'origine de quelques incertitudes.

a) Les effets principaux de la solidarité

317. Fondement. Paiement de l'obligation solidaire. – Ces effets s'expliquent par les *caractères propres* de l'obligation solidaire, qui se résument en deux propositions : d'une part, il y a *unité d'objet* de l'obligation, tous les débiteurs devant la *même chose ;* d'autre part, il y a *pluralité de liens obligatoires*, l'obligation de chacun conservant une certaine *indépendance* par rapport à celle des autres [2].

C'est à partir de ces principes que l'on peut établir les règles qui concernent le *paiement* de l'obligation solidaire et l'*opposabilité des exceptions.*

S'agissant du *paiement*, tant que tous les débiteurs sont *vivants*, seule l'unité d'objet de l'obligation se manifeste.

---

1. MAZEAUD et CHABAS, n°s 1061 et s. ; VEAUX et VEAUX-FOURNERIE, La représentation mutuelle des coobligés, *Mélanges WEILL*, p. 547. Estimant que l'idée de représentation ne peut expliquer tout le régime de la solidarité mais qu'elle ne doit pas être totalement rejetée : GHESTIN, BILLIAU et LOISEAU, n°s 257 et s.

2. Cette analyse est contestée par certains auteurs qui voient dans la solidarité passive un mécanisme de garantie mutuelle des codébiteurs. V. MIGNOT, thèse et article préc.

Puisque les débiteurs doivent tous la même chose, le créancier peut librement *choisir* celui à qui il réclamera paiement[1] ; et de celui qu'il a choisi, il peut exiger la *totalité* de la chose due. Cela permet au créancier, comme il a déjà été dit, de s'adresser au plus solvable, ce qui constitue le principal intérêt de la solidarité. Ce débiteur ne peut lui opposer le bénéfice de division (C. civ., art. 1203, et de l'*avant-projet de réforme*) –c'est-à-dire exiger que le créancier divise sa demande et poursuive tous les débiteurs ; mais il peut appeler les autres débiteurs en garantie (NCPC, art. 109).

Le droit pour le créancier de réclamer paiement intégral de la dette à l'un ou l'autre des codébiteurs solidaires s'applique dans le cas de *compte-joint*, dès lors que le contrat comporte une clause de solidarité passive[2]. Dans un arrêt du 8 février 2005, la Cour de cassation précise, d'abord, que le créancier n'a pas à établir que le débiteur poursuivi a personnellement consenti à l'opération débitrice, et ensuite, que peu importe que l'opération considérée n'ait profité qu'à l'autre codébiteur[3].

Cependant, pour que cette règle ne risque pas de se retourner contre le créancier, l'article 1204 (art. 1203, al. 2, *avant-projet*) ajoute que les poursuites intentées contre l'*un* des débiteurs ne l'empêchent pas d'agir contre les *autres* –jusqu'à parfait paiement mais, évidemment, sans que cela puisse jamais lui permettre de percevoir plus que le montant de la dette.

Enfin il est admis –dans le silence des textes– que le paiement de la totalité de la dette par l'un des débiteurs libère tous les autres.

La *mort* de l'un des codébiteurs ne change rien à la situation des autres ; le créancier conserve le droit de réclamer la totalité de la dette à chacun d'eux.

En revanche, la dette *se divise* entre les héritiers du débiteur décédé ; chacun n'est tenu que proportionnellement à sa part successorale. La solution résulte implicitement de l'article 1220 qui n'apporte pas d'exception à la division des dettes pour les dettes solidaires. Elle s'explique par l'idée de pluralité de liens obligatoires ; en se transmettant, chacun de ces liens est susceptible de se fractionner.

Exemple : soit une dette de 100 000 €, solidaire entre A, B, C et D. A décède en laissant deux enfants X et Y. Le créancier peut assigner B, C ou D en paiement de 100 000 €. Il ne peut réclamer à X et Y que 50 000 € chacun.

L'inconvénient pour le créancier est évident en cas d'insolvabilité de l'un des héritiers. C'est pourquoi il est d'usage de renforcer la solidarité conventionnelle en stipulant également l'*indivisibilité* de la dette[4].

318. Opposabilité des exceptions. Diversité. Exceptions communes. – L'opposabilité des exceptions par le débiteur poursuivi est prévue par l'article 1208. Malgré une rédaction peu claire[5], il conduit à distinguer trois catégories d'exceptions : *communes*, *purement personnelles*, *simplement personnelles*. La répartition se fonde tantôt sur l'unité d'objet de la dette, tantôt sur la pluralité de liens obligatoires.

---

1. CA Paris, 9 sept. 2003, *RTD civ.* 2004.735, obs. MESTRE et FAGES, qui précise que le débiteur poursuivi ne peut faire grief au créancier de ne pas avoir déclaré sa créance dans la procédure collective d'un autre associé codébiteur.
2. Sur la solidarité dans les comptes en banque, v. plus généralement CLÉMENT, « Solidarité et compte bancaire », *D.* 2007. chron. 1805.
3. Com. 8 févr. 2005, *Bull. civ.* IV, nº 20, *D.* 2005.AJ.771, note AVENA-ROBARDET.
4. V. *infra*, nº 331.
5. Que l'*avant-projet de réforme* conserve pourtant (art. 1207).

Les *exceptions communes* sont celles qui peuvent être invoquées par *tous les débiteurs*. Peu importe donc le débiteur que le créancier a choisi de poursuivre ; son action est de toute manière vouée à se heurter à l'exception considérée.

Ce sont d'abord les *causes de nullité* affectant soit l'obligation elle-même –qui a un objet illicite, par exemple– soit l'engagement de tous –ce qui est le cas si tous les débiteurs ont été victimes d'un vice du consentement. Ce sont ensuite les *modalités* communes à tous les engagements : si tous les débiteurs se sont engagés à terme ou sous condition suspensive, le créancier ne peut en poursuivre aucun tant que le terme n'est pas échu ou la condition réalisée. Ce sont, enfin, les *causes d'extinction* qui ont éteint la dette à l'égard de tous ; ce qui est le cas du paiement, de la prescription, de la novation ou d'une remise de dette consentie à tous les débiteurs [1].

On peut sans doute ajouter à cette liste la transaction intervenue entre le créancier et l'un des débiteurs dès lors que la Cour de cassation a jugé « qu'un codébiteur solidaire peut invoquer la transaction intervenue entre le créancier commun et l'un de ses coobligés, dès lors qu'il en résulte pour ce dernier un avantage dont il peut lui-même bénéficier » [2].

319. Exceptions purement personnelles. – À l'opposé, se situent les exceptions *purement personnelles*. Ce sont celles qu'*un seul débiteur* est admis à opposer, et dont il est seul à profiter.

Ont ce caractère les exceptions tenant à une cause de nullité qui n'entache qu'*un seul engagement :* incapacité du débiteur, ou vice du consentement subi par lui, à l'exception des autres. Il en va de même des modalités (terme ou condition) profitant à un seul débiteur [3].

C'est alors la pluralité des liens obligatoires qui se manifeste : l'un de ces liens est paralysé par un moyen de défense, alors que les autres conservent leur pleine efficacité. Dans ce cas, il y a *un débiteur de moins*, mais le montant de la dette n'est pas diminué ; les autres peuvent toujours être poursuivis pour le tout [4].

320. Exceptions simplement personnelles. – Les exceptions *simplement personnelles* –également dites *mixtes*– forment une catégorie intermédiaire. Il s'agit d'exceptions qui *libèrent entièrement un débiteur*, mais qui *profitent pour partie aux autres* car elles réduisent le montant de la dette. Dans cette mesure, elles peuvent donc être *invoquées par tous*.

---

1. V. notamment, Civ. 1re, 11 janv. 1984, *Bull. civ.* I, nº 11 (novation), Civ. 8 déc. 1852, *DP* 1853.1.80 (prescription).
2. Com. 28 mars 2006, *Bull. civ.* IV, nº 85, *D.* 2006. 2381, note THOMAS-RAYNAUD, *RTD civ.* 2006. 766, obs. MESTRE et FAGES.
3. Le fait que les créanciers ne recouvrent pas leur droit de poursuite contre le débiteur après le jugement de clôture de la liquidation judiciaire ne peut pas être invoqué non plus par le codébiteur solidaire : Com. 24 mars 2004, *D.* 2004. AJ. 1593.
4. Pour le cas d'une créance contre un codébiteur solidaire éteinte faute de déclaration (procédure collective), v. Com. 23 oct. 2001, *Bull. civ.* IV, nº 175, *D.* 2003. somm. 1284, obs. BRÉMOND, *JCP* 2002.II.10103, note DE GENTILI-PICARD, *JCP* 2002.I.186, nº 12, obs. Viney. En revanche, en raison du caractère accessoire de son engagement, la caution solidaire peut invoquer l'extinction de la dette résultant de l'absence de déclaration à la procédure collective du débiteur principal : Com. 17 juill. 1990, *Bull. civ.* IV, nº 214, *D.* 1990.494, note A. HONORAT ; Com. 25 oct. 1994, *D.* 1995. somm. 306, obs. A. HONORAT.

L'hypothèse typique est la *remise individuelle de dette*[1], celle qui est consentie à l'un seulement des débiteurs. **Exemple :** Soit une obligation solidaire de 30000 € pesant sur A, B et C, et une remise individuelle accordée à A. Celui-ci ne peut plus être poursuivi du tout. B et C peuvent encore l'être ; mais ils ne peuvent plus l'être que pour 20000 (si tous les débiteurs contribuent à parts égales). Leur dette est diminuée d'une somme correspondant à la part du bénéficiaire de la remise.

Un autre cas est celui de la *confusion*[2]. Si le créancier hérite de l'un des débiteurs, il ne peut plus poursuivre les autres que déduction faite de la part qui incombait au débiteur décédé (art. 1209 ; art. 1208, *avant-projet de réforme*).

À ce régime déjà complexe, le Code ajoute des règles particulières pour l'exception de *compensation*[3] qui ne mérite exactement aucune des qualifications précédentes.

L'un des débiteurs (A) devient créancier du créancier alors qu'il existe d'autres débiteurs solidaires (B et C). Si l'un d'eux est poursuivi, il ne peut opposer l'exception de compensation –qui apparaît ainsi comme purement personnelle– (art. 1294, al. 3). En revanche, si A a été poursuivi et qu'il a invoqué l'exception de compensation, elle produit les mêmes effets qu'un paiement ; les autres codébiteurs sont libérés dans la mesure de la compensation –qui ressemble alors à une exception commune.

b) Les effets secondaires de la solidarité

321. Fondement. – Il existe, par hypothèse, une certaine *communauté d'intérêts* entre les codébiteurs solidaires dont le sort est en partie lié. De là est venue l'idée que chacun a *qualité* –dans une mesure difficile à déterminer– pour *représenter* les autres. Certains actes accomplis par l'un ou contre l'un produisent des effets à l'égard de tous.

Cette idée n'est pas exprimée par le Code mais certains effets qu'il attache à la solidarité peuvent s'expliquer par elle. Dès lors, la doctrine et la jurisprudence en ont étendu l'application.

À vrai dire, ce raisonnement est contestable. Le recours à la représentation n'est pas indispensable, les effets secondaires pouvant généralement s'expliquer par l'unité d'objet de l'obligation. En outre, ses applications, notamment dans le domaine de la procédure civile, aboutissent à des résultats parfois injustes, et à des solutions incertaines. Il serait peut-être préférable de faire l'économie de cette notion[4].

La jurisprudence semble moins attachée qu'hier à l'idée de représentation mutuelle[5]. En toute hypothèse, il faut se souvenir de sa raison d'être afin d'éviter des erreurs concernant sa portée. La représentation traduisant l'union d'intérêts des débiteurs, elle ne doit *pas aggraver* leur situation[6]. Par suite, elle ne doit s'appliquer qu'aux actes qui *allègent* leur obligation ou qui la *maintiennent*, pas à ceux qui l'accroissent.

322. Effets secondaires expressément prévus par le Code. – En premier lieu, tout acte *interrompant la prescription* à l'égard de l'un des débiteurs l'interrompt à l'égard de

---

1. Sur la *remise de dette*, v. *infra*, n° 472. Cette remise de *dette* ne doit pas être confondue avec la remise de *solidarité*, sur laquelle, v. *infra*, n° 326.
2. Sur la *confusion*, v. *infra*, n°s 468 et s.
3. Sur la *compensation*, v. *infra*, n°s 453 et s.
4. Rappr. TERRÉ, SIMLER et LEQUETTE, n° 1257. *Contra*, pour certains effets au moins, GHESTIN, BILLIAU et LOISEAU, n°s 257 et s.
5. V. Civ. 1re, 24 nov. 1998 ; *JCP* 1999.I.114, n° 2, obs. LOISEAU.
6. Très nettement en ce sens : Civ. 16 déc. 1891, *DP* 1892.1.177. Rappr. Civ. 2e, 29 janv. 1997, *Bull. civ.* II, n° 30, *JCP* 1997.II.22789, concl. KESSOUS.

tous –qu'il s'agisse d'une poursuite exercée par le créancier (art. 1206 ; art. 1205, al. 1, *avant-projet de réforme*), ou d'une reconnaissance de la dette par l'un d'eux (art. 2249).
En deuxième lieu, la *mise en demeure* adressée à l'un des débiteurs produit effet à l'égard de tous, de telle sorte que si la chose vient à périr postérieurement par cas fortuit, les risques sont supportés par l'ensemble des débiteurs (art. 1205 ; art. 1205, al. 2, *avant-projet*). De la même manière, la perte de la chose par la faute de l'un des débiteurs –même antérieure à la mise en demeure– ne décharge pas les autres de l'obligation de payer le prix (même texte ; art. 1204, *avant-projet*) [1].

La demande d'*intérêts moratoires* formée contre l'un des débiteurs les fait courir à l'égard de tous (art. 1207 ; art. 1206, *avant-projet*).

Le *serment* déféré à l'un des codébiteurs profite à tous (art. 1365, al. 4).

En réalité seule cette dernière solution peut s'expliquer par l'idée de représentation dans l'intérêt des débiteurs. Quitte à parler de représentation, il serait plus exact de reconnaître que, dans les autres cas, elle joue en réalité *en faveur du créancier.*

323. Effets secondaires admis par la jurisprudence. – Certains effets non prévus par le Code ont été dégagés par la jurisprudence sur le fondement de l'idée que chacun des coobligés est « le contradicteur légitime du créancier et le représentant nécessaire de ses consorts » [2]. Ces applications se situent presque exclusivement dans le domaine de la procédure civile [3].

La Cour de cassation juge de manière constante que dans le cas où un seul débiteur a été assigné par le créancier, la *chose jugée* à son égard s'impose aux autres [4]. De même, si le débiteur exerce un recours contre le jugement qui l'a condamné, la décision rendue sur ce recours a pareillement effet à l'égard des autres [5].

L'idée de représentation produit une autre conséquence importante : les coobligés ne peuvent former *tierce opposition* contre le jugement rendu contre l'un d'entre eux [6].

---

1. Com. 2 juill. 1996, *RTD civ.* 1997.130, obs. MESTRE. En revanche, dans les deux cas, les autres débiteurs ne sont pas tenus des dommages-intérêts.
2. Civ. 15 janv. 1873, *D.* 1873.1.249 (arrêt de principe). V. également Soc. 7 oct. 1981, *Bull. civ.* V, n° 764 ; Civ. 1re, 20 juill. 1976, *Bull. civ.* I, n° 271.
3. C'est peut-être la raison pour laquelle l'*avant-projet de réforme du droit des obligations* les passe sous silence.
4. Com. 24 avr. 1981, *Bull. civ.* IV, n° 181 ; 26 févr. 1980, *Bull. civ.* IV, n° 96 ; Civ. 1re, 1er déc. 1885, *DP* 1886.1.251. Encore faut-il, selon un arrêt, que la décision –rendue par défaut ou réputée contradictoire– ait été notifiée aux débiteurs, la notification adressée à l'un d'eux ne produisant pas effet à l'égard de tous : Civ. 2e, 29 janv. 1997, *Bull. civ.* II, n° 30, *JCP* 1997.I.4015, obs. BILLIAU.
5. Naturellement, il en va autrement quand tous les débiteurs ont été assignés. Si certains n'ont pas fait appel –et ne se sont pas joints, même tardivement, à l'appel (NCPC, art. 552)–, la décision rendue contre eux acquiert force de chose jugée (Civ. 1re, 16 mars 1971, *Bull. civ.* I, n° 89). Pareillement, un codébiteur qui n'a fait appel que des dispositions pénales d'un jugement correctionnel ne peut pas invoquer le bénéfice de la réformation des dispositions civiles intervenu sur appel d'un autre débiteur : Civ. 1re, 24 nov. 1998, préc. En cas de cassation d'un arrêt après appel puis pourvoi d'un codébiteur solidaire, l'autre peut se joindre à l'instance qui se déroule devant la Cour de renvoi : Civ. 2e, 20 janv. 2005, *Bull. civ.* II, n° 16.
6. Com. 6 juin 1961, *Bull. civ.* III, n° 258 ; Req. 20 févr. 1938, *Gaz. Pal.* 1938.1.720 ; Civ. 1er déc. 1885 et 15 janv. 1873, préc.

Cette jurisprudence est contestable car elle fait dépendre le sort de tous de la diligence du débiteur poursuivi et prive dans la plupart des cas les coobligés de tout recours contre une décision qui peut leur porter préjudice. Aussi bien, la jurisprudence apporte-t-elle des *atténuations* à ces principes.

Le jugement n'est pas opposable aux autres débiteurs lorsqu'il résulte d'une *collusion frauduleuse* entre le créancier et le débiteur qui s'est laissé condamné, ou lorsque la décision n'a pas pour effet de constater une obligation préexistante mais d'*aggraver* la situation des débiteurs en faisant naître une obligation nouvelle. Surtout, la décision n'est pas opposable aux débiteurs qui disposent d'une *exception personnelle*[1].

2) Rapports entre codébiteurs – La contribution à la dette

324. Contribution à la dette. – Entre les codébiteurs, la question est celle de la *contribution* à la dette ; il s'agit de savoir comment va se répartir la charge *définitive* de l'obligation entre eux.

Selon l'article 1213 (art. 1210, al. 1, *avant-projet de réforme*), l'obligation solidaire se *divise* de plein droit entre les codébiteurs, qui ne sont finalement tenus que pour leurs parts respectives[2]. La solidarité qui s'oppose à la division de la dette à l'égard du créancier n'a donc pas cet effet dans les rapports entre débiteurs.

À défaut d'autre indication, cette division se fait par *parts égales*. Mais les *exceptions* sont extrêmement fréquentes. En matière de solidarité conventionnelle, toute autre répartition peut être convenue par les parties. En cas de solidarité légale pour les dommages intérêts mis à la charge des coauteurs d'un délit, la répartition se fait en fonction de la gravité de leurs fautes[3]. La charge d'une dette successorale solidaire entre héritiers se répartit en fonction de leurs vocations successorales respectives. Les juges peuvent également se fonder sur l'*intérêt respectif* qu'ont les débiteurs dans l'affaire.

Il va de soi que, dans le cas particulier de l'engagement solidaire de payer la dette d'autrui[4], le souscripteur de cet engagement, qui a payé, ne doit pas supporter la charge définitive de la dette et dispose d'un recours en remboursement pour le tout contre le –ou les– débiteur(s) dont il s'était porté garant (art. 1216 ; art. 1212, *avant-projet*).

325. Recours du débiteur ayant payé plus que sa part. – Le débiteur qui a payé plus que sa part sur l'action du créancier dispose d'une double action contre les autres débiteurs pour obtenir le *remboursement* de l'excédent.

Il peut exercer une *action personnelle* qui est fondée sur le *mandat* en cas de solidarité conventionnelle, et sur la *gestion d'affaires*, en cas de solidarité légale. Il s'agit dans tous les cas d'une action purement *chirographaire,* qui ne bénéficie donc d'aucune priorité.

Le codébiteur solidaire tenu *avec d'autres*, peut également exercer une *action subrogatoire* fondée sur la subrogation légale de l'article 1251-3°[5]. L'avantage est qu'il bénéficie alors, le cas échéant, des sûretés –autres que la solidarité– qui garantissaient la créance.

Qu'il exerce l'une ou l'autre action, le débiteur doit diviser son recours ; il ne peut réclamer à chacun des autres que sa *part contributive* (art. 1214 ; art. 1210, al. 2,

---

1. Civ. 1re, 14 févr. 1990, *Bull. civ.* I, n° 42 ; Com. 6 juin 1961 et Civ. 1er déc. 1885, préc. *;* Civ. 11 févr. 1947, *JCP* 1948.II.4127 (2e esp.) ; Req. 20 févr. 1938 et Civ. 1re, 1er déc. 1885, préc.
2. Civ. 3e, 24 juin 1998, *Bull. civ.* III, n° 129.
3. Sur la répartition de la charge de l'indemnisation en matière de responsabilité civile, v. *infra,* n° 329.
4. V. *supra*, n° 311, *in fine*.
5. Sur la *subrogation légale*, v. *infra,* nos 376 et s.

avant-projet). La règle est édictée pour éviter une cascade de recours : à défaut le second débiteur qui aurait payé l'intégralité de l'excédent devrait agir contre un autre débiteur pour obtenir son remboursement, et ainsi de suite jusqu'à épuisement de la dette.

À cette division, il existe cependant une *limite*, parce que son application stricte ferait peser sur le seul débiteur qui a acquitté la dette la charge de l'*insolvabilité* de l'un des codébiteurs. Aussi, l'article 1214 alinéa 2 (art. 1211 *avant-projet)* dispose-t-il que la perte résultant de l'insolvabilité de l'un des débiteurs se répartit par contribution entre tous les débiteurs solvables.

Exemple : Soit une dette de 100 000 € solidaire entre A, B, C et D. A qui a payé le tout peut réclamer 25 000 € à B, C et D. Si D est insolvable, cette insolvabilité est assumée par A, B et C. Chacun doit donc contribuer à la dette pour 1/3 ; A peut recourir contre B et C pour 33 333 €.

326. Extinction de la solidarité passive – De l'extinction de l'obligation solidaire, qui résulte, notamment, du paiement de celle-ci, il faut distinguer l'extinction de la *solidarité* par l'effet d'une *remise de solidarité*. Le créancier consent à ce que la dette soit divisée ; l'obligation demeure mais elle devient *conjointe*.

Lorsqu'elle bénéficie à tous les débiteurs –remise générale– elle divise la dette à l'égard de chacun des débiteurs ; le créancier ne peut plus agir contre eux que pour le montant de leurs parts respectives.

Quand elle ne profite qu'à l'un d'entre eux –remise individuelle de solidarité– la division ne joue qu'à l'égard du bénéficiaire contre lequel le créancier ne peut agir que pour sa part. Les autres restent tenus solidairement, mais pour un montant réduit de la part du débiteur bénéficiaire de la remise (art. 1210).

Cette remise de solidarité peut être expresse ou tacite. Dans certains cas, elle est même présumée, notamment lorsque le créancier a donné quittance pour un paiement partiel (art. 1211), ou lorsqu'il a poursuivi l'un des débiteurs pour sa part et que ce dernier a acquiescé à la demande (art. 1211, al. 3).

Sous-section III
L'obligation in solidum

327. Nature et fondement. – L'apparition de l'obligation *in solidum* s'explique par deux principes conjugués : d'une part, que la solidarité ne se présume pas ; d'autre part, que les cas de solidarité légale sont limitatifs et d'interprétation stricte[1]. Or, il existe des cas dans lesquels la solidarité n'est pas expressément prévue, et où il paraît cependant opportun d'admettre l'obligation de plusieurs débiteurs à la totalité de la dette.

C'est pour résoudre cette contradiction que la doctrine et la jurisprudence ont forgé le concept d'obligation *in solidum* –appelée parfois *solidarité imparfaite*– : c'est une *obligation au tout*, qui a lieu sans que *les débiteurs ou la loi* l'aient voulue.

Dans la conception classique, l'obligation *in solidum* découle de la *nature* de l'obligation ; elle s'oppose nettement à la solidarité, simple *modalité* ajoutée à l'obligation par faveur pour le créancier.

Cette opinion n'a plus cours dans la doctrine moderne qui considère que l'obligation *in solidum* n'est qu'une *garantie* destinée à éviter au créancier de diviser ses recours et de supporter l'insolvabilité de l'un des débiteurs. Ce qui rapproche nettement l'obligation *in solidum* de la

---

1. La jurisprudence n'a pas toujours respecté ces principes, appliquant par analogie la solidarité à des cas non prévus par la loi, en se fondant sur sa raison d'être. C'est la réaction hostile de la doctrine qui a provoqué l'apparition du concept d'obligation *in solidum*.

solidarité et rend la notion assez indécise. L'*avant-projet de réforme du droit des obligations* propose de la supprimer en matière de responsabilité civile.

328. Principaux cas d'obligation *in solidum*. – Compte tenu du caractère fluctuant de la notion, il n'est pas possible de dresser une liste exhaustive des applications de l'obligation *in solidum*. On s'en tiendra aux deux exemples les plus caractéristiques.

Après avoir jugé un temps –malgré l'absence de texte et par imitation de la solution édictée par la loi pour les auteurs de délits [1] – que les *coauteurs d'un dommage* sont tenus solidairement d'indemniser la victime, la jurisprudence admet désormais que cette obligation est une obligation *in solidum* [2]. La solution vaut dans les hypothèses les plus diverses : lorsque les responsables le sont sur le même fondement, comme lorsqu'il le sont sur des fondements différents –y compris lorsque l'un est tenu contractuellement et l'autre délictuellement.

Chacun des coauteurs est alors obligé, envers la victime, à *réparation intégrale* –ce qui constitue une importante garantie d'indemnisation ; le *partage* de responsabilité n'intéresse que leurs rapports réciproques [3].

En disposant que « tous les responsables d'un même dommage sont tenus solidairement à réparation », l'article 1378, alinéa 1er de l'*avant-projet de réforme du droit des obligations* abandonne l'*obligation in solidum* au profit de la solidarité, en matière de responsabilité civile.

Le second cas caractéristique est l'*obligation alimentaire*. La jurisprudence juge traditionnellement que chacun des père et mère est tenu *pour le tout* de l'obligation d'entretenir les enfants communs (C. civ., art. 203) et qu'il en va de même de l'obligation des enfants de fournir des aliments à leurs ascendants dans le besoin (art. 205) [4]. La solution –au demeurant discutée– a peut-être été remise en cause par un arrêt qui a jugé que « le montant de la dette alimentaire de chacun des débiteurs étant fixé en considération de ses ressources et charges, il n'y a ni solidarité ni obligation *in solidum* entre codébiteurs d'aliments » [5].

329. Effets de l'obligation *in solidum*. Recours des codébiteurs. – L'obligation *in solidum* produit des effets principaux qui sont en principe les mêmes que ceux de la solidarité passive. D'où il résulte que le créancier peut réclamer l'intégralité de la dette à l'un quelconque des débiteurs –obligation *au tout*– et que ce paiement libère les autres ; d'où il suit également que les exceptions opposables au créancier sont normalement les mêmes qu'en matière de solidarité [6].

Il existe cependant des limites à cette identité. Ainsi, la *compensation* entre la dette de l'un des débiteurs et ce que le créancier lui doit par ailleurs est jugée opposable par tous alors que l'article 1294 alinéa 3 écarte cette exception en matière de solidarité [7].

---

1. V. *supra*, n° 314.
2. La jurisprudence est fixée depuis Civ. 4 déc. 1939, *DC* 1941.124, note HOLLEAUX.
3. V. Vol. 2 –*Le fait juridique*– n°s 171 et s.
4. Civ. 1re, 29 mai 1974, *D.* 1975.482, note MAGNIN ; Civ. 27 nov. 1935, *DP* 1936.25, note ROUAST.
5. Civ. 1re, 22 nov. 2005, *Bull. civ.* I, n° 419, *RTD civ.* 2006. 104, obs. HAUSER.
6. Il a cependant été jugé naguère que la transaction faite par l'un des coobligés ne peut être opposée au créancier par les autres (Civ. 3e, 31 oct. 2001, *Bull. civ.* III, n° 115), contrairement à ce qui est désormais décidé en matière de solidarité (v. *supra*, n° 318).
7. Com. 19 juill. 1982, *Bull. civ.* IV, n° 278, *Defrénois* 1983, art. 33022, n° 13, obs. AUBERT.

En revanche, les effets secondaires de la solidarité sont en principe exclus en matière d'obligation *in solidum*, faute de communauté d'intérêts justifiant une représentation mutuelle[1]. La solution ne s'impose pas de façon évidente, surtout si l'on observe que la plupart des effets secondaires jouent, en réalité, non en faveur des codébiteurs, mais en faveur du créancier.

La jurisprudence accorde classiquement une action en *remboursement* au codébiteur qui a payé au-delà de sa part. Elle lui ouvre une *action subrogatoire* fondée sur une interprétation large de l'article 1251-3°, et même une *action personnelle* déduite de l'article 1214[2]. Lorsque l'un des codébiteurs forme un recours en garantie contre l'autre, le juge est obligé de statuer sur la contribution à la dette de chacun des coobligés[3].

La répartition de la charge définitive de la dette varie selon les hypothèses considérées. En matière d'obligation alimentaire, elle dépend des facultés respectives des débiteurs En matière de responsabilité civile, elle varie selon le fondement de la responsabilité de chacun[4].

Sous-section IV
L'obligation indivisible

330. Idée générale. Sources de l'indivisibilité. Indivisibilité naturelle. – La définition de l'obligation indivisible est simple –au point de se réduire à une tautologie : c'est celle dont *l'objet n'est pas susceptible de division*. Il est donc impossible de l'exécuter pour partie ; elle doit l'être *en une fois, pour le tout*[5].

La seule indivisibilité que vise directement le Code est celle qui concerne une *obligation*, dont l'objet n'est pas susceptible d'exécution partielle. Il n'envisage pas, à ce titre, d'autres formes d'indivisibilité –celle unissant *plusieurs obligations* entre elles, et celle unissant *plusieurs contrats* entre eux– qui peuvent avoir des effets importants en matière d'étendue de la nullité ou de la résolution[6].

L'indivisibilité est *naturelle* –ou *objective*– lorsqu'elle tient à la *nature* même de l'objet dû (art. 1217 ; art. 1213, *avant-projet de réforme*), qui ne permet pas une exécution partielle.

Cette indivisibilité ne concerne donc jamais les obligations de *somme d'argent* pour lesquelles rien n'empêche un paiement fractionné. Les *obligations de donner* –transférer

---

1. Civ. 1re, 27 nov. 1967, *Bull. civ.* I, n° 337 ; Civ. 2e, 16 mars 1966, *Bull. civ.* II, n° 348 (pour les effets des voies de recours) ; Civ. 2e, 9 janv. 1958, *D.* 1958.292 (écartant de manière générale les effets secondaires). Il existe cependant des exceptions. Cf. TERRÉ, SIMLER et LEQUETTE, n° 1263, note 2.
2. Civ. 2e, 1er mars 2001, *Bull. civ.* II, n° 31, *RTD civ.* 2001.609, obs. JOURDAIN ; Civ. 1re, 7 juin 1977, *D.* 1978.289, note LARROUMET, *JCP* 1978.II.19003, note DEJEAN DE LA BATIE, *RTD civ.* 1978.364, obs. DURRY. ; Civ. 1re, 29 nov. 1948, *D.* 1949.117 note LALOU ; 21 déc. 1943, *D.* 1944.38, note P.-L. P., *JCP* 1945.II.2779, note BESSON.
3. Civ. 3e, 28 mai 2008, *Bull. civ.* III, n° 98, *RDC* 2008/4, 1259, obs. SEUBE.
4. V. Vol. 2 *–Le fait juridique–* n° 174.
5. V. SEUBE, *L'indivisibilité et les actes juridiques*, préf. M. CABRILLAC, Litec, 1999 ; et, pour une réflexion critique sur le concept, BRIAND, *Éléments d'une théorie de la cotitularité des obligations*, thèse, Nantes, 1999, nos 142 et s.
6. V. par ex. Com. 4 avr. 1995, *D.* 1996.141, note PIQUET. MOURY, « De l'indivisibilité entre les obligations et entre les contrats », *RTD civ.* 1994.255 ; ARHAB, « Les conséquences de la nullité (ou de la résolution) d'un contrat au sein des groupes de contrats », *RRJ* 1999.166.

la propriété d'un bien– sont, comme le droit de propriété lui-même, divisibles : chaque copropriétaire peut céder à autrui sa quote-part.

L'indivisibilité est plus fréquente pour les *obligations de faire*, le fait promis n'étant bien souvent pas susceptible d'exécution partielle. Ainsi, la livraison d'un corps certain –le tableau peint par tel maître– ne peut-elle être effectuée que pour le tout par l'un des vendeurs à l'acheteur.

L'indivisibilité devient enfin la règle pour les *obligations de ne pas faire :* on s'abstient ou on ne s'abstient pas, mais on se s'abstient pas pour partie. Ainsi, si l'un des covendeurs d'un fonds de commerce qui avaient promis de ne pas se rétablir manque à cet engagement, l'obligation est violée pour le tout.

L'article 1218 (art. 1214 *avant-projet*) dispose que l'obligation est également indivisible –d'une *indivisibilité relative* dit-on parfois– lorsque son objet, quoique *divisible par sa nature*, n'est pas susceptible d'exécution partielle en raison de la manière dont il est *considéré dans l'obligation.* Il s'agit alors d'une indivisibilité juridique et non matérielle –par **exemple**, l'obligation de construire ensemble une maison contractée par des entrepreneurs de différents corps de métier. Cette indivisibilité constitue plutôt une forme d'indivisibilité conventionnelle.

331. Sources de l'indivisibilité. Indivisibilité conventionnelle. – L'indivisibilité conventionnelle –ou *subjective*– est une pure création de la volonté des parties à un acte juridique qui entendent traiter *artificiellement* l'objet comme indivisible alors que, par sa nature, il est divisible. L'**exemple** le plus fréquent en pratique concerne les obligations de sommes d'argent.

L'indivisibilité conventionnelle peut être *expresse ;* elle peut même être *tacite*, dès lors que la volonté des parties est certaine[1].

L'indivisibilité conventionnelle accompagne le plus souvent une stipulation de *solidarité* afin de faire bénéficier le créancier des avantages cumulés de ces deux sortes d'obligations. Son intérêt se manifeste principalement en cas de décès de l'un des codébiteurs solidaires. En l'absence de stipulation d'indivisibilité, la dette se divise entre les héritiers du codébiteur décédé[2]. En présence d'une telle clause, chacun des héritiers est tenu pour le tout (art. 1223 : art. 1215, *avant-projet*).

Exemple : soit une dette de 100 000 €, solidaire entre A, B, C et D. En l'absence de stipulation d'indivisibilité, si A décède en laissant deux enfants X et Y, le créancier ne peut leur réclamer que 50 000 € chacun. Si l'indivisibilité est prévue, chacun des héritiers supporte l'intégralité de la dette, dont le créancier peut réclamer paiement à l'un ou l'autre.

332. Effets de l'indivisibilité. – Bien qu'elle puisse exister en dehors de cette hypothèse –en cas d'indivisibilité naturelle–, l'indivisibilité ne produit d'effets utiles qu'en cas de *pluralité de créanciers* ou –et– *de débiteurs.*

Lorsqu'il existe *plusieurs créanciers*, chacun d'eux peut exiger l'exécution intégrale de l'obligation (art. 1224, al. 1) –les autres disposent d'un recours afin de profiter de leur part de la créance. Il est par ailleurs admis que l'interruption de la prescription à l'égard

---

1. Art. 1221-5° qui vise notamment la fin que les parties se sont proposées dans le contrat. V. par ex. Civ. 3e, 21 févr. 1978, *Defrénois* 1979, n° 216, note FRANCK (vente de plusieurs parcelles de terre en vue de constituer un lotissement ne pouvant être créé que sur la superficie totale). Comp., jugeant insuffisant, au regard de l'obligation résultant d'un prêt, l'achat en commun par les associés cogérants d'une société en formation : Civ. 1re, 9 mars 2004, *RTD civ.* 2004.734, obs. MESTRE et FAGES.
2. V. *supra,* n° 305.

de l'un des créanciers –ou sa suspension– profite aux autres [1]. En revanche chacun des créanciers ne peut consentir seul une remise totale de dette (art. 1224, al. 2).

Lorsqu'il existe *plusieurs débiteurs*, chacun d'eux est tenu à la totalité de la dette (art. 1222 et 1223 ; art. 1215, *avant-projet de réforme*) ; son exécution par l'un libère les autres. L'indivisibilité produit donc le *même effet principal* que la solidarité.

Il existe en revanche des hésitations concernant les *effets secondaires*. On admet généralement qu'ils doivent être exclus en raison de l'incertitude pesant sur l'existence d'une communauté d'intérêts entre les débiteurs. Mais le Code dispose que l'*interruption de la prescription* à l'égard de l'un des débiteurs produit effet à l'égard de tous (art. 2249, al. 2), et certaines dispositions du nouveau Code de procédure civile font produire à l'indivisibilité les mêmes effets –voire des effets plus énergiques– que la solidarité [2].

Les rapports des *débiteurs entre eux* soulèvent moins de difficultés : celui qui a exécuté l'obligation a un recours contre les autres, de façon à ce que chacun supporte finalement sa part de la dette.

---

1. Civ. 1re, 5 janv. 1966, *JCP* 1966.II.14592, note VOIRIN.

2. Art. 552, pour l'appel ; art. 529, pour la notification d'un jugement de condamnation. Pour la solidarité, comp. *supra*, n° 323 et les notes.

Troisième partie

La transmission et la transformation de l'obligation

333. Définitions. – De sa création à son extinction, l'obligation ne reste pas toujours la même. Au cours de son existence, elle peut être affectée par des changements touchant son objet, sa cause, ses modalités, ses sujets... Ces changements résultent de deux mécanismes voisins mais différents : la transmission et la transformation de l'obligation [1].

Transmettre l'obligation, c'est la transférer à un nouveau créancier ou à un nouveau débiteur, qui prendra exactement la place de l'ancien : qui aura exactement les mêmes droits ou sera exactement tenu des mêmes charges. Il y a *changement de sujet*, pour une obligation qui, de tout autre point de vue, reste identique [2].

Nous verrons que cela n'est possible que pour l'obligation envisagée activement, non passivement : les créances sont transmissibles, non les dettes.

La *transformation* de l'obligation a un domaine plus vaste. Elle peut consister à en changer soit l'*un des sujets* –créancier ou débiteur– soit l'*un des éléments* –objet ou cause– de l'obligation.

Mais, même lorsque la transformation consiste en un changement de sujet, il y a une grande différence avec la transmission proprement dite. Le nouveau créancier ou le nouveau débiteur n'est pas dans la situation exacte de l'ancien ; ce n'est pas seulement l'un des sujets qui est changé, mais aussi certains des caractères de l'obligation elle-même.

Nous étudierons successivement ces deux sortes de changements.

Pour sa part, l'*avant-projet de réforme du droit des obligations* regroupe dans un chapitre VI, intitulé « *Des opérations sur créances* » (art. 1251 à 1282) la plupart des mécanismes qui seront analysés sous les deux rubriques précédemment annoncées : la cession de créance, la subrogation, la novation et la délégation. Le regroupement est justifié par l'idée que dans toutes ces opérations, la créance est traitée comme un élément de l'actif du créancier, appelé à circuler ou à fonder de nouveaux rapports d'obligation. Dans ces matières, le régime du code civil a été jugé, à des degrés variables selon les cas, obsolète et incomplet. La volonté des rédacteurs a été de réécrire les textes de manière à procurer aux parties efficacité, sécurité et rapidité, à permettre au Code civil de redevenir la « *base légale du commerce juridique en matière de créances* ». Ces questions ne sont

---

1. Sur ces techniques, v. notamment : LARROUMET, *Les opérations juridiques à trois personnes*, thèse dactyl., Bordeaux, 1968 ; RAYNAUD, *Les contrats ayant pour objet une obligation*, Cours de doctorat, Paris II, 1977-1978 et 1978-1979 ; *La transmission des obligations*, Bruylant-LGDJ, 1980.
2. Adoptant une compréhension plus large du transfert, v. FRAUD, « La notion de transfert de créance », *RRJ* 1998.815.

pas traitées par *le projet gouvernemental* et le *projet de l'Académie des sciences morales et politiques* qui sont limités au droit des contrats[1].

TITRE I La transmission de l'obligation

TITRE II La transformation de l'obligation

---

1. Les chapitres 11 et 12 des « Principes du droit européen du contrat » traitent, respectivement, de la cession de créance et de la substitution d'un nouveau débiteur et de la cession de contrat, le Chapitre 5 du Projet de cadre commun de référence du transfert des droits et obligations (cession de créance, substitution d'un nouveau débiteur, transfert d'une situation contractuelle). V. Projet de cadre commun de référence. Principes contractuels communs, Association Capitant et Société de législation comparée 2008, p. 757.

Titre I
La transmission de l'obligation

334. Nature de l'obligation ; incidence sur sa transmission. – L'obligation est un rapport de droit entre *deux ou plusieurs personnes* déterminées. Aussi l'a-t-on originairement considérée comme ayant un caractère essentiellement personnel, donc comme étant *intransmissible*. Tel fut, sauf controverses, le droit romain primitif. Toutefois, il a été rapidement acquis, grâce à la fiction de la continuation de la personne du *de cujus* par ses successeurs, que l'obligation est transmissible *à cause de mort* aux héritiers du créancier ou du débiteur.

Pour admettre la transmission *entre vifs*, il a fallu que s'atténue le caractère personnel de l'obligation : que l'on conçoive celle-ci comme un bien, comme une *valeur économique*, susceptible de faire l'objet de transactions au même titre qu'un bien corporel parce que, comme celui-ci, elle est un élément du patrimoine [1].

Mais on aperçoit immédiatement que cette considération technique ne vaut que pour l'obligation envisagée activement, pour la créance, non pour l'obligation envisagée passivement, pour la dette. Aussi bien, pour distinguer entre l'une et l'autre, y a-t-il une considération à la fois plus concrète et plus profonde.

335. Nécessité de distinguer entre transmission des créances et transmission des dettes ; le problème de la cession de contrat. Plan. – Le *changement de créancier* peut en principe facilement se réaliser sans le consentement du débiteur, car il ne porte pas préjudice à celui-ci. Ce qui compte pour lui, c'est l'objet de l'obligation, et ses modalités, lesquels ne sont pas modifiés ; la personnalité du créancier lui est normalement indifférente [2].

---

1. V. vol. 1 –*L'acte juridique*– n°s 3 et s. ; *La transmission des obligations,* Bruylant, LGDJ, 1980, préc., spéc. *La transmission des obligations en droit positif français* par GHESTIN. p. 3 et s. KRAMPE, « Obligation comme bien », *in L'obligation*, Arch. philo. droit, tome 44, p. 205 ; EMERICH, *La propriété des créances, approche comparative*, LGDJ, 2007, préf. ZENATI.

Que les créances constituent des biens paraît confirmé par l'article 520 de l'*Avant-projet de réforme du droit des biens* qui dispose que sont des biens « les choses corporelles ou incorporelles faisant l'objet d'une appropriation, ainsi que les droits réels et personnels », ce que sont les créances –des droits personnels. À première vue, ce texte exclut que les créances puissent être l'objet d'un droit de propriété, mais il semble contredit par l'article 523 qui définit ce dernier comme le droit exclusif et perpétuel d'user, de jouir et de disposer des choses et des droits. Sur les interprétations divergentes auxquelles ce texte peut donner lieu, v. DROSS et MALLET-BRICOUT, « L'avant-projet de réforme du droit des biens : premier regard critique », *D.* 2009. chron. 508.

2. L'affirmation doit être nuancée car cela fait quand même une différence pour le débiteur d'avoir un créancier qui prêche la « morale de l'infinie patiente » (CARBONNIER), ou un créancier plus imprégné de

La *libre transmission des créances* est donc admise. Et c'est bien une transmission : sauf la personne du créancier, rien n'est modifié.

En revanche, le *changement de débiteur* est quasiment inconcevable sans le consentement du créancier. Lui imposer un nouveau débiteur qui pourrait ne pas présenter les mêmes qualités, et être, par exemple, insolvable, pourrait lui causer un grave préjudice.

C'est pourquoi notre droit n'admet pas la *transmission de dette*, entendue symétriquement à la cession de créance, comme une convention conclue seulement entre l'ancien et le nouveau débiteur[1]. Une opération analogue n'est possible que par des procédés détournés, qui ne réalisent pas une véritable transmission.

À partir de là, la *cession de contrat* soulève à l'évidence une grave difficulté. Lorsqu'elle concerne un contrat synallagmatique, la cession de contrat recèle à la fois une cession de créance et une cession de dette[2]. Faut-il l'autoriser sur le fondement de la transmissibilité des créances ? Faut-il l'interdire sur celui de l'intransmissibilité des dettes ?

La transmission de l'obligation met donc en cause trois mécanismes, en allant du plus simple au plus compliqué : le *transfert de la créance*, la *cession de dette* et la *cession de contrat*.

---

la morale des affaires qui réclame l'exécution ponctuelle, surtout à une époque où on associe les créanciers à l'apurement du passif des débiteurs surendettés (C. consom., art. L 331-1 et s., relatifs au traitement des situations de surendettement). La cession de droits litigieux porte d'ailleurs la trace de la méfiance du Code à l'égard de certains créanciers (v. *infra*, n° 347). L'importance attachée en pratique à la personne du créancier ressort également des clauses tendant à restreindre la cessibilité de la créance. V. *infra*, n° 340.

1. Il faut seulement rappeler que certaines dettes sont transmises à l'ayant cause à titre particulier du débiteur (vol. 1 *–L'acte juridique–* n° 450). Mais c'est quelque chose de très différent car le nouveau débiteur n'est pas librement choisi et il s'agit de cas où l'ancien débiteur ne pourrait plus exécuter l'obligation. Pour cette dernière raison, le créancier n'est pas fondé à se plaindre de la transmission.

2. Il s'agit là de l'analyse classique de la cession de contrat, qui consiste à décomposer l'opération. Lorsqu'on adopte une conception unitaire, les difficultés ne disparaissent pas pour autant. V. *infra*, n°s 398 et s.

Chapitre 1

Le transfert de la créance

336. Dualité des modes de transfert de la créance. Plan. – Le mécanisme le plus classique est la *cession de créance*. C'était, à l'origine, le seul procédé retenu par le Code civil. La subrogation dans les droits du créancier, ou *subrogation personnelle*, n'apparaissait alors que comme une simple modalité du paiement, une exception au principe de l'effet extinctif.

La profonde évolution qui a affecté cette seconde institution permet aujourd'hui d'y voir plus exactement un *transfert de créance* qui se réalise *sur le fondement d'un paiement*[1].

Il convient donc d'étudier successivement la *cession de créance* (Section I), puis la *subrogation personnelle* (Section II)[2].

Section I
La cession de créance

337. Définition et intérêt. Plan. – La cession de créance, aussi appelée transport de créance, se définit comme *une convention* par laquelle un créancier, appelé *cédant*, transmet sa créance à son cocontractant, appelé *cessionnaire*. Le débiteur, dont le consentement n'est pas requis, est désigné sous le nom de *débiteur cédé* ou, plus brièvement, cédé[3].

La cession peut indifféremment avoir lieu à titre onéreux –le cédant percevant un prix du cessionnaire– ou à titre gratuit –le cédant donnant sa créance au cessionnaire. La première hypothèse étant de beaucoup la plus fréquente, l'opération apparaît comme une

---

1. V. rapprochant nettement les deux techniques comme modes de transmission des créances, GHESTIN, BILLIAU et LOISEAU, n°s 313 et s.

L'*avant-projet de réforme du droit des obligations* tire les enseignements de cette évolution en détachant la subrogation du paiement pour l'intégrer aux opérations sur créances (Chapitre VI). V. CATALA, « Cession de créance et subrogation personnelle dans l'avant-projet de réforme du droit des obligations », *Mélanges LE TOURNEAU*, p. 213.

2. La saisie-attribution d'une créance emporte également transfert, au profit du créancier saisissant, de la créance que son débiteur détient contre un tiers (L. 9 juill. 1991, art. 43). Son étude relève des voies d'exécution. Sur le conflit avec un cessionnaire de la créance, v. cependant *infra*, n° 359.

3. La transmission de la créance intervient ici à titre principal. Elle est donc radicalement différente de celle qui peut éventuellement se produire, à titre accessoire, à l'occasion du transfert de propriété d'un bien auquel la créance est attachée. Sur cette seconde hypothèse, v. vol. 1 –*L'acte juridique*– n°s 444 et s.

vente : vente de créance. C'est pourquoi elle est réglementée par le Code civil au Titre consacré à ce contrat (art. 1689 et s.)[1].

L'intérêt de ce transfert de créance est clair. Lorsque le cédant est créancier à terme, la cession faite moyennant un prix payable comptant lui permet de se procurer des liquidités sans attendre l'échéance : on dit qu'il « mobilise » sa créance. Pour le cessionnaire, elle peut constituer un placement avantageux lorsque la créance est solidement garantie et produit des intérêts.

Pour ce dernier, il s'agit aussi souvent d'une opération spéculative. Le cédant n'a pas confiance dans la solvabilité de son débiteur ; il cède sa créance, pour un prix inférieur au montant nominal, à un cessionnaire qui espère au contraire la recouvrer intégralement ou, du moins, dans une plus forte proportion.

La cession de créance peut encore remplir deux autres fonctions. D'une part, elle peut servir d'*instrument de paiement :* un débiteur cède à son propre créancier, pour le désintéresser, une créance qu'il détient sur un tiers[2]. D'autre part, elle peut jouer un rôle de *garantie :* le débiteur transfère sa créance sur un tiers à son créancier, à titre temporaire et sans contrepartie, la créance devant lui être restituée ou demeurer acquise au créancier selon que le débiteur paie ou non sa dette à l'échéance[3].

La cession de créance que réglemente le Code civil est la cession de droit commun, généralement qualifiée *cession de créance civile*. À côté d'elle, il existe, principalement en droit commercial, des *modes simplifiés* de cession qui s'en distinguent, à la fois, par la forme et par les effets.

---

1. L'*avant-projet de réforme* rompt ce lien et rattache la cession de créance aux opérations sur créance. Il en donne une définition (art. 1251) qui intègre la cession à titre gratuit, par donation. V. CATALA, article préc.

2. Valable en principe, ce procédé de paiement soulève néanmoins des difficultés lorsque le cédant est l'objet d'une procédure de redressement ou de liquidation judiciaire car il fait échapper le cessionnaire au concours des autres créanciers sur la créance cédée. La cession peut être valable en tant que mode de paiement communément admis dans les relations d'affaires (C. com., art. L. 621-107 ; art. L. 632-1, réd. L. 16 juill. 2005). Com. 30 mars 1993, *Bull. civ.* IV, n° 130, *RTD civ.* 1993.582, obs. MESTRE.

3. Plus encore que les autres formes de cession de créance, la cession à titre de garantie, appelée *cession fiduciaire*, présente un intérêt essentiellement pour les créances commerciales, et, plus largement, pour les créances professionnelles. En ce domaine, la loi (C. mon. et fin., art. L. 313-24) autorise expressément la cession à titre de garantie. V. *infra,* n° 365.

Pour les autres créances, la jurisprudence qui semblait en avoir implicitement admis la possibilité (Civ. 1re, 20 mars 2001, *Bull. civ.* I, n° 76, *D.* 2001. 3110, note AYNÈS, *JCP* 2002.II.10124, note GOAZIOU) l'a finalement exclue, jugeant qu'« en dehors des cas prévus par la loi, l'acte par lequel un débiteur cède et transporte à son créancier, à titre de garantie, tous ses droits sur des créances, constitue un nantissement de créance » (Com. 19 déc. 2006, *D.* 2007.344, note LARROUMET, *Defrénois* 2007, art. 38562, n° 29, obs. SAVAUX, *JCP* 2007.II.10067, rapport COHEN-BRANCHE et note LEGEAIS). *Adde* : AYNÉS, « La cession de créance à titre de garantie : quel avenir ? », *D.* 2007. chron. 961. Le nantissement de créances est désormais régi par les articles 2356 et suivants du Code civil (Ord. 23 mars 2006). L'*avant-projet de réforme du droit des obligations* consacre formellement la cession de créance à titre de garantie (art. 1257-1).

Sous-section I
La cession de créance civile

338. Une convention translative. – Malgré l'atténuation du caractère personnel de l'obligation, les créances ne sont quand même pas des biens comme les autres ; fondamentalement, elles restent un lien de droit entre deux personnes : le créancier et le débiteur. En conséquence, la cession de créance n'est pas non plus un contrat translatif comme les autres. Sa *réalisation* et ses *effets* sont compliqués par la substitution de sujet qu'elle entraîne dans le rapport d'obligation.

§ 1. Réalisation de la cession de créance civile

339. Originalité de la cession de créance. – Parmi les conventions translatives, la cession de créance ne présente pas d'originalité par ses *conditions* mais par la *publicité* à laquelle elle est soumise [1].

A. Conditions de la cession de créance

340. Conditions de fond. – Il faut, d'abord qu'il existe une créance. Pour relever du truisme, la condition peut cependant faire difficulté. En premier lieu, aucune cession de créance ne peut s'opérer si le prétendu débiteur a payé sa dette –ce qu'il doit prouver. Ensuite, la qualification de cession de créance est parfois écartée pour la substitution d'un tiers dans le droit d'option (acheter ou ne pas acheter) que le bénéficiaire tient d'une promesse unilatérale de vente, au motif qu'il ne s'agit pas d'une créance mais d'un droit potestatif [2]. La nature juridique de certaines opérations soulève aussi des difficultés. La Cour de cassation a ainsi jugé que la cession d'un portefeuille de contrats d'assurances s'analyse en une cession de contrats, c'est-à-dire –selon elle– en une cession de créances, et non en une cession de clientèle [3]. Il faut enfin que la créance soit *cessible*. Mais tel est, en principe, le caractère de toutes les créances, sans distinguer entre celles qui sont de sommes d'argent et celles qui ont un autre objet, ni entre celles qui sont d'origine contractuelle et les autres [4], ni entre celles qui sont exigibles et celles qui sont à terme ou conditionnelles [5].

Même les créances litigieuses, c'est-à-dire les créances pour lesquelles il existe, à la date de la cession, une contestation portant sur le fond du droit, sur l'existence ou sur la

---

1. Sur ces deux points, l'*avant-projet de réforme du droit des obligations* comporte d'importantes innovations. V. *infra*, n° 341 et n° 348 et s. et Catala, article préc.

2. Aynès, note sous Civ. 3e, 1er avr. 1987, *D.* 1987.454. *Adde :* Najjar, *Le droit d'option, contribution à l'étude du droit potestatif et de l'acte unilatéral*, LGDJ, 1967. Excluant nettement la qualification de cession de créance, V. Civ. 3e, 13 juill. 1999, *Bull. civ.* III, n° 180, *JCP* 1999.II.10207, note Psaume, *D.* 2000.195, note Jeuland, *Defrénois* 2000, art. 37195, note Dagorne-Labbé.

3. Elle est donc, comme telle, soumise aux formalités de l'article 1690 du Code civil (v. *infra*, n° 343 et s.) : Civ. 1re, 5 févr. 2009, *D.* 2009. 842, note crit. L. Aynes.

4. Sur les difficultés et les particularités de la cession de créances de dommages-intérêts, v. Pinna, « La mobilisation de la créance indemnitaire », *RTD civ.* 2008. 219.

5. C'est d'ailleurs pour les deux dernières variétés que la cession a un intérêt pratique ; la cession d'une créance exigible est rare. V. pour une cession de créance professionnelle (« cession Dailly », *infra*, nos 365 et s.), Com. 7 déc. 2004, *D.* 2005.230, note Larroumet et AJ. 77, note Lienhard, et Pan. 1427, obs. A.B., *RTD com.* 2005.175, obs. Vallens, *RTD civ.* 2005.132, obs. Mestre et Fages (« même si son exigibilité n'est pas encore déterminée, la créance peut être cédée... »).

validité de la créance, par exemple, peuvent être cédées. La loi se contente alors de protéger le débiteur en raison du caractère spéculatif d'une telle cession[1].

La cession des créances *futures ou éventuelles* est en revanche plus discutée[2]. La pratique y a volontiers recours, notamment sous la dénomination moderne, et impropre, de « délégation » de créance[3]. La loi l'autorise parfois expressément, comme en matière de cession de créances professionnelles[4]. La possibilité de céder des créances futures ou éventuelles est en effet conforme aux principes. S'agissant de la cession des créances futures, elle peut se fonder sur l'article 1130 du Code civil d'où découle la validité des ventes de choses futures. Quant à la cession de créances éventuelles, elle doit être autorisée dès lors qu'elles ont une consistance suffisante pour être l'objet d'un contrat. La jurisprudence a admis que des créances futures ou éventuelles fassent l'objet d'un contrat –et donc d'une cession– sous la seule réserve de leur suffisante identification[5].

Par exception, les créances insaisissables sont, en même temps, *incessibles* comme présentant pour leur titulaire un caractère nécessaire. C'est le cas notamment des pensions alimentaires, des rémunérations du travail au-dessous d'un certain chiffre, des prestations de sécurité sociale[6].

Afin de se protéger contre les risques que la cession de créance peut leur faire courir (avoir de nouveaux créanciers moins conciliants ou moins discrets, ne pas pouvoir leur opposer absolument toutes les exceptions qu'ils pouvaient faire valoir contre le précédent, malgré la règle de

---

Par exception, la loi rend parfois incessibles certaines créances. V., par exemple, l'article 13-1, de la loi du 31 décembre 1975 qui interdit à l'entrepreneur principal de céder les créances résultant du marché conclu avec le maître de l'ouvrage correspondant aux travaux sous-traités, à moins qu'il ne fournisse le cautionnement solidaire d'un établissement agréé pour le paiement du sous-traitant.

1. V. *infra,* n° 347. SAVAUX, *Rép. civ.* Dalloz, v° *Cession de droits litigieux*. Admettant l'existence d'une cession de droits litigieux dans le cas d'une cession de créance intervenant le jour même de l'assignation du débiteur en résolution du contrat : Civ. 3e, 16 juin 1993, *Bull. civ.* III, n° 90, *Defrénois* 1994, art. 35845, n° 68, obs. DELEBECQUE ; *RTD civ.* 1994.371, obs. GAUTIER. La jurisprudence consacre pourtant une conception restrictive de la notion de créance litigieuse. V. Com. 26 févr. 2002, *Bull. civ.* IV, n° 41, *Defrénois* 2002, art. 37558, n° 34, obs. SAVAUX (la contestation relative aux intérêts d'une dette ne rend pas la créance litigieuse).

2. Sur la question, v. MARTY, RAYNAUD et JESTAZ, n° 354 ; GHESTIN, BILLIAU et LOISEAU, nos 293 et s.

3. À propos de la « délégation », à titre de garantie, au prêteur des deniers ayant servi à l'acquisition d'un fonds de commerce, de l'indemnité d'assurance couvrant le risque d'incendie, v. Civ. 1re, 13 nov. 1997, *Bull. civ.* I, n° 302, *Defrénois* 1998, art. 36753, n° 18, obs. DELEBECQUE, et art. 36765, n° 38, obs. BÉNABENT. Le terme « délégation » est impropre car la délégation suppose nécessairement un engagement du délégué (v. *infra,* n° 434), alors que l'assureur ne s'engage pas à l'égard du créancier. Il s'agit donc en réalité d'une cession de créance éventuelle (l'indemnité d'assurance).

4. Article L. 313-23 du Code monétaire et financier (anc. art. 1, al. 2, L. 2 janv. 1981) : « Peuvent être cédées ou données en nantissement les créances liquides et exigibles, même à terme. Peuvent également être cédées ou données en nantissement les créances résultant d'un acte déjà intervenu ou à intervenir mais dont le montant et l'exigibilité ne sont pas encore déterminés ». Après quelques hésitations, la jurisprudence a pleinement consacré cette possibilité : v. Com. 7 déc. 2004, préc. L'arrêt énonce, au visa des articles L. 313-23, L. 313-24 et L. 313-37 du Code monétaire et financier : « que même si son exigibilité n'est pas encore déterminée, la créance peut être cédée et que, sortie du patrimoine du cédant, son paiement n'est pas affecté par l'ouverture de la procédure collective de ce dernier postérieurement à cette date » (sur les effets des cessions de créances non exigibles en cas de procédure collective du cédant, v. *infra,* n° 347).

5. Civ. 1re, 20 mars 2001, préc. Comp., excluant la saisie d'une créance jugée éventuelle : Civ. 2e, 11 mai 2000, *D.* 2001. somm. 1138, obs. DELEBECQUE. Selon l'article 1252 de l'*avant-projet de réforme du droit des obligations* « peuvent être cédées des créances nées ou à naître. En cas de cession d'une créance future, l'acte doit comporter les éléments permettant, le moment venu, l'identification de la créance cédée ».

6. V. article 14, de la loi du 9 juillet 1991 portantes réformes des procédures civiles d'exécution ; C. trav., art. L. 145-1 et s., et art. R. 145-1 et s. ; C. sécur. soc., art. L 553-4.

l'opposabilité des exceptions[1]...), certains débiteurs l'interdisent ou la limitent conventionnellement, notamment par des clauses d'autorisation de la cession ou d'agrément du cessionnaire. L'interdiction, qui a pour effet de rendre la créance incessible, est discutable au regard du principe de la libre disposition des biens[2]. Elle est prohibée, dans les rapports des entrepreneurs avec leurs cocontractants, par l'article L. 442-6-II-c) du Code de commerce. Pour ce qui concerne la clause soumettant la cession à l'autorisation du débiteur, la Chambre commerciale a jugé, de manière trop catégorique, que le cessionnaire n'étant pas partie au contrat la contenant, il n'est pas engagé par la clause, sauf s'il l'a acceptée[3]. La question devrait plutôt être résolue en termes de connaissance et d'opposabilité de la stipulation au cessionnaire.

Les *autres conditions* de fond ne prêtent pas à difficulté. Ce sont *celles de l'opération que la cession tend à réaliser :* suivant les cas, vente, donation, échange. Pour vendre une créance, il faut avoir la *capacité* de vendre, pour la donner, la capacité de donner. En outre, la cession doit respecter les conditions générales de validité des conventions, et les règles particulières du contrat concerné, ce qui ne présente non plus aucune originalité. Ainsi, pour vendre une créance, le prix de la cession doit-il être, sinon déterminé, du moins déterminable (art. 1591)[4].

341. Conditions de forme. – Les conditions de forme sont également *empruntées à l'opération réalisée.* Il n'en est pas qui soient propres à la cession en tant que telle.

Lorsqu'elle constitue une *vente*, la cession est donc *parfaite*, dans les rapports entre le cédant et le cessionnaire, par le *seul échange des consentements*, parce que la vente est un contrat *consensuel.* Sans doute l'article 1689 prescrit-il la remise du titre qui constate la créance cédée. Mais il ne s'agit pas là d'une condition de validité de la convention : il s'agit de son exécution, de la délivrance de la chose cédée, plus précisément.

Lorsqu'elle constitue une *donation*, la cession est soumise aux *formes* requises en la matière : en principe, la rédaction d'un acte authentique (C. civ., art. 931)[5].

L'*avant-projet de réforme du droit des obligations* modifie profondément la règle puisqu'il exige, à peine de nullité que la cession de créance soit constatée par écrit, sans préjudice des cas dans lesquels la forme authentique est exigée (art. 1253). Il fait donc de la cession de créance une convention solennelle[6].

B. Publicité de la cession de créance

342. Utilité de la publicité. – Ce qui est propre à la cession de créance, c'est la *publicité* à laquelle elle est soumise.

La cession de créance, qui entraîne une substitution de créancier, intéresse, en effet, *les tiers*, parmi lesquels figure d'abord le *débiteur cédé*, tiers à l'acte de cession. Sont également intéressés *les créanciers du cédant*, qui ne pourront plus saisir la créance. Le

---

1. V. *infra*, n°s 355 et s.
2. En sa faveur, au nom de la liberté contractuelle, v. cependant : LICARI, « L'incessibilité conventionnelle de la créance », *Rev. jur. com.* 2002. 66 et s.
3. Com. 21 nov. 2000, *Bull. civ.* IV, n° 180, *D. cah. dr. des aff.* 2001. 123, note AVENA-ROBARDET, *D.* 2003. somm. 343, obs. MARTIN. *RTD civ.* 2001.933, obs. CROCQ, *Defrénois* 2001, art. 37358, p. 635, note BILLIAU.
4. Com. 7 avr. 2009, pourvoi n° 07-18907, *Bull. civ.*, à paraître.
5. Étant rappelé qu'on retrouve ici les exceptions jurisprudentielles concernant les donations déguisées et le don manuel. V. vol. 1 –*L'acte juridique*– n° 308.
6. CATALA, « Cession de créance et subrogation personnel dans l'avant-projet de réforme du droit des obligations », *Mélanges* LE TOURNEAU, préc.

sont aussi *les cessionnaires ultérieurs*, qui ne doivent pas être exposés au risque d'acquérir une créance déjà cédée. Il faut donc que la cession soit portée à leur connaissance ; sinon, elle leur sera inopposable [1]. Mais cette publicité est très imparfaitement organisée.

Il suffit que le débiteur soit *informé* de la cession ; la loi escompte que les autres intéressés s'adresseront à lui pour savoir s'il y a eu cession ou non [2]. À cette fin, l'article 1690 du Code civil [3] ouvre aux parties le *choix entre deux formalités* [4] dont il faut souligner qu'elles ne sont requises qu'à fin d'opposabilité aux tiers et sont sans incidence sur la validité de l'opération entre les parties [5].

Ces formalités sont généralement jugées décourageantes et c'est pour les éviter que des modes simplifiés de cession de créance ont été inventés [6]. Afin de restituer au code civil son rôle primordial, l'*avant-projet de réforme du droit des obligations* modifie profondément le système en supprimant les formalités de l'article 1690 [7].

343. Formalités de l'article 1690. – La formalité usuelle est *la signification de la cession au débiteur*. Il s'agit donc normalement d'un acte d'huissier, adressé au débiteur à la demande de l'une des parties –généralement du cessionnaire, qui a intérêt à rendre l'acquisition opposable aux tiers–, et l'informant spécialement du transfert de la créance.

Le Code civil ne prévoit que la *signification au débiteur*, afin de rendre la cession opposable *aux tiers* que la Cour de cassation a défini comme ceux qui n'ont pas été parties à l'acte de cession et qui ont intérêt à ce que le cédant soit demeuré créancier [8]. La caution du débiteur ne correspond apparemment pas à cette définition, la personne du créancier lui étant normalement indifférente. La jurisprudence admet néanmoins que la cession peut être signifiée à la seule caution, afin de lui rendre la cession opposable. Cela semble même être une condition de l'opposabilité à la caution, sauf à prouver qu'elle a eu autrement connaissance de la cession [9].

---

1. V. *infra*, n°s 357 et s.
2. Prévision fragile. Les intéressés négligeront peut-être de prendre des renseignements auprès du débiteur ; ceci n'est pas grave, car ils n'auront à s'en prendre qu'à eux. Mais il peut également arriver que le débiteur leur donne des renseignements inexacts.
3. La « saisine » dont parle l'article 1690 –référence déformante à un concept de l'Ancien droit– n'a pas d'incidence sur les effets de la cession entre les parties et le transfert de la créance au cessionnaire. Elle n'affecte que l'opposabilité de la cession aux tiers, comme le suggère la formule du texte (« le cessionnaire n'est saisi *à l'égard des tiers...* »).
4. Les deux formalités sont équivalentes et leurs effets sont en principe les mêmes. Il existe néanmoins une différence concernant l'opposabilité de l'exception de compensation en cas d'acceptation de la cession par le débiteur (v. *infra*, n° 356). Le choix de l'une ou l'autre des formalités peut également produire des conséquences en matière de preuve, la Cour de cassation ayant jugé que « sauf acceptation de la cession par le prétendu débiteur, il incombe à celui qui invoque contre lui la créance de la prouver » (Com. 18 févr. 1997, *Bull. civ.* IV, n° 54, *D.* 1997. IR. 74). V. également, à propos d'une cession de créances professionnelles : Com. 26 avr. 2000, *JCP*, éd. E, 2000.1134, note D. LEGEAIS.
5. La Cour de cassation en a déduit que la caution, à qui la cession a été signifiée personnellement, ne peut invoquer l'absence de signification au débiteur cédé pour se prétendre libérée, qu'il s'agisse d'une caution solidaire (Civ. 1re, 4 mars 2003, *Bull. civ.* I, n° 61, *Defrénois* 2003, art. 37809, note ROMAN, *D.* 2003.3041, note BARTHEZ) ou d'une caution non solidaire (Com. 27 mars 2007, *Bull. civ.* IV, n° 99, *RDC* 2007/3, 848, obs. HOUTCIEFF).
6. V. *infra*, n°s 360 et s.
7. V. *infra*, n° 344, *in fine* ; CATALA, article préc. ; EMY, « À propos de l'opposabilité d'une cession de créance (réflexions sur l'avant-projet de réforme du droit des obligations) », *D.* 2008. chron. 2886.
8. V. *infra*, n° 352.
9. V. notamment, Civ. 1re, 4 mars 2003, *Bull. civ.* I, n° 61, *Defrénois* 2003, art. 37809, note ROMAN, *D.* 2003.3041, note BARTHEZ. V. *infra*, n°s 348 et 351.

La seconde formalité est *l'acceptation du débiteur*, donnée *par acte authentique*. Le procédé n'est guère employé que lorsque la cession a lieu elle-même en cette forme, les parties faisant alors l'économie de la signification en demandant au débiteur d'intervenir à l'acte. Malgré la lettre de l'article 1690, cette participation du débiteur n'a pas pour objet de recueillir son consentement, la cession de créance ne nécessitant qu'un accord entre le cédant et le cessionnaire. Il s'agit simplement pour le débiteur d'attester qu'il a connaissance de la cession afin de la rendre opposable aux tiers.

Certaines cessions de créances sont, en outre, soumises à des *formalités particulières*. Notamment, les cessions de loyers non échus, pour trois années ou plus, doivent être publiées à la conservation des hypothèques, suivant les règles générales de la publicité foncière (Décr. 4 janv. 1955, art. 28). Mais, là encore, il s'agit d'une *condition d'opposabilité* aux tiers, *non de validité* entre les parties.

344. Atténuations jurisprudentielles. – La jurisprudence a considérablement atténué le formalisme de l'article 1690 en admettant des *équivalents de la signification*.

Elle juge que l'opposabilité peut résulter de tout acte de procédure informant le débiteur de manière précise de l'existence de la cession, par exemple d'une assignation en paiement contenant un extrait de la cession rendant le transport certain[1], voire de simples conclusions comportant les éléments nécessaires à une exacte information du cédé[2].

La jurisprudence applique aussi avec souplesse l'article 1690 à la seconde formalité. Mais elle le fait de manière nuancée, ce qui conduit à des solutions plus complexes. Les arrêts obligent en fait à distinguer selon qu'il s'agit de rendre la cession opposable au débiteur cédé ou aux autres tiers.

S'agissant du *débiteur*, la jurisprudence admet que l'acceptation de la cession par acte sous seing privé vaut reconnaissance de la cession par le cédé à qui elle devient donc opposable[3]. Cette acceptation peut même être simplement tacite, dès lors qu'elle est dépourvue d'équivoque[4]. En revanche, la jurisprudence refuse toujours d'admettre que la seule preuve de la connaissance de la cession par le débiteur cédé suffise à la lui rendre opposable[5]. Mais la cession devient opposable au débiteur qui la connaît s'il se rend en outre complice d'une fraude aux droits du cessionnaire[6].

Cet assouplissement ne vaut pas pour l'opposabilité de la cession aux *autres tiers*. À leur égard, la jurisprudence maintient fermement l'exigence d'une acceptation de la cession par acte authentique. L'acceptation par le débiteur dans un acte sous-seing privé, même enregistré, ne saurait donc leur rendre la cession opposable[7]. Quant à la connaissance que les tiers ont pu personnellement avoir de la cession, elle est, comme

---

1. Com. 4 juin 1996, *D.* 1996.630, note BILLIAU, *JCP* 1996.II.22744, note TAILLENS-DESSALLE ; Com. 18 févr. 1969, *D.* 1969.354 ; Poitiers, 10 oct. 1967, *JCP* 1968.II.15544, note PRIEUR ; Civ. 17 févr. 1937, *DH* 1937.221 ; 4 mars 1931, *DP* 1933.1.73, note RADOUANT.

2. Com. 29 févr. 2000, *Bull. civ.* IV, n° 41 ; Civ. 1re, 8 oct. 1980, *Bull. civ.* I, n° 249, *RTD civ.* 1981.852, obs. CHABAS.

3. Req. 6 févr. 1878, *DP* 1878.1.275 ; Civ. 1re, 1er déc. 1856, *DP* 1856.1.439.

4. Sur l'admission de l'acceptation tacite : Civ. 3e, 31 mai 1983, *JCP* 1984.II.20156, note PETIT ; Com. 17 janv. 1951, *JCP* 1951.II.6297, note COHEN, *RTD civ.* 1951.391, obs. CARBONNIER ; Req. 6 févr. 1878, préc. Sur la condition d'absence d'équivoque : Ass. plén. 14 févr. 1975, *D.* 1975.349, *RTD com.* 1975.472, obs. PÉDAMON ; Civ. 22 avr. 1971, *Bull. civ.* III, n° 247.

5. Ass. plén. 14 févr. 1975, préc. ; Civ. 3e, 22 avr. 1971, préc. ; Civ. 27 nov. 1944, *D.* 1945.78.

6. Req. 17 févr. 1874, *S.* 1875.1.399 ; Req. 17 août 1844, *DP* 1845.4.508.

7. Civ. 26 juill. 1880, *DP* 1880.1.366 ; Paris, 8 janv. 1969, *RTD civ.* 1969.564, obs. LOUSSOUARN.

celle acquise par le débiteur cédé, inapte à fonder l'opposabilité de la cession, sauf fraude de leur part[1].

Finalement, c'est l'efficacité de l'acceptation par acte sous-seing privé (et celle de l'acceptation tacite) qui distingue la situation du débiteur cédé et celle des autres tiers. Comment cette différence peut-elle se justifier ? La réponse se trouve sans doute dans l'objet de l'opposabilité aux tiers[2].

À l'égard du *débiteur cédé*, l'opposabilité de la cession de créance intéresse principalement *sa libération par le paiement*. Il s'agit de savoir si le débiteur qui a payé l'a fait de bonne foi, de telle sorte que le paiement éteint sa dette (C. civ., art. 1240). De ce point de vue, la connaissance de la cession suffit à constituer de mauvaise foi le débiteur. Il ne peut prétendre avoir cru s'acquitter de sa dette entre les mains du véritable créancier en payant le cédant[3]. On comprend donc que la jurisprudence juge suffisantes l'acceptation du débiteur par acte sous-seing privé, et même l'acceptation tacite dénuée d'équivoque, qui établissent de manière certaine la connaissance qu'il avait de la cession. Mais il conviendrait alors d'aller plus loin dans cette voie et d'admettre que la preuve de la simple connaissance de la cession par le débiteur suffit à la lui rendre opposable, du moins lorsqu'il s'agit de juger de la validité du paiement[4].

En revanche, l'opposabilité de la cession de créance aux *autres tiers* a un autre objet. Il s'agit de trancher des conflits de droits : conflit entre plusieurs acquéreurs de la même créance, conflit entre cessionnaire, et créancier gagiste ou créancier saisissant. Or, seule l'existence d'une date certaine permet de régler de telles questions sans risque de fraude. Ni l'acceptation tacite, ni l'acceptation sous seing privé n'offrent cette garantie. La jurisprudence maintient donc ici justement l'exigence d'une acceptation par acte authentique. Mais elle devrait sans doute admettre comme équivalent l'acte sous seing privé ayant acquis date certaine.

L'*avant-projet de réforme du droit des obligations* adopte un tout autre système qui distingue l'opposabilité aux tiers autres que le débiteur cédé et l'opposabilité à ce dernier[5].

S'agissant des premiers, le texte prévoit que l'établissement de l'écrit –nécessaire *ad validitatem* pour la cession (art. 1253)–, outre qu'il opère, en principe, transmission entre les parties (art. 1254, al. 1er), suffit également à réputer le transfert accompli à l'égard des tiers et à le leur rendre opposable sans formalité (art. 1254, al. 2)[6].

En revanche, à l'égard du débiteur-cédé, la cession ne deviendrait opposable que par une notification, par le cédant ou par le cessionnaire, sur papier ou sous forme électronique (art. 1254-2).

---

1. Paris, 25 févr. 1854, *DP* 1855.2.295 ; Civ. 7 juill. 1897, *DP* 1898.1.483 ; Req. 10 janv. 1905, *DP* 1906.1.345.

2. Rapp. Marty, Raynaud et Jestaz, n° 365.

3. Sur le caractère libératoire du paiement fait de bonne foi au « possesseur » de la créance, v. *supra*, n° 107.

4. La question de l'opposabilité de la cession au débiteur peut aussi se poser lorsqu'il invoque sa libération par compensation avec une créance acquise contre le cédant ou par une remise de dette consentie par celui-ci. Dans ce cas, il convient sans doute de traiter le débiteur comme n'importe quel autre tiers. Sur cette question, v. Malaurie, Aynès et Stoffel-Munck, n° 1314, *in fine*.

5. Sur les principes applicables actuellement à ces deux catégories de personnes, v. *infra*, n° 351 et s. V. Catala, « Cession de créance et subrogations personnelle dans l'avant-projet de réforme du droit des obligations », *Mélanges Le Tourneau*, p. 213, et Emy, « À propos de l'opposabilité d'une cession de créance (réflexions sur l'avant-projet de réforme du droit des obligations », *D.* 2008. chron. 2886, préc.

6. Selon les rédacteurs de l'*avant-projet*, le risque d'antidate est conjuré par la règle de preuve prévue par le même texte, selon laquelle, en cas de contestation sur la date de la cession de la part des tiers, c'est au cessionnaire qu'il incombe d'en prouver l'exactitude, par tous moyens.

Le système est simple. Il n'est pas sûr qu'il offre une meilleure sécurité aux parties [1].

§ 2. Effets de la cession de créance civile

345. Deux séries d'effets. – Les effets de la cession de créance doivent être examinés dans les rapports *entre les parties*, puis *à l'égard des tiers*.

A. Effets entre les parties

346. Effet commun à toutes les cessions de créance et effet propre aux cessions à titre onéreux. – L'effet fondamental de la cession de créance est de transférer au cessionnaire la *créance qui appartenait au cédant*, Le premier acquiert les droits qui appartenaient au second : rien de plus, rien de moins. Il n'y a pas création d'un rapport d'obligation nouveau, mais *changement de titulaire dans un rapport d'obligation qui demeure strictement identique*.

Cet *effet translatif* vaut pour toutes les formes de cession de créance, qu'elles soient à titre gratuit ou à titre onéreux [2].

L'effet translatif de la cession de créance a un corollaire extrêmement important : l'opposabilité des exceptions. Le cessionnaire recevant la créance dont le cédant était titulaire, le débiteur peut opposer au premier toutes les exceptions qu'il pouvait faire valoir contre le second pour refuser le paiement. Cependant la règle n'intéresse pas les rapports entre les parties à la cession de créance, mais les relations du cessionnaire avec le débiteur cédé [3].

En revanche, les autres effets diffèrent selon que la cession a été faite avec ou sans contrepartie. Il va de soi qu'au cas de vente, le cessionnaire est tenu au paiement du prix et que cette obligation est éventuellement sanctionnée par la résolution du contrat : obligation qui n'existe pas au cas de donation. Cependant, la différence principale concerne *l'obligation de garantie*, dont le cédant n'est tenu que lorsque la cession constitue un contrat à titre onéreux [4].

1) L'effet translatif de la cession de créance

347. Transmission de la créance. – La cession de créance place le cessionnaire dans la position même qu'occupait le cédant dans le rapport d'obligation [5]. À première vue, elle lui permet donc d'exercer tous les droits dont ce dernier disposait contre le débiteur cédé. La délimitation exacte de l'étendue de l'effet translatif soulève néanmoins un certain nombre d'interrogations.

---

1. Sur les interrogations qu'il suscite, v. Emy, article préc. et Petit, « Réflexions sur la sécurité dans la cession de créance dans l'*avant-projet de réforme du droit des obligations* », *D.* 2006. chron. 2819. V. également *infra*, n° 357 sur les conflits entre cessionnaires d'une même créance.
2. Sur la notion d'acte translatif et la portée du transfert opéré, v. l'analyse très complète et nuancée d'Isabelle Tosi, *Acte translatif et titularité des droits*, préf. Mathieu-Izorche, LGDJ, 2006.
3. V. *infra*, n°s 355 et s.
4. C'est une règle générale que la donation n'emporte pas de garantie à la charge du donataire.
5. Mais pas dans l'ensemble du rapport contractuel, ce qui devrait normalement aider à la délimitation de l'étendue de l'effet translatif. V. *infra*, n° 348.

Le transfert s'applique d'abord sans difficulté à *la créance elle-même*. Celle-ci est transmise au cessionnaire avec ses caractères (civil ou commercial) et avec ses modalités (la solidarité, l'indivisibilité, la stipulation d'intérêts...).

Contrairement à ce qui se produit en matière de subrogation personnelle où le subrogé n'acquiert de droits que dans la limite de son paiement [1], le cessionnaire devient créancier pour le *montant nominal* de la créance. Il peut donc réclamer paiement pour le tout, quel que soit le prix qu'il a payé. En cas de cession à plusieurs cessionnaires, chacun d'eux peut agir pour obtenir paiement de la fraction de la créance qu'il a acquise. Sauf convention contraire, ils viennent alors à égalité. Il en va de même lorsque le cessionnaire est en concours avec le cédant qui a conservé une partie de la créance. Ce dernier n'a aucun titre de préférence, ce qui constitue une autre différence avec la subrogation [2].

La détermination de l'étendue de l'effet translatif de certaines cessions de créance suscite d'importantes difficultés dans le cas où le cédant est frappé d'une procédure collective. Lorsque la cession, intervenue antérieurement au jugement d'ouverture, porte sur une créance découlant d'un contrat à exécution successive, le cessionnaire peut-il exercer ses droits sur la partie de la créance –les échéances– résultant de l'exécution du contrat postérieurement au jugement d'ouverture ? La chambre commerciale de la Cour de cassation avait répondu par la négative, tant pour ce qui concerne la cession de créances professionnelles que pour la cession de droit commun, en considérant que « le jugement d'ouverture de la procédure collective à l'égard du cédant fait obstacle aux droits de la banque cessionnaire sur les créances nées de la poursuite d'un contrat à exécution successive postérieurement à ce jugement » [3].

Cette solution semble abandonnée par la chambre commerciale qui a au contraire jugé, le 7 décembre 2004, que « même si son exigibilité n'est pas encore déterminée, la créance peut être cédée et que, sortie du patrimoine du cédant, son paiement n'est pas affecté par l'ouverture de la procédure collective de ce dernier postérieurement à cette date » [4]. Le cessionnaire semble donc admis à obtenir le paiement des échéances postérieures au jugement d'ouverture [5].

Cette possibilité pour le cessionnaire d'obtenir du débiteur le paiement du nominal de la créance, quel que soit le prix auquel il l'a acquise, reçoit une exception en matière de cession de *créances litigieuses* [6]. Selon l'article 1699, le débiteur d'une telle créance peut éviter les poursuites du cessionnaire en lui remboursant le prix de son acquisition, augmenté des frais du contrat et des intérêts à compter du jour où le cessionnaire a payé le prix. La règle ainsi posée, dite du *retrait litigieux*, est destinée à protéger le débiteur cédé contre les manœuvres d'usuriers qui, après avoir fait l'acquisition à vil prix de créances douteuses, harcèleraient ce débiteur pour obtenir le paiement intégral de la

---

1. V. *infra*, n°s 385 et 392.
2. V. *infra*, n° 386.
3. Com., 26 avr. 2000, *D.* 2000.717, note LARROUMET, *JCP*, éd. E, 2000.1134, note D. LEGEAIS (cession de créances professionnelles). Sur la cession de droit commun : Com., 22 mai 2002, *RJDA* 2002, n° 1668.
4. Com. 7 déc. 2004, *D.* 2005. AJ. 77, obs. LIENHARD, 230, note LARROUMET, Pan. 1427, obs. A.B., *RTD civ.* 2005.132, obs. MESTRE et FAGES, *RTD com.* 2005.175, obs. VALLENS (à propos d'une cession de créances professionnelles et, apparemment, d'un contrat à exécution différée. Mais les motifs peuvent valoir pour la cession de droit commun et les contrats à exécution successive).
5. En modifiant l'article L. 214-43 du Code monétaire et financier, la loi du 26 juillet 2005 pour la confiance et la modernisation de l'économie (art. 16) paraît avoir confirmé cette orientation pour la cession des créances intervenue dans le cadre d'un fonds commun de créances, tout en la limitant. La loi exclut en effet de la poursuite des effets des cessions antérieures « les créances (résultant) de contrats à exécution successive dont le montant n'est pas déterminé ».
6. Sur la notion, v. *supra*, n° 340.

dette[1]. Cette finalité justifie une interprétation stricte du domaine d'application de la règle, le retrait litigieux ne pouvant être exercé que par le débiteur de la dette initialement contestée[2].

Il convient d'observer que de manière *a priori* paradoxale, mais à l'analyse tout à fait logique, l'effet translatif de la cession de créance n'est pas respecté jusqu'au bout. En effet, bien que ce soit la même créance qui subsiste, le changement de créancier modifie sur certains points le régime de l'obligation. Ainsi en matière de prescription, si le cédant est mineur, la prescription était suspendue à son profit, mais elle ne l'est pas au profit du cessionnaire majeur. Si la situation est inverse, le cessionnaire bénéficie d'une suspension qui n'existait pas au profit du cédant. Ces modifications de l'obligation sont conformes à la conception moderne de la cession de créance. Par l'effet de celle-ci, le cessionnaire acquiert non seulement le profit que peut procurer la créance mais la qualité même de créancier. Il peut donc réclamer le paiement en son nom et pour son propre compte, et non comme représentant du cédant. Ce changement affecte nécessairement le rapport d'obligation dans la mesure où il dépend de la personne du créancier.

348. Transmission des accessoires de la créance. – Le transfert de droits du cédant au cessionnaire s'étend ensuite, selon les termes mêmes de l'article 1692, aux *accessoires de la créance*. Il s'agit d'une notion difficile à cerner[3], et c'est à leur égard que les limites de l'effet translatif sont les plus difficiles à tracer.

Les sûretés qui accompagnent la créance se rattachent sans difficulté à cette catégorie, comme y invite d'ailleurs l'article 1692 qui cite à titre d'exemples les « cautions, privilège et hypothèque » (la règle est reprise par l'article 1255 de l'*avant-projet de réforme du droit des obligations*, qui réserve la convention contraire). Le cessionnaire d'une créance garantie par une hypothèque ou un privilège bénéficie donc de l'inscription prise par le cédant[4] ; celui d'une créance garantie par une caution solidaire, de l'obligation souscrite par cette dernière[5]. Il doit en aller de même, certainement, de la

---

1. Elle est également destinée, dans un but de paix sociale, à mettre fin au litige portant sur les droits cédés (Civ. 1re, 30 juin 1981, *Bull. civ.* I, n° 238, *D.* 1983.102, note ABITBOL). Conformément à la lettre de l'article 1699, elle s'étend à tous les droits litigieux, y compris aux droits réels.

Le retrait peut même être exercé lorsque la créance a été comprise dans la cession d'un ensemble de créances –« cession en bloc », réalisée pour un prix global et forfaitaire, dès lors qu'elle peut être individualisée (Com., 27 mai 2008, *Bull. civ.* IV, n° 109, *RTD civ.* 2008, 481, obs. FAGES). Peu importe également que la cession intervienne au profit d'un fonds commun de créances (Com., 15 avr. 2008, *D.* 2008. 1732, note FORTI, *JCP*, éd. E, 2008. 1702, rapp. COHEN-BRANCHE).

2. Pour être fermement posée, la solution est formulée dans des termes qui n'évitent pas une certaine ambiguïté. V. Civ. 1re, 20 janv. 2004, *Bull. civ.* I, n° 17, *D.* 2004. IR. 674, *JCP* 2004.II.10033, avis SAINTE-ROSE (« le retrait litigieux, institution dont le caractère exceptionnel impose une interprétation stricte, ne peut être exercé que par un défendeur à l'instance qui conteste le droit litigieux »).

Selon un arrêt (Com., 12 oct. 2004, *D.* 2004. AJ. 2790, *RTD civ.* 2005.417, obs. GAUTIER), il ne peut pas l'être par un débiteur soumis à une procédure collective, au motif que le jugement d'ouverture emporte interdiction de payer toute créance antérieure.

3. Pour un essai de définition, v. M. CABRILLAC, « Les accessoires de la créance », *Études dédiées à Alex WEILL*, Dalloz- Litec, 1983, p. 107 ; JUILLET, « Les accessoires de la créance », *Defrénois*, coll. Doctorat et notariat, Tome 37, 2009, préf. LARROUMET.

4. Req. 10 janv. 1888, *DP* 1889.1.297 ; Civ. 29 juin 1881, *DP* 1882.1.106 ; Civ. 20 juin 1854, *DP* 1854.1.305.

5. Dès lors, du moins, selon la jurisprudence, que la cession a été signifiée à la caution, ou que celle-ci en a eu connaissance : Civ. 1re, 4 mars 2003, *Bull. civ.* I, n° 61, *Defrénois* 2003, art. 37809, note ROMAN, *D.* 2003.3041, note BARTHEZ. Il faut en principe faire une exception pour la garantie autonome, introduite dans le code civil par l'ordonnance du 23 mars 2006 portant réforme des sûretés. En effet, selon l'article 2321, alinéa 4, cette garantie –qui se définit comme l'engagement par lequel le garant s'oblige, en considération d'une obligation souscrite par un tiers, à verser une somme soit à première clause de réserve de propriété, l'article 2367, alinéa 2, du Code civil (Ord. 23 mars 2006) disposant que « *la propriété ainsi réservée est l'accessoire de la créance dont elle garantit le paiement* ». Il a été admis, par ailleurs, que le *titre exécutoire* dont disposait le cédant doit profiter au cessionnaire en qualité d'accessoire de la créance [1]. La jurisprudence admet également l'opposabilité de la clause d'arbitrage au cessionnaire de la créance en considérant qu'il s'agit d'un accessoire se transmettant avec elle. La solution vaut tant pour l'arbitrage international [2] que pour l'arbitrage interne [3].

La transmission au cessionnaire des *actions* dont le cédant était titulaire soulève en revanche plus d'interrogations [4]. Il s'agit de savoir si l'acquéreur de la créance jouit de toutes les actions que le cédant pouvait intenter contre le débiteur cédé : action en paiement, action en garantie, action oblique, action paulienne, action en rescision, action en nullité, action en résolution. La solution du problème est fréquemment abandonnée à la volonté des parties [5]. Mais les parties peuvent n'avoir rien prévu, et il faut alors dégager un principe de solution. La jurisprudence ne fournit pas d'indication claire [6] sauf, désormais, pour ce qui concerne les actions en responsabilité [7]. Quant à la doctrine, une partie admet la transmission des actions indistinctement, une autre oppose les différents types d'actions. Celles tendant à obtenir l'exécution de la créance (action en paiement), et celles protégeant les droits du créancier (action en garantie, action paulienne et action oblique) doivent être transmises au cessionnaire. Pour les actions tendant à la nullité, à la rescision ou à la résolution du contrat, il faudrait à nouveau distinguer. Les deux premières ne pourraient être exercées par le cessionnaire car elles aboutissent à l'anéantissement de la créance : résultat

---

demande, soit suivant des modalités contenues (al. 1er)– « *ne suit pas l'obligation garantie* », sauf convention contraire. Comp., admettant la transmission, par voie de cession de créance ou de subrogation, de la garantie financière autonome des courtiers d'assurance : Civ. 2e, 21 oct. 2004, *Bull. civ.* II, n° 464, *Defrénois* 2005, art. 38206, note BARTHEZ.

1. Nancy, 24 févr. 1832, *Jur. gén.* Dalloz, v° *Vente*, n° 1835. Pour le titre exécutoire obtenu contre une caution du débiteur, v. Com. 5 févr. 2008, *Bull. civ.* IV, n° 26, *RTD civ.* 2008. 301, obs. FAGES ; Com. 27 mars 2007, *JCP* 2007.IV.1927.

2. Civ. 1re, 28 mai 2002, *Bull. civ.* II, n° 146 ; Civ. 1re, 5 janv. 1999, *Bull. civ.* I, n° 1, *Defrénois* 1999, art. 37008, n° 44, obs. DELEBECQUE.

3. Civ. 2e, 20 déc. 2001, *Bull. civ.* II, n° 198. MATHIEU-BOUYSSOU, « La transmission de la clause compromissoire au cessionnaire de la créance », *JCP* 2003.I.116.

4. V. notamment, GHESTIN, BILLIAU et LOISEAU, n°s 309 et s. Contestant l'idée que l'action en justice constitue un bien pouvant être transmis par accessoire v. à propos de la subrogation : HÉRON, note sous Civ. 1re, 28 févr. 1995, *Justices* 1996, n° 3, p. 375. Sur l'étendue de l'effet translatif en matière de subrogation, v. *infra*, n°s 384 et s.

5. CARBONNIER, n° 320.

6. Seule une ancienne décision a exclu toute transmission des actions en nullité, résolution ou rescision, en l'absence de stipulation expresse (Limoges, 27 nov. 1811, *Jur. gén.* Dalloz, v° *Vente*, n° 1718). Il existe au contraire une jurisprudence fournie en matière de subrogation qui admet largement le transfert des actions du subrogeant au subrogé. V. *infra*, n° 384.

7. Par un arrêt du 10 janvier 2006 (*D.* 2006. chron. 2129 par BERT, *RTD civ.* 2006.552, obs. MESTRE et FAGES, *Defrénois* 2006, art. 38365, n° 25, obs. SAVAUX), la première Chambre civile de la Cour de cassation a jugé qu'en acquérant la créance, le cessionnaire a acquis ses accessoires, dont les sûretés ou les actions en justice qui lui étaient attachées comme résultant de la perte de ces sûretés et justifiant la réparation du préjudice en découlant pour lui.

Le 24 octobre 2006, elle a plus nettement encore déclaré qu'il résulte des articles 1615 et 1692 du Code civil « que la cession de créance transfère au cessionnaire les droits et actions appartenant au cédant et attachés à la créance cédée et, notamment, sauf stipulation contraire, l'action en responsabilité, contractuelle ou délictuelle, qui en est l'accessoire, fondée sur la faute antérieure d'un tiers, dont est résultée la perte ou la diminution de la créance, à l'exclusion des actions extra-patrimoniales, incessibles ou strictement personnelles au cédant » (Civ. 1re, 24 oct. 2006, *RTD civ.* 2007.122, obs. MESTRE et FAGES, *RTD civ.* 2007. 291, obs. VINEY). V. également Civ. 1re, 19 juin 2007, *Bull. civ.* I, n° 239, *RTD civ.* 2008. 301, obs. FAGES.

incompatible avec la cession même. En revanche, l'action en résolution devrait lui être ouverte en tant que moyen de coercition contre le débiteur[1].

Même si l'on aboutit à des résultats assez proches, il semble préférable de raisonner à partir de la nature de la cession de créance[2]. Dans la conception moderne, la cession de créance ne transfère pas seulement au cessionnaire l'*émolument* de la créance ; elle lui confère la *qualité* même de créancier[3]. Le cessionnaire devrait donc pouvoir exercer toutes les actions attachées à cette qualité, ce qui est certainement le cas de l'action en paiement, de l'action paulienne, de l'action oblique, de l'action en garantie et des actions en responsabilité –qui sont des moyens de sauvegarde des droits du créancier–. Mais le cessionnaire d'une créance n'acquiert pas la qualité de *partie au contrat* qui a donné naissance à la créance, contrairement à ce qui se produit en matière de cession de contrat. Cela devrait lui interdire d'exercer les actions sanctionnant les vices de formation du contrat dans l'intérêt de l'une des parties –l'action en nullité relative de la convention ayant donné naissance à la créance–, et celles sanctionnant son inexécution –l'action en résolution[4].

2) La garantie due par le cédant

349. Garantie légale. – Le contenu de la garantie est fixé par la loi : c'est ce que l'on appelle *la garantie légale ou de droit* (art. 1693). Mais cette garantie peut être modifiée par les parties : ce qui donne naissance à *la garantie conventionnelle ou de fait* (art. 1694 et 1695).

Par la *garantie légale*, le cédant garantit *l'existence actuelle de la créance*, mais *non la solvabilité* du débiteur[5]. Il est donc responsable si la créance est paralysée par une cause de nullité ou une cause d'extinction (compensation, paiement...) antérieure à la cession, justifiant une exception au profit du débiteur[6]. Il ne l'est pas si celui-ci ne peut acquitter sa dette, faute de moyens.

La cession englobant les accessoires de la créance, et notamment les sûretés, la garantie légale s'étend pareillement à leur existence[7]. En revanche, puisque le cédant ne

---

1. Sur ces différents points, v. MARTY, RAYNAUD et JESTAZ, n° 361 ; STARCK, ROLAND et BOYER, n° 47.

2. Dans le même sens, v. LARROUMET, *op. cit.*, n°s 65 et s. Comp. TERRÉ, SIMLER et LEQUETTE, n° 1290 qui paraissent admettre la transmission de toutes les actions.

3. MARTY, RAYNAUD et JESTAZ, n° 359.

4. S'agissant de l'action en nullité absolue, celle-ci est ouverte à toute personne y ayant intérêt (V. vol. 1 –*L'acte juridique*–, n°s 330 et s.). Mais on peut justement se demander quel peut-être l'intérêt du cessionnaire à obtenir l'anéantissement de l'acte générateur de la créance, et donc de son droit. Comp. GHESTIN, BILLIAU et LOISEAU, n° 310, qui le trouvent dans la mise en œuvre de la garantie due par le cédant... laquelle n'est cependant préférable au paiement de la créance que lorsque, en plus, le débiteur est insolvable.

Quant à l'action en responsabilité contractuelle, si elle sanctionne bien l'inexécution ou la mauvaise exécution de l'obligation, elle n'a pas, en soi, d'incidence sur l'existence du contrat et elle tend, notamment, à compenser la privation de l'avantage que le créancier attendait du contrat. Elle protège le droit du créancier et elle est attachée à cette qualité et non à celle de partie au contrat.

5. L'obligation de garantie du cédant est prévue en termes ambigus par l'article 1693. En disposant : « *celui qui vend une créance ou un autre droit corporel, doit en garantir l'existence au temps du transport, quoiqu'il soit fait sans garantie* », le texte paraît faire de la garantie une règle d'ordre public, celle-ci étant due même en cas de stipulation contraire des parties. Or tel n'est pas son véritable sens. Les parties peuvent limiter ou exclure la garantie du cédant. La formule « *quoiqu'il soit fait sans garantie* » signifie seulement que la garantie est due en l'absence de stipulation des parties sur ce point. L'article 1256, alinéa 1er, de l'*avant-projet de réforme du droit des obligations* reprend la règle.

6. Un arrêt (Com. 29 mars 1994, *Bull. civ.* IV, n° 126) a déduit de cette obligation de garantir l'existence de la créance, qu'un tribunal n'inversait pas la charge de la preuve en imposant au cédant, qui réclamait paiement du prix de cession, d'établir l'existence de la créance lors de la cession.

7. L'inexistence des sûretés peut donner lieu à résolution de la cession en application de l'article 1184 du Code civil : Civ. 1re, 31 oct. 1962, *D.* 1963.363, note CHAMPAUD.

garantit pas la solvabilité du débiteur, il ne garantit pas non plus l'efficacité des sûretés, la solvabilité d'une caution, par exemple.

L'existence de la créance et des accessoires dont le cédant doit garantie est l'existence *au jour de la cession*. La garantie n'est donc pas due si la créance ou les accessoires ne disparaissent que pour des causes postérieures à la cession.

Si le contenu de la garantie est clairement fixé, quelques incertitudes règnent encore sur ses effets[1] La principale interrogation concerne le montant du prix qui doit être restitué par le cédant. Le cédant ne doit-il rendre que la somme qu'il a reçue du cessionnaire en contrepartie de la créance, ou doit-il au contraire lui payer le montant nominal de la créance ? Les deux opinions ont été soutenues mais la meilleure solution est une solution intermédiaire, inspirée des règles régissant la garantie d'éviction dans la vente (C. civ., art. 1630 à 1639). Le cessionnaire de la créance a d'abord droit à la restitution du prix (art. 1630-1°). Mais l'acquéreur a droit en outre à des dommages-intérêts destinés à réparer le préjudice que laisse subsister le remboursement du prix (art. 1630-4°). Il devrait donc pouvoir obtenir plus que ce qu'il payé, jusqu'au montant nominal de la créance, le cas échéant, en établissant les chances qu'il avait d'en obtenir le recouvrement.

350. Garantie conventionnelle. – La garantie conventionnelle ou de fait peut avoir pour objet soit d'étendre la garantie de droit, soit au contraire de la restreindre ou de l'exclure.

Les *clauses extensives* consistent à garantir la solvabilité du débiteur. L'article 1695 dispose que la garantie ne porte alors que sur la solvabilité actuelle, au jour de la cession. Cependant, le texte autorise les parties à l'étendre à la solvabilité future, au jour de l'échéance : ce qu'on appelle « la clause de fournir et faire valoir ». Dans l'un et l'autre cas, le cédant n'est responsable, au cas d'insolvabilité, qu'à concurrence du prix de cession (art. 1694).

Cette limite est ici certaine. Elle est, en outre, impérative : on ne pourrait pas stipuler une garantie de la solvabilité s'étendant au montant nominal de la créance[2].

Les *clauses restrictives* ont pour objet de limiter la garantie normalement due par le cédant. Ainsi, il a été jadis jugé, par interprétation de la volonté des parties, que la cession faite « *sans autre garantie que celle de l'existence de la créance* » exclut la garantie des sûretés[3].

Quant aux *clauses exclusives*, elles déchargent le cédant de toute garantie, alors même que la créance est inexistante : par exemple paralysée par une cause de nullité. La portée de ces stipulations comporte cependant une double limite, empruntée au droit de la vente. D'une part, la clause de non garantie ne dispense le cédant que du paiement de dommages-intérêts, pas de la restitution du prix, à moins, toutefois, que le cessionnaire, en contractant, n'ait connu le risque d'éviction ou n'ait traité à ses risques et périls (art. 1629)[4]. D'autre part, le cédant reste toujours garant de son fait personnel (art. 1628), c'est-à-dire d'une disparition de la créance qui lui est imputable : notamment d'un paiement reçu par lui.

---

1. Sur la question, v. MARTY, RAYNAUD et JESTAZ, n° 363, et les auteurs cités.

2. Ceci a été édicté « en haine des usuriers », qui se feraient céder à vil prix des créances irrécouvrables et exerceraient ensuite un recours contre le cédant. Ces règles sont reprises par l'article 1256, alinéas 2 et 3, de l'*avant-projet de réforme*.

3. Req. 28 mai 1873, *DP* 1873.1.407 ; 19 nov. 1873, *DP* 1874.1.75.

4. Pour une application, v. Req. 17 nov. 1875, *S.* 1876.1.33.

B. Effets à l'égard des tiers

351. Domaine de l'article 1690 : cessions concernées et définition des tiers. – Le principe, précédemment indiqué, est que la cession de créance ne produit effet à l'égard des tiers qu'autant qu'ont été accomplies les formalités de publicité de l'article 1690[1].

Néanmoins tous les transferts de créance n'obéissent pas à cette règle. D'une part, le législateur a créé des modes simplifiés de cession destinés, notamment, à éviter le respect de ces formalités jugées trop contraignantes[2]. D'autre part, les transferts de créances compris dans la transmission d'une universalité ne sont pas soumis aux formalités de l'article 1690. Encore faut-il qu'il s'agisse d'une universalité de droit, comme c'est le cas de la cession de droits successifs[3] ou du transfert de patrimoine d'une société à une autre à l'occasion d'une fusion ou d'une absorption[4]. En revanche, les transferts de créances résultant de la cession d'un ensemble de biens ne constituant qu'une « universalité de fait » demeurent soumis à l'article 1690[5].

Pour que les formalités de publicité de la cession de créance s'appliquent, il faut évidemment que l'opération considérée soit une cession de créance, ce qui soulève parfois des difficultés en raison de l'incertitude affectant la nature juridique de certaines opérations.

La question a été débattue en matière de substitution dans les droits du bénéficiaire d'une promesse unilatérale de vente[6]. Faut-il respecter les formalités de l'article 1690 lorsque le bénéficiaire utilise la faculté qui lui a été reconnue par le contrat de se substituer un tiers ? La Cour de cassation a justement répondu par la négative en considérant que l'exercice de cette faculté ne constitue pas une cession de créance[7].

En revanche, une jurisprudence classique conditionne l'opposabilité de la cession de bail au bailleur au respect des formalités de l'article 1690 au motif que le droit au bail est une créance que

---

1. L'*avant-projet de réforme du droit des obligations* supprime ces formalités et la cession devient opposable aux tiers autres que le débiteur cédé à la date de l'acte de cession, et au débiteur à celle de la notification qui lui est faite (art. 1254 et 1254-2). V. *supra* n° 344, *in fine*.

2. V. *infra*, n° 360 et s.

3. Req. 16 avr. 1889, *DP* 1890.1.260 ; Civ. 6 juill. 1858, *DP* 1858.1.414. Si la cession de droits successifs, en tant que cession d'universalité elle-même échappe naturellement aux formalités de l'article 1690, il en va différemment de la cession des éléments qui la composent. Ainsi, la cession d'une ou de plusieurs créances figurant parmi les droits successifs ne devrait être opposable aux tiers qu'après publicité. Cf. MARTY, RAYNAUD et JESTAZ, n° 368.

4. Com. 15 mars 1994, *Bull. civ.* IV, n° 117 ; Com. 18 déc. 1984, *Bull. civ.* IV, n° 351 ; Civ. 1re, 7 mars 1972, *D.* 1972.545, *JCP* 1972.II.17270, note GUYON.

5. Les formalités prévues par ce texte doivent donc être respectées pour la transmission à l'acquéreur des créances résultant des contrats de fourniture conclus par le vendeur d'un fonds de commerce (Com. 11 juin 1981, *Bull. civ.* IV, n° 264, *D.* 1982. IR 527, note LARROUMET).

6. Sur la nature juridique de la clause de substitution, v. BOYER, « Clause de substitution et promesse unilatérale de vente », *JCP* 1987.I.3310 ; V. SOUBISE, « La transmission, par substitution de bénéficiaire, des droits conférés par une promesse de vente », *D.* 1994.237 ; BRUN, « Nature juridique de la clause de substitution dans le bénéfice d'une promesse unilatérale de vente : une autonomie de circonstance ? », *RTD civ.* 1996.29 et s. ; BEHAR-TOUCHAIS, « Retour sur la clause de substitution », *Mélanges dédiés à Louis BOYER*, PU sciences sociales Toulouse, 1996, p. 85 et s.

7. V. Civ. 3e, 13 juill. 1999, *Bull. civ.* III, n° 180, *D.* 2000.195, note JEULAND, *JCP* 1999.II.10207, note PSAUME, *Defrénois* 2000 art. 37195 note DAGORNE-Labbé, qui en déduit que le bénéficiaire de la promesse ne perd pas sa qualité de créancier du seul fait de l'acte de substitution. Civ. 3e, 27 nov. 1990, *Bull. civ.* III, n° 248, *D.* 1990. IR. 300, *JCP* 1991.IV.35 ; 27 avr. 1988, *D.* 1989.65, note NAJJAR ; 1er avr. 1987, *Bull. civ.* III n° 68, *D.* 1987.454, note AYNÈS, *RTD civ.* 1987.777, obs. RÉMY. Le tiers substitué étant tenu des obligations qui incombaient au cédant, particulièrement celle de payer l'indemnité d'immobilisation en cas de non levée de l'option, l'opération constitue en réalité une cession de contrat (AYNÈS, note sous Civ. 1re, 14 déc. 1982, *Bull. civ.* I, n° 360, *D.* 1983.416), même si la Cour de cassation a par ailleurs écarté, de manière critiquable, cette qualification pour faire échapper l'opération aux le preneur possède contre le bailleur et qui a pour objet son maintien dans la jouissance des lieux loués[1]. Or, la cession de bail est une cession de contrat, non une cession de créance, et l'application de l'article 1690 à la cession de contrat est douteuse[2]. C'est d'ailleurs en ce domaine que l'atténuation jurisprudentielle des conditions d'opposabilité de la cession à l'égard du débiteur cédé s'est essentiellement manifestée[3].

La Cour de cassation a aussi jugé, de manière critiquable, que la cession d'un portefeuille de contrats d'assurance s'analyse en une cession de créances, c'est-à-dire –dit-elle– en une cession de créances soumise aux formalités de l'article 1690[4].

Quant à la notion de *tiers*, elle a été définie par un arrêt de la première chambre civile de la Cour de cassation du 4 décembre 1985[5] : « il résulte de l'article 1690 que ne sont des tiers, au sens de ce texte, que ceux qui, n'ayant pas été parties à l'acte de cession, ont intérêt à ce que le cédant soit encore créancier ». Remplissent ces conditions, selon les circonstances : le débiteur cédé, un cessionnaire éventuel de la même créance et les créanciers du cédant[6]. Les effets de la cession de créance doivent donc être recherchés à l'égard de chacun d'eux.

À première vue, la caution –simple ou solidaire– ne correspond pas à cette définition des tiers puisque être créancier du cédant ou l'être du cessionnaire lui est indifférent dès lors que la dette qu'elle garantit n'est pas modifiée. Néanmoins, des arrêts paraissent subordonner la cession à la caution à la signification à cette dernière, à moins qu'elle n'en ait eu connaissance par un autre moyen[7].

1) Effets à l'égard du débiteur cédé

352. Deux sortes d'effets. – C'est en matière d'effets à l'égard du débiteur cédé que l'originalité de la cession de créance par rapport aux autres contrats translatifs se manifeste pleinement. En effet, le changement de créancier qu'elle réalise n'est efficace que si le cessionnaire peut opposer le droit qu'il tire de la cession au débiteur. À défaut, le créancier ne peut obtenir paiement de ce dernier.

En revanche, lorsque l'opposabilité de la cession est acquise, le débiteur ne peut refuser d'acquitter sa dette. À moins qu'il puisse opposer au cessionnaire les exceptions qu'il tire de ses rapports antérieurs avec le cédant.

---

formalités de l'article 1840-A du CGI (Civ. 3e, 17 avr. 1984, *Bull. civ.* III, n° 87, *D.* 1985.234, note NAJJAR, *Defrénois* 1984, art. 33432, n° 118, p. 1490, obs. VERMELLE, *RTD civ.* 1985.177, obs. RÉMY).

1. Req. 4 mai 1925, *DH* 1925.345 ; Ass. plén. 14 févr. 1975, *D.* 1975.349, *RTD com.* 1975.472, obs. PÉDAMON, préc.

2. MALAURIE, AYNÈS et STOFFEL-MUNCK, n° 1315 ; TERRÉ, SIMLER et LEQUETTE, n° 1310. Sur cette question, v. *infra,* n° 411.

3. V. *supra,* n° 344, et les références citées.

4. Civ. 1re, 5 févr. 2009, *D.* 2009. 842, note L. AYNÈS, préc.

5. *Bull. civ.* I, n° 336, *RTD civ.* 1986.750, obs. MESTRE.

6. En se fondant sur l'opposabilité du contrat aux parties par les tiers (sur laquelle, v. vol. 1 *–L'acte juridique–* n° 433), la Cour de cassation a jugé que la caution du débiteur peut se prévaloir de la cession pour refuser de payer le cédant (Com. 22 oct. 1991, *Bull. civ.* IV, n° 302, *Defrénois* 1992, art. 35212, n° 15, note AUBERT, *JCP* 1992.I.3570, note BILLIAU, *D.* 1993.181, note GHESTIN). En revanche, dès lors que l'absence de notification au débiteur n'affecte pas l'existence de la dette, la caution, qui a elle-même reçu signification, ne peut s'en prévaloir pour se prétendre libérée (Civ. 1re, 4 mars 2003, *Bull. civ.* I, n° 61, *Defrénois* 2003, art. 37809, note ROMAN, *D.* 2003.3041, note BARTHEZ).

7. Civ. 1re, 4 mars 2003, *Bull. civ.* I, n° 61, *Defrénois* 2003, art. 37809, note ROMAN, *D.* 2003.3041, note Barthez, et les arrêts cités.

a) Opposabilité de la cession au débiteur

353. Effets antérieurs à l'accomplissement des formalités de l'article 1690. – En principe, la cession de créance ne devient opposable au débiteur cédé que par l'accomplissement des formalités de l'article 1690[1]. Antérieurement à cette date, la cession ne produit d'effets qu'entre le cédant et le cessionnaire, et non à l'égard du cédé. Ce dernier reste débiteur du cédant et n'a aucun lien avec le cessionnaire qui ne deviendra son créancier que par la signification ou l'acceptation de la cession. Telle est la solution logique, dont la jurisprudence ne s'écarte pas tant que cela, contrairement à ce que l'on affirme souvent.

Dans les rapports entre *le débiteur cédé et le cédant*, la jurisprudence tire les conséquences normales de l'article 1690. Elle admet qu'antérieurement à l'accomplissement de la publicité, le débiteur ne peut pas refuser de payer le cédant[2] et que, de même, les exceptions qu'il acquiert contre celui-ci seront opposables plus tard au cessionnaire.

Mais la Cour de cassation semble, à première vue, s'écarter des effets normaux de l'article 1690 dans les relations entre *débiteur cédé et cessionnaire*. Elle juge qu'un paiement effectué entre les mains du cessionnaire est valable[3], et même que des poursuites exercées par le cessionnaire sont possibles, à condition que le paiement ainsi exigé ne fasse grief à aucun droit advenu depuis la naissance de la créance, soit au débiteur cédé, soit à une autre personne étrangère à la cession[4].

La doctrine dénonce généralement une contradiction entre ces deux séries de décisions. En effet, elles reviennent à dire que, dans cette période, le débiteur peut être indifféremment contraint de payer soit le cédant, soit le cessionnaire, suivant celui qui le lui demande[5].

En réalité, cette jurisprudence présente moins d'inconvénients qu'on le dit, et elle est cohérente si on la rapproche de celle élaborée à propos de l'opposabilité de la cession au débiteur cédé. D'abord, il n'est pas exact de prétendre qu'elle expose le débiteur à payer deux fois. Il est évident que dans l'intervalle qui sépare la cession de l'accomplissement des formalités de l'article 1690, le paiement effectué entre les mains de l'un ou de l'autre, auquel la jurisprudence reconnaît, en l'état, également qualité pour réclamer paiement, doit être jugé libératoire. En outre la possibilité pour le cessionnaire de réclamer le paiement peut s'expliquer par l'assouplissement jurisprudentiel des conditions d'opposabilité au débiteur cédé[6] : le paiement effectué par le cédé peut-être analysé

---

1. Dans le système de l'*avant-projet de réforme du droit des obligations*, l'opposabilité au débiteur est attachée à la notification qui doit lui être faite, sur papier ou sous forme électronique, par le cédant ou par le cessionnaire (art. 1254-2 ; v. *supra*, n° 344). Normalement, c'est donc la date de cette notification qu'il faut considérer pour apprécier les effets de la cession à son égard.

2. Civ. 27 nov. 1944, *D.* 1945.78 ; 20 juin 1938, *D.* 1939.1.26, note Weill. V. également Civ. 3e, 12 juin 1985, *Bull. civ.* I, n° 95, *RTD civ.* 1986.350, obs. Mestre.

3. Civ. 9 mars 1864, *DP* 1864.1.190 (sol. impl.). La jurisprudence autorise aussi le cessionnaire à accomplir des actes conservatoires, à inscrire un privilège (Paris, 17 août 1877, *DP* 1878.2.36), ou à interrompre une prescription (Caen, 7 mai 1845, *DP* 1849.2.24), par exemple. Cette solution est pleinement justifiée : inopposable aux tiers, la cession a du moins produit ses effets entre les parties ; devenu créancier, le cessionnaire doit pouvoir préserver ses droits.

4. Civ. 3e, 26 févr. 1985, *RTD civ.* 1986.349, obs. Mestre ; Civ. 4 mars 1931, *D.* 1931.1.73, note Radouant. V. cependant : Civ. sect. soc. 24 févr. 1960, *Bull. civ.* IV, n° 209, qui paraît nier le droit du cessionnaire à paiement avant accomplissement des formalités de publicité. Réaffirmant la possibilité pour le cessionnaire de réclamer le paiement : Com. 28 sept. 2004, *D.* 2004. AJ. 2653.

5. Pour sortir de cette contradiction, il faudrait juger que la cession ayant produit ses effets entre les parties, le cédant n'est plus créancier et qu'il n'a donc plus qualité pour réclamer paiement au débiteur (Mestre, *op. cit.*, et les auteurs cités).

6. V. *supra*, n° 344.

comme une acceptation tacite, et les poursuites intentées par le cessionnaire comme un équivalent de la signification.

354. Effets postérieurs à l'accomplissement des formalités de l'article 1690. – À compter de l'acceptation ou de la signification, le cédé est *débiteur du cessionnaire* et uniquement de lui [1]. Le cédant est désormais sans qualité pour le poursuivre, et même pour recevoir un paiement amiable. Un tel paiement ne libère pas le débiteur, qui reste tenu envers le cessionnaire.

Il faut d'ailleurs rappeler qu'il en est de même lorsqu'il y a eu acceptation par acte sous seing privé. Bien que non conforme à l'article 1690, celle-ci rend la cession opposable au débiteur, mais pas aux autres intéressés [2].

À partir du moment où la cession lui est opposable, le débiteur n'a en principe pas d'autre obligation que d'acquitter sa dette entre les mains du cessionnaire [3]. Cependant, on observe en pratique une tendance des parties à la cession, particulièrement à la cession de créances professionnelles [4], à ajouter aux obligations du cédé afin d'accroître la sécurité de l'acquéreur de la créance. Jusqu'ici la jurisprudence a résisté à cette évolution, intrinsèquement contraire au principe de l'effet relatif du contrat, jugeant notamment que le débiteur n'a pas l'obligation d'informer le cessionnaire sur l'existence et la valeur des créances cédées [5], ni sur la cessation de la garantie de l'assureur fondant la créance éventuelle d'indemnité cédée [6].

b) Opposabilité des exceptions par le débiteur

355. Règles générales. – Puisque c'est la créance même dont le cédant était titulaire qui est transmise au cessionnaire, elle lui parvient avec tous les vices qui l'affectaient. Le débiteur peut donc opposer au cessionnaire toutes les exceptions dont il pouvait se prévaloir contre le cédant. En termes plus concrets, dans tous les cas où le débiteur aurait eu le droit de ne pas payer le cédant, il pourra pareillement refuser de payer le cessionnaire [7]. Cette règle de l'opposabilité des exceptions n'est qu'une application du principe, exprimé par des adages classiques [8], qui interdit de céder plus de droits qu'on en a.

Pour refuser le paiement, le débiteur peut donc opposer au cessionnaire une cause de nullité qui affectait la créance [9], ou la prescription de celle-ci. Il peut également invoquer

---

1. Ce changement de créancier produit également des effets en matière d'opposabilité des exceptions : le cédé ne peut plus valablement opposer d'exceptions qui découleraient de ses relations avec le cédant, par exemple une compensation dont les conditions seraient réunies postérieurement à la publicité, sauf s'il s'agit de créances connexes (v. *infra*, n° 356). En revanche, il peut désormais opposer au cessionnaire toutes les exceptions qu'il tire de ses relations avec celui-ci.
2. V. *supra*, n° 344.
3. Cette obligation du débiteur à l'égard du cessionnaire n'est pas contraire à l'effet relatif du contrat. C'est une conséquence de l'opposabilité de la cession, opposabilité qui est en l'occurrence renforcée (v. vol. 1 –*L'acte juridique*– n° 455).
4. V. *infra*, n° 365.
5. Com. 24 mars 1992, *Bull. civ.* IV, n° 128 ; 23 mars 1993, *Bull. civ.* IV, n° 112 ; 29 nov. 1994, *Bull. civ.* IV, n° 352. Rappr., en matière d'affacturage (v. *infra*, n° 371) : Com. 20 janv. 1998, *JCP* 1998.II.10121, note DAGORNE-LABBÉ.
6. Civ. 1re, 13 nov. 1997, *Defrénois* 1998, art. 36753, n° 18, p. 133, obs. DELEBECQUE, art. 36765, n° 38, p. 402, obs. BÉNABENT.
7. Lequel dispose alors en principe d'une action en garantie contre le cédant. V. *supra*, nos 349 et s.
8. *Nemo dat quod non habet*, *Nemo plus juris ad alium transferere potest quam ipse habet*.
9. Req. 5 nov. 1889, *DP* 1890.1.379 (vice du consentement) ; Req. 9 juill. 1867, *DP* 1868.1.72 (cause illicite) ; Req. 29 juin 1881, *DP* 1882.1.33 (incapacité du débiteur).

l'exception d'inexécution ou la résolution du contrat pour inexécution de ses obligations par le cédant[1], l'exception de chose jugée[2]...

Néanmoins, le cédé qui a agi avec légèreté à l'égard du cessionnaire, par exemple en reconnaissant rapidement, sans réserve, l'existence de la dette, peut être privé du bénéfice de l'opposabilité des exceptions, par application des principes de la responsabilité civile[3].

Le débiteur ne peut opposer au cessionnaire les exceptions tirées de ses relations avec le cédant qu'à la condition que ces exceptions soient nées avant que la cession lui devienne opposable. Il ne peut exister, après cette date, d'autres exceptions que celles procédant des relations entre le débiteur et le cessionnaire[4].

356. Opposabilité de l'exception de compensation. – L'opposabilité de l'exception de *compensation* est soumise à un *régime spécial* par l'article 1295 du Code civil. Selon ce texte, le débiteur qui a accepté la cession ne peut plus opposer au cessionnaire la compensation qu'il eût pu opposer au créancier dont il était lui-même devenu créancier (al. 1). Cet aménagement de l'opposabilité des exceptions s'explique fort bien. Le débiteur qui pouvait invoquer la compensation et qui a accepté la cession sans réserve est censé avoir renoncé à le faire[5].

Le débiteur conserve en revanche la possibilité d'invoquer la compensation intervenue antérieurement si la cession lui a seulement été signifiée. Dans ce cas, seule la compensation survenue postérieurement à l'accomplissement de la formalité est alors inopposable au cessionnaire (al. 2)[6]. La jurisprudence apporte d'ailleurs une importante exception à cette dernière règle : la compensation peut être opposée au cessionnaire bien que les conditions n'en soient réunies qu'après la cession de créance lorsqu'il s'agit de *créances connexes*[7].

L'*avant-projet de réforme du droit des obligations* adopte un système légèrement différent. Il est aussi plus simple pour ce qui concerne l'exception de compensation.

Selon l'article 1257, lorsqu'il accepte la cession par un acte écrit, le débiteur peut renoncer expressément à opposer au cessionnaire tout ou partie des exceptions qu'il aurait pu opposer au cédant. À défaut d'une telle renonciation, le débiteur peut opposer toutes les exceptions inhérentes

---

1. Paris, 5 août 1871, *DP* 1873.2.229 ; Com. 9 févr. 1993, *D.* 1993, IR 58. Rappr. Com. 9 févr. 1993, *Bull. civ.* IV, n° 385 (à propos d'une cession par bordereau Dailly non acceptée).

2. Civ. 1re, 12 mars 1974, *Bull. civ.* I, n° 83.

3. Com. 13 févr. 1996, *JCP* 1996.II.22725, note ROUTIER, *RTD civ.* 1997.130, obs. MESTRE.

4. Le débiteur peut donc opposer au cessionnaire les exceptions, tirées de ses rapports avec le cédant, nées entre la cession et l'accomplissement des formalités de l'article 1690. Fondée sur l'inopposabilité au cédé de la cession qui n'a été ni acceptée ni signifiée, la solution vaut pour toutes les exceptions. En ce sens : TERRÉ, SIMLER et LEQUETTE, n° 1291 ; *contra* : MALAURIE, AYNÈS et STOFFEL-MUNCK, n° 1318, qui réservent les exceptions liées à la seule qualité de créancier (paiement, remise de dette, notamment), pour lesquelles il faudrait tenir compte de la date de la cession, et pas de celle de l'opposabilité, au motif que le cédant a perdu la qualité de créancier dès la cession.

5. Il s'agit alors d'une présomption irréfragable. Mais l'article 1295, alinéa 1, qui n'interdit au débiteur d'invoquer l'exception de compensation qu'en cas d'acceptation pure et simple lui permet certainement d'accepter la cession en se réservant expressément la possibilité de soulever cette exception. Sur la question de l'extension de la règle aux autres exceptions, v. MARTY, RAYNAUD et JESTAZ, n° 360, SÉRIAUX, n° 169.

6. Com. 10 mars 1987, *JCP* 1987.II.20908, note PETIT.

7. Civ. 3e, 12 juill. 1995, *Bull. civ.* III, n° 183, *D.* 1995.95, note CLAVIER ; Com. 15 juin 1993, *Bull. civ.* IV, n° 242, *D.* 1993.495, note LARROUMET, *D.* 1994. somm. 18, note AYNÈS ; Com. 1er déc. 1992, *Bull. civ.* IV, n° 381, *D.* 1993.513, note SORTAIS ; Civ. 3e, 30 mars 1989, *Bull. civ.* III, n° 77, *Defrénois* 1989, art. 33633, p. 1391, obs. AUBERT. Sur la compensation des créances connexes, v. *infra*, nos 465 et s.

à la dette, « y compris l'intransmissibilité de l'obligation », ainsi que les « clauses de règlement des différends ». Il peut se prévaloir de la compensation des dettes connexes dans ses rapports avec le cédant –et d'elles seules. Enfin, il peut opposer l'extinction de la créance pour toute cause antérieure à la date à laquelle la cession lui a été rendue opposable.

2) Effets à l'égard d'un autre cessionnaire de la créance

357. Solution des conflits entre cessionnaires successifs de la même créance. – À supposer un cédant malhonnête –ou très négligent !– qui cède deux fois la même créance, un conflit va normalement s'élever entre les *cessionnaires*.

Un second acquéreur de la créance constitue indiscutablement un *tiers*, au sens que la jurisprudence donne à ce mot dans l'article 1690[1]. Il a évidemment intérêt à ce que le cédant soit demeuré créancier, car, à défaut, la cession qui lui a été consentie a été faite *a non domino :* elle est nulle. Le conflit est donc tranché, non d'après la date respective des deux cessions, mais d'après la *date d'accomplissement des formalités.* Ce n'est pas forcément le cessionnaire le plus ancien qui pourra encaisser la créance ; c'est celui qui aura, le premier, procédé à la signification ou obtenu l'acceptation du débiteur par acte authentique[2]. La solution est cependant écartée en cas de *fraude*, c'est-à-dire de collusion entre le cédant et l'un ou l'autre des cessionnaires[3].

Lorsque le conflit naît entre deux acquéreurs tenant leurs droits de conventions non soumises au formalisme de l'article 1690, par exemple d'une cession de créance professionnelle et d'un contrat d'affacturage[4], le principe de solution est naturellement différent. C'est le premier cessionnaire en date qui l'emporte, sauf fraude de sa part[5].

L'*avant-projet de réforme du droit des obligations* supprimant les formalités de l'article 1690 et toute autre formalité pour l'opposabilité de la cession aux tiers autres que le débiteur, un conflit entre cessionnaires d'une même créance ne peut plus être réglé en fonction de leur accomplissement. Selon l'article 1254-3, « le conflit entre cessionnaires successifs d'une même créance se résout en faveur du premier en date. La preuve de la date se rapporte par tout moyen »[6].

3) Effets à l'égard des créanciers du cédant

358. Effets de la cession sur le gage général des créanciers. Conflit entre le cessionnaire et un créancier gagiste. – Les créanciers du cédant sont également des tiers : ils ne sont évidemment pas parties à l'acte de cession, et ils ont intérêt à ce que le cédant soit encore créancier. En effet, les créances que leur débiteur détient contre des

---

1. V. *supra,* n° 351, *in fine.*
2. Com. 19 juin 1980, *Bull. civ.* IV, n° 137 ; Req. 3 juin 1893, *DP* 1894.1.118. La solution est identique à celle de la publicité foncière : de deux acquéreurs successifs du même immeuble, l'emporte, de même, celui qui a, le premier, publié son acquisition.
3. Civ. 4 janv. 1848, *DP* 1848.1.60 ; 24 déc. 1894, *DP* 1895.1.206 ; Civ. 7 juill. 1897, *DP* 98.1.483 ; Req. 10 janv. 1905, *DP* 1906.1.345, préc. ; Paris, 11 oct. 1912, *Gaz. Pal.* 1913.1.501 ; Com. 19 juin 1980, préc.
4. Convention dans laquelle les parties utilisent la technique de la subrogation personnelle. V. *infra,* n° 371.
5. Cf. Com. 12 janv. 1999, *Bull. civ.* IV, n° 8. Com. 3 janv. 1996, *Bull. civ.* IV, n° 2, *JCP* 1996.II.22682, note STOUFFLET, *RTD civ.* 1997.131, obs. MESTRE.
6. V. CATALA, « Cession de créance et subrogation personnelle dans l'avant-projet de réforme du droit des obligations », *Mélanges* LE TOURNEAU, p. 213 ; EMY, « À propos de l'opposabilité d'une cession de créance (réflexions sur l'avant-projet de réforme du droit des obligations) », *D.* 2008. chron. 2886 ; PETIT, « Réflexions sur la sécurité dans la cession de créance dans l'*avant-projet de réforme du droit des obligations* », *D.* 2006. chron. 2819, préc.

tiers sont un élément de son patrimoine, et entrent dans leur gage général (C. civ., art. 2285 ; Ord. 23 mars 2006) ; la cession de créance réduit leurs chances d'obtenir paiement.

Jusqu'à accomplissement des formalités de l'article 1690, la cession de créance est donc *inopposable* aux créanciers du cédant [1]. Ils peuvent obtenir de celui-ci que la créance leur soit donnée en gage ; surtout, ils peuvent exercer leurs droits sur la créance en pratiquant une saisie.

Le conflit qui peut naître de la constitution d'un gage sur une créance et de sa cession se résout assez facilement.

L'article 2075 du Code civil (réd. L. 12 juill. 1980) soumettait la constitution d'un gage sur les créances mobilières aux *mêmes formalités* que leur cession. La jurisprudence tendait à considérer qu'il ne s'agit pas d'une simple mesure de publicité, mais bien d'une condition de constitution du gage [2]. Mais l'incidence sur la situation du cessionnaire était la même, le créancier gagiste ne pouvant évidemment se prévaloir d'aucun droit en l'absence d'accomplissement de ces formalités. De sorte que l'on retrouvait les solutions habituelles. Soit *la cession a été publiée la première* et le gagiste n'acquiert aucun droit –c'est le cessionnaire qui recueille la créance– ; soit *la chronologie est inverse* et le gage est opposable au cessionnaire qui ne pourra alors bénéficier de la créance que sous déduction de ce qui est dû au gagiste.

Les solutions sont sensiblement différentes depuis l'entrée en vigueur de la *réforme du droit des sûretés.*

Désormais, l'article 2356 du Code civil (Ord. 23 mars 2006) dispose que le nantissement de créance doit être conclu par écrit, à peine de nullité. L'article 2361 ajoute que « le nantissement d'une créance, présente ou future, prend effet entre les parties et devient opposable aux tiers à la date de l'acte ». Les formalités identiques à celles de l'article 1690 du Code civil disparaissent donc du régime du nantissement de créance et c'est la date de l'acte de nantissement qu'il faut désormais considérer pour trancher le conflit entre le cessionnaire de la créance et le créancier nanti. On devrait donc aboutir aux solutions suivantes.

Soit *la cession de créance a été publiée antérieurement à la date du nantissement* et le créancier nanti n'acquiert aucun droit ; c'est le cessionnaire qui recueille la créance. Soit, au contraire, *l'acte de nantissement porte une date antérieure à l'accomplissement des formalités de l'article 1690* et c'est le créancier nanti qui acquiert un droit sur la créance. Le cessionnaire ne pourra en être payé que s'il reste quelque chose après désintéressement du créancier nanti.

---

1. CARBONNIER, n° 316 ; MAZEAUD et CHABAS, n° 1265 ; STARCK, ROLAND et BOYER, n° 40. D'autres auteurs soulignent que la cession est pleinement opposable aux créanciers chirographaires du cédant sans les formalités de l'article 1690. Ils observent justement que, comme tous les créanciers chirographaires, ils subissent en principe les fluctuations du patrimoine de leur débiteur (TERRÉ, SIMLER et LEQUETTE, n° 1287 ; v. également MALAURIE, AYNÈS et STOFFEL-MUNCK, n° 1312). Mais il n'y aucune contradiction entre les deux opinions : sauf l'action paulienne, l'exercice, sur une créance, des prérogatives conférées par le droit de gage général nécessite une saisie de la part du créancier. Or, l'efficacité de cette saisie dépend justement de l'accomplissement ou non des formalités de publicité antérieurement à la cession (TERRÉ, SIMLER et LEQUETTE, *ibid.*).

2. Civ. 1re, 6 janv. 1994, *Bull. civ.* I, n° 4, *Defrénois* 1994, art. 35897, n° 137, p. 1175, obs. AYNÈS.

359. Conflit entre le cessionnaire et un créancier saisissant. – Le conflit le plus difficile à régler est celui qui peut surgir entre le cessionnaire et les créanciers du cédant qui ont fait une saisie sur la créance cédée. Sa solution a cependant été grandement simplifiée par la loi du 9 juillet 1991 portant réforme des procédures civiles d'exécution.

Antérieurement à l'entrée en vigueur de ce texte, intervenue le 1er janvier 1993, il convenait de distinguer selon que la saisie-arrêt de la créance avait été faite entre les mains du débiteur postérieurement à l'accomplissement des formalités de l'article 1690 –auquel cas la saisie était dépourvue d'effet–, ou, à l'inverse, que la saisie avait été pratiquée antérieurement à la publicité de la cession –la saisie était alors opposable au cessionnaire de la créance–. Mais pour cette seconde hypothèse, il fallait encore rechercher si le jugement validant la saisie-arrêt avait été signifié au débiteur avant ou après la publicité de la cession, ce qui influait sur la portée de l'opposabilité [1].

Désormais, il convient de résoudre la difficulté par application de l'article 43 de la loi du 9 juillet 1991 [2]. Selon ce texte, « *l'acte de saisie emporte, à concurrence des sommes pour lesquelles elle est pratiquée, attribution immédiate au profit du saisissant de la créance disponible entre les mains du tiers ainsi que de tous ses accessoires* ». L'alinéa 2 précise que cette attribution n'est pas remise en cause par la signification ultérieure d'autres saisies ou de toute autre mesure de prélèvement. L'attribution de la créance par l'effet de la saisie ne laisse donc subsister que deux hypothèses.

Si la *saisie a été pratiquée avant accomplissement des formalités de l'article 1690*, l'attribution de la créance au saisissant est pleinement opposable au cessionnaire, qui ne peut plus être payé, le cas échéant, que sur le surplus.

Si la *cession a été publiée antérieurement à la saisie*, elle est opposable au créancier saisissant, la créance n'étant plus disponible entre les mains du tiers (le débiteur).

Sous-section II
Les modes simplifiés de cession de créance

360. Inconvénients de la cession de créance civile. – Pour ceux qui recherchent simplicité, rapidité et sécurité –les commerçants, et, plus généralement, les professionnels– la cession de créance civile présente deux inconvénients majeurs. D'une part, même atténué par la jurisprudence, *le formalisme* qui conditionne l'opposabilité aux tiers est jugé trop lourd. D'autre part, la cession de créance civile n'assure pas au cessionnaire une assez grande *garantie de paiement*, principalement en raison de la règle de l'opposabilité des exceptions.

C'est pour éviter ces écueils que la pratique et le législateur ont forgé des modes simplifiés de cession de créance. L'intérêt qu'ils présentent est double : plus simples quant aux conditions de forme, ils sont souvent plus énergiques quant aux effets, en ce qu'ils procurent au cessionnaire une sécurité plus grande.

---

1. Sur ce système, v. MARTY, RAYNAUD et JESTAZ n° 367.
2. Le texte s'applique à la saisie-attribution que le créancier muni d'un titre exécutoire constatant une créance liquide et exigible peut effectuer sur les créances de sommes d'argent (art. 42). Il existe une autre forme de saisie, la saisie conservatoire, qui n'emporte pas attribution de la créance au saisissant (art. 74 et s.). Néanmoins, elle produit les mêmes effets en matière de conflit avec le cessionnaire d'une créance. En effet, l'article 75 prévoit que lorsque cette saisie porte sur une créance ayant pour objet une somme d'argent, elle la rend indisponible.

Ces procédés ont d'abord été organisés par le *droit commercial*. Ils se sont ensuite diversifiés pour s'étendre notamment aux cessions de *créances professionnelles*.

§ 1. Les modes simplifiés de cession du droit commercial

361. Transmission des titres au porteur. – En droit commercial, les modes simplifiés de cession ont été conçus pour les créances constatées par des titres de forme particulière, que l'on appelle *titres négociables*. Il en existe trois sortes : les titres au porteur, les titres nominatifs et les titres à ordre [1].

Classiquement, la transmission des titres au porteur se faisait par la *tradition*, c'est-à-dire par la simple remise de la main à la main. Mais ces modalités ont été profondément transformées par la loi de finances du 30 décembre 1981 et le décret d'application du 2 mai 1983 qui ont organisé la *dématérialisation des valeurs mobilières* [2].

Dans le système antérieur, les titres au porteur prenaient la forme d'un *document en papier* édité par la personne morale émettrice, comportant un numéro d'ordre et une feuille de coupons permettant la perception des revenus aux différentes échéances lorsqu'il s'agissait d'un titre d'emprunt ou d'une obligation [3]. On considérait que le droit du titulaire s'incorporait dans ce titre. Assimilé à un meuble corporel, ce dernier se transmettait donc par simple remise au cessionnaire [4].

Désormais, les valeurs mobilières émises en France prennent en principe la forme d'une *inscription en compte* [5]. Les titres au porteur ne sont donc plus constatés par des documents mais uniquement par des inscriptions sur un compte, ouvert au nom de leur titulaire, chez un intermédiaire habilité (banques, sociétés de bourse), ce qui fait que la

---

1. Les deux premières catégories constituent ce que l'on appelle les *valeurs mobilières*, dont les principales sont les titres des emprunts émis par l'État ou les collectivités publiques, les actions et les obligations émises par les sociétés commerciales. Sur la notion de valeur mobilière, v. Merle, *Droit commercial. Sociétés commerciales*, 11e éd., 2007, n°s 267 et s ; Legeais, *Droit commercial et des affaires*, 17e éd., 2007, 471 et s. Le régime des valeurs mobilières émises par les sociétés commerciales a été réformé par une ordonnance du 24 juin 2004 (*D.* 2004, L. 1940). Elles appartiennent désormais à la catégorie des titres financiers (C. mon. et fin., art. L. 211-2, et C. com., art. L. 228-1, mod. Ord. 8 janv. 2009. V. Dubertret et Mangenet, « Réforme du droit des titres : commentaire de l'ordonnance du 8 janvier 2009 », *D.* 2009. chron. 448). Quant aux titres à ordre, ils appartiennent à la catégorie des *effets de commerce*, dont les principaux sont la lettre de change, le billet à ordre et le warrant, billet à ordre garanti par un gage (Legeais, *op. cit.*, n°s 573 et s ; Houtcieff, *Droit commercial*, 2e éd., 2008, n°s 1174 et s.).

2. Merle, *op. cit.*, n°s 271 et s. Ces dispositions figurent aujourd'hui dans le Code monétaire et financier (art. L. 211-2 et s. mod. Ord. 8 janv. 2009). Contestant l'idée de dématérialisation, v. Martin, « La théorie de la scripturalisation », *D.* 2005.1702.

3. Son authenticité était assurée par le graphisme du document, par un filigrane et par la signature d'un administrateur ou d'un représentant de l'émetteur. Ceux qui, enfants, ont découvert un jour au fond d'une malle une liasse de titres d'emprunt russe, et qui ont cru naïvement avoir trouvé un trésor, se souviennent sûrement de l'aspect de ces images qui les ont fait rêver...

4. La simplicité du procédé est évidente. Les titres au porteur présentent cependant un grave danger pour leur titulaire en cas de perte ou de vol. Ce qui avait conduit le législateur à élaborer un régime spécial de protection des porteurs

5. C. mon. et fin., art. L. 211-3 (mod. Ord. 8 janv. 2009) : « Les titres financiers, émis en territoire français et soumis à la législation française, sont inscrits dans un compte-titres tenu soit par l'émetteur, soit par l'un des intermédiaires mentionnés aux 2° à 7° de l'article L. 542-1 ». La loi du 26 juillet 1991 (C. mon. et fin., art. L. 213-1 et s., mod. Ord. 8 janv. 2009) s'est inspirée de ce régime pour créer les titres de créances négociables, titres créés au gré de l'émetteur, négociables sur un marché réglementé ou de gré à gré, qui représentent un droit de créance pour une durée déterminée : certificats de dépôt, billets notion de titre au porteur ne signifie plus rien. Quant à leur transmission elle se réalise par un simple *virement* de compte à compte, exécuté par l'établissement teneur du compte, sur instruction de son titulaire.

362. Transfert des titres nominatifs. – Le *transfert* est le mode de transmission des créances constatées par un titre nominatif.

Traditionnellement, les titres nominatifs prenaient la forme d'une *inscription* de leur titulaire sur un *registre* tenu par la personne morale émettrice. En pratique, les émetteurs avaient pris l'habitude de remettre aux titulaires des titres un certificat nominatif qui reproduisait les inscriptions afin de faciliter la preuve de leur qualité. Mais seule l'inscription permettait d'établir la propriété du titre. Son transfert supposait donc une *transcription* de la mutation sur le registre tenu par l'émetteur, concrètement par la radiation du nom de l'ancien titulaire et l'inscription du nom du nouveau.

La dématérialisation des valeurs mobilières a également affecté le transfert des titres nominatifs. Désormais, ces titres sont en principe aussi constatés par une inscription à un compte tenu par l'émetteur ou par un mandataire désigné par lui. Comme pour les titres au porteur, la transmission se fait donc par simple virement, et le transfert sur les registres de l'émetteur ne s'applique plus qu'aux quelques valeurs mobilières non dématérialisées.

La sécurité du droit de l'acquéreur est assurée par la règle selon laquelle nul ne peut revendiquer pour quelque cause que ce soit un titre (financier) dont la propriété a été acquise de bonne foi par le titulaire du compte-titres dans lequel ces titres sont inscrits (C. mon. et fin., art. L. 211-16, Ord. 8 janv. 2009).

363. Endossement des titres à ordre. – *L'endossement* est le mode de transmission réservé aux créances constatées par un titre à ordre. Celui-ci tire sa dénomination du fait qu'il contient une clause, dite « clause à ordre », par laquelle le débiteur s'engage ou est invité à payer soit à son créancier primitif, soit à toute autre personne désignée par celui-ci : il paiera à X ou à son ordre. Il s'agit principalement de la *lettre de change*, du *billet à ordre* et du *chèque*[1].

L'endossement consiste dans l'utilisation de cette clause. Par la signature qu'il appose au dos du titre, le porteur, c'est-à-dire le créancier actuel, donne au débiteur l'ordre de payer le cessionnaire auquel il remet le titre[2]. À son tour, celui-ci pourra l'endosser. Il peut y avoir une série d'endossements, c'est-à-dire une série de cessions s'appliquant à la même créance.

On voit immédiatement que cette transmission par endossement est, dans les formes, infiniment *plus simple* que la cession de créance civile.

Mais surtout elle confère au cessionnaire une *sécurité* beaucoup plus grande, résultant de la règle fondamentale dite de *l'inopposabilité des exceptions* (C. com., art. 511-12, pour la lettre de change ; C. com., art. 512-3, pour le billet à ordre ; C. mon. et fin., art. L. 131-25, pour le chèque). Contrairement au débiteur cédé de la cession de créance civile, le débiteur ne peut pas, en principe, opposer au cessionnaire (endossataire) les

---

de trésorerie et bons à moyens termes négociables. Ces titres stipulés au porteur sont inscrits en comptes tenus par un intermédiaire habilité. Leur transmission se fait par simple virement.

1. V. Ripert, Roblot, Delebecque et Germain, *Droit commercial,* Tome 2, 17e éd., 2004., nos 1911 et s.

2. L'endossement peut être fait à personne déterminée, l'endosseur faisant figurer l'identité de l'endossataire, ou « en blanc », c'est-à-dire sans indication du nom du bénéficiaire.

exceptions qu'il aurait pu faire valoir contre le cédant (endosseur). C'est un avantage considérable, et que les besoins du crédit, en matière commerciale, rendaient absolument nécessaire. Les titres ne peuvent circuler et, par là, servir d'instruments de crédit, que grâce à l'inopposabilité des exceptions.

La garantie accordée au cessionnaire est d'ailleurs d'autant plus grande que tous les endosseurs sont *solidairement tenus du paiement* envers le dernier porteur (C. com., art. L. 511-10 et L. 511-44).

364. Utilisation des formes commerciales en droit civil. – Ces différentes formes de cession sont prévues par les textes pour les créances commerciales. Mais la jurisprudence a très tôt admis leur application aux obligations civiles, les dispositions de l'article 1690 n'étant pas d'ordre public [1].

La transmission de la créance s'opère alors par tradition ou par endossement. L'un des points douteux est de savoir si ces modes de transfert sont alors *impératifs ou facultatifs*, c'est-à-dire s'ils excluent ou non l'emploi des formalités de l'article 1690 du Code civil, au cas où les parties préféreraient finalement celles-ci. La jurisprudence s'est prononcée en faveur de la seconde solution [2]. Mais elle est critiquée en raison de l'insécurité qu'elle fait naître, en particulier pour le débiteur qui risque de payer deux fois. Son abandon est donc préconisé par la doctrine [3].

Par ailleurs, il est très généralement admis que lorsqu'on a procédé à la transmission par endossement ou tradition, les *effets* sont les mêmes qu'en droit commercial : à savoir, essentiellement, la règle de l'inopposabilité des exceptions. Celle-ci dépend de la forme du titre, non de la nature, commerciale ou civile, de la créance qu'il constate. La jurisprudence est en ce sens [4].

La loi elle-même autorise parfois expressément l'utilisation des différentes formes de titres. Mais elle intervient aussi fréquemment pour interdire l'emploi de certaines d'entre elles, ou pour le réglementer, notamment en raison des dangers que leur utilisation peut faire courir au débiteur ou au porteur.

En matière d'*assurances*, l'article L. 112-5 du Code des assurances indique que la police peut être à personne dénommée, à ordre ou au porteur, et que les polices à ordre se transmettent par voie d'endossement [5]. Mais pour l'assurance sur la vie, l'article L. 132-6 du Code des assurances déroge à ce principe en interdisant les polices au porteur. De la même manière, la loi du 15 juin 1976 relative à certaines formes de transmission des créances interdit de constater par un titre au porteur les *copies exécutoires* établies par les notaires pour permettre au créancier de poursuivre le recouvrement de sa créance (art. 2). Quant aux copies exécutoires à ordre, en principe elles ne peuvent être créées qu'en représentation d'une créance garantie par un privilège spécial immobilier ou par une hypothèque (art. 3). Leur endossement est soumis à un formalisme pointilleux qui suppose normalement la rédaction d'un nouvel acte notarié [6]. On est alors bien loin des formes simplifiées de cession de créance...

---

1. Req. 18 juill. 1938, *S.* 1939.1.94 ; Req. 15 mars 1892, *DP* 1893.1.309 ; Civ. 7 mai 1879, *DP* 1879.1.307 ; Civ. 8 mai 1878, *DP* 1878.1.241, note BEUDANT. Toutefois, les techniques modernes de transfert par virement de compte à compte paraissent réservées aux catégories de titres que la loi définit. Au demeurant, le procédé ne semble guère envisageable pour des créances purement civiles.

2. Civ. 5 janv. 1926, *D.* 1926.1.65, note WAGNER, *S.* 1926.1.97, note LYON-CAEN ; Req. 7 nov. 1905, *DP* 1906.1.413 ; Req. 1er févr. 1876, *DP* 1878.1.229.

3. MARTY, RAYNAUD et JESTAZ, no 376. La loi exclut d'ailleurs parfois expressément le recours à la cession de droit commun. V. par ex. : art. 6, al. 4, L. 15 juin 1976 relative à certaines formes de transmission des créances (créances constatées par une copie exécutoire à ordre).

4. Civ. 25 mars 1931, *DP* 1931.1.62, note WAGNER ; Civ. 31 oct. 1906, *D.* 1908.1.497, *S.* 1908.1.301, note LYON-CAEN. L'inopposabilité des exceptions est cependant écartée par certains arrêts en cas de nullité du contrat initial pour fraude (Civ. 31 juill. 1893, *DP* 1895.1.137, note LEVILLAIN).

5. L'article L. 112-6 écarte néanmoins dans ce cas la règle de l'inopposabilité des exceptions, l'assureur pouvant opposer au porteur de la police les exceptions qu'il tire de ses rapports avec le souscripteur originaire.

6. Pour plus de détails sur le régime des copies exécutoires à ordre, v. MARTY, RAYNAUD et JESTAZ, nos 373-374 ; GHESTIN, BILLIAU et LOISEAU, nos 329 et s.

§ 2. La cession des créances professionnelles

365. Domaine et formes de la cession Dailly. – La forme simplifiée de cession des créances professionnelles a été inventée par la loi du 2 janvier 1981 (mod. L. 24 janv. 1984), dite « *loi Dailly* », afin de faciliter l'octroi de crédit aux entreprises[1]. Les règles qui la régissent figurent aujourd'hui dans le Code monétaire et financier (art. L. 313-23 et s. mod. L. 1er août 2003).

Ce transfert de créance ne peut être intervenir qu'au profit d'un établissement de crédit, à l'occasion d'une opération de crédit consentie à une personne morale de droit privé ou de droit public, ou à une personne physique dans l'exercice de son activité professionnelle (C. mon. et fin., art. L. 313-23). Elle a pour objet, soit la *cession*, soit le *nantissement* des créances que le bénéficiaire du crédit peut détenir sur un tiers, personne morale de droit public ou de droit privé, ou personne physique dans l'exercice de son activité professionnelle[2].

La cession initialement envisagée par la loi correspond soit à une *opération d'escompte* –le banquier remet au cédant le montant de la valeur des créances cédées, sous déduction d'une rémunération pour l'avance qu'il consent–, soit à un nantissement –le banquier prend en gage les créances pour garantir l'exécution des obligations du cédant. Mais la pratique avait décelé une autre utilisation possible, consacrée par la loi bancaire du 24 janvier 1984 (C. mon. et fin., art. L. 313-24). Les créances peuvent être cédées au banquier, sans stipulation d'un prix, en garantie d'un crédit, ce qui constitue une forme particulière de cession, la cession de créance à fin de garantie, qui constitue un mécanisme proche, mais distinct du nantissement[3].

Quel que soit son objet (cession, nantissement ou garantie), le transfert des créances se réalise toujours selon le même procédé. Le cédant remet au cessionnaire un *bordereau* qui doit comporter obligatoirement un certain nombre de mentions : la dénomination acte de cession, ou acte de nantissement de créances professionnelles, le nom de l'établissement de crédit bénéficiaire, la désignation des créances cédées ou nanties...[4]. Le bordereau doit être *signé par le cédant* et *daté par le cessionnaire* (art. L. 313-25). Cette dernière mention est essentielle pour déterminer les effets de la cession.

---

1. Pour une étude détaillée, v. Houtcieff, *op. cit.* nos 1379 et s. Cette forme de cession a inspiré le législateur lorsqu'il a organisé la « *titrisation* » *des créances* (L. 23 déc. 1988, mod. à plusieurs reprises ; C. mon. et fin., art. L. 214-20 et s., mod. Ord. 12 avr. 2007). Elle consiste, pour les établissements titulaires de créances sur leurs clients, à les céder par remise de bordereaux à un fonds commun de créances qui émet en contrepartie des parts négociables sur le marché (Bonneau, « Les fonds communs de placement, les fonds communs de créance et le droit civil », *RTD civ.* 1991.1).

2. L'exigence d'une créance découlant de l'exercice d'une profession ne vaut que pour les personnes physiques (Com. 3 janv. 1996, *Bull. civ.* IV, n° 3, *RTD com.* 1996.308, obs. Cabrillac), ce qui élargit le domaine de la loi.

3. La jurisprudence a récemment précisé les effets de la cession de créance professionnelle à titre de garantie. Elle transfère au cessionnaire la propriété de la créance cédée mais ce transfert n'est que provisoire, le cessionnaire devant restituer la créance dans le cas où le cédant vient à payer la dette garantie : Com. 22 nov. 2005, *Bull. civ.* IV, n° 230, *D.* 2005.AJ.3081, NDLR Delpech, *RTD com.* 2006. 169, obs. Legeais, *Defrénois* 2006, art. 38365, n° 26, obs. Savaux.

4. À défaut de ces mentions, le titre ne vaut pas comme acte de cession ou de nantissement de créances professionnelles (C. mon. et fin., art. L. 313-23, *in fine*). La cession de créances professionnelles est donc un acte formaliste.

366. Effets de la cession Dailly. – La cession de créances professionnelles déroge nettement aux règles du droit civil pour emprunter largement à celles du droit commercial.

D'une part, l'*opposabilité aux tiers* n'est soumise à aucune formalité propre. Elle se produit à la date portée sur le bordereau, en même temps que le transfert de la créance entre les parties (C. mon. et fin., art. L. 313-27) [1]. En cas de conflit entre cessionnaires d'une même créance, la préférence doit donc être normalement donnée à celui dont la date d'acquisition figurant sur le bordereau est la plus ancienne. Cependant, en l'absence d'information du débiteur, celui-ci pourrait se libérer valablement entre les mains du cédant. Pour empêcher cela, la loi permet donc au cessionnaire de lui *notifier* la cession à tout moment, et par tout moyen (art. L. 313-28) et ainsi lui interdire de payer entre les mains du signataire du bordereau.

D'autre part, la sécurité du paiement est assurée grâce à une *obligation solidaire* que la loi fait peser, sauf convention contraire, sur le signataire de l'acte de cession (C. mon. et fin., art. L. 313-24, al. 2) [2]. En revanche, le débiteur peut en principe opposer à l'établissement de crédit les exceptions qu'il tire de ses rapports personnels avec le cédant [3]. À moins qu'il ne se soit engagé à payer directement le cessionnaire en acceptant la cession par un acte écrit (C. mon. et fin., art. L. 313-29) [4]. Cette acceptation doit être constatée par un écrit mentionnant, à peine de nullité, l'intitulé suivant : « Acte d'acceptation de la cession (ou, le cas échéant : du nantissement) d'une créance professionnelle » [5]. Le débiteur ne peut plus alors opposer au cessionnaire d'exceptions tirées de ses rapports avec le cédant, sauf si l'établissement de crédit a agi sciemment au détriment du débiteur.

Les effets, en cas d'ouverture d'une procédure collective contre le cédant, de la cession de créances professionnelles résultant de contrats à exécution successive ont été très discutés. La chambre commerciale de la Cour de cassation avait jugé que la cession de créance antérieure au jugement d'ouverture ne pouvait continuer à produire ses effets, au profit du cessionnaire, sur les

---

1. Com. 7 déc. 2004, *D.* 2005. AJ. 77, obs. LIENHARD, 230, note LARROUMET, pan. 1427, obs. A.B., *RTD civ.* 2005.132, obs. MESTRE et FAGES, *RTD com.* 2005.175, obs. VALLENS (prise d'effet de la cession à la date figurant sur le bordereau, antérieure à la procédure collective du cédant) ; Com., 26 nov. 2003, *JCP* 2004. IV, n° 1150 (inefficacité de la saisie arrêt pratiquée par les créanciers du cédant postérieurement à la date figurant sur le bordereau). À défaut de date, la cession ne produit aucun effet : Com. 7 mars 1995, *RTD com.* 1995.632, obs. CABRILLAC.

2. L'article L 313-27, alinéa 3 (Ord. 1er avr. 2003) précise par ailleurs que la remise du bordereau entraîne de plein droit le transfert des sûretés, des garanties et des accessoires attachés à chaque créance, et son opposabilité aux tiers.

3. V. notamment : CA Metz, 23 mars 2005, *JCP* 2005.II.10172, note DANNENBERGER ; Com. 8 févr. 1994, *JCP* 1995 I.22455, note AMMAR ; Paris, 26 janv. 1996, *RTD civ.* 1997.614, obs. MESTRE. *Adde :* HOCQUET de LAJARTRE, « La protection des droits du débiteur cédé dans la cession Dailly », *RTD com.* 1996.211.

4. Qui peut être une télécopie (Com. 2 déc. 1997, *D.* 1998.192, note MARTIN, *JCP* 1998.II.10097, note GRYNBAUM, *JCP*, éd. E, 1998.178, note BONNEAU). Le fait que l'opposabilité de la cession aux tiers soit liée à la date portée par le cessionnaire sur le bordereau de cession interdit de soumettre valablement la cession à l'acceptation du débiteur avant cette date : Com. 8 févr. 2000, *Bull. civ.* IV, n° 27, *D.* 2000, *Cahier Aff.* 567, note CHAZAL, *RTD civ.* 2000.877, obs. CROCQ, *RTD com.* 2000.425, obs. M. CABRILLAC. Cette acceptation oblige le débiteur à payer le cessionnaire, indépendamment de tout litige l'opposant au créancier cédant, dès lors qu'il n'invoque pas la mauvaise foi du cessionnaire : Com. 14 déc. 1999, *RJDA* 2000.203.

5. Cette exigence est appliquée strictement par la jurisprudence : v. Com. 29 oct. 2003, *Bull. civ.* IV, n° 157, *D.* 2004. somm. 1969, obs. BOUJEKA.

échéances résultant de l'exécution du contrat postérieurement au jugement[1] Cette solution semble en passe d'être abandonnée. La chambre commerciale a en effet jugé, le 7 décembre 2004, que « même si son exigibilité n'est pas encore déterminée, la créance peut être cédée et que, sortie du patrimoine du cédant, son paiement n'est pas affecté par l'ouverture de la procédure collective de ce dernier postérieurement à cette date »[2]. Désormais, le cessionnaire devrait donc pouvoir obtenir le paiement des échéances postérieures au jugement d'ouverture.

La cession de créances professionnelles est très utilisée en pratique. Mais en l'absence, fréquente, de notification ou d'acceptation par le débiteur, elle suscite de nombreux *conflits entre le cessionnaire et des tiers* invoquant un droit sur les créances cédées, tel le sous-traitant exerçant une action directe en paiement[3]. Il est décidément bien difficile de concilier allégement du formalisme et sécurité du paiement.

Section II
La subrogation personnelle

367. Idée générale. – Subroger veut dire : *remplacer*, mettre à la place. Plus précisément, la subrogation personnelle opère la substitution dans les droits du créancier de celui qui *paie* une créance à la place du débiteur[4]. Par définition, elle suppose donc un paiement –on parle de *paiement avec subrogation*[5]–, mais ce paiement présente l'originalité de *désintéresser le créancier sans éteindre la dette ;* le débiteur reste tenu, mais il l'est envers un nouveau créancier, qui remplace l'ancien. En termes techniques, le « subrogé » devient créancier à la place du « subrogeant ». Il y a donc bien *transmission de la créance.*

Pour comprendre ce mécanisme, il faut se souvenir que le paiement peut être fait par un tiers[6]. Ce payeur (ou *solvens*), à moins qu'il n'ait entendu faire une libéralité au débiteur, a un recours contre celui-ci pour se faire rembourser : recours qu'il exerce par l'action de mandat s'il a été chargé de payer, par l'action de gestion d'affaires s'il l'a fait spontanément. Mais ce sont des actions chirographaires, qui ne comportent aucune garantie. Or, il peut se faire que la créance payée soit, au contraire, garantie par des sûretés : hypothèque, privilège, gage, qu'il est utile de transférer au payeur. C'est ce à quoi tend la subrogation : en faisant acquérir au payeur la créance même du créancier qu'il a désintéressé, elle lui permet de profiter de ces sûretés pour garantir son recours contre le débiteur.

Ainsi caractérisée, la subrogation est *avantageuse* pour les trois personnes en cause : *pour le créancier originaire* (subrogeant), car elle incite un tiers à le payer ; *pour le débiteur*, qui évite ainsi

---

1. Com. 26 avr. 2000, *D.* 2000.717, note LARROUMET, *JCP*, éd. E, 2000.1134, note D. LEGEAIS (cession de créances professionnelles).
2. Com. 7 déc. 2004, préc.
3. V. notamment GHESTIN, BILLIAU et LOISEAU, n°s 346 et s.
4. MESTRE, *La subrogation personnelle*, LGDJ, 1969, préf. KAYSER. Il s'agit ici de la subrogation *personnelle.* Il existe une autre forme de subrogation, dite *réelle*, qui consiste dans le remplacement d'un bien par un autre dans un rapport de droit. V. SAVAUX, *Rép. civ.* Dalloz, v^{is} *Subrogation personnelle*, *Subrogation réelle.*
5. L'existence d'un paiement reste une condition de la subrogation (Civ. 1re, 22 mars 1992, *Bull. civ.* I, n° 91 ; 22 juin 1977, *D.* 1978.485, note GAURY, *JCP* 1979.II.19028, note DAGOT). Les textes organisent parfois une « subrogation » sans paiement, mais il s'agit alors, en réalité, d'autres techniques : représentation, cession de créance... V. CHAUMETTE, « La subrogation personnelle sans paiement ? », *RTD civ.* 1986.33 et s. Rappelant la nécessité de l'existence –et de la preuve– d'un paiement pour la subrogation de l'assureur, V. CE 5 oct. 2005 et Civ. 2e, 13 oct. 2005, *RC Ass.* 2005. com. 368, note GROUTEL
6. *Supra*, n° 103.

les poursuites du créancier originaire ; *pour le subrogé*, qui peut y trouver l'occasion d'un placement avantageux. Parallèlement, elle ne nuit à personne, puisque la créance subsiste telle qu'elle était ; la situation du débiteur, qui a seulement changé de créancier, ne risque donc pas d'être aggravée.

En raison de cette double nature –paiement, transfert de la créance– la subrogation était traditionnellement présentée comme une *exception* à la règle de l'*effet extinctif du paiement* : dérogation justifiée par les avantages que l'opération présente pour toutes les parties, et par le caractère désintéressé qu'on lui prête habituellement [1]. Mais le développement considérable qu'elle connaît, et ses multiples applications en droit des affaires, cadrent difficilement avec cette présentation très étroite [2]. C'est pourquoi l'accent est plutôt mis aujourd'hui sur la *finalité de l'opération :* l'acquisition par le payeur d'une créance avantageuse. La subrogation est un *mode original de transmission des obligations*, effectuée *sur le fondement d'un paiement*. L'*avant-projet de réforme du droit des obligations* détache la subrogation du paiement pour en traiter dans le chapitre VI consacré aux opérations en créance.

Nous étudierons successivement les *sources de la subrogation*, c'est-à-dire les cas dans lesquels elle se produit, puis ses *effets*. Nous terminerons par une *comparaison* entre elle et la cession de créance.

Sous-section I
Les sources de la subrogation

368. Diversité des sources. – Le principe est que la subrogation ne résulte pas automatiquement du seul fait qu'il y a eu paiement par un tiers [3]. Pour que celui-ci en bénéficie il faut, ou bien qu'elle lui ait été accordée par *convention –subrogation conventionnelle–*, ou bien que l'on se trouve dans l'un des cas déterminés par la *loi,* où elle a lieu de plein droit *–subrogation légale* [4].

§ 1. La subrogation conventionnelle

369. Dualité. – La subrogation conventionnelle se dédouble elle-même en deux variétés, correspondant à deux situations de fait différentes. Ou bien un tiers remet directement les fonds au créancier originaire, lequel peut lui accorder la subrogation. Ou bien un tiers remet au débiteur les fonds destinés au paiement et c'est alors le débiteur qui peut lui accorder la subrogation [5]. Il existe donc une subrogation consentie par le créancier et une subrogation consentie par le débiteur [6].

---

1. Planiol et Ripert, t. VII, n° 1219.
2. Mestre, *op. cit.*, n°s 202 et s. V. *infra,* n° 371.
3. Civ. 1re, 25 mars 2003, *Defrénois* 2003, art. 37767, n° 57, obs. Aubert.
4. L'existence d'une subrogation légale n'interdit pas, sauf dispositions impératives de la loi, de prévoir une subrogation conventionnelle (Civ. 1re, 9 déc. 1997, *Bull. civ.* I, n° 355, *Defrénois* 1998, art. 36753, n° 22, obs. Delebecque).
5. La jurisprudence exclut, dans ce cas, toute subrogation *par le créancier*, dès lors qu'elle exige que le paiement soit effectué directement par le subrogé (Civ. 13 juin 1914, *DP* 1916.1.41, note Planiol ; Req. 19 avr. 1831, *Jur. gén.* v° *Obligations*, n° 1878). V. *infra*, n° suivant.
6. L'*avant-projet de réforme du droit des obligations* consacre un système (sur lequel, v. Catala, « Cession de créance et subrogation personnelle dans l'avant-projet de réforme du droit des obligations »,

A. La subrogation consentie par le créancier

370. Conditions. – La subrogation consentie par le créancier est la forme la plus naturelle et la plus usuelle. Il est normal que le créancier, recevant son paiement d'un tiers, lui accorde la subrogation. Puisqu'il est payé, autant que ses sûretés ne se perdent pas et qu'elles servent à assurer le remboursement du payeur. Mais la volonté du créancier est ici déterminante : en aucun cas le payeur ne peut exiger de lui être subrogé.

L'article 1250-1° du Code civil subordonne cette subrogation à deux conditions. La jurisprudence en a ajouté une troisième [1].

En premier lieu, la subrogation doit être *expresse*. Théoriquement, cela ne va pas jusqu'à nécessiter l'emploi des termes « subrogation » ou « subroger ». La loi n'impose pas de formule sacramentelle. Elle prohibe seulement la subrogation tacite, mais les juges se montrent assez libéraux dans l'appréciation du caractère exprès de la subrogation [2]. Mais, pratiquement, tout autre mot (céder, transmettre, par exemple) est équivoque et risque de créer l'incertitude [3].

En second lieu, la subrogation doit être *consentie en même temps que le paiement*, parce qu'elle est un élément accessoire de celui-ci [4]. La subrogation anticipée et la subrogation *a posteriori* sont donc en principe interdites.

Avant le paiement, on peut bien faire une cession de créance, mais non une subrogation. Il en est ainsi, par exemple, des clauses, usuelles dans les polices d'assurance, par lesquelles l'assureur se fait « subroger » à l'avance par l'assuré dans tous les droits et actions de ce dernier contre les tiers. La jurisprudence y voit, non une subrogation, mais une cession de créance éventuelle, voire une promesse de subrogation [5]. Toutefois, certains arrêts admettent que la volonté de subroger puisse être manifestée par le subrogeant dans un document antérieur au paiement [6].

Mélanges LE TOURNEAU, p. 213) à l'analyse peu clair. Il distingue une subrogation « *à l'initiative du créancier* » (art. 1258) –ce qui n'est pas très précis– et une subrogation « *consentie par le débiteur sans le concours du créancier* » (art. 1261, al. 2). Condamnant la jurisprudence qui exige, pour la subrogation par le créancier, que le paiement soit fait directement par le tiers subrogé (V. *infra*, n° 370), il admet par ailleurs une troisième forme : la « subrogation à l'initiative du débiteur » (art. 1261, al. 1er) « lorsque celui-ci, empruntant une somme à l'effet de payer sa dette, subroge le prêteur dans les droits du créancier avec le concours de celui-ci ». Mais si le débiteur subroge seul le tiers, comme la rédaction le suggère, quelle est alors la différence avec la subrogation « *sans le concours du créancier* » ? À moins qu'il faille le consentement du créancier, mais pourquoi parler alors de « concours », ce qui au demeurant n'est pas non plus très précis.

1. Appliquant une solution valant également pour la subrogation légale, la jurisprudence juge que celui qui acquitte une dette qui lui est personnelle peut bénéficier d'une subrogation conventionnelle, s'il a, par son paiement libéré celui sur qui doit peser la charge définitive de la dette : Civ. 1re, 24 oct. 2000, *Bull. civ.* I, n° 269 ; Civ. 1re, 17 févr. 1998, *Defrénois* 1998, art. 36815, n° 69, obs. DELEBECQUE.

2. Par ex., Soc. 4 oct. 1962, *Bull. civ.* IV, n° 689. En sens inverse, les juges requalifient volontiers l'opération lorsque le mot subrogation a été employé à tort. Cf. MESTRE, *op. cit.*, n° 51. Pour une hypothèse où la subrogation est exclue, ne pouvant résulter du seul fait qu'un emprunt ait été remboursé par un tiers et que le débiteur ait consentie une reconnaissance de dette à ce dernier, v. Civ. 1re, 18 oct. 2005, *Bull. civ.* I, n° 374, *RTD civ.* 2006.317, obs. MESTRE et FAGES, *Rép. Defrénois* art. 38365, n° 29, obs. LIBCHABER.

3. *A fortiori* en va-t-il ainsi de certaines formules cumulatives, telle la clause par laquelle le créancier « cède, subroge et délègue » ses droits au payeur.

4. C'est au subrogé qu'il appartient de faire la preuve de cette concomittance, laquelle est appréciée souverainement par les juges du fond et ne résulte pas nécessairement de la quittance subrogatoire : Civ. 1re, 23 mars 1999, *Bull. civ.* I, n° 105, *Defrénois* 1999, art. 37079, n° 98, obs. AUBERT, *RTD civ.* 2000.330, obs. MESTRE et FAGES.

5. Civ. 13 nov. 1928, *DH* 1928.605 ; 3 févr. 1885, *DP* 1886.1.173, *S.* 1886.1.273. Comp. Paris, 13 déc. 1965, *JCP* 1966.II.14784, note R. RODIÈRE. Sur cette jurisprudence, v. MESTRE, *op. cit.*, n° 54.

6. Civ. 1re, 28 mai 2002, *Bull. civ.* I, n° 154 ; Com. 2 févr. 1993, *JCP* 1993.I.3684, obs. BILLIAU ; 29 janv. 1991, *Bull. civ.* IV, n° 48, *RTD civ.* 1991.531, obs. MESTRE.

Après le paiement, subrogation et cession de créance sont impossibles en raison de l'effet extinctif du paiement. On ne peut pas faire revivre la créance au profit du payeur[1]. Mais la solution a été assouplie, parfois, par un recours à l'analyse de la volonté des parties, en considérant, par exemple, que l'intention de subroger existait déjà au moment du paiement, même si elle n'a été constatée que par la suite[2].

Cependant, la jurisprudence juge par ailleurs que la quittance subrogative ne fait pas preuve par elle-même de la concomitance de la subrogation et du paiement, laquelle doit être, aux termes de l'article 1250-1° du Code civil, spécialement établie[3].

En troisième lieu, le paiement doit avoir été *effectué par le subrogé lui-même* (ou par son mandataire). S'attachant, pour une fois, à une lecture littérale de l'article 1250-1° qui envisage le cas du créancier « recevant son payement d'une tierce personne », d'anciens arrêts ont jugé que la subrogation est nulle lorsque c'est le débiteur lui-même qui paie le créancier à l'aide de deniers fournis par un tiers, quand bien même leur origine est expressément mentionnée dans la quittance[4].

Cette jurisprudence, exagérément formaliste, est généralement critiquée. Rationnellement, c'est l'origine des deniers qui devrait être prise en considération, non le fait matériel du paiement. Elle a quand même le mérite de maintenir une séparation nette entre la subrogation par le créancier et la subrogation par le débiteur. Et il est admis, parfois, que celui qui paie à l'aide de deniers empruntés a agi en qualité de mandataire du prêteur[5].

371. Absence de formalités à l'égard du débiteur. – La subrogation par le créancier résulte directement d'un accord entre le créancier et le payeur subrogé, auquel le débiteur n'a aucune part[6]. Il n'y a là rien d'anormal puisque la convention ne modifie pas sa situation. Mais, en outre, *aucune formalité analogue à celles de l'article 1690 du Code civil* n'est requise pour lui rendre opposable le transfert de la créance. Cette différence avec la cession de créance s'explique parce que le créancier étant par hypothèse payé, la subrogation ne peut porter aucun préjudice à ses ayants cause[7]. Toutefois, pour des raisons pratiques, il est utile d'informer le débiteur –sans que les formes de l'article 1690 s'imposent pour autant– afin d'éviter que, de bonne foi, il ne paie le créancier subrogeant, ce qui aurait pour effet d'éteindre la dette[8].

L'absence de tout formalisme légal confère à la subrogation une souplesse et une facilité d'emploi qui contraste avec la rigidité de la cession de créance. Cette souplesse est à l'origine du succès que connaît l'institution dans les rapports d'affaires où elle constitue le support technique du contrat d'*affacturage*[9].

---

1. Civ. 1re, 28 mai 2008, *Bull. civ.* I, n° 160, *RTD civ.* 2008. 481, obs. FAGES ; Com. 14 déc. 1965, *Bull. civ.* III, n° 647, *RTD civ.* 1966.795, obs. CHEVALLIER.
2. Req. 6 nov. 1854, *DP* 1854.1.428 ; 20 nov. 1865, *DP* 1866.1.161.
3. Civ. 2e, 10 nov. 2005, *RC Ass.* 2005. comm. 368, note GROUTEL. Sur la quittance subrogative, v. *infra*, n° 372.
4. Req. 19 avr. 1831, *Jur. gén.* v° *Obligations*, n° 1878 ; Civ. 13 juin 1914, *DP* 1916.1.41, note PLANIOL, *S.* 1914.1.428.
5. Req. 3 févr. 1936, *S.* 1936.1.128, *RTD civ.* 1936.692, obs. DEMOGUE.
6. Civ. 1re, 12 oct. 1984, *Bull. civ.* I, n° 276.
7. MESTRE, *op. cit.*, n° 46.
8. Paris, 21 janv. 1970, *JCP* 1971.II.16837, note GAVALDA, *RTD com.* 1971.1055, obs. CABRILLAC et RIVES-LANGE. Sur l'opposabilité au subrogé du paiement fait par le débiteur de bonne foi, v. *infra*, n° 390.
9. RIPERT, ROBLOT, DELEBECQUE et GERMAIN, *op. cit.*, nos 2400 et s.

Une personne, dénommée « factor » ou affactureur, paie les créances qu'un commerçant ou un industriel a acquises contre ses clients, moyennant le transfert de ces créances, et bien entendu le paiement d'une commission. Ainsi, l'affacturage réalise la mobilisation de créances à court terme, en même temps qu'il décharge le fournisseur des tâches de facturation et du risque de non-paiement des factures. Le transfert des créances est réalisé grâce à une subrogation conventionnelle consentie par le fournisseur au factor, formalisée par une quittance subrogative qui accompagne chacun des bordereaux de créances réglées par le factor.

372. Preuve de la subrogation et opposabilité aux tiers. – La preuve de la subrogation est soumise au droit commun des actes juridiques : nécessité d'un *écrit au-dessus de 1 500 €* (C. civ., art. 1341), sauf en matière commerciale où la preuve est libre.

Le plus souvent, la quittance à laquelle le paiement a donné lieu fait également mention de la subrogation ; on l'appelle alors *quittance subrogative* ou *subrogatoire*.

Enfin, s'agissant de *l'opposabilité de la subrogation aux tiers,* la doctrine dominante enseigne, en se fondant sur une ancienne jurisprudence[1], qu'elle est subordonnée à la condition de *date certaine*[2]. La condition de date certaine a cependant été écartée par plusieurs arrêts qui ont jugé que la mention du paiement et celle de la subrogation sont indivisibles, et qui n'ont exigé de date certaine pour aucune d'elles[3].

B. La subrogation consentie par le débiteur

373. Analyse générale. – L'hypothèse est qu'*un tiers fournit*, par un *prêt*, notamment, *des fonds au débiteur* pour lui permettre de se libérer. Le débiteur peut alors accorder la subrogation à ce bailleur de fonds : lui transmettre la créance qu'il a acquittée grâce à lui.

La subrogation par le débiteur est souvent présentée, en droit et en logique, comme une *anomalie*. Le débiteur disposerait ainsi, sans l'assentiment du créancier, d'un bien –la créance– qui ne lui appartient pas. La seule justification serait *d'ordre pratique*. Dans les périodes où les taux d'intérêt baissent, le débiteur a avantage à se libérer d'une dette ancienne, qui est onéreuse, pour en contracter une nouvelle, plus légère, envers un autre prêteur. Mais le créancier originaire refuse d'ordinaire, pour les mêmes raisons, la subrogation, parce que, s'il est remboursé, il ne trouvera pas un emploi aussi favorable de ses capitaux. L'histoire confirme que c'est pour vaincre cette résistance que l'on a permis au débiteur d'accorder lui-même la subrogation au bailleur de fonds[4].

En réalité, la subrogation par le débiteur n'est pas si exorbitante que cela. En effet, pour que cette subrogation puisse se réaliser, il faut que le *paiement*, par hypothèse *anticipé*, ne puisse être refusé par le créancier. Un tel refus est possible toutes les fois que le terme est prévu dans son intérêt exclusif, et même lorsqu'il est réputé stipulé dans l'intérêt commun des deux parties, la renonciation au terme supposant alors leur accord[5]. La

---

1. Civ. 31 janv. 1843, *DP* 1843.I.253, *S.* 1843.1.616. Exception en matière commerciale : Paris, 14 avr. 1975, *RTD com.* 1975.342, obs. CABRILLAC et RIVES-LANGE.
2. MARTY, RAYNAUD et JESTAZ, n° 390 ; TERRÉ, SIMLER et LEQUETTE, n° 1367.
3. Civ. 3e, 16 juill. 1987, *Bull. civ.* III, n° 145, *JCP*, éd. N, 1989.II.267 ; Civ. 8 août 1877, *S.* 1878.1.120 ; Dijon, 30 juin 1897, *S.* 1901.1.33, note WAHL, *D.* 1901.1.89, note SARRUT.
4. TERRÉ, SIMLER et LEQUETTE, n° 1370 ; J. MESTRE, *op. cit.*, nos 30 et 31.
5. V. *supra*, n° 271. Certains auteurs soutiennent que l'article 1250-2° du Code civil permet d'imposer le remboursement anticipé à un créancier bénéficiant du terme (J. HUET, Un bienfait de l'histoire : la subrogation opérée par le débiteur pour le remboursement anticipé d'un prêt d'argent en cas de baisse

subrogation n'est donc possible que lorsque le terme a été stipulé dans l'intérêt exclusif du débiteur, qui exerce alors simplement son droit en acquittant la dette.

374. Conditions de la subrogation par le débiteur. – L'article 1250-2° soumet l'opération à des conditions de *forme* très strictes qui réduisent sensiblement la portée pratique de ce cas de subrogation.

Il faut, en premier lieu, que *le prêt* consenti par le subrogé et *le remboursement* du créancier originaire soient constatés, l'un et l'autre, par *acte authentique*.

En second lieu, la loi prescrit une double déclaration, dite *double déclaration d'origine et de destination des fonds*. En empruntant les fonds, il faut déclarer la destination que l'on entend leur donner : dire qu'ils serviront à payer telle dette. En payant, il faut dire avec quels fonds on le fait : c'est-à-dire, précisément, avec ceux que l'on a empruntés. Rien n'empêche d'ailleurs que l'emprunt et le remboursement donnent lieu à la rédaction d'un seul acte, pourvu que celui-ci contienne la double déclaration.

Ces formalités ont pour fin de déjouer une fraude qui, autrement, serait facile. Un débiteur qui a payé, sur ses propres ressources, une dette garantie par une excellente sûreté, pourrait plus tard en contracter une autre et, en antidatant ce dernier prêt, faire revivre, au profit du prêteur, la sûreté éteinte. Cela porterait préjudice aux créanciers intermédiaires. Les formes exigées excluent cette sorte de fraude.

Malgré la lettre de l'article 1250-2° qui exige ces formalités « pour que cette subrogation soit valable », leur non-respect ne devrait donc être sanctionné que par l'*inopposabilité* aux tiers, comme le suggère un ancien arrêt [1].

375. Applications. – En raison de ces formes, qui sont compliquées et coûteuses, la subrogation consentie par le débiteur est un mécanisme assez contraignant. Malgré cela, elle constitue un instrument de crédit appréciable, spécialement dans les contrats de prêt consentis en vue de l'acquisition d'un immeuble ou d'un fonds de commerce, où elle permet de faire bénéficier le prêteur de deniers des garanties accordées par la loi au vendeur : privilège, action résolutoire. En matière de vente d'immeubles, le formalisme propre à la subrogation est finalement peu gênant, la vente étant toujours constatée par acte notarié. La subrogation y reste pratiquée, bien que la loi du 16 juillet 1971 en ait beaucoup diminué l'intérêt en instituant au profit du prêteur de deniers un privilège spécial immobilier distinct (C. civ., art. 2374-2°, anc. art. 2103-2°). Elle reste plus usuelle dans les ventes de fonds de commerce, en l'absence de privilège directement attribué au prêteur de deniers [2].

§ 2. La subrogation légale

376. Cas où la subrogation a lieu de plein droit. – Là où l'intérêt du payeur requiert une protection particulièrement impérieuse, la loi lui accorde, de plein droit, le bénéfice

---

des taux d'intérêts (C. civ., art. 1250-2°), *D.* 1999. chron. 303. Dans le même sens : Ghestin, Billiau et Loiseau, n° 361). Cette analyse semble avoir été condamnée par la jurisprudence (Civ. 1re, 27 sept. 2005, *Defrénois* 2005, art. 38301, n° 94, obs. Savaux) et elle est écartée par l'*avant-projet de réforme du droit des obligations* (art. 1261, al. 2).

1. Civ. 11 janv. 1893, *DP* 1895.1.179. Sur cette question, v. Savaux, *Rép. civ.* Dalloz v° *Subrogation personnelle*, préc., n° 72.

2. La pratique notariale conseille aussi son utilisation dans la renégociation des prêts immobiliers, afin de transférer au nouveau prêteur qui consent un crédit à taux moindre les droits du premier prêteur (Vion, « La renégociation des prêts immobiliers », *Defrénois* 1987, art. 34072). La possibilité d'utiliser l'article 1250-2° pour la renégociation des prêts dont le remboursement anticipé par le débiteur n'est prévu ni par la loi ni par le contrat est discutée ; pro : J. Huet, chron. préc. ; *contra :* Ph. Malaurie, « Baisse des taux d'intérêts, prêts à long terme et renégociation », *D.* 1998. chron. 317.

de la subrogation dans les droits du créancier qu'il a désintéressé. Les principaux cas, que la jurisprudence a très libéralement interprétés, sont énumérés par l'*article 1251 du Code civil*. D'autres sont prévus par des *lois spéciales*.

A. Cas prévus par l'article 1251 du Code civil

377. Remarque. – L'ordre d'énumération de l'article 1251 appelle une remarque : quatre des cinq cas qu'il énonce (1°, 2°, 4° et 5°) correspondent à des hypothèses très particulières, tandis que l'article 1251-3° formule un principe général[1].

1) Les cas particuliers (art. 1251-1°, 2°, 4° et 5°)

378. Subrogation du créancier payant un autre créancier préférable à raison de ses privilèges ou hypothèques (art. 1251-1°). – En premier lieu, la subrogation joue « au profit de celui qui, étant lui-même créancier, paye un autre créancier qui lui est préférable à raison de ses privilèges ou hypothèques ».

Exemple : Soit un immeuble qui vaut actuellement 100 000 euros, et sur lequel sont inscrites deux hypothèques de 100 000 chacune. Le premier créancier menace de le saisir, puisque le prix suffira à le désintéresser. Si la saisie a lieu, le second n'aura rien. Pour éviter cela, il peut payer le premier ; il acquerra ainsi la créance de celui-ci, avec l'hypothèque de premier rang qui la garantissait. Certes, il aura alors 200 000 euros à recouvrer. Mais il pourra attendre, pour procéder à la saisie, que l'immeuble ait bénéficié d'une plus-value : ce qui pourrait lui permettre de recouvrer l'intégralité de ses fonds. Les créanciers de rang inférieur ont intérêt à payer la dette de leur débiteur, et la subrogation légale les y encourage.

Il en va de même pour un créancier chirographaire, qui bénéficiera de la subrogation s'il paie un créancier hypothécaire ou privilégié.

En revanche, la loi refuse la subrogation de plein droit au créancier préférable qui paie un créancier inférieur[2]. De même, la jurisprudence écarte la subrogation lorsque le créancier désintéressé se prévaut, non d'un privilège ou d'une hypothèque, mais d'une autre garantie, par exemple d'une action résolutoire[3].

379. Subrogation de l'acquéreur d'un immeuble hypothéqué qui emploie le prix au paiement des créanciers hypothécaires (art. 1251-2°). – En deuxième lieu, la subrogation joue « au profit de l'acquéreur d'un immeuble hypothéqué qui emploie le prix de son acquisition au paiement des créanciers auxquels cet héritage était hypothéqué ».

Un immeuble hypothéqué est vendu. Si l'acheteur payait son prix au vendeur, il resterait exposé aux poursuites des créanciers hypothécaires, en raison du droit de suite qui appartient à ceux-ci. Il est donc préférable qu'il leur verse directement les fonds, dans l'ordre de leurs inscriptions. La loi lui accorde alors le bénéfice d'une subrogation de plein droit par laquelle il acquiert les hypothèques dont jouissaient les créanciers qu'il a payés.

---

1. L'article 1259 de l'*avant-projet de réforme* modifie l'ordre de ces cas pour tenir compte de leur importance respective. Il ajoute une référence aux cas prévus par des lois spéciales.
2. Mais une subrogation conventionnelle est possible : MESTRE, *op. cit.*, n° 101.
3. Civ. 3e, 29 mai 1969, *Bull. civ.* III, n° 431 ; Civ. 4 mars 1901, *DP* 1905.1.11, *S.* 1904.1.129, note LACOSTE ; 3 juill. 1854, *DP* 1854.1.247.

L'intérêt de cette subrogation apparaît lorsque le prix n'a pas suffi à payer tous les créanciers hypothécaires : les derniers en rang pourront saisir l'immeuble, mais sur les sommes provenant de la saisie, l'acheteur les primera puisqu'il aura des hypothèques de meilleur rang. Il risque donc de perdre l'immeuble, mais il est néanmoins certain, en pareil cas, de rentrer dans ses fonds [1].

Le rang préférentiel que confère le recours subrogatoire à l'acquéreur suffit normalement à tenir en respect les créanciers impayés : ceux-ci, sachant que la saisie ne leur rapportera rien, sont dissuadés d'y procéder [2]. Ils n'y ont avantage que lorsque l'immeuble vaut plus qu'il n'a été payé.

380. Subrogation de l'héritier bénéficiaire qui paie les dettes de la succession (art. 1251-4°). – En troisième lieu, la subrogation joue « au profit de l'héritier bénéficiaire qui a payé de ses deniers les dettes de la succession ».

L'héritier bénéficiaire est celui qui a accepté la succession sous bénéfice d'inventaire –la loi dit aujourd'hui « à concurrence de l'actif net » (C. civ., art. 787 et s., L. 23 juin 2006). Il n'est tenu de payer les dettes du défunt que sur les biens successoraux ; il n'en est pas tenu sur ses biens personnels. Mais il peut avoir intérêt à le faire afin de prévenir des poursuites inopportunes. Si donc il paie les créanciers successoraux sur ses deniers personnels, il leur sera subrogé. À ce titre, il pourra récupérer sur les biens de la succession les sommes qu'il n'aura fait qu'avancer ; et son recours sera garanti par les sûretés qui appartenaient aux créanciers qu'il a désintéressés.

380-1. Subrogation de celui qui a payé de ses deniers les frais funéraires pour le compte de la succession (art. 1251-5°). – Le dernier cas de subrogation légale, prévu par l'article 1251-5°, est une création de la loi du 23 juin 2006 portant réforme des successions et des libéralités, entrée en vigueur le 1er janvier 2007. Il prévoit la subrogation de celui qui a payé de ses deniers les frais funéraires pour le compte de la succession. Le bénéficiaire de la subrogation est désigné largement : il peut s'agir indifféremment d'un héritier ou d'un tiers. Ce qui est essentiel, c'est qu'il ait payé les frais funéraires pour le compte de la succession. La précision concernant le payement « de ses deniers » semble interdire la subrogation lorsque le payeur emprunte les fonds, ce qui ne paraît guère justifié s'agissant d'une subrogation légale. Celle-ci ne peut évidemment pas jouer lorsqu'une personne avance les fonds à la succession qui règle les frais funéraires puisque dans ce cas là il n'y a pas de payement par un tiers.

2) Le principe général (art. 1251-3°)

381. Subrogation du débiteur qui paie une dette dont il était tenu avec d'autres ou pour d'autres (art. 1251-3°). – La subrogation joue, enfin, « au profit de celui qui, étant

---

1. Si l'adjudication provoquée par les créanciers de rang subséquent produit un prix moins élevé que celui payé par cet acheteur, la jurisprudence a admis qu'il peut, comme n'importe quel autre subrogé, invoquer toutes les garanties dont le créancier désintéressé était titulaire, y compris celles inscrites sur d'autres immeubles appartenant au débiteur (Req. 28 juin 1882, *DP* 1885.5.446 ; Paris, 20 déc. 1834, *S.* 1836.2.159).

2. Néanmoins ce cas particulier de subrogation s'applique rarement. Lorsque le total des hypothèques dépasse le prix, l'acquéreur, plutôt que de payer directement les créanciers de meilleur rang, préfère procéder à la purge des hypothèques : procédure qui provoque l'extinction de toutes les hypothèques inscrites sur l'immeuble, même celles des créanciers non payés.

tenu avec d'autres ou pour d'autres au payement de la dette, avait intérêt à l'acquitter ». Cette disposition, de portée beaucoup plus large que les précédentes, est susceptible de couvrir des situations nombreuses, d'autant que la jurisprudence en fait une application très libérale.

On suppose qu'une personne est tenue envers le créancier d'acquitter une dette, *dont elle ne doit pas supporter la charge définitive*, tout au moins dans son intégralité. Lorsqu'elle a payé la dette, elle dispose d'un recours contre le ou les débiteurs véritables : recours pour la totalité lorsqu'elle est tenue pour d'autres (recours de la caution contre le débiteur principal), recours partiel, de façon qu'une partie de la dette reste définitivement à sa charge, lorsqu'elle est tenue avec d'autres (recours du codébiteur solidaire contre les autres codébiteurs). Pour ce recours, elle bénéficie de la subrogation : elle exerce la créance même du créancier désintéressé, avec toutes les sûretés qui la garantissaient.

À s'en tenir au texte, cette hypothèse de subrogation légale est subordonnée à *deux conditions :* le payeur doit être *tenu au paiement* de la dette, et avoir *intérêt à l'acquitter*. Mais la jurisprudence a très rapidement admis que la seconde condition est incluse dans la première : celui qui est tenu au paiement d'une dette a, par là même, nécessairement intérêt de l'acquitter, même s'il paie spontanément, sans attendre les poursuites du créancier[1]. Plus récemment, la Cour de cassation a même jugé qu'une obligation simplement virtuelle suffit à constituer l'intérêt au paiement et justifie la subrogation légale[2].

382. Applications. – Cette condition se trouve d'abord remplie lorsqu'*une même dette pèse sur plusieurs personnes*, toutes tenues de l'acquitter, soit à titre de coobligé, soit à titre de garant.

Sont ainsi *tenus avec d'autres :* les codébiteurs d'une obligation solidaire, d'une obligation *in solidum* ou d'une obligation indivisible[3], ainsi que les différentes cautions d'une même dette dans leurs rapports entre elles.

Soit, **par exemple**, une dette de 120 000 euros, pesant sur trois codébiteurs solidaires. A l'acquitte intégralement. Il a un recours de 40 000 contre B et de 40 000 contre C. Ce recours est garanti par la subrogation dans les droits du créancier qu'il a désintéressé.

Sont *tenus pour d'autres :* la caution personnelle ou réelle, dans ses rapports avec le débiteur principal ; le tiers détenteur d'un immeuble hypothéqué[4].

La jurisprudence a considérablement étendu le domaine de cette subrogation de plein droit : s'éloignant sensiblement de la lettre du texte, elle en a reconnu le bénéfice à celui qui paie une dette dont il est *seul tenu envers le créancier*, mais dont il n'est *pas le débiteur définitif*[5].

---

1. Civ. 5 juin 1896, *DP* 1896.468 ; 29 août 1865, *DP* 1865.1.329. V. aussi Com. 12 oct. 1976, *Bull. civ.* IV, n° 258 ; Civ. 3e, 13 déc. 1968, *Bull. civ.* III, n° 255.
2. Civ. 2e, 13 déc. 2001, *Bull. civ.* II, n° 196, *D.* 2002. somm. 1312, obs. JOURDAIN ; Civ. 1re, 2 et 9 oct. 1985, *JCP* 1986.II.20687, obs. H.T., *RTD civ.* 1986.111, obs. MESTRE.
3. V. *supra*, nos 307 et s.
4. L'application de l'article 1251-3° à cette hypothèse ne fait pas double emploi avec l'alinéa précédent. Il se peut en effet qu'un tiers recueille l'immeuble hypothéqué autrement qu'à la suite d'une aliénation à titre onéreux : par ex. à titre de donation. L'article 1251-2° lui est inapplicable. Tenu *propter rem* de la dette, il n'en bénéficie pas moins de la subrogation légale, s'il vient à régler le créancier.
5. Civ. 1re, 27 mars 2001, *Bull. civ.* I, n° 90, *RTD civ.* 2001.592, obs. MESTRE et FAGES ; Civ. 3e, 13 nov. 2003, *JCP* 2004.IV, n° 1019.

Cette extension jurisprudentielle a notamment trouvé des applications en matière fiscale. Par exemple, le commissionnaire en douane est seul redevable des droits de douane envers l'administration qui n'a pas à connaître le propriétaire des marchandises importées. Cependant, lorsqu'il paie, le commissionnaire le fait pour le compte du propriétaire qui est le véritable débiteur des droits. Il dispose donc contre ce dernier d'un recours garanti par la subrogation légale [1].

En résumé, on peut dire que la jurisprudence a tiré de l'article 1251-3° un principe très général permettant d'assurer dans tous les cas le report automatique du poids de la dette sur celui qui est le débiteur final [2].

En revanche, la subrogation légale est *exclue* lorsque le payeur a acquitté une dette qui lui est *totalement étrangère :* tel est le cas de celui qui, bénévolement et par bienveillance, paie une dette à laquelle il n'était pas tenu. Il lui appartient de se protéger en se faisant consentir une subrogation conventionnelle. Faute d'obligation au paiement, la loi ne lui accorde pas le bénéfice de la subrogation de plein droit [3].

Celle-ci est également exclue lorsque le payeur est le *débiteur définitif* de la dette : celui qui doit finalement en supporter le poids intégral est évidemment privé de tout recours, et par conséquent ne peut prétendre à la subrogation [4].

B. Cas de subrogation prévus par des lois spéciales

383. Subrogation légale et garantie. – Suivant la voie ouverte par la jurisprudence, le législateur a considérablement étendu le domaine de la subrogation légale. Cette expansion est étroitement liée au développement, en droit contemporain, des mécanismes de garantie.

Pour faciliter le règlement de certaines dettes, dans l'intérêt de créanciers dont la situation paraît appeler une faveur particulière, la loi multiplie les personnes ou les organismes, à la solvabilité incontestable, tenus de payer à titre de garant. Il en est souvent ainsi en *matière fiscale.* Par exemple, l'article 1928 du Code général des impôts prévoit la subrogation des fournisseurs de tabac, des fabricants de spiritueux, des expéditeurs de boissons... dans le privilège du Trésor pour le recouvrement des droits qu'ils ont payés pour le compte de leurs clients. Dans un autre domaine, la loi institue au profit des *salariés,* pour le cas de redressement ou de liquidation judiciaire de l'employeur, un organisme d'assurance –l'Association pour la gestion du régime d'assurance des créances des salariés (AGS) gérée par les ASSEDIC– qui règle les salaires impayés faute de disponibilités. L'A.G.S. est alors subrogée dans le privilège des salariés [5].

---

1. Solution dégagée par la jurisprudence : Civ. 23 mars 1915, *DP* 1917.1.63, et consacrée depuis par l'article 381 du Code des douanes. La subrogation a été étendue par la loi du 29 décembre 1997 à toute personne ayant acquitté pour le compte d'un tiers des droits, amendes ou taxes dont la douane assure le recouvrement. Pour d'autres applications de la même idée, v. MESTRE, n°s 182 et s. *Contra,* cep. : Com. 3 déc. 1985, *Bull. civ.* IV, n° 288, *RTD civ.* 1986.755, obs. MESTRE.
2. Admettant, sans que l'on sache exactement à quel titre, en raison de l'incertitude qui plane sur les liens exacts unissant les intéressés, la subrogation d'un commissionnaire de transport dans « l'action directe » du transporteur contre le destinataire : Com. 2 juin 2004, *Bull. civ.* 2004, n° 114, *D.* 2004.2492, note BON-GARCIN, *JCP* 2004.II.10185, note critique PLANCKEEL, *RTD civ.* 2005.398, obs. MESTRE et FAGES.
3. Civ. 1re, 25 mars 2003, *Defrénois* 2003, art. 37767, n° 57, obs. AUBERT ; Com. 3 janv. 1956, *Bull. civ.* III, n° 4 ; Civ. 5 juin 1896, *DP* 1896.1.468.
4. Civ. 3e, 3 déc. 2008, *Bull. civ.* III, n° 192, *RTD civ.* 2009. 120, obs. FAGES ; Com. 4 nov. 1968, *Bull. civ.* IV, n° 304, *D.* 1969.505, note ALEXANDRE ; Civ. 12 févr. 1866, *DP* 1866.1.57.
5. C. trav., art. L. 3253-16.

On observe également l'intervention fréquente de garants dans les relations d'affaires. Celui qui paie une lettre de change ou un billet à ordre par intervention bénéficie ainsi de la subrogation légale (C. com., art. L. 511-71 et L. 512-3).

Le *droit de la responsabilité civile et de l'indemnisation* constitue le terrain d'élection de tels mécanismes de garantie. Pour répondre à un besoin croissant de sécurité, l'indemnisation des victimes d'accident est aujourd'hui souvent prise en charge par une institution de réparation collective : assurance, sécurité sociale, fonds de garantie... Mais ces institutions n'interviennent que dans l'intérêt des victimes, dont elles garantissent l'indemnisation, et se retournent ensuite contre l'auteur du dommage, débiteur véritable de la réparation, contre lequel elles exercent les droits de la victime au moyen d'un recours subrogatoire. La subrogation légale est ainsi devenue un moyen de *conciliation de l'indemnisation collective et de la responsabilité individuelle.*

Il suffit d'indiquer les principaux cas : subrogation accordée à *l'assureur de dommages* contre l'auteur du dommage (C. assur., art. L. 122-12) ; aux *Caisses de sécurité sociale*, ou tout établissement à statut particulier gérant un régime obligatoire (comme l'EDF, la RATP ou la SNCF), qui, à la suite d'un dommage causé à la personne, ont dû verser à la victime des prestations réparant une atteinte à l'intégrité physique (art. 29 et 30, L. 5 juill. 1985, tendant à l'amélioration de la situation des victimes d'accidents de la circulation)[1] ; au Fonds de garantie des assurances obligatoires de dommages, lorsqu'il indemnise les victimes d'accident de la circulation parce que le responsable est inconnu ou parce qu'il n'est pas assuré (C. assur., art. L. 421-3) ; au Fonds de garantie institué par la loi du 9 septembre 1986 au profit des victimes d'actes de terrorisme et d'autres infractions (C. assur., art. L. 422-1 ; C. pr. pén., art. 706-3 et s.) ; à celui créé par la loi du 31 décembre 1991 (art. 47-I et 47-III) au profit des victimes de préjudices résultant de la contamination par le virus d'immunodéficience humaine causée par une transfusion ou une injection de produits dérivés. La loi prévoit aussi la subrogation de l'office national d'indemnisation des accidents médicaux contre le professionnel ou l'établissement responsable (CSP, art. L. 1142-17, L. 4 mars 2002, mod. L. 30 déc. 2002), et celle de l'assureur ou du fonds de garantie dans les droits des victimes de catastrophes technologiques qu'ils ont indemnisées (C. assur., art. L. 128-3 et L. 421-17-V, L. 30 juill. 2003).

Sous-section II

Les effets de la subrogation

384. Effet translatif de la subrogation. – L'essentiel se trouve dans l'effet translatif de la subrogation : la créance du subrogeant (créancier originaire) est *transmise* au subrogé (nouveau créancier). Cet effet se produit à la date du paiement[2]. Le subrogé n'acquiert pas un droit nouveau ; il est seulement *substitué* au subrogeant dans un rapport d'obligation qui demeure *inchangé.*

Cet effet translatif a été autrefois contesté. On a soutenu qu'il y avait seulement transmission des sûretés, celles-ci garantissant une créance nouvelle[3]. L'idée était contradictoire : si la créance d'origine était éteinte par l'effet du paiement, les garanties devaient l'être pareillement. Dès la

---

1. Sur l'ensemble de la question, v. vol. 2 –*Le fait juridique*– n°s 150 et s.

2. Civ. 1re, 11 juin 2008, *Bull. civ.* I, n° 171, *RTD civ.* 2008. 480, obs. FAGES. Dès lors que la subrogation est intervenue régulièrement avant une saisie, le saisissant ne peut donc plus exécuter une dette de son débiteur sur une créance dont celui-ci n'est plus titulaire : Civ. 1re, 25 janv. 2005, *Bull. civ.* I, n° 50, *JCP* 2005.IV, n° 1464.

3. MARCADÉ, *Explication du Code Napoléon*, t. 4, n° 704. Sur cette opinion, v. MESTRE, *op. cit.*, n°s 307 et s.

première moitié du XIXe siècle, la jurisprudence a admis que la subrogation « a pour objet la transmission d'une créance ainsi que de tous les droits qui s'y rattachent »[1].

Il y a donc, comme dans la cession de créance, *permanence* non seulement des *sûretés*[2], mais également des *caractères* de la créance. Celle-ci conserve sa nature civile ou commerciale, ce qui a un intérêt pour la détermination des tribunaux compétents[3]. Si le subrogeant avait un titre exécutoire, le subrogé peut s'en prévaloir[4]. Il peut pareillement exercer toutes les actions en justice dont disposait le subrogeant[5]. L'action du subrogé est soumise à la prescription applicable à l'action du subrogeant[6].

En revanche, le subrogé ne peut acquérir plus de droits que n'en avait le subrogeant[7] au moment de la subrogation[8]. Le débiteur peut donc en principe opposer au subrogé les exceptions qu'il aurait pu faire valoir entre le subrogeant[9]. Par ailleurs, le subrogé ne peut pas recueillir les droits réservés exclusivement au subrogeant[10].

Aucune disposition légale n'oblige le subrogé à faire valoir ses droits qu'il peut laisser exercer par le subrogeant[11]. Mais le subrogeant n'ayant plus qualité pour agir, il faut une convention expresse ou tacite l'y habilitant[12].

385. Étendue de l'effet translatif. – En principe, le *paiement* effectué par le payeur fixe l'étendue des droits qui lui sont transférés : il n'a de recours contre le débiteur que jusqu'à concurrence des sommes qu'il a versées au subrogeant[13]. L'*avant-projet de réforme du droit des obligations* consacre expressément cette règle classique (art. 1262).

---

1. Civ. 9 déc. 1863, *DP* 1864.I.299, *S.* 1864.I.177 ; 4 févr. 1846, *DP* 1846.I.49 ; 22 déc. 1846, *DP* 1847.I.5.

2. Admettant la transmission, par voie de cession de créance ou de subrogation, de la garantie financière autonome des courtiers d'assurance : Civ. 2e, 21 oct. 2004, *Bull. civ.* II, n° 464, *Défrenois* 2005, art. 38206, note BARTHEZ. Il n'est pas sûr qu'en dehors de ce cas particulier, la solution puisse s'appliquer, l'article 2321, alinéa 4, du Code civil (Ord. 23 mars 2006), disposant que la garantie autonome –qui se définit comme l'engagement par lequel le garant s'oblige, en considération d'une obligation souscrite par un tiers, à verser une somme soit à première demande, soit suivant des modalités convenues (al. 1er)– « *ne suit pas l'obligation garantie* », sauf convention contraire.

3. CE 13 oct. 1972, *JCP* 1973.II.17529, note MODERNE ; T. confl. 2 déc. 1968, *JCP* 1969.II.15746. V. également T. confl. 6 mai 2002, *Bull. civ.* TC, n° 9, *RTD civ.* 2003.298, obs. MESTRE et FAGES.

4. Cf. pour la reprise par le subrogé d'une procédure entamée par le subrogeant : Civ. 25 févr. 1913, *DP* 1913.I.473, note DONNEDIEU DE VABRE, *RTD civ.* 1913.422, obs. DEMOGUE.

5. Civ. 1re, 21 janv. 2003, *Bull. civ.* I, n° 18, *RTD civ.* 2003.298, obs. MESTRE et FAGES, et Civ. 1re, 6 juill. 1988, *Bull. civ.* I, n° 231, *RTD civ.* 1989.320, obs. MESTRE (action en responsabilité) ; Civ. 1re, 13 janv. 1993, *Bull. civ.* I, n° 6, *RTD civ.* 1993.822, obs. MESTRE (action paulienne) ; Civ. 22 oct. 1894, *DP* 1896.1.585, note LOYNES (action résolutoire).

6. Civ. 1re, 4 févr. 2003, *Bull. civ.* I, n° 30, *RTD civ.* 2003.298, obs. MESTRE et FAGES.

7. Com. 26 avr. 2000, *Bull. civ.* IV, n° 89, qui en déduit que le créancier subrogé (un affactureur) ne peut faire échec à la revendication du prix de revente des marchandises bénéficiant au vendeur avec clause de réserve de propriété ayant contracté avec le subrogeant.

8. Com. 6 mai 1997, *Bull. civ.* IV, n° 126, *Defrénois* 1997 art. 36634 n° 114, obs. DELEBECQUE : le subrogé ne peut invoquer un droit que le subrogeant n'a acquis qu'après la subrogation.

9. V. *infra*, n° 390.

10. En ce sens, s'agissant de l'action en nullité relative, réservée à celui des contractants dont le consentement a été vicié, mais à propos d'un cas douteux de subrogation conventionnelle : Civ. 3e, 18 oct. 2005, *RTD civ.* 2006.317, obs. MESTRE et FAGES ; Com. 26 nov. 2002, *Bull. civ.* IV, n° 179, *RTD civ.* 2003.298, obs. MESTRE et FAGES.

11. Com. 23 janv. 2001, *Bull. civ.* IV, n° 21 (à propos d'une subrogation conventionnelle) ; Com. 17 déc. 1985, *Bull. civ.* IV, n° 296, *RTD civ.* 1987.319, obs. MESTRE.

12. . Civ. 1re, 4 févr. 2003, *Bull. civ.* I, n° 32, *RTD civ.* 2003.298, obs. MESTRE et FAGES.

13. Appliquant strictement la règle à une subrogation conventionnelle, v. Civ. 1re, 15 févr. 2005, *Bull. civ.* I, n° 87, *Defrénois* 2005, art. 38207, n° 53, obs. LIBCHABER, *D.* 2005. AJ. 771, obs. AVENA-

La règle se manifeste principalement en cas de paiement partiel. Alors que le cessionnaire peut poursuivre le débiteur pour le montant nominal de la créance, même s'il l'a payée un prix inférieur, le subrogé ne peut recouvrer que la somme qu'il a versée. Si donc le subrogeant a consenti une remise partielle de dette, en délivrant une quittance totale alors qu'il n'était pas entièrement payé, cette remise profite non au subrogé, mais au débiteur.

Ce principe est jugé essentiel au regard de l'esprit de l'institution, étrangère en principe à toute idée de spéculation. Contrairement au cessionnaire d'une créance qui recherche un profit, le subrogé entend seulement rendre un service d'ami au débiteur et ne peut s'enrichir en réclamant plus qu'il n'a payé. Néanmoins, il a toujours été contesté par une doctrine minoritaire [1].

La jurisprudence a parfois hésité mais elle tend à mieux assurer le respect de ce principe. Elle avait jugé que le subrogé peut bénéficier des intérêts conventionnels échus depuis le jour du paiement subrogatoire, ainsi que des clauses d'anatocisme et d'échelle mobile, ce qui lui permettait de réclamer au débiteur plus qu'il n'avait payé [2]. Elle considère aujourd'hui que la subrogation étant à la mesure du paiement, le subrogé ne peut prétendre qu'aux intérêts produits au taux légal par la dette [3] qui ne courent, en principe, qu'à compter de la mise en demeure ou d'un acte équivalent [4].

En cas de subrogation conventionnelle, spécialement de contrat d'affacturage, elle autorise les parties à prévoir la rémunération du subrogé sous forme de commission [5]. Mais cela se fait par une convention annexe, ce qui laisse le principe théoriquement intact.

386. Limites de l'effet translatif ; concours entre le subrogeant et le subrogé. – Une première limite concerne le cas où le subrogeant n'a reçu qu'un paiement partiel sans renoncer, cette fois, au surplus de sa créance. Celle-ci est alors *fractionnée :* le subrogeant

---

ROBARDET ; Civ. 1re, 21 févr. 2006, *D.* 2006. 1873, note GALLMEISTER ; Req. 21 mars 1810, *S.* 1811.1.6. La solution est gênante lorsque le subrogé est tenu au versement de prestations périodiques : cas de l'assureur, ou des caisses de sécurité sociale qui paient à l'assuré une rente ou une pension. Le recours subrogatoire ne peut porter que sur les arrérages déjà versés et ne permet pas d'obtenir le paiement du capital représentatif de la rente. La solution, qui oblige à multiplier les poursuites, n'est pas économique ; elle n'empêche cependant pas l'assureur d'appeler le responsable en garantie (Civ. 1re, 21 janv. 1997, *RC Ass.* 1997.7, note GROUTEL. V. également GROUTEL, Réflexions sur la subrogation anticipée, *D.* 1987. chron. 283).

1. TOULLIER, *Le droit civil français suivant l'ordre du Code*, t. IV, n° 119 ; PLANIOL et RIPERT, *Traité pratique de droit civil français*, t. VII, n° 1245 ; MOULOUNGUI, *L'admissibilité du profit dans la subrogation*, LGDJ, Bibl. droit privé, n° 251.
2. Civ. 1re, 3 mai 1978, *D.* 1980.107, note POULNAIS, *Defrénois* 1979, art. 31928, n° 5, obs. AUBERT ; Civ. 1re, 4 avr. 1984, *Bull. civ.* I, n° 131 (*a contrario*). AUCKENTHALER, « Le droit du subrogé aux intérêts de la créance », *D.* 2000. chron. 171.
3. La solution vaut quel que soit le type de subrogation, y compris pour la subrogation conventionnelle où les parties ne semblent pas libres de décider le contraire : Civ. 1re, 15 févr. 2005, préc.
4. Com. 5 déc. 2006 (2 arrêts), *RC Ass.* 2007. comm. 102, note GROUTEL ; Ass. Plén. 4 mars 2005, *Bull. civ.* AP, n° 3, *RTD civ.* 2005.413, obs. JOURDAIN, *RC Ass.* 2005. Comm. 147, note GROUTEL (les arrêts ont été rendus à propos de la subrogation de l'assureur de dommages dans les droits de la victime contre le responsable, pour laquelle la jurisprudence a pas mal varié. Antérieurement, elle admettait que l'assureur avait droit aux intérêts légaux à compter du paiement –de la quittance subrogative). Sur la question, v. GREAU, « Recherches sur les intérêts moratoires », *Defrénois* 2006, préf. BEIGNIER, n° 285 et s. Sur les moyens de contourner cette solution : Ch. SIMLER, « Le droit aux intérêts du créancier subrogé », *JCP* 2009. I. 113. Il ne semble en aller différemment que pour la subrogation intervenant au profit de la caution, pour laquelle la Cour de cassation fonde sur des textes propres à la matière un droit aux intérêts légaux à compter du paiement : Civ. 1re, 18 mars 2003, *Bull. civ.* I, n° 86, *JCP* 2003.II.10105, note BILLIAU ; Civ. 1re, 29 oct. 2002, *Bull. civ.* I, n° 257, *RTD civ.* 2003. 298, obs. MESTRE et FAGES, *Defrénois* 2003, art. 37850, n° 124, obs. THERY.
5. Com. 15 juin 1993, *Bull. civ.* IV, n° 256, *RTD civ.* 1994.358, obs. MESTRE.

reste créancier pour la portion non payée ; le subrogé le devient pour la portion qu'il a acquittée.

Pour leur paiement, ils devraient, rationnellement, être traités à égalité, puisqu'ils sont titulaires d'un même droit. Mais la disposition de la loi est contraire. D'après l'article 1252 du Code civil (art. 1263, *avant-projet de réforme*), *le subrogeant* a la *préférence* sur le subrogé.

Exemple. Soit une créance hypothécaire de 100 000, dont le subrogé a payé la moitié. L'immeuble hypothéqué est adjugé 80000. Sur cette somme, le subrogeant prend les 50 000 qui lui restent dus. Le subrogé ne perçoit que 30 000.

La règle est traditionnellement expliquée par une *interprétation de volonté*. On considère qu'en accordant la subrogation, le créancier originaire a entendu se réserver la meilleure part : ce qu'exprime l'adage *Nemo contra se subrogasse censetur*. Mais cette explication ne vaut ni pour la subrogation légale, ni pour la subrogation consentie par le débiteur. Or, c'est précisément dans ces deux dernières variétés que l'article 1252 est appliqué de façon constante. Lorsque la subrogation est consentie par le créancier, la convention contraire est fréquente : le contrat stipule, ou bien que le subrogeant et le subrogé viendront à égalité, ou bien même, en renversant entièrement la règle, que le subrogé primera le subrogeant. Celui-ci a, en effet, tout intérêt à y consentir, si celui-là en fait une condition du paiement qu'il propose et qu'il est libre de ne pas effectuer. C'est pourquoi il est plus exact de voir dans la règle posée par l'article 1252 la conséquence ordinaire du paiement : en règle générale, un paiement partiel laisse intactes les sûretés dont dispose le créancier pour le surplus de sa créance. Or, si à l'égard du payeur la subrogation préserve la créance pour la lui transférer, à l'égard du créancier elle ne doit avoir que les effets habituels d'un paiement simple [1].

Cependant, en dépit des termes généraux de l'article 1252, la jurisprudence limite l'application de la règle. Elle décide que la préférence instaurée par le texte au profit du subrogeant ne joue qu'au cas d'insuffisance des sûretés garantissant la créance [2] ; elle ne s'applique pas lorsque subrogeant et subrogé agissent à titre chirographaire. C'est que, dans ce cas, la règle de l'article 1252 est sans utilité pour le subrogeant : en préférant l'action personnelle dont il dispose par ailleurs [3], le subrogé pourrait imposer d'être traité à égalité avec le subrogeant [4].

La loi du 21 décembre 2006 qui a modifié les textes relatifs aux recours des tiers payeurs, contre les responsables de dommages corporels, pour lesquels ils ont versés des prestations à la victime, donne à la règle une portée qu'elle ne saurait en aucun cas avoir.

Le nouvel article L. 376-1, alinéa 3, du Code de la sécurité sociale dispose désormais que « conformément à l'article 1252 du code civil, la subrogation ne peut nuire à la victime subrogeante, créancière de l'indemnisation, lorsqu'elle n'a été prise en charge que partiellement par les prestations sociales ; en ce cas, l'assuré social peut exercer ses droits contre le responsable, par préférence à la caisse subrogée ».

---

1. Sur cette discussion, v. MESTRE *op. cit.*, n°s 569 et s.

2. Civ. 29 mai 1878, *DP* 1878.I.427. Comp. la jurisprudence du Conseil d'État : CE 5 févr. 1969, *Rec.* 73.

3. *Supra,* n° 367.

4. Req. 1er août 1860, *DP* 1860.1.502 ; 18 févr. 1899, *DP* 1899.1.246. En revanche, l'assuré partiellement indemnisé par son assureur conserve une action pour le surplus contre l'auteur du dommage, et prime celui-ci lorsqu'il exerce l'action subrogatoire, bien que la créance de la victime ne soit que chirographaire : Civ. 1re, 2 nov. 2005, pourvoi n° 03-10.909, à paraître au *Bulletin civil*, Civ. 5 mars 1945, *D.* 1946.1, note BESSON. Ce retour à l'article 1252 s'impose doublement : l'assureur, qui paie ici sa dette, ne dispose d'aucune action personnelle contre le tiers responsable. De surcroît, le contrat d'assurance, souscrit par l'assuré dans son intérêt propre, ne saurait devenir un obstacle à la réparation.

Apparemment, le texte ne fait que rappeler la règle précédemment évoquée selon laquelle le subrogeant (victime) qui n'a été désintéressé (indemnisé) que partiellement par le subrogé (tiers payeurs) doit être préféré à ce dernier lorsqu'il agit contre le débiteur (responsable) qui ne peut payer l'intégralité de la dette. Pourtant, l'article est interprété comme permettant à la victime qui n'a droit qu'à une indemnité réduite en raison de la faute qu'elle a commise, de réclamer au responsable, sans tenir compte du partage de responsabilité, la part d'indemnité pour laquelle elle n'a pas reçu de prestations de la part des tiers payeurs. Ces derniers ne seront remboursés que de ce qui restera sur le montant de la dette du responsable.

Dans ce cas, la subrogation permet donc finalement au subrogeant de réclamer au débiteur plus que ce que celui-ci lui devait, au détriment du subrogé. La solution est inacceptable[1].

387. Limites de l'effet translatif (suite) ; cas du subrogé tenu avec d'autres. – Une seconde limite est plus particulière et ne se manifeste que dans le cas où le subrogé est tenu avec d'autres. Il faut alors tenir compte de ce qu'il est en partie le débiteur définitif de la dette.

D'une part, le subrogé devra *supporter une partie du poids définitif de la dette.* Étant coobligé, il n'a, pour une part, payé que ce qu'il devait. Dans cette mesure, il est évidemment dépourvu de tout recours ; la subrogation ne lui fait acquérir qu'une *fraction de la créance*, celle pour laquelle il a payé la dette d'autrui.

Soit le précédent **exemple**[2] d'une dette solidaire de 120 000 acquittée par A, alors qu'il y a deux autres codébiteurs. Dans la mesure où la dette est pour partie la sienne, A doit conserver définitivement une part à sa charge (en principe 1/3, soit 40 000). Il n'a de recours que pour le surplus, soit 80 000[3].

D'autre part, le subrogé devra *diviser son recours* contre ses coobligés. Il ne peut réclamer à chacun d'eux eux que la fraction de la dette que celui-ci doit supporter[4].

En prenant le même **exemple**, A ne peut réclamer que 40 000 à B et 40 000 à C (art. 1214). Il ne peut pas réclamer 80 000 à l'un d'entre eux. Le subrogé a donc ici *moins de droits* que n'en avait le subrogeant, lequel n'avait pas à diviser ses poursuites.

388. Coexistence de l'action subrogatoire et de l'action personnelle du payeur. – L'acquisition de la créance du subrogeant ne prive pas le subrogé du *recours personnel* dont il bénéficie, soit en vertu du *mandat* ou de la *gestion d'affaires*, lorsqu'il a lui-même effectué le paiement, soit en vertu d'un *contrat de prêt* lorsqu'il a fourni au débiteur les fonds destinés à ce paiement[5].

En principe, le payeur dispose ainsi de *deux actions* –celle du subrogeant et la sienne– dont il peut cumuler les avantages, à l'exclusion, bien sûr, d'un double paiement. Selon les cas, il peut avoir intérêt à exercer l'action subrogatoire qui lui assure des sûretés, alors que son recours personnel n'est que chirographaire, ou, au contraire, à exercer l'action

---

1. Sur cette question, v. vol. 2 –*Le fait juridique*–, n° 153-2.
2. V. *supra*, n° 382.
3. Sur cette hypothèse, v. MESTRE, *op. cit.*, n°s 541 et s.
4. La règle est énoncée par l'article 875 du Code civil pour les cohéritiers, par l'article 1214, alinéa 1, pour les codébiteurs d'une dette solidaire, et par l'article 2033 pour les cautions.
5. Sur la question des recours personnels des assureurs de dommages et des caisses de sécurité sociale, v. vol. 2 –*Le fait juridique*– n°s 150 et s. SAVAUX, *Rép. civ. Dalloz*, V° *Subrogation personnelle*, n°s 167 et s.

personnelle, qui lui permet de réclamer les intérêts de ses débours ainsi que le remboursement de frais engagés pour le recouvrement de la créance[1].

389. Absence d'obligation de garantie. – Enfin, le subrogeant n'est pas tenu à garantie envers le subrogé pour le cas où il serait plus tard constaté que la créance payée n'existait pas et que, par conséquent, le subrogé ne peut pas agir contre le débiteur[2].

Bien entendu, cela ne signifie pas que le subrogeant puisse alors conserver ce qu'il a perçu indûment. Mais l'action ouverte contre lui est celle qui aurait existé si le paiement avait été fait par le débiteur apparent lui-même : à savoir l'action en répétition de l'indu. Or, celle-ci est moins avantageuse qu'une action en garantie : notamment en ce qu'elle ne porte, au cas de bonne foi du payé, que sur la somme même qu'il a perçue.

De l'absence de garantie, faut-il déduire, de façon générale, que le créancier subrogeant est libre de toute obligation envers le subrogé, et qu'il n'engage jamais sa *responsabilité* envers lui ? Il paraît équitable de lui imposer au moins une obligation de ne pas faire : celle de ne pas compromettre le recours subrogatoire du payeur. Le principe d'une telle obligation peut s'induire de dispositions légales particulières, notamment de l'article 2314 du Code civil (anc. art. 2037) qui décharge la caution lorsque le créancier laisse dépérir les sûretés dont il est titulaire, privant ainsi le recours subrogatoire de son efficacité[3]. Proposée en doctrine[4], la généralisation de cette solution n'est pas directement affirmée par la jurisprudence, mais elle serait raisonnable au regard de l'esprit de la subrogation.

390. Opposabilité des exceptions. – Puisque le subrogé acquiert la créance même dont le subrogeant était titulaire, *les exceptions* qui étaient *opposables* au second le sont également au premier[5]. Par exemple, la prescription qui a éteint le droit à réparation de la victime d'un dommage est opposable à l'assureur, subrogé dans les droits de celle-ci[6] ; de même la compensation intervenue entre le responsable et l'assuré[7], ou l'autorité de chose jugée entre la victime du dommage et un tiers[8].

En principe, les exceptions ainsi opposables au subrogé sont celles qui ont pris naissance *antérieurement au paiement.* Après le paiement, la créance est sortie du

---

1. Un autre avantage peut concerner la prescription. L'action personnelle commence à se prescrire à compter du paiement, événement qui lui a donné naissance. L'action subrogatoire se prescrit du jour où la créance du subrogeant est née, ce qui peut entraîner une prescription plus rapprochée.
2. Req. 19 mars 1894, *S.* 1898.I.318 ; Montpellier, 4 juill. 1910, *DP* 1912.II.358, *RTD civ.* 1911.139, obs. DEMOGUE. Ce n'est pas, à proprement parler, une limitation à l'effet translatif de la subrogation, mais plutôt aux conséquences normales de cette transmission : tout transfert de droit entraîne, en principe, obligation de garantie. L'absence de garantie éclaire la nature traditionnelle de la subrogation : le transfert de droit demeure, dans la conception classique du paiement subrogatoire, un élément accessoire.
3. V. également l'article L. 121-12, alinéa 2, du Code des assurances : « L'assureur peut être déchargé, en tout ou en partie, de sa responsabilité
envers l'assuré, quand la subrogation ne peut plus, par le fait de l'assuré, s'opérer en faveur de l'assureur ».
4. MESTRE, *op. cit.*, n°s 624 et s.
5. Pour une application à la caution solidaire, subrogée dans les droits du créancier contre un cofidéjusseur, v. Civ. 1re, 18 oct. 2005, *Bull. civ.* I, n° 375, *RTD civ.* 2006.317, obs. MESTRE et FAGES, *Defrénois* 2005, art. 38301, n° 98, obs. SAVAUX. La règle de l'inopposabilité des exceptions est formellement consacrée par l'article 1264-1 de l'*avant-projet de réforme du droit des obligations.*
6. Civ. 2e, 4 oct. 1973, *Bull. civ.* II, n° 244, *RGAT* 1974.375 ; 25 mars 1969, *Gaz. Pal.* 1969.II.59, note H.M., *RGAT* 1970.44 ; 6 janv. 1966, *RGAT* 1966.483, note A.B.
7. Paris, 25 juin 1968, *JCP* 1968.II.15637, note GAVALDA.
8. Soc. 29 avr. 1971, *Bull. civ.* V, n° 324 ; Civ. 2e, 5 mars 1964, *Bull. civ.* I, n° 214.

patrimoine du subrogeant, et aucun événement survenu du chef de ce dernier n'est plus susceptible d'en affecter l'existence [1]. Cependant, ce principe connaît deux importantes dérogations. D'une part, le débiteur qui, de bonne foi, dans l'ignorance de la subrogation, paie le subrogeant peut opposer ce paiement au subrogé [2]. D'autre part, la jurisprudence permet au débiteur d'opposer au subrogé la compensation légale pour une créance née à son profit après le paiement subrogatoire, dès lors qu'il s'agit d'une créance connexe à celle du subrogeant [3].

Section III

Comparaison de la subrogation et de la cession de créance

391. Trait commun et différences. Différences quant aux conditions. – Cession de créance et subrogation ont en commun *l'effet translatif.* L'une et l'autre réalisent une substitution de personne dans un rapport d'obligation qui, à tous autres égards, reste identique : *le créancier est changé ; la créance reste inchangée.* D'où, notamment, la permanence des sûretés et l'opposabilité des exceptions.

Mais au-delà de cet élément commun, cession de créance et subrogation se distinguent, notablement, par des différences qui affectent tant leurs *conditions* que leurs *effets.*

Les différences quant aux *conditions* concernent d'abord les *conditions de fond :* la cession de créance exige toujours le consentement du créancier. Il existe au contraire une subrogation consentie par le débiteur et une subrogation légale. De là, il résulte déjà que la ressemblance n'est vraiment profonde qu'entre cession de créance et subrogation consentie *par le créancier.* Les deux autres variétés de subrogation, se réalisant en dehors du créancier, ne jouent pas le même rôle économique : elles ne sont pas, pour celui-ci, un moyen de disposer de la créance, considérée comme un bien, comme un élément de son patrimoine.

Quant aux *conditions de forme et de publicité*, l'opposabilité de la *cession de créance* aux tiers est subordonnée à la signification ou à l'acceptation du débiteur par acte authentique (C. civ., art. 1690). La *subrogation* consentie par le créancier est plus simple ; la subrogation légale l'est encore davantage. La subrogation consentie par le débiteur est, au contraire, plus lourde, avec l'exigence d'un acte authentique.

Il faut retenir que, sous ses trois formes, la *subrogation* n'est pas soumise à des conditions d'opposabilité spécifiques, distinctes de ses conditions de validité [4]. Il en va tout autrement pour la *cession de créance* avec les exigences de l'article 1690.

---

1. Civ. 16 mars 1943, *DC* 1944.38, note P.L. P. (chose jugée entre le responsable et l'assuré après la subrogation) ; Civ. 2e, 10 avr. 1962, *Bull. civ.* II, n° 390 (limitation de la demande d'indemnisation par la victime postérieurement à la subrogation).

2. C. Civ., art. 1240 ; cf. Civ. 2e, 29 avr. 1958, *Bull. civ.* II, n° 285 ; Crim. 24 oct. 1972, *D.* 1973. somm. 9. D'où l'intérêt qu'il y a à informer le débiteur de la subrogation. Admettant, de manière contestable, le caractère libératoire du paiement effectué par lettre de change après subrogation alors que le débiteur avait reçu un relevé de factures faisant clairement apparaître la subrogation au profit d'un affactureur : Com. 26 avr. 2000, *Bull. civ.* IV, n° 88, *Defrénois* 2001, art. 37278, note DAGORNE-LABBÉ. *Contra :* Com. 15 oct. 1996, *Bull. civ.* IV, n° 230, *RTD civ.* 1997.938, obs. MESTRE.

3. Soc. 7 mai 1987, *RTD civ.* 1988.140, obs. MESTRE. Sur la notion de connexité des créances, v. *infra*, n° 465.

4. Sauf l'atténuation provenant de la nécessité d'informer le débiteur afin d'éviter qu'un paiement fait de bonne foi ne le libère. V. *supra*, n° 390.

392. Différences entre les deux opérations ; différences d'effets. – Les différences d'*effets* concernent l'*étendue de l'effet translatif.*

Le *cessionnaire* a droit au *montant nominal* de la créance ; le *subrogé* au remboursement seulement de *ce qu'il a payé.*

Lorsque la *cession de créance* a été *partielle*, le cédant et le cessionnaire concourent à *égalité* pour le recouvrement des sommes qui leur sont respectivement dues. Dans la même situation de fait, et sauf clause contraire, le *subrogeant* a la *préférence* sur le subrogé.

Enfin, le *cédant* est tenu d'une *obligation de garantie*, qui n'existe pas à la charge du subrogeant.

Ces différences sont *défavorables au subrogé* par rapport au cessionnaire[1]. On les explique traditionnellement en disant que la *cession de créance* est une *opération de spéculation*, tandis que la *subrogation* est une *opération de paiement.* Celui qui cède sa créance recherche son avantage : tirer profit de sa créance avant l'échéance, alors même, éventuellement, qu'il redoute l'insolvabilité du débiteur. Le subrogeant ne cherche au contraire qu'à encaisser ce qui lui est dû.

Pareillement, le cessionnaire poursuit un bénéfice : la différence entre le prix de cession et le montant nominal de la créance. Le subrogé, lui, n'a d'autre objectif que de rentrer dans ses débours ; on dit qu'en effectuant le paiement il a rendu un service d'ami au débiteur. À plus forte raison tout esprit de spéculation est-il exclu, de sa part, lorsqu'il était tenu de payer la dette ; l'obligation qui pèse ainsi sur lui ne doit pas se traduire par un bénéfice.

Peut-être y a-t-il là des affirmations, plutôt qu'une explication véritable. Il est bien vrai que la subrogation légale n'est inspirée d'un esprit de spéculation ni de la part du subrogé, ni de la part du subrogeant. Mais la subrogation conventionnelle, sous ses deux formes, peut l'être de la part du subrogé, pour qui elle peut constituer un placement. La subrogation consentie par le créancier peut l'être, en outre, de la part du subrogeant.

En réalité, les deux mécanismes sont séparés par des différences qui tiennent à une évolution historique différente, plus qu'elles ne sont imposées par la logique. Celle-ci aurait plutôt commandé d'unifier cession de créance et subrogation consentie par le créancier, en ne maintenant un régime distinct que pour les deux autres variétés de subrogation.

---

1. Mais le subrogé dispose d'un recours personnel, qui est parfois plus avantageux que la subrogation (*supra*, n° 367).

Chapitre 2

La cession de dette

393. Définition. Cession de dette autonome et transfert de dette accessoire. – La question du transfert des dettes peut se présenter dans des circonstances très différentes, qui ne font pas naître les mêmes difficultés.

Si la dette est comprise dans une *universalité* (le patrimoine du *de cujus* ou celui d'une société), elle est, sauf exception, transmise en même temps que l'actif aux ayants cause (les héritiers, la société absorbante ou celle née d'une scission...) [1].

Le transfert de la dette peut également apparaître à l'occasion d'une cession *à titre particulier*. Deux hypothèses sont ici concernées : la transmission à l'acquéreur des obligations souscrites par son auteur relativement au bien acquis [2], d'une part, la cession de contrat, d'autre part [3].

Dans tous les cas, la transmission de la dette fait partie d'une opération plus large : il s'agit d'un *transfert à titre accessoire* [4].

La *cession de dette autonome* a un tout autre visage. Il s'agit de savoir si un débiteur peut transmettre sa dette à un tiers par une convention ayant exclusivement cet objet. Ce qui suscite alors l'interrogation c'est la possibilité de concevoir une cession de dette qui serait exactement l'inverse –le *négatif*, en quelque sorte– de la cession de créance.

En raisonnant à partir de ce que l'on sait de cette dernière, il apparaît que *trois conditions* doivent être réunies cumulativement pour réaliser une véritable cession de dette. D'abord, la cession doit se faire par un accord entre l'ancien débiteur (cédant) et le nouveau (cessionnaire), *le créancier (cédé) n'intervenant pas à la convention.* Ensuite, il faut que soit transmise au cessionnaire *la dette même dont le cédant était tenu* (avec ses caractères, ses accessoires, ses vices...). Enfin, il est nécessaire que *l'ancien débiteur soit libéré par l'effet de la cession*, seul le nouveau étant désormais tenu. Si l'une de ces conditions fait défaut, il n'y a pas véritable cession de dette mais seulement une technique qui s'en rapproche, plus ou moins.

394. Utilité de la cession de dette et obstacles à son admission. – À première vue, l'utilité de la cession de dette autonome n'apparaît pas clairement : pourquoi une

---

1. V. par ex. : Com. 4 févr. 1997, *RTD civ.* 1998.103, obs. MESTRE (transfert à la société absorbante d'une garantie de paiement de loyers souscrite par la société absorbée). Sur la situation des ayants cause universels au regard des créances et dettes résultant des contrats conclus par leur auteur, v. vol. 1 –*L'acte juridique*– n°s 436 et s.

2. La jurisprudence y est généralement hostile : Com. 1er avr. et 24 juin 1997, *RTD civ.* 1998.375, obs. MESTRE ; Civ. 3e, 10 déc. 1997 et 18 févr. 1998, Com. 1er avr. 1997 et 27 janv. 1998, *RTD civ.* 1998.399, obs. GAUTIER. Sur cette question, v. vol. 1 –*L'acte juridique*– n°s 449 et s.

3. Sur les incertitudes pesant sur les conditions et l'étendue de ce transfert, v. *infra,* n°s 449 et s.

4. AUBERT, *Rép. civ.* Dalloz, v° *Cession de dette*, n°s 21 et s. V. également : BÉNABENT, n°s 750 et s. Comp., en faveur de l'intransmissibilité, GHESTIN, BILLIAU et LOISEAU, n°s 378 et s.

personne accepterait-elle de se charger ainsi de l'obligation d'autrui ? À l'analyse, trois explications peuvent néanmoins être avancées.

D'abord, le cessionnaire peut faire une *libéralité* au cédant en assumant sa dette sans contrepartie. Ensuite, la cession peut être utilisée comme une *opération de crédit :* le débiteur obtient la prise en charge de ses dettes par un tiers, pour un temps limité au terme duquel il devra le rembourser et le rémunérer pour l'avance consentie. Enfin, la cession de dette peut être utilisée pour *simplifier les règlements :* au lieu de payer son propre créancier, un débiteur accepte de s'acquitter entre les mains d'un créancier de ce dernier [1].

Malgré son utilité, le Code civil –comme d'ailleurs l'*avant-projet de réforme du droit des obligations*– ne contient aucune disposition générale en matière de cession de dette, contrairement à des législations plus récentes [2]. Quant aux textes généralement cités comme l'admettant ponctuellement, il s'agit en réalité, le plus souvent, de dispositions prévoyant une cession de contrat [3]. Ce silence de la loi ne condamne pas nécessairement la cession de dette [4]. Si celle-ci se heurte à de nombreuses *objections*, du moins faut-il en distinguer deux sortes, en fonction de leur objet, car elles ne sont pas également insurmontables.

Une première série d'obstacles est dressée contre la cession de dette *en général*, même réalisée *avec le consentement du créancier*. Selon une doctrine, la cession de dette serait absolument inconcevable car, contrairement aux créances, les dettes ne sont pas un élément du patrimoine ; *ce ne sont pas des biens* [5]. Cette analyse ne peut constituer, en droit positif, une entrave à la cession de dette tant elle est en contradiction avec la notion de patrimoine actuellement reçue [6]. Selon d'autres auteurs une véritable cession de dette serait impossible car, à la différence de la créance, *la dette est inséparable de sa cause*. Le débiteur s'engage en considération d'un but qui fait partie intégrante de son obligation, et l'obligation du tiers qui accepte de payer la dette a une cause différente de celle de l'obligation originelle : par exemple, payer son propre créancier dont il reprend la dette. L'obligation du cessionnaire est donc nouvelle ; ce n'est pas celle qu'assumait le

---

1. Un tiers peut également s'engager à acquitter la dette d'autrui à titre de garantie. Il s'agit d'une très ancienne institution, le *constitut*, qui retrouve, peut-être, une nouvelle jeunesse (JACOB, *Le constitut ou l'engagement autonome de payer la dette d'autrui à titre de garantie*, 1998, Préf. SIMLER). Elle se différencie nettement de la cession de dette, car le débiteur reste tenu.

2. FERRAND, *Droit privé allemand*, Dalloz, 1997, n°s 304 et s. La cession de dette apparaît dans les différents projets d'harmonisation du droit du contrat en Europe, ainsi dans l'*avant-projet* du Groupe de Pavie (art. 126, spéc.), et, sous l'intitulé « Substitution d'un nouveau débiteur », dans les *Principes du droit européen des contrats* (art. 12 : 101 et 12 : 102) et dans le *Projet de cadre commun de référence* (art. III-5 : 201 et III-5 : 202).

3. C. civ., art. 1743, qui oblige l'acquéreur d'un immeuble à respecter les baux conclus par le cédant ; C. assur., art. L. 121-10, qui prévoit la continuation du contrat en cas d'aliénation de la chose assurée... Cependant, l'article L. 311-8 du Code de la construction et de l'habitation contient une véritable cession de dette puisqu'il dispose que l'aliénation d'un immeuble grevé d'hypothèque au profit du Crédit foncier entraîne, sans le concours de ce dernier, substitution de l'acquéreur à l'emprunteur qui se trouve libéré. Mais il s'agit d'une cession de dette accessoire.

4. En ce sens, v. notamment : LARROUMET, n° 31 et n° 763, GAUDEMET, *Théorie générale des obligations,* Sirey, 1965 (réimpr. éd. 1937), p. 476. *Contra :* MAZEAUD et CHABAS, n° 1281.

5. SÉRIAUX, *Droit des obligations*, PUF, coll. « Droit fondamental », 2e éd., 1998, n° 179. V. également Ghestin, BILLIAU et LOISEAU, n°s 15 et 371 et s.

6. Sur cette notion, v. vol. 1 –*L'acte juridique*– n°s 27 et s. On peut sans doute admettre que les dettes ne constituent pas, à proprement parler, des valeurs, contrairement aux créances (SÉRIAUX, *ibid.*). Mais créance et dette ne sont que les deux faces d'un même rapport : le rapport d'obligation. Il est difficile d'admettre que cette relation qui s'exprime dans la situation patrimoniale du créancier ne le fasse pas dans celle du débiteur. Sans doute la dette n'est-elle pas un bien. Mais contrairement à ce que dit M. SÉRIAUX, elle n'est pas rien. Son existence affecte justement la situation *patrimoniale* du débiteur qui doit l'acquitter sur ses biens.

cédant[1]. Cette critique n'est cependant pas décisive[2]. D'abord, elle n'est pas conforme à l'idée que la cause n'est qu'une condition de validité du contrat et que son maintien n'est pas nécessaire à la survie de l'obligation. Ensuite, si l'engagement du nouveau débiteur envers le créancier trouve certainement sa cause dans ses rapports personnels avec le débiteur originel, l'objet de la cession est justement la substitution du tiers dans le rapport d'obligation souscrit par le cédant envers son créancier, qui doit donc subsister avec sa cause[3].

Les écueils ne concernent donc en réalité que la vraie cession de dette, c'est-à-dire celle qui se réalise *sans le consentement du créancier*. Ils sont doubles. D'une part, on sait que l'objectivation du rapport d'obligation ne concerne vraiment que les créances[4]. Une obligation peut circuler activement sans le consentement du débiteur car la charge que représente pour lui l'obligation ne dépend pas, en principe, de la personne du créancier. En revanche, l'exécution de la dette dépend des qualités du débiteur (sa solvabilité, ses talents, son habilité en affaires...). Le créancier a fait confiance à un débiteur donné en fonction de ce qu'il savait de ces qualités, et on ne peut lui imposer un changement. D'autre part, et c'est décisif, si on peut admettre la validité de la cession entre le nouveau débiteur et l'ancien, en revanche l'*effet relatif* du contrat interdit au créancier de s'en prévaloir comme de se la voir opposer[5].

395. Substituts de la cession de dette. – La consécration d'une véritable cession de dette sans le consentement du créancier étant exclue, celle d'un mécanisme s'en approchant paraît inutile. En effet, les parties trouvent dans les techniques du droit des obligations les moyens de parvenir à des résultats voisins.

En premier lieu, la *liberté des conventions* les autorise certainement à décider, par un accord tripartite entre le nouveau débiteur, l'ancien et le créancier, que le premier assumera désormais la dette du deuxième, et que le créancier libère ce dernier pour l'avenir[6].

La *stipulation pour autrui* permet aussi d'atteindre un résultat proche de la cession de dette. Elle suppose qu'un débiteur, agissant comme stipulant, invite un tiers à s'engager, en qualité de promettant, envers son créancier, dans les limites de la créance. Dès lors que l'on admet que la stipulation pour autrui peut réaliser un paiement[7], tout se passe comme si le promettant reprenait la dette du stipulant. Mais il subsiste quand même des différences importantes avec la cession de dette : il faut que le bénéficiaire ait accepté la stipulation comme moyen de paiement et qu'il ait renoncé à son recours contre le débiteur originel ; surtout, la stipulation donne naissance à un droit propre du bénéficiaire contre

---

1. MALAURIE, AYNÈS et STOFFEL-MUNCK, n° 1343 ; AYNÈS, *La cession de contrat et les opérations juridiques à trois personnes*, Economica, 1984, n°s 61 et s.
2. AUBERT, *op. cit.*, n° 12.
3. Ce qui devrait normalement entraîner l'opposabilité des exceptions par le cessionnaire de la dette au créancier.
4. V. *supra*, n° 335.
5. MALAURIE, AYNÈS et STOFFEL-MUNCK, n° 1338. V. aussi : Civ. 1re, 30 avr. 2009, *JCP* 2009, n° 27, p. 17, note ANSAULT. Com., 16 nov. 1993, *Bull. civ.* IV, n° 406 ; Civ. 1re, 2 juin 1992, *JCP* 1992.I.3632, obs. BILLIAU.
6. TERRÉ, SIMLER et LEQUETTE, n° 1308. *Contra :* MAZEAUD et CHABAS, n° 1281 ; GHESTIN, BILLIAU et LOISEAU, n° 376, au motif qu'il ne serait pas au pouvoir des parties de transformer la dette en bien. Le créancier consentirait donc à une novation. C'est pourtant cette technique que retiennent les projets d'harmonisation du droit européen du contrat, qui précisent que l'accord du créancier peut être donné à l'avance. V. les textes précités.
7. V. vol. 1 –*L'acte juridique*– n° 486.

le promettant, donc à une obligation nouvelle, distincte de celle qui pesait sur le débiteur[1].

La *novation par changement de débiteur* et la *délégation* peuvent également être utilisées pour transférer la charge d'une dette sur un tiers[2]. Dans la novation par changement de débiteur, le créancier accepte de libérer le débiteur originel, en contrepartie de l'engagement souscrit à cette fin par le nouveau débiteur. Il y faut toujours le consentement du créancier et l'obligation du débiteur substitué est une obligation *nouvelle*, différente de celle du débiteur originel qui s'éteint par la novation[3]. La délégation présente les mêmes imperfections par rapport à la cession de dette. D'une part, le créancier doit accepter l'engagement que le délégué propose de prendre à son égard sur ordre du délégant ; d'autre part, elle donne naissance à une obligation nouvelle du délégué envers le délégataire[4].

Pour être complet, il faut encore ajouter d'autres techniques, plus ou moins efficaces, à l'arsenal précédemment évoqué. L'*indication de paiement* (C. civ., art. 1277, al. 2) permet au débiteur d'aviser le créancier qu'une autre personne paiera à sa place, ce que le créancier ne peut refuser, sauf s'il s'agit d'une obligation conclue *intuitu personæ*. Mais l'indication de paiement ne libère pas le débiteur et elle ne créée pas de droit contre le tiers au profit du créancier[5]. L'*expromissio* est la convention conclue entre un créancier et un tiers qui s'engage envers lui à acquitter la dette du débiteur, à condition qu'il le libère. L'*expromissio* ne réalise pas une véritable cession de dette car elle donne naissance à une obligation nouvelle. La *cession de créance* peut également être utilisée lorsqu'une personne (A) est à la fois débiteur d'une autre (B) et titulaire d'une créance identique contre une troisième (C). Pour se libérer de sa dette, A peut céder à son créancier B sa créance contre son débiteur C, comme il pourrait céder à C sa dette envers A. Mais il existe une différence importante entre les deux techniques. En cas de cession de créance, c'est la dette de A envers B qui est éteinte, alors que dans la cession de dette ce serait celle de C envers A.

À l'analyse, ces procédés se distinguent dans l'ensemble de la cession de dette par deux traits essentiels. D'une part, ils nécessitent toujours le *consentement du créancier*. D'autre part, ils n'ont *pas d'effet translatif*, le débiteur substitué assumant une obligation nouvelle.

Il n'y a aucun moyen d'écarter le premier obstacle. En revanche, les inconvénients du second peuvent être largement évités par les parties, si elles prennent le soin d'utiliser toutes les ressources du régime des obligations. De ce point de vue, c'est sans doute la délégation qui offre le plus de possibilités.

En effet, on admet généralement que les parties à une délégation parfaite peuvent prévoir le maintien des sûretés, à l'image de ce que l'article 1279, alinéa 2, du Code civil autorise, en matière de novation, pour les privilèges et hypothèques[6]. Quant à l'inopposabilité des exceptions, elle peut être écartée conventionnellement, le délégué ne s'engageant que dans les limites de ce que le

---

1. Même si le promettant peut opposer au bénéficiaire les exceptions qu'il tire de ses rapports avec le stipulant, le droit du bénéficiaire dépend du contrat conclu entre le stipulant et le promettant. V. vol. 1 –*L'acte juridique*– n° 484.
2. Sur ces techniques, v. *infra*, n°s 422 et 432 et s.
3. Ce qui entraîne normalement l'inopposabilité des exceptions et la perte des sûretés qui garantissaient l'exécution de la dette. Mais les parties peuvent éviter ces effets. V. *infra*, n°s 428 et s.
4. V. *infra*, n°s 439 et s.
5. Civ. 1re, 10 mai 2000, *Bull. civ.* I, n° 137. GODON, « La distinction entre délégation de paiement et indication de paiement », *Defrénois* 2000, art. 37103.
6. TERRÉ, SIMLER et LEQUETTE, n° 1456.

délégant doit au délégataire ; ce qui correspond à la délégation incertaine[1]. L'utilisation cumulative de ces facultés permet d'arriver à un résultat très proche de la cession de dette. Son maniement est cependant malaisé et le repreneur de la dette risque parfois d'être engagé au-delà de ce qu'il avait sans doute imaginé[2].

Observons enfin que la volonté d'exclure certaines dettes du bilan des sociétés sans les rembourser par anticipation a conduit à l'apparition d'une technique nouvelle d'ingénierie financière : l'« *economic in substance defeasance* » ou *defaisance*, qui a une certaine parenté avec la cession de dette. Schématiquement, la technique consiste pour la société débitrice à transférer le service de sa dette à une société créée à cet effet. Le consentement des créanciers n'est pas requis mais le débiteur n'est pas libéré[3].

---

1. V. *infra,* n°s 436 et 439 et s.
2. Com. 7 déc. 2004, *Defrénois* 2005, art. 38142, n° 18, obs. SAVAUX, *RTD civ.* 2005.400, obs. MESTRE et FAGES.
3. LARROUMET, « Sur la réalisation d'une *"defeasance"* en droit français », *Mélanges* BRETON-DERRIDA, Dalloz, 1991, 193 ; PEZARD, « La défaisance », *RD bancaire et bourse*, 1989, n° 12. En revanche, en définissant la *fiducie* comme l'opération par laquelle le constituant transfère « *des biens, des droits ou des sûretés, ou un ensemble de biens, de droits ou de sûretés* » à un fiduciaire qui, les tenant séparés de son patrimoine propre, agit dans un but déterminé au profit d'un bénéficiaire, la code civil (art. 2011 ; L. 19 févr. 2007) paraît exclure que des dettes puissent faire l'objet de l'opération et que la fiducie serve à la réalisation d'une *defeasance.*

Chapitre 3

La cession de contrat

396. Définition. – La cession de contrat est un concept forgé par la doctrine moderne. Son contenu exact et sa réception par le droit positif demeurent très discutés, certains auteurs contestant aujourd'hui encore la notion même [1]. Quant à la jurisprudence, elle ne parvient pas à lui donner un régime homogène.

Un arrêt a recouru aux règles de la délégation (C. civ., art. 1275) pour définir les conditions dans lesquelles la cession peut entraîner la libération de celui qui cède le contrat [2]. Ces règles ne peuvent cependant pas fonder le régime de la cession de contrat. Ils obligent en réalité à raisonner à partir de telle ou telle obligation alors que la cession de contrat concerne la totalité d'une position contractuelle (créance, dette, actions, droits potestatifs...). De plus, ils conduisent à lui dénier tout effet translatif [3] alors que la volonté des parties est justement d'assurer la succession d'une personne à une autre dans une convention par ailleurs inchangée [4]. L'utilisation des règles de la délégation est en outre inutile, l'application des principes généraux du contrat (force obligatoire et effet relatif) aboutissant au même résultat [5].

Dans une première approche, la cession de contrat peut se définir : *l'acte ayant pour objet le remplacement d'une partie par un tiers dans un rapport contractuel.* La partie qui perd cette qualité est appelée le *cédant ;* son cocontractant est le *cédé ;* le tiers qui acquiert la qualité de partie, le *cessionnaire.*

La cession de contrat transmet donc au tiers la *qualité de contractant*, avec tous les droits et toutes les obligations qui y sont attachés. Elle se distingue d'opérations voisines qui n'ont pas le même objet.

Elle s'oppose d'abord au *sous-contrat* dont l'objet n'est pas de rendre un tiers partie au contrat originel. L'hypothèse est qu'un contractant conclut avec un tiers un *autre contrat* qui confie à ce dernier l'exécution de tout ou partie des obligations nées de la convention initiale. La différence avec la cession de contrat est très nette en matière de bail. En cas de *cession*, le locataire-cédant transmet au cessionnaire les droits qu'il tient du bail ; il perd sa qualité de locataire et le cessionnaire continue l'exécution du contrat pour son propre compte. En revanche, en cas de *sous-location* le preneur conclut simplement un contrat de bail sur la chose qu'il loue.

---

1. SÉRIAUX, n° 180.
2. Civ. 3e, 12 déc. 2001, *D.* 2002.984, note BILLIAU et JAMIN, *Defrénois* 2002, art. 37558, n° 36, obs. LIBCHABER. *Adde :* LARROUMET, « La descente aux enfers de la cession de contrat », *D.* 2002.1555. V. *infra,* n° 413. En réalité, la troisième chambre civile a repris la motivation d'un arrêt inédit de la première chambre civile (Civ. 1re, 21 mars 2000, pourvoi n° 98-13280), lui-même précédé par une décision un peu moins nette, car de rejet, de la chambre commerciale (Com. 9 mars 1999, pourvoi n° 97-15165, inédit).
3. BILLIAU et JAMIN, note préc.
4. V. *infra,* nos 400 et s.
5. V. *infra* n° 414. Dans le même sens : LARROUMET, « La descente aux enfers de la cession de contrat », précité.

La cession de contrat doit également être distinguée de la *succession de contrats* de même nature, relatifs au même bien. L'hypothèse la plus claire est celle de la revente. Lorsque l'acheteur d'un bien le cède à un sous-acquéreur, il ne transmet pas à celui-ci le premier contrat ; le sous-acquéreur ne devient pas cocontractant du premier vendeur. Simplement, deux contrats portant sur le même bien se succèdent : l'un entre le vendeur et l'acheteur, l'autre entre ce dernier et le sous-acquéreur.

La cession de contrat est plus difficile à distinguer d'une autre notion, voisine, utilisée par la loi (art. 1601-4, 1831-3 et 1994, par ex.), par la jurisprudence –notamment en matière de cession des promesses de vente– et par les parties : la substitution dans les droits et obligations d'une partie, ou *substitution de contractant*[1]. Néanmoins, il n'est pas sûr qu'il y ait là une notion vraiment distincte de celle de cession de contrat. L'idée de « substitution » paraît être utilisée surtout comme référence à l'effet d'une cession autorisée par avance, en vertu de la loi ou de la convention des parties. Elle pourrait, parfois, correspondre à une *rétroactivité* des effets qui ne s'attache pas, ordinairement, à la cession de contrat[2].

397. Variétés de cession de contrat et terminologie de base. Plan. – Pour comprendre les problèmes suscités par la cession de contrat, il convient de distinguer *trois variétés* nettement différentes.

La « *cession interne* », réalisée par un accord entre le cédant et le cessionnaire, permet de reporter la charge définitive des obligations –et le profit des créances– du premier sur le second. La liberté contractuelle autorise cette convention qui est pleinement *opposable* au cocontractant originel, comme à tout autre tiers, en tant que *fait social*. Elle ne nécessite pas son consentement mais ses *effets* sont très limités en raison de l'effet relatif des conventions : elle ne permet pas au « cessionnaire » d'exiger l'exécution du contrat par le « cédé », qui ne peut pas plus la lui réclamer. N'entraînant pas une véritable succession de contractants, elle ne constitue pas vraiment une cession et ne peut être qualifiée ainsi qu'improprement.

La *cession imparfaite* permet une substitution de partie dont les effets s'imposent et profitent au cédé. Il a désormais le cessionnaire pour cocontractant, auquel il peut réclamer l'exécution du contrat, et qui peut en retour l'exiger de lui. Son imperfection provient du fait qu'elle ne peut se réaliser qu'avec le *consentement du cédé*.

La *cession parfaite*, entraîne une *substitution de contractant* par une convention entre le *cédant et le cessionnaire*, à laquelle le cédé demeure totalement étranger ; il n'a pas à donner son consentement[3].

La « cession interne » de contrat ne constituant pas une véritable cession, le *débat* se limite à la cession imparfaite et à la cession parfaite, en relation avec la nécessité et le rôle du consentement du cédé. Il convient d'en exposer les termes (Section I) avant d'étudier

---

1. JEULAND, « Proposition de distinction entre la cession de contrat et la substitution de personne », *D.* 1998. chron. 356 ; *Essai sur la substitution de personne dans un rapport d'obligation*, thèse, Rennes, 1996 ; *Rép. civ.* Dalloz, v° *Cession de contrat ;* NAJJAR, « Clause de substitution et position contractuelle », *D.* 2000. chron. 635 ; D. MARTIN, « Du changement de contractant », *D.* 2001.3144.
2. Cf. Com. 6 mai 1997, *Bull. civ.* IV, n° 117 (Rougeot) et 118 (Gobet), *JCP*, éd. NI, 1998.770. Comp. AYNÈS, *La cession de contrat et les opérations juridiques à trois personnes*, Economica, n°s 178 et s. Il existe un autre type de substitution –celle des droits de préemption, des « clauses de substitution »...– qui permet à une personne d'en remplacer une autre dès le stade de la formation du contrat : PILLET, *La substitution de contractant à la formation du contrat en droit privé*, LGDJ, Bibl. Institut TUNC, tome 1, 2004, préf. JOURDAIN.
3. La distinction repose exclusivement sur la nécessité du consentement du cédé, non sur la libération –ou non– du cédant pour laquelle il est préférable de parler de cession libératoire ou non libératoire (v. *infra*, n°s 413 et s.).

les deux formes de cession admises en droit positif : les *cessions légales* (Section II), d'une part, la *cession conventionnelle* (Section III), d'autre part.

Section I
Le débat relatif à la cession de contrat

398. De l'ignorance de la cession de contrat à la reconnaissance de son autonomie ; conception analytique de la cession de contrat. – Bien qu'on y trouve quelques manifestations du mécanisme –notamment dans les articles 1717 et 1743 relatifs au bail– le Code civil ne contient pas de réglementation de la cession de contrat. À l'époque, l'opération paraissait d'ailleurs *inconcevable.*

Dans la conception traditionnelle, subjective, ce qui importe ce n'est pas tant le contrat lui-même que le lien auquel il donne naissance. Le rapport d'obligation masque alors le rapport contractuel [1], et l'incessibilité des dettes oblige la doctrine classique à recourir à des palliatifs (délégation, stipulation pour autrui...) pour expliquer l'engagement du tiers à l'égard du cocontractant [2].

Cela n'a pas empêché la pratique contractuelle de développer le mécanisme, ni le législateur d'en consacrer de nouvelles applications, le plus souvent sans le nommer [3]. Cet essor a conduit la doctrine à réexaminer la question de la cession de contrat et à affirmer progressivement son autonomie [4].

Influencée par les schémas classiques, elle a, dans un premier temps, continué à décomposer l'opération, développant ainsi une *conception dualiste ou analytique* de la cession de contrat. La cession opère, au profit du cessionnaire, la transmission de l'ensemble des rapports juridiques découlant du contrat, c'est-à-dire non seulement les créances, mais également les dettes et les droits potestatifs (droit d'agir en nullité ou en résolution, droit au renouvellement...) [5].

399. Pour la cession de contrat ; conception unitaire de la cession. – Ce n'est qu'à une époque beaucoup plus récente qu'un auteur a proposé d'abandonner ce mode de raisonnement pour adopter une *analyse moniste*, ou *unitaire,* de la cession de contrat.

Selon M. AYNÈS [6], la conception analytique présente un défaut majeur. En décomposant l'opération, elle se révèle inapte à assurer la succession d'un tiers à l'une des parties dans les dettes nées du contrat parce qu'elle oblige à requérir l'adhésion du contractant cédé. La conception analytique bute sur cet écueil parce qu'elle postule l'autonomie de la dette par rapport à la créance, et la possibilité de les dissocier du rapport contractuel.

---

1. AYNÈS, *op. cit.,* n° 3.
2. Sur ces analyses, v. GHESTIN, JAMIN et BILLIAU, n° 1024.
3. La transmission des contrats de travail en cas de cession de l'entreprise date de 1928, celle du contrat d'assurance en cas d'aliénation de la chose assurée de 1930. Sur ces textes, v. *infra,* n°s 403 et s.
4. V. par ex. Ph. MALAURIE, « La cession de contrat », *Defrénois* 1976, art. 31194 ; LARROUMET, *Les opérations juridiques à trois personnes en droit privé*, thèse, Bordeaux, 1968. V. également les études citées *infra.*
5. Cf. LAPP, *Essai sur la cession de contrat synallagmatique à titre particulier*, thèse, Strasbourg, 1950. LAPP fonde l'effet translatif des dettes sur la convention conclue entre le cédant et le cessionnaire mais il admet que la protection des intérêts du cédé oblige à subordonner l'opposabilité de la cession à son adhésion. Sur cette doctrine et ses limites, v. AYNÈS, *op. cit.,* n°s 75 et s.
6. *La cession de contrat et les opérations juridiques à trois personnes*, préc.

Or, la dette est indissociable de la créance. L'*unité du rapport contractuel* exprime ce lien, et il a pour conséquence nécessaire l'*unité de la cession de contrat*[1].

Pour M. AYNÈS, c'est la *cause du contrat*, définie comme le but que les parties se proposent d'atteindre en contractant, qui justifie la cession de contrat. La cause fonde la *force obligatoire* du contrat et la cession est permise lorsqu'un tiers se trouve dans la même situation que l'une des parties et qu'il poursuit le même but. Dès lors que la cause demeure, le remplacement d'une partie par un tiers n'altère pas le rapport contractuel.

Dans cette conception, le *consentement du cédé* est inutile à la réalisation de la cession car cette dernière n'a pas pour but la libération du cédant mais uniquement la préservation de la force obligatoire du contrat. La libération du cédant n'est qu'accidentelle ; elle n'est pas de l'essence de la cession[2]. Seule une information du cédé est nécessaire afin de lui interdire d'invoquer l'article 1165 du Code civil pour ignorer la qualité de cocontractant du cessionnaire et, par suite, obtenir la résiliation pour inexécution de ses obligations par le cédant[3].

400. Contre la cession de contrat. – Cette conception de la cession de contrat se heurte à une vive résistance d'une partie de la doctrine moderne[4].

Selon certains auteurs, un lien contractuel ne peut pas se céder car, comme la dette, il n'a *pas de valeur patrimoniale*. C'est uniquement un *rapport personnel* pour lequel on ne peut envisager qu'une substitution de personne[5]. L'objection repose sur une conception subjective du contrat : *le contrat est un lien, pas un bien.*

Une autre critique oppose une *« conception subjective de la force obligatoire »* consacrée, selon les auteurs de cette théorie, par l'article 1134[6].

En disposant que les conventions légalement formées tiennent lieu de loi *à ceux qui les ont faites*, la loi n'accorde son soutien qu'à un lien unissant des personnes clairement identifiées. Prétendre changer l'une d'elles sans l'accord du cédé, c'est porter atteinte à la force obligatoire du contrat, ce qu'interdit précisément l'article 1134. Le cédant ne peut se dégager seul du contrat qui le lie au cédé. En l'absence d'accord de ce dernier, la convention intervenue entre cédant et cessionnaire ne peut réaliser qu'une « cession interne » qui ne libère pas le cédant ; il est donc impropre de parler de cession à son propos. En revanche, la cession du contrat peut se faire avec le consentement du cédé[7]. Mais cet accord donne alors naissance à un nouveau contrat entre le cédé et le cessionnaire[8].

401. Appréciation critique ; conception de la cession adoptée. – En simplifiant beaucoup, ce débat suscite deux remarques.

---

1. AYNÈS, *op. cit.* n°s 85 et s.
2. AYNÈS, *op. cit.* n°s 226 et s.
3. *Op. cit.*, n°s 237 et s. Dans le même sens : LARROUMET, « La cession de contrat : une régression du droit français ? », *Mélanges CABRILLAC*, Dalloz-Litec 1999.151.
4. Telle était notamment la position de MM. GHESTIN, JAMIN et BILLIAU dans la précédente édition de leur ouvrage consacré aux effets du contrat (2e éd., 1994, n°s 685 et 686). Ces auteurs semblent aujourd'hui moins opposés à la cession de contrat dont ils admettent le principe (n°s 1046 et s.). Mais on peut se demander s'ils ne dénaturent pas l'opération en jugeant que le consentement du cédé qu'exige la jurisprudence (v. *infra*, n° 409) donne naissance à un nouveau contrat (n° 1053).
5. SÉRIAUX, n° 180 ; D. MARTIN, *Du changement de contractant*, préc. Rapp. GHESTIN, BILLIAU et LOISEAU, n° 281.
6. GHESTIN, JAMIN et BILLIAU, n° 1048.
7. *Op. cit.*, n° 1050.
8. *Op. cit.*, n° 1053. V. également GHESTIN, BILLIAU et LOISEAU, n° 282.

D'abord, que la principale difficulté concerne la *cession conventionnelle*, c'est-à-dire celle qui résulte d'un accord entre cédant et cessionnaire. C'est la question du consentement du cédé qui fait problème, en relation avec la libération du cédant [1].

Ensuite, que s'y affrontent *deux conceptions* du contrat : une conception classique, *subjective*, qui envisage le contrat comme un *lien* établi spécialement entre deux ou plusieurs personnes, et une conception *objective* qui tend à considérer le contrat comme un *bien* qui, comme tout élément du patrimoine, peut être cédé.

Quant à ce dernier point, il faut redire ici ce qui a été dit à propos des créances [2] : même si le contrat constitue une valeur, un bien, *ce n'est pas un bien comme un autre*. Le contrat ne vaut que par les obligations qu'il engendre et, malgré une atténuation certaine de ce caractère, l'obligation demeure un lien personnel [3]. D'ailleurs, il est acquis aujourd'hui qu'éléments subjectifs et éléments objectifs fusionnent dans le contrat, et que la solution des questions qu'il suscite doit concilier les deux points de vue [4].

Le rôle que joue *la volonté* dans le contrat interdit donc certainement d'admettre une cession de contrat parfaite, sans le consentement du cédé [5]. Mais, pour autant, on ne peut souscrire à l'idée que ce consentement donne nécessairement naissance à un contrat nouveau. À la réflexion, seul un *excès de subjectivisme*, qui aboutit paradoxalement à limiter la liberté des parties et à méconnaître leur intention, autorise une telle conclusion. Sans doute l'article 1134 n'accorde-t-il de force obligatoire à la convention qu'à l'égard de ceux qui l'ont faite, mais cela n'impose par pour autant une dualité de contrats : un premier contrat entre le cédant et le cessionnaire, et un second entre ce dernier et le cédé. Rien n'empêche, en principe, que le second accord ait pour objet *la continuation* du premier contrat.

Le consentement du cédé, nécessaire à la cession de contrat, n'est donc pas incompatible, par principe, avec la transmission de celui-ci [6]. Tout dépend en réalité de *la volonté des parties :* continuer le contrat initial ou établir un nouveau contrat. Dès lors que l'on respecte cette volonté, rien n'empêche la cession de contrat, qui n'a en outre *rien de subversif* [7].

402. Sources de la cession de contrat. – Au demeurant, il faut bien constater que la cession de contrat *existe*. Elle se rencontre aujourd'hui sous trois formes différentes : la *cession judiciaire*, les *cessions légales* et la *cession conventionnelle* de contrat.

Il n'existe actuellement qu'*un cas* de cession judiciaire, prévu par l'article L. 642-7, nouveau, du Code de commerce. (mod. Ord. 18 déc. 2008). Selon ce texte, le tribunal qui statue sur les offres de cession de l'entreprise détermine les contrats de crédit-bail, de location ou de fournitures de biens ou de services nécessaires au maintien de l'activité ; le jugement qui arrête le plan emporte

1. Sur ces questions, v. *infra*, n°s 408 et s.
2. *Supra*, n° 338.
3. Vol. 1 *–L'acte juridique–* n° 9.
4. Très nettement en ce sens : GHESTIN, JAMIN et BILLIAU, n° 1046, et à propos de la notion de cause : AYNÈS, *op. cit.*, n°s 112 et s. *Adde :* HÉBRAUD, « Rôle respectif de la volonté et des éléments objectifs dans les actes juridiques », *Mélanges MAURY*, t. 2, 434 ; HAUSER, *Objectivisme et subjectivisme dans l'acte juridique*, LGDJ, 1971.
5. V. *infra*, n° 409. Rapp. FAGES, n°s 285 et s.
6. La jurisprudence qui juge que le cessionnaire est lié au cédé en vertu du contrat transmis est plutôt en ce sens. V. Civ. 1re, 14 déc. 1982, *Bull. civ.* I, n° 360, *D.* 1983.416, note AYNÈS, *RTD civ.* 1983.531, obs. CHABAS.
7. Développant une conception très proche de celle soutenue ici, v. LACHIÈZE, « L'autonomie de la cession conventionnelle de contrat », *D.* 2000. chron. 184.

cession de ces contrats[1]. Il s'agit d'une *cession forcée*, justifiée par la nécessité de préserver les chances de survie de l'entreprise, les cocontractants étant seulement autorisés à formuler des observations.

L'*avant-projet de réforme du droit des obligations* traite la question dans un paragraphe 2, intitulé « De la substitution de contractant et du transfert du contrat », de la Section consacrée à l'effet des conventions à l'égard des tiers (art. 1165 à 1172-3). Selon l'article 1165-4, « un contractant ne peut sans l'accord exprès ou tacite de son cocontractant, céder à un tiers sa qualité de partie au contrat ». L'article 1165-5 précise, d'une part, qu'« il est fait exception à ce principe dans les cas prévus par la loi », d'autre part que « hormis ces cas, la substitution de contractant s'opère lorsque le contrat fait partie intégrante d'une opération formant un ensemble indivisible, comme le sont les fusions ou scissions de sociétés et les apports partiels d'actifs ». Contrairement aux *projets européens* d'harmonisation du droit du contrat[2], le *projet gouvernemental de réforme du droit des contrats* et le *projet de réforme de l'Académie des sciences morales et politiques* ignorent la question de la cession de contrat. C'est *a priori* une grave lacune d'un droit des contrats moderne qui est sans doute destinée à être comblée par la réforme des règles applicables aux obligations en général.

Section II
Les cessions légales

403. Principaux cas de cession légale. – La multiplication des hypothèses de cession de contrat prévues par la loi est une preuve de la vitalité de l'institution. Les principales cessions légales interviennent dans deux hypothèses.

Dans une première série de cas, le transfert du contrat est imposé par la loi à l'occasion de la *cession d'un bien* auquel le contrat est étroitement lié. Ainsi, l'article 1743, alinéa 1, du Code civil qui est compris comme imposant à l'acquéreur d'un immeuble la *continuation des baux* consentis par son auteur. L'article L. 121-10, alinéa 1, du Code des assurances prévoit qu'en cas d'*aliénation de la chose assurée*, le contrat d'*assurance* continue de plein droit au profit de l'acquéreur, à charge pour lui d'exécuter les obligations dont l'ancien assuré était tenu à l'égard de l'assureur. Il résulte de l'article L. 313-8 du Code monétaire et financier qu'en cas de cession de biens compris dans une opération de crédit-bail, le contrat de crédit-bail continue avec l'acquéreur.

La *transmission d'une entreprise*, au sens large, fonde fréquemment une cession de contrat. L'hypothèse la plus connue est celle prévue par l'article L. 1224-1 (anc. art. 122-12, al. 2) du Code du travail qui dispose qu'en cas de modification dans la situation juridique de l'employeur tous les *contrats de travail* en cours au jour de cette modification continuent avec le nouvel employeur[3]. Le Code de la propriété intellectuelle prévoit la transmission automatique des *contrats d'édition* en cas de cession de son fonds par l'éditeur, sans que celui-ci ait à obtenir l'autorisation des auteurs (art. L. 132-15 et L. 132-16). Selon l'article L. 145-16, nouveau, du Code de commerce (anc. art. 35-1, Décr. 30 sept. 1953), la société issue d'une fusion est substituée de plein droit à celle au profit de laquelle un *bail commercial* avait été consenti...

---

1. Cf. JOUFFIN, *Le sort des contrats en cours dans les entreprises soumises à une procédure collective*, 1998, préf. GAVALDA ; THULLIER, « Cession judiciaire des contrats et loi de sauvegarde des entreprises : moins de pouvoirs pour le juge », *D.* 2006. Point de vue 130.
2. Art. 12 : 201 des Principes du droit européen du contrat ; art. III-5 : 301 du Projet de cadre commun de référence (sous la dénomination transfert d'une position contractuelle).
3. A. MAZEAUD, « Sort des contrats de travail en cas de transfert d'entreprise : vers une réécriture des articles L. 122-12 et L. 122-12-1 du Code du travail ? », *D.* 1998. chron. 106.

404. Traits communs et différences de régime. – Toutes ces cessions sont des *cessions forcées*, qui se réalisent *a priori* sans le consentement du cédé [1], même si la loi l'autorise parfois à en paralyser les effets [2]. Ce sont également toutes des *cessions accessoires*, intervenant à l'occasion d'une opération plus large. Elles se justifient généralement par l'idée que la cession du contrat est conforme aux intérêts du cédé qui, en l'absence de transmission, perdrait alors le bénéfice d'un contrat, voire d'un statut, qui constituent pour lui un avantage.

Au-delà de ces traits communs, les cessions légales de contrat n'obéissent pas toutes aux mêmes règles. En principe, il est *interdit* aux parties *de déroger au régime légal* en excluant ou en restreignant la cessibilité du contrat.

Quant aux *effets de la cession*, ils sont rarement fixés par les textes, ce qui soulève des difficultés. À l'égard du *cédant*, la loi prévoit parfois expressément qu'il reste tenu des obligations nées antérieurement à la cession mais qu'il est totalement libéré pour l'avenir [3]. Dans d'autres cas, elle indique que le cédant « reste garant » de l'exécution des obligations par le cessionnaire [4]. Dans le silence des textes les solutions sont plus incertaines. Sans doute faut-il généraliser la règle de la libération du cédant pour l'avenir. En effet, puisque le transfert du contrat intervient accessoirement à la transmission d'un bien ou d'une entre-prise, il semble logique qu'à partir de l'aliénation le cédant cesse de profiter de tout droit et de supporter toute obligation relative au bien cédé [5].

À l'égard du *cessionnaire*, la solution est normalement inverse : il demeure en principe étranger aux obligations et aux droits nés antérieurement à la cession ; il ne supporte et ne profite que de ceux postérieurs à celle-ci. Mais il existe une exception notable découlant de l'article L. 1224-2 du Code du travail qui prévoit que le nouvel employeur est tenu à l'égard des salariés des obligations qui incombaient à l'ancien, sauf son recours en remboursement contre celui-ci [6].

Section III
La cession conventionnelle

405. Une question neuve, incertaine et controversée. – La cession conventionnelle de contrat suscite de nombreuses difficultés, et autant de discussions. Les questions de

---

1. Ne constituent en effet, à proprement parler, des cessions légales que les transferts qui ont leur *source* dans la loi. En ce sens : MARTY, RAYNAUD et JESTAZ, n° 346. *Contra* : GHESTIN, JAMIN et BILLIAU, n°s 1068 et s., qui y ajoutent les cessions conventionnelles autorisées par la loi. Sur celles-ci, v. *infra*, n° 406.

2. Par ex. l'article L. 132-16 du Code de la propriété intellectuelle permet à l'auteur de demander la résiliation du contrat d'édition lorsque la cession du fonds de commerce de l'éditeur est de nature à compromettre gravement ses intérêts matériels ou moraux. V. aussi C. assur., art. L. 121-10, al. 2.

3. C. assur., art. L. 121-10.

4. C. mon. et fin., art. L. 313-8

5. Dans le même sens, sur le fondement de l'idée que la cession légale de contrat ne porte que sur le contrat en tant que source d'obligations et que les créances et les dettes ne naissent qu'au fur et à mesure de son exécution, v. GHESTIN, BILLIAU et LOISEAU, n° 283.

6. La chambre commerciale avait jugé qu'à défaut de manifestation de volonté de la caution du locataire de s'engager envers le nouveau bailleur, ce dernier ne bénéficie pas de la garantie pour le paiement des loyers dus par le locataire postérieurement à la vente de l'immeuble (Com. 26 oct. 1999, *Bull. civ.* IV, n° 184, *D.* 2000.224, obs. AYNÈS ; LARROUMET, « L'acquéreur de l'immeuble loué et la caution du locataire », *D.* 2000. chron. 155). Certains juges du fond avaient résisté à cette solution très critiquée (CA Rouen, 10 déc. 2002, *D.* 2003. AJ. 419, obs. AVENA-ROBARDET, et 688, note LARROUMET). Elle a été finalement condamnée par l'Assemblée plénière de la Cour de cassation (Ass. plén. 6 déc. 2004, *Bull.* AP, n° 14, *D.* 2005.227, note AYNÈS, *JCP* 2005.II.10010, note PIEDELIÈVRE, *Defrénois* 2005, art. 38108, note AYNÈS, et art. 38142, n° 20, obs. SAVAUX).

savoir si elle peut être admise, sous quelles conditions, et avec quels effets n'obtiennent pas de réponses certaines [1].

Les développements qui suivent se bornent à mettre en lumière quelques éléments essentiels concernant le *domaine* de la cession de contrat, ses *conditions* et ses *effets*.

§ 1. DOMAINE DE LA CESSION CONVENTIONNELLE

406. Cessibilité des contrats. – La question de la cessibilité du contrat est aisément résolue lorsque la loi ou les parties l'ont réglée, beaucoup plus difficilement dans le cas contraire.

La question est tranchée positivement par de nombreux textes qui *autorisent* la cession du contrat, avec ou sans le consentement du cédé, selon les cas. Ainsi, sont permises par la loi, *sans le consentement du cédé :* la cession du contrat de bail par le preneur, à moins que le contrat de bail n'ait exclu cette faculté (C. civ., art. 1717), celle des droits que l'acquéreur tient d'une vente d'immeuble à construire (C. civ., art. 1601-4), ou encore celle des droits que le maître de l'ouvrage a sur le programme de construction en vertu d'un contrat de promotion immobilière (C. civ., art. 1831-3). De même l'« acheteur de voyage » peut céder son contrat après en avoir informé « le vendeur » dans un délai fixé par voie réglementaire avant le début du voyage ou du séjour (C. tourisme, art. L. 211-12).

La cession du contrat de promotion immobilière par le promoteur nécessite au contraire le *consentement du cédé*, en l'occurrence le maître de l'ouvrage (C. civ., art. 1831-3, al. 3). Il en va de même pour la cession des contrats d'édition par l'éditeur lorsqu'elle n'intervient pas à l'occasion de la vente de son fonds de commerce (C. propr. intell., art. L. 132-16) [2], et pour la cession par le locataire du bail à usage d'habitation ou à usage mixte (L. 6 juill. 1989, art. 8).

Dans d'autres hypothèses, plus rares, la loi intervient pour *interdire* la cession de contrat, telle la cession à titre onéreux des promesses de vente portant sur un immeuble consentie par les professionnels de l'immobilier [3].

Les *parties* peuvent également aménager conventionnellement la cession du contrat, soit pour l'autoriser expressément ou tacitement [4], soit pour en fixer les conditions ou pour la limiter, par exemple par une clause d'agrément qui permet au cédé de contrôler

---

1. V. cep. LACHIÈZE, *op. cit.*

2. L'absence de consentement de l'auteur est sanctionnée par une nullité relative qui lui est réservée ainsi qu'à ses ayants-droit : Civ. 1re, 30 janv. 2007, *Bull. civ.* I, n° 46, *RTD civ.* 2007. 346, obs. MESTRE et FAGES.

3. Article 52 de la loi du 29 janvier 1993 relatives à la prévention de la corruption et à la transparence de la vie économique et des procédures publiques. Il en allait de même, traditionnellement, pour le bail rural qui ne pouvait être cédé à des personnes autres que le conjoint participant à l'exploitation ou les descendants du preneur, même avec le consentement du bailleur (C. rur., art. L. 411-35 ; Civ. 3e, 5 mars 1997, *Bull. civ.* III, n° 49, *JCP* 1998.I.113, n° 10 et s., obs. VIRASSAMY). La loi d'orientation agricole du 5 janvier 2006 a créé une nouvelle forme de bail rural, le bail cessible (C. rur., art. L. 418-1 et s.). V. DELORME et GOSSEIN, « Deux apports de la loi d'orientation agricole du 5 janvier 2006 : le fonds agricole et le bail cessible », *Defrénois* 2006, art. 38344 ; DELORME, « Deux aspects du bail rural cessible », *Defrénois* 2006, art. 38495.

4. En s'engageant à acheter exclusivement à un fournisseur ou à tout autre entrepositaire que ce dernier désignerait, un revendeur admet implicitement mais nécessairement que le contrat de fournitures peut être transmis à un autre entrepositaire : CA Paris, 5 avr. 2002, *D.* 2002. somm. 3004, obs. FERRIER.

le choix du cessionnaire, soit enfin pour l'interdire [1]. La matière relève en principe de la liberté contractuelle. Mais le législateur prohibe les clauses ayant pour objet d'interdire la cession du contrat lorsque celle-ci est particulièrement nécessaire [2].

407. Catégories de contrats cessibles. – La question se pose de savoir si *par nature* certains contrats ne sont pas *incessibles*. Elle concerne notamment les *contrats unilatéraux*, les *contrats à exécution instantanée*, et les *contrats* intuitu personæ.

Selon certains auteurs, la cession ne pourrait s'appliquer qu'aux contrats *synallagmatiques*, à l'exclusion des contrats *unilatéraux :* la cession de contrat unilatéral se confondrait, selon les cas, avec une cession de créance ou avec une cession de dette [3]. Il est cependant douteux que la position contractuelle occupée par une partie dans un contrat unilatéral se réduise à la qualité de créancier ou de débiteur, et donc que la cession de contrat unilatéral ne se distingue en rien de la cession de créance ou de la cession de dette [4].

On peut hésiter d'avantage pour les *contrats à exécution instantanée*. Ils paraissent *a priori* incessibles en considération du fait qu'un tiers ne peut poursuivre le but que s'était fixé un contractant lorsque ce but est déjà atteint [5]. Mais il suffit justement que ce but n'ait pas été complètement atteint, par exemple parce que l'exécution a été retardée, pour que la cession devienne possible [6]. La question s'est particulièrement posée à propos des *clauses de substitution* figurant dans les *promesses synallagmatiques de vente*. Un arrêt de la Cour d'appel de Paris avait jugé que la possibilité de se substituer un autre acquéreur est incompatible avec la conclusion d'un contrat de vente immobilière, contrat instantané qui se réalise par l'accord sur la chose et sur le prix. Il en avait déduit que le contrat devait être requalifié en promesse unilatérale de vente [7]. La Cour de cassation a condamné cette analyse, considérant que la faculté de substitution stipulée dans une promesse de vente est sans effet sur le caractère unilatéral ou synallagmatique de la promesse, qui reste synallagmatique dès lors qu'elle contient des engagements réciproques d'acheter et de vendre [8].

En revanche, la cession des contrats *intuitu personæ* paraît naturellement interdite. Le créancier ayant fait confiance à un débiteur en raison de ses qualités personnelles, celui-ci ne peut pas être

---

1. AYNÈS, Les clauses de circulation du contrat, in *Les principales clauses des contrats conclus entre professionnels*, PU Aix-Marseille, 1990, 131. Selon un arrêt (Com. 2 juill. 2002, *Bull. civ.* IV, n° 113, *D.* 2003.93, note D. MAZEAUD, *JCP* 2003.I.10023, note MAINGUY ; *RDC* 2003.50, obs. STOFFEL-MUNCK et 152, obs. BEHAR-TOUCHAIS) lorsqu'un contractant s'est engagé par avance à examiner équitablement et avec tout le soin requis le remplacement proposé par l'autre, le refus d'agrément du successeur proposé par ce dernier doit être motivé et reposer sur des motifs légitimes. Si le contrôle de la légitimité des motifs de refus semble s'étendre à toutes les hypothèses d'agrément, ces motifs ne doivent pas nécessairement tenir à la personne du candidat (Com. 5 oct. 2004, *Bull. civ.* IV, n° 181, *RTD civ.* 2005.127, obs. MESTRE et FAGES, *JCP* 2005.I.114, n° 11, obs. CHAGNY, *RDC* 2005.288, obs. STOFFEL-MUNCK et 384, obs. BEHAR TOUCHAIS).

2. C. com., art. L. 145-16, pour le cas de cession du bail commercial à l'acquéreur du fonds de commerce ou de l'entreprise du preneur.

3. TERRÉ, SIMLER et LEQUETTE, n° 1310.

4. Cela se vérifie avec les incertitudes qui règnent sur l'étendue des droits transmis au cessionnaire d'une créance, particulièrement sur les droits potestatifs qui sont attachés à la qualité de partie. V. *supra*, n° 348. MM. TERRÉ, SIMLER et LEQUETTE reconnaissent d'ailleurs que la jurisprudence qualifie parfois la cession de promesse unilatérale de vente de cession de contrat, car le droit cédé n'est pas une simple créance mais un droit potestatif.

5. AYNÈS, *La cession de contrat...*, préc., n°s 260 et s. ; MALAURIE, AYNÈS et STOFFEL-MUNCK, n° 918.

6. En ce sens : MARTY, RAYNAUD et JESTAZ, n° 349.

7. CA Paris, 7 sept. 2000, *D.* 2002. somm. 924, obs. BRUN, *Defrénois* 2001, art. 37393, note SCHÜTZ et GILLES, *JCP*, éd. N, 2002. 13754, note DAGOT, *Constr. et urb.* 2001, comm. 10, obs. CORNILLE.

8. Civ. 3e, 28 juin 2006, *Bull. civ.* III, n° 166, *D.* 2006. 2439, note BEHAR-TOUCHAIS, *RDC* 2006/4, 1096, obs. DAURIAC, *Defrénois* 2006, art. 38498, n° 70, obs. SAVAUX ; Civ. 3e, 4 juill. 2007, *Bull. civ.* III, n° 126.

changé. Mais cela n'est vrai que si le créancier ne consent pas à un tel changement[1]. Or, ce consentement constitue la *question centrale* en matière de conditions de la cession de contrat.

§ 2. Conditions de la cession conventionnelle

408. Rôles concevables du consentement du cédé. – La controverse relative à la cession de contrat se cristallise en effet sur la *nécessité* et le *rôle* du consentement du cédé.

Pour essayer de résoudre cette question passablement compliquée, il convient d'observer que le consentement du cédé peut, à première vue, jouer *trois rôles*. Ce peut-être une *condition de validité* de la cession de contrat : à défaut de consentement du cédé, la cession est nulle ; elle ne peut produire aucun effet. Ce peut-être une simple *condition d'opposabilité* de la cession au cédé : en l'absence de son consentement, la cession est valable mais elle ne produit d'effets qu'entre le cédant et le cessionnaire ; ce dernier ne peut réclamer l'exécution du contrat au cédé, et inversement. Enfin, le consentement du cédé peut être une *condition de la libération du cédant*, ce dernier demeurant tenu, à titre principal ou comme simple garant, en l'absence d'accord de son cocontractant.

La difficulté est en outre accrue par la polysémie du mot « consentement » qui peut désigner soit une *véritable volonté*, soit une simple *autorisation*.

À l'analyse, il apparaît que le consentement du cédé est une *condition nécessaire* de la cession de contrat, mais que sa *portée* est variable.

A. Nécessité du consentement du cédé

409. Fondement. – Le consentement du cédé constitue à l'évidence une *condition de validité* lorsque *la loi* ne permet la cession qu'avec l'accord de l'autre partie[2]. Mais cet accord n'est qu'une simple *autorisation* qui a pour effet de permettre la cession du contrat, non, en principe, de transformer le cédé en partie à la convention de cession, ni de donner naissance à un nouveau contrat l'unissant au cessionnaire[3]. En *l'absence de texte*, la jurisprudence a hésité.

Dans un premier temps, elle a paru *exclure* l'exigence du consentement du cédé pour la cession des contrats qui ne sont pas conclus *intuitu personæ*[4]. Mais cette solution –au demeurant incertaine[5] – a été remise en cause par un arrêt du 6 mai 1997 par lequel la chambre commerciale de la Cour de cassation a jugé qu'un acheteur ne peut être condamné à payer les factures émises par une société substituée à son fournisseur sans qu'il soit recherché si, dans le contrat conclu entre le fournisseur et l'acheteur, ou ultérieurement, ce dernier avait donné son consentement à la

---

1. En ce sens, Civ. 1re, 6 juin 2000, *Bull. civ.* I, n° 173, *D.* 2001.1345, note Krajeski, *Defrénois* 2000, art. 37237, n° 69, obs. Delebecque, *RTD civ.* 2000.571, obs. Mestre et Fages et 858, obs. Gautier. Com. 7 janv. 1992, *Bull. civ.* IV, n° 3, *D.* 1992. somm. 278, note Aynés, *RTD civ.* 1992.762, obs. Mestre, *JCP* 1992.I.3591, n° 17, obs. Jamin. Comp. Paris, 3 nov. 1994, *Defrénois* 1995, art. 36145, n° 106, note D. Mazeaud.
2. V. *supra*, n° 406.
3. *Supra*, n° 401.
4. Com. 7 janv. 1992, préc. Rappr. Paris, 3 nov. 1994, préc.
5. Elle reposait en effet sur une interprétation *a contrario* de l'arrêt.

substitution de cocontractant[1]. Cette fois, l'arrêt suggère nettement que la cession nécessite *dans tous les cas* le consentement du cédé[2]. Ce consentement peut être donné *par anticipation* dès la conclusion du contrat, ou ultérieurement, en particulier au *moment de la cession*.
La nécessité du consentement du cédé est affirmée aujourd'hui par la jurisprudence en application des principes de la délégation[3].

Seule cette seconde solution est admissible[4], mais l'exigence du consentement du cédé ne saurait découler de l'application des règles de la délégation[5]. Elle résulte des principes généraux du contrat. En l'absence de consentement du cédé, la cession n'a qu'un *effet relatif*. Elle ne produit d'effets qu'entre cédant et cessionnaire ; son *opposabilité* en tant que *fait social* ne peut obliger le « cédé » à poursuivre le contrat avec le « cessionnaire ». Il peut légitimement l'ignorer et réclamer l'exécution au cédant. Si le cessionnaire s'immisce dans l'exécution du contrat, il faut distinguer alors deux hypothèses.
Ou bien le « cédé » *refuse* cette intrusion ; il peut demander la résolution du contrat aux torts du « cédant », ou lui réclamer des dommages-intérêts. La prétendue cession n'est qu'une « cession interne », dont on sait qu'elle ne constitue pas une véritable cession.
Ou bien le cédé *accepte* cette intervention du cessionnaire ; il *ratifie* ainsi la cession. L'analyse de l'opération est alors la même que lorsqu'il a donné son consentement sous une autre forme.

L'*avant-projet de réforme du droit des obligations* exige, sauf exceptions légales, le consentement du cocontractant (art. 1165-4). Il précise que celui-ci peut être exprès ou tacite. La nécessité du consentement du cédé est également posée en règle par les *projets européens d'harmonisation du droit du contrat.*

Il faut encore ajouter que l'article R. 132-2, 5° du Code de la consommation, tel qu'il résulte du décret du 18 mars 2009 portant application de l'article L. 132-1 du Code de la consommation, modifié par la loi du 4 août 2008, *présume simplement abusive* la clause ayant pour objet ou pour effet de permettre au professionnel de céder son contrat sans l'accord du non professionnel ou du consommateur lorsque cette cession est susceptible d'engendrer une diminution des droits de ces derniers.

B. Portée du consentement du cédé

410. Degrés du consentement du cédé. – L'exigence du consentement du cédé étant acquise, la discussion se concentre désormais sur sa *portée*.

La doctrine déniant à la cession de contrat un effet translatif tire parti de la jurisprudence la plus récente pour conforter son analyse de l'opération : le cédé est partie à la convention de cession,

---

1. Com. 6 mai 1997 (Rougeot), *RTD civ.* 1997.936, obs. MESTRE, *Defrénois* 1997, art. 36633, note D. MAZEAUD, *D.* 1997.588, note BILLIAU et JAMIN, *D.* 1998. somm. 136, obs. LE NABASQUE, *Contrats, conc. consomm.* 1997, n° 146, obs. LEVENEUR.
2. À l'exception cependant des contrats dont la cession est autorisée par la loi sans le consentement du cédé (v. *supra,* n° 403).
3. V. *supra*, n° 396. La délégation est en effet conçue traditionnellement comme une opération tripartite nécessitant le consentement du délégant (le cédant, dans la cession de contrat), du délégué (le cessionnaire) et du délégataire (le cocontractant cédé). Sur la formation de la délégation, v. *infra*, n° 434.
4. *Contra :* LARROUMET, « La cession de contrat, une régression du droit français ? », préc. ; MALAURIE, AYNÈS et STOFFEL-MUNCK, n° 918 (au motif que le consentement porte sur les éléments objectifs du contrat : cause et objet). Justifiant la nécessité du consentement du cédé par l'idée de changement dans les sujets des rapports d'obligations, v. ANCEL, « Force obligatoire et contenu obligationnel du contrat », *RTD civ.* 1999.771, n° 57.
5. V. *supra*, n° 396.

laquelle est donc tripartite[1] ; le consentement du cédé entraîne la formation d'un nouveau contrat[2]. À l'inverse, les partisans de la cession conventionnelle adoptent une interprétation restrictive de cette jurisprudence. Elle impose une simple autorisation dont l'objet est de rendre le contrat cessible. En aucun cas il ne s'agit d'un véritable consentement qui aurait pour effet de rendre le cédé partie à la convention de cession, encore moins de donner naissance à un lien nouveau[3].

En réalité, sous réserve de dispositions légales ou de convention contraires, le consentement du cédé peut emprunter deux formes différentes :

Soit le cédé se borne à *autoriser* la cession. Le contrat devient alors cessible mais cet accord ne suffit pas à permettre une substitution de contractant. À défaut d'autre précision, la « cession » entraîne une simple *addition* de contractants. Le cessionnaire peut réclamer l'exécution au cédé –et la lui imposer. Mais le cédant n'est pas pour autant libéré[4].

Soit le cédé *consent* à la continuation du contrat avec le seul cessionnaire et libère le cédant. Dans ce cas il y a bien *substitution* de contractant. Mais ce consentement n'entraîne pas la formation d'un nouveau contrat dès lors qu'il a pour objet le *maintien des rapports d'obligation antérieurs.*

§ 3. Effets de la cession conventionnelle

411. Conditions d'opposabilité de la cession au cédé ; solutions actuelles. – Les parties au contrat ont pu prévoir la procédure à suivre en cas de cession (autorisation préalable et écrite du cocontractant, par exemple)[5]. Le non-respect de ces formalités est sanctionné par l'inopposabilité de la cession au cocontractant[6]. En l'absence de prévision des parties, l'opposabilité de la cession de contrat au cédé soulève certaines difficultés.

L'opposabilité, indiscutable, de la cession de contrat en tant que fait social ne lui permet pas de produire son plein effet. Il ne suffit pas que le cédé respecte, en tant que fait social, la convention conclue entre le cédant et le cessionnaire, comme n'importe quel autre tiers. À son égard, la cession, pour être pleinement efficace, doit l'obliger à poursuivre l'exécution du contrat avec le cessionnaire. Or, de ce point de vue, le cédé est *a priori* protégé par l'*effet relatif des conventions :* tiers à la cession, il ne peut être lié par celle-ci[7]. Ici, l'opposabilité ne désigne pas l'aptitude de toute convention à s'imposer en tant que fait social aux tiers, mais la possibilité pour les parties de faire produire *effet* à la cession à l'égard du cédé en lui imposant le changement de cocontractant. Comment la cession de contrat acquiert-elle cette « opposabilité » ?

---

1. La volonté des parties fixe l'étendue de la cession conventionnelle de contrat : Com. 9 juin 1998, *RTD civ.* 1999.101, obs. Mestre.

2. Ghestin, Jamin et Billiau, n° 1053. Jamin et Billiau, « Cession conventionnelle du contrat : la portée du consentement du cédé », *D.* 1998. chron. 145, n° 1.

3. Aynès, *Cession de contrat : nouvelles précisions sur le rôle du cédé, D.* 1998. chron. 25.

4. Sur les raisons de cette limitation des effets de la cession, v. *infra,* n° 414.

5. V. *supra,* n° 406.

6. Civ. 3e, 24 juin 1998, *D. Aff.* 1998.1387 ; CA Bordeaux, 19 janv. 1999, *RTD com.* 1999.835, obs. Derruppé.

7. Aynès, *La cession de contrat...*, préc., nos 233 et s. Considérant au contraire que la cession de contrat, qui, selon lui, ne nécessite pas le consentement du cédé, constitue une exception à l'effet relatif du contrat : Larroumet, *op. cit.*, n° 11.

La tendance très nette en matière bail est de subordonner l'opposabilité de la cession au respect des formalités de l'article 1690[1]. Récemment, la Cour de cassation a jugé que la cession d'un portefeuille de contrats d'assurances appartenant à un courtier s'analyse en une cession de contrats, c'est-à-dire, ajoute-t-elle de manière critiquable, en une cession de créances soumise aux formalités de l'article 1690[2]. Mais en d'autres domaines la jurisprudence est plus hésitante, notamment en matière de cession des promesses de vente que tantôt elle soumet, tantôt elle soustrait, aux formalités de l'article 1690[3].

L'application de l'article 1690 à la cession de contrat est critiquable : ce n'est pas une cession de créance ; le cédé n'est pas un tiers au sens de ce texte ; il ne s'agit pas de le constituer de mauvaise foi pour éviter sa libération entre les mains du cédant, et il n'y a pas ici à trancher un conflit entre ayants cause de ce dernier[4].

412. Opposabilité de la cession au cédé (suite) ; propositions de solution. – Les principes établis précédemment à l'égard des conditions de la cession permettent de régler la question de son opposabilité au cédé.

La cession de contrat ne pouvant se réaliser qu'avec le consentement du cédé –consentement au sens strict ou simple autorisation–, la cession lui est, en principe, pleinement opposable, *sans autre formalité*, dès sa formation. Il ne s'agit pas de l'opposabilité de la cession en tant que fait social, mais de celle de la *substitution* de contractant dont les effets se produisent à l'égard du cédé.

Il n'en va autrement que lorsque le cédé a donné son consentement *a priori*, dès la *conclusion* du contrat. Cette stipulation ne fait pas disparaître la nécessité de l'information du cédé qui doit connaître la mise en œuvre de la faculté de cession ; mais elle peut être réalisée par tout procédé utile –dont la lettre circulaire, extrêmement pratique lorsque la cession concerne un grand nombre de contrats[5]. En revanche la notification devient *inutile* lorsque la nature du contrat implique un contact direct entre le cessionnaire et le cédé, et que le second n'a pas refusé l'exécution par le premier[6].

413. Effets à l'égard du cessionnaire et du cédant ; état actuel. – Les effets de la cession de contrat à l'égard du *cessionnaire* sont clairs. La cession lui confère la qualité de *partie* au contrat cédé ; il profite donc de tous les droits –y compris les droits

---

1. Civ. 3e, 13 mai 1998, *RJDA* 1998.955 ; Civ. 3e, 6 févr. 1979, *Bull. civ.* III, n° 34 ; 2 févr. 1977, *Bull. civ.* III, n° 58 ; Com. 11 juill. 1949, *RTD civ.* 1951.391, obs. CARBONNIER. Le respect de ces formalités ne devient inutile que si le propriétaire a non seulement eu connaissance de la cession, mais qu'il l'a également acceptée sans équivoque (Ass. plén. 14 févr. 1975, *D.* 1975.349, *Gaz. Pal.* 1975.1.342, note BRAULT).

2. Civ. 1re, 5 févr. 2009, *D.* 2009. 842, note AYNES.

3. Pour l'application de l'article 1690 à une promesse synallagmatique : Civ. 3e, 7 juill. 1993, *Bull. civ.* III, n° 111, *D.* 1994.597, note CLAVIER, somm. 211, obs. PENNEAU ; contre l'application à une promesse unilatérale : Civ. 3e, 1er avr. 1987, *Bull. civ.* III, n° 68, *D.* 1987.454, note AYNÈS. L'opposabilité des cessions conventionnelles expressément autorisées par la loi n'est pas subordonnée au respect de ces formalités lorsque les textes prévoient une substitution « de plein droit » du cessionnaire dans les droits et obligations du cédant (C. civ., art. 1601-4 et 1831-3, par ex.).

4. AYNÈS, *op. cit.*, nos 237 et s. ; TERRÉ, SIMLER et LEQUETTE, n° 1310. *Contra :* LARROUMET, *op. cit.*, n° 6, note 19, pour qui l'application de l'article 1690 du Code civil se justifie, à la fin d'information du cédé, dès lors que, selon l'auteur, son consentement n'est pas une condition de la cession du contrat.

5. LE NABASQUE, obs. sous Com. 6 mai 1997, préc.

6. Rapp. Com. 28 avr. 2004, pourvoi n° 00-22354 (inédit ; contrat de nettoyage exécuté avec le locataire-gérant d'un fonds de commerce).

potestatifs– et il supporte corrélativement toutes les obligations créées par la convention [1]. Cette substitution dans la qualité de partie ne se produit en principe que pour l'*avenir ;* le cessionnaire reste étranger aux droits et aux obligations nés antérieurement à la cession [2]. Le tout sous réserve de dispositions légales ou de stipulations contraires.

Naturellement, la cession de contrat devrait avoir des effets exactement inverses à l'égard du *cédant :* sous les mêmes réserves [3], il devrait continuer à supporter les obligations, et à profiter des créances nées antérieurement à la cession ; en revanche, il devrait devenir étranger à celles nées ultérieurement.

Pourtant, la question de la libération du cédant reste discutée. En réalité l'interrogation se dédouble : la cession *libère-t-elle* le cédant pour l'avenir ? En l'absence de libération, *à quel titre reste-t-il tenu ?* La jurisprudence est particulièrement hésitante [4].

Classiquement, la question de la libération du cédant recevait plutôt une réponse négative, particulièrement nette en matière de bail. Malgré la cession le preneur cédant demeure débiteur du bailleur [5]. Quant à la nature de l'obligation du cédant, de rares décisions suggéraient qu'il demeure tenu en qualité de garant [6].

Ces solutions ont été remises en cause par deux arrêts rendus en matière de bail commercial, qui ont jugé qu'en l'absence de clause de solidarité entre le cédant et le cessionnaire figurant dans le bail, le bailleur ne peut exiger du cédant le paiement des loyers échus postérieurement à la cession [7]. Si l'on suit ces décisions, la règle devrait donc être la libération du cédant pour l'avenir, en l'absence de stipulation expresse contraire.

Plus récemment, la troisième chambre civile de la Cour de cassation a à son tour adopté une position directement contraire [8]. En se fondant sur l'article 1275 du Code civil relatif à la délégation, elle a jugé que la seule acceptation par le créancier de la substitution d'un nouveau débiteur au premier, même si elle n'est assortie d'aucune réserve, n'implique pas, en l'absence de déclaration expresse, qu'il ait entendu décharger le débiteur originaire. Cette fois la règle est le maintien de l'obligation du cédant, sauf décharge expresse par le cocontractant cédé.

---

1. Civ. 1re, 14 déc. 1982, *Bull. civ.* I, n° 360, *D.* 1983.416, note AYNÈS, *RTD civ.* 1983.531, obs. CHABAS ; Req. 23 mai 1870, *S.* 1870.1.283.

2. Jugeant cependant que le dernier cessionnaire d'un bail commercial devient débiteur envers le bailleur des dégradations causées par ses prédécesseurs : Civ. 3e, 9 juill. 2003, *Bull. civ.*, n° 145, *D.* 2003, *Cahier aff.* 2312, obs. ROUQUET, *RTD civ.* 2003.725, obs. GAUTIER. Pour une explication de la décision, en dehors de toute idée de transmission de l'obligation, v. BILLIAU, « Toujours par de cession de dette en droit positif, même à l'occasion d'une cession légale de contrat », *Mélanges BEGUIN*, p. 17.

3. L'article L. 211-12 du Code du tourisme dispose, par exemple, que le cédant et le cessionnaire du contrat de voyage sont responsables solidairement, à l'égard du vendeur, du paiement du solde du prix et des frais supplémentaires éventuels.

4. L'*avant-projet de réforme du droit des obligations* ne règle pas ces questions.

5. Civ. 3e, 19 mai 1971, *Bull. civ.* III, n° 324 ; Soc. 9 nov. 1956, *Gaz. Pal.* 1957.1.120, *RTD civ.* 1957.357. obs. CARBONNIER ; Civ. 7 janv. 1947, *JCP* 1947.II.3510, obs. BECQUÉ.

6. Soc. 22 nov. 1957 (cautionnement), *D.* 1958.115, note DESIRY, *JCP* 1958.II.10385, *RTD civ* 1958.268, obs. CARBONNIER. La nature exacte de cette garantie est discutée ; la qualification de cautionnement est écartée par d'autres arrêts : Com. 11 mai 1995, *JCP* 1995.I.3889, n° 6, obs. SIMLER ; Paris, 1er mars 1990, *JCP* 1990.II.21559, note PETIT.

7. Civ. 3e, 15 janv. 1992, *Gaz. Pal.* 1992.2.654, note BARBIER, *JCP*, éd. E, 1993.I.234, obs. IZORCHE ; 12 juill. 1988, *Bull. civ.* III, n° 125, *RTD com.* 1989.217, obs. PÉDAMON.

8. Civ. 3e, 12 déc. 2001, *D.* 2002.984, note BILLIAU et JAMIN, *Defrénois* 2002, art. 37558, n° 36, obs. LIBCHABER, préc. V. *supra*, n° 396.

414. Effets à l'égard du cédant ; proposition de solution. – La libération du cédant en l'absence de consentement du cédé est effectivement inacceptable. Mais la nécessité de celui-ci ne découle pas de l'application des règles de la délégation qui ne conviennent pas à la cession du contrat[1]. Elle résulte des principes généraux.

La libération du cédant –ou la transformation de son obligation principale en obligation accessoire– influent nécessairement sur les conditions de la cession. L'effet obligatoire du contrat s'oppose à une telle modification sans le consentement du cédé. Le cédant s'est obligé à son égard et il ne peut ni se délier, ni diminuer unilatéralement la portée de son engagement (C. civ., art. 1134, al. 2).

La volonté du cédé de libérer le cédant, ou de ne le conserver que comme garant de l'exécution, ne saurait résulter de la seule autorisation de la cession. Il convient d'exiger ici une *volonté expresse* du cédé. Comme l'autorisation de la cession, elle peut être exprimée soit au moment de la formation du contrat, soit ultérieurement[2].

On a reproché à la libération du cédant d'interférer inutilement dans la question de la nécessité du consentement du cédé, alors qu'elle n'est pas de l'essence de la cession de contrat[3].

Il se peut en effet que le cédant ne cherche pas à se libérer de ses obligations à l'égard du cédé, mais simplement à en reporter la charge définitive sur le cessionnaire. Dans ce cas, il y a une simple cession interne qui ne nécessite pas le consentement du cédé. Mais, en pratique, la libération du cédant, comme débiteur principal au moins, est fréquemment souhaitée par les parties puisque, de l'aveu même des partisans de la cession conventionnelle, sa principale utilité est de permettre la survie du contrat lorsque l'une des parties ne veut plus, ou ne peut plus, l'exécuter[4].

La libération du cédant apparaît comme une condition de la cession de contrat dans les *projets européens* d'harmonisation du droit du contrat, les textes prévoyant que la substitution dont une partie au contrat peut convenir avec un tiers ne prend effet que si l'autre partie accepte que la substitution libère le cocontractant originel (art. 12 : 201 (2) PEDC ; art. III-5 : 301 (1) PCCR). Pour le reste des effets, ils renvoient aux règles régissant la cession de créance et la cession de dette.

---

1. *Supra*, n° 396 et 409.

2. En cas de cession de bail malgré une opposition du bailleur, le cédant est tenu de garantir le cessionnaire de l'éviction qu'il subit : Com. 24 juin 1998, *Bull. civ.* IV, n° 130.

3. AYNÈS, *op. cit.*, n°s 229 et s.

4. AYNÈS, *op. cit.*, n° 124.

Titre II

La transformation de l'obligation

415. Définition. – Il s'agit ici de mécanismes qui, changeant ou non le créancier ou le débiteur, modifient en tout cas le rapport d'obligation. Celui qui subsiste après l'opération n'a plus les *caractères* de celui qui préexistait.

La transformation peut être comprise, dans un *sens strict*, comme un changement survenant dans un rapport d'obligation dont l'existence n'est pas remise en cause. Les techniques qui, telle la novation, comportent l'extinction d'une obligation ancienne et la naissance d'une obligation nouvelle ne constitueraient pas alors une transformation. Mais la *succession* de deux obligations est en réalité une transformation dès lors que la seconde obligation est destinée à remplacer la première, et que l'extinction de l'une et la création de l'autre sont indivisibles, ce qui est justement le cas de la novation.

Un premier chapitre portera donc sur la *novation*, un deuxième sur la *délégation* dont l'une des formes constitue une application particulière de la novation [1]. Un troisième chapitre évoquera un autre type de changement essentiel –mais plus rarement étudié [2] – qui se développe en marge des deux premiers : la *modification* de l'obligation [3].

---

1. Il s'agit de la délégation *parfaite* –ou délégation *novatoire* –qui emporte extinction de la dette du délégant. Selon certains auteurs, la délégation *imparfaite* qui se contente d'ajouter un nouveau débiteur à l'ancien ne réaliserait aucune transformation (MARTY, RAYNAUD et JESTAZ, n° 426). Mais il n'est pas sûr que l'obligation de l'ancien débiteur demeure absolument inchangée ; et à supposer qu'elle le soit, vu du côté du créancier il y a bien une transformation puisqu'il a désormais deux débiteurs au lieu d'un. V. *infra,* n° 444.

2. V. cep. MARTY, RAYNAUD et JESTAZ, n°s 441 et s.

3. L'*avant-projet de réforme du droit des obligations* traite de la novation et de la délégation, avec la cession de créance et la subrogation dans la partie consacrée aux opérations sur créances (art. 1251 à 1282).

Chapitre 1

La novation

416. Idée générale. – La novation se définit comme l'extinction d'une obligation ancienne par la création d'une obligation nouvelle, destinée à la remplacer[1].

Exemple : A doit 10 000 euros à B. Il y a novation si, à cette obligation, les parties substituent celle de verser une rente viagère annuelle de 2 000 euros. Ce n'est qu'un exemple : il y a, on va le voir, d'autres formes de novation où, au lieu de changer l'objet, on change l'un des sujets de l'obligation primitive. L'essentiel est qu'il y ait une *différence* entre les deux obligations, que l'opération apporte quelque chose de nouveau[2].

Cette opération a eu une grande importance à Rome, à une époque où la cession de créance n'existait pas : elle permettait alors de changer indirectement la personne du créancier. Elle est moins usitée aujourd'hui. Une partie de la doctrine lui reproche même d'être plus encombrante qu'utile et propose de l'abandonner au profit d'autres mécanismes (la remise de dette, la transaction, la dation en paiement...)[3]. Cependant, la novation peut être utilisée pour changer la personne du débiteur, et réaliser une cession de dette[4] ; elle constitue par ailleurs un instrument commode au service de la renégociation des dettes. La pratique jurisprudentielle confirme d'ailleurs la vitalité de l'institution[5].

On ne peut, comme cela a longtemps été fait, étudier la novation comme un simple mode d'*extinction* du rapport d'obligation. En effet, il est impossible de dissocier l'*extinction* de la première obligation et la *création* de la seconde. Les deux opérations sont indivisibles et réalisent de ce fait une *transformation* de l'obligation.

On vérifiera cette indivisibilité en examinant les *conditions* et les *effets* de la novation.

---

1. Contrairement au code civil, l'*avant-projet de réforme du droit des obligations* donne une définition de la novation. Selon l'article 1265, « la novation est une convention qui a pour objet de substituer à une obligation qu'elle éteint, une obligation différente qu'elle crée ». L'opération a un « *effet substitutif* » que les rédacteurs opposent à l'effet translatif de la cession de créance et de la subrogation. La notion est parfois utilisée par la jurisprudence pour décrire les modifications qui peuvent survenir dans un contrat : Civ. 3e, 30 oct. 2002, *Bull. civ.* III, n° 211, *Defrénois* 2003, art. 37676, n° 12, obs. LIBCHABER ; Com. 2 juill. 2001, *JCP* 2002.I.134, n° 3, obs. VIRASSAMY. Pour une critique de la novation de contrat, v. GHESTIN, BILLIAU et LOISEAU, n° 845. En sens contraire, analysant la novation de contrat comme une novation par changement de cause, V. CHOLET, « La novation de contrat », *RTD civ.* 2006.467.

2. C'est l'étymologie même du mot : *novatio enim a novo nomen accepit.*

3. MARTY, RAYNAUD et JESTAZ, n° 409 ; MALAURIE, AYNÈS et STOFFEL-MUNCK, n° 1182.

4. V. *supra,* n° 395.

5. AUBERT, *Rép. civ. Dalloz,* v° *Novation*, n° 3.

Section I
Les conditions de la novation

417. Énumération. – La novation résulte d'une convention qui doit respecter les conditions générales de validité des contrats (C. civ., art. 1108 et s.) [1].

Le créancier de l'obligation ancienne doit être capable de *disposer* de sa créance, puisque celle-ci va être éteinte. Le débiteur de l'obligation nouvelle doit être capable de *s'obliger*, puisqu'une dette va naître à sa charge.

Les autres conditions découlent de la définition même de la novation. La première est purement *objective :* il faut que *deux obligations différentes* se succèdent. En revanche, la seconde condition est d'ordre *subjectif.* Il est nécessaire que cette succession d'obligations s'explique par la volonté des parties d'éteindre la première grâce à la création de la seconde, ce que l'on appelle l'*intention de nover.*

§ 1. La succession de deux obligations différentes

A. Existence de deux obligations

418. Existence d'une obligation à éteindre. – La novation qui est aussi un mode d'extinction de l'obligation suppose nécessairement que les parties soient liées par un rapport d'obligation préexistant. Il s'ensuit que si l'ancienne obligation est *nulle*, la novation ne se produira pas ; la nouvelle obligation ne prendra pas naissance [2]. Toutefois, en cas de nullité relative, susceptible de *confirmation*, la novation peut valoir confirmation (cf. art. 1267, *avant-projet de réforme du droit des obligations*).

Quant à l'*obligation conditionnelle*, elle ne peut donner lieu à novation que tant que la condition est pendante : même conditionnelle, l'obligation existe. En principe, l'obligation nouvelle naît affectée de la même modalité, à moins que la novation n'ait justement eu pour objet de substituer une obligation pure et simple à l'obligation conditionnelle.

Il était classique, mais erroné, de dire qu'une *obligation naturelle* est novée en obligation civile. La Cour de cassation a eu raison d'abandonner la qualification de novation, au profit de celle de *transformation*, pour le cas de succession d'une obligation civile à une obligation naturelle [3]. Seule une *obligation civile* peut être l'objet d'une novation.

419. Création d'une obligation nouvelle. – La novation ayant pour objet de remplacer l'obligation ancienne par une obligation nouvelle, il s'ensuit que, si pour une raison quelconque cette seconde obligation ne se forme pas, il n'y a pas novation. Tel est le cas, sauf confirmation, lorsque la convention novatoire qui donne naissance à la

---

1. Ch. Pactet, « De la réalisation de la novation », *RTD civ.* 1975.435 et 643.
2. Civ. 1re, 7 nov. 1995, *Bull. civ.* I, n° 387, *Defrénois* 1996, art. 36272, n° 18, obs. Delebecque, *RTD civ.* 1996.619, obs. Mestre
3. V. *supra,* n° 73. Visant cependant l'article 1271 du Code civil, v. Civ. 1re, 22 juin 2004, *JCP* 2004.II.10165, note Sériaux.

nouvelle obligation est *annulée*[1] ou lorsqu'elle est *résolue*[2]. Dans ces hypothèses, en raison de la rétroactivité de la disparition de l'obligation nouvelle, « la première obligation reprend toute sa force », selon une formule jurisprudentielle.

Selon un arrêt, il en est ainsi même lorsque le créancier savait que l'obligation nouvelle était annulable de son propre fait[3]. Mais alors sa responsabilité peut être engagée envers le débiteur.

B. Différence entre l'obligation ancienne et l'obligation nouvelle

420. Ni trop, ni pas assez. – La différence entre les deux obligations qui se succèdent est encore un élément spécifique de l'opération : il doit y avoir quelque chose de nouveau.

Cette nouveauté est difficile à mesurer : elle ne doit pas se limiter à des éléments secondaires –sinon il y aurait simple modification[4] ; elle ne doit pas non plus marquer une rupture totale avec la première obligation, ce qui relèverait d'un abandon pur et simple de l'obligation ancienne, mise à néant avant constitution d'une relation nouvelle[5].

En considération de l'article 1271, la novation peut résulter soit du changement de *l'une des parties* –créancier ou débiteur–, soit du changement de *l'un des éléments objectifs* de l'obligation (cf. art. 1266, *avant-projet de réforme du droit des obligations*).

1) La novation par changement de l'une des parties

421. La novation par changement de créancier ; comparaison avec la cession de créance. – La forme la plus ancienne est la novation par changement de créancier, qui permettait de réaliser une opération voisine de la cession de créance lorsque celle-ci n'était pas directement admise. Elle reste aujourd'hui possible (art. 1271, 3°). Mais elle est devenue moins utile.

Exemple : A est créancier de B. Il le libère, moyennant un engagement que le dit B prend envers C. Il y a bien extinction d'une obligation (l'obligation de B envers A) par la création d'une nouvelle (l'obligation de B envers C)[6].

La *ressemblance* avec la cession de créance est frappante. B est resté débiteur et a changé de créancier. En apparence, les choses se passent comme si A avait cédé sa créance à C. Mais ce n'est qu'une apparence. En réalité, il y a de très sensibles *différences*.

Quant aux *conditions*, cette novation suppose le consentement du débiteur qui s'engage envers le nouveau créancier, ce qui dispense de toute signification à celui-ci. Quant aux *effets*, la cession de créance opère la *transmission* au cessionnaire de la *créance même du cédant*, avec ses sûretés, notamment. La novation par changement de créancier fait naître, au profit du nouveau, une *créance distincte* de celle qui appartenait à l'ancien.

---

1. Com. 14 mai 1996, *Bull. civ.* IV, n° 138, *D.* 1996. somm. 334, obs. LIBCHABER, *RTD civ.* 1996.910, obs. MESTRE, *JCP* 1997.II.22895, note JACOB, *JCP* 1997.I.4902, obs. VIRASSAMY ; Com. 4 févr. 1992, *Bull. civ.* IV, n° 60, *D.* 1992. somm. 408, obs. A. PENNEAU ; Civ. 3e, 12 févr. 1986, *Bull. civ.* III, n° 9 ; Civ. 1re, 8 juill. 1975, *Bull. civ.* I, n° 228.

2. Civ. 3e, 29 oct. 1968, *Bull. civ.* III, n° 429.

3. Com. 14 mai 1996, précité. *Contra :* CA Metz, ch. civ., 6 sept. 1995, *JCP* 1997.II.22854, note JACOB.

4. V. *infra*, n°s 446 et s

5. MARTY, RAYNAUD et JESTAZ, n°s 410 et 415 ; STARCK, ROLAND et BOYER, n° 538. Sur la distinction de la novation et du *mutuus dissensus*, v. VATINET, « Le *mutuus dissensus* », *RTD civ.* 1987.252, spécial. n°s 12 et s.

6. La novation entraîne donc un changement de créancier. En cela elle se distingue de l'*indication de paiement* par laquelle le *créancier* se borne à désigner une personne qui doit *recevoir le paiement* pour lui, autrement dit un mandataire (art. 1277, al. 2). V. GODON, « La distinction entre délégation de paiement et indication de paiement », *Defrénois* 2000, art. 37103.

Dans notre exemple, C ne jouira pas des sûretés qui appartenaient à A ; et B ne pourra pas lui opposer les exceptions dont il pouvait se prévaloir contre A. En termes techniques : la cession de créance réalise un *changement de titulaire* dans un rapport juridique qui demeure *identique ;* la novation réalise la création d'un *rapport juridique nouveau* au profit d'un nouveau titulaire. Les deux opérations répondent à des besoins différents.

422. La novation par changement de débiteur ; comparaison avec la cession de dette. – La deuxième forme de novation par changement de l'une des parties est la novation par changement de débiteur (art. 1271, 2°).

Exemple : A est créancier de B. C lui promet le même objet (1 000 euros par exemple), sous la condition que le dit A libère B. Il y a bien encore extinction d'une obligation (celle de B envers A) par la création d'une nouvelle (celle de C envers A)[1].

Cette opération est possible *sans le consentement du débiteur originaire* (art. 1274). En effet, de même qu'un tiers peut payer pour le débiteur sans la participation de celui-ci, de même il peut s'engager à le faire plus tard. La novation repose donc sur un accord bipartite ou sur un accord tripartite, selon que le premier débiteur y demeure étranger ou qu'il y participe. La première hypothèse, qui correspond à l'*expromissio*, est rare en pratique. Sauf à être animé d'une intention libérale, un tiers n'a *a priori* aucune raison de s'engager pour libérer le débiteur, et le créancier ne renonce pas facilement à ses prérogatives contre ce dernier. La novation par changement de débiteur se réalise donc généralement avec la participation du premier débiteur qui en prend même l'initiative. C'est lui qui demande au tiers, qui est le plus souvent son propre débiteur, de s'engager envers le créancier, afin que ce dernier le libère. La novation s'intègre alors dans une opération plus complexe : la délégation, dont elle constitue l'une des formes –la *délégation parfaite*[2].

L'opération ressemble, cette fois, à ce que serait une cession de dette. A est resté créancier et a changé de débiteur. Les choses se passent comme si B avait cédé sa dette à C. Mais ce n'est encore qu'une apparence : la novation éteint la dette originaire et en fait naître une nouvelle.

2) La novation par changement de l'obligation

423. Novation par changement d'objet. – Dans la novation par changement de l'obligation, la nouveauté n'affecte pas les parties, qui restent les mêmes. Elle atteint un (ou plusieurs) éléments de l'obligation. La difficulté consiste à cerner avec précision les transformations qui provoquent une novation de l'obligation primitive.

La première forme est la novation par *changement d'objet :* la substitution d'une dette de rente viagère à une dette de capital ; la substitution à une dette de somme d'argent de celle d'un corps certain (tel meuble, tel immeuble) de même valeur. Cette sorte de novation soulève des difficultés.

D'abord, elle se distingue mal de la *dation en paiement* par laquelle une chose différente de l'objet initial de l'obligation est remise en paiement au créancier[3].

---

1. La novation par changement de débiteur se distingue ainsi d'une autre forme d'indication de paiement : l'indication faite par le *débiteur* d'une personne qui doit *payer à sa place* (art. 1277, al. 1).
2. V. *infra,* n° 443.
3. Le critère de distinction se trouve dans le fait que la dation en paiement est un mode d'exécution de l'obligation d'origine, tandis que la novation substitue une obligation nouvelle à l'obligation d'origine (Mazeaud et Chabas, n° 892 ; Terré, Simler et Lequette, n° 1324). *Contra :* Malaurie, Aynès et Stoffel-Munck, n° 1181.

Surtout, la jurisprudence tend à restreindre le champ d'application de la novation en la subordonnant à l'existence d'une *modification substantielle* –dont le critère n'est pas évident– de l'objet de l'obligation. Ainsi elle a admis que constituaient une novation le changement du mode de calcul d'une rémunération [1], le remplacement d'une convention d'occupation précaire par un bail [2]... En revanche, elle a jugé, par exemple, que la seule modification du montant de la dette n'entraîne pas novation par changement d'objet de la convention [3].

Pour couper court à ces difficultés, l'*avant-projet de réforme du droit des obligations* prévoit qu'en cas de novation par substitution d'une nouvelle dette du débiteur à l'ancienne, « *il y a novation quelle que soit la différence instituée entre l'ancienne et la nouvelle obligation* » (art. 1266, 3°).

424. Novation par changement de cause. – Encore plus complexe est la novation par changement de cause, la cause étant le *titre juridique* en vertu duquel l'obligation existe. La même chose restera due, mais elle le sera pour une *raison différente*. Un locataire est en retard pour le paiement de son loyer ; le bailleur consent à ce qu'il conserve la somme due, mais désormais à titre de prêt. Ce qui revient à lui donner quittance du loyer, et à lui prêter la même somme [4].

A priori, on ne voit pas bien ce que l'opération apportera de nouveau. Néanmoins, *la dette n'étant plus la même*, elle ne sera plus soumise en tout point aux mêmes règles. Dans l'exemple, le bailleur, du fait qu'il est devenu prêteur, perd une sûreté : le privilège du bailleur. En revanche, sa créance nouvelle se prescrit par trente ans à compter de la novation ; au contraire, sa créance de loyer se prescrivait par cinq ans à compter de chaque terme. Là peut être pour lui l'avantage de l'opération.

La question s'est notamment posée à propos de l'inscription de créances à un *compte courant* car les créances perdent leur individualité, le teneur du compte n'étant plus tenu qu'au paiement du solde. L'analyse classique en novation est aujourd'hui contestée [5].

L'interrogation existe aussi pour la *transaction.* La doctrine refuse généralement d'admettre qu'il s'agit d'une novation. Pour sa part, la jurisprudence considère que « sauf intention contraire des parties, la transaction n'emporte pas novation » [6].

425. Novation par changement des modalités. – On s'est également demandé s'il pouvait y avoir novation par changement des modalités.

La tendance dominante est de n'admettre la novation que lorsque le changement affecte l'*existence même de l'obligation*, ce qui ne concerne guère que l'adjonction ou la

---

1. Paris, 20 oct. 1983, *D.* 1985.445, concl. PAIRE, note KARILA DE VAN.
2. Civ. 3e, 18 déc. 1968, *Bull. civ.* III, n° 565.
3. Civ. 3e, 17 juin 1971, *D.* 1971.545, note GHESTIN ; Civ. 1re, 25 mai 1981, *Bull. civ.* I, n° 182 ; Civ. 1re, 20 nov. 1967, *Bull. civ.* I, n° 335, *D.* 1969.321, note GOMAA.
4. La question se pose assez souvent à propos de salariés qui renoncent à demander paiement de leurs salaires de savoir s'il n'y a pas eu novation en obligation découlant d'un prêt fait à l'entreprise qui les emploie. V. Soc. 7 déc. 2005, *JCP* (S) 2006.1159, note MORVAN ; Soc. 6 juin 2006, *JCP* (S) 2006.1441, note MORVAN, v. *infra* n° 426 et 427, sur l'intention de nover.
5. Comp. Soc. 20 juin 1990, *Bull. civ.* V, n° 301, *JCP* 1991.II.21776, note VIRASSAMY.
6. Civ. 1re, 15 mars 2005, *RJDA* 2005, n° 789 ; Civ. 1re, 21 janv. 1997, *Bull. civ.* I, n° 25, *D.* 1997. somm. 179, obs. AYNÈS ; Civ. 1re, 25 févr. 1976, *Bull. civ.* I, n° 86.

soustraction d'une *condition* suspensive ou résolutoire à l'obligation initiale [1]. Les autres changements ne donnent pas lieu à novation qu'il s'agisse de modalités *stricto sensu*, comme l'ajout, la modification ou la suppression d'un terme [2], ou de modalités *lato sensu*, telles l'adjonction de sûretés, ou la modification des modalités de paiement [3], ou encore l'augmentation du taux d'intérêt [4]. La novation est exclue faute de modifications affectant l'existence de l'obligation et pouvant entraîner son extinction et son remplacement par une obligation nouvelle. Mais la jurisprudence se fonde, le plus souvent, sur l'absence d'intention de nover.

§ 2. L'INTENTION DE NOVER

426. La novation ne se présume pas. – Aux termes de l'article 1273, la novation ne se présume pas ; il faut que la volonté de la réaliser résulte clairement de l'acte. Sans aller jusqu'à imposer une formule sacramentelle, le législateur exige du moins une intention certaine. C'est la spécificité du mécanisme de la novation qui a conduit à formuler spécialement cette exigence, alors que la nécessité d'une volonté existe pour tout acte juridique.

En effet, il existe ici des *difficultés particulières de preuve*. Le fait que l'on constate qu'une obligation nouvelle a été créée ne démontre pas, par lui-même, que les parties aient voulu éteindre l'ancienne. Elles ont pu vouloir les juxtaposer l'une à l'autre, ajouter la nouvelle à l'ancienne. L'intention de nover est la *volonté d'éteindre l'obligation ancienne*, de *créer une obligation nouvelle*, et de *lier indissociablement les deux opérations* qui se servent mutuellement de cause [5].

Cette intention est une *condition nécessaire*. En revanche, elle ne constitue pas une *condition suffisante :* la jurisprudence n'admet pas qu'une modification mineure de l'obligation puisse être regardée comme une novation, en considération de la seule intention de nover [6]. C'est peut-être excessif lorsque l'intention de nover a été très précisément exprimée [7].

---

1. La novation par suppression d'une condition peut d'ailleurs être contestée : il peut aussi bien y avoir renonciation unilatérale à la modalité, n'entraînant pas extinction et remplacement de l'obligation. En ce sens, TERRÉ, SIMLER et LEQUETTE, n° 1428.

2. Req. 8 nov. 1875, *DP* 1876.1.438 ; Nîmes, 10 nov. 1934, *S.* 1935.2.153, note BÉQUIGNON-LAGARDE.

3. Civ. 1re, 20 mai 2003, *RDC* 2003.174, obs. GRIMALDI (réaménagement de la dette pour l'exécution d'un plan de règlement conventionnel de surendettement et modifications des modalités de remboursement d'un emprunt).

4. Civ. 1re, 2 déc. 1997, *Bull. civ.* I, n° 345, *D.* 1998.549, note CARON, *RTD civ.* 1998.377, obs. MESTRE, *Defrénois* 1998, art. 36753, n° 19, obs. DELEBECQUE ; Civ. 3e, 2 juill. 1974, *Bull. civ.* III, n° 278 ; Com. 14 févr. 1972, *Bull. civ.* IV, n° 55.

5. MARTY, RAYNAUD et JESTAZ, n° 421 ; STARCK, ROLAND et BOYER, n° 542 ; AUBERT, *op. cit.*, nos 47 et s.

6. V. notamment, Civ. 1re, 20 nov. 1967, *Bull. civ.* III, n° 335, *D.* 1969.321, note GOMAA, préc. : « quelle que soit l'intention des parties, une modification dans le montant de la dette ne suffit pas à caractériser la novation ». Il n'est pas certain que cette solution soit contredite par Civ. 1re, 2 déc. 1997, *D.* 1998.549, note CARON, *RTD civ.* 1998.377, obs. MESTRE, *Defrénois* 1998, art. 36753, n° 19, obs. DELEBECQUE, préc., dont il faudrait admettre une interprétation *a contrario* toujours périlleuse.

7. Rapp. TERRÉ, SIMLER et LEQUETTE, n° 1432.

427. Mise en œuvre. – Pour l'application de l'article 1273, la jurisprudence juge que la novation suppose une intention de nover qui ne peut être présumée[1]. Mais conformément à ce texte, elle admet qu'il suffit d'une volonté claire, dénuée d'équivoque[2]. Cette volonté peut même être tacite dès lors qu'elle est certaine[3]. La jurisprudence se montre cependant plus exigeante en matière de novation par changement de débiteur qui suppose une manifestation caractérisée –expresse– de la volonté du créancier de libérer l'ancien obligé[4]. Elle l'est aussi en matière de novation par changement de cause lorsqu'il s'agit de savoir si un salarié qui ne réclame pas paiement de ses salaires à son employeur a eu l'intention de nover la dette en obligation de remboursement d'un prêt fait à l'entreprise[5].

La *preuve* de l'intention de nover incombe à celui qui invoque l'existence d'une novation. S'agissant de prouver une volonté, qui est un fait juridique, la preuve peut être rapportée par *tous moyens* et recherchée dans les faits de la cause[6]. L'appréciation de cette intention relève du *pouvoir souverain* des juges du fond[7]. Mais la Cour de cassation vérifie que ces derniers ont bien tiré les conséquences légales de leurs constatations[8].

Section II
Les effets de la novation

428. Définition générale ; inopposabilité des exceptions. – Les effets de la novation peuvent être évoqués rapidement. Ils sont inclus dans la définition même de l'opération : *effet extinctif* de l'obligation ancienne, *effet créateur* de l'obligation nouvelle[9]. De là dérivent les deux principaux points à signaler.

---

1. CA Versailles, 22 juin 2001, *D.* 2002. somm. 1720 (qui concerne en réalité une modification du contrat).
2. V. par ex. Com. 29 janv. 1991, *RTD civ.* 1991.531, obs. MESTRE ; Com. 12 mai 1992, *Bull. civ.* IV, n° 184, *D.* 1992. somm. 409, obs. AYNÈS. V. aussi, excluant la novation en présence d'une intention équivoque : Civ. 1re, 28 nov. 1995, *Bull. civ.* 1, n° 435, *RTD civ.* 1996.618, obs. MESTRE.
3. Com. 25 sept. 1984, *Bull. civ.* IV, n° 245 ; Civ. 3e, 15 janv. 1975, *Bull. civ.* III, n° 16.
4. Civ. 3e, 12 déc. 2001, *Bull. civ.* III, n° 153, *D.* 2002.984, note JAMIN et BILLIAU, *Defrénois* 2002, art. 37558, n° 36, obs. LIBCHABER (la seule acceptation par le créancier de la substitution d'un nouveau débiteur au premier, même dépourvue de réserve, n'implique pas, en l'absence de déclaration expresse, que le créancier ait entendu décharger le premier débiteur de sa dette). La règle est appliquée ici à une cession de contrat. V. *supra*, n° 396 ; Com. 12 déc. 1995, *JCP* 1996.IV.303.
5. La chambre sociale exigeait traditionnellement un « acte positif démontrant la volonté non équivoque de l'intéressé d'éteindre sa créance salariale pour la remplacer par une créance nouvelle découlant d'un prêt » (Soc. 7 déc. 2005, *JCP* (S) 2006.1159, note MORVAN). Ne faisant plus référence à cet « *acte positif* » et se contentant de ce que la volonté du salarié de nover sa créance salariale soit établie, v. cependant Soc., 6 juin 2006, *JCP* (S) 2006.1441, note MORVAN.
6. Com. 14 oct. 1997, *RTD civ.* 1998.377, obs. MESTRE.
7. La chambre sociale a semblé un temps exercer un contrôle sur la caractérisation de l'intention du salarié de nover sa créance salariale en obligation découlant d'un prêt. L'arrêt du 6 juin 2006 précité réaffirme le pouvoir souverain des juges du fond d'apprécier la commune intention des parties.
8. V. par ex. Civ. 3e, 13 févr. 1991, *RTD civ.* 1991.531, obs. MESTRE.
9. L'étendue de l'effet extinctif suscite parfois des difficultés. Ainsi, en cas de novation de l'obligation d'une caution solidaire, la jurisprudence hésite sur la libération des autres cautions. *Pour :* Civ. 1re, 11 janv. 1984, *Bull. civ.* I, n° 11 ; *JCP* 1986.II.20646, note DUMORTIER. *Contra :* Com. 7 déc. 1999, *JCP*, éd. E, 2000.1477, note PIEDELIÈVRE, et 2003, note DUMORTIER.

Le premier est l'*inopposabilité des exceptions*. Le débiteur –que ce soit le même ou un nouveau– ne peut pas opposer au créancier, pour refuser de payer l'obligation nouvelle, les exceptions qui étaient susceptibles de paralyser l'obligation ancienne.

Il faut cependant apporter à cela une *atténuation*. Lorsque la dette ancienne était nulle, la novation ne se produit pas ; la nouvelle obligation ne prend donc pas naissance[1]. Le résultat, dans ce cas, est donc le même que s'il y avait opposabilité des exceptions. Ceci du moins lorsqu'il s'agit d'une nullité absolue ; car, s'il s'agissait d'une nullité susceptible de confirmation, la novation serait interprétée comme telle, pourvu qu'elle ait été consentie en connaissance de cause.

Pour les autres exceptions, il est admis que l'inopposabilité ne s'impose pas aux parties qui peuvent convenir de réserver telle ou telle d'entre elles dans la convention novatoire.

429. Disparition des sûretés. Exception. – Le second point important est la disparition des sûretés : celles qui garantissaient l'obligation ancienne ne garantissent pas la nouvelle. Mais, en même temps qu'il pose le principe, l'article 1278 permet la convention contraire : le créancier peut *se réserver les sûretés*[2] (cf. art. 1271, *avant-projet de réforme du droit des obligations*).

Encore cette convention contraire est-elle moins simple à réaliser qu'il ne paraît. Pour voir exactement dans quelle mesure et à quelles conditions elle est possible, il faut distinguer entre les différents types de novation et entre les différents types de sûretés[3].

Si l'on raisonne d'abord sur la novation par *changement de créancier* et sur la novation *entre les mêmes parties*, le débiteur est inchangé. La convention est donc facile, en ce qui concerne du moins les *sûretés réelles* (privilèges et hypothèques) qui grevaient ses propres biens. Le débiteur peut consentir à les affecter à la créance nouvelle, et elles garderont alors leur rang originaire. Le maintien des *sûretés personnelles*, comme celui des *sûretés réelles consenties par un tiers*, exigent, en outre, le consentement du tiers qui s'était engagé à côté du débiteur –telle une caution[4].

À supposer maintenant une novation par *changement de débiteur*, les principes sont les mêmes pour les *sûretés personnelles* et les *sûretés réelles consentie par un tiers :* leur maintien suppose que le tiers consente à être tenu avec le nouveau débiteur, au lieu de l'être avec l'ancien. Mais les *sûretés réelles* consenties par l'ancien débiteur ne peuvent elles-mêmes être maintenues qu'avec le consentement de celui-ci (art. 1279, al. 2).

---

1. V. *supra,* n° 418.

2. L'article 1281, alinéa 2, précise que la novation opérée à l'égard du débiteur principal libère les cautions, en réservant là aussi la possibilité pour le créancier d'exiger le maintien de cette garantie.

3. L'*avant-projet de réforme* exige dans tous les cas le consentement de tous les intéressés.

4. Si le créancier a subordonné la novation au maintien de la sûreté, le refus du tiers fait obstacle à la novation et l'obligation ancienne subsiste (art. 1281).

Chapitre 2

La délégation

430. Première approche. Rapports entre la délégation et la novation. – Le Code civil traite de la délégation dans les dispositions relatives à la novation[1]. Selon l'article 1275, « la délégation par laquelle un débiteur donne au créancier un autre débiteur qui s'oblige envers le créancier, n'opère point de novation, si le créancier n'a expressément déclaré qu'il entendait décharger son débiteur qui a fait la délégation ».

De ce texte, il résulte que la délégation est une opération à *trois personnes :* l'une, le *délégant*, demande à une autre, le *délégué*, de s'engager envers une troisième, le *délégataire*.

Aux termes de l'article 1275, la délégation ne réalise une novation que lorsque le créancier a expressément déchargé le débiteur originel : il s'agit alors d'une *délégation parfaite* ou *délégation novatoire*. Lorsqu'elle ne produit pas cet effet, elle est dite *imparfaite* ou *simple ;* ce qui constitue la règle, la délégation *n'ayant pas, en principe, d'effet novatoire*.

Le Code reconnaît à la délégation un effet novatoire éventuel parce qu'il envisage cette opération greffée sur un *rapport d'obligation antérieur :* c'est un débiteur qui délègue un tiers à son créancier. En l'absence de lien de droit préexistant entre le délégant et le délégataire, il ne peut évidemment pas y avoir de novation, faute d'obligation à éteindre.

Il est vrai que, dans la majorité des cas, le délégant demande au délégué de s'engager à l'égard du délégataire parce que le premier est débiteur du troisième. Et le délégué accepte de s'engager envers le délégataire bien souvent parce qu'il est lui-même débiteur du délégant. La délégation se greffe ainsi fréquemment sur un *double rapport d'obligation* antérieur. Une question est de savoir si ces rapports d'obligation préalables –que l'on appelle *rapport fondamental*– sont une condition de la délégation ou si elle peut se concevoir en leur absence.

431. La question de la nécessité d'un rapport fondamental. – L'interrogation concernant l'existence de relations d'obligations antérieures à la délégation est double. Est-il nécessaire que le *délégant soit débiteur du délégataire ?* Faut-il que *le délégué le soit du délégant*[2] ?

---

1. L'*avant-projet de réforme du droit des obligations* le fait de manière autonome dans la section 4 (art. 1275 à 1282) du chapitre relatif aux opérations sur créances. V. CATALA, « La délégation dans l'avant-projet de réforme du droit des obligations », *Mélanges SIMLER,* p. 555.

2. La réponse à cette question détermine directement les fonctions de la délégation. Elle influence également la définition de l'objet et de la cause de l'engagement du délégué, et la portée du principe de l'inopposabilité des exceptions. V. *infra,* n°s 432, 437 et 440 et s.

La doctrine dominante enseigne que l'existence de relations antérieures entre le délégant, le délégué et le délégataire ne constitue pas une condition de la délégation [1].

Cette indifférence aux relations antérieures a été contestée par un auteur qui y voit une condition de la délégation [2]. Toute délégation supposerait un *double rapport d'obligation :* le délégataire doit être créancier du délégant ; le délégant doit être créancier du délégué. La délégation ne serait qu'une *technique d'extinction simplifiée des obligations*, ce qui permettrait de la distinguer d'opérations voisines qui n'ont pas le même rôle : la stipulation pour autrui, et l'indication de paiement, notamment.

L'exigence d'une dette du délégué à l'égard du délégant a été clairement condamnée par un arrêt de la chambre commerciale de la Cour de cassation du 21 juin 1994 [3], qui a jugé qu'*il importe peu que le délégué ait été ou non débiteur à l'égard du délégant.* À juste titre : une solution contraire réduirait inutilement l'utilisation de la délégation, et les risques de confusion avec des institutions voisines peuvent être évités en appliquant strictement les autres critères de distinction [4].

Il convient également d'écarter, pour les mêmes raisons, l'exigence d'une obligation du délégant à l'égard du délégataire. Cette condition n'est nullement postulée par l'article 1275 [5]. Certes, le texte évoque l'existence d'une créance du délégataire sur le délégant ; mais c'est parce qu'il traite des conditions dans lesquelles la délégation peut avoir un effet novatoire. Il n'exclut nullement qu'il puisse y avoir une délégation simple en l'absence de dette antérieure du délégant.

L'*avant-projet de réforme du droit des obligations* consacre formellement cette indifférence de principe aux rapports fondamentaux en disposant que « la délégation est valable alors même que le délégant n'est pas débiteur du délégataire ou que le délégué n'est pas débiteur du délégant » (art. 1276). Dans le même mouvement, il reconnaît la diversité des fonctions de la délégation et la grande liberté dont jouissent les parties dans son organisation [6].

432. Définition et fonctions de la délégation. Comparaison avec des mécanismes voisins. – Le rapport fondamental n'entre donc pas dans la *définition* de la délégation [7]. Elle est la *convention* par laquelle une personne (le *délégué*) s'oblige envers une autre (le *délégataire*) à l'invitation d'une troisième (le *délégant*) [8].

C'est *une personne* qui est déléguée, *non une créance*. La formule « délégation de créance » est donc impropre et de nature à favoriser des confusions avec la cession de créance en suggérant un

---

1. V. par ex. FAGES, n° 730 ; MALAURIE, AYNÈS et STOFFEL-MUNCK, n°s 1365 et 1366 ; MAZEAUD et CHABAS, n° 1234 ; SÉRIAUX, n° 176 ; TERRÉ, SIMLER et LEQUETTE, n°s 1439 et 1445.
2. BILLIAU, *La délégation de créance, Essai d'une théorie juridique de la délégation en droit des obligations*, 1989, préf. GHESTIN.
3. *Bull. civ.* IV, n° 225, *D.* 1995. somm. 91, obs. AYNÈS, *Defrénois* 1994. art. 35945. n° 163, note D. MAZEAUD, *JCP* 1994.I.3803, obs. BILLIAU, *RTD civ.* 1995.113, obs. MESTRE. Les arrêts antérieurs étaient moins probants ; certains pouvaient même suggérer le contraire (Com. 22 juin 1983, *Bull. civ.* IV, n° 183, *RTD civ.* 1984.720, obs. MESTRE ; Civ. 1re, 9 déc. 1981, *Bull. civ.* I, n° 374, *D.* 1982.445, note MESTRE).
4. V. *infra*, n° 432.
5. *Contra :* GHESTIN, BILLIAU et LOISEAU, n° 899.
6. V. CATALA, « La délégation dans l'avant-projet de réforme du droit des obligations », préc.
7. *Contra :* GHESTIN, BILLIAU et LOISEAU, n° 907.
8. Selon l'article 1275 de l'*avant-projet de réforme du droit des obligations*, « il y a délégation lorsque sur ordre d'une personne, le délégant, une autre personne, le délégué, s'engage envers une troisième personne, le délégataire, qui l'accepte comme débiteur ».

effet translatif totalement absent de la délégation[1]. Quant à la notion de délégation de contrat avancée par certains auteurs hostiles à celle de cession de contrat, elle doit être écartée car elle se fonde sur une analyse critiquable de cette dernière opération[2].

Si le rapport fondamental n'est pas de l'essence de la délégation, son existence –et l'intérêt que les parties y portent ou non–, ont néanmoins une influence décisive sur ses *fonctions*.

Elle est un instrument de *paiement simplifié* lorsque le délégant est débiteur du délégataire et créancier du délégué, et qu'elle éteint ces obligations[3]. Dans cette hypothèse, elle est aussi utilisée par la pratique comme un mode de transfert d'actions au délégataire, difficile à distinguer de la cession de créance[4].

Elle constitue une *garantie* au profit du créancier lorsque l'engagement du délégué s'ajoute à celui du délégant (délégation imparfaite) –peu important alors que le délégué ait été antérieurement obligé ou non à l'égard du délégant[5].

Elle réalise enfin une *donation indirecte* lorsque le délégant, qui n'est pas obligé à l'égard du délégataire, demande à un tiers –généralement à l'un de ses débiteurs– de s'engager au profit de celui-ci.

La diversité de ces fonctions est consacrée par l'*avant-projet de réforme du droit des obligations* (v. particulièrement art. 1277 à 1279).

Pour parvenir à un règlement simplifié, le débiteur peut également céder à son créancier une créance qu'il détient contre un tiers. Mais, ni les *conditions*, ni les *effets* ne sont les mêmes. Pour la cession de créance, *le consentement du débiteur* est inutile. La délégation suppose, au contraire, son engagement personnel envers le délégataire. La délégation est *opposable aux tiers* dès sa formation, alors que la cession de créance ne l'est qu'après accomplissement des formalités de l'article 1690. Avec la cession de créance, le cessionnaire acquiert la créance dont le cédant était titulaire ; le cédé peut donc *opposer* au cessionnaire *les exceptions* dont il disposait contre le cédant. Le délégué ne le peut pas car la délégation crée un rapport d'obligation nouveau[6].

La délégation ressemble également à la stipulation pour autrui[7]. Le délégant fait prendre un engagement au délégué au profit du délégataire, comme le stipulant en fait prendre un au promettant envers le tiers bénéficiaire. Mais l'acceptation du tiers bénéficiaire n'est pas requise comme condition de l'opération, alors que le droit du délégataire ne prend naissance que par son acceptation de l'engagement du délégué. Le droit du tiers bénéficiaire dépend du contrat conclu entre le stipulant et le promettant : que ce contrat ait été nul, ou que le stipulant n'ait pas tenu ses engagements, le promettant peut refuser de payer le tiers bénéficiaire. Le délégué, au contraire, assure envers le délégataire un engagement distinct de celui qui le liait au délégant. De nouveau, la différence porte sur l'inopposabilité des exceptions[8].

---

1. V. Civ. 1re, 13 nov. 1997, *Bull. civ.* I, n° 302, *Defrénois* 1998, art. 36765, n° 38, obs. Bénabent.
2. V. *supra*, nos 396 et s.
3. La technique est utilisée en matière de reprise de prêt, l'acheteur demandant au sous-acquéreur d'utiliser tout ou partie du prix de vente au remboursement du banquier qui lui a consenti un crédit (Malaurie, Aynès et Stoffel-Munck, nos 1341 et 1358), et en matière de reprise de rente viagère, l'acquéreur délégant le sous-acquéreur au crédirentier.
4. Schütz, *Les recours du crédit-preneur dans l'opération de crédit-bail*, PUF, 1994, nos 187 et s. et nos 214 et s. V. également Com. 4 juin 1996, *D.* 1996.630, note Billiau, *JCP* 1996.II.22744, note Taillens-Dessalle.
5. V. Lachièze, « La délégation-sûreté », *D.* 2006. chron. 234.
6. Sur les difficultés d'application de cette règle, V. cep. *infra*, nos 439 et s.
7. Pour une tentative de rapprochement, v. François, *Les opérations juridiques triangulaires attributives (stipulation pour autrui et délégation de créance)*, thèse dactyl., Paris II, 1994.
8. La différence s'estompe néanmoins dans la délégation incertaine. V. *infra*, nos 440 et s.

433. Variétés de délégations. Plan. – L'existence d'un rapport fondamental et la manière dont les parties l'intègrent à leurs prévisions influencent également le *régime* de la délégation, dont ils obligent à distinguer plusieurs *types*.

Une distinction classique –déjà évoquée– oppose la *délégation parfaite (novatoire)* à la *délégation imparfaite (simple)*. La première libère le délégant à l'égard du délégataire, contrairement à la seconde. Cette qualification n'intéresse donc, par hypothèse, que la délégation reposant sur un rapport fondamental délégant-délégataire.

Une autre distinction –moins souvent mise en lumière, mais jouant un rôle pratique très important et source de la plupart des difficultés– oppose la *délégation certaine* à la *délégation incertaine*. Elle repose sur la manière dont le délégué s'engage à l'égard du délégant [1]. Dans la délégation certaine, son obligation est *autonome*, c'est-à-dire détachée de tout rapport d'obligation antérieur [2]. En revanche, dans la délégation incertaine, l'obligation du délégué est définie par référence aux rapports fondamentaux.

La délégation est donc un mécanisme complexe et diversifié, qui suscite encore bien des difficultés tant pour ce qui concerne sa *formation* que ses *effets*.

De l'aveu de ses promoteurs, bien que l'*avant-projet de réforme du droit des obligations* ne consacre pas formellement ces notions, ces différentes figures de la délégation se reconnaissent aisément dans les textes [3].

Section I
Formation de la délégation

434. L'exigence d'un consentement tripartite. – Les difficultés ne concernent pas le *consentement tripartite* qui fonde la délégation. Elles se concentrent sur les définitions de l'*objet* et de *la cause* de l'obligation du délégué.

Le consentement est une *condition commune* à toutes les formes de délégation. Néanmoins, il se double d'une exigence particulière relative à la libération du débiteur en matière de *délégation novatoire*.

La délégation se réalise par un accord de volonté entre toutes les personnes intéressées : le délégant, le délégué et le délégataire [4]. Ce consentement peut être donné dans un acte unique ou résulter de deux accords successifs.

Le consentement du *délégant* est une évidence car c'est lui qui prend l'initiative de l'opération [5]. À défaut, on est en présence d'un engagement de payer la dette d'autrui, ou d'une *expromissio* lorsque l'opération est novatoire et qu'elle emporte changement de débiteur [6].

---

1. V. *infra,* n° 436.
2. Ce qui se produit dans deux hypothèses : en l'absence de tout rapport fondamental, et en présence d'un rapport fondamental quelconque auquel les parties ne se réfèrent pas.
3. CATALA, « La délégation dans l'avant-projet de réforme du droit des obligations », préc.
4. Jugeant que la délégation intervenue entre le délégant et le délégué « a pris effet et (est devenue) opposable aux tiers à compter de l'acceptation du paiement fait par le délégué », v. Com. 29 avr. 2002, *Bull. civ.* IV, n° 72, *D.* 2002.2673, note D. HOUTCIEFF, *Defrénois* 2002, art. 37607, n° 63, obs. LIBCHABER, *JCP* 2003.II.10154, note BARTHEZ.
5. TERRÉ, SIMLER et LEQUETTE, n° 1444.
6. Sur ces notions, v. *supra,* n° 422.

La nécessité du consentement du *délégué* s'explique par le fait qu'il souscrit un engagement nouveau et personnel à l'égard du délégataire [1], ce qui permet de distinguer la délégation de l'indication de paiement faite par le débiteur (C. civ., art. 1277) où le payeur ne souscrit pas un engagement personnel [2].

Quant au consentement du *délégataire*, son exigence s'explique *a priori* par l'idée que la délégation lui adjoint –délégation simple– ou lui octroie –délégation novatoire– un nouveau débiteur. Pourtant sa nécessité est à la réflexion moins évidente. Certes, on ne saurait substituer un nouveau débiteur à l'ancien sans l'accord du créancier. Mais l'exigence d'une libération expresse du débiteur originel dans la délégation novatoire pourvoit suffisamment à la protection de ses intérêts. Le consentement du délégataire ne paraît plus indispensable lorsque la délégation ne modifie pas sa situation, ce qui est le cas de la délégation simple –du moins si l'on considère qu'elle ne transforme pas le débiteur en simple obligé accessoire [3]. Son exigence est donc une manifestation de l'hostilité traditionnelle du droit français à l'engagement unilatéral de volonté– celui du délégué, en l'occurrence [4]. Elle permet en outre de distinguer la délégation d'opérations voisines dont la stipulation pour autrui. Elle est maintenue par l'*avant-projet de réforme du droit des obligations* qui juge le consentement du délégataire essentiel.

Lorsque la délégation n'emporte pas novation par changement de débiteur, une manifestation de *volonté tacite* suffit, tant pour le délégataire que pour le délégué, pourvu qu'elle soit certaine [5]. S'agissant du délégataire, elle peut résulter, notamment, du fait qu'il réclame l'exécution de l'obligation au délégué [6].

En revanche, lorsque la délégation s'accompagne d'une *novation* par changement de débiteur, il convient de respecter la condition particulière formulée par l'article 1275 du Code civil.

435. Déclaration expresse du délégataire pour la délégation novatoire. – L'article 1275 subordonne la libération du délégant à une *déclaration expresse* du délégataire [7].

---

1. V. *infra,* n° 439.
2. Pour une application claire de la distinction, v. Civ. 1re, 10 mai 2000, *Bull. civ.* I, n° 137 ; Civ. 1re, 7 avr. 1998, *Defrénois* 1998, art. 36860, n° 110, obs. D. MAZEAUD ; V. GODON, « La distinction entre délégation de paiement et indication de paiement », *Defrénois* 2000, art. 37103, spéc. nos 8 et s.
3. Sur cette question, v. *infra,* n° 444.
4. V. vol. 1 –*L'acte juridique*– nos 499 et s. L'argument a été contesté au motif que le délégué s'engage en vertu d'un contrat avec le délégant (GHESTIN, BILLIAU et LOISEAU, n° 889). Mais l'existence de cette convention n'implique rien quant à la source –convention ou acte unilatéral– de l'engagement du délégué à l'égard du délégataire et à la nécessité du consentement de ce dernier.
Un arrêt suscite quand même des interrogations quant à la nécessité du consentement du délégataire en jugeant que ce dernier peut réclamer l'exécution au délégué « sans que puisse lui être opposée la règle de l'effet relatif des conventions » : Civ. 3e, 5 mars 2008, *Bull. civ.* III, n° 39, *Defrénois* 2008, art. 38795, n° 5, obs. SAVAUX.
5. Pour le délégataire : Civ. 1re, 21 oct. 1959, *Bull. civ.* I, n° 423 ; Civ. 27 févr. 1856, *DP.* 1857.1.104. Pour le délégué : Civ. 3e, 5 mars 2008, précité, qui admet facilement l'engagement de l'acquéreur d'un immeuble qui a déclaré « faire son affaire personnelle » de l'indemnité d'éviction due à un locataire commerçant ; Com. 16 avr. 1996, préc. Jugeant au contraire que l'acceptation, par le maître de l'ouvrage, du sous-traitant et l'agrément des conditions de paiement n'impliquent pas l'existence de la délégation de paiement et ne démontrent pas l'accord du maître de l'ouvrage prétendument délégué au sous-traitant (L. 31 déc. 1975, art. 14) : Civ. 3e, 26 sept. 2007, *Bull. civ.* III, n° 151, *JCP* 2008. I. 104, n° 17, obs. BARTHEZ.
6. Com. 7 déc. 2004, *Bull. civ.* IV, n° 214, *Defrénois* 2005, art. 38142, n° 18, obs. SAVAUX, *RTD civ.* 2005.400, obs. MESTRE et FAGES.
7. L'article 1278 de l'*avant-projet de réforme* maintient cette exigence.

L'acceptation d'un nouveau débiteur par le créancier est donc, en soi, insuffisante pour former une délégation parfaite[1].

L'article 1275 n'exige pas l'emploi de termes sacramentels, mais il exclut non seulement les manifestations de volonté ambiguës, mais également toute manifestation de volonté tacite[2]. La solution est contraire à celle admise en matière de novation[3]. Sans doute s'explique-t-elle par le souci de s'assurer que le créancier a bien voulu ne conserver qu'un débiteur au lieu de deux[4]. Mais cela n'impose pas un consentement exprès ; une intention claire devrait suffire, dès lors qu'elle est certaine.

On affirme souvent que la jurisprudence commerciale semble moins attachée à cette exigence que la jurisprudence civile, en invoquant la liberté de la preuve en cette matière. Mais de nombreuses décisions ont été censurées par la chambre commerciale pour ne pas avoir recherché si le créancier avait exprimé la volonté de libérer le débiteur originel[5].

436. L'objet de l'obligation du délégué : délégation certaine et délégation incertaine. – Il s'agit ici de déterminer *ce à quoi est tenu le délégué* à l'égard du délégataire. La question a une importance essentielle pour définir la portée exacte du principe d'inopposabilité des exceptions[6].

Il est acquis que la délégation n'a *pas d'effet translatif :* la dette du délégué n'est pas celle du délégant –à supposer qu'il en ait existé une. Dans tous les cas, l'engagement du délégué fait naître une *obligation nouvelle* à sa charge. Mais lorsqu'il existe un rapport fondamental, l'*autonomie* de cette obligation n'est pas toujours parfaitement assurée : il faut en effet distinguer la délégation certaine et la délégation incertaine.

Dans la *délégation certaine*, l'obligation du délégué à l'égard du délégataire est totalement *détachée* des rapports fondamentaux– s'il en existe. Les parties ne se réfèrent ni à l'obligation du délégant envers le délégataire, ni à celle du délégué envers le délégant. Le délégué s'engage à payer telle somme, ou à accomplir telle prestation, au profit du délégataire, sans autre précision.

Mais les parties sont libres de se référer aux obligations antérieures pour définir l'objet de l'obligation du délégué, donnant ainsi naissance à une *délégation incertaine*. Le délégué s'engage alors à payer *ce qu'il doit au délégant*, ou *ce que ce dernier doit au délégataire*. Dans le premier cas, l'obligation du délégué est calquée sur le rapport fondamental délégué-délégant, dans le second sur le rapport délégataire-délégant[7]. La seconde obligation emprunte alors les traits de la première (ses caractères, ses

---

1. Com. 25 janv. 2005, *Contrats, conc. consomm.* 2005. comm.80, obs. L. L. ; Civ. 3e, 12 déc. 2001, *Bull. civ.* III, no 153, *D.* 2002.984, note JAMIN et BILLIAU, *Defrénois* 2002, art. 37558, no 36, obs. LIBCHABER ; Civ. 1re, 13 nov. 1997, *D.* 1998. somm. 117, obs. DELEBECQUE ; Com. 12 déc. 1995, *RTD civ.* 1996.617, obs. MESTRE, *D.* 1996. somm. 333, obs. D. MAZEAUD ; Com. 22 juin 1983, *RTD civ.* 1984.720, obs. MESTRE.

2. Notamment par la seule acceptation du paiement fait par un tiers : Civ. 3e, 5 juin 1970, *Bull. civ.* III, no 387, *D.* 1970.727, *RTD civ.* 1971.632, obs. LOUSSOUARN ; Lyon, 20 avr. et 25 févr. 1982, *D.* 1983.586, note LANDRAUD. V. également : Com. 25 oct. 1994, *Defrénois* 1995, art. 36024, no 15, obs. D. MAZEAUD.

3. V. *supra,* no 427.

4. MAZEAUD et CHABAS, no 1241.

5. Com. 7 avr. 1987, *Bull. civ.* IV, no 93 ; Com. 22 juin 1983, *Bull. civ.* IV, no 183.

6. V. *infra,* no 441.

7. Appliquant une clause prévoyant que la délégation ne pouvait donner au délégataire plus de droits à l'encontre du délégué que n'en avait le délégant, v. Paris, 31 mai 1979, *D.* 1980.427, note PARLÉANI.

modalités...). C'est à ce type de délégation que les parties ont recours lorsqu'elles essaient d'organiser une reprise de dette[1].

Sans consacrer la terminologie, l'*avant-projet de réforme du droit des obligations* admet implicitement ces deux formes de la délégation[2].

En jugeant que « sauf convention contraire, le délégué est seulement obligé au paiement de la dette du délégant envers le délégataire », un arrêt de la première chambre civile de la Cour de cassation du 17 mars 1992[3] paraît avoir fait de la délégation incertaine calquée sur le rapport délégant-délégataire le principe, lorsque ce rapport fondamental existe.

La solution réduit la garantie offerte au délégataire par la délégation car elle entraîne normalement la possibilité pour le délégué d'opposer au délégataire les exceptions tirées de ce rapport[4]. Elle limite en outre la nouveauté de l'obligation dans la délégation, qui ne concerne plus que la source et la cause de l'obligation, non son objet. Elle favorise également la confusion avec la cession de créance qui ne se distingue plus guère de la délégation que par son mode de formation, lequel ne nécessite pas le consentement du débiteur. Son seul mérite est de poser une règle pour le cas où il existe deux rapports fondamentaux et où la convention des parties est ambiguë.

437. La cause de l'obligation du délégué : le rapport délégué-délégant ou le rapport délégant-délégataire ? – La définition de la cause de l'obligation du délégué suscite aujourd'hui encore beaucoup d'incertitudes. La question est d'autant plus difficile qu'elle se pose à l'occasion d'une *opération triangulaire*.

Contrairement à une partie de la doctrine classique qui analysait la délégation comme un *acte abstrait*[5], les auteurs modernes subordonnent la validité de la délégation à l'existence d'une *cause* dans l'obligation du délégué. La difficulté consiste à définir cette cause.

Une première opinion –minoritaire– soutient que la cause de l'obligation du délégué est « la volonté commune d'éteindre les deux obligations primitives »[6]. Mais elle repose sur une conception restrictive de la délégation qui ne correspond pas au droit positif[7].

Selon l'opinion dominante, l'obligation du délégué a pour cause *ses relations avec le délégant*. En consentant à souscrire un engagement envers le délégataire, le délégué entend, selon les cas, éteindre sa dette à l'égard du délégant, lui consentir une avance ou lui faire une libéralité[8].

Cette analyse a été contestée sur le fondement d'un arrêt de principe qui a jugé que « dans la délégation de créance, le délégué ne peut opposer au délégataire les exceptions nées de ses rapports avec le délégant »[9]. On en a déduit que la cause de l'obligation du délégué ne se trouve pas dans ses relations avec le délégant, mais dans celles *du délégant avec le délégataire*. Pourtant, il n'est

---

1. V. *supra*, n° 395.
2. V. particulièrement art. 1279-1 et 1280. *Adde :* CATALA, « La délégation dans l'avant-projet de réforme du droit des obligations », préc. Dans l'*avant-projet*, la distinction joue un rôle essentiel en matière d'opposabilité des exceptions, sur laquelle v. *infra*, n° 440 et s.
3. *D.* 1992.481, note AYNÈS, *JCP* 1992.II.21922, note BILLIAU, *RTD civ.* 1992.765, obs. MESTRE, *Defrénois* 1992, art. 35393, obs. AYNÈS.
4. V. *infra*, n° 441.
5. Sur cette notion, v. vol. 1 –*L'acte juridique* –n° 260.
6. BILLIAU, *op. cit.*
7. V. *supra*, n° 431.
8. MALAURIE, AYNÈS et STOFFEL-MUNCK, n° 1368 ; MARTY, RAYNAUD et JESTAZ, n° 440.
9. Com. 22 avr. 1997, *Bull. civ.* IV, n° 98, *JCP* 1998.II.10050, note LACHIÈZE, *Defrénois* 1997, art. 36634 n° 108, obs. D. MAZEAUD.

pas certain que l'on puisse tirer un tel enseignement de l'arrêt, car il n'est pas sûr que l'opposabilité des exceptions se fonde principalement sur la cause de l'obligation du délégué [1].

Il semble qu'il faille en réalité distinguer selon les *types* de délégation [2]. L'hypothèse la plus simple concerne la *délégation novatoire* qui révèle en elle-même la cause de l'engagement du délégué : celui-ci s'oblige pour obtenir la libération du délégant [3]. Toute autre considération (intention libérale, volonté de consentir une avance...) constitue *a priori* un simple motif [4]. En revanche, la *délégation simple* ne permet pas de connaître, en elle-même, la cause de l'obligation du délégué. Il faut alors sous-distinguer : la *délégation certaine* qui ne comporte aucune référence à un quelconque rapport fondamental semble constituer, par exception, un *acte abstrait ;* en revanche, dans la *délégation incertaine*, les parties intègrent l'un ou l'autre des rapports fondamentaux à leur convention : le délégué s'engage à payer ce qu'il doit au délégant, ou ce que ce dernier doit au délégataire. Mais le procédé aide à la définition de l'objet de l'obligation du délégué, pas à celle de sa cause [5]. Il reste encore à déterminer pour quelle raison il agit de la sorte. La cause se trouve alors, effectivement, selon la convention des parties, soit dans la volonté du délégué d'éteindre sa dette à l'égard du délégant, soit dans la volonté de lui consentir une avance, soit dans celle de lui faire une libéralité.

Section II
Effets de la délégation

438. Plan. – La nature tripartite de la délégation impose de distinguer les trois ordres de rapports qu'elle instaure : entre *le délégué et le délégataire*, entre *le délégant et le délégataire*, entre *le délégant et le délégué*, enfin.

§ 1. Les rapports entre délégué et délégataire

439. Nouveauté de la dette du délégué. – Contrairement à ce que suggère la formule « délégation de créance », la délégation n'a *aucun effet translatif.* Même lorsque le délégant était créancier du délégué, le délégataire ne devient pas titulaire de cette créance là. Le délégué est tenu à son égard en vertu d'un engagement *personnel* et *nouveau* [6]. Simplement, cette obligation nouvelle est ou non *autonome* selon que les parties se réfèrent ou non aux rapports fondamentaux pour définir l'objet de l'obligation du délégué, s'il en existe [7].

---

1. V. *infra,* n° 441.
2. Rapp. Catala, « La délégation dans l'*avant-projet de réforme du droit des obligations* », préc., pour qui « la cause de la délégation réside dans l'opération juridique dont elle est l'instrument ».
3. La cause de son obligation se situe donc dans ce cas dans la relation délégant-délégataire, contrairement à ce que juge la doctrine dominante. En revanche, si le délégué est lui-même débiteur du délégant et qu'il obtient également sa libération (v. *infra,* n° 445), la cause de son obligation réside dans l'extinction des deux dettes, et donc dans les deux ordres de rapports délégué-délégant, délégant-délégataire.
4. Rapp. Mazeaud et Chabas, n° 1246.
5. V. *supra,* n° 436.
6. Affirmant clairement que l'obligation du délégué (l'acheteur d'un immeuble, en l'espèce) envers le délégataire (le locataire créancier d'une indemnité de résiliation) est une obligation « *personnelle et indépendante* » de celle du délégant (le vendeur), v. Com. 7 déc. 2004, *Defrénois* 2005, art. 38142, n° 18, obs. Savaux, *RTD civ.* 2005.400, obs. Mestre et Fages, préc.
7. V. *supra,* n° 436.

La nouveauté de la dette du délégué a en principe pour corollaire l'impossibilité pour le délégataire de bénéficier des *sûretés* qui profitaient au délégant. Mais les articles 1278 et 1281 relatifs à la novation permettent aux parties de réserver les sûretés au profit du nouveau créancier[1]. Ce principe doit s'appliquer lorsque la délégation réalise une novation.

Cette nouveauté devrait aussi interdire au délégataire d'agir en *résolution* du contrat qui a fait naître l'obligation du délégué à l'égard du délégant. La jurisprudence admet néanmoins parfois cette action en se fondant sur la volonté des parties, confondant ainsi délégation incertaine et cession de créance[2].

440. Inopposabilité des exceptions ; fondement. – La nouveauté de l'obligation du délégué –qui n'a d'intérêt spécifique que dans le cas où il existe des rapports fondamentaux– s'exprime principalement dans le principe de l'*inopposabilité des exceptions*. Le délégué ne peut pas résister à une demande d'exécution en invoquant des exceptions tirées de ses rapports avec le délégant, ni des rapports du délégant avec le délégataire[3].

L'inopposabilité des exceptions, qui ne cède qu'en cas de fraude du délégataire[4], est la question la plus controversée de la délégation. Les interrogations concernent tant le fondement que la portée de la règle.

Le *fondement* de l'inopposabilité des exceptions a donné lieu à de multiples propositions. Selon une ancienne doctrine, la règle s'expliquerait par le *caractère abstrait* de la délégation. Ce fondement a été abandonné en même temps que le caractère abstrait de la délégation. La plupart des auteurs ont désormais recours à la notion de *cause* pour expliquer l'inopposabilité des exceptions. Le délégué ne pourrait pas opposer au délégataire les exceptions tirées de ses rapports avec le délégant car cette relation ne constitue pas la cause de son obligation ; cette dernière se trouve dans le lien unissant le délégant au délégataire, ce qui justifierait que le délégué puisse invoquer certaines exceptions tirées de ce rapport[5]. D'autres auteurs admettent au contraire une double inopposabilité fondée sur la *nouveauté* de l'obligation du délégué ou sur l'*effet relatif* des conventions[6].

441. Inopposabilité des exceptions. Portée. – Selon la doctrine dominante, la portée de l'inopposabilité des exceptions est en effet *double*. D'une part, le délégué ne peut pas opposer au délégataire les *exceptions qu'il pourrait tirer de ses relations personnelles avec le délégant ;* d'autre part, il ne peut pas invoquer les *exceptions que le délégant aurait pu opposer au délégataire*.

La jurisprudence a assez tôt consacré la première règle[7]. La seconde, invoquée beaucoup plus tard, fait l'objet de décisions discordantes.

---

1. V. *supra,* n° 429.
2. SCHÜTZ, *op. cit.,* n° 191, et la jurisprudence citée.
3. Il est en revanche évident que le délégué peut opposer au délégataire des exceptions tirées de ses relations avec lui, particulièrement la nullité de la convention conclue entre eux. Il est non moins évident que cela est vrai qu'il existe ou non un rapport fondamental.
4. L'hypothèse est réservée implicitement par Com. 22 avr. 1997, préc.
5. LACHIÈZE, note sous Com. 22 avr. 1997, *JCP* 1998.II.10050, préc. V. également, du même auteur, *Le régime des exceptions dans les opérations juridiques à trois personnes en droit civil*, Éd. La Mouette, coll. Doctorat et notariat, 2001.
6. En faveur de la nouveauté de l'obligation du délégué : MARTY, RAYNAUD et JESTAZ, n° 432 ; STARCK, ROLAND et BOYER, n°s 102 et s. Pour l'effet relatif : BILLIAU, *La délégation de créance, précité*, n°s 321 et s, et note sous Civ. 1re, 17 mars 1992 et Com. 25 févr. 1992, *JCP* 1992.II.21922.
7. Souvent en rejetant l'action en répétition de l'indu intentée contre le délégataire par le délégué qui n'était pas débiteur du délégant ou qui se prétendait victime d'une erreur : Civ. 1re, 26 janv. 1960, *Bull. civ.* I, n° 55 ; Civ. 24 janv. 1872, *DP* 1873.1.75, *S.* 1872.1.31. Pour un rappel plus récent, v. Com. 22 avr. 1997, préc. L'arrêt réserve l'hypothèse de la fraude du délégataire.

Par l'arrêt précité du 17 mars 1992 [1], la première chambre civile de la Cour de cassation a jugé que le délégué est déchargé de son obligation lorsque la créance du délégataire est éteinte par l'effet de la prescription. La décision permet donc au délégué d'opposer au délégataire les exceptions que le délégant aurait pu faire valoir contre ce dernier.

Or, par un arrêt antérieur de quelques semaines, la chambre commerciale avait admis qu'« en cas de délégation de paiement imparfaite le délégué ne peut, sauf clause contraire, opposer au délégataire les exceptions dont le délégant pouvait se prévaloir à l'égard de celui-ci » [2]. Cette fois la Cour de cassation affirme clairement l'inopposabilité des exceptions tirées du rapport délégant-délégataire.

La solution a été confirmée par un arrêt du 7 décembre 2004 par laquelle la Chambre commerciale a jugé, en se fondant sur le caractère personnel et indépendant de l'obligation du délégué, que l'extinction de la créance du délégataire contre le délégant pour défaut de déclaration au passif de sa liquidation judiciaire laisse subsister l'obligation distincte du délégué [3].

Antérieurement à cette décision, certains auteurs s'étaient efforcés de réduire la divergence apparente de jurisprudence entre la première Chambre civile et la Chambre commerciale en observant que la première avait vraisemblablement statué sur une délégation incertaine alors que la seconde l'avait sans doute fait sur une délégation certaine [4]. Cependant, l'arrêt du 7 décembre 2004 tend à prouver que la Chambre commerciale n'est peut être pas très sensible à cette distinction, puisque dans l'affaire où elle a statué le délégué paraît ne s'être engagé à payer que ce que le délégant devait au délégataire.

En l'état, l'inopposabilité des exceptions est donc beaucoup mieux assurée s'agissant des exceptions tirées du rapport délégant-délégué que de celles provenant du rapport délégant-délégataire. Pour ces dernières, la Chambre commerciale semble plus attachée à la sécurité des paiements dans les relations d'affaires, alors que la première Chambre civile est peut-être plus sensible aux dangers que présente l'inopposabilité des exceptions pour le délégué. Il est souhaitable que la Cour de cassation mette fin à ces incertitudes.

En réalité, la question de l'inopposabilité des exceptions ne paraît pas devoir se régler, principalement, à partir de la cause de l'obligation du délégué mais en considération de son *objet* [5]. Il ne s'agit pas tant de savoir *pourquoi* le délégué s'est engagé envers le délégataire que de déterminer *dans quelle mesure* il l'a fait.

Il faut donc raisonner à partir de l'*objet de l'obligation du délégué ;* ce qui conduit à nouveau à distinguer, tant que l'on admet ces deux types, la *délégation certaine* et la *délégation incertaine*. Dans le premier cas, le délégué souscrit un engagement *autonome*, dont l'objet n'est pas fixé à partir des rapports fondamentaux. Il ne peut donc invoquer aucune exception tirée de ceux-ci. En revanche, dans la délégation incertaine, le délégué fixe l'*étendue de son engagement* en se référant à l'un des rapports fondamentaux. Dès lors que ces références entrent dans le champ contractuel, le délégué doit pouvoir résister à la demande d'exécution pour les mêmes causes que le délégant quand il s'engage à payer ce que ce dernier doit au délégataire ; le délégué doit pouvoir opposer les exceptions qu'il tire de ses rapports avec le délégant, lorsqu'il s'engage à payer au délégataire ce qu'il doit au délégant.

Raisonner à partir de l'objet de l'obligation du délégué ne permet cependant pas de trancher complètement la question de la portée de l'inopposabilité des exceptions. Il faut encore tenir

---

1. V. *supra,* n° 436.
2. Com. 25 févr. 1992, *JCP* 1992.II.21922, note BILLIAU.
3. Com. 7 déc. 2004, préc.
4. D. MAZEAUD, note sous Com. 22 avr. 1997, préc.
5. En ce sens : AYNÈS, note sous Civ. 1re, 17 mars 1992, *Defrénois* 1992, art. 35393, préc.

compte de la *nouveauté* de l'obligation du délégué qui demeure même lorsque la délégation est incertaine.

L'obligation du délégué est d'abord nouvelle par sa *source* (la convention conclue avec le délégataire), même lorsqu'elle est identique à celle du délégant (ou à celle du délégué envers le délégant). Cela conduit à distinguer selon le type d'exception[1]. Celles relatives au lien unissant le débiteur au créancier, au pouvoir de contrainte –l'*obligatio*– (telle l'incapacité) ne peuvent pas être opposées au délégataire, en raison de la nouveauté du lien l'unissant au délégué. En revanche les exceptions liées à l'obligation elle-même –le *debitum*– (paiement, remise de dette, prescription...) peuvent être opposées par le délégué au délégataire, en raison de l'identité d'objet des dettes, sauf celles pour lesquelles la délégation vaut confirmation ou renonciation de l'ancien débiteur (nullité relative, compensation).

Ensuite, l'obligation du délégué est nouvelle par sa *cause*. Il peut donc opposer les exceptions liées à celui des rapports fondamentaux qui la constitue, selon les distinctions précédemment évoquées[2].

442. Conclusion. – La question de l'inopposabilité des exceptions est aujourd'hui compliquée, s'agissant de celles tirées du rapport délégant-délégataire, par la distinction entre délégation certaine et délégation incertaine. Cette distinction présente un certain nombre d'*inconvénients*.

D'abord, la notion de délégation incertaine favorise la *confusion* entre la délégation et les mécanismes de transfert de créances. De ce point de vue, la formule de l'arrêt du 17 mars 1992, selon laquelle le délégué est seulement obligé « au paiement de la dette du délégant envers le délégataire[3] » est particulièrement malheureuse car elle suggère que c'est la dette même du délégataire que le délégant doit acquitter, alors qu'il est tout au plus tenu d'une dette identique par son objet.

Ensuite, elle réduit considérablement le rôle de *garantie* joué par la délégation, du moins si l'on admet que la délégation incertaine fondée sur les rapports délégant-délégataire est la règle, comme le suggère également la première chambre civile[4].

Les différentes formations de la Cour de cassation s'accordant sur le caractère purement *supplétif* des règles qu'elles mettent en œuvre, leur jurisprudence confère donc une importance essentielle aux prévisions des parties. Elle devrait les inciter à une plus grande précision dans la rédaction de leurs conventions –en attendant que l'on révise la notion de délégation incertaine qui *dénature* largement l'institution[5].

L'*avant-projet de réforme du droit des obligations* conserve au fond la distinction de la délégation certaine et de la délégation incertaine. Il bâtit sur elle un système d'opposabilité des exceptions participant de la même inspiration que celui précédemment proposé, mais plus simple en ce qu'il ne distingue pas les différentes sortes d'exceptions et qui réserve toujours la possibilité de conventions contraires.

Si l'engagement du délégué est *expressément stipulé indépendant*, celui-ci *ne pourra pas, en principe, opposer les exceptions* que le délégant aurait pu faire valoir, ni celles qu'il aurait pu opposer lui-même au délégant (art. 1279-1, al. 1er).

Si le délégué promet de *payer ce que le délégant doit au délégataire,* il peut, en principe, *opposer au délégataire les exceptions que le délégant aurait pu invoquer* (art. 1279-1, al. 2).

---

1. AYNÈS, note sous Civ. 1re, 17 mars 1992, préc.
2. *Supra*, n° 437.
3. *Supra*, n° 436.
4. La plus grande considération des besoins du commerce peut expliquer la solution contraire adoptée par la Chambre commerciale.
5. Rapp. TERRÉ, SIMLER et LEQUETTE, n° 1441, note 3, et n° 1449.

Enfin, si le délégué s'engage à *payer au délégataire ce qu'il doit au délégant*, il peut, en principe, *opposer au délégataire les exceptions qu'il aurait pu faire valoir contre le délégant* (art. 1280).

§ 2. Les rapports entre délégant et délégataire

443. La question à résoudre et les deux variétés de délégation. Délégation parfaite, ou novatoire. – La délégation n'intéresse les relations entre le délégant et le délégataire que lorsque le second était antérieurement *créancier du premier*. Il s'agit alors de savoir si la délégation éteint la dette originaire du délégant envers le délégataire ou si elle la laisse subsister.

Il n'y a pas de réponse uniforme car il existe, à cet égard, deux types de délégation. On les nomme, assez improprement d'ailleurs : *délégation parfaite* et *délégation imparfaite*, ou, plus exactement : *délégation novatoire* et *délégation simple* [1].

La délégation est *parfaite* ou *novatoire* lorsqu'en acceptant le délégué comme nouveau débiteur, le délégataire *libère le délégant*. Elle se traduit donc par la *substitution* d'un nouveau débiteur à un autre. Elle réalise, pour le délégataire, une *novation* par changement de débiteur [2].

À cette libération du délégant par la délégation parfaite, il existe toutefois *deux limites* prévues par l'article 1276. En premier lieu, le délégataire, à supposer qu'il ne soit pas payé par le délégué, peut exercer un recours contre le délégant, lorsque l'opération a eu lieu à un moment où le délégué était déjà en *faillite* ou en *déconfiture*. La faillite ou la déconfiture postérieure ne lui ouvre pas, au contraire, ce recours [3]. En second lieu, ce recours existe lorsque le délégataire se l'est *réservé par la convention*, pour garantir la solvabilité future du délégué.

Ces recours supposent l'insolvabilité du délégué, de sorte que le délégataire ne peut agir contre le délégant qu'après s'être adressé au délégué. À l'égard du délégant, le recours s'exercerait, selon certains auteurs, par l'action même que le délégataire avait primitivement contre le délégant, donc avec les mêmes sûretés [4]. La solution est inacceptable car cette créance a été définitivement éteinte par l'effet novatoire de l'opération. Le délégataire ne dispose donc que d'un recours nouveau et, par conséquent, *purement chirographaire*, à moins qu'il ne se soit réservé certaines sûretés, ainsi que l'article 1281 l'autorise en matière de novation [5].

444. La délégation imparfaite ou délégation simple. – La délégation est *imparfaite* ou *simple* lorsque le délégataire, en acceptant le délégué comme nouveau débiteur, *n'a pas*, pour autant, *libéré son ancien débiteur*.

Il n'y a donc pas ici novation par changement de débiteur, mais *adjonction* d'un débiteur à un autre. Le délégué est, en quelque sorte, chargé de payer à la place du

---

1. Sans consacrer non plus la terminologie, l'*avant-projet de réforme du droit des obligations* reconnaît implicitement l'existence de ces deux formes de délégation. V. particulièrement art. 1278 et 1279.
2. Sur les conditions de cette novation, et le consentement du délégataire, v. *supra*, n° 435.
3. Par faillite, il faut aujourd'hui entendre soit l'état de cessation des paiements, soit l'ouverture d'une procédure de redressement ou de liquidation judiciaires. Quant à la déconfiture, elle pourrait englober les situations de surendettement des particuliers. Comp. Ghestin, Billiau et Loiseau, n° 938.
4. Mazeaud et Chabas, n° 1243. La solution est fondée sur l'idée que la solvabilité actuelle serait une condition de validité de la délégation, et que l'insolvabilité future joue comme une condition résolutoire (*ibid.*). Qualifiant cette action d'action en garantie, v. Ghestin, Billiau et Loiseau, n° 935.
5. V. *supra*, n° 429.

délégant ; mais celui-ci reste quand même tenu de la dette. Il ne sera libéré que par l'exécution de l'obligation par le délégué. La délégation imparfaite constitue ainsi une *garantie* pour le créancier.

La question est alors de savoir dans quelles conditions le délégataire peut réclamer paiement à chacun des obligés. Une partie de la doctrine juge qu'après acceptation de la délégation, le délégant devient *débiteur accessoire*[1], une autre que cette forme de délégation ne modifie pas la situation de ce dernier qui reste *débiteur principal*. Le délégataire pourrait donc agir indifféremment contre le délégant ou contre le délégué[2]. La jurisprudence citée au soutien de ces différentes opinions n'est pas claire[3]. Dans le silence de la convention, il faut admettre que le débiteur originel reste tenu à titre principal et que la délégation simple ne fait qu'*ajouter* un débiteur au débiteur originel. L'*avant-projet de réforme du droit des obligations* fait au contraire du délégué le débiteur principal et du délégant un débiteur accessoire en jugeant cette modification plus conforme à la finalité de la délégation[4].

§ 3. Les rapports entre délégant et délégué

445. Sort de la créance du délégant contre le délégué. – La question ne se pose que dans l'hypothèse –fréquente– où le délégant est créancier du délégué. Il convient alors de déterminer le sort de cette créance : *s'éteint-elle* par l'effet de la délégation ou *y survit-elle* ? Si la créance du délégué contre le délégant demeure, est-ce inchangée ou affectée par l'existence de la délégation ? Il y a sur cette question aussi de grandes incertitudes[5].

Lorsque la délégation est *simple*, le délégant reste exposé à l'action du délégataire. Il va donc de soi qu'il a entendu réserver sa créance primitive contre le délégué, pour le cas où il subirait cette action. La dette du délégué à l'égard du délégant ne s'éteindra que par l'exécution de son obligation nouvelle à l'égard du délégataire[6].

Cette variété de délégation, qui n'opère pas novation par changement de débiteur pour le délégataire, n'opère pas davantage novation par changement de créancier pour le délégué. Le délégataire a désormais deux débiteurs (étant entendu qu'il ne peut poursuivre l'un qu'à défaut d'avoir été payé par l'autre). Le délégué a désormais deux créanciers (étant entendu qu'il ne peut

---

1. Marty, Raynaud et Jestaz, n° 438 (qui se fondent essentiellement sur la volonté des parties), Sériaux, n° 176 (qui invoque la nature même de la délégation). Prônant la suspension du droit de poursuite du délégataire contre le délégant, jusqu'au moment de l'exécution de son obligation par le délégué : Ghestin, Billiau et Loiseau, n° 946.

2. Mazeaud et Chabas, n° 1250 ; Terré, Simler et Lequette, n° 1448. Personne ne soutient que le délégué ne serait que débiteur accessoire, le délégant demeurant débiteur principal.

3. Certaines décisions ouvrent au délégataire un recours contre les deux débiteurs (Paris, 5 oct. 1988, *D.* 1988. IR. 276), mais sans indiquer clairement s'ils peuvent être exercés indifféremment contre l'un ou l'autre des obligés. Quant à celles dont on tire l'idée d'un engagement accessoire du délégant, elles n'ont pas nécessairement cette portée (Paris, 25 mai 1984, *RTD civ.* 1986.755, obs. Mestre : l'arrêt admet implicitement qu'un délégataire pouvait commettre une faute en n'avisant pas le délégant du défaut de paiement de la dette par le délégué. Mais il n'implique nullement que le délégataire soit obligé d'agir en priorité contre le délégué).

4. Art. 1279, al. 1er ; Catala, « La délégation dans l'*avant-projet de réforme du droit des obligations* », préc.

5. V. particulièrement Simler, « L'énigmatique sort de l'obligation du délégué envers le délégant tant que l'opération de délégation n'est pas dénouée », *in Propos sur les obligations et quelques autres thèmes fondamentaux du droit, Mélanges offerts à J.-L. Aubert*, Dalloz, 2005, p. 295.

6. Com. 16 avr. 1996, *D.* 1996. IR. 132, *Defrénois* 1996, art. 36381, n° 104, note D. Mazeaud, *JCP* 1996.II.22689, note Billiau.

être poursuivi par l'un qu'à défaut d'avoir payé l'autre). On mesure ainsi l'erreur qu'ont commise les codificateurs en « soudant » la délégation à la novation. La délégation imparfaite –la plus fréquente– n'a aucun effet novatoire.

En revanche, en cas de *délégation novatoire*, le délégant n'a plus à redouter l'action du délégataire. Il paraît donc *a priori* normal qu'il renonce lui-même à son action contre le délégué. Aussi, soutient-on parfois que cette variété de délégation, en même temps qu'elle réalise une *novation par changement de débiteur* lorsqu'on l'envisage du point de vue du délégataire, en réalise une autre par *changement de créancier*, lorsqu'on l'envisage du côté du délégué [1].

Pourtant, la délégation novatoire ne saurait produire automatiquement un tel effet : la novation ne se présume pas (C. civ., art. 1273). Elle n'a lieu d'être admise que lorsque la volonté du délégant de libérer le délégué ressort clairement de l'acte.

À l'analyse, il n'y a donc pas de différence entre la délégation simple et la délégation novatoire. Dans les deux cas, à défaut de déclaration expresse, l'engagement pris par le délégué à l'égard du délégataire n'éteint pas l'obligation dont il était antérieurement tenu à l'égard du délégant [2].

La survie de l'obligation du délégué ne signifie pas pour autant que le délégant peut continuer à agir contre lui comme il pouvait le faire avant la délégation. Il a demandé au délégué de s'engager à l'égard du délégataire ; il ne saurait sans contradiction continuer à réclamer l'exécution pour son propre compte [3]. La chambre commerciale de la Cour de cassation a justement jugé que malgré l'absence d'extinction de la dette du délégué, ni le délégant, ni ses créanciers ne peuvent exiger le paiement du délégué avant sa défaillance envers le délégataire. Elle en avait autrefois déduit qu'une saisie-arrêt pratiquée entre les mains du délégué par les créanciers du délégant ne peut priver le délégataire de son droit à paiement par le délégué [4]. Mais elle a aussi jugé ultérieurement, de manière quelque peu contradictoire, qu'un avis à tiers détenteur peut être valablement délivré au délégué [5]. Enfin, revenant apparemment à la première solution, la chambre commerciale a jugé que « si la créance du délégant sur le délégué s'éteint seulement par le fait de l'exécution de la délégation, ni le délégant ni ses créanciers ne peuvent, avant la défaillance du délégué envers le délégataire en réclamer le paiement ». Elle en a déduit que la saisie-attribution effectuée entre les mains du délégué par un créancier du saisissant ne peut priver le délégataire, dès son acceptation, de son droit exclusif à un paiement par le délégué, sans concours avec le créancier saisissant. Elle a ajouté que les sommes dues par le délégué n'étaient pas saisissables par les créanciers du délégant dont le droit de créance est indisponible à compter de l'acceptation du délégataire [6].

---

1. MARTY, RAYNAUD et JESTAZ, n° 434.
2. Dans le même sens, SIMLER, *op. cit.*, 304.
3. V. analysant la situation comme *une remise de dette conditionnelle*, la délégation emportant une renonciation du délégant à sa créance sur le délégué, sous la condition résolutoire de l'inexécution, par ce dernier, de son obligation nouvelle à l'égard du délégataire, SIMLER, *op. cit.*, 301-302 et 305-306.
4. Com. 16 avr. 1996, préc. DAURIAC, « Le sort de la créance du délégant envers le délégué au cours de la délégation », *Defrénois* 1997, art. 36664.
5. Com. 29 avr. 2002, *Bull. civ.* IV, n° 72, *D.* 2002.2673, note HOUTCIEFF, *Defrénois* 2002, art. 37607, n° 63, obs. LIBCHABER, *JCP* 2003.II.10154, note BARTHEZ.
6. Com., 14 févr. 2006, *RTD civ.* 2006.319, obs. MESTRE et FAGES, *D.* 2006.650, NDLR DELPECH, *JCP*, éd. E et A, 2006. 1819, note LACHIEZE, *Defrénois* 2007, art. 38567, n° 39, obs. THERY.

Finalement, la Cour de cassation paraît donc s'orienter vers une indisponibilité de la créance du délégant sur le délégué qui correspond aux vœux de la doctrine majoritaire [1] et au parti pris par l'*avant-projet de réforme du droit des obligations* [2].

1. En faveur de l'interdiction de la saisie et de l'avis à tiers détenteur, au motif que le délégué n'est plus obligé à l'égard du délégant que sous la condition suspensive de l'exécution de l'obligation prise à l'égard du délégataire, SIMLER, *op. cit.*, 307.
2. Art. 1281, al. 1er : « L'engagement du délégué envers le délégataire rend indisponible la créance du délégant envers le délégué qui ne peut être ni cédée ni saisie ».

Chapitre 3

La modification de l'obligation

446. Notion et sources. – Même s'il en contient des applications, le Code civil ne consacre pas la notion de *modification* de l'obligation. C'est à un auteur moderne [1] que revient le mérite d'avoir mis en lumière ce concept, encore peu développé en doctrine, mais dont les manifestations sont multiples en pratique et en jurisprudence.

La modification peut se définir comme le *changement* qui affecte l'un des *éléments* de l'obligation *sans entraîner pour autant son extinction.* Elle se caractérise donc par opposition à la novation [2]. Constituent ainsi des modifications le report de l'échéance d'une dette, la réduction du montant de l'intérêt, le choix d'un nouvel indice d'indexation...

Le plus souvent la modification concerne les *obligations contractuelles* et elle résulte d'une *convention* entre les parties. Dans les contrats de longue durée, les parties prévoient même fréquemment dès la conclusion de leur accord les conditions dans lesquels celui-ci pourra être modifié [3]. Mais rien n'empêche théoriquement la modification d'une obligation extra contractuelle.

La modification des obligations contractuelles ne résulte pas toujours de la volonté des parties. Elle peut être *imposée* par la loi ou par le juge. Même si elle ne doit le faire qu'avec prudence pour ne pas compromettre la sécurité juridique, la loi peut toujours changer les modalités d'une obligation. Tel est l'effet des mesures exceptionnelles de révision du contrat par la loi [4]. En revanche, le respect de la force obligatoire du contrat interdit en principe au juge de modifier les obligations contractuelles. Mais il peut le faire lorsqu'il y a été spécialement habilité par le législateur. La réduction d'une clause pénale en application de l'article 1152 du Code civil, celle du montant des intérêts des prêts ou le rééchelonnement des dettes par le juge de l'exécution dans le cadre du traitement des situations de surendettement (C. consom., art. L. 330-1 et s., notamment art. L. 331-7, L. 331-7-1 et L. 332-5 et s.)... sont des modifications de l'obligation, décidées par le juge sur le fondement d'une autorisation spéciale de révision du contrat [5].

La modification de l'obligation se distingue, en matière contractuelle, de l'anéantissement du contrat par *mutuus dissensus* suivi de la conclusion d'une nouvelle convention par le maintien de

---

1. GHOZI, *La modification de l'obligation par la volonté des parties*, thèse, LGDJ, 1980, préf. TALLON.
2. *Supra*, n° 425.
3. JARROSSON, « Les clauses de renégociation, de conciliation, de médiation », in *Les principales clauses des contrats conclu entre professionnels*, PU Aix-Marseille 1990, 141.
4. vol. 1 –*L'acte juridique*– n° 415.
5. *Ibid.*, n° 413. *Adde :* « Que reste-t-il de l'intangibilité du contrat ? », Actes coll. Chambéry, *Droit et patrimoine*, n° 58, mars 1998, 42.

l'obligation initiale. Elle s'oppose aussi, pour la même raison, à la *novation* qui emporte extinction de l'obligation ancienne par la création d'une obligation nouvelle[1].

447. Régime de la modification. – La modification de l'obligation empruntant des formes diverses en raison de ses sources et de son objet, son régime est extrêmement variable. On se limitera à fournir quelques indications sommaires concernant ses conditions et ses effets.

Les *conditions* de la modification sont très différentes selon qu'il s'agit d'une modification judiciaire ou d'une modification conventionnelle. Le *juge* ne peut évidemment modifier une obligation qu'en respectant les conditions fixées par les textes qui l'habilitent –par exemple, en vérifiant que la clause pénale qu'il révise est manifestement excessive ou dérisoire[2]. En revanche, les *parties* ont à l'égard des obligations conventionnelles une plus grande latitude. Le principe de la liberté contractuelle les autorise normalement à modifier comme elles l'entendent les termes de leur accord. Mais la force obligatoire du contrat et les règles du paiement (C. civ., art. 1243) interdisent que la modification résulte d'une décision unilatérale de l'une des parties[3]. Par ailleurs, la loi établit parfois un régime spécial pour la modification du contrat– ainsi l'article L. 112-2, alinéa 5, du Code des assurances, pour le contrat d'assurance.

L'une des questions les plus importantes concernant les conditions de la modification porte sur son *objet*. Peut-elle atteindre indifféremment tous les éléments de l'obligation ou doit-elle être réservée à certains d'entre eux ? En réalité, la modification ne peut entraîner de changements substantiels de l'obligation, qu'il s'agisse notamment de sa cause ou de son objet ; ces changements correspondent à une extinction de l'obligation suivie de la création d'une obligation nouvelle[4] (novation ou *mutuus dissensus* suivi d'une nouvelle convention).

Les *conditions de forme* de la modification soulèvent aussi des interrogations. Il s'agit pour l'essentiel de savoir si le parallélisme des formes s'applique ici, autrement dit s'il convient de respecter pour la modification les mêmes formalités que pour la formation de l'acte ayant donné naissance à l'obligation[5]. La jurisprudence l'a admis dans un cas de formalisme protecteur de l'une des parties[6].

---

1. Sur ces distinctions, v. *supra,* n°s 428 et s.
2. V. *supra*, n° 239.
3. Les clauses qui prévoient une telle faculté de modification unilatérale, et qui sont *licites* comme étant fondées sur la volonté commune des parties sont regardées avec méfiance dans les contrats conclus entre professionnels et consommateurs. Selon le nouvel article R. 132-1 3° du Code de la consommation (Décr. 18 mars 2009), est présumée *irréfragablement abusive* la clause ayant pour objet ou pour effet de réserver au professionnel le droit de modifier unilatéralement les clauses relatives à la durée du contrat ou aux caractéristiques ou au prix du bien à livrer ou du service à rendre. Les autres clauses lui réservant le droit de modifier unilatéralement les clauses relatives aux droits et obligations des parties sont *simplement présumées abusives* (art. R. 132-2 6°).
En l'absence de respect de la procédure de modification prévue par les parties, le contrat se poursuit aux conditions d'origine (Civ. 1re, 8 févr. 2005, *JCP* 2005.IV, n° 1600 –modification du tarif d'un abonnement).
4. V. *supra*, n°s 423 et s.
5. Sur cette question, v. MARTY, RAYNAUD et JESTAZ, n° 443 ; GHOZI, n°s 431 et s. ; GAUTIER, *RTD civ.* 1996.643.
6. Dans le domaine très particulier du crédit à la consommation : Civ. 1re, 6 janv. 1998, *D.* 1998.503, note D. MARTIN, *RTD civ.* 1998.698, obs. MESTRE, *JCP* 1998.II.10100, note ATTARD, *Defrénois* 1998, art. 36764, obs. PIEDELIÈVRE, art. 36814, obs. SARGOS, art. 36815, note D. MAZEAUD. Cette solution a été condamnée, pour l'avenir, par la loi du 25 juin 1999 (C. consom., art. L. 312-14-I).

Les *effets* de la modification peuvent s'énoncer en une double proposition. D'une part, la modification *n'éteint pas* l'obligation originelle. D'autre part, elle en *change* certains éléments.

De ce que la modification n'éteint pas l'obligation originelle, il faut déduire que le débiteur peut continuer à opposer au créancier les *exceptions* qu'il pouvait faire valoir contre celui-ci, sauf celles que la modification aurait eu pour objet de purger[1]. Surtout, il faut en déduire que les *sûretés* qui garantissaient l'exécution subsistent, à moins que la modification n'ait eu pour objet l'abandon de certaines d'entre elles[2].

De ce que la modification change l'obligation, il résulte que c'est désormais selon les *modalités nouvelles* qu'elle doit être exécutée. Pour le reste, l'exécution demeure soumise aux modalités d'origine qui ne sont pas affectées par la modification.

---

1. Par exemple en cas de remplacement d'un indice illicite par un indice licite.

2. Mais on peut se demander si l'engagement de la caution peut s'étendre à l'obligation modifiée, ce qui est douteux en présence de l'article 2015 du Code civil (MARTY, RAYNAUD et JESTAZ, n° 444). Toutefois, il a été jugé que la caution ne peut se prévaloir des mesures arrêtées en faveur du débiteur surendetté : Civ. 1re, 3 mars 1998, *D.* 1998.421, concl. SAINTE ROSE, *JCP* 1998.II.10117, note PIEDELIÈVRE.

Quatrième partie

L'extinction des obligations

448. Recensement des causes d'extinction. – L'article 1234 du Code civil donne des modes d'extinction des obligations une énumération qui n'est *ni exacte, ni complète*.

Ainsi, le *paiement* éteint certes l'obligation, mais il l'éteint parce qu'elle est exécutée. Il était donc mieux à propos de l'étudier à ce titre [1]. Ainsi encore, la *nullité* (ou la *rescision*) et la *condition résolutoire* n'agissent pas directement sur l'obligation, mais à travers l'acte juridique qui en était la source. C'est celui-ci qui est détruit rétroactivement [2]. La *perte de la chose* n'est qu'un cas particulier d'impossibilité fortuite d'exécution, dont on a vu les conséquences à propos de la responsabilité contractuelle et à propos de la théorie des risques [3]. La *novation* est un mécanisme à la fois extinctif et créateur, de telle sorte que, concrètement, le résultat en est une transformation de l'obligation [4].

En revanche, il y a lieu d'étudier la *dation en paiement*, mode assez particulier d'extinction de l'obligation. Celle-ci sera donc ajoutée aux éléments retenus de la liste légale, qui sont : la *compensation*, la *confusion*, la *remise de dette* et la *prescription extinctive* [5].

Parmi ces modes, on peut faire la distinction suivante : certains éteignent l'obligation car le créancier obtient une *satisfaction indirecte*, d'autres l'éteignent bien que celui-ci n'en tire *aucune satisfaction*.

L'*avant-projet de réforme du droit des obligations* retient comme causes d'extinction des obligations (art. 1218) : le paiement, la remise de dette, la compensation, la confusion, la novation et la compensation –le texte précise que ces deux dernières font l'objet de dispositions particulières.

---

1. V. *supra*, n°s 101 et s.
2. V. vol. 1 –*L'acte juridique*– n°s 321 et s., et *supra*, n°s 246 et s.
3. *Supra*, n°s 208 et s., et n°s 262 et s.
4. *Supra*, n° 416.
5. Sur quelques autres causes d'extinction très particulières (déchéances, arrêté de compte, transaction...), v. par ex. STARCK, ROLAND et BOYER, n° 469 et s. ; TERRÉ, SIMLER et LEQUETTE, n°s 1356 et s. Il faut désormais y ajouter l'« effacement partiel » des dettes qui peut être prononcé comme remède à l'insolvabilité durable (C. consom., art. L. 331-7-1, L. 29 juill. 1998 relative à la lutte contre les exclusions) et l'effacement (total) des dettes non professionnelles du débiteur dont la procédure de rétablissement personnel donne lieu à clôture pour insuffisance d'actif (C. consom., art. L. 332-9, L. 1er août 2003). Sur cette cause d'extinction et sur les remises dans les procédures collectives, v. GHESTIN, BILLIAU et LOISEAU, n°s 1232 et s. V. aussi, sur la déchéance, qui peut aboutir parfois à l'extinction d'une obligation, comme conséquence de la privation d'un droit (droit aux intérêts : C. consom., art. L. 311-33, par ex.), SAUTEL, « Sur la déchéance en droit privé », *D.* 1999. chron. 487.

Chapitre 1

L'extinction par satisfaction indirecte

449. Énumération des causes d'extinction par satisfaction indirecte. – La dation en paiement, la compensation et la confusion éteignent l'obligation à raison d'une satisfaction *autre qu'un paiement* –c'est-à-dire différente de l'exécution même de l'obligation– obtenue par le créancier.

Dans la *dation en paiement* (Section I), le créancier reçoit du débiteur une *prestation autre* que celle qui avait été initialement prévue.

Dans la *compensation* (Section II), le créancier ne reçoit rien du débiteur ; mais il peut opposer à ce dernier la créance qu'il détient contre lui pour *éviter d'avoir à payer une dette* dont il est par ailleurs tenu à son égard.

Enfin, la *confusion* (Section III) joue lorsqu'un créancier *devient débiteur* de la dette –ou l'inverse. Elle évite un paiement qui n'aurait pas de sens.

Section I
La dation en paiement

450. Définition. – Il y a dation en paiement [1] lorsque le débiteur se libère en remettant au créancier une *chose autre* que celle qui lui est due : le débiteur doit 1 000 euros ; à la place, il remet au créancier un meuble de même valeur [2]. Le créancier ne pouvant être contraint de recevoir une chose autre que celle qui lui est due (art. 1243), la dation en paiement requiert son consentement, qui peut être tacite ; elle repose, en principe, sur une *convention* [3].

La dation en paiement nécessite la remise d'une chose autre que celle initialement due [4] : il n'y pas dation lorsque l'objet du paiement correspond, en tout ou en partie, à l'objet de l'obligation (cession d'un terrain contre la remise d'appartements, vente d'un véhicule contre paiement d'un

---

1. Sur laquelle, v. l'importante étude de BICHERON, *La dation en paiement*, Panthéon-Assas, 2006, préf. M. GRIMALDI.

2. Si la valeur était inférieure, une fraction de la dette subsisterait. Si la valeur était supérieure, le débiteur devrait une soulte au créancier.

3. Cassant une décision ayant admis l'existence d'une dation en paiement sans avoir constaté l'existence de l'acte juridique qui portait cette dation, Civ. 3e, 13 avr. 2005, *Contrats, conc. consomm.* 2005. comm. 147, obs. L. L. Le prélèvement et le règlement en nature dans les régimes matrimoniaux (C. civ., art. 1470 et 1576), la conversion de l'usufruit du conjoint survivant en rente viagère (art. 759 al. 7) sont analysés comme des dations en paiement imposées, tantôt au débiteur, tantôt au créancier (MALAURIE, AYNÈS et STOFFEL-MUNCK, n° 1180 ; STARCK, ROLAND et BOYER, n° 152).

4. Considérant que la dation en paiement peut avoir été prévue dès l'origine, v. BICHERON, *op. cit.*

prix diminué de la valeur de reprise d'un autre véhicule...), ou lorsqu'il a été initialement compris dans la définition de l'objet d'une obligation alternative (le débiteur paiera 1 000 euros ou remettra tel meuble)[1].

Le Code civil ne contient aucune réglementation d'ensemble de cette opération, auquel il ne fait allusion que dans des textes épars (art. 1581, 2038...). La jurisprudence en a fixé le régime sur de nombreux points. Mais certains restent controversés. Il en va de même de la nature de l'institution qui suscite toujours des interrogations.

Pour sa part, l'*avant-projet de réforme du droit des obligations* indique simplement, à l'article 1223, alinéa 2, que les parties peuvent s'accorder pour que le paiement se fasse par dation d'une prestation différente.

451. Régime. – La validité de la dation en paiement est déduite de la liberté contractuelle et d'une interprétation *a contrario* de l'article 1243 qui interdit seulement au débiteur d'imposer au créancier une exécution autre que celle initialement convenue. Néanmoins, la dation ne constitue pas, en principe, un mode normal de paiement ; elle est donc habituellement nulle lorsqu'elle intervient en période suspecte[2].

La dation en paiement est soumise aux conditions ordinaires de validité des conventions[3]. Cependant, pour ce qui concerne la *capacité*, c'est celle nécessaire pour réaliser un paiement qui est requise : capacité de disposer de celui qui reçoit la dation et de celui qui la fait, ce dernier devant en outre être propriétaire du bien objet de la dation. Par ailleurs, puisque les parties veulent éteindre une obligation, la dation suppose –comme le paiement– une dette ; en l'absence de celle-ci, celui qui a fait la dation peut donc reprendre la chose qu'il a donnée[4].

D'autres conditions empruntent au contraire au régime de la vente. Ainsi, selon la jurisprudence, la dation en paiement peut être rescindée pour lésion lorsqu'elle a pour objet un immeuble[5] ; elle peut aussi être annulée en cas d'erreur sur les qualités substantielles du bien remis en paiement[6].

La nécessité d'un transfert immédiat de la chose donnée en paiement, et le caractère réel de la dation, demeurent discutés. Selon une première opinion, conforme à l'étymologie, la dation ne peut avoir qu'une chose pour objet ; elle nécessite un transfert immédiat de propriété et la livraison instantanée de la chose donnée[7]. La doctrine dominante admet cependant une conception plus large autorisant la dation par substitution d'une prestation en argent ou de l'accomplissement d'un travail à une obligation d'une autre nature, ou inversement[8]. La jurisprudence qui admet la dation de choses futures, ou la dation à terme, penche en faveur de la seconde interprétation[9]. Mais la

---

1. Sur l'*obligation alternative*, v. *supra*, n° 303.
2. Com. 20 févr. 1996, *Bull. civ.* IV, n° 55 ; 5 avr. 1994, *Bull. civ.* IV, n° 143.
3. Pour une étude détaillée, v. BICHERON, *La dation en paiement*, préc., n°s 399 et s.
4. En revanche, il n'est pas nécessaire que le montant de la dette soit chiffré ; il suffit qu'aucune ambiguïté n'existe sur sa consistance : Versailles, 1re Ch. A, 8 oct. 1998, *RTD civ.* 1999.109, obs. MESTRE.
5. Civ. 3e, 9 janv. 1969, *Bull. civ.* III, n° 42 ; 4 juill. 1968, *Bull. civ.* III, n° 324. Critiquant cette jurisprudence, v. BICHERON, *op. cit.*, n°s 467 et s.
6. CA Paris, 9 avr. 2004, *RTD civ.* 2004.514, obs. MESTRE et FAGES.
7. MAZEAUD et CHABAS, n° 890.
8. V. notamment GHESTIN, BILLIAU et LOISEAU, n° 959.
9. Civ. 3e, 12 janv. 1988, *Bull. civ.* III, n° 5 ; Civ. 3e, 12 juill. 1976, *Bull. civ.* III, n° 311 ; Ass. plén. 22 avr. 1974, *D.* 1974.613, note DERRIDA.

distinction de la dation en paiement et d'institutions voisines (la modification de l'obligation et la novation par changement d'objet, notamment) s'en trouve encore compliquée[1].

Comme le paiement, la dation éteint la créance et ses accessoires[2]. Cet effet est néanmoins subordonné à la validité de la dation. Si elle est nulle, pour avoir été faite avec la chose d'autrui, par exemple, celui qui l'a reçue retrouve en principe sa créance et ses garanties. Cependant, dans un souci de protection des intérêts de la *caution*, l'article 2038 fait exception à la règle en prévoyant que celle-ci demeure déchargée lorsque le créancier est évincé du bien que le créancier a accepté en paiement de la dette.

Lorsque la dation a pour objet une chose, l'obligation de livrer celle-ci est parfaite par le seul consentement des parties, lequel rend le créancier propriétaire[3]. Par ailleurs, si l'on admet que la dation est possible autrement que par la remise immédiate d'un bien, l'inexécution de la prestation promise doit pouvoir entraîner la responsabilité du débiteur ou la résolution de la convention à ses torts.

La dation en paiement ne constituant pas un paiement pur et simple et n'étant pas, contrairement à ce dernier, nécessaire, la jurisprudence admet qu'elle peut être attaquée par la voie de l'action paulienne[4].

452. Nature juridique. – La nature juridique de la dation en paiement a été l'objet de nombreuses discussions qui ne sont pas totalement éteintes[5]. Le rapprochement se fait naturellement avec le paiement. Mais même si elle s'en rapproche effectivement, la dation n'est pas, par hypothèse, un paiement, à cause de l'existence d'un élément spécifique : le changement survenu dans le mode d'exécution.

Certains y ont alors vu une vente. Le bien remis au créancier lui est vendu, pour un prix égal au montant de sa créance. Le débiteur devient ainsi créancier du prix ; et cette créance se compense avec sa dette. L'objection majeure est que cette analyse scinde artificiellement en deux temps une opération qui est unique dans l'intention des parties.

Une autre analyse est de voir là une novation par changement d'objet, suivie de l'exécution immédiate de l'obligation nouvelle. Les parties substituent, à la dette de somme d'argent, celle d'une table ; le débiteur s'acquitte instantanément de cette dernière dette. L'objection est encore que l'on scinde l'opération en deux et, plus précisément, que l'on présuppose, contrairement à l'article 1273, une intention de nover qui n'est pas établie.

En dépit d'opinions contraires[6], la dation en paiement ne paraît pas pouvoir mieux s'expliquer par une *modification* de l'obligation, cette analyse aboutissant encore à scinder l'opération, sauf à relier ces deux aspects en précisant que la modification a pour finalité le paiement[7].

---

1. Sur la distinction de ces notions voisines, v. BICHERON, *op. cit.*, n°s 47 et s.
2. Sur les effets de la dation en paiement, v. BICHERON, *op. cit.*, n°s 515 et s ; OHNET, « Quelques points d'interrogation relatifs à certains effets de la dation en paiement », *Mélanges SIMLER*, p. 613.
3. Civ. 1re, 27 janv. 1993, *JCP* 1994.II.22195, note PÉTEL et TEYSSIÉ, *Defrénois* 1993, art. 35572, n° 55, obs. AUBERT, *RTD civ.* 1994.132, obs. ZÉNATI.
4. Civ. 1re, 19 janv. 1977, *Bull. civ.* I, n° 34 ; Req. 24 janv. 1900, *DP* 1900.1.207 ; Civ. 16 mars 1889, *DP* 1890.1.260. V. *supra*, n° 87.
5. BICHERON, *op. cit.*, nos 15 et s. ; LÉOTY, « La nature juridique de la dation en paiement. La dation en paiement, paiement pathologique ? », *RTD civ.* 1975.12 ; HIEZ, « La nature juridique de la dation en paiement. Une modification de l'obligation aux fins de paiement », *RTD civ.* 2004.199.
6. GHOZI, *La modification de l'obligation par la volonté des parties*, thèse, LGDJ, 1980, préc. ; MARTY, RAYNAUD et JESTAZ, n° 446.
7. HIEZ, *op. cit.* Il faut en outre admettre que le changement d'objet peut, au moins dans certains cas, ne pas constituer une novation. V. *supra*, n° 423.

Il faut se résoudre à y voir une institution autonome, *sui generis*, ce qui, assurément n'apporte aucun éclaircissement[1].

Section II
La compensation

453. Analyse générale. Double rôle de la compensation. – L'article 1289 dispose : « Lorsque deux personnes se trouvent débitrices l'une envers l'autre, il s'opère entre elles une compensation qui éteint les deux dettes. » Il faut évidemment ajouter que lorsque les dettes sont de montants différents, elle les éteint à concurrence de la plus faible[2] ; la plus forte subsiste, pour la différence (art. 1290). Le rôle de cette institution est double[3].

Le plus évident est qu'elle constitue *un procédé simplifié de règlement*. Elle évite un double paiement en sens inverse, en particulier un double mouvement de fonds lorsqu'il s'agit de dettes de sommes d'argent[4].

Mais, en même temps, elle a *un rôle de garantie* et constitue, en fait, une sûreté au profit du créancier solvable lorsque l'autre ne l'est pas. **Exemple :** A et B se doivent mutuellement 1 000 euros. A est solvable, B ne l'est pas. Si la compensation n'existait pas, A paierait sa dette et n'encaisserait, au mieux, qu'une fraction de sa créance. Grâce à la compensation ce risque n'existe pas[5]. Un rapprochement s'impose avec l'exception *non adimpleti contractus*, mais les deux mécanismes sont différents. L'exception *non adimpleti contractus* est un remède provisoire qui permet au débiteur de l'obligation inexécutée de ne pas exécuter la sienne. Elle débouche sur une double *inexécution*. La compensation réalise au contraire une double *exécution*[6].

Selon que l'on met l'accent sur l'un ou l'autre rôle, on est d'ailleurs conduit à une analyse et à une réglementation assez différentes. Le Code civil considère essentiellement la compensation comme *un double paiement automatique :* ce qui se traduit, à la fois, dans les conditions auxquelles il la soumet et les effets qu'il lui fait produire. D'autres législations mettent au contraire au premier plan l'idée de *garantie*. La jurisprudence a clairement consacré ce rôle de la compensation en matière de compensation des créances connexes[7].

---

1. V. cependant BICHERON, *La dation en paiement*, préc., qui s'efforce de préciser les traits caractéristiques et le régime de ce qu'il considère aussi comme un mode autonome, défini comme l'extinction, par l'exécution d'une prestation, d'une obligation dont l'objet était autre.

2. Ce que l'article 1240 de l'*avant-projet de réforme du droit des obligations* indique clairement.

3. MENDEGRIS, *La nature juridique de la compensation*, thèse, LGDJ, 1969, préf. P. CATALA ; NDOKO, « Les mystères de la compensation », *RTD civ.* 1991.661.

La compensation globale qui peut intervenir en vertu d'une convention entre une pluralité de personnes qui ne sont pas forcément créancière et débitrice réciproquement l'une de l'autre n'a donc qu'une lointaine parenté avec le mécanisme prévu par le Code civil : ROUSSILLE, *La compensation multilatérale*, Dalloz, « Nouvelle Bibliothèque de Thèses », 2006, préf. BÉGUIN.

4. En revanche, la compensation ne peut évidemment pas permettre à un créancier d'être payé deux fois : Civ. 3e, 31 mai 2000, *Bull. civ.*, n° 117.

5. Le double rôle de la compensation explique que l'application en soit particulièrement importante en matière commerciale, où l'on cherche précisément la simplicité et la sécurité : règlements entre banques, règlement des opérations de commerce international par les offices de compensation.

6. Au demeurant, l'exception d'inexécution ne peut pas entraver le jeu de la compensation : Civ. 3e, 1er juill. 1998, *D.* 1999. somm. 117, obs. AYNÈS.

7. V. *infra*, nos 465-466.

Le Code civil n'envisage qu'une compensation automatique, se produisant par l'effet de la loi. Mais lorsque les conditions de cette *compensation légale* ne sont pas remplies, il y a place pour d'*autres formes de compensation*, résultant soit d'une convention entre les intéressés, soit d'une décision judiciaire.

L'*avant-projet de réforme du droit des obligations* consacre formellement ces trois types de compensation dans un paragraphe consacré à la compensation en général. Il y ajoute des dispositions concernant spécialement la compensation des dettes connexes, dans un paragraphe 2 [1].

Sous-section I
La compensation légale

454. Plan. – Le Code civil indique que la compensation « éteint les deux dettes, de la manière et dans les cas » définis aux articles 1290 et suivants. C'est donc à partir de ces textes que l'on peut préciser les *conditions* et les *effets* de la compensation légale.

§ 1. CONDITIONS DE LA COMPENSATION LÉGALE

455. Compensation – Paiement. – Les conditions posées par le Code s'expliquent globalement par *l'assimilation de la compensation à un paiement.* Il faut donc que les conditions de celui-ci soient réunies. Ce qui implique : positivement, que les deux créances présentent certains *caractères ;* négativement, qu'il n'y ait *pas d'obstacles au paiement.*

A. Les caractères des créances compensables

456. Caractères nécessaires : réciprocité, fongibilité, liquidité, exigibilité, disponibilité des créances [2]. – La condition élémentaire est évidemment qu'il y ait des *créances réciproques* entre les mêmes personnes, à la fois *personnellement* créancier et débiteur [3]. Mais ces créances doivent, en outre, présenter des caractères qui les rendent susceptibles d'être payées : caractères qu'énonce l'article 1291, auquel s'ajoute l'article 1293-1°.

En premier lieu, les créances doivent être *fongibles*, c'est-à-dire qu'elles doivent avoir un objet leur permettant de se remplacer l'une l'autre. L'exemple idéal est celui de deux créances de sommes d'argent. Mais il peut aussi s'agir de deux choses de genre, pourvu que ce genre soit le même pour chacune : ainsi, une certaine quantité de la même denrée. La compensation est en revanche exclue pour les corps certains ou les choses de genre

---

1. Sur cette dernière notion, v. *infra*, n° 465 et s.

2. Ces conditions se retrouvent dans l'*avant-projet de réforme du droit des obligations* (art. 1241-1 et 1244-1, sur la disponibilité).

3. Cette condition n'est pas remplie si le débiteur d'un tuteur prétend opposer en compensation la créance qu'il a contre le mineur, ou inversement. Sur l'absence de compensation entre les dettes d'une société et les créances d'une filiale, v. Paris, 29 nov. 1962, *D.* 1963.648. Sur l'appréciation stricte de cette condition par la jurisprudence, v. GHESTIN, BILLIAU et LOISEAU, n°s 984 et s.

différents. On ne compense pas un cheval avec un bœuf –seraient-ils de même valeur–, ou du sucre avec du café [1].

À cela le Code admet une exception quelque peu désuète. L'article 1291, alinéa 2, autorise la compensation entre une créance de somme d'argent et une créance de grains ou denrées dont le prix est fixé par des mercuriales. L'existence d'une mercuriale (cours officiel) permet cette assimilation [2].

En pratique, la condition de fongibilité est rarement remplie pour les obligations de faire, de ne pas faire et pour les obligations de donner ayant un objet autre qu'une somme d'argent.

En second lieu, les créances doivent être *liquides*, c'est-à-dire, tout à la fois, qu'elles doivent être *certaines* et que le *montant* en doit être fixé avec précision. Cela est évidemment nécessaire pour les comparer et pour connaître le chiffre à concurrence duquel joue la compensation. Ainsi, une créance litigieuse ou conditionnelle ne peut donner lieu à compensation. De même une créance de dommages-intérêts délictuels ne peut pas être compensée avec une dette qu'avait la victime envers l'auteur, tant que le montant de ces dommages-intérêts n'a pas été déterminé à l'amiable ou par jugement [3].

En troisième lieu les créances doivent être *exigibles*. Une dette à terme ne peut pas être opposée en compensation [4]. **Exemple :** si A doit à B 1 000 euros payables aujourd'hui, alors que B lui doit 1 000 euros payables dans trois mois, B est en droit d'exiger son paiement, cependant que A attendra le sien. Cette condition, comme d'ailleurs la précédente, tient à l'analyse de la compensation en un *double paiement*.

Si l'on y voyait une sûreté, on n'imposerait ni la liquidité ni l'exigibilité. Le créancier dont le droit n'est pas encore chiffré ou n'est pas encore exigible, pourrait quand même refuser de payer sa dette, car c'est le seul moyen de lui assurer une protection contre l'insolvabilité de son débiteur. Ces conditions ne sont d'ailleurs pas impérativement requises en matière de compensation judiciaire, la jurisprudence ayant justement accepté de reconnaître à la compensation ce rôle de garantie [5].

Enfin, les créances doivent être *disponibles*. Cela exclut d'abord la compensation des créances *insaisissables*. L'article 1293-3° l'indique pour les *créances alimentaires* (v. également art. 1242, *avant-projet de réforme*). **Exemple :** un fils doit verser 200 euros par mois de pension alimentaire à son père ; mais celui-ci lui doit un capital de 6 000 euros. Le premier ne peut pas retenir la pension pendant trente mois ; car le second,

---

1. La raison d'être de la règle est non seulement qu'on ne peut soustraire (ni ajouter) des carottes et des navets, mais aussi que la compensation doit procurer aux parties la même satisfaction que s'il y avait eu paiement. On a observé aussi, que, sans cette condition, la compensation rendrait impossible les contrats synallagmatiques dont les obligations réciproques s'éteindraient dès leur naissance (MAZEAUD et CHABAS, n° 1146).

2. L'*avant-projet de réforme* modernise la règle en parlant de choses de genre dont le prix est réglé par un marché organisé (art. 1241-1, et 3).

3. Un arrêt a néanmoins jugé que la compensation ne peut être rejetée au motif de la multiplicité des créances réciproques résultant d'un important contentieux entre les parties et qu'il appartient au juge de vérifier par lui-même ou par expert le montant et l'exigibilité des créances alléguées : Civ. 1re, 25 mai 2004, *Bull. civ.* I, n° 143, *RTD civ.* 2004.513, obs. MESTRE et FAGES.

4. Il y a cependant exception pour le terme de grâce. Celui-ci ne fait pas obstacle à la compensation (art. 1292). Le terme de grâce est en effet accordé au débiteur qui n'a pas les moyens d'acquitter sa dette. Il n'a donc pas lieu de produire effet lorsque l'existence d'une créance contre son débiteur les lui procure.

5. V. *infra*, n° 465.

durant ce temps, n'aurait pas de quoi vivre. Si une créance est insaisissable, c'est qu'elle est nécessaire à la vie même de son titulaire ; il faut donc qu'elle lui soit payée, alors même qu'il est de son côté débiteur[1]. D'un avis unanime cette disposition doit être étendue à toutes les créances insaisissables.

La compensation doit être également exclue, faute de disponibilité (et, généralement, de réciprocité), pour les créances sur lesquelles des tiers ont acquis des droits par saisie, cession, subrogation... antérieurement à la date à laquelle les conditions de la compensation légale ont été réunies[2].

457. Les créances non compensables. – La loi exclut cependant la compensation dans certains cas, bien que les créances *présentent les caractères requis.*

La compensation ne joue pas lorsqu'une personne réclame *restitution d'un bien dont elle a été injustement dépouillée* (qui lui a été volé, en particulier), alors même qu'elle est débitrice de son spoliateur (voleur) (art. 1293-1°). Le voleur doit d'abord restituer ; ensuite seulement, il pourra réclamer paiement de sa créance[3]. De même, la compensation ne peut pas être opposée à la demande en *restitution d'un dépôt ou d'un prêt à usage* (art 1293-2°). Le dépositaire ou l'emprunteur, auquel le déposant ou le prêteur ont fait confiance, doit d'abord restituer.

En réalité, ces deux exceptions sont presque purement apparentes. Dans les cas envisagés, il est, en effet, presque impensable que les deux dettes soient fongibles. Elles ne sont pas reprises par l'*avant-projet de réforme*.

Deux autres exceptions sont, au contraire, bien réelles. D'abord, il n'y a pas compensation entre le *salaire* dû à un ouvrier et les sommes que celui-ci doit à son employeur pour des fournitures qui lui ont été faites (sauf certaines fournitures limitativement indiquées : C. trav., art. L. 3251-1 et 3251-2). L'ouvrier doit avant tout toucher son salaire. On a voulu le protéger contre la tentation d'achats à crédit, auprès de l'employeur (en matière alimentaire, notamment), qui l'en priveraient par le jeu de la compensation[4].

Ensuite, en raison de la présomption de solvabilité du débiteur et de l'affectation des créances aux besoins de la collectivité, la compensation ne peut pas être opposée *à l'État et aux collectivités publiques* par les particuliers, débiteurs de l'impôt, sauf exceptions prévues par les textes.

B. Les obstacles à la compensation dus à l'impossibilité du paiement

458. Procédures organisées de règlement du passif. – Il existe des hypothèses dans lesquelles un débiteur n'est plus en droit de payer librement ses dettes, ni les créanciers

---

1. Pour une application à la prestation compensatoire après divorce, v. Civ. 2e, 9 juill. 1997, *D.* 1998.544, note YAMBA, *JCP* 1998.II.10033, note PATAUT.

2. L'article 1298 indique expressément que la compensation n'a pas lieu au préjudice des droits acquis à un tiers. Sur la saisie, v. *infra,* n° 459. Sur la solution des conflits entre débiteur invoquant la compensation et les cessionnaires de la créance ou les subrogés, v. TOLEDO-WOLFSOHN, *Rép. civ.* Dalloz, v° *Compensation,* n°s 61 et s. *Adde :* DUBOC, *La compensation et les droits des tiers*, thèse, LGDJ, 1989. Sur les exceptions apportées à ces exigences en matière de compensation des créances connexes, v. *infra,* n° 466.

3. Pour une application en matière de recel successoral, v. Civ. 1re, 6 mai 1997, *JCP* 1997.II.22932, note LOISEAU.

4. La jurisprudence a donné une grande portée à ces textes, l'interdiction de la compensation avec des salaires s'étendant à d'autres dettes que les fournitures et à la compensation conventionnelle. V. notamment Soc. 11 janv. 2006, *D.* 2006.2013, note MOULY.

d'exercer des poursuites individuelles, parce qu'ils doivent être payés de façon égalitaire, au prorata de leurs droits, dans une procédure collective. Alors, les dettes du débiteur ne peuvent pas davantage lui être opposées en compensation, parce que celle-ci réduirait l'actif du débiteur et constituerait un privilège au profit du créancier ayant la qualité de débiteur du failli.

Il en va d'abord ainsi en cas de *procédure de sauvegarde, de redressement et de liquidation judiciaire* d'une entreprise.

Il découle de l'article L. 622-7 du Code de commerce (mod. Ord. 18 déc. 2008) –qui interdit de payer, après le jugement d'ouverture, toute créance née antérieurement à celui-ci– que la compensation légale avec une dette du débiteur est donc impossible dès lors que les conditions n'en sont remplies qu'après le jugement [1]. La solution est sévère pour le créancier qui doit payer sa dette et ne peut que produire au passif pour sa créance. Cependant, la jurisprudence a admis de longue date une exception importante qui atténue la rigueur de la règle : la compensation redevient possible lorsqu'elle joue à l'égard de *créances connexes*, à condition que le créancier ait régulièrement déclaré sa créance au représentant des créanciers [2]. Cette exception est aujourd'hui consacrée par l'article L. 622-7 du Code de commerce.

Par ailleurs, l'interdiction de la compensation devrait certainement s'appliquer dans le cadre du *traitement des situations de surendettement des particuliers*, lorsque les textes prévoient une suspension des procédures d'exécution contre le débiteur (art. L. 331-5, L. 331-9 [plan de redressement] et C. consom., art. L. 332-6, réd., L. 1er arrêt 2003 [jugement d'ouverture de la procédure de rétablissement personnel]) [3]. En réduisant l'actif du débiteur, la compensation risque de compromettre la réussite du plan de règlement. Il est vrai que cette réduction d'actif s'accompagne d'une diminution équivalente du passif. Mais elle ne saurait intervenir au seul profit de des créanciers auxquels le plan de règlement est opposable.

459. Saisie de la créance. – Le deuxième cas dans lequel la compensation est paralysée par l'impossibilité du paiement est celui où l'une des créances a fait l'objet d'une *saisie*. L'article 1298 indique toujours que le débiteur qui est devenu créancier depuis la saisie-arrêt faite par un tiers entre ses mains –laquelle rendait la créance *indisponible*–, ne peut opposer la compensation au saisissant [4].

Depuis la réforme des procédures civiles d'exécution (L. 9 juill. 1991), l'interdiction de la compensation est encore plus évidente. En effet, la *saisie-attribution* emporte

---

1. Pour une application concernant la compensation du solde débiteur d'un compte avec la dette résultant d'un ordre de virement, en présence d'un jugement d'ouverture du redressement judiciaire du titulaire du compte : Com. 18 sept. 2007, *D.* 2007. 2464, NDLR AVENA-ROBARDET, *RTD civ.* 2007. 774, obs. FAGES. En revanche, si les conditions de la compensation légale sont remplies avant le jugement d'ouverture, celle-ci produit normalement son effet extinctif (Com. 29 nov. 1988, *D.* 1989. somm. 235, obs. AUBERT). Lorsqu'elle intervient en période suspecte, c'est-à-dire entre la date de la cessation des paiements et celle du jugement d'ouverture, il ne semble pas davantage possible de lui appliquer la nullité de plein droit prévue par l'art. L. 621-107 nouv. C. com. (anc. art. 107, L. 1985). V. également : PÉDAMON et CARMET, « La compensation dans les procédures collectives de règlement du passif », *D.* 1976.123.

2. V. par ex. : Com. 6 févr. 1996, *D.* 1997.353, note BOCCARA ; 24 oct. 1995, *RTD civ.* 1996.164, obs. MESTRE ; 2 mars 1993, *Bull. civ.* IV, n° 86, *D.* 1993.426, note PÉDAMON, *JCP* 1993.II.22169, note MONTREDON ; Civ. 13 juill. 1942, *JCP* 1943.II.2157, note HOUIN. Sur la notion de connexité, v. *infra*, n° 465.

3. En ce sens, v. STARCK, ROLAND et BOYER, n° 341 ; TERRÉ, SIMLER et LEQUETTE, n° 1402. GHESTIN, BILLIAU et LOISEAU, n° 1016.

4. V. également article 1244-1, *avant-projet de réforme du droit des obligations.*

attribution immédiate au profit du saisissant de la créance saisie entre les mains du tiers (L., art. 43). L'impossibilité de compenser ne tient donc plus au blocage de la créance entre les mains du débiteur, mais à l'*absence de réciprocité* des obligations, le saisi n'étant désormais plus titulaire de la créance.

Cependant, aujourd'hui comme autrefois, l'exclusion de la compensation suppose que la saisie-attribution ait eu lieu *avant* que les conditions de la compensation légale soient réunies. Dans le cas contraire, c'est la compensation qui ferait obstacle à la saisie, car la créance serait éteinte. Ces solutions tiennent à l'*automatisme* de la compensation légale.

§ 2. Effets de la compensation légale

460. Effet extinctif de la compensation. – Les effets de la compensation légale peuvent être résumés en *deux propositions*, dont la première est impliquée par la définition même de l'institution, tandis que la seconde est, au contraire, très artificielle et, de ce fait, limitée dans sa portée : la compensation a un *effet extinctif ;* cet effet extinctif est *automatique*.

L'effet extinctif de la compensation est énoncé par l'article 1290 qui dispose : « les deux dettes s'éteignent réciproquement... jusqu'à concurrence de leurs quotités respectives ». C'est-à-dire que la plus faible est éteinte entièrement ; la plus forte l'est partiellement, elle subsiste pour la différence, par exception au principe de l'indivisibilité du paiement [1]. Cet effet se produit au jour où les deux dettes ont coexisté, avec les qualités requises.

C'est en cela qu'il y a un *double paiement,* lequel produit une série de conséquences importantes. D'abord, les dettes s'éteignent avec leurs accessoires, notamment les sûretés qui les garantissaient. Ensuite, lorsqu'il y a plusieurs dettes compensables, on suit les règles de l'imputation des paiements pour déterminer celle qui est éteinte [2]. Enfin, la compensation interrompt la prescription comme le paiement [3].

En réalité, la confrontation de la compensation et de la prescription suscite deux questions différentes.

La première est de savoir si, pour être admise, la compensation légale doit être invoquée par le débiteur avant que la prescription de sa créance soit acquise ou s'il suffit que ses conditions soient réunies avant cette date. En se fondant sur l'ancien article 2248 du Code civil qui disposait que la prescription est interrompue par la reconnaissance du droit de celui contre lequel on prescrivait [4], la chambre commerciale avait jugé qu'il ne suffit pas, pour que la demande de compensation puisse être admise, que soient réunies les conditions la faisant opérer de plein droit, à l'insu du débiteur, avant l'expiration du délai de prescription ; il faut qu'elle ait été invoquée [5]. Ce fondement paraissait peu adapté à la question à résoudre et la chambre commerciale a modifié sa jurisprudence. Par un arrêt du 30 mars 2005, elle a déduit de l'article 1290 qui prévoit que la compensation s'opère de plein droit, qu'il suffit que ses conditions soient remplies avant que la prescription de la créance de celui qui l'invoque ne soit acquise [6].

---

1. V. *supra,* n° 109.

2. V. *supra,* n°s 142 et s.

3. Cependant, cet effet interruptif de la prescription ne se produit, comme l'effet extinctif, que si la compensation est invoquée par le débiteur (Com. 6 févr. 1996, *D.* 1998.87, note Brémond).

4. La règle est reprise par le nouvel article 2240 (loi du 17 juin 2008). V. *infra,* n° 491.

5. Com. 6 févr. 1996, *D.* 1996. somm. 336, obs. Delebecque, *D.* 1998.87, note Bremond.

6. Com. 30 mars 2005, *Bull. civ.* IV, n° 72, *D.* 2005. AJ. 1024, obs. Chevrier, *RDC* 2005.755, obs. Delebecque.

La seconde interrogation n'apparaît que dans le cas où les dettes compensables ne sont pas de même montant. Il s'agit alors de savoir quel est l'effet de la compensation sur la prescription de l'excédent. Par l'arrêt du 30 mars 2005 précité, la chambre commerciale a jugé que la prescription de l'excédent de la dette la plus élevée est interrompue à la date de la compensation légale.

461. Automatisme de la compensation. Limites. – L'article 1290 précise que « la compensation s'opère *de plein droit, par la seule force de la loi,* même à l'insu des débiteurs ». Il ajoute que les deux dettes s'éteignent « à l'instant où elles se trouvent exister à la fois ». C'est le caractère automatique de la compensation [1]. Mais il y a là une vue théorique et artificielle des choses. Il est pratiquement impossible qu'un effet juridique se produise de plein droit, sans que l'un des intéressés en réclame le bénéfice. Aussi y a-t-il de sérieuses limites à cet automatisme.

La première est que, de jurisprudence constante, la compensation n'étant pas d'ordre public, elle ne joue *qu'autant que l'un des débiteurs s'en prévaut.* **Exemple :** Soit A, à la fois débiteur et créancier de B. S'il est assigné en paiement, le juge ne peut soulever la compensation d'office ; il condamnera donc A au paiement de sa dette.

Il y a davantage. Ce droit de se prévaloir de la compensation est réservé au débiteur *personnellement* ; il ne peut pas être exercé par d'autres intéressés. Ceci se manifeste notamment en cas de *solidarité passive* [2] : lorsque l'un des codébiteurs solidaires est créancier du créancier, lui seul peut opposer la compensation à ce dernier ; les autres ne peuvent, pour ce motif, refuser de payer (art. 1294, al. 3). L'exception de compensation est donc *personnelle* [3], alors que l'on devrait la considérer comme commune si la dette était vraiment éteinte de façon absolument automatique.

La seconde limite tient à ce que le débiteur peut *renoncer à la compensation* [4]. Cette renonciation est rarement expresse. Mais elle peut être tacite.

Peut être interprétée comme telle l'attitude du débiteur qui, assigné en paiement, n'oppose pas la compensation. Il en va de même, *a fortiori*, du débiteur qui paie volontairement la dette alors qu'il pouvait invoquer sa compensation. L'article 1295 prévoit enfin un cas très particulier de renonciation tacite : le débiteur qui accepte une cession de créance renonce, par là même, à opposer au cessionnaire la compensation dont il pouvait se prévaloir contre le cédant [5].

Quel est alors le résultat ? C'est que le débiteur renonçant conserve sa propre créance et peut la faire valoir. Si la compensation était vraiment automatique, cela ne se concevrait pas.

---

1. Lequel est, historiquement, le résultat d'un contresens de certains glossateurs, suivis par DOMAT, POTHIER... et les rédacteurs du Code civil, sur une expression de Justinien : *ipso jure*. V. CARBONNIER, n° 338 ; STARCK, ROLAND et BOYER, n° 315.

2. V. *supra,* n° 320.

3. L'article 1294, alinéa 1, permet cependant à la caution d'opposer au créancier la compensation de ce que ce dernier doit au débiteur principal, ce qui s'explique par le caractère accessoire du cautionnement et par la possibilité reconnue à la caution d'opposer au créancier toutes les exceptions inhérentes à la dette. La même possibilité a été offerte, par la jurisprudence, à la caution solidaire, après bien des discussions : Civ. 1re, 1er juin 1983, *Bull. civ.* I, n° 165, *D.* 1984.152, note AUBERT, *RTD civ.* 1984.330, obs. RÉMY.

4. Req. 11 mai 1880, *DP.* 1880.1.470, qui admet même –de manière critiquable– la possibilité d'une renonciation anticipée. Pour une renonciation déduite de l'émission et de la remise d'un chèque, v. Com., 8 juill. 2008, *Bull. civ.* IV, n° 141, *RTD civ.* 2008. 678, obs. FAGES.

5. V. *supra*, n° 356. Celui qui renonce à la compensation perd une garantie importante. Ainsi une clause de renonciation à la compensation consentie par un consommateur peut-elle être, le cas échéant, regardée comme abusive (C. consom., annexe à l'art. L. 132-1).

On peut alors se demander ce qui subsiste, sur le plan pratique et concret, du prétendu automatisme de la compensation. En réalité, il en reste deux choses [1]. D'abord, la compensation produit ses effets, non pas à la date où le débiteur l'a invoquée, mais à celle où les *deux dettes ont coexisté* avec les caractères requis [2].

Ensuite, et surtout, la renonciation ne peut pas porter préjudice aux avantages que la compensation avait procurés *aux tiers*, aux effets qu'elle avait produits à leur profit. On vient de voir que le débiteur qui a renoncé peut exercer sa propre créance, sa renonciation l'ayant, en quelque sorte, fait revivre. Mais, selon l'article 1299, les sûretés, qui garantissaient cette créance, restent éteintes : l'intéressé ne peut pas les faire valoir au préjudice des autres créanciers [3]. La renonciation est, en somme, inopposable aux tiers [4].

L'*avant-projet de réforme du droit des obligations* clarifie la question en disposant que la compensation légale doit être invoquée par le débiteur et que dans ce cas, les dettes se trouvent éteintes à l'instant où elles ont coexisté avec les qualités requises (art. 1243).

Sous-section II

Les autres formes de compensation

462. Présentation. – Le Code civil n'envisage que la compensation légale. Néanmoins deux autres formes de compensation se sont développées en marge de ses dispositions. Toutes deux jouent *bien que les conditions de la compensation légale ne soient pas réunies.*

Il s'agit, d'une part, de la compensation *conventionnelle*, d'autre part, de la *compensation judiciaire* [5]. L'*avant-projet de réforme du droit des obligations* les consacre expressément (art. 1246 et 1247 pour la compensation judiciaire ; art. 1247 pour la compensation conventionnelle).

---

1. Depuis l'arrêt du 30 mars 2005 (*supra*, n° 460) on peut en ajouter une troisième concernant la prescription. Pour que la compensation légale soit admise, il suffit que ses conditions soient réunies avant la prescription de la créance de celui qui l'invoque. Il n'est pas nécessaire que la demande de compensation intervienne avant cette date.

2. Une demande de compensation ne peut donc être rejetée sans rechercher si elle ne s'est pas produite avant la saisie arrêt de la créance invoquée (Civ. 2e, 16 déc. 2004, *Bull. civ.* II, n° 533, *JCP* 2005.IV, n° 1233).

3. Soit une créance garantie par une hypothèque de premier rang. Du fait qu'elle est éteinte par l'automatisme de la compensation, le second créancier hypothécaire est remonté au premier rang. Il y restera, bien que le créancier qui le primait ait renoncé à la compensation. Il n'en est autrement que dans le cas où le débiteur a eu une juste cause d'ignorer la créance qui se compensait avec sa dette (même texte, *in fine*).

4. La caution, même solidaire, peut donc opposer au créancier la compensation de ce que celui-ci doit au débiteur principal, même si ce dernier renonce à invoquer la compensation : Com. 26 oct. 1999, *Bull. civ.* IV, n° 181.

5. On cite aussi parfois, une troisième forme de compensation : la *compensation facultative.* Celle-ci intervient lorsque l'une des conditions de la compensation légale fait défaut (la dette n'est pas exigible, par ex.), que cette condition est formulée dans l'intérêt de l'une des parties (le terme est stipulé dans son intérêt exclusif), et que celle-ci y renonce pour imposer la compensation à l'autre. Sur cette forme de compensation, v. F. CHABAS, « Réflexions sur la compensation judiciaire », *JCP* 1966.I.2026 ; MARTY, RAYNAUD et JESTAZ, n° 266.

§ 1. La compensation conventionnelle

463. Liberté contractuelle. Limites. – D'un avis unanime, la liberté contractuelle autorise toujours deux personnes, réciproquement créancières et débitrices, à compenser leurs obligations. Dès lors qu'elles sont d'accord, elles peuvent compenser une dette à terme avec une dette exigible, ou encore deux dettes n'ayant pas le même objet : une somme d'argent et un corps certain, ou des corps certains différents (un cheval avec de l'argent ou avec un bœuf). Plutôt qu'une véritable compensation, il y a d'ailleurs peut-être là une *double dation en paiement*[1] réciproque. En tout cas, cette variété de compensation ne produit *effet qu'à compter de la convention* (v. en ce sens art. 1247 *avant-projet de réforme*) : différence sensible avec la compensation légale.

Cependant, la liberté contractuelle n'autorise pas tout, et la compensation conventionnelle peut se heurter à des obstacles infranchissables. Elle ne peut pas pallier l'absence de réciprocité ou de disponibilité de la créance. Lorsqu'un tiers a acquis un droit sur la créance, par saisie, par cession ou par subrogation..., il ne saurait en être privé par une convention conclue entre le débiteur et le créancier[2]. Quant à la compensation conventionnelle d'une dette non échue consentie en période suspecte, elle doit être déclarée nulle en application de l'article L. 632-1 3° du Code de commerce qui prohibe tout paiement, quel qu'en ait été le mode.

Dans ces hypothèses, on peut considérer que les parties confèrent à leurs obligations les caractères nécessaires à la compensation, l'exigibilité particulièrement. En tout cas, elles recherchent par là une extinction immédiate des obligations. Le mécanisme doit donc être distingué d'un autre type de convention –que l'on appelle parfois la compensation conventionnelle *in futurum*– par laquelle elles envisagent la compensation future des créances et des dettes dont elles pourraient, le cas échéant, être tenues ou bénéficiaires l'une envers l'autre. Un auteur y a vu un mécanisme de sûreté fiduciaire, autrement dit un transfert de propriété des créances à titre de garantie[3]. Malgré la démonstration présentée, on voit mal que le régime soit le même que dans ce type de garantie, particulièrement pour ce qui concerne la prétendue obligation de restitution incombant au bénéficiaire en cas d'exécution de son obligation par le constituant. Cette exécution devrait être réalisée justement pour la compensation, laquelle devrait éteindre l'obligation réciproque.

§ 2. La compensation judiciaire

464. Mécanisme et domaine. – La compensation judiciaire à laquelle fait seul allusion le nouveau Code de procédure civile (art. 70 et 564), se greffe sur le mécanisme procédural de la *demande reconventionnelle*[4]. Les textes prévoient en la matière d'*importantes dérogations* aux principes généraux de la procédure. La demande de compensation est recevable même en l'absence de lien suffisant avec les prétentions originelles ; elle peut être formée en cause d'appel, même s'il s'agit d'une prétention

---

1. Sur la dation en paiement, v. *supra*, n°s 450 et s.
2. Cf. Com. 23 juin 1992, *Bull. civ.* IV, n° 246.
3. Toledo, « La compensation conventionnelle. Contribution plus particulièrement à la recherche de la nature juridique de la compensation conventionnelle *in futurum* », *RTD civ.* 2000.265.
4. F. Chabas, *Réflexions sur la compensation judiciaire*, préc.

nouvelle. On en déduit que cette forme de compensation est nécessairement différente de celle prévue par le Code civil, qui étant de droit pourrait de toute manière être invoquée en tout état de cause [1]. L'*avant-projet de réforme du droit des obligations* la consacre aux articles 1246 et 1246-1.

Exemple : B est un bailleur qui assigne son locataire A en paiement des loyers ; ce dernier réclame des dommages-intérêts pour trouble de jouissance. Si les deux dettes sont légalement compensables, le juge constatera la compensation. Si l'une manque des caractères requis, le juge pourra, sans y être tenu, décider la compensation.

Généralement, c'est la *liquidité* de l'une des dettes qui fait défaut : dans l'exemple précité, on connaît bien le montant des loyers, non celui des dommages-intérêts. D'où une tendance, autrefois dominante, à dire que le juge ne prononce pas, à proprement parler, la compensation, mais ne fait que *créer les conditions de la compensation légale.* Il liquide la créance qui était dépourvue de ce caractère, et la compensation résulte *ipso facto* de cette liquidation.

Mais la jurisprudence ne s'est pas arrêtée à cette opinion. Même s'il est acquis que le juge *ne peut* prononcer la compensation lorsque les créances ne sont *pas réciproques* ou *pas fongibles*, elle admet du moins une conception plus extensive, selon laquelle le juge *peut* ordonner la compensation entre des *dettes pour lesquelles la compensation légale est formellement exclue :* ainsi, en cas de restitution d'objets volés ou prêtés, ou pour des créances insaisissables [2]. Elle a d'ailleurs précisé à cette occasion que les exceptions aux règles de la compensation légale énumérées à l'article 1293 du Code civil ne s'appliquent pas aux créances et aux dettes faisant l'objet d'une demande en compensation judiciaire, consacrant ainsi clairement l'*autonomie* de la compensation judiciaire. Cette conception extensive s'est appuyée, en particulier, sur la notion de *connexité des créances.*

L'*avant-projet de réforme du droit des obligations* prévoit que la compensation peut être opposée en justice par la partie dont la créance n'est pas encore liquide et exigible à la condition, dans ce dernier cas, que le juge puisse prononcer la déchéance du terme. Il précise que la compensation produit alors ses effets à la date de l'introduction de la demande reconventionnelle (art. 1246).

465. Connexité des créances. Notion. – C'est en matière de *procédures collectives* que la jurisprudence a utilisé pour la première fois la notion de *connexité des créances* afin d'étendre les applications de la compensation. Elle a ainsi admis que cette dernière peut jouer pour des créances connexes antérieures au jugement d'ouverture, bien que les conditions de la compensation légale ne fussent pas réunies à cette date [3].

L'idée de connexité exprime l'existence d'un *lien* particulièrement étroit entre les créances considérées [4]. Elle est admise sans difficultés pour les *obligations réciproques nées d'un même contrat*, peu important qu'elles résultent de son exécution ou de son

1. Terré, Simler et Lequette, n° 1410.
2. Civ. 1re, 10 avr. 1973, *JCP* 1974.II.17605, note Ghestin, *RTD civ.* 1974.150, obs. Loussouarn ; Civ. 1re, 12 juill. 1956, *Bull. civ.* I, n° 301, *RTD civ.* 1956.737, obs. H. et L. Mazeaud, 762, obs. Hébraud.
3. V. *supra,* n° 458.
4. L'*avant-projet de réforme du droit des obligations* qui consacre des dispositions particulières à la compensation des créances connexes (V. *infra,* n° 466, *in fine*) ne définit pas la notion.

inexécution[1]. À l'inverse, elle est *exclue* lorsque l'une des créances a un fondement contractuel, l'autre un fondement délictuel[2].

La jurisprudence est plus hésitante sur la connexité entre obligations résultant de *contrats distincts*. Après s'y être montrée favorable, puis hostile, elle semble s'être arrêtée sur une position moyenne : le fait que les créances résultent de contrats distincts n'exclut pas nécessairement toute connexité. Elle peut être admise lorsque ces contrats sont conclus en exécution d'une convention définissant un cadre pour le développement des relations d'affaires des parties ou lorsqu'ils constituent les éléments d'un ensemble contractuel unique[3]. La nécessité d'une source unique demeure, mais ce peut être un *contrat-cadre* ou un ensemble contractuel englobant les conventions distinctes ayant donné naissance aux obligations réciproques.

466. Rôle de la connexité. – Hors des procédures collectives, la notion a servi à fonder de multiples dérogations aux principes de la compensation, et à admettre la compensation bien que les conditions de la compensation légale ne fussent réunies qu'après que l'une des créances ait été l'objet d'une cession, d'une subrogation ou d'une saisie[4]. Le rôle de la connexité doit cependant être précisé car il est, selon les hypothèses, très différent.

Le principe est que, comme la compensation légale, la compensation judiciaire peut se produire entre des créances qui ne sont pas connexes. La connexité *n'est donc pas une condition* de la compensation judiciaire[5]. La solution se déduit du nouveau Code de procédure civile qui déclare la demande reconventionnelle recevable même en l'absence de lien avec la demande initiale[6].

---

1. Com. 15 mars 2005, *D.* 2005. AJ. 1025, obs. LIENHARD (qualifiant de contrat unique à exécution successive le contrat unissant une laiterie à un producteur de lait) ; Civ. 3e, 13 févr. 2002, *Bull. civ.* III, n° 37 (créance de loyers et dette relative aux travaux d'entretien de l'immeuble) ; Com. 1er déc. 1992, *D.* 1993.513, note SORTAIS ; Com. 19 déc. 1989, *D.* 1991.60, note SORTAIS ; Com. 22 juin 1983, *Bull. civ.* IV, n° 186 ; Com. 4 juill. 1973, *D.* 1974.425, note GHESTIN. En revanche, après avoir jugé le contraire, la jurisprudence paraît désormais exclure la connexité entre une créance contractuelle et une créance née d'un délit commis dans l'exécution du même contrat : Com. 16 mai 2000, *Bull. civ.* IV, n° 142 ; Com. 14 mai 1996, *D.* 1996.502, rapp. LE DAUPHIN, *RTD civ.* 1997.134, obs. MESTRE.

2. Com. 18 sept. 2007, *Bull. civ.* IV, n° 203, *RTD civ.* 2007. 775, obs. FAGES.

3. Com. 12 déc. 1995, *Bull. civ.* IV, n° 293, *JCP* 1996.I.3958, obs. VIRASSAMY ; 9 mai 1995, *Bull. civ.* IV, n° 130, *JCP* 1995.II.22448, rapp. RÉMERY, *D.* 1996.332, note LOISEAU, *RTD civ.* 1996.164, obs. MESTRE ; 17 mai 1989, *Bull. civ.* IV, n° 153, *Defrénois* 1989, art. 34633, obs. AUBERT. Cette condition n'est pas remplie entre la dette d'un associé envers une société née de l'absence partielle de libération de son apport et sa créance résultant du solde créditeur du compte courant d'associé, ni entre des conventions de facilité de caisse et de crédit à court terme : Com. 28 mars 2000, *RJDA*2000.714 ; Com. 20 mai 1997, *JCP* 1997.I.4039, obs. LOISEAU. V. REIFEGERSTE, « La connexité de créances contractuelles : pour une approche juridique d'une condition originale de la compensation », *Petites Affiches* 2000, n° 64, p. 6.

4. V. par ex. Com. 14 janv. 1997, *Rev. jur. com.* 1998.138, note DALLOZ ; Soc. 7 mai 1987, *Bull. civ.* V, n° 294, *RTD civ.* 1988.141, obs. MESTRE (possibilité pour le débiteur d'opposer au subrogé l'existence d'une créance connexe contre le subrogeant) ; Civ. 1re, 25 oct. 1972, *JCP* 1973.II.17498, note GHESTIN (pour la compensation d'une créance faisant l'objet d'une saisie-arrêt). LE DAUPHIN, « À propos de la compensation entre dettes connexes », *Rapport annuel de la Cour de cassation* 1995.161. La multiplicité des dérogations fondées sur la connexité conduit certains auteurs à présenter la compensation des dettes connexes comme une hypothèse à part (FRANÇOIS, nos 88 et s. ; GHESTIN, BILLIAU et LOISEAU, nos 1057 et s.). La compensation des dettes connexes exige cependant toujours l'intervention du juge (GHESTIN, BILLIAU et LOISEAU, n° 1078).

5. La connexité n'est *jamais* une condition de la compensation légale : Com. 18 févr. 1975, *Bull. civ.* IV, n° 50.

6. Civ. 2e, 14 juin 1989, *Defrénois* 1990, art. 34802, n° 59, obs. AUBERT.

En revanche, la Cour de cassation juge que lorsque les créances sont connexes, la compensation ne peut être refusée aux motifs que l'une des créances ne serait pas *liquide* ou *exigible*. À l'égard de ces deux conditions, la connexité joue donc le rôle de *substitut*. Elle rend la compensation *obligatoire* pour le juge qui *doit* la prononcer. La solution est expressément fondée sur l'idée que la compensation constitue une garantie pour les parties [1]. Or, la connexité des obligations permet justement d'affecter la dette de chacune des parties à la garantie du paiement de sa créance.

Dans toutes les autres hypothèses, la compensation est *facultative* pour le juge qui dispose d'un pouvoir d'appréciation de son opportunité, que les créances soient ou non connexes.

L'*avant-projet de réforme du droit des obligations* consacre pour l'essentiel ces solutions jurisprudentielles. Selon l'article 1248, lorsque deux dettes sont connexes, le juge ne peut écarter la demande en compensation au motif que l'une d'entre elles ne réunit pas les conditions de liquidité et d'exigibilité. L'article 1248-1 ajoute que la transmission ou la saisie d'une créance connexe ne fait pas non plus obstacle à la compensation.

467. La question de l'autonomie de la compensation judiciaire. Date et effets de la compensation judiciaire. – Les liens unissant la compensation judiciaire et la compensation légale, et l'autonomie de la première par rapport à la seconde, demeurent discutés. Deux phénomènes y contribuent. Dans un certain nombre d'hypothèses le juge ne fait que créer les conditions de la compensation légale –en liquidant une dette, par exemple–, ce qui peut faire douter de la nature exacte de cette compensation. La même interrogation existe pour la compensation des dettes non liquides ou non exigibles dans laquelle la connexité remplace l'une des conditions formulées par la loi et qui, comme la compensation légale, est de droit puisque le juge est obligé de la prononcer.

Il faut admettre que la compensation judiciaire se ramène à la compensation légale dans les hypothèses où la compensation se produit parce que toutes les conditions formulées par le Code sont remplies, fût-ce grâce à l'intervention du juge.

En revanche, dans les autres cas la compensation est spécifiquement judiciaire, même si la liberté du juge est plus ou moins grande selon les hypothèses : lorsque, usant de son pouvoir d'appréciation, il *ordonne* la *compensation facultative* de créances en principe non compensables, et dans le cas de la *compensation obligatoire* de *créances connexes non liquides ou non exigibles*. C'est la jurisprudence qui a forgé le concept de connexité –ignoré du législateur jusqu'à la loi du 10 juin 1994– pour pallier *l'absence d'une condition légale*. C'est au juge qu'il appartient d'apprécier la connexité des créances. Peu importe à cet égard que la Cour de cassation n'abandonne pas ces questions au pouvoir souverain des juges du fond [2].

La question de l'autonomie de la compensation judiciaire n'est pas purement théorique. Elle a notamment des répercussions sur *la date* à laquelle elle produit ses effets. En règle générale, il faut admettre que ces effets n'apparaissent qu'au *jour du jugement*, puisque c'est la décision qui autorise la compensation d'une créance normalement incompensable, ou qui rend la compensation légale possible, par exemple en liquidant une dette. En revanche, lorsque la compensation judiciaire se fonde sur la connexité des créances, elle doit produire un *effet rétroactif*, remontant au jour où les créances ont coexisté. À défaut, elle ne remplirait pas son rôle de garantie, le titulaire de la créance liquide et exigible pouvant alors en disposer avant que le jugement n'intervienne. La

---

1. V. notamment, Com. 27 mars 1990, *Bull. civ.* IV, n° 99 ; Civ. 3e, 30 mars 1989, *Bull. civ.* III, n° 77, *Defrénois* 1989, art. 34633, obs. AUBERT.

2. Selon les rédacteurs de l'*avant-projet de réforme du droit des obligations*, la compensation des dettes connexes serait une hypothèse autonome, la connexité permettant à la compensation, de quelque nature qu'elle soit (légale, judiciaire ou conventionnelle), de se produire sans que les conditions normalement exigées soient remplies. Cependant, la lettre de l'article 1248 (v. *supra*, n° 466) paraît bien rattacher la compensation des dettes connexes à la compensation judiciaire.

jurisprudence –qui n'est pas si incertaine qu'on le dit parfois– paraît en ce sens[1]. Un arrêt du 20 février 2007 de la chambre commerciale de la Cour de cassation a formulé la règle autrement en disant que l'effet extinctif de la compensation de créances connexes ordonnée par le juge est *réputé s'être produit au jour de l'exigibilité de la première d'entre elles*[2].

Section III
La confusion

468. Notion. – La confusion est *la réunion sur la même tête des qualités de créancier et de débiteur de l'obligation*, ce que disent l'article 1300 du code civil et l'article 1249 de l'*avant-projet de réforme du droit des obligations*[3]. Les applications les plus courantes concernent les obligations de somme d'argent d'origine contractuelle. Mais la confusion peut également s'appliquer à des obligations ayant un autre objet –faire ou ne pas faire–, ou une autre source –le délit ou le quasi-délit, notamment.

En pratique, le cas usuel est celui où le créancier recueille la succession du débiteur, ou inversement. Mais il y en a d'autres.

Ainsi, celui où un locataire achète l'immeuble qui lui était loué[4]. Selon l'article 1300, la confusion emporte l'extinction de la créance[5].

469. Conditions et effets. – Pour que la confusion se réalise, il faut que la créance et la dette figurent dans *le même patrimoine*. Tel est le cas lorsqu'un héritier a accepté purement et simplement la succession du *de cujus*. En revanche, s'il ne l'a acceptée qu'à concurrence de l'actif net, le patrimoine du *de cujus* et celui de l'héritier ne se confondent pas, ce qui empêche le jeu de la confusion[6].

Il faut en outre que la créance soit, à ce moment, *disponible*. Ce qui n'est pas le cas lorsqu'elle a fait antérieurement l'objet d'une saisie-attribution au profit d'un tiers.

Les *effets* de la confusion sont plus difficiles à cerner. Il est sûr qu'elle *paralyse* au moins l'action en exécution de l'obligation, une personne ne pouvant sans absurdité se réclamer paiement à soi même. Selon la loi, il y a *extinction* de la créance.

La confusion est *totale* ou *partielle* selon que cet effet se produit pour l'intégralité de la créance ou seulement pour une fraction de celle-ci. Ainsi, la confusion n'est que

---

1. Les arrêts qui ont fait produire à la compensation un effet antérieur au jugement concernent des créances connexes, ou des créances entrées en compte pour lesquelles les juges écartent les principes de la compensation : Req. 7 févr. 1928, Civ. 16 mars 1892, préc. (en matière de compte) ; Com. 6 mars 1962, *Bull. civ.* III, n° 143 ; 11 mai 1960, *Bull. civ.* III, n° 173 (pour des créances connexes).

2. Com. 20 févr. 2007, *Bull. civ.* IV, n° 50, *RTD civ.* 2007. 570, obs. FAGES.

3. V. VIALATTE, « L'effet extinctif de la réunion sur une même tête de qualités contraires et ses limites », *RTD civ.* 1978.567.

4. En revanche, l'acquisition de l'immeuble par le locataire principal n'entraîne pas extinction de la sous-location par confusion car elle n'opère pas réunion des qualités de créancier et de débiteur des obligations nées du contrat de sous-location. Le bailleur et le locataire restent distincts (Civ. 3e, 2 oct. 2002, *Bull. civ.* IIII, n° 188, *D.* 2003.937, note DAGORNE LABBE, *RTD civ.* 2003.300, obs. MESTRE et FAGES).

5. Le texte dit qu'elle éteint les deux créances. C'est une erreur évidente : par hypothèse, il n'y en a qu'une. L'article 1300 de l'*avant-projet de réforme* corrige cette erreur.

6. Ce que confirme l'article 791 2° (réd. L. 23 juin 2006) qui indique que cette forme d'acceptation donne à l'héritier l'avantage de conserver contre la succession tous les droits qu'il avait antérieurement sur les biens du défunt.

partielle lorsqu'un débiteur (ou un créancier) hérite, avec d'autres personnes, de son créancier (ou de son débiteur). La confusion se produit pour la part d'hérédité qui revient à l'intéressé, l'obligation subsistant pour le surplus[1]. Il en va de même lorsque la confusion joue à l'égard d'un *codébiteur solidaire* (qui devient créancier). Dans ce cas, l'article 1301, alinéa 3, prévoit que la confusion ne profite à ses codébiteurs solidaires que pour la portion dont il était débiteur. Le codébiteur devenu créancier peut donc poursuivre les autres débiteurs pour le reliquat de la créance[2].

Il est également acquis que la confusion s'accompagne d'une extinction des *sûretés* qui garantissaient l'exécution de l'obligation. L'article 1301, alinéa 2, indique d'ailleurs que la caution est libérée lorsque le débiteur principal succède au créancier. Il en va de même lorsque c'est la caution qui succède au créancier. Mais dans ce cas, le débiteur principal reste évidemment tenu de la dette (v. art. 1250, *Avant-projet de réforme*).

La difficulté provient de ce que certaines solutions sont difficilement conciliables avec l'extinction de l'obligation. On considère ainsi que si la confusion se produit au profit d'un héritier, la créance ou la dette dont il bénéficiait ou qu'il supportait doit être prise en compte dans le calcul de l'actif de la succession et de la quotité disponible[3]. On admet également que le créancier peut continuer à opposer à son auteur le droit éteint par la confusion[4]. Par ailleurs, la Cour de cassation a affirmé que la confusion n'éteint pas d'une *manière absolue* le droit qu'elle concerne et laisse au titulaire de celle-ci la faculté de l'opposer encore aux tiers[5].

L'idée d'extinction « partielle », également avancée par certains auteurs[6], est difficilement admissible. Une dette est éteinte ou elle ne l'est pas, mais elle ne saurait être éteinte en partie, sauf pour ce qui concerne son montant, ce qui n'est pas le problème ici. La question est plutôt de savoir si la confusion –et non l'obligation, comme le juge la Cour de cassation– est ou non opposable aux tiers. La confusion se réalisant de plein droit, par l'effet de la loi, et n'étant soumise à aucune condition particulière d'opposabilité, elle devrait être automatiquement opposable aux tiers, sauf à ceux ayant acquis antérieurement un droit sur la créance.

Il faut observer que la plupart des solutions qui paraissent contraires à l'effet extinctif peuvent s'expliquer autrement que par une survie de la créance. La nécessité de respecter *l'égalité des héritiers* fonde suffisamment l'intégration de la créance (ou de la dette) dans le calcul de l'actif de la succession et de la quotité disponible, sa soumission au rapport et à la réduction. Quant à la possibilité reconnue au créancier de continuer à opposer sa créance aux tiers ou à son auteur, elle peut s'expliquer par l'idée que la confusion qui lui procure une satisfaction équivalente à un paiement *ne saurait lui nuire*[7].

Sous réserve de ces nuances, on peut donc admettre que la confusion a bien un effet extinctif.

---

1. A doit 40 000 € à X. Il hérite de ce dernier avec B, C et D. La dette de A s'éteint par confusion à hauteur de 10 000 €. Sa dette subsiste pour 30 000 €.

2. V. *supra*, n°s 318 et s.

3. Ce qui oblige l'héritier à l'intégrer à sa déclaration de succession : T. civ. Chartres, 25 mars 1859, *DP* 1859.3.80.

4. Civ. 1re, 16 nov. 1959, *Bull. civ.* I, n° 447, *JCP* 1960.II.11837, note PÉROT-MOREL, *RTD civ.* 1960.325, obs. CARBONNIER ; Civ. 1re, 6 févr. 1951, *Bull. civ.* I, n° 63 ; Req. 18 oct. 1927, *DP* 1928.1.35, note LALOU, qui jugent qu'il y a lieu de tenir compte de la moins-value résultant du bail éteint par confusion pour calculer la valeur de l'immeuble dans une action en rescision pour lésion intentée par le vendeur contre le locataire qui a acquis ce bien.

5. Civ. 1re, 8 déc. 1965, *Bull. civ.* I, n° 690, *D.* 1967.407, note R. SAVATIER. V. également : Req. 11 mai 1926, *DH* 1926.314, *S.* 1927.1.93.

6. MARTY, RAYNAUD et JESTAZ, n° 269. Rapp. TERRÉ, SIMLER et LEQUETTE, n° 1416.

7. Pour une autre explication, tirée de la distinction du *debitum* et de l'*obligatio*, v. STARCK, ROLAND et BOYER, n° 440. Sur l'idée de suspension et de survie du droit en valeur, v. GHESTIN, BILLIAU et LOISEAU, n° 1084.

470. Cessation de la confusion. – L'effet extinctif est susceptible d'être affecté par la cessation de la confusion qui n'est pas nécessairement définitive[1]. Mais il faut distinguer deux séries d'hypothèses.

Dans certains cas, l'acte ou le fait juridique qui avait créé la confusion est privé d'effets *rétroactivement*. La créance peut alors être de nouveau exercée. Ainsi, le créancier est légataire du débiteur, mais le testament qui l'instituait est annulé ou révoqué ; de ce fait, il est censé n'avoir jamais succédé au débiteur. Il peut donc réclamer paiement à ceux qui ont recueilli la succession à sa place. De même, un locataire achète l'immeuble loué, mais l'acquisition est annulée ou résolue ; il peut de nouveau exercer les droits attachés à sa qualité de locataire.

En revanche, lorsque la confusion ne cesse que *pour l'avenir* ses effets demeurent en principe acquis ; la créance, cette fois, ne renaît pas. Ainsi, le locataire, qui avait acheté l'immeuble loué, le revend ; il ne peut pas exercer son droit au bail contre l'acquéreur. Mais il existe une exception notable. En cas de cession de droits successifs, l'article 1698 du Code civil oblige l'acquéreur à « faire raison » au vendeur de tout ce dont il était créancier. L'héritier qui était créancier du *de cujus* a donc le droit d'exiger de l'acquéreur le paiement de sa créance, même lorsque celle-ci s'est éteinte par confusion lors de l'ouverture de la succession.

---

1. L'*avant-projet de réforme* précise au contraire que la confusion éteint définitivement l'obligation (art. 1249).

Chapitre 2

L'extinction sans satisfaction

471. Énumération des causes d'extinction. – Dans deux hypothèses –très différentes– l'obligation s'éteint sans que le créancier obtienne satisfaction.

En cas de *remise de dette*, l'extinction résulte d'un *acte du créancier* qui accepte de libérer le débiteur (Section I).

En revanche, cette extinction découle d'un *fait* en cas de *prescription extinctive ;* la dette disparaît par l'effet de l'écoulement du *temps* (Section II).

Section I
La remise de dette

472. Plan. – Sous cet intitulé, les articles 1282 à 1288 du Code civil traitent, en réalité, deux questions différentes : la remise de dette véritable, ou remise de dette *conventionnelle*, et une *présomption légale de libération* du débiteur.

Même s'il existe des liens étroits entre les deux questions, on aura une vue plus concrète des choses en les distinguant nettement.

L'*avant-projet de réforme du droit des obligations* qui, par ailleurs se borne, en la matière, à un toilettage des dispositions du code civil, distingue nettement ces deux questions, en traitant la présomption de libération du débiteur avec la preuve du paiement (art. 1232 et 1232-1) pour ne retenir, au titre de la remise de dette, que la remise conventionnelle (art. 1237 et s.).

Sous-section I
La remise de dette conventionnelle

473. Nature juridique. – La véritable remise de dette est une *convention* par laquelle le créancier libère le débiteur ; c'est, selon les articles 1285 et 1287, une « décharge conventionnelle ». De l'avis général, une renonciation unilatérale du créancier est impossible. L'obligation est un lien de droit entre deux personnes. L'accord de celles-ci est nécessaire pour le rompre [1].

Il n'y donc pas à proprement parler remise de dette lorsqu'une réduction des obligations du débiteur est imposée dans le cadre du redressement judiciaire d'une

---

1. Mais l'acceptation du débiteur peut être tacite, et la jurisprudence est généreuse, v. vol. 1 –*L'acte juridique*– n°s 150 et s. La remise de dette peut aussi résulter d'un testament –ce qu'on appelle le *legs de libération*–, acte unilatéral par excellence. Mais conformément au droit commun, ce legs ne produit effet que s'il est accepté par le bénéficiaire. L'article 1237 de l'*avant-projet de réforme* dispose que « la entreprise, sur décision du juge statuant sur la contestation des mesures recommandées par la commission de surendettement (C. consom., art. L. 332-1) ou en cas d'effacement des dettes non professionnelles résultant de la clôture de la procédure de rétablissement personnel pour insuffisance d'actif (C. consom., art. L. 332-9, L. 1er août 2003), contrairement à ce qui se produit normalement lorsque ces mesures résultent d'un règlement amiable ou d'un plan conventionnel de redressement [1].

Selon la chambre commerciale de la Cour de cassation, il ne semble pas non plus y avoir de remise de dette lorsque le créancier renonce simplement à agir contre le débiteur [2].

Le caractère *gratuit ou onéreux* de la remise de dette est sujet à controverse. Une partie de la doctrine juge que le créancier doit nécessairement être animé d'une intention libérale. Une autre considère que même si elle se fait toujours sans contrepartie directe, elle peut intervenir à titre onéreux dès lors que le créancier en tire un avantage, soit que la remise s'insère dans une opération plus vaste (transaction, novation, dation en paiement...), soit que le créancier agisse dans son propre intérêt en allégeant la dette du débiteur pour mieux recouvrer le reste [3].

On pourrait être tenté de tirer argument en faveur de la première opinion d'un arrêt par lequel la Cour de cassation a jugé que malgré leur caractère volontaire, les mesures consenties par les créanciers dans le plan conventionnel de règlement du surendettement prévu par l'ancien article L. 331-6. du Code de la consommation ne constituent pas, *eu égard à la finalité d'un tel plan*, une remise de dette au sens de l'article 1287 du Code civil [4]. La finalité de ce plan est de remédier aux difficultés du débiteur et de lui permettre d'apurer ses dettes. Il n'est donc pas inspiré par une intention libérale. Néanmoins, il est douteux que la Cour de cassation ait entendu se prononcer ainsi de manière générale sur le caractère gratuit ou onéreux de la remise de dette. En outre le Code civil admet lui-même (comme l'*avant-projet de réforme du droit des obligations :* art. 1239-1, al. 3) que la remise de dette peut avoir une contrepartie indirecte en prévoyant dans l'article 1288 les effets de la décharge d'une caution obtenue moyennant une rémunération [5].

Il semble donc que la remise de dette puisse être faite aussi bien à titre gratuit qu'à titre onéreux. Ce qui retentit, au moins en partie, sur les conditions et sur les effets de l'opération.

474. Conditions. – Les *conditions de fond* sont, d'abord, celles de toute convention (consentement, capacité, cause, objet) [6]. Mais ce sont aussi celles de l'acte de remise.

---

remise de dette est la convention par laquelle le créancier libère le débiteur de son obligation, avec l'accord, exprès ou tacite, de celui-ci ».

1. V. C. com., art. L. 621-60 et L. 621-76, nouv. ; C. consom., art. L. 331-7 et L. 332-1 et s. ; art. 36, L. 1er mars 1984 mod., C. consom., art. L. 331-6. Jugeant que malgré son caractère volontaire, la remise prévue à l'article 24 de la loi du 25 janvier 1985 (aujourd'hui C. com., art. L. 621-60, nouv.) participe de la nature judiciaire du plan de redressement et qu'elle ne constitue pas une remise conventionnelle, v. Com. 17 mai 1994, *Bull. civ.* IV, n° 177.

2. Com. 22 mai 2007, pourvoi n° 06-12196, *D.* 2007. AJ.1656, NDLR AVENA-ROBARDET : « la renonciation par le créancier au droit à agir en paiement contre le débiteur principal n'emporte pas extinction de l'obligation principale ni du recours de la caution contre ce débiteur ».

3. Pour le caractère nécessairement gratuit de la remise : MAZEAUD et CHABAS, n° 1198 ; STARCK, ROLAND et BOYER, n° 451. En faveur du caractère éventuellement onéreux : PICOD, *Rép. civ.* Dalloz v° *Remise de dette*, n°s 17 et s ; CARBONNIER, n° 352 ; TERRÉ, SIMLER et LEQUETTE, n° 1459 (plus nuancés) ; GHESTIN, BILLIAU et LOISEAU, n° 1217.

4. Civ. 1re, 13 nov. 1996, *Bull. civ.* I, n° 401, *D.* 1997.141, note MOUSSA, somm. 178, obs. D. MAZEAUD, *Defrénois* 1997, art. 36515, p. 292, note AYNÈS, *JCP* 1997.II.22780, note MURY, *RTD civ.* 1997.190, obs. CROCQ.

5. Rapp. Civ. 1re, 11 juill. 1984, *Bull. civ.* I, n° 229, *JCP* 1986.II.29576, note DUMORTIER, *RTD civ.* 1985.408, obs. RÉMY.

6. La remise de dette peut donc notamment être annulée pour erreur sur la substance : CA Chambéry, 20 déc. 2005, *JCP* 2006.II.10097, note SIMLER.

Ainsi, lorsqu'elle a lieu à titre gratuit, il faut qu'existe, entre les parties, la capacité de disposer et de recevoir à ce titre. Et la remise ne peut porter sur un droit indisponible, comme une créance alimentaire. Mais ce n'est là que l'application d'un principe général : on ne peut pas davantage, par exemple, céder une telle créance.

Aucune *condition de forme* n'est exigée. Ceci est d'ailleurs *a priori* singulier. Logiquement, on pourrait s'attendre à ce que les formes des donations (acte authentique : C. civ., art. 931) fussent imposées lorsque la remise a lieu à titre gratuit. Mais on admet traditionnellement que l'acte notarié n'est prescrit que pour les donations directes, non pour les donations indirectes : ce qui est ici le cas. À cela, il existe une atténuation. La remise est parfois contenue dans un *testament*. Il faut alors que le formalisme de ce type d'acte ait été respecté.

La *preuve* de la remise de dette se fait également conformément au droit commun. S'agissant d'une convention, la règle est la preuve *par écrit* pour tout acte d'un montant supérieur à 1 500 € (C. civ., art. 1341), sauf en matière commerciale ou s'il existe un commencement de preuve par écrit, ou une impossibilité matérielle ou morale de se procurer un écrit.

475. Effets. – La remise de dette produit des effets différents suivant la nature de l'opération que les parties ont entendu réaliser. Ainsi si elle est à titre gratuit, elle produit tous les effets d'une libéralité : elle est éventuellement soumise au rapport, à la réduction, aux différentes causes de révocation auxquelles sont exposés les donations et les legs.

Elle produit en outre, dans tous les cas un *effet fondamental :* l'*extinction de l'obligation* et des *sûretés* qui la garantissaient, bien que le créancier n'ait pas obtenu satisfaction. Cet effet s'étend à l'ensemble de la dette ou à une partie seulement, selon que la remise est *totale* ou *partielle.*

Le Code civil ne s'intéresse à l'effet extinctif que dans le cas où il existe *plusieurs débiteurs*, la remise n'ayant été consentie qu'à l'un d'eux.

Lorsqu'il y a *cautionnement*, la remise consentie au débiteur principal libère la caution, mais non l'inverse (art. 1287 ; art. 1239, *avant-projet de réforme*). C'est la conséquence du caractère accessoire de l'obligation de la caution. Celle-ci ne peut pas être liée lorsqu'il n'y a plus de débiteur principal ; mais ce dernier peut, au contraire, rester seul engagé. En cas de pluralité de cautions, la remise accordée à l'une d'elles ne libère pas les autres (même texte).

L'effet libératoire était cependant exclu, pour les cautions *solidaires* et les *coobligés*, par l'article L. 621-65 nouveau du Code de commerce. à l'égard des remises contenues dans le jugement arrêtant le plan de redressement d'une entreprise[1]. La Cour de cassation a par ailleurs tiré de son refus de considérer comme une remise de dette les mesures consenties dans le plan conventionnel de règlement du surendettement cette conséquence, dans l'ensemble critiquée, qu'elles ne peuvent bénéficier à la caution[2]. La question peut se poser pour « l'effacement partiel » prononcé par le juge de l'exécution comme remède à l'insolvabilité durable (C. consom., art. L. 331-7, réd. L. 29 juill. 1998 relative à la lutte contre les exclusions) et pour l'effacement (total) des dettes non professionnelles résultant du jugement de clôture pour insuffisance d'actif de la procédure de rétablissement personnel (C. consom., art. L. 332-9, L. 1er août 2003).

---

1. Depuis le 1er janvier 2006, les personnes physiques coobligées, cautions ou souscripteurs d'une garantie autonome peuvent se prévaloir des dispositions du plan de sauvegarde de l'entreprise (C. com., art. L. 626-11, réd. L. 26 juill. 2005). Il en va en principe de même en cas de redressement judiciaire, sauf pour ce qui concerne certaines mesures (arrêt du cours des intérêts ; art. L. 631-14).
2. Civ. 1re, 13 nov. 1996, préc.

Lorsqu'il s'agit d'une *dette solidaire*, la remise accordée à l'un des débiteurs libère, en principe, les autres. Mais le créancier peut stipuler le contraire (art. 1285, al. 1 ; art. 1238, al. 1, *avant-projet de réforme*). Même alors, cependant, le montant de la dette sera diminué de la part du débiteur libéré (art. 1285, al. 2 ; art. 1238, al. 2, *avant-projet de réforme*)[1].

Enfin, lorsqu'il s'agit d'une *dette conjointe* ou d'une *dette indivisible* –cas que les textes ne prévoient pas–, il est admis que la remise consentie à l'un des débiteurs ne libère que lui[2]. Mais cette dernière solution ne vaut que pour la remise de dette conventionnelle dûment prouvée. Elle est écartée lorsque l'on est en présence d'une libération présumée.

Sous-section II
La présomption légale de libération du débiteur

476. Objet et portée de la présomption. – Les articles 1282 et 1283 du Code civil établissent une *présomption de libération du débiteur* lorsque le créancier lui a volontairement *remis le titre* qui constate la créance. Rien de plus raisonnable. Si le créancier s'est dessaisi de son titre, c'est qu'il n'en avait plus besoin ; c'est donc que l'obligation était éteinte.

La matière est souvent rattachée à la preuve de la remise de dette, la remise du titre étant analysée comme une *remise tacite*. Cependant, l'objet de la présomption doit être bien précisé. La remise du titre fait présumer la *libération du débiteur* (art. 1282), mais elle ne révèle pas à quel titre cette libération est intervenue[3] : paiement *ou* remise de dette (cf. notamment art. 1283)[4].

Or, il est souvent nécessaire de savoir comment la libération s'est produite car un paiement ou une remise de dette ne produisent pas les mêmes effets. La règle est alors que celui des intéressés, qui se prévaut de *l'un ou l'autre mode de libération*, doit en établir la réalité. C'est sur lui que pèse la charge de la preuve.

Exemple : le débiteur soutient qu'il a payé une dette inexistante et veut agir en répétition de l'indu. C'est à lui de prouver qu'il y a bien eu paiement ; car, s'il y avait eu remise de dette, aucune répétition ne serait évidemment concevable. Au contraire, le créancier soutient qu'il y a eu remise

---

1. Sur la solidarité, v. *supra*, n°s 307 et s. L'article 1239-1 de l'*avant-projet de réforme du droit des obligations* prévoit que la décharge accordée à l'une des cautions ne libère pas les autres. Il ajoute que si les cautions sont solidaires, les autres ne restent tenues que déduction faite de la part du cofidéjusseur libéré, consacrant ainsi, selon ses auteurs, la solution dégagée par la jurisprudence.

2. Pour les dettes indivisibles, il faut distinguer, comme le suggère la jurisprudence, l'indivisibilité objective tenant à la nature de l'obligation, et l'indivisibilité subjective fondée sur la volonté des parties. Pour la première, la remise consentie à l'un des débiteurs bénéficie par la force des choses à tous. En revanche, l'indivisibilité subjective constitue une forme de garantie prévue dans l'intérêt du seul créancier auquel elle ne peut être opposée. Celui-ci peut donc réclamer le paiement de l'intégralité de la dette au débiteur qui n'a pas bénéficié de la remise (Civ. 1re, 18 mai 1978, *Bull. civ.* I, n° 195 ; Paris, 13 oct. 1980, *D.* 1981. IR. 350, obs. VASSEUR, *Banque* 1981.911, obs. MARTIN). Sur les obligations indivisibles, v. *supra*, n°s 318 et s.

3. Lorsqu'il y a pluralité de débiteurs c'est la libération de tous qui est présumée. L'article 1284 le dit expressément pour le cas de solidarité ; mais ceci doit être étendu à l'obligation indivisible et à l'obligation conjointe. En se dessaisissant de son titre entre les mains de l'un des débiteurs, le créancier s'est mis dans l'impossibilité de faire valoir ses droits à l'égard de tous.

4. Pour sa part, l'*avant-projet de réforme du droit des obligations* la rattache à la preuve du paiement (art. 1232), mais il précise que la remise du titre fait présumer « la remise de dette *ou* le paiement, sauf preuve contraire » (même texte).

de dette à titre gratuit, pour faire valoir une cause de révocation de la donation. C'est à lui de prouver cette remise ; car, s'il y avait eu paiement, il n'y aurait pas matière à révocation.

Dans l'un et l'autre cas, les modes de preuve sont libres. Mais il peut y avoir, en fait, de grosses difficultés à la rapporter. La conclusion est que la remise du titre est une méthode dangereuse. Mieux vaut donner quittance lorsqu'il y a eu paiement. Mieux vaut constater expressément la remise de dette, si tel est le cas.

La présomption est subordonnée à une seule condition : la *remise volontaire* du titre au débiteur ou, ce qui revient au même, à son mandataire. Cependant, du seul fait que le débiteur est en *possession* du titre, le créancier est présumé le lui avoir remis. Mais ce n'est qu'une présomption simple. Le créancier pourra démontrer, par tous moyens, qu'il y a eu appréhension frauduleuse ; auquel cas, la première présomption –celle de libération– ne jouera évidemment pas.

477. Force de la présomption. – Quant à la force de cette présomption, elle est différente suivant la *nature du titre*.

S'agit-il d'un *acte sous seing privé ?* La présomption est irréfragable (art. 1282)[1]. Le créancier, en effet, s'est ainsi démuni de tout moyen de faire valoir sa créance. Il est donc impossible d'imaginer qu'il ait pu ne pas considérer celle-ci comme éteinte. Aussi étend on cette solution à la remise d'un *titre notarié en brevet*, parce que la situation créée est la même : le créancier a encore renoncé au seul moyen qu'il avait de prouver son droit.

Après avoir jugé le contraire en se fondant sur la liberté de la preuve, la jurisprudence admet désormais que cette règle s'applique aussi en matière commerciale[2]. Conformément à l'article 1352, elle ne devrait pouvoir être combattue que par le serment et l'aveu judiciaire. Mais la jurisprudence juge également que la présomption ne peut être invoquée lorsque le débiteur a souscrit une reconnaissance de dette après la remise du titre[3].

La créance était-elle constatée par un *acte notarié en minute ?* Alors, la remise d'une *expédition* n'entraîne aucune présomption, car rien n'empêche le créancier de s'en faire délivrer une autre : il reste donc en mesure de faire valoir ses droits. En revanche, la remise de la *copie exécutoire* (la *grosse*) fait jouer la présomption de libération ; mais celle-ci n'est qu'une présomption simple : le créancier pourra démontrer que, malgré cette remise, il n'avait pas l'intention de libérer le débiteur (art. 1283). Si la présomption n'est pas irréfragable dans ce dernier cas, c'est qu'après s'être dessaisi de la copie exécutoire, on peut encore obtenir une expédition. Si la présomption existe néanmoins, c'est que l'on ne peut pas obtenir une nouvelle copie exécutoire sans des formalités compliquées et que, par conséquent, on n'a plus de titre exécutoire. Il est donc *probable*, mais non pas certain, que le débiteur est libéré[4].

---

1. Civ. 1re, 6 janv. 2004, *Bull. civ.* I, n° 6, *JCP* 2004.IV, n° 1392, *RTD civ.* 2004.93, obs. MESTRE et FAGES, *Contrats, conc. consom.* 2004. comm. 37 (remise volontaire de la reconnaissance de dette sous seing privé établie par l'emprunteur lors de la remise des fonds prêtés).

2. Com. 6 mai 1991, *Bull. civ.* IV, n° 158 ; 17 déc. 1991, *Bull. civ.* IV, n° 394 ; Com. 30 juin 1980, *Bull. civ.* IV, n° 280, *D.* 1982.53, note PARLÉANI, *RTD com.* 1981.107, obs. M. CABRILLAC et RIVES-LANGE, *Gaz. Pal.* 1981.2.431, note DUPICHOT.

3. Civ. 1re, 8 févr. 1984, *Bull. civ.* I, n° 56, *RTD civ.* 1985.387, obs. MESTRE ; Com. 22 juin 1983, *RTD com.* 1984.305, obs. M. CABRILLAC et TEYSSIÉ.

4. La réunion, dans le seul article 1232, alinéa 1er de l'*avant-projet de réforme du droit des obligations* des règles actuellement contenues dans les articles 1282 et 1283 du Code civil pourrait faire hésiter sur la force de la présomption, la réserve de la preuve contraire pouvant s'appliquer aussi bien à la remise du titre sous-signature privée qu'à celle de la copie exécutoire, selon la manière dont on lit le texte. La

Section II
La prescription extinctive

478. Notion et fondement de la prescription. – Le nouvel article 2219 du Code civil, issu de la loi du 17 juin 2008 portant *réforme de la prescription en matière civile,* définit la prescription extinctive comme « un mode d'extinction d'un droit résultant de l'inaction de son titulaire pendant un certain laps de temps ». Il existe, à côté, une *prescription acquisitive* définie désormais par l'article 2258 comme « un moyen d'acquérir un bien ou un droit par l'effet de la possession... ». Ces prescriptions ont un *trait commun*, qui est de consacrer, en droit, les situations de fait acquises. Celui qui a été en possession d'un immeuble pendant trente ans en devient propriétaire. Celui qui est resté cinq ans sans payer sa dette en est libéré. Cependant, la prescription acquisitive n'intéresse pas le droit des obligations, mais, essentiellement, le droit des biens [1]. Elle est donc exclue de l'étude [2].

La prescription extinctive est traditionnellement analysée comme reposant sur un *double fondement.*

Elle est d'abord justifiée par une raison d'*intérêt général :* la nécessité de mettre un terme aux actions en justice, afin d'éviter des procès portant sur des faits trop lointains. Cette transformation des situations de fait en situations de droit est conforme au bon ordre social, dont l'une des exigences est la sécurité. Sans doute cela peut-il se traduire dans quelques cas par le sacrifice des droits du créancier. Mais celui-ci n'a généralement à s'en prendre qu'à son inertie.

La seconde justification est d'*ordre probatoire :* l'écoulement d'un certain délai fait présumer un paiement qui, dans l'immense majorité des cas, a réellement eu lieu. Si la prescription n'existait pas, les débiteurs devraient conserver indéfiniment leurs quittances et, qui plus est, celles de leurs auteurs les plus reculés. Dans l'ensemble, elle aboutit à des résultats plus équitables que ne le seraient ceux du système opposé. Peu de créanciers sont ainsi privés d'un droit qu'ils n'ont pas exercé. À défaut de prescription, nombre de débiteurs seraient exposés à payer leur dette deux fois. Ce sont les *intérêts privés* qui sont ici essentiellement concernés.

---

volonté affichée des rédacteurs de simplement toiletter les dispositions du code permettent cependant de penser que les règles ne changent pas, au fond.

1. Antérieurement à la loi du 17 juin 2008, l'article 2219 définissait de manière générale la prescription comme « un moyen d'acquérir ou de se libérer par un certain laps de temps, et sous les conditions déterminées par la loi ». Il n'est pas sûr que ce rassemblement ait traduit une unité de nature des deux prescriptions (pour un rapprochement, v. cependant, ZÉNATI et FOURNIER, « Essai d'une théorie unitaire de la prescription », *RTD civ.* 1996.339). Les auteurs de l'*avant-projet de réforme du droit des obligations et du droit de la prescription* avaient cependant jugé qu'il y a là une unité qui fait la particularité du droit français et qui présente plus d'avantages que d'inconvénients. Les textes proposés mêlaient donc des règles relatives à la prescription extinctive et à la prescription acquisitive, V. MALAURIE, *Avant-projet de réforme de la prescription en droit civil, Defrénois* 2006, art. 38325, n° 1 *in fine*. En donnant deux définitions distinctes, la loi du 17 juin 2008 accentue la différence des prescriptions acquisitive et extinctive. V. notamment BANDRAC, « La nouvelle nature juridique de la prescription extinctive en matière civile », *RDC* 2008/4, 1413.

2. La matière est désormais régie par le Titre vingt et unième du Livre III du Code civil, « De la possession et de la prescription acquisitive », art. 2255 à 2279. Elle a fort peu été modifiée au fond. Sur la question, v. les commentaires de la réforme cités *infra*.

Ces deux fondements coexistent pour expliquer toutes les prescriptions ; mais l'un ou l'autre prévaut selon les cas. Pour cette raison, la prescription de toutes les obligations ne se réalise pas dans les mêmes conditions et ne produit pas les mêmes effets. Il n'existe pas, à proprement parler, une prescription mais *des prescriptions.*

479. Réforme de la prescription civile par la loi du 17 juin 2008. – La *multiplicité des régimes* de prescription, celle des délais et des points de départ en particulier, était justement l'un des reproches essentiels adressés au droit français antérieur à la réforme réalisée par la loi du 17 juin 2008. S'y ajoutaient, entre autres, *la longueur jugée excessive du délai de prescription de droit commun*, fixé, en l'absence de disposition particulière, à trente ans par l'ancien article 2262 pour toutes les actions réelles et personnelles, les *incertitudes* liées à la distinction des *délais de prescription et des délais préfix*, *l'insécurité* due aux causes de *suspension et d'interruption* de la prescription et culminant en cas d'*interversion* de celle-ci [1]...

En s'inspirant de réformes récentes intervenues à l'étranger et de projets d'harmonisation du droit des contrats en Europe, l'*Avant-projet de réforme du droit des obligations et de la prescription* s'était efforcé de moderniser et de simplifier la matière [2]. Les modifications essentielles concernaient la réduction –drastique– du délai de droit commun à *trois ans* –certaines actions (en réparation d'un dommage corporel, notamment) étant néanmoins soumises à une prescription décennale–, la transformation de la plupart des causes d'interruption en causes de suspension, la suppression de l'interversion, celle des délais préfix... L'avant-projet proposait aussi d'instaurer un *délai butoir* de dix ans à compter du fait générateur de l'obligation pour éviter un allongement excessif lié au report du point de départ de la prescription, à l'interruption ou à la suspension. Le texte promouvait également la liberté contractuelle en autorisant les clauses abrégeant ou allongeant la prescription, sans qu'elle puisse cependant être réduite à moins d'un an ni étendue à plus de dix ans.

C'est finalement une proposition de loi déposée au Sénat, après que sa commission des lois eût nommé une mission d'information sur le régime des prescriptions civiles, qui a donné naissance à la loi n° 2008-561du 17 juin 2008 *portant réforme de la prescription en matière civile* [3]. Ses principaux objectifs sont de moderniser les règles de la prescription civile et de leur rendre leur cohérence en réduisant le nombre et la durée des délais, en simplifiant leur décompte et en autorisant, sous certaines conditions, leur

---

1. V. notamment BÉNABENT, « Le chaos du droit de la prescription extinctive », *Mélanges BOYER*, PU des sciences sociales de Toulouse, 1996. *Les désordres de la prescription* (dir. COURBE), Publications de l'Université de Rouen, 2000. *Adde :* FAUVARQUE-COSSON, « Variations sur le processus d'harmonisation du droit à travers l'exemple du droit de la prescription extinctive », *RDC* 2004.801.
2. Ph. MALAURIE, « Avant-projet de réforme de la prescription en droit civil », *Defrénois* 2006, art. 38688.
3. Parmi de très nombreux commentaires, v. dossier « Réforme de la prescription », *D.* 2008. 2511 ; LEROYER, « Prescription. Loi n° 2008-561 du 17 juin 2008 portant réforme de la prescription en matière civile », *RTD civ.* 2008. 563 ; MALAURIE, « La réforme de la prescription civile », *JCP* 2009. I. 134, et La réforme de la prescription civile (commentaire de la loi n° 2008-561 du 17 juin 2008), *Defrénois* 2008, 38842 ; BRENNER et LECUYER, La réforme de la prescription, *JCP*, éd. E, 2009. I. 1169 ; AMRANI-MEKKI, Liberté, simplicité, efficacité, la nouvelle devise de la prescription ? À propos de la loi du 17 juin 2008, *JCP* 2008. I. 160 ; FRICERO, « La nouvelle prescription : entre sécurité et modernité », *RLDC* 2008, n° 52, 6 ; CHARBONNEAU, « La prescription d'hier et d'aujourd'hui : commentaire de la loi du 17 juin 2008 », *Dr. et patrimoine* sept. 2008, p. 42 ; v. également une série d'études publiées sous le titre « Prescription : la réforme, enfin ! », *in RDC* 2008/4, 1413.

aménagement contractuel. Dans l'ensemble, les textes ne permettront vraisemblablement pas d'atteindre ces objectifs, comme leur examen détaillé le prouvera.

L'instauration d'un nouveau régime de la prescription pose naturellement la question de l'*application dans le temps* des nouveaux textes. L'article 26 de la loi formule des règles qui s'inspirent des principes généraux qu'elle énonce par ailleurs (C. civ., art. 2222), lesquels consacrent au demeurant les solutions dégagées par la jurisprudence antérieure.

Les dispositions de la loi qui allongent la durée d'une prescription s'appliquent dès lors que le délai de prescription n'était pas expiré à la date de son entrée en vigueur –intervenue, en l'absence de disposition particulière, le 19 juin 2008. Il est alors tenu compte du délai écoulé (art. 26-I). **Exemple :** soit une prescription de deux ans, portée à cinq ans par la loi nouvelle, pour laquelle dix-huit mois avaient déjà couru au moment de l'entrée en vigueur de la loi. La nouvelle prescription quinquennale s'applique dès l'entrée en vigueur de la loi, mais il ne reste plus que trois ans et demi à accomplir.

Les dispositions de la loi qui réduisent la durée de la prescription s'appliquent aux prescriptions à compter du jour de son entrée en vigueur, sans que la durée totale puisse excéder la durée prévue par la loi antérieure (art. 26-II). **Exemples :** soit, d'abord, une prescription de trente ans réduite à cinq ans pour laquelle dix ans seulement étaient accomplis au moment de l'entrée en vigueur de la loi nouvelle. Pour que la prescription soit acquise, il faudra attendre cinq ans à compter de ce moment ; le total de cinq ans à accomplir et de dix ans déjà réalisés est en effet inférieur à la durée initiale de trente ans. Soit, ensuite, la même prescription initiale de trente ans réduite à cinq mais pour laquelle vingt-huit ans étaient accomplis au moment de l'entrée en vigueur de la loi. Le nouveau délai de cinq ans s'applique, en principe, mais il ne reste plus que deux ans à attendre pour que la prescription soit acquise. Demander plus dépasserait le délai trentenaire originel.

Enfin, envisageant le cas des instances en cours, l'article 26-III précise que l'action est poursuivie et jugée conformément à la loi ancienne, y compris en appel et en cassation.

480. Délimitation de l'étude. Prescription et délais préfix. – La prescription extinctive a un domaine infiniment plus large que le droit des obligations, comme le révèle le titre de la loi du 17 juin 2008 qui concerne la prescription « en matière civile ».

Le nouvel article 2224 dispose, en effet, que « les actions personnelles ou mobilières se prescrivent par cinq ans » et l'article 2227 que « les actions réelles immobilières se prescrivent par trente ans ».

La prescription entraîne donc extinction non seulement des *droits de créance*, mais également des *droits réels*[1], à l'exception du droit de propriété que l'article 2227, consacrant la jurisprudence antérieure[2], déclare désormais expressément imprescriptible. La prescription éteint aussi les actions en nullité du mariage (C. civ., art. 181). Elle met fin également à la possibilité d'exercer certaines facultés, comme celle d'opter en matière successorale (art. 780)... Naturellement, seul le premier effet, d'extinction des obligations, sera étudié ici.

La généralité des textes conduit souvent à des études qui abordent de manière très large la prescription, délaissant quelque peu son rattachement aux modes d'*extinction de l'obligation*[3]. Si

1. Sur la question, non tranchée par la loi, de savoir si la prescription éteint *l'action en justice* ou *le droit*, v. *infra*, n° 504.
2. Celle-ci avait jugé que la propriété ne se perdant pas par le non-usage, l'action en revendication n'est pas susceptible de prescription extinctive : Civ. 3e, 5 juin 2002, *Bull. civ.* III, n° 129, *JCP* 2002.II.10190, note DU RUSQUEC. La propriété n'est perdue par son ancien titulaire qu'autant qu'un nouveau a satisfait aux conditions de la prescription acquisitive.
3. Avant la loi du 17 juin 2008, c'est l'ancien article 2262 qui conduisait à ce résultat. Il soumettait toutes les actions, tant réelles que personnelles, à la prescription de trente ans. Désormais, il faut distinguer, d'une part les actions personnelles ou mobilières, auxquelles s'applique la nouvelle

l'on recentre la matière sur cet effet de la prescription, certaines questions habituellement évoquées doivent être ignorées, particulièrement la prescription des *actions en nullité* qui n'a pas pour effet d'éteindre un droit de créance mais un « droit de critique » du contrat irrégulièrement formé et qui, du point de vue du débiteur, n'aboutit pas à éteindre sa dette mais au contraire à la consolider[1]. En revanche, la restitution consécutive à la nullité est intéressée par la prescription comme cause d'extinction de l'obligation. Un arrêt de la première chambre civile du 24 septembre 2002 paraît l'avoir soumise à la prescription de l'action en nullité, mais il n'est pas absolument probant[2].

L'étude de la prescription englobe aussi généralement l'analyse plus ou moins approfondie d'une notion voisine : les *délais préfix*, aussi appelés *délais de forclusion.* Le rôle joué par l'écoulement du temps dans les deux institutions, et la difficulté qu'il y a à les distinguer, justifient ce rapprochement.

Le délai préfix est un délai accordé pour *accomplir un acte* ou *exercer une action en justice*, et dont l'inobservation est sanctionnée par la *forclusion* ou la *déchéance :* par exemple le délai de deux ans accordé à l'acheteur pour agir en rescision pour lésion de la vente d'immeuble (art. 1676). Il présente donc de grandes ressemblances avec la prescription, mais aussi des différences : notamment, en ce qu'il n'est, en principe, pas susceptible de suspension, et en ce que la forclusion ou la déchéance doit être relevée d'office par le juge, alors que la prescription doit être invoquée par le débiteur. Mais ces règles particulières ne s'appliquent pas toujours[3] et, au surplus, il n'y a pas de *critère* de distinction décisif. La durée du délai n'est pas déterminante, certaines prescriptions ayant un délai tout aussi bref. La sanction de la forclusion ou de la déchéance est un indice important ; mais la loi n'indique pas toujours quelle est la sanction du non respect du délai et la jurisprudence ne s'arrête pas nécessairement aux termes qu'elle emploie[4].

Compte tenu de l'absence de critère précis de distinction, l'*avant-projet de réforme du droit de la prescription* proposait de supprimer la notion de délai préfix, sauf dans les cas où la loi indique clairement, comme dans l'actuel article 1676 du Code civil, que le délai court contre les incapables[5].

La loi du 17 juin 2008 *conserve* au contraire la catégorie des délais préfix, en les *soustrayant*, en principe, aux règles applicables aux délais de prescription. En effet, selon le nouvel article 2220, « les délais de forclusion ne sont pas, sauf dispositions contraires prévues par la loi, régis par le présent titre ». Le texte reconnaît donc ainsi, implicitement, leur existence et leur originalité. Néanmoins, certaines règles relatives à la prescription s'appliquent aux délais de forclusion, en vertu des nouveaux textes, comme les principes de l'application de la loi dans le temps (art. 2222), l'interruption par l'effet de la demande

---

prescription quinquennale, d'autre part les actions réelles qui restent soumises à la prescription trentenaire. Cette répartition, qui donne une importance accrue à la nature et à la qualification des actions, suscite notamment des interrogations pour les actions mixtes, qui se rattachent pour partie aux actions personnelles, pour partie aux actions réelles. Sur ces classifications, v. GUINCHARD, FERRAND et CHAINAIS, *Procédure civile*, 29e éd. 2008, nos 96 et s. ; COUCHEZ, *Procédure civile*, 14e éd., 2006, nos 166 et s. ; CADIET et JEULAND, *Droit judiciaire privé*, 5e éd., 2006, nos 328 et s.

1. V. Vol. 1 –*L'acte juridique*– nos 351 et s.
2. V. Vol. 1 –*L'acte juridique*–, no 362, et vol. 2 –*Le fait juridique*–, no 23.
3. V. *infra*, no 491.
4. Cf. Ass. plén. 14 janv. 1977, *Bull. civ.* AP no 1, *D.* 1977.89, concl. SCHMELK, *JCP* 1979.II.19059, note DE JUGLART et DU PONTAVICE ; 1er juill. 1977, *Bull. civ.* AP no 5 (le délai de deux ans pour agir en responsabilité contre un transporteur aérien prescrit sous peine de déchéance n'est pas un délai préfix). V. VASSEUR, « Délais préfix, délais de prescription, délais de procédure », *RTD civ.* 1950.459.
5. MALAURIE, *Avant-projet de réforme de la prescription en droit civil*, préc., no 13.

en justice (art. 2241) ou d'un acte d'exécution forcée (art. 2244), mais pas par la reconnaissance du droit par le débiteur (art. 2240). Il existe cependant des incertitudes concernant leur régime, notamment quant à la possibilité d'aménagements conventionnels –sans doute exclue– et à celle pour le juge de soulever d'office le moyen qui en est tiré –vraisemblablement admise. Comme par ailleurs la loi ne fournit aucune indication sur le critère de distinction avec les délais de prescription, il y a là un premier point sur lequel elle manque son objectif de clarification et de simplification du droit [1].

Les délais préfix débordent largement le droit des obligations. Ceux qui intéressent la matière ne constituent pas, en général, des causes d'extinction de l'obligation. Ils ne seront donc évoqués qu'accessoirement à propos des points sur lesquels ils dérogent aux règles de la prescription.

Recentrer l'étude sur l'extinction des obligations permet aussi de mettre en lumière une autre différence entre les prescriptions –sur laquelle on n'insiste pas assez [2] –, qui tient à la manière dont elles opèrent sur le droit du créancier. Au sens strict, la prescription extinctive est celle qui emporte *disparition d'un droit de créance exigible*. Le débiteur qui devait s'acquitter d'une dette est libéré de cette obligation. En raisonnant en termes procéduraux, ce sont les *actions en paiement* (et, pour les obligations contractuelles, l'action en responsabilité contractuelle) qui sont désormais impossibles [3].

Il existe en revanche d'autres prescriptions qui jouent différemment, en amont, en *empêchant une créance de naître*. Cette fois le créancier est privé du droit d'agir contre le débiteur car son droit n'a pas été établi et il ne le sera jamais. Tel est notamment le cas de la prescription des actions en responsabilité délictuelle une fois le délai pour agir expiré [4].

Cette différence rejaillit en partie sur le régime de la prescription.

Malgré la loi du 17 juin 2008, qui a en partie manqué ses objectifs, la prescription demeure une matière complexe. Nous en tracerons les grandes lignes en précisant d'abord les *conditions* de la prescription extinctive, avant d'en indiquer les *effets*.

Sous-section I
Les conditions de la prescription extinctive

481. Unicité. – À vrai dire, il n'y en a guère qu'une : l'inaction du créancier pendant un certain *délai*. Mais il ne suffit pas de déterminer ce délai. Il faut encore savoir comment il se calcule –se *compute*–, et indiquer les causes qui sont éventuellement susceptibles de l'*allonger*.

---

1. Certains auteurs considèrent que la loi du 17 juin 2008 a profondément transformé la nature de la prescription extinctive en en faisant un délai de déchéance, mais d'une autre sorte quand même que les délais de forclusion : BANDRAC, « La nouvelle nature juridique de la prescription extinctive en matière civile ».

2. V. cependant CARBONNIER, n° 359.

3. Étant précisé que les créanciers ne sont pas dans la même situation selon qu'ils disposent, ou non, d'un titre exécutoire, ce que révèlent clairement les causes d'interruption de la prescription. V. *infra*, n° 492.

4. V. Vol. 2 –*Le fait juridique*– n°s 346 et s. et n°s 360 et s. Un délai de garantie –ou de responsabilité – peut avoir le même effet qu'un délai d'action – en garantie ou en responsabilité–. Cumulant les deux sortes de délai, v. les articles 1386-16 et 1386-17 du Code civil relatifs à la responsabilité du fait des produits défectueux. V. JOLY, « La nouvelle génération des doubles délais extinctifs », *D.* 2001. chron. 1450.

§ 1. DURÉE DU DÉLAI

482. Délai de droit commun et délais exceptionnels. Système antérieur à la loi du 17 juin 2008. Prescriptions trentenaire, décennale et quinquennale. – Même en se limitant à la seule prescription extinctive, les délais de prescription formaient, avant l'intervention de la réforme, une incroyable mosaïque. Malgré la volonté affichée du législateur de réduire l'extrême diversité des délais, celle-ci demeure, paradoxalement, pour l'essentiel.

Avant, la loi du 17 juin 2008, le délai de *droit commun*, applicable à défaut de texte particulier, était de *trente ans* (art. 2262). C'était aussi le délai le plus long ; beaucoup trop, particulièrement dans son application à la responsabilité contractuelle. Tous les textes dérogatoires au droit commun *abrégeaient* la prescription. On ne saurait d'ailleurs en donner une nomenclature complète, mais seulement quelques exemples, parmi les plus importants[1].

La loi optait fréquemment pour un délai de *dix ans* qui paraît plus raisonnable ; ce qui donnait à cette forme de prescription un domaine extrêmement vaste. Elle s'appliquait notamment à toutes les actions en responsabilité extra-contractuelle (art. 2270-1, réd. L. 5 juill. 1985), et à certaines autres actions en responsabilité : responsabilité du constructeur pour les dommages causés au gros œuvre (art. 1792 et 2270), responsabilité des personnes légalement habilitées à représenter ou à assister les parties en justice (art. 2277-1)...

La prescription de dix ans s'appliquait également à toutes les obligations nées *entre commerçants* à l'occasion de leur commerce, ou *entre commerçants et non-commerçants*, sauf si elles étaient soumises à des prescriptions spéciales plus courtes (C. com., art. L. 110-4.I, nouv. ; anc. art. 189).

La prescription de dix ans constituait donc la prescription de *droit commun* pour les *actes de commerce* et les *actes mixtes*, sans qu'il y ait lieu, dans ce cas, de distinguer selon que l'obligation pèse sur le commerçant ou le non-commerçant[2].

Il existait aussi une *prescription quinquennale* au domaine extrêmement vaste. Le délai de cinq ans était d'abord édicté pour certains *cas particuliers :* pour le recouvrement des sommes dues aux notaires (L. 24 déc. 1897, art. 1), pour celui des frais et honoraires dus aux avocats pour les affaires non terminées (art. 2273)...

Mais, surtout, c'était le délai de prescription des *créances périodiques* fixées par l'ancien article 2277 *:* salaires (L. 16 juill. 1971, mod. art. 2277 ; C. trav., anc. art. L. 143-14)[3], arrérages de rentes, pensions alimentaires, loyers et fermages, intérêts des sommes prêtées, et tout ce qui est payable par année ou à des termes périodiques plus courts. C'était l'une des dispositions les plus importantes, parce que son domaine d'application était très large[4]. D'autant que la jurisprudence avait fini par adopter une compréhension souple de l'article 2277.

---

1. Pour un panorama plus étendu, v. STARCK, ROLAND et BOYER, n°s 361 et s. ; TERRÉ, SIMLER et LEQUETTE, n°s 1477 et s. GHESTIN, BILLIAU et LOISEAU, n°s 1141 et s. Sur la prescription de l'action civile découlant d'une infraction pénale, v. vol. 2 –*Le fait juridique*– n°s 362 et s.

2. Civ. 1re, 29 avr. 1997, *Bull. civ.* I, n° 134, *D.* 1997.327, note CHARTIER, *Contrats, conc. consomm.* 1997.130, obs. LEVENEUR, *Defrénois* 1997 art. 36684, n° 1, obs. J. HONORAT.

3. Antérieurement à la loi du 16 juill. 1971, la prescription de l'action en paiement des salaires était soumise à une prescription de six mois, ce qui était excessivement court. Sa soumission à la prescription quinquennale a constitué un cas relativement rare d'allongement du délai de prescription *dans l'intérêt du créancier*. Elle modifiait le fondement de la prescription qui ne se trouvait plus dans une présomption de paiement (TERRÉ, SIMLER et LEQUETTE, n° 1479).

4. La prescription quinquennale s'appliquait à la créance qui, quoiqu'exprimée en capital, constitue une dette de loyers : Ch. mixte, 12 avr. 2002, *Bull. civ.* CM, n° 3, *D.* 2002.2905, note PERRET-RICHARD, *JCP* 2002.II.10169, note CONAC, *Defrénois* 2002, art. 37599, note DAGORNE-LABBE, *Defrénois* 2002, art. 37607, n° 69, obs. LIBCHABER. Elle s'applique aussi à l'action en paiement des charges locatives,

Après avoir longtemps exclu l'application de ce texte aux créances périodiques dont le montant était susceptible de varier à chaque échéance, comme des charges d'immeuble, elle avait ultérieurement abandonné cette condition de *fixité* contraire au fondement de la prescription quinquennale. Il suffisait que le montant de la créance soit déterminé, au moment de l'échéance, par référence à des éléments connus du créancier et ne dépendant pas de déclarations du débiteur[1]. Elle appliquait aussi l'article 2277 notamment aux indemnités d'occupation d'un immeuble[2] et aux intérêts des sommes dues pour une cause autre qu'un contrat de prêt[3].

Elle avait en revanche beaucoup hésité sur la question de savoir si l'article 2277 devait s'appliquer à l'action en répétition de l'indu de sommes à caractère périodique versées à tort. Après avoir un temps répondu par l'affirmative puis s'être divisée sur la question, elle était revenue à la solution classique excluant, en principe, l'application de ce texte[4]. La solution était plus respectueuse de l'autonomie de la répétition de l'indu source d'obligation[5]. Mais la loi de cohésion sociale du 18 janvier 2005 avait complété l'article 2277 du Code civil pour soumettre expressément les actions en répétition des loyers, fermages et charges locatives à la prescription quinquennale.

Outre les fondements généraux de toute prescription, l'article 2277 comportait une justification qui lui était propre. Il tendait à éviter une accumulation de termes impayés, qui deviendrait rapidement trop lourde pour le débiteur. Quelle serait, par exemple, la situation du locataire à qui un bailleur, d'abord négligent, puis diligent, pourrait réclamer d'un coup plusieurs années de loyers arriérés !

483. Délai de droit commun et délais exceptionnels. Système antérieur à la loi du 17 juin 2008 (suite). Les courtes prescriptions reposant sur une présomption de paiement et les prescriptions raccourcies. – À ce système déjà compliqué, il fallait encore ajouter les prescriptions *inférieures à cinq ans* qui étaient usuellement dénommées *courtes prescriptions*.

Encore cette dénomination ne s'appliquait-elle pas à celles qui étaient prévues par des lois spéciales, mais seulement à celles qui l'étaient, sous une rubrique à part, *aux articles 2271* à *2273* du Code civil. Ces courtes prescriptions s'appliquaient à des dettes qu'il est d'usage de payer très rapidement et sans exiger de quittance. Aussi reposaient-elles exclusivement sur *une présomption*

---

accessoires aux loyers : Ch. mixte 12 avr. 2002, *Bull. civ.* CM, n° 2, *Defrénois* 2002, art. 37607, n° 69, obs. LIBCHABER.

1. Ass. plén., 7 juill. 1978, *Bull. civ.* AP n° 4 ; *JCP* 1978.II.18948, rapp. PONSARD, concl. BAUDOUIN, note R. D.-M. ; Civ. 1re, 13 juin 1995, *Bull. civ.* I, n° 259. *Adde :* TOPOR, « La notion de créance à caractère périodique au sens de l'article 2277 du Code civil », *RTD civ.* 1986.1. La prescription de l'article 2277 ne s'appliquait donc pas au paiement des cotisations dues par les adhérents d'une association syndicale pour les charges communes, qui sont indéterminées et variables dans leur existence, même si elles faisait l'objet d'appels de provisions : Civ. 1re, 24 oct. 2000, *Bull. civ.* I, n° 260.
2. Civ. 3e, 8 nov. 2006, *D.* 2007.347, note DAMAS, *Defrénois* 2006, art. 38562, n° 31, obs. LIBCHABER, *Droit et procédures* 2007.152, obs. SCHÜTZ ; Civ. 1re, 5 mai 1998, *Defrénois* 1998, art. 36894, note DAGORNE-LABBÉ. La solution valait même s'il s'agit d'une indemnité d'occupation globale, contrairement à ce que la troisième chambre civile jugeait antérieurement (Civ. 3e, 16 déc. 1998, *Bull. civ.* III, n° 251, *JCP* 1999.II.10049, note DU RUSQUEC).
3. Sur les intérêts dus sur le montant d'une condamnation, v. Civ. 2e, 1er juin 1988, *Bull. civ.* II, n° 134.
4. Ch. mixte, 12 avr. 2002, *Bull. civ.* CM, n° 2, *D.* 2002.2433, note AUBERT DE VINCELLES, *Defrénois* 2002, art. 37607, n° 69, obs. LIBCHABER, *JCP* 2002.II.10100, note BILLIAU ; Civ. 2e, 22 nov. 2001, *Bull. civ.* II, n° 170, *Defrénois* 2002, art. 37548, n° 24, obs. MASSIP, et art. 37486, n° 12, obs. SAVAUX. V. vol. 2 –*Le fait juridique*– n° 28. *Contra*, à propos de l'action en restitution de salaires : Soc. 23 juin 2004, *Bull. civ.* IV, n° 182.
5. V. également Civ. 2e, 16 déc. 2003, *D.* 2004.2686, note BOULOC et somm. 1557, obs. PRETOT, qui juge que l'action en répétition de prestations de retraite complémentaire, « *qui relève du régime spécifique des quasi-contrats* », est soumise à la prescription trentenaire.

de paiement –on parle de prescriptions *présomptives*– ce qui les soumettait, elles aussi, à certaines règles particulières[1].

Le délai de prescription variait selon la *nature* de la créance. Se prescrivaient par *deux ans :* l'action des médecins, des chirurgiens, des dentistes, des pharmaciens... en paiement de leurs honoraires et des médicaments (art. 2272, al. 3) ; celle des commerçants en paiement des marchandises vendues à un particulier (art. 2272, al. 4) ; celle des avoués et des avocats en paiement de leurs frais et honoraires pour les affaires terminées (art. 2273).

Se prescrivaient par *un an :* l'action des huissiers pour le paiement de leur rémunération (art. 2272, al. 1) ; celle des maîtres de pension et des artisans pour le prix de la pension ou de l'apprentissage (art. 2272, al. 2).

Se prescrivaient par *six mois :* l'action des maîtres et instituteurs pour les leçons données au mois ; celle des hôteliers et traiteurs pour le logement et la nourriture qu'ils fournissent (art. 2271).

La diversité de ces délais s'expliquait par la volonté de tenir compte de ce qui est d'usage dans les domaines considérés ; mais elle contribuait grandement à compliquer la matière[2].

Il existait, en dehors des articles 2271 et s. du Code civil, d'autres prescriptions inférieures à cinq ans, que l'on pouvait dire *raccourcies* afin de ne pas les confondre avec les prescriptions présomptives[3]. Certaines avaient une importance pratique considérable. Les actions dérivant du contrat d'*assurance* se prescrivaient ainsi par *deux ans* (C. assur., art. L. 114-1), de même que les actions découlant des *baux commerciaux* (C. com., art. L. 145-60, nouv.), l'action en garantie contre les *constructeurs* pour les éléments de « second œuvre » (C. civ., art. 1792-3) et l'action contre le *transporteur aérien* (C. aviation, art. L. 321-5 et L. 322-3 ; Convention de Varsovie, art. 29)[4]...

Se prescrivaient par *un an :* les actions pour pertes, avaries ou retard contre le transporteur (C. com., art. L. 133-6, nouv.) et les actions en responsabilité contre le transporteur ferroviaire international de marchandises ou de voyageurs...

Il existait encore bien d'autres prescriptions, telles la prescription de *quatre ans* des dettes de *l'État et des collectivités publiques* (L. 31 déc. 1986, art. 1), de *six mois* pour l'action en réparation du *dommage causé aux récoltes* par le gibier (C. envir., art. L. 426-7), de *trois mois* pour l'action en réparation d'un dommage résultant d'un *délit de presse* (L. 29 juill. 1881, art. 85)...

Ces prescriptions raccourcies suscitaient un important contentieux, certains créanciers prétendant qu'elles étaient fondées sur une présomption de paiement afin de pouvoir en écarter l'effet par le serment ou par l'aveu[5]. La jurisprudence écartait généralement cette prétention en jugeant qu'elles sont fondées sur des considérations d'ordre public[6].

---

1. V. *infra,* n° 495. De ce fondement, il résultait, en outre, qu'elles étaient inapplicables à un litige qui porte, non sur le paiement, mais sur l'existence et le montant mêmes de la dette : Soc. 24 janv. 1962, *JCP* 1962.IV.34 ; 10 févr. 1960, *D.* 1960. somm. 49.

2. Contrairement à ce qui s'était produit en matière de prescription quinquennale, la jurisprudence soumettait ces prescriptions présomptives à une interprétation restrictive. Elle considérait généralement qu'elles étaient de droit étroit et ne pouvaient être étendues au-delà des cas prévus par les textes (Civ. 1re, 19 mai 1998, *Bull. civ.* I, n° 179 ; 1er juin 1994, *Bull. civ.* I, n° 198. *Contra,* Caen, 28 sept. 1993, *D.* 1995. somm. 97, obs. J. PENNEAU. Appliquant l'article 2272, alinéa 3, du Code civil à l'action en paiement des vétérinaires, v. Civ. 1re, 7 mars 2000, *RTD civ.* 2000.574, obs. MESTRE et FAGES). Par ailleurs, un arrêt de la première chambre civile du 15 janvier 1991 en avait considérablement limité le domaine en jugeant qu'elles ne s'appliquaient qu'aux dettes *que l'on n'a pas coutume de constater par un titre*. Celles qui sont constatées par un titre émanant du débiteur constituaient des « dettes ordinaires » qui échappaient à ces prescriptions (Civ. 1re, 15 janv. 1991, *Bull. civ.* I, n° 17, *JCP* 1992. II. 21863, note DU RUSQUEC, *RTD civ.* 1991.744, obs. MESTRE).

3. BÉNABENT, n° 896.

4. En revanche, le délai de deux ans qui s'applique aux actions relatives aux opérations de *crédit à la consommation* est un *délai préfix* (C. consom., art. L. 311-37).

5. V. *infra,* n° 505.

6. Com. 24 févr. 1982, *Bull. civ.* IV, n° 75 ; Civ. 1re, 6 juin 1979, *Bull. civ.* I, n° 162. Cf. *infra,* n° 505.

On comprend que devant un tel maquis, depuis longtemps dénoncé par la doctrine, le législateur ait voulu simplifier le système, tout en réduisant le délai de prescription de droit commun. Il y a malheureusement assez largement échoué.

484. Réforme de la prescription par la loi du 17 juin 2008. Réduction du délai de droit commun à cinq ans et effort d'uniformisation. – La mesure la plus importante, à première vue, de la loi du 17 juin 2008 est la *réduction spectaculaire* du délai de prescription de droit commun. Aux trente ans prévus par l'ancien article 2262, la loi substitue un délai de *cinq ans* (art. 2224). S'inspirant de modèles étrangers et de projets européens, l'*avant-projet de réforme du droit des obligations et de la prescription* avait proposé trois ans. Dans plusieurs rapports, la Cour de cassation avait quant à elle suggéré de retenir un délai de dix ans.

On peut discuter à l'infini, et sans avoir beaucoup d'éléments décisifs, sur le point de savoir si le délai finalement retenu est trop long ou trop court [1]. On peut quand même observer que dans les discussions qui ont précédé le vote de la loi, certains professionnels –des huissiers, notamment– se sont inquiétés de l'instauration d'un trop bref délai. Contre l'idée souvent avancée de l'accélération du rythme de la vie, et donc de celui des affaires, du risque de dépérissement des preuves... ils faisaient valoir la nécessité de laisser le temps nécessaire à la reconnaissance et à la sanction des droits. Par ailleurs, la prescription quinquennale était largement pratiquée dans le droit antérieur et son adoption comme délai de droit commun –tel est l'intitulé de la Section sous laquelle figure l'article 2224– paraît plutôt satisfaisante. Reste à savoir si en procédant de la sorte la loi a atteint son objectif de réduire le nombre et la durée des délais. Le bilan est de ce point de vue très mitigé.

En faveur de la loi, on doit constater qu'il y a quand même un assez large *rassemblement des prescriptions* sur le délai de cinq ans. D'abord, en vertu des articles 2223 [2] et 2224 combinés, cette prescription s'applique à *toutes les actions personnelles ou mobilières*, dès lors qu'elles ne font pas l'objet de dispositions spéciales. Certes, les actions réelles immobilières –l'action en revendication d'un immeuble, par exemple– y échappent puisqu'elles se prescrivent par trente ans (art. 2227), ce qui est déjà une limite importante à l'harmonisation [3]. Mais la matière n'intéresse pas l'extinction –ni la reconnaissance– des obligations, lesquelles donnent naissance à des actions personnelles.

S'agissant de cette matière, qui seule nous intéresse, la prescription quinquennale reçoit un vaste champ d'application. En particulier c'est elle qui régit, en principe, les actions en réparation des dommages autres que corporels [4], sans qu'il y ait lieu,

---

1. La réponse est d'autant plus incertaine qu'il faut tenir compte par ailleurs des règles régissant le point de départ du délai, la suspension et l'interruption de la prescription...

2. Sur lequel, v. *infra,* la suite du n°.

3. Le délai de « droit commun » ne concerne ainsi, en réalité, qu'une catégorie d'actions... (MALAURIE, « La réforme de la prescription civile », préc., n° 8).

Dans le domaine des obligations, mais ne concernant pas leur extinction (v. *supra*, n° 480), il faut observer que la loi ôte désormais tout intérêt à la qualification de nullité relative ou absolue pour la détermination de la durée de la prescription de l'action. La première est soumise à la prescription quinquennale par application de l'article 1304, alinéa 1er, qui demeure inchangé, la seconde l'est par celle de l'article 2224 qui remplace l'ancien article 2262. V. vol. 1 –*L'acte juridique*– nos 351 et s.

4. Sur ces derniers, v. *infra,* n° suivant.

désormais, de distinguer selon qu'ils donnent lieu à une responsabilité contractuelle ou extra-contractuelle [1].

La prescription quinquennale a un domaine d'autant plus vaste que la loi du 17 juin 2008 a été l'occasion de *supprimer* la différence entre les *matières civile et commerciale* et d'*unifier les prescriptions* en ces domaines. Selon l'article L. 110-4-I du Code de commerce, modifié par l'article 15 de la loi, « les obligations nées à l'occasion de leur commerce entre commerçants ou entre commerçants et non-commerçants se prescrivent par cinq ans si elles ne sont pas soumises à des prescriptions spéciales plus courtes ». Les difficultés liées à la détermination de la qualité de l'auteur de l'acte, et aux liens avec son activité devraient donc disparaître. Mais à la distinction de la matière civile et de la matière commerciale, il faudra substituer celle des contrats conclus entre professionnels et consommateurs et des autres contrats, la loi instaurant une prescription particulière de l'action des professionnels contre les consommateurs [2].

L'adoption de la prescription quinquennale comme délai de droit commun a naturellement entraîné la suppression de la disposition spéciale qui régissait les actions en paiement des *créances périodiques* (anc. art. 2277). Celles-ci rentrent donc dans le giron de la règle générale de l'article 2224 –auquel l'article L. 3245-1 du Code du travail renvoie désormais pour ce qui concerne l'action en paiement des salaires–, sans qu'il y ait, au fond, changement de la durée de la prescription.

La *suppression des courtes prescriptions* des anciens articles 2271 et suivants a évidemment une toute autre portée. Elle se traduit par un allongement notable de la prescription des actions concernées, désormais soumises au délai de droit commun de cinq ans. Il en va ainsi, par exemple, de l'action des hôteliers et traiteurs pour le logement et la nourriture qu'ils fournissent, antérieurement prescrite par six mois, de celle des médecins, chirurgiens, pharmaciens en paiement de leurs honoraires et des médicaments, des avoués et des avocats en paiement de leurs frais et honoraires... autrefois prescrites par deux ans. Ici, la célérité a été sacrifiée à l'uniformisation de la prescription [3].

Notons enfin que le délai de cinq ans correspond en outre à celui de certaines prescriptions spéciales. Tel est le cas notamment de l'action en responsabilité contre les personnes ayant assisté ou représenté les parties en justice (art. 2225), antérieurement soumise à la prescription décennale (anc. art. 2277-1) ou de celle en réparation du préjudice résultant d'une discrimination dans le travail (C. trav., art. L. 1134-5).

Que ce soit par l'effet de la règle générale de l'article 2224 du Code civil –et de celle de l'article L. 110-4 du Code de commerce– ou par celui des dispositions spéciales qui adoptent le même délai, la prescription quinquennale a donc un vaste empire. Il est néanmoins loin de tout couvrir et l'effort d'uniformisation du délai connaît d'importantes limites.

---

1. Antérieurement, l'action en responsabilité contractuelle était soumise à la prescription trentenaire en application de l'ancien article 2262, l'action en responsabilité extra-contractuelle à la prescription décennale en vertu de l'article 2270-1 (L. 5 juill. 1985). L'abrogation de ce second texte soumet cette action à la prescription quinquennale de l'article 2224. V. vol. 2 –*Le fait juridique*– n° 377.
2. V. *infra,* n° suivant.
3. En revanche, les prescriptions raccourcies contenues dans des textes spéciaux demeurent, en principe. V. *infra,* n° suivant.

485. Limites de l'uniformisation du délai. Création de délais particuliers et maintien des délais spéciaux. – Il n'est pas sérieusement envisageable que la loi jette un voile uniforme sur la prescription, qu'elle soumette toutes les actions absolument aux mêmes règles. Dans la fixation du délai de prescription, dans celle de son point de départ... il faut tenir compte des intérêts, souvent contraires, en présence –ceux des particuliers (le créancier et le débiteur) et ceux de la collectivité– et des objectifs, eux-mêmes diversifiés à atteindre –éviter la contestation tardive des situations acquises, protéger contre le dépérissement des preuves... En soi, l'existence de délais dérogeant au droit commun n'est donc *pas critiquable*. Reste à savoir si l'équilibre trouvé par le législateur est satisfaisant, ce dont on peut douter s'agissant de la loi du 17 juin 2008.

Celle-ci crée d'abord, dans le Chapitre consacré aux délais et au point de départ de la prescription extinctive, une Section intitulée « *quelques délais et points de départ particuliers* » (art. 2225 à 2227). Le dernier texte qui la compose place curieusement sous cette rubrique l'affirmation de l'imprescriptibilité de la propriété –qui aurait mérité un signalement plus solennel– et la prescription trentenaire des actions réelles immobilières, qui n'intéressent pas la matière des obligations. En revanche, dans ce domaine, l'article 2226, alinéa 1er, soumet à la *prescription décennale* l'action en responsabilité à raison d'un événement ayant entraîné un *dommage corporel*, engagée par la victime directe ou indirecte. L'alinéa 2 allonge ce délai à *vingt ans* lorsque le préjudice a été causé par des tortures ou des actes de barbarie, ou par des violences ou des agressions sexuelles commises contre un mineur [1]. D'évidentes raisons d'ordre public, liées à la nature des intérêts protégés, justifient cette dérogation qui concerne la reconnaissance du droit, plus que son extinction. Une telle justification ne se retrouve pas dans l'article 2225 qui soumet à une *prescription quinquennale spéciale*, courant à compter de la fin de leur mission, l'action en responsabilité contre les personnes ayant assisté ou représenté les parties en justice.

La loi du 17 juin 2008 instaure ensuite d'autres délais particuliers qui figurent dans des dispositions extérieures au Code civil. Selon le nouvel article L. 137-2 du Code de la consommation, l'action des *professionnels*, pour *les biens ou les services* qu'ils fournissent aux *consommateurs*, se prescrit par *deux ans*. L'article L. 152-1 nouveau du Code de l'environnement dispose pour sa part que les obligations financières liées à la réparation des dommages causés à l'*environnement* se prescrivent par *trente ans* à compter du fait générateur. Un nouvel article 2 *bis* de l'ordonnance du 2 novembre 1945 prévoit que l'action en responsabilité dirigée contre les *huissiers de justice* pour la perte ou la destruction des pièces qui leur sont confiées se prescrit par *deux ans*... Il n'est pas sûr que tous les intérêts sous-jacents à ces dispositions méritaient d'échapper au lot commun.

Ajoutons enfin, en raison de l'importance de la règle, qui intéresse largement l'extinction des obligations, que selon le nouvel article 3-1 de la loi du 9 juillet 1991 portant réforme des procédures civiles d'exécution, l'*exécution des décisions de l'ordre judiciaire ou administratif* et celle des *transactions* ayant force exécutoire ne peut être poursuivie que pendant *dix ans*, sauf si les actions en recouvrement des créances qui y sont constatées se prescrivent par un délai plus long. La loi règle ici la question de la

---

1. Le texte reprend, pour le dommage corporel, les principes qui régissaient la responsabilité extra-contractuelle avant l'entrée en vigueur de la loi (anc. art. 2270-1). V. *supra*, n° précédent.

durée d'exécution des décisions de justice pour laquelle la jurisprudence admettait, avant son entrée en vigueur, que se produisait une interversion permettant en principe l'exécution pendant un délai de trente ans [1]. Conformément à ce que la jurisprudence antérieure avait décidé, cette prescription ne s'applique pas aux obligations constatées dans des actes authentiques [2].

À l'existence de ces délais particuliers créés par la loi, il faut ajouter la disposition du nouvel article 2223 du Code civil. Selon ce texte, « *les dispositions du présent titre ne font pas obstacle à l'application des règles spéciales prévues par d'autres lois* ». Là est la *principale faiblesse* de la loi du 17 juin 2008 dans sa lutte contre l'éparpillement des délais. Au seuil du nouveau titre du Code civil, le législateur reconnaît qu'il renonce pratiquement à tout effort de simplification et d'harmonisation : les innombrables délais spéciaux qui figurent dans le Code civil, dans les autres codes et dans tous les autres textes que nous avons précédemment évoqués subsistent. S'agissant de la durée de la prescription, le droit demeure donc tout aussi chaotique et la prétention de la prescription quinquennale de l'article 2224 à constituer le « droit commun » ne peut être comprise que comme désignant une aptitude à s'appliquer à défaut de disposition contraire –une vocation résiduelle–, pas comme ayant vocation à la généralité.

486. Les modifications conventionnelles du délai. – Un autre apport essentiel de la loi du 17 juin 2008 est la promotion de la *liberté contractuelle* en matière de prescription.

Avant l'entrée en vigueur de ce texte, la question de savoir si les parties peuvent modifier conventionnellement les délais de prescription recevait une réponse nuancée [3]. L'article 2220 du Code civil *interdisait de renoncer d'avance* à la prescription [4]. C'était une règle protectrice du débiteur, à qui le créancier, supposé plus puissant, pourrait imposer cette renonciation. On en déduisait que les *conventions allongeant le délai* légalement applicable étaient pareillement nulles, car le résultat pourrait être le même. Néanmoins, la jurisprudence permettait aux parties de convenir, en cours de délai, de la suspension de la prescription, ce qui réduisait la portée de l'interdiction [5]. Par ailleurs, les clauses qui prévoyaient des modalités extrêmement simples d'interruption de la prescription, par l'effet, notamment, d'un courrier ordinaire [6], pouvaient allonger considérablement le délai pour prescrire.

Les *conventions abrégeant le délai légal* étaient, au contraire, valables, parce qu'elles étaient favorables au débiteur [7]. Encore n'était-ce là qu'un principe, que le législateur écartait dans certains cas particuliers, lorsque c'est le débiteur qui est plus puissant que le créancier et qui pouvait imposer à celui-ci un délai trop bref. Ainsi, ni la prescription en matière d'assurances (C. assur., art. L. 114-2), ni le délai préfix en matière de crédit à la consommation (C. consom., art. L. 313-16), ne pouvaient être abrégés [8].

---

1. V. *infra,* n° 495.
2. Ch. mixte 26 mai 2006, *Bull.* CM n° 3, *Defrénois* 2006, art. 38433, n° 46, obs. LIBCHABER.
3. Sur les pouvoirs, généralement plus étendus, reconnus aux parties par les droits anglais et allemand, et différents textes et projets européens, v. FAUVARQUE-COSSON, *op. cit.*, 806.
4. Le même texte permettait en revanche de renoncer à la prescription acquise.
5. Civ. 1re, 13 mars 1968, *Bull. civ.* I, n° 98, *JCP* 1969.II.15903, note PRIEUR ; Req. 22 juin 1853, *DP.* 1853.1.302.
6. *Infra,* n° 491.
7. Civ. 1re, 6 oct. 1976, *D.* 1977.25, note GAURY ; Civ. 31 janv. 1950, *D.* 1950.261, note LEREBOURS-PIGEONNIÈRE, *JCP* 1950.II.5541, note WEILL. CARIO, « Les modifications conventionnelles de la prescription extinctive », *Petites Affiches* 1998, n° 133.
8. À remarquer que, dans sa recommandation du 30 janvier 1979 relative aux clauses concernant les recours en justice, la Commission des clauses abusives a demandé que soient éliminées des contrats les

La loi du 17 juin 2008 crée, dans le chapitre IV consacré aux conditions de la prescription extinctive, une section III, intitulée « De l'aménagement conventionnel de la prescription ». Elle est composée d'un article unique –article 2254– dont l'alinéa 1er dispose que la durée de la prescription *peut être abrégée ou allongée* par accord des parties [1]. Il n'y a donc plus lieu de distinguer les deux types de conventions, comme dans le système antérieur ; les deux sont en principe valables. La loi a néanmoins énoncé deux sortes de *limites.*

D'une part, l'étirement ou la contraction du délai sont enserrés dans des extrêmes. La durée de la prescription *ne peut être réduite à moins d'un an ni étendue à plus de dix ans.* Des délais conventionnels plus courts ou plus longs ont été jugés insuffisants, d'une manière générale, pour permettre l'exercice effectif des droits ou leur extinction.

D'autre part, la loi *exclut* toute possibilité d'aménagement conventionnel dans certains domaines où la liberté contractuelle lui paraît particulièrement dangereuse. Il en va parfois ainsi en raison de la *nature de la dette.* Selon l'article 2254, alinéa 3, les parties ne peuvent pas modifier la durée légale de la prescription des actions en paiement ou en répétition des salaires, arrérages de rente, pensions alimentaires, loyers, fermages, charges locatives, intérêts des sommes prêtées et, généralement, aux actions en paiement de *tout ce qui est payable par années* ou à des termes périodiques plus courts. On retrouve ici les créances périodiques qui étaient soumises à la prescription quinquennale de l'ancien article 2277 dans le but d'éviter un risque d'accumulation des impayés que la convention ne doit pas pouvoir ressusciter. Dans d'autres cas, l'interdiction de l'aménagement conventionnel est fondée sur la différence de puissance des parties. Ces stipulations sont interdites dans les contrats conclus entre un professionnel et un *consommateur* (C. consom., art. L. 131-7), dans les contrats d'*assurance* (C. assur., art. L. 114-3), pour les opérations individuelles ou collectives de garantie relevant du Code de la mutualité (C. mutual., art. L. 221-12-1).

Même ainsi limité, et bien que le mouvement ait déjà été amorcé antérieurement par la jurisprudence, le développement de la liberté contractuelle en matière de prescription traduit un important changement de l'institution. Elle était autrefois essentiellement fondée sur l'intérêt général, en tant qu'instrument de consolidation des situations de fait dans un but de paix sociale. Elle apparaît désormais beaucoup plus nettement comme une institution d'intérêt privé, mise à la disposition des sujets pour régler librement leurs intérêts. Cette orientation est sans doute moins critiquable s'agissant des obligations –et notamment de leur extinction– que dans d'autres domaines, encore qu'elle y présente quand même des dangers. Certains ont été perçus par le législateur qui, dans la mesure précédemment indiquée, a conservé le caractère d'*ordre public* des délais de prescription. Mais la délimitation du domaine de la liberté contractuelle peut-être discutée. Pourquoi, en particulier, y avoir abandonné les contrats entre professionnels, vraisemblablement exclus en raison de l'aptitude supposée des parties à défendre leurs intérêts, alors que celle-ci est fréquemment contredite, dans les faits, par des relations de dépendance ?

---

clauses ayant pour objet ou pour effet d'imposer un délai de prescription pour agir en justice ou de réduire celui fixé par la loi.

1. L'alinéa 2 leur permet d'ajouter aux causes de suspension ou d'interruption prévues par la loi. V. *infra,* n° 490 et s.

487. Le délai butoir. – Une autre innovation majeure de la loi du 17 juin 2008 est l'instauration de ce qu'il est convenu d'appeler un « délai butoir » s'inspirant d'expériences étrangères et de quelques textes récents, parfois d'origine européenne [1].

Selon le nouvel article 2232, le report du point de départ, la suspension ou l'interruption de la prescription [2] ne peuvent avoir pour effet de porter le délai de la prescription extinctive au-delà de *vingt ans* à compter du jour de la naissance du droit. La règle est destinée à éviter un étirement excessif de la prescription dû à des événements affectant le déroulement du délai. Quoiqu'il advienne, le droit (ou l'action) s'éteindra au plus tard vingt ans après sa naissance. La règle paraît être un gage de sécurité en évitant la remise en cause tardive des situations de fait [3].

Cette limite infranchissable présente néanmoins un risque pour le créancier qui ne pourra plus faire valoir son droit une fois le terme du délai échu. À la limite, elle pourrait avoir pour effet que le titulaire du droit en soit privé avant d'avoir pu l'exercer, faute d'avoir connu les faits lui permettant de le faire [4]. Il faudra donc que le juge manie la règle avec précaution. D'ailleurs, la loi exclut son application dans un nombre assez élevé d'hypothèses où elle lui paraît injustifiée (art. 2232, al. 2). En se tenant aux questions qui intéressent la prescription des obligations, le délai butoir *ne s'applique pas* : à l'action en responsabilité née à raison d'un événement ayant entraîné un dommage corporel, à l'action en réparation du préjudice causé par des tortures, des actes de barbarie, des violences ou des agressions sexuelles commises contre un mineur, à la prescription des créances conditionnelles ou des créances à terme, à l'action en garantie d'éviction, à la suspension de la prescription entre époux ou entre partenaires liés par un pacte civil de solidarité, à l'interruption par l'effet de la demande en justice ou par celui d'un acte d'exécution forcée, à la prescription de l'exécution des titres exécutoires (L. 9 juill. 1991, art. 3-1, al. 2), aux actions en responsabilité des professionnels de santé ou des établissements de santé (CSP, art. L. 1142-28)... La comparaison de ces hypothèses et leur confrontation avec d'autres actions, ou d'autres causes de suspension ou d'interruption, pour lesquelles le délai butoir s'applique ne permet de discerner de ligne directrice dans les choix du législateur.

En réalité, c'est donc en réalité un *double délai* qui s'applique à la prescription [5], dans tous les cas où l'article 2232, alinéa 1er, joue. Il faut d'abord que l'action ait été intentée (que le droit ait été exercé) dans le délai fixé par la loi et calculé selon les modalités qui vont être précisées, en fonction de son point de départ et des éventuelles suspensions ou interruptions. Le respect de ce premier délai n'est cependant pas suffisant. S'il advient que par l'effet du report du point de départ, de la suspension ou de l'interruption, l'action est intentée plus de vingt ans à compter du jour de la naissance du droit, elle sera de toute manière déclarée prescrite.

---

1. Notamment les articles 1386-16 et 1386-17 du Code civil relatifs à la responsabilité du fait des produits défectueux, sur lesquels, v. vol. 2 –*Le fait juridique*– n° 310.
2. Sur lesquels, v. *infra*, nos 488 et s.
3. Sauf à observer que la détermination du jour de naissance du droit peut susciter d'importantes difficultés, comme l'ont démontré les vives controverses qui se sont développées sur la date de naissance des créances périodiques résultant de contrats à exécution successive.
4. Sauf à admettre, dans ce cas là, que le délai butoir ne s'applique pas, le point de départ n'ayant pas été reporté : il est simplement fixé, en application de l'article 2224 au jour de la connaissance des faits permettant d'exercer le droit.
5. V. JOLY, « La nouvelle génération des doubles délais extinctifs », *D.* 2001. chron 1450.

Selon la manière dont il sera appliqué, le délai butoir pourrait transformer aussi assez profondément la prescription civile qui deviendrait, pour partie au moins, un délai de déchéance se rapprochant des délais préfix [1].

§ 2. La computation du délai

488. Point de départ. Principes généraux. – Computer le délai consiste à le calculer, précisément à déterminer son point d'arrivée, en fonction de son point de départ et de la durée de la prescription.

Entre donc d'abord sous cette rubrique la détermination du *point de départ* du délai de prescription. Avec celle de la durée des délais, l'extrême diversité des points de départ était l'un des défauts du système antérieur à la loi du 17 juin 2008 les plus fréquemment dénoncés. Pas plus que sur les délais, la réforme n'a réussi la remise en ordre espérée.

Le Code civil énonçait bien diverses *règles générales*. Puisque la prescription suppose l'inaction du créancier, il était naturellement de principe qu'elle ne commence à courir qu'à compter du jour où l'obligation est *exigible :* pour une créance sous *condition suspensive*, au jour de la réalisation de la condition (art. 2257, al. 2), pour une *créance à terme*, au jour de l'échéance (art. 2257, al. 4) [2]. À l'évidence, les règles énoncées par le Code civil ne concernaient que les créances dont l'existence est déjà établie –les créances contractuelles, essentiellement–, non celles dont l'existence doit l'être par une action en justice –principalement les créances délictuelles. Elles valaient pour l'*action en paiement* d'une *créance certaine et liquide*, non pour l'action tendant à transformer un « principe de créance » en créance présentant ces caractères [3].

Pour ce second type de créance, le point de départ de la prescription ne pouvait être qu'autre : généralement la date de *l'événement donnant naissance au principe de créance* –sur laquelle on peut d'ailleurs hésiter : date du fait dommageable, ou de la manifestation du dommage, ou de sa connaissance...

Opportunément, de nombreux *textes spéciaux* indiquaient expressément le point de départ du délai qu'ils retenaient : la *manifestation du dommage ou de son aggravation* pour les actions en *responsabilité extra-contractuelle* (C. civ., art. 2270-1), la date à laquelle le demandeur a eu ou aurait dû avoir *connaissance du dommage, du défaut et de l'identité du producteur* en matière de *responsabilité du fait des produits défectueux* (C. civ., art. 1386-17), l'*événement* donnant lieu à l'action en cas de *responsabilité pour abordage* (L. 7 juill. 1967, art. 7), le *jour de l'accident* pour la mise en œuvre de la *responsabilité des exploitants de navire nucléaire* (L. 12 nov. 1965, art. 16), le jour où l'aéronef *est arrivé ou aurait dû arriver à destination* pour la *responsabilité du transporteur aérien de marchandises ou de personnes* (C. aviation, art. L. 321-5 et L. 322-3)...

La loi précisait également le point de départ du délai de prescription de certaines *actions en paiement :* le jour du jugement, ou celui de la conciliation, ou celui de la révocation de l'avocat pour le paiement de leurs frais et honoraires (art. 2273), la date des actes, ou celle du décès de l'auteur du testament pour le paiement des sommes dues aux notaires...

---

1. Bandrac, « La nouvelle nature juridique de la prescription extinctive », *RDC* 2008/4, 1413, préc. Tout dépendra en fait du point de savoir si le délai butoir joue ou non dans le cas où le titulaire du droit n'a pas en connaissance des faits lui permettant de l'exercer. V. *supra* même numéro note 4 page précédente).

2. Par application du même principe, les créances périodiques se prescrivent distinctement, échéance par échéance : Soc. 14 avr. 1988, *Bull. civ.* V, n° 228 ; 13 déc. 1945, *D.* 1946.137.

3. Sur cette différence, v. *supra,* n° 480.

On pouvait difficilement imaginer plus grande diversité, d'autant que les notions vagues utilisées par certains textes –tel l'événement donnant naissance aux actions dérivant du contrat d'assurance– posent de redoutables problèmes d'interprétation[1].

Sur ce point aussi, la loi du 17 juin 2008 a voulu faire œuvre de clarification en précisant le point de départ du délai de droit commun. Selon l'article 2224, la prescription quinquennale des actions personnelles ou mobilières court « *à compter du jour où le titulaire d'un droit a connu ou aurait dû connaître les faits lui permettant de l'exercer* ».

Ce point de départ[2], qui ne correspond pas exactement à celui que l'on pouvait dégager de la jurisprudence antérieure, laquelle retenait plutôt le jour où le titulaire du droit a pu agir[3], a déjà été l'objet d'abondantes critiques. Beaucoup d'analyses le disent « flottant » ou « glissant » en ce sens qu'il n'est pas prédéterminé et qu'il pourrait varier au gré des circonstances. Il serait ainsi source d'insécurité, puisqu'il pourrait avoir pour effet d'accroître excessivement la durée de la prescription, en contradiction flagrante avec la volonté du législateur de la raccourcir. En réalité, plus que « flottant », ce point de départ est plutôt « subjectif[4] » en ce qu'il est lié à la connaissance, par le titulaire du droit, des faits lui permettant de l'exercer. Ce choix du point de départ peut s'expliquer par une idée générale qui anime assez largement la jurisprudence en matière de prescription : il faut éviter que le droit ne soit prescrit avant que son titulaire ait pu l'exercer[5]. S'agissant du risque d'insécurité précédemment évoqué, tout dépendra en réalité de la manière dont le juge appliquera l'article 2224. On pourrait éventuellement revenir, sous couvert de ce texte, au jour de la naissance du droit ou à celle de son exigibilité, si l'on considère que c'est à cette date que le titulaire du droit « a dû avoir connaissance des faits » lui permettant de l'exercer. Cette formule permettrait alors de revenir à une fixation objective du point de départ du délai qui ne devrait céder que dans des hypothèses exceptionnelles[6].

Ce qui est certain, en revanche, c'est que la loi ne réussit pas plus l'harmonisation des points de départ que celle des délais de prescription. Toutes les règles spéciales prévues par d'autres lois, dont l'article 2223 dit qu'elles subsistent, le font évidemment avec leurs points de départ originaux. La loi elle-même fixe d'ailleurs certains points de départ particuliers, qui vont de paire avec les délais particuliers : la fin de la mission des

---

1. SARGOS, « La fixation du point de départ de la prescription en matière d'assurances », *JCP* 1998.I.130. En matière d'assurance contre les accidents corporels, la jurisprudence juge désormais que la prescription de l'action contre l'assureur court à compter du jour de la consolidation de l'état de la victime et non de celui où elle a été informée que l'accident allait laisser subsister une invalidité de nature à entraîner la garantie de l'assureur : Civ. 1re, 1er juin 1999, *Bull. civ.* I, n° 178, *Resp. civ. et assur.* 1999 Com. 21, note GROUTEL ; Civ. 2e, 4 mai 2000, *Bull. civ.* II, n° 75, *RTD civ.* 2000.851, obs. JOURDAIN, *Resp. civ. et assur.* 2000. Comm 221, obs. GROUTEL.

2. Sur lequel v. notamment MIGNOT, « Réforme de la prescription : le point de départ du délai », *Defrénois* 2009, art. 38896.

3. Ce qui désigne le jour de sa naissance ou, en cas de discordance, celui de son exigibilité.

4. LEROYER, « Prescription. Loi n° 2008-561 du 17 juin 2008 portant réforme de la prescription en matière civile », *RTD civ.* 2008. 563, préc. ; MIGNOT, art. préc.

5. V. *infra,* n° 496 et s. Au contraire, l'instauration d'un délai butoir ne respecte pas cet impératif (v. *supra,* n° 487).

6. En matière de nullité du contrat pour erreur ou pour dol, la règle de l'article 2224 correspond à celle de l'article 1304, alinéa 2, selon laquelle l'action court « du jour où ils ont été découverts ». Dans ce genre d'hypothèse, la fixation du point de départ en considération d'une connaissance factuelle est pleinement justifiée. Il devrait en aller de même, s'agissant de l'extinction des obligations, de la connaissance de la qualité de créancier. On ne saurait admettre, par exemple, que la prescription court contre une personne qui ignore qu'elle a la qualité d'héritier ou de légataire.

personnes ayant représenté ou assisté les parties en justice, pour les actions en responsabilité intentées contre elles (art. 2225), la date de la consolidation du dommage initial ou aggravé –conformément à la jurisprudence antérieure– pour l'action en responsabilité née à raison d'un événement ayant entraîné un dommage corporel (art. 2226), le fait générateur du dommage pour la réparation des dommages causés à l'environnement (C. environ., art. L. 152-1)...

Sur ce point aussi, la matière n'est donc pas vraiment simplifiée.

Il faut enfin noter que les nouveaux textes consacrent des *causes de report du point de départ* qui sont, pour la plupart, également des causes de suspension de la prescription (art. 2234 et s.)[1]. Il en va ainsi, notamment, de l'impossibilité d'agir par suite d'un empêchement résultant de la loi, de la convention ou de la force majeure, du report de la prescription qui ne court pas, en principe, contre les mineurs non émancipés et les majeurs en tutelle, ni entre époux ou partenaires liés par un pacte civil de solidarité.

Reprenant les dispositions de l'ancien article 2257, l'article 2233 indique également que la prescription ne court pas à l'égard d'une créance conditionnelle, jusqu'à ce que la condition arrive, à l'égard d'une action en garantie, jusqu'à ce que l'éviction ait lieu, à l'égard d'une créance à terme, jusqu'à ce que ce terme soit arrivé. Il ne s'agit pas vraiment d'un report, mais d'une fixation du point de départ pour ces situations particulières.

489. Mode de calcul du délai. – Le mode de calcul du délai soulève moins de difficultés : la prescription se compte *par jours* et non par heures (C. civ., art. 2228 ; anc. art. 2260). D'où il suit que les fractions de jour ne comptent pas et que, par conséquent, le jour où la prescription a commencé à courir (*dies a quo*) n'est pas compris dans le délai.

Inversement, le dernier jour du délai (*dies ad quem*) est compris dans celui-ci ; la prescription n'est acquise que lorsque ce dernier jour est achevé (art. 2229 ; anc. art. 2261).

Selon la jurisprudence, s'inspirant des règles prévues pour la computation des délais de procédure (NCPC, art. 641), on ne doit pas tenir compte du nombre de jours variables selon les mois ou les années. Le délai expire le jour portant le même quantième que celui du point de départ. Si le mois ou l'année d'expiration ne comporte pas de même quantième, le délai expire le dernier jour du mois correspondant. Ces diverses règles s'appliquent aux délais *préfix* comme aux délais de *prescription.*

Exemples : soit la prescription quinquennale d'une créance devenue exigible le 15 mai 2007. Le délai commence à courir le 16 mai 2007 à 0 heure. La prescription sera acquise le 16 mai 2012 à minuit.

S'il s'agit d'une prescription de six mois commençant à courir le 31 août d'une année donnée, elle sera acquise le 28 ou le 29 février de l'année suivante, selon qu'il s'agit ou non d'une année bissextile.

Ce mode de calcul aboutit cependant à un résultat troublant : il augmente d'un jour le délai de prescription considéré (cinq ans + 1 jour, dans le premier exemple donné ci-dessus). Aussi a-t-on proposé[2] de retenir comme date d'expiration du délai le jour portant le même quantième que celui

---

1. V. *infra,* n° 496 et s.

2. Le Bars, « La computation des délais de prescription et de procédure. Quiproquo sur le *dies a quo* et le *dies ad quem* », *JCP* 2000.I.258.

du *dies a quo*, à minuit (soit le 15 mai 2012, à minuit, dans ce même exemple). Une telle méthode serait sans doute plus rationnelle.

§ 3. Les causes susceptibles d'allonger le délai

490. Dualité. – Deux causes peuvent allonger le délai. Elles ont des caractères et des effets très différents. L'*interruption* efface rétroactivement le temps qui a couru jusque-là ; la prescription pourra ensuite recommencer, mais on repartira de zéro. La *suspension* marque au contraire, dans l'écoulement du délai, un simple arrêt, sans effacer le temps couru ; lorsque la cause de suspension cesse, il n'y a plus qu'à compléter le délai.

A. L'interruption de la prescription

491. Définition de l'interruption. Les causes d'interruption. Actes du débiteur– Contrairement aux anciennes dispositions du code, l'article 2231 définit désormais l'interruption de la prescription : « l'interruption efface le délai de prescription acquis. Elle fait courir un nouveau délai de même durée que l'ancien ». Avant d'examiner ces effets, qui servent à caractériser l'interruption, il faut d'abord déterminer quelles sont les *causes* d'interruption, sur lesquelles il est possible d'hésiter.

Le Code civil énonçait une série de causes dont l'idée générale était que la prescription, tout à la fois, suppose l'inaction du *créancier* et fait présumer la libération du *débiteur*. Aussi pouvait-elle être interrompue par des *actes du créancier*, qui affirme sa créance, ou par des *actes du débiteur*, qui reconnaît sa dette. S'agissant des actes du créancier, la prescription était interrompue par la citation en justice –y compris en référé–, un commandement ou une saisie signifiés à celui qu'on veut empêcher de prescrire (art. 2244). Concernant le débiteur, la prescription était interrompue par une *reconnaissance de sa dette* (art. 2248).

Afin de réduire la durée de la prescription, d'en simplifier le régime et de faire disparaître certaines incertitudes liées au mécanisme de l'interruption, l'*Avant-projet de réforme du droit des obligations et de la prescription* et la proposition de loi sénatoriale suggéraient de transformer la plupart des causes d'interruption en causes de suspension, pour n'en retenir que deux : la reconnaissance, par le débiteur, du bien fondé de la prétention du créancier et la mise en œuvre, par le créancier, des voies d'exécution. La demande en justice serait devenue une cause de suspension.

Le Parlement n'a pas suivi cette proposition, au motif qu'elle risquait de perturber les praticiens, et la loi du 17 juin 2008 a finalement conservé les causes d'interruption prévues par le Code civil. En même temps, elle consacre un certain nombre d'assouplissements adoptés par la jurisprudence ou des textes antérieurs, et elle inverse l'ordre de présentation de ces causes.

Selon le nouvel article 2240 (comp. anc. art. 2248), la prescription est d'abord interrompue par la *reconnaissance par le débiteur* du droit de celui contre lequel il prescrivait. Il s'agit d'une *reconnaissance de sa dette* par le débiteur qui peut être, indifféremment, *expresse ou tacite*. La reconnaissance expresse n'est soumise à aucune forme particulière. Elle peut résulter d'un acte récognitif (art. 1337), acte écrit reproduisant l'acte primordial, ou même d'une simple lettre. La reconnaissance tacite peut s'induire du paiement d'un acompte ou du fait que le débiteur a invoqué la compensation [1].

492. Les causes d'interruption (suite). Actes du créancier. – L'article 2241, alinéa 1er, indique ensuite que *la demande en justice, même en référé*, interrompt le délai de prescription ainsi que le délai de forclusion. C'est la reprise de la règle énoncée par l'ancien article 2244, modifié par la loi du 5 juillet 1985 [2]. Les *délais préfix* étaient traditionnellement insusceptibles d'interruption. La loi du 5 juillet 1985 a voulu inverser la solution en précisant que les causes d'interruption de l'article 2244 s'appliquent également aux « délais pour agir ». Mais la jurisprudence ne tire pas toujours les conséquences de cette modification [3].

L'alinéa 2 précise que la demande en justice produit cet effet interruptif même lorsqu'elle est portée devant une juridiction incompétente ou lorsque l'acte de saisine de la juridiction est annulé par l'effet d'un vice de procédure. La première règle correspond à celle énoncée par l'ancien article 2246, la jurisprudence ayant néanmoins subordonné l'effet interruptif à la bonne foi du demandeur [4]. En revanche, la seconde est contraire à celle contenue par l'ancien article 2247 qui disposait que l'interruption est regardée comme non avenue si l'assignation est nulle par défaut de forme. S'il ne s'agit que d'une erreur –et pas d'une manœuvre–, celle-ci ne mérite sans doute pas d'être sanctionnée par la caducité de l'interruption, qui peut aboutir à l'irrecevabilité de la demande si le délai de prescription s'est entre-temps écoulé [5].

Reprenant le reste de l'ancien article 2247, l'article 2243 indique que l'interruption est au contraire non avenue si le demandeur se désiste de sa demande ou s'il laisse périmer l'instance [6], ou si sa demande est définitivement rejetée [7].

---

1. Com. 6 févr. 1996, *Bull. civ.* IV, n° 42, *D.* 1998.87, note BRÉMOND, *D.* 1996. somm. 336, obs. DELEBECQUE. L'arrêt considérait que le fait que les conditions de la compensation légale soient réunies était insuffisant à interrompre la prescription. La solution contraire a cependant été adoptée par un arrêt plus récent : Com. 30 mars 2005, *D.* 2005. AJ. 1024, obs. CHEVRIER, *RDC* 2005.755, obs. DELEBECQUE. V. *supra*, n° 460.

2. La demande d'aide juridictionnelle interrompt aussi en principe la prescription, l'article 38 du décret du 19 décembre 1991 (réd. Décr. 14 juin 2001) disposant que l'action est réputée intentée dans le délai d'action si la demande d'aide est adressée avant son expiration et si la demande en justice est introduite dans un nouveau délai de même durée.

3. Civ. 1re, 28 nov. 1995, *Bull. civ.* I, n° 440 (interruption) ; Civ. 1re, 20 janv. 1993, *Bull. civ.* I, n° 28 (absence d'interruption). *Adde :* Civ. 1re, 17 juill. 1996, *Bull. civ.* I, n° 329.

4. Il n'y a pas d'interruption lorsque le demandeur saisit un tribunal qu'il sait incompétent dans le seul but d'interrompre la prescription en profitant d'une facilité procédurale offerte par le droit d'Alsace-Moselle : Civ. 2e, 16 déc. 2004, *JCP* 2005.II.10073, note SANDER. La citation devant une juridiction inexistante n'interrompt pas la prescription : Civ. 2e, 23 mars 2000, *Bull. civ.* II, n° 54, *JCP* 2000.II.10348, note DESIDERI.

Une chambre mixte a jugé que ces dispositions sont applicables à tous les délais pour agir –donc à un délai de forclusion– et à tous les cas d'incompétence : Ch. mixte 24 nov. 2006, *D.* 2007.1112, note WINTGEN. *RTD civ.* 2007.175, obs. PERROT, *JCP* 2007.II.10058, note PÉTEL-TEYSSIÉ.

5. Sur la portée de ce texte, v. notamment BRENNER, « De quelques aspects procéduraux de la réforme de la prescription extinctive », *RDC* 2008/4, 1431, spéc. 1438.

6. En revanche, selon Soc. 8 juin 2005 (*JCP* 2005.IV.2685), la radiation de l'affaire du rôle est sans effet sur l'interruption de la prescription par l'introduction de l'instance.

7. Peu importe le motif du rejet de la demande : motif de fond ou fin de non-recevoir (Civ. 1re, 22 mai 2002, *Bull. civ.* I, n° 141, *D.* 2002.IR. 2101). La disposition relative au rejet de la demande est difficile

La seconde catégorie d'actes du créancier qui produit un effet interruptif de la prescription sont ceux par lesquels celui-ci poursuit *l'exécution forcée* de l'obligation. L'ancien article 2244 visait le commandement et la saisie signifiés au débiteur. Le *commandement* est le prélude à certaines saisies ; c'est un *ordre de payer* adressé par acte extrajudiciaire au débiteur par un créancier détenant un *titre exécutoire* –acte notarié ou jugement de condamnation. Quant à la *saisie*, elle opère interruption de la prescription, qu'il s'agisse d'une saisie-attribution, ou même d'une saisie conservatoire ou d'une sûreté judiciaire (L. 9 juill. 1991, art. 29 et 71). L'effet interruptif de la prescription attachée à ces derniers types d'actes fait que la référence portée par le nouvel article 2244 à « un acte d'exécution forcée » est jugée préférable à celle des commandement et saisie de l'ancien texte [1].

La différence entre prescription de l'*action en paiement de la créance* et celle de l'*action tendant à établir l'existence de la créance*, et la différence entre les diverses catégories de créanciers se manifestent ici clairement, les modes d'interruption de la prescription utiles n'étant évidemment pas les mêmes selon les hypothèses considérées.

Pour le créancier qui doit *faire établir son titre* –la victime d'un dommage, particulièrement–, le mode d'interruption essentiel est la demande en justice. Il ne peut évidemment recourir ni au commandement, ni à la plupart des formes de saisies –saisie-attribution et saisie-vente (L. 9 juill. 1991,art. 42 et 50). Tout au plus peut-il interrompre la prescription par une saisie conservatoire s'il dispose d'une créance qui paraît fondée en son principe (art. 67).

Le créancier qui a un titre de créance mais qui ne dispose *pas de titre exécutoire* –un créancier en vertu d'un contrat constaté par acte sous seing privé, par exemple– est en gros dans la même situation. Il doit agir en justice pour obtenir un jugement de condamnation et c'est donc la forme qu'empruntera normalement l'interruption. Sauf à procéder antérieurement à une saisie conservatoire s'il en remplit les conditions.

En revanche, le créancier qui dispose d'*un titre exécutoire* –un contrat constaté par un acte authentique, ou un jugement de condamnation– n'a en principe nul besoin d'agir en justice pour faire constater son droit et procéder à l'exécution forcée. L'interruption de la prescription résultera donc pour lui d'un acte d'exécution forcée.

493. Les causes d'interruption (fin). L'aménagement conventionnel des causes d'interruption. – La portée de l'article 2244 suscitait des hésitations. On considérait traditionnellement que la liste d'actes interruptifs qu'il énonçait était limitative. On en déduisait notamment qu'une mise en demeure adressée, même par lettre recommandée, au débiteur est inapte à interrompre la prescription, sauf disposition légale contraire (C. assur., art. L. 114-2, par ex.).

Par un arrêt du 25 juin 2002 [2], la première chambre civile de la Cour de cassation avait jugé que les dispositions de l'article 2244 ne sont pas d'ordre public et que les parties peuvent donc y déroger par une clause des conditions générales d'un contrat d'abonnement téléphonique prévoyant que l'envoi d'une lettre, même simple, interromprait la prescription.

à comprendre. Si la demande est rejetée, il est définitivement jugé que le défendeur ne doit rien au demandeur. Peu importe que la prescription n'ait pas été interrompue. Mais il n'en va pas toujours ainsi, notamment dans le cas où l'interruption résulte d'une *demande en référé*. V. pour une application, Civ. 1re, 1er févr. 2000, *Bull. civ.* I, n° 32. Quant au *désistement d'instance* il n'entraîne disparition de l'interruption que s'il s'agit d'un désistement pur et simple, non s'il indique que l'action sera reprise ultérieurement : Com. 12 juill. 1994, *Bull. civ.* IV, n° 266, *JCP* 1995.II.22494, note PERDRIAU.

1. BRENNER, « De quelques aspects procéduraux de la réforme de la prescription extinctive », préc., 1440.

2. *Bull. civ.* I, n° 174, *D.* 2003.155, note STOFFEL-MUNCK, *RTD civ.* 2002.815, obs. MESTRE et FAGES.

Pourtant, elle avait réaffirmé, par un autre arrêt du 18 septembre 2002 [1], que l'article 2244 du Code civil énumère limitativement les actes interrompant la prescription et que la participation volontaire à des opérations d'expertise n'étant pas assimilable à une citation en justice, un commandement ou une saisie, ne peut interrompre la prescription.

De la confrontation de ces décisions, il résultait que l'article 2244 n'interdisait pas aux parties de fixer conventionnellement les conditions dans lesquelles la prescription peut être interrompue, ce qui, au demeurant, pouvait présenter des dangers pour le débiteur. En revanche, lorsqu'elles n'avaient rien prévu, seuls les actes énumérés par le texte peuvent avoir un effet interruptif.

L'article 2254, alinéa 2, dispose que les parties peuvent, d'un commun accord, *ajouter* aux causes de suspension ou d'interruption de la prescription prévues par la loi. Il en résulte *a contrario* que les parties ne peuvent pas retrancher aux causes de suspension ou d'interruption, et l'on peut également penser que lorsqu'elles n'ont rien dit, seules celles énoncées par les textes peuvent affecter l'écoulement du délai.

Il faut rappeler que, comme celles de la durée de la prescription, ces modifications conventionnelles sont interdites dans un certain nombre de cas : pour les actions en paiement ou en répétition des salaires, arrérages de rente, pensions alimentaires, loyers, fermages, charges locatives, intérêts des sommes prêtées et, généralement, aux actions en paiement de *tout ce qui est payable par années* ou à des termes périodiques plus courts (art. 2254, al. 3) ; dans les contrats conclus entre un professionnel et un *consommateur* (C. consom., art. L. 131-7), dans les contrats d'*assurance* (C. assur., art. L. 114-3), pour les opérations individuelles ou collectives de garantie relevant du Code de la mutualité (C. mutual., art. L. 221-12-1).

494. Les effets de l'interruption. – Les effets de l'interruption sont commandés par la définition générale qui en a été donnée précédemment. Ils figurent désormais dans l'article 2231. Le temps déjà écoulé ne compte plus. Mais une nouvelle prescription commence, *à partir de zéro*, à compter de la fin de l'interruption. Cette dernière varie selon la nature de l'événement considéré. Lorsqu'il s'agit d'un acte dont les effets sont instantanés, comme un commandement de payer ou une reconnaissance de dette, le nouveau délai court dès l'*accomplissement de l'acte*. En revanche, lorsque l'acte interruptif donne naissance à une procédure –assignation, saisie–, le nouveau délai ne court qu'à compter de son achèvement –jugement [2], fin des opérations de saisie [3]. L'article 2242 l'énonce désormais clairement à propos de l'effet interruptif de la demande en justice : l'interruption qui en résulte produit ses effets « jusqu'à l'extinction de l'instance ». [4]

Le principe est que ni *la nature*, ni *la durée* de la prescription ne sont changées : c'est la *même prescription* qui reprend, avec un nouveau point de départ. Le débiteur a reconnu

---

1. *Bull. civ.* I, n° 206. V. également Civ. 1re, 21 janv. 1997, *Bull. civ.* I, n° 27 ; Com. 16 janv. 1998, *Bull. civ.* IV, n° 194.

2. Un arrêt a jugé que c'est plutôt la signification qui fait partir le nouveau délai de prescription : Civ. 3e, 15 févr. 2006, *Bull. civ.* III, n° 41, *RTD civ.* 2006. 374, obs. crit. PERROT.

3. V. par ex. Civ. 1re, 9 déc. 1997, *Bull. civ.* I, n° 363. Dans la procédure de référé, l'effet interruptif cesse dès que l'ordonnance est rendue (Civ. 2e, 18 sept. 2003, *Bull. civ.* II, n° 282).

4. La jurisprudence avait jugé qu'en principe l'interruption de la prescription ne peut s'étendre d'une action à une autre mais qu'il en va cependant différemment lorsque les deux actions, quoiqu'ayant des causes distinctes, tendent à un seul et même but (Civ. 3e, 22 sept. 2004, *Bull. civ.* III, n° 152) (action fondée sur la garantie décennale des constructeurs et action en responsabilité contractuelle tendant à obtenir une garantie des condamnations prononcées contre le demandeur). Les solutions devraient demeurer inchangées.

une dette prescriptible par cinq ans ou par dix ans. Il sera libéré –sauf, évidement, nouvelle interruption– cinq ans ou dix ans après cette reconnaissance. La solution résulte désormais clairement de l'article 2231, *in fine,* qui précise que l'interruption « fait courir un nouveau délai de même durée que l'ancien ». En énonçant cette règle, la loi du 17 juin 2008 a mis fin au mécanisme particulier de l'interversion de la prescription.

495. Suppression de l'interversion de la prescription. – À cette identité de nature et de durée de la prescription interrompue et de la prescription recommençant à courir, il était en effet traditionnellement dérogé pour les *courtes prescriptions* des articles 2271 à 2273.

Leur interruption entraînait ce qu'on appelle l'*interversion de la prescription.* C'est-à-dire que la nouvelle prescription, qui commençait à courir après l'interruption, était la *prescription trentenaire* de droit commun. Tel était le sens que la jurisprudence avait donné à l'article 2274, bien qu'il fût fort équivoque en soi. Cette particularité s'expliquait par le *fondement* de ces prescriptions. Elles reposaient exclusivement sur une présomption de paiement. L'interruption démontrait que cette présomption est fausse. Il n'y avait donc plus aucune raison pour que la prescription reste soumise à un délai exceptionnel. Aussi cette interversion ne se produisait-elle que pour les prescriptions présomptives, non pour les prescriptions raccourcies prévues par d'autres textes [1]. Même pour celles des articles 2271 à 2273, l'interversion supposait une interruption par l'un des *modes expressément prévus* à l'article 2274 : « compte arrêté, cédule ou obligation » [2], ce qui supposait une reconnaissance écrite –et, selon la jurisprudence, chiffrée– de la dette, ou « citation en justice non périmée » [3]. S'il y avait reconnaissance tacite, il y avait bien interruption ; mais la nouvelle prescription avait la même durée que l'ancienne.

Quant à l'interversion par la citation en justice, le renversement de la présomption de paiement ne pouvait pas l'expliquer, car la demande en justice ne démontre pas que la dette n'a pas été payée.

Considérant qu'il y avait, en la matière, beaucoup d'incertitudes tenant au domaine et aux conditions de l'interversion, qui favorisaient le contentieux, l'*avant-projet de réforme du droit des obligations et de la prescription* proposait d'exclure l'interversion de la prescription (art. 2261).

Cette suggestion a été suivie par la loi du 17 juin 2008. La précision donnée par l'article 2231, *in fine,* que l'interruption fait courir un nouveau délai de même durée que l'ancien exclut que la prescription quinquennale de droit commun puisse succéder à une prescription qui avait une autre durée.

---

1. Civ. 1re, 14 déc. 2004, *D.* 2005. AJ. 280, *Contrats, conc. consomm.* 2005. Comm. 63, note L. L. (sur la prescription décennale de l'article 110-4 du Code de commerce) ; Civ. 1re, 9 mai 1994, *Bull. civ.* I, n° 166 (à propos de la prescription biennale en matière d'assurances). Cf. *supra,* n° 485. Admettant néanmoins que l'interruption de l'ancien bref délai pour agir en garantie des vices cachés (C. civ., art. 1648) a un effet interversif, v. Civ. 1re, 21 oct. 1997, *Bull. civ.* I, n° 292, *D.* 1998.409, note BRUSCHI. La prescription de droit commun court alors à compter de la conclusion de la vente : Civ. 1re, 5 oct. 2000, *Bull. civ.* I, n° 241 ; Civ. 1re, 19 oct. 1999, *D.* 2001.413, note BUFFLIER, *RTD civ.* 2000.133, obs. GAUTIER.

2. L'arrêté de compte prend la forme d'un mémoire signé par le débiteur. La cédule est l'acte sous seing privé portant reconnaissance de la dette ; l'obligation, l'acte notarié la constatant.

3. Il était néanmoins admis que l'admission de la créance au passif d'un débiteur objet d'une procédure collective opère aussi interversion. V. notamment Com. 5 déc. 2006 et 30 oct. 2007, *Defrénois* 2008, art. 38726, n° 4, obs. THERY.

Il était par ailleurs admis que toute prescription, quelle qu'elle soit, est intervertie par l'effet d'un jugement de condamnation, la prescription trentenaire succédant, pour l'exécution de la condamnation, à celle de la créance reconnue en justice. Sans remettre en cause formellement la solution, l'arrêt du 10 juin 2005 par lequel l'Assemblée plénière avait jugé que « *si le créancier peut poursuivre pendant trente ans l'exécution d'un jugement condamnant au paiement d'une somme payable à termes périodiques, il ne peut, en vertu de l'article 2277 du Code civil, applicable en raison de la nature de la créance, obtenir le recouvrement des arriérés échus plus de cinq ans avant la date de sa demande* » en avait réduit la portée [1].

Désormais, la question est réglée par le nouvel article 3-1 de la loi du 9 juillet 1991 (L. 17 juin 2008) portant réforme des procédures civiles d'exécution qui prévoit que l'*exécution des décisions de l'ordre judiciaire ou administratif*, celle des *transactions* ayant force exécutoire ne peut être poursuivie que pendant *dix ans*, sauf si les actions en recouvrement des créances qui y sont constatées se prescrivent par un délai plus long [2].

B. La suspension de la prescription

496. Les causes de suspension. Nombre et sources. – Selon le nouvel article 2230, qui énonce une règle tout à fait classique, « la suspension de la prescription en arrête temporairement le cours sans effacer le délai déjà couru ». La suspension participe d'une inspiration très différente de celle de l'interruption. Elle est admise au profit du créancier lorsqu'il lui est *impossible* ou, du moins, *difficile* d'exercer son droit. On ne veut pas qu'il risque de le perdre sans avoir été en mesure de le faire valoir. La détermination des *causes* de suspension suscite aussi des difficultés, tenant à leur nombre et à leur source.

Sous l'Ancien droit, le juge décidait librement de ce point. Il reconnaissait la suspension chaque fois qu'il constatait, parfois très libéralement, l'impossibilité d'agir ; ce qu'exprimait l'adage *Contra non valentem agere, non currit praescriptio* –la prescription ne court pas contre celui qui ne peut agir. Pour éviter l'insécurité que faisait planer la décision du juge, le Code civil n'a admis que des causes de suspension limitativement déterminées (art. 2251). Néanmoins, cela n'a pas empêché la jurisprudence d'étendre considérablement le domaine de la suspension. Par une interprétation ingénieuse, mais déformante, de l'article 2251, elle a jugé que ce texte ne vise que les causes de suspension tenant à *la personne même du créancier*. Il reste donc possible d'admettre d'autres causes, pourvu qu'elles résultent de *circonstances différentes* [3]. Ainsi

---

1. Ass. Plén. 10 juin 2005, *Bulletin* AP, n° 6, *D.* 2005. IR. 1733, obs. ROUQUET, *Defrénois* 2005, art. 38215, note MASSIP, art. 38254, n° 79, obs. SAVAUX et n° 80, obs. BÉNABENT. V. également Civ. 1re, 21 nov. 2006, *Bull. civ.* I, n° 504, *D.* 2007.842, note LIBCHABER. Sur cette question v. *supra*, n° 483.

Certains auteurs se demandaient aussi si l'interversion par l'effet du jugement de condamnation n'était pas remise en cause par l'arrêt d'Assemblée plénière du 12 janvier 2007 (*JCP* 2007.II.10075, note TAISNE, *D.* 2007.367, NDLR GUIOMARD) qui a jugé que le délai biennal de prescription de l'action en paiement des avoués s'applique non seulement à l'action en recouvrement intentée par l'avoué contre son client, mais aussi à celle exercée par lui, en vertu de jugement, contre la partie adverse condamnée aux dépens. Mais il n'est pas sûr qu'il y avait là une question d'interversion par l'effet du jugement (TAISNE, *op. cit.*).

2. V. BRENNER, art. préc., 1443.

3. Les droits anglais et allemand, ainsi que différents projets de codification européenne, reconnaissent des pouvoirs bien plus étendus au juge, notamment celui de paralyser le jeu de la prescription extinctive en considérant le comportement du débiteur. V. FAUVARQUE-COSSON, *op. cit.*, nos 807 et s.

en est-il lorsqu'un cas de force majeure a mis le créancier dans l'impossibilité d'agir. Mais l'impossibilité d'agir est en réalité entendue de façon beaucoup plus compréhensive.

En effet, la Cour de cassation a consacré une formule très large, d'après laquelle la prescription ne court pas contre celui qui est dans l'impossibilité d'agir par suite d'un *empêchement* quelconque résultant soit de *la loi*, soit de *la convention* ou de *la force majeure*[1]. C'était une restauration de la maxime *Contra non valentem...* dont les applications concrètes restaient cependant limitées[2].

La loi du 17 juin 2008 contient un système complet et élargi de causes de suspension. Il ne devrait plus s'en développer en marge de la loi puisqu'elle a entendu consacrer les solutions que la jurisprudence avait dégagées au profit du créancier qui est dans l'impossibilité d'agir. Elle reprend par ailleurs les anciennes causes de suspension prévues par le Code civil et elle en crée deux nouvelles.

Il faut aussi rappeler que l'article 2254, alinéa 2, permet aux parties d'ajouter, d'un commun accord, aux causes de suspension de la prescription prévues par la loi, sauf dans les cas où cette convention est prohibée[3].

497. Suspension de la prescription par l'impossibilité d'agir. – Prétendant consacrer la jurisprudence précédemment évoquée et la maxime *Contra non valentem agere, non currit praescriptio*, l'article 2234 énonce que la prescription ne court pas –c'est alors une cause de report du point de départ[4] – ou qu'elle est suspendue « contre celui qui est dans l'impossibilité d'agir par suite d'un empêchement résultant de la loi, de la convention ou de la force majeure ». Le texte reprend la formule forgée par la jurisprudence antérieure, mais, paradoxalement, il n'est pas sûr qu'il en consacre ainsi exactement les solutions, ni la maxime *Contra non valentem...*

En effet, selon une analyse classique, l'application de la règle *contra non valentem...* n'entraîne *pas* une *véritable suspension* de la prescription : le délai n'est pas nécessairement prolongé de toute la période pendant laquelle a duré l'impossibilité d'agir. La prorogation ne doit pas aller au-delà de ce qui est nécessaire pour introduire l'action et le créancier doit exercer son droit rapidement après que celle-ci aura cessé[5]. Cependant, la jurisprudence ne semblait pas en ce sens, certains arrêts ayant admis que le délai est augmenté de la durée de sa suspension[6]. En revanche, il avait été jugé que la règle *Contra non valentem...* ne s'applique pas lorsque le titulaire de l'action dispose encore, au moment où l'empêchement a pris fin, d'un temps suffisant pour agir avant expiration du délai de prescription[7].

---

1. Civ. 1re, 4 févr. 1986, *JCP* 1987.II.20818, note Boyer.
2. V., par ex., Civ. 2e, 8 juill. 2004, *D.* 2004. IR. 2619 (dès lors qu'il a été avisé du refus de l'assureur de garantir le sinistre déclaré, l'assuré se trouve en mesure d'agir et la prescription biennale des actions dérivant du contrat d'assurance n'est pas suspendue). Pour de plus amples développements, v. Ghestin, Billiau et Loiseau, nos 1166 et s.
3. V. *supra,* nos 486 et 493.
4. V. *supra,* no 487.
5. Marty, Raynaud et Jestaz, no 338 ; Carbonnier, « La règle *contra non valentem agere non currit præscriptio* », *Rev. crit. législ. et jurispr.* 1937.155.
6. Civ. 1re, 4 févr. 1986, *JCP* 1987.II.20818, note Boyer.
7. Com. 11 janv. 1994, *Bull. civ.* IV, no 22. Pour sa part, l'*avant-projet de réforme du droit des obligations et de la prescription* disposait que la force majeure temporaire n'est une cause de suspension que si elle intervient dans les six mois précédant l'expiration du délai de prescription (art. 2266, al. 2).

La loi ne contient pas une telle limite. Le juge pourrait donc suspendre la prescription, quel que soit le moment où survient l'impossibilité d'agir et le faire pour toute la durée de celle-ci. De nombreux commentateurs reprochent donc à l'article 2234 de contenir, outre une nouvelle manifestation du rôle accru du juge dans la mise en œuvre de la prescription, une source d'étirement du délai contraire à l'objectif de réduction de la durée de la prescription. En réalité, tout dépendra, là aussi, de la manière dont les juges appliqueront l'article 2234. En présence d'un texte, ils ne pourront certes pas ajouter une condition qu'il ne contient pas. Mais rien ne les empêche d'apprécier strictement l'impossibilité d'agir, comme ils le faisaient auparavant.

Au titre de l'impossibilité résultant de la convention, il faut cependant noter qu'un arrêt de Chambre mixte du 14 février 2003 a admis que la clause d'un contrat instituant une procédure de conciliation obligatoire et préalable constitue une fin de non-recevoir qui s'impose au juge, si les parties l'invoquent, et que sa mise en œuvre suspend jusqu'à son issue le cours de la prescription [1]. La solution devrait valoir sous l'empire du nouvel article 2234.

498. Suspension de la prescription en raison de la situation des parties. – Reprenant des solutions énoncées par les anciens textes, le Code civil dans sa rédaction issue de la loi du 17 juin 2008 dispose que la prescription est suspendue [2] :

– au profit des *mineurs non émancipés* et des *majeurs en tutelle* (art. 2235 ; anc. art. 2252) parce que le législateur craint que leur représentant légal néglige d'agir en leur nom ;

– entre *époux* et entre *partenaires liés par un pacte civil de solidarité* (art. 2236 ; anc. art. 2253, qui ne visait que les époux), parce qu'il est moralement impossible à celui qui est créancier de poursuivre son conjoint ou celle –ou celui– avec qui il vit ;

– au profit de l'*héritier acceptant la succession à concurrence de l'actif net* pour les créances qu'il a contre la succession (art. 2237 ; anc. art. 2258), parce qu'il lui est difficile, en agissant à titre personnel, de se poursuivre lui-même en tant qu'héritier.

Encore ces règles de principe comportaient-elles, dans le système du Code civil, une très importante *dérogation.* Ni la *prescription quinquennale* des créances périodiques, ni les *courtes prescriptions* fondées sur une présomption de paiement n'étaient suspendues par la minorité ou la tutelle du créancier (art. 2278) –qui disposait alors d'un recours contre son représentant. Cela s'expliquait par leur fondement propre. Pour la prescription quinquennale, il s'agissait d'éviter une accumulation d'échéances qui serait trop lourde pour le débiteur. Ce motif vaut, quelle que soit la qualité du créancier. Pour les courtes prescriptions, la présomption de paiement, sur laquelle elles reposent demeurait également d'une aussi grande vraisemblance, quelle que soit la qualité du créancier.

La prescription quinquennale des créances périodiques et les courtes prescriptions ont été supprimées par la loi du 17 juin 2008. L'article 2235 nouveau exclut néanmoins expressément la suspension de la prescription contre les mineurs non émancipés et les majeurs en tutelle pour les actions en paiement ou en répétition des salaires, arrérages de

---

1. Ch. mixte 14 févr. 2003, *Bull.* CM, n° 1, *D.* 2003.1386, note ANCEL et COTTIN, *RTD civ.* 2003.294, obs. MESTRE et FAGES et 349, obs. PERROT, *Defrénois* 2003, art. 37810, n° 86, obs. LIBCHABER. V. également Civ. 1re, 27 janv. 2004,
JCP 2004.IV, n° 1555 (clause de conciliation obligatoire devant le bâtonnier de l'ordre des avocats).

2. Ou quelle ne court pas. V. *supra,* n° 487.

rente, pensions alimentaires, loyers, fermages, charges locatives, intérêts des sommes prêtées et, plus généralement, de tout ce qui est payable par années ou à des termes périodiques plus courts. La nécessité d'éviter l'accumulation des dettes a de nouveau prévalu. En revanche, la loi n'a pas consacré de disposition équivalente pour les anciennes courtes prescriptions fondées sur une présomption de paiement qui semblent donc avoir totalement disparu.

En dehors des cas ainsi prévus par le Code civil, la prescription a été souvent suspendue par des lois temporaires au profit des créanciers que les circonstances de guerre mettaient dans l'impossibilité d'agir. Les *délais préfix* sont insusceptibles de suspension. Mais la jurisprudence écarte parfois cette qualification pour permettre la suspension.

499. Suspension en raison de la recherche de la solution d'un litige. – La loi du 17 juin 2008 a créé *deux nouveaux cas* de suspension de la prescription, liés à la recherche de la solution d'un litige et destinés à corriger des défauts du système antérieur faisant courir un certain nombre de risques aux parties.

Selon l'article 2238, alinéa 1er, la prescription est suspendue à compter du jour où, après la survenance d'un litige, les parties conviennent de recourir à la *médiation* ou à la *conciliation* ou, à défaut d'accord écrit, à compter du jour de la première réunion de médiation ou de conciliation.

La rédaction défectueuse du texte suscite un certain nombre d'interrogations concernant, notamment, les effets d'une clause de médiation ou de conciliation antérieure à la survenance du litige dont la mise en œuvre ne semble pas pouvoir entraîner la suspension de la prescription[1]. C'est malgré tout un instrument important en faveur de ces modes alternatifs de règlement des conflits[2] que le législateur français et européen entend promouvoir. Il permet aux parties d'essayer de résoudre leur différend en se rapprochant, éventuellement sous l'égide d'un tiers, sans que le créancier encourt le risque que le délai s'écoule, et que son action soit éventuellement prescrite pendant ce temps[3].

La suspension prend fin lorsque soit l'une des parties ou les deux, soit le médiateur ou le conciliateur déclarent que la médiation est terminée (art. 2238, al. 2). Pour éviter que les parties ne se détournent de ces procédures lorsque l'on approche de la fin du délai de prescription, le texte précise que le délai recommence à courir pour une durée qui ne peut être inférieure à *six mois*.

La même règle est énoncée à propos de la seconde cause de suspension introduite par la loi du 17 juin 2008 dans l'article 2239 du Code civil. La prescription est également suspendue lorsque le juge fait droit à une demande de *mesure d'instruction* présentée avant tout procès. Le délai de prescription recommence alors à courir à compter du jour où la mesure a été exécutée.

La règle est cette fois destinée à éviter les mauvaises surprises du référé-expertise qui suspend la prescription jusqu'au jour de la décision qui ordonne la mesure sollicitée, et

---

1. Mais elle le ferait sans doute en application de l'article 2234, si cette procédure était obligatoire. V. *supra*, n° 497.

2. Sur lesquels, v. GUINCHARD *et al.*, *Droit processuel*, 4e éd. 2007, nos 582 et s. ; COUCHEZ, *Procédure civile*, 14e éd., 2006, nos 148 *bis* et 247 ; CADIET et JEULAND, *Droit judiciaire privé*, 5e éd., 2006, nos 416 et s.

3. La jurisprudence se montrait traditionnellement plutôt hostile à la suspension de la prescription pendant des négociations amiables (V. TERRE, SIMLER et LEQUETTE, n° 1497).

non, comme le croient souvent à tort les demandeurs, jusqu'à celui où cette mesure est exécutée[1].

500. Les effets de la suspension. – En présence d'une cause légale de suspension le cours de la prescription est *provisoirement arrêté* conformément à la notion générale de suspension. Il reprend, *avec bénéfice du temps antérieurement écoulé*, lorsque la cause de suspension a disparu ; il n'y a plus alors qu'à compléter le délai. Au total, celui-ci est prolongé de la durée de la suspension.

Exemple : Une dette est contractée avec un majeur, qui meurt vingt ans plus tard, laissant un héritier mineur de quinze ans. La prescription est suspendue trois ans (jusqu'à la majorité du nouveau créancier). Elle repart ensuite, les vingt ans restant acquis. Au total, le délai aura duré trente-trois ans.

Il semble désormais devoir en aller ainsi en cas de suspension fondée sur l'impossibilité d'agir (art. 2234), alors qu'il y avait des hésitations pour l'application de la maxime *Contra non valentem...* [2]

Sous-section II
Les effets de la prescription

501. Distinction nécessaire. – Un dernier facteur de complexité tient au fait que toutes les prescriptions ne produisent pas exactement les mêmes effets. En effet, il faut tenir compte, outre le *droit commun*, des *règles particulières* à certaines prescriptions.

§ 1. LES RÈGLES DE DROIT COMMUN

502. Nécessité d'opposer la prescription. – Deux principes fixent la manière dont joue la prescription libératoire. Le premier est que la prescription *ne produit pas effet de plein droit*. Le débiteur doit manifester son intention d'en profiter : ce qu'il fait normalement en opposant aux poursuites du créancier l'*exception de prescription*, laquelle peut être invoquée en tout état de cause[3] –c'est-à-dire même pour la première fois devant la cour d'appel (art. 2248 ; anc. art. 2224). À défaut, le débiteur est condamné au paiement. L'article 2247 (anc. art. 2223) dispose, en ce sens, que « les juges ne peuvent pas suppléer d'office le moyen résultant de la prescription »[4]. La règle repose sur une idée morale : lorsqu'il n'a pas payé, le débiteur peut estimer qu'il est contraire à sa conscience d'invoquer ce mode de libération.

Néanmoins le droit d'invoquer la prescription n'est pas un droit exclusivement attaché à la personne, au sens de l'article 1166. Selon l'article 2253 (anc. art. 2225) les autres créanciers du débiteur peuvent opposer la prescription en son nom. C'est que, s'il est insolvable, la question de conscience ne se pose plus : son premier devoir est de payer ceux de ses créanciers dont le droit n'est pas prescrit, plutôt que celui contre qui il peut faire valoir ce moyen de défense.

---

1. BRENNER, « De quelques aspects procéduraux de la réforme de la prescription extinctive », préc., 1442.
2. V. *supra*, n° 497.
3. Civ. 1re, 4 févr. 1986, préc.
4. La règle s'applique même aux prescriptions d'ordre public (Civ. 1re, 9 déc. 1986, *Bull. civ.* I, n° 293, *RTD civ.* 1987.763, obs. MESTRE). Les délais préfix, eux, peuvent être invoqués d'office.

Invoqué par le débiteur lui-même ou par ses créanciers, le moyen de prescription entraîne *ipso facto* le rejet de la demande. Il ne peut pas être écarté, au motif que le créancier rapporterait la preuve du non-paiement de la dette : et ceci, par quelque mode que ce soit. La fonction d'adaptation du droit au fait de la prescription, et sa nature d'instrument de paix sociale prédominent très nettement ici [1].

503. Possibilité de renoncer à la prescription. – Le second principe est que le débiteur peut renoncer à la prescription acquise (art. 2250 ; anc. art. 2220), la seule condition étant pour cela d'avoir la capacité d'exercer ses droits (art. 2252 ; anc. art. 2222 qui visait la capacité d'aliéner [2]).

Cette renonciation peut être *expresse ou tacite* (art. 2251, al. 1er ; anc. art. 2221) –dès lors qu'elle est faite en connaissance de cause et manifeste de façon non équivoque la volonté de renoncer, ce que dit l'article 2251, alinéa 2 beaucoup plus clairement que l'ancien article 2221. Elle peut résulter, par exemple, du paiement d'un acompte ou d'une demande de délai. Elle peut également s'induire du fait que le débiteur n'oppose pas la prescription lorsqu'il est poursuivi.

Ici encore, les autres créanciers ne sont pas désarmés. Si la renonciation leur porte préjudice (ce qui est toujours le cas lorsque le débiteur est insolvable), ils peuvent la faire tomber en exerçant l'action paulienne. Cela résulte implicitement de l'article 2253 comme autrefois de l'article 2225 [3].

504. Nature de la prescription. Question de la validité du paiement intervenu après expiration du délai. Apport et ambiguïtés de la loi du 17 juin 2008. – Des principes ainsi posés, une partie de la doctrine déduit une conséquence importante concernant la nature de la prescription. Celle-ci *n'est pas*, dit-on, *un véritable mode d'extinction* des obligations. C'est une institution *purement procédurale*, qui n'atteint que l'action en justice, en laissant subsister l'obligation elle-même [4].

Une jurisprudence ancienne pouvait être invoquée au soutien de cette thèse [5] : si le débiteur paie la dette après achèvement du délai, ce paiement est *valable* et ne peut donner lieu à *répétition de l'indu*. Ceci a d'abord été admis pour le cas où le paiement a été fait *en connaissance de cause*, le débiteur sachant qu'il aurait pu opposer la prescription. L'explication est alors facile : un tel paiement vaut *renonciation tacite* à la prescription. Mais quelques décisions ont validé pareillement le paiement effectué *dans l'ignorance*, par le débiteur, de la prescription qui le libérait [6]. Dans ce cas, il ne peut s'agir d'une renonciation tacite qui suppose un *élément volontaire*. L'idée d'exécution d'une *obligation naturelle* ne peut être accueillie, une telle exécution reposant sur un engagement unilatéral de volonté et supposant que le débiteur ait agi en connaissance de cause [7].

En réalité, on ne saurait tirer argument de cette seconde jurisprudence. Les arrêts qui consacrent cette solution critiquable sont rares et « l'obligation » dont ils révéleraient l'existence apparaît

---

1. Sauf déloyauté caractérisée du débiteur, le créancier ne peut contourner les effets de la prescription en invoquant la responsabilité du débiteur : Soc. 9 oct. 1996, *RTD civ* 1997.429, obs. MESTRE ; 26 nov. 1996, *Bull. civ.* I, n° 415, *RTD civ.* 1997.661, obs. MESTRE.
2. La modification ne devrait pas entraîner de changement au fond.
3. Sur l'action paulienne, V. *supra*, nos 85 et s.
4. CARBONNIER, n° 356, MAZEAUD et CHABAS, nos 1163 et 1187. La question ne se posait pas pour les courtes prescriptions qui laissaient subsister et le droit et l'action, le créancier pouvant déférer le serment au débiteur. V. *infra*, n° 505.
5. En plus de la lettre de l'article 2262 qui indiquait que « toutes les *actions*... sont prescrites par trente ans... ».
6. Com. 8 juin 1948, *D.* 1948.376 ; 21 févr. 1949, *D.* 1949.208.
7. V. *supra*, n° 73.

comme une bien curieuse obligation : une *obligation civile dépourvue d'action*, qui ne correspond à aucune catégorie juridique.

À cette analyse « processualiste » de la prescription on doit donc préférer l'analyse « substantialiste » : la prescription n'éteint pas seulement l'action mais le droit même [1].

L'analyse est fondée essentiellement sur un raisonnement « par l'absurde » : si la prescription n'éteignait que l'action, et pas la créance, celles qui sont constatées par un titre exécutoire, et qui ne nécessitent pas d'action en justice pour recourir à l'exécution forcée, seraient imprescriptibles [2].

La réforme réalisée par la loi du 17 juin 2008 ne convainc pas du contraire.

Le législateur a voulu régler la question de la *validité du paiement* de la dette prescrite. Il ne l'a pas fait de manière aussi claire qu'il le souhaitait. Selon le nouvel article 2249 du Code civil, « le paiement effectué pour éteindre une dette ne peut être répété au seul motif que le délai de prescription était expiré ». La règle consacre donc apparemment la jurisprudence antérieure qui ne distinguait pas selon que le paiement avait été volontaire ou fait par erreur. Néanmoins, la nullité du paiement fait dans le second cas pourrait être réintroduite par la réserve introduite par le texte que le paiement ne peut être répété « *au seul motif* » que la dette était prescrite. Quand le payeur a commis une erreur, il existe un autre motif de demander la répétition. Telle ne semble pourtant pas avoir été l'intention du législateur qui, par cette formule, paraît avoir voulu consacrer la solution d'un arrêt selon laquelle le paiement ne doit pas avoir été fait sous la contrainte [3].

Pour le reste, la loi n'a délibérément pas voulu prendre parti sur la question –sans doute plus théorique que pratique– de la nature de la prescription, source d'anéantissement du droit (conception substantielle) ou de neutralisation de l'action (conception processuelle). Mais il ne suffit pas d'esquiver la question générale et de régler la question particulière du paiement de la dette prescrite pour que l'interrogation ne resurgisse pas dans les replis de la loi. À observer ceux-ci, la dérobade initiale du législateur fait planer une *ambiguïté* gênante sur le nouveau droit de la prescription. L'article 2219 définit la prescription extinctive comme « un mode d'extinction *d'un droit* », suggérant un parti en faveur de la conception substantielle [4], alors surtout que l'ancien article 2262 visait les actions réelles ou personnelles [5]. Néanmoins tous les textes qui fixent les délais traitent de la prescription de l'*action* (art. 2224 : actions personnelles ou mobilières ; art. 2226 : action en respon-

---

1. BANDRAC, *La nature juridique de la prescription extinctive en matière civile*, préf. RAYNAUD, Economica, 1986. Les différents droits nationaux, et les textes internationaux ou les projets de codification européenne se partagent entre les deux conceptions, mais l'évolution est plutôt en faveur de la seconde : FAUVARQUE-COSSON, « Variations sur le processus d'harmonisation du droit à travers l'exemple du droit de la prescriptions extinctive », *RDC* 2004, préc., 803 et 812.

2. MARTY, RAYNAUD et JESTAZ, n° 341 ; TERRÉ, SIMLER et LEQUETTE, n° 1504 (plus nuancés) ; BANDRAC, *op. cit.*, n°s 44 et s. *Contra* : GHESTIN, BILLIAU et LOISEAU, n° 1115, qui analysent la prescription comme le droit d'opposer au créancier une fin de non-recevoir, tirée de son inaction, pour s'opposer à toute action ou voie d'exécution.

3. FAUVARQUE-COSSON et FRANÇOIS, « Commentaire de la loi du 17 juin 2008 portant réforme de la prescription en matière civile », *D.* 2008. chron. 2312, n° 31.

4. Il en va de même de l'article 2221 qui, en matière de conflit de lois, soumet la prescription extinctive à la loi régissant le droit qu'elle affecte.

5. L'analyse a été combattue en observant que le Code de procédure civile fait de l'action en justice un droit (art. 30). Mais on se demande pourquoi l'article 2219 ne dit pas alors clairement que la prescription est un mode d'extinction du droit d'agir en justice.

sabilité à raison d'un événement ayant entraîné un dommage croporel...)[1]. La référence au droit se retrouve en revanche dans ceux qui fixent le point de départ du délai (art. 2224, art. 2227) et le délai butoir (art. 2232). Construites en porte-à-faux sur le droit et l'action, les nouvelles dispositions régissant la prescription ne permettent pas trancher la question de la nature de la prescription qui reste, en l'état du droit positif, irrésolue.

Deux observations pour terminer.

D'abord, force est de constater que la question de la nature de la prescription extinctive présente un *intérêt pratique limité*. Si l'on excepte le cas –certes important– des créanciers dotés d'un titre exécutoire, cela revient au même de ne pas avoir de droit que d'avoir un droit dépourvu d'action. À quoi peut-il bien servir d'être créancier si l'on ne peut pas obtenir l'exécution de l'obligation[2] ? Cela explique que la réforme de la prescription ait pu délaisser cette interrogation.

Ensuite, on constate une fois encore combien la situation des créanciers est différente selon qu'ils ne disposent que d'un « principe » de créance qu'ils doivent faire établir en justice, ou, au contraire, d'une créance certaine, liquide (et exigible), et, dans le second cas, selon que la créance est constatée, ou non, par un acte ayant force exécutoire.

§ 2. Les règles particulières à certaines prescriptions

505. Possibilité de combattre les courtes prescriptions par le serment ou l'aveu. – Nous avons vu qu'en principe le créancier à qui la prescription est opposée n'est aucunement admis à la combattre en offrant de prouver qu'il n'a pas été payé. Or, une règle différente –une de plus– était édictée par l'article 2275, pour les *courtes prescriptions* des articles 2271 à 2273. Celles-ci reposaient exclusivement sur une présomption de paiement et il était alors naturel que la preuve contraire puisse être rapportée[3].

Mais cette preuve contraire n'était *pas libre*. L'article 2275 permettait seulement de combattre la présomption par le *serment*. Le créancier pouvait demander au débiteur de jurer qu'il avait payé. La prestation de ce serment entraînait le rejet de la demande. Le refus de le prêter privait le débiteur du bénéfice de la prescription et entraînait, par conséquent sa condamnation au paiement. C'est un serment décisoire.

Ajoutant au texte, la jurisprudence admettait que la présomption de paiement –et, par conséquent, la prescription– tombaient également devant l'*aveu* du débiteur. Le serment n'a, en effet, d'autre but que de provoquer un aveu ; il est donc logique de décider qu'un aveu non provoqué a le même effet. La jurisprudence était d'ailleurs, sur ce point, libérale, considérant suffisant un *aveu tacite*[4]. En revanche, tout autre mode de preuve, notamment la preuve par présomptions, était exclu[5].

La possibilité de combattre les courtes prescriptions par le serment ou l'aveu a naturellement disparu avec les courtes prescriptions elles-mêmes par l'effet de la loi du

---

1. La confusion culmine dans l'article 2227 qui déclare d'abord que le *droit* de propriété est imprescriptible, puis que « *sous cette réserve* » les *actions* réelles immobilières se prescrivent par trente ans.

2. Pour une constatation similaire en matière de preuve, v. vol. 1 –*L'acte juridique*– n° 317.

3. Cette possibilité de combattre la présomption de paiement était strictement propre aux courtes prescriptions qui reposent sur ce fondement. L'article 2275 était, en particulier, inapplicable à la prescription quinquennale des *créances périodiques ;* alors que celle-ci déroge parfois au droit commun, elle lui est ici soumise (Com. 8 mai 1962, *D.* 1963. somm. 6).

4. Soc. 18 juill. 1964, *JCP* 1964.IV.127 ; 10 déc. 1948, *JCP* 1949.II.4843.

Par un arrêt du 29 mai 2009 (Pourvoi, n° 07-20913, *Bull.* AP, à paraître), l'Assemblée plénière de la Cour de cassation a jugé que ne peuvent constituer un aveu des conclusions par lesquelles, après avoir invoqué à titre principal la prescription, une partie conteste, à titre subsidiaire, l'existence et le montant de la créance.

5. Soc. 14 déc. 1962, *JCP* 1964.IV.10 ; 14 nov. 1963, *JCP* 1963.IV.171.

17 juin 2008. Il en va ainsi de la prescription de l'action des maîtres et instituteurs pour les leçons qu'ils donnent au mois, de celle des hôteliers et traiteurs à raison du logement et de la nourriture qu'ils fournissent (anc. art. 2271), de l'action des huissiers pour le salaire des actes qu'ils signifient, de celle des médecins, chirurgiens, chirurgiens-dentistes, pharmaciens... pour leurs visites, opérations et médicaments (anc. art. 2272), de l'action des avoués et avocats pour le paiement de leurs frais et salaires (anc. art. 2273), qui rejoignent le giron de la prescription quinquennale « de droit commun ». Mais il subsiste des interrogations concernant la survie de certaines prescriptions présomptives qui, certes, ne pourraient plus donner lieu à interversion de la prescription en présence de la lettre claire de l'article 2231 [1], mais qui pourraient toujours être combattues par l'aveu ou le serment.

Contrairement à ce que suggèrent certaines opinions, il paraît difficile de l'admettre pour la prescription biennale de l'action des professionnels pour les biens ou les services qu'ils fournissent aux consommateurs (C. consom., art. L. 137-2). Même si elle s'en inspire, c'est une autre prescription que celle de l'action des marchands pour les marchandises qu'ils vendent aux particuliers non marchands de l'ancien article 2272, alinéa 4, qui appartenait à une catégorie que la loi a de toute manière supprimée. En revanche, la prescription des actions en matière de lettre de change (C. com., art. L. 511-78), de billet à ordre (C. com., art. L. 512-3) et de chèque (C. mon. et fin., art. L. 131-59) pourrait demeurer une prescription présomptive, les textes n'ayant pas été modifiés par la loi du 17 juin 2008 [2].

506. Effet translatif de certaines prescriptions. – Une dérogation au droit commun –très différente et beaucoup plus surprenante– est que, dans certains cas, la prescription, au lieu de libérer le débiteur, emporte *transfert de la créance* à l'État, substitué d'autorité au créancier négligent. Le débiteur reste tenu ; il a changé de créancier !

L'article L. 27 du Code du domaine de l'État, rassemblant des textes antérieurs, dispose en ce sens pour quatre sortes de créances : les *coupons, intérêts et dividendes* des actions, parts de fondateurs ou obligations négociables, émises par toute société civile ou commerciale, ou par toute collectivité publique ou privée, atteints par la prescription quinquennale ou conventionnelle ; le *capital* devenu exigible de ces valeurs mobilières, lorsqu'il est atteint par la prescription trentenaire ; les *dépôts d'espèces ou de titres* dans les établissements recevant des fonds en dépôt ou en compte courant, lorsqu'ils n'ont fait l'objet d'aucune réclamation ou opération depuis trente ans ; les *avoirs en titres* dans les banques et établissements financiers, lorsque les ayants droit ne se sont pas manifestés depuis trente ans.

Ces dispositions sont véritablement extraordinaires. Une prescription qui transmet la créance au lieu de l'éteindre est un non-sens, en ce qu'elle n'évite pas les litiges portant sur des faits trop lointains et ne joue plus, au profit du débiteur, son rôle probatoire. Le souci de procurer des ressources au Trésor –ressources dont on peut supposer qu'elles sont assez minces– ne justifie ni cette atteinte aux principes, ni cette méconnaissance d'un aphorisme banal, mais vrai, en lequel se résume toute l'institution : le temps, en droit comme ailleurs, efface toute chose.

---

1. V. *supra*, n° 495.
2. En ce sens, FAUVARQUE-COSSON et FRANÇOIS, « Commentaire de la loi du 17 juin 2008 portant réforme de la prescription en matière civile », *D.* 2008. 2512, préc., n° 12.

Index alphabétique

Les chiffres renvoient aux numéros de paragraphes, non aux pages.
Les chiffres en caractères gras, figurant en face des rubriques les plus importantes, renvoient au siège principal de la matière.

G

H

I

P

S

T

Table des matières

DEUXIÈME PARTIE

LES EFFETS DES OBLIGATIONS

TITRE PRÉLIMINAIRE

L'OBLIGATION NATURELLE

TITRE I

LES EFFETS GÉNÉRAUX DES OBLIGATIONS

TITRE II

LES EFFETS PARTICULIERS À CERTAINES OBLIGATIONS

TROISIÈME PARTIE

LA TRANSMISSION ET LA TRANSFORMATION DE L'OBLIGATION

TITRE I

LA TRANSMISSION DE L'OBLIGATION

TITRE II

LA TRANSFORMATION DE L'OBLIGATION

QUATRIÈME PARTIE

L'EXTINCTION DES OBLIGATIONS

Composé par JOUVE - 1, rue du Docteur Sauvé - 53100 Mayenne - FRANCE
Dépôt légal Juillet 2009
N° 486822J

IMPRESSION, BROCHAGE

imprimerie CHIRAT

42540 ST-JUST-LA-PENDUE
SEPTEMBRE 2009
DÉPÔT LÉGAL 2009
N° 200907.0339

708465 (I) (2,5) CSB - GPr - 80g JOU (JoE)

IMPRIM'VERT

IMPRIMÉ EN FRANCE